Staatsverständnisse | Understanding the State

herausgegeben von
Rüdiger Voigt

Band 147

Matthias Löwe | Gideon Stiening [Hrsg.]

Ästhetische Staaten

Ethik, Recht und Politik in Schillers Werk

 **Nomos**

Titelbild: Charles Thévenin – [Ausschnitt aus] La Fête de la Fédération, le 14 juillet 1790, au Champ-de-Mars (1796).
Quelle (gemeinfrei): https://de.m.wikipedia.org/wiki/Datei:CharlesThevenin-FeteDeLaFederation.JPG.

Die Deutsche Nationalbibliothek verzeichnet diese Publikation in der Deutschen Nationalbibliografie; detaillierte bibliografische Daten sind im Internet über http://dnb.d-nb.de abrufbar.

ISBN 978-3-8487-3447-4 (Print)
ISBN 978-3-8452-7781-3 (ePDF)

Onlineversion
Nomos eLibrary

1. Auflage 2021
© Nomos Verlagsgesellschaft, Baden-Baden 2021. Gesamtverantwortung für Druck und Herstellung bei der Nomos Verlagsgesellschaft mbH & Co. KG. Alle Rechte, auch die des Nachdrucks von Auszügen, der fotomechanischen Wiedergabe und der Übersetzung, vorbehalten. Gedruckt auf alterungsbeständigem Papier.

Editorial

Das Staatsverständnis hat sich im Laufe der Jahrhunderte immer wieder grundlegend gewandelt. Wir sind Zeugen einer Entwicklung, an deren Ende die Auflösung der uns bekannten Form des territorial definierten Nationalstaates zu stehen scheint. Denn die Globalisierung führt nicht nur zu ökonomischen und technischen Veränderungen, sondern sie hat vor allem auch Auswirkungen auf die Staatlichkeit. Ob die „Entgrenzung der Staatenwelt" jemals zu einem Weltstaat führen wird, ist allerdings zweifelhaft. Umso interessanter sind die Theorien früherer und heutiger Staatsdenker, deren Modelle und Theorien, aber auch Utopien, uns Einblick in den Prozess der Entstehung und des Wandels von Staatsverständnissen geben.

Auf die Staatsideen von Platon und Aristoteles, auf denen alle Überlegungen über den Staat basieren, wird unter dem Leitthema „Wiederaneignung der Klassiker" immer wieder zurück zu kommen sein. Der Schwerpunkt der in der Reihe *Staatsverständnisse* veröffentlichten Arbeiten liegt allerdings auf den neuzeitlichen Ideen vom Staat. Dieses Spektrum reicht von dem Altmeister *Niccolò Machiavelli*, der wie kein Anderer den engen Zusammenhang zwischen Staatstheorie und Staatspraxis verkörpert, über *Thomas Hobbes*, den Vater des Leviathan, bis hin zu *Karl Marx*, den sicher einflussreichsten Staatsdenker der Neuzeit, und schließlich zu den zeitgenössischen Staatstheoretikern.

Nicht nur die Verfälschung der Marxschen Ideen zu einer marxistischen Ideologie, die einen repressiven Staatsapparat rechtfertigen sollte, macht deutlich, dass Theorie und Praxis des Staates nicht auf Dauer voneinander zu trennen sind. Auch die Verstrickung Carl Schmitts in die nationalsozialistischen Machenschaften, die heute sein Bild als führender Staatsdenker seiner Epoche trüben, weisen in diese Richtung. Auf eine Analyse moderner Staatspraxis kann daher in diesem Zusammenhang nicht verzichtet werden.

Was ergibt sich daraus für ein zeitgemäßes Verständnis des Staates im Sinne einer modernen Staatswissenschaft? Die Reihe *Staatsverständnisse* richtet sich mit dieser Fragestellung nicht nur an (politische) Philosophen und Philosophinnen, sondern auch an Geistes- und Sozialwissenschaftler bzw. -wissenschaftlerinnen. In den Beiträgen wird daher zum einen der Anschluss an den allgemeinen Diskurs hergestellt, zum anderen werden die wissenschaftlichen Erkenntnisse in klarer und aussagekräftiger Sprache – mit dem Mut zur Pointierung – vorgetragen. Auf diese Weise wird der Leser/die Leserin direkt mit dem Problem konfrontiert, den Staat zu verstehen.

Prof. Dr. Rüdiger Voigt

Editorial – Understanding the State

Throughout the course of history, our understanding of the state has fundamentally changed time and again. It appears as though we are witnessing a development which will culminate in the dissolution of the territorially defined nation state as we know it, for globalisation is not only leading to changes in the economy and technology, but also, and above all, affects statehood. It is doubtful, however, whether the erosion of borders worldwide will lead to a global state, but what is perhaps of greater interest are the ideas of state theorists, whose models, theories and utopias offer us an insight into how different understandings of the state have emerged and changed, processes which neither began with globalisation, nor will end with it.

When researchers concentrate on reappropriating traditional ideas about the state, it is inevitable that they will continuously return to those of Plato and Aristotle, upon which all reflections on the state are based. However, the works published in this series focus on more contemporary ideas about the state, whose spectrum ranges from those of the doyen *Niccolò Machiavelli*, who embodies the close connection between the theory and practice of the state more than any other thinker, to those of *Thomas Hobbes*, the creator of Leviathan, those of *Karl Marx*, who is without doubt the most influential modern state theorist, those of the Weimar state theorists *Carl Schmitt, Hans Kelsen* and *Hermann Heller*, and finally to those of contemporary theorists.

Not only does the corruption of Marx's ideas into a Marxist ideology intended to justify a repressive state underline the fact that state theory and practice cannot be permanently regarded as two separate entities, but so does Carl Schmitt's involvement in the manipulation conducted by the National Socialists, which today tarnishes his image as the leading state theorist of his era. Therefore, we cannot forego analysing modern state practice.

How does all this enable modern political science to develop a contemporary understanding of the state? This series of publications does not only address this question to (political) philosophers, but also, and above all, students of humanities and social sciences. The works it contains therefore acquaint the reader with the general debate, on the one hand, and present their research findings clearly and informatively, not to mention incisively and bluntly, on the other. In this way, the reader is ushered directly into the problem of understanding the state.

Prof. Dr. Rüdiger Voigt

Inhaltsverzeichnis

Lyrik und Fragmente

Historische und ästhetische Schriften

von Samuel Pufendorf, Christian Thomasius und selbst von Christian Wolff popularisiert, aber von Thomas Hobbes, Bernard Mandeville und Jean-Jacques Rousseau vehement bestritten. Die Vorstellung eines ,appetitus societatis' im Menschen prägte überdies nicht nur Schiller, sondern die spätaufklärerischen Debatten über Gesellschaft und Staat insgesamt.[23]

Mit Fragen nach einer angemessenen Vergemeinschaftung in Gesellschaft und Staat setzten sich schon seit der niederländischen und englischen Frühaufklärung auch Literatinnen und Literaten auseinander und noch in der deutschen Spätaufklärung zeigte sich bei Autorinnen und Autoren wie Gotthold Ephraim Lessing, Christoph Martin Wieland, Johann Karl Wezel oder Sophie von La Roche nicht nur das Interesse, sondern auch die Befähigung, an derart politischen Debatten mit großer Verve und hohem Innovationspotential teilzunehmen.[24] Auch Schiller hat sich von seinem Früh- bis zu seinem Spätwerk mit Fragen nach der unhintergehbaren Vergemeinschaftung des Menschen, den Möglichkeiten und Grenzen des Rechts und des Staates, den Vor- und Nachteilen der Gewaltenteilung und unterschiedlicher Regierungsformen, den Ergänzungs- oder gar Ersetzungspotentialen der Ethik sowie den Erfordernissen von Belohnung und Strafe ausführlich und mit wechselnden Ergebnissen beschäftigt.[25] Nicht erst in den *Briefen über die ästhetische Erziehung des Menschen* unterscheidet er zwischen dem ,Not-' und ,Verstandesstaat' sowie dem ,ästhetischen Staat', und doch bringt er diese bis zu Hegel und Marx einflussreiche Distinktion erst hier auf den Begriff.[26] Für seine häufig kontroversen Reflexionen wählte er neben der philosophischen und historischen auch und besonders erfolgreich die literarischen Formen der Reflexion. Signifikant ist dabei, dass Schillers literarische Texte nicht als bloße Trägermedien seiner Staatsverständnisse fungieren, sondern dass hier auch zentrale Überzeugungen seines Staatsdenkens – etwa die aus dem moralischen Gefühl oder dem natürlichen Gesellickeitstrieb generierenden Normen – problematisiert werden. Dies zeigt sich schon im frühen Drama *Die Räuber*, wo in einem offenen Streitdialog die Positionen von Pastor Moser mit dem Materialismus Franz Moors konfrontiert werden; und noch im *Wilhelm Tell* steht die Geltung und Verbindlichkeit des Naturrechts als normative Ordnung überpositiver Art auf dem Prüfstand.

Der vorliegende Band soll daher die unterschiedlichen Genres ebenso wie die sich ändernden Positionen Schillers dokumentieren sowie deren Bedingtheit durch theoretische, literarische und realgeschichtliche Kontexteinflüsse.

---

23 Vgl. hierzu *Sieg* 2003.
24 Siehe hierzu *Löwe* 2012.
25 Vgl. hierzu schon *Wiese* 1959, S. 149 ff.
26 *Stašková* 2016.

3. Aufbau und Beiträge des Bandes

Der Aufbau des Bandes orientiert sich an verschiedenen Werkgruppen in Schillers Œuvre. Ein Untersuchungsschwerpunkt liegt auf den literarischen Texten, insbesondere auf der Dramatik. Die Beiträge widmen sich Schillers frühen und klassischen Dramen, seiner Lyrik und seinen Fragmenten sowie den historischen und ästhetischen Schriften.

In der Sektion zu den frühen Dramen beschäftigt sich GIDEON STIENING mit Schillers erstem Theaterstück, *Die Räuber.* Stiening arbeitet heraus, dass die staatstheoretischen Reflexionen im Stück den Fragen einer praktischen Anthropologie des ‚ganzen Menschen' untergeordnet werden, weil sie als Momente der vordringlichen Frage nach den Genealogien des Bösen und dessen psychischen Bedingungen firmieren. Dabei zeigt sich, dass Karl und Franz Moor die vorstaatlichen Gemeinschaften, denen sie als Souveräne vorstehen, die Räuberbande und die Grafschaft, zu Instrumenten ihrer uneingeschränkten Herrschaftsinteressen missbrauchen, darin aber beide scheitern. Der entscheidende Grund dafür liegt in Franz' materialistischer Weltanschauung, die als ideelle Ursache alles Bösen in der Welt ausgewiesen wird. – Auch MARKUS HIEN zeigt in seiner Deutung der *Verschwörung des Fiesko zu Genua*, dass nicht abstrakte Verfassungstheorien der zeitgenössischen Gegenwart, sondern politische Klugheitslehre, Psychologie und Anthropologie die entscheidenden Wissensbestände sind, auf denen der politische Gehalt des Stückes basiert. Darüber hinaus demonstriert Hien vor dem Hintergrund neuer Kontextbestände, dass antike und frühneuzeitliche Lehren des Verfassungskreislaufes eine konstitutive Rolle für das Dramenverständnis spielen und beschließt seine Interpretation mit einem Blick auf Schillers republikanischen Konservatismus, der mit dem Begriff der Republik mehr eine konstitutionelle Monarchie, denn eine Demokratie verband.

Die Sektion zu Schillers klassischen Dramen wird von JENS OLE SCHNEIDERS Beitrag eröffnet, der auf das Phänomen verdeckter Politik in Schillers *Don Karlos* eingeht, und diese aus der frühneuzeitlichen Arkantradition ableitet. Ausgerechnet der Freiheitskämpfer Marquis Posa tritt, wie Schneider zeigt, mit seinen Verhüllungspraktiken ein absolutistisches Erbe an, ein Widerspruch, der zu den Kernkonflikten des Dramas zählt. Die Semantiken der Verbergung und Verstellung werden in Schillers Stück mit Techniken der verdeckten Handlung und des ‚Spiels im Spiel' verschränkt, die politische Thematik des Dramas geht demnach, so Schneider, mit seiner dramaturgischen Struktur einher. Mit dramatischen Mitteln leiste Schillers Stück eine Reflexion über das aufgeklärte Sichtbarkeitsethos und seine Grenzen. – OLIVER BACH zeigt in seinem Beitrag, wie differenziert die späten Dramen Schillers in rechts- und politikhistorischen Kontexten zu verorten sind. Schiller reflektiert das Dilemma absolutistischer Politik, die zwischen den Normen des Rechts, der Moral und der Klugheit politischen Handelns vermitteln muss – ohne dies immer zu können. Im Fokus stehen dabei Schillers Stellung zur Tyrannei-Debatte der frühen Neuzeit, das prekäre Verhältnis von Natur- und Gesellschaftszustand, die politische Instrumentalisierbarkeit des rousseauschen Theorems einer ‚volonté generale‘ sowie das von Kant im *Ewigen Frieden* gänzlich neu bestimmte Verhältnis von Politik einerseits und Recht sowie Ethik andererseits. Bach kommt vor diesem Hintergrund zu dem Schluss, dass Schiller den unbedingten absolutistischen Voluntarismus – realisiert am Willen Elisabeths – als letztlich rechtsfreien Naturzustand, als Recht des Stärkeren, interpretiert. – Ludwig Stockingers Beitrag zu Schillers *Wallenstein* verweist auf einen grundlegenden Widerspruch dieser Dramen-Trilogie, der zwischen dem hoffnungslosen Ende und der im Prolog beschworenen Zukunftshoffnung besteht. Aufgrund dieses Widerspruchs bleibt offen, ob die nach dem Westfälischen Frieden entstandene Neukonstruktion des ‚Alten Reichs‘ als positive oder negative Entwicklung verstanden werden soll. Stockinger deutet diesen spannungsvollen Widerspruch mit Blick auf Schillers Kant-Lektüre, also vor dem Hintergrund einer transzendentalphilosophischen Differenzierung zwischen phänomenaler Welt und ‚regulativen Ideen‘ bzw. ‚Postulaten‘. Die Verfassung des ‚Alten Reichs‘ wird im *Wallenstein*, so zeigt Stockinger, in ihren Stärken und Schwächen ausgeleuchtet: Mit den Mitteln des Theaters werden grundlegende Aporien der Reichsverfassung freigelegt, ohne dass die Dramen-Trilogie dafür eine Lösung anzubieten beansprucht. – Matthias Löwes Beitrag widmet sich der Reflexion naturrechtlicher Vorstellungen in *Wilhelm Tell*. Charakteristisch für dieses Drama, so wird gezeigt, ist seine semantische Zweiteilung: In jenem Handlungsstrang, der den Schweizer Freiheitskampf gegen Habsburg behandelt, wird eine utopische Gemeinschaft ästhetisiert, die auf der Idee ewiger, von der Natur gegebener Rechte basiert und die Schillers Geschichtsphilosophie zufolge durch ‚ästhetische Erziehung‘ erreichbar wäre. Vice versa stellt die Tell-Handlung gewichtige anthropologische Vorbehalte dar, die gegen ein solches Idealmenschentum sprechen. Diese wiederum werden jedoch nicht verabsolutiert, sondern am Schluss mit einer vagen Zukunftshoffnung entschärft. Zentraler Darstellungsgegenstand von Schillers Drama, so Löwe, ist damit nicht ein politisches Ideal, sondern vielmehr die kantische Differenz zwischen phänomenaler Welt und ‚regulativen Ideen‘ sowie die ebenfalls kantische Hoffnung auf eine approximative Vermittlung zwischen Sollen und Sein.

In der Sektion zu Schillers Lyrik und seinen Fragmenten zeigt der Beitrag von Vincenz Pieper, wie der junge Schiller die *Anthologie auf das Jahr 1782* nutzt, um sein konflikthaftes Verhältnis zu Politik und Religion zur Sprache zu bringen und sich in eine Tradition des behutsamen Schreibens einzureihen. Die Bezugnahmen auf den Tod des Sokrates, die in Christian Fürchtegott Gellerts *Schwedischer Gräfin* erzählte Verbannung des Schwedischen Grafen, die Herabwürdigung Spinozas, die Verfolgung Jean-Jacques Rousseaus und die Verschärfung der Zensur durch Friedrich II. artikulieren ein philosophisches Überlegenheitsbewusstsein, das sich über die Auseinandersetzung mit der theologisch-politischen Herausforderung bestimmt. In den Anthologie-Gedichten wird die philosophische Esoterik zum intellektuellen Spiel, das mit subtilen Anspielungen und mit einem persiflierenden Gebrauch von Anthropomorphismen zur elitären Gruppenbildung einlädt. – SEBASTIAN SPETH demonstriert in seinem Beitrag zu Schillers spätem Dramenfragment *Die Polizey*, dass Schiller im Zusammenhang seiner Auseinandersetzung mit den Vorgängen im revolutionären Frankreich auch Fragen konkreter Herrschaftsausübung beschäftigten. Das frühneuzeitliche Konzept der ‚Guten Polizey‘ stand nicht allein für die stets erforderliche Rechtspflege, sondern beinhaltet auch das Ideal eines wohlgeordneten Zustands der gesamten Gesellschaft. Speth zeigt, dass Schiller dieses Ideal einer radikalisierten Aufklärung zuschrieb, die im Paris der revolutionären Ära in den ‚Amokläufen‘ eines Polizeistaates zu sich selbst gekommen sei. – Schließlich widmet sich der Beitrag von MARIA CAROLINA FOI Schillers letztem und unvollendeten Dramenprojekt *Demetrius*: Nicht eine konkrete Staats- und Regierungsform wird hier dramatisch reflektiert, so Foi, sondern die umfassende Wirkung des ‚Glaubens‘ für die Begründung und Legitimation politischer Herrschaft. Schiller verfolge damit auch erzieherische Absichten, indem er dem Theaterpublikum die verführerische Macht des ‚Glaubens‘ im Bereich politischen Handelns vor Augen führe. Eingehend dargestellt wird in Fois Beitrag auch jene eigenständige Leistung, die in Schillers Behandlung von politisch-juridischen Fragen mithilfe einer komplexen Theatersprache liegt.

In der abschließenden Sektion zu Schillers historischen und ästhetischen Schriften widmet sich MICHAEL SCHWINGENSCHLÖGL in seinem Beitrag dem Staatsverständnis, das Schiller in seinen historiographischen Texten ausführte bzw. voraussetzte. Schwingenschlögl weist zunächst nach, dass Schillers Arbeit als Historiker sowohl in den Grundzügen als auch hinsichtlich der Staatstheorie von Kants geschichtsphilosophischer Konzeption ausgeht, die dieser in dem Aufsatz *Idee zu einer allgemeinen Geschichte in weltbürgerlicher Absicht* entwickelt hatte. Gleichwohl lässt sich schon an der *Universalhistorischen Übersicht* zeigen, dass Schiller zwar die Freiheit des Menschen als ‚Motor‘ der Geschichtsentwicklung begreift, deren historische Realisierung jedoch von außerstaatlichen Bedingungen abhängig macht, und so die kantischen Vorgaben verlässt. In diesem Reflexionsprozess liegen nach Schwingenschlögl die entscheidenden Voraussetzungen für Schillers spätere Staatsauffassung, die er insbesondere in den *Briefen über die ästhetische Erziehung* synthetisierte. – Mit ebendieser Schrift beschäftigt sich der Beitrag von ANTONINO FALDUTO, der ebenfalls die kantischen Staatstheorie als entscheidenden Kontext für Schillers Staatskonzeption in den *Briefen über die ästhetische Erziehung* herausstellt. Gleichwohl weist Falduto darauf hin, dass Schillers staatstheoretischer Eudämonismus stärker von der vorkritischen Politikkonzeption Christian Garves abhängig ist, als bislang angenommen. Wie für Garve so bleibt auch für den Schiller der

‚Ästhetischen Erziehung' der politische Staat ein defizitäres Instrument der Glücks-
maximierung des einzelnen, ein ‚Noth- und Verstandesstaat' eben, der erst in der ästhetisch gedachten Gemeinschaft des ‚ästhetischen Staates' ganz zu sich selbst komme. Dieser ‚ästhetische Staat' würde, weil er auf dem Gewissen und den Überzeugungen der Menschen fußt, ohne jeden Zwang, ohne Verwaltung, Justiz, Militär oder
Polizei bestehen.

Bibliographie

Achenwall, Gottfried, 1761: Die Staatklugheit nach ihren ersten Grundsätzen entworfen. Göttingen.

Bach, Oliver, 2019: Natur – Mensch – Staat. Zu Schillers ‚politischer Theorie'. In: Stiening,
Gideon (Hrsg.): Friedrich Schiller: Briefe über die ästhetische Erziehung des Menschen
(Klassiker auslegen 69), Berlin, Boston, S. 63-80.

Ehlers, Nils, 2011: Zwischen schön und erhaben. Friedrich Schiller als Denker des Politischen. Im Spiegel seiner theoretischen Schriften. Göttingen.

Foi, Maria Carolina, 2006: Recht, Macht und Legitimation in Schillers Dramen. Am Beispiel
von *Maria Stuart*. In: Hinderer, Walter (Hrsg.): Friedrich Schiller und der Weg in die Moderne, Würzburg, S. 227-243.

Geismann, Georg, 1982: Kant als Vollender von Hobbes und Rousseau. In: Der Staat 21,
S. 161-189

Geismann, Georg, 2009-2012: Moralphilosophie und Ästhetik bei Schiller und Kant. In:
Ders.: Kant und kein Ende. 3 Bde. Würzburg, Bd. 1: Studien zur Moral-, Religions- und
Geschichtsphilosophie, S. 157-196.

Grunert, Frank, 2011: Vollkommenheit als (politische) Norm. Zur politischen Philosophie von
Christian Wolff (1679–1754). In: Heidenreich, Bernd/Göhler, Gerhard (Hrsg.): Politische
Theorien des 17. und 18. Jahrhunderts. Staat und Politik in Deutschland, Darmstadt,
Mainz, S. 163-184

Hellmuth, Eckhart, 1985: Naturrechtsphilosophie und bürokratischer Werthorizont. Studien
zur preußischen Geistes- und Sozialgeschichte des 18. Jahrhunderts. Göttingen.

Klippel, Diethelm, 1976: Politische Freiheit und Freiheitsrechte im deutschen Naturrecht des
18. Jahrhunderts. Paderborn.

Löwe, Matthias, 2012: Idealstaat und Anthropologie. Problemgeschichte der literarischen Utopie im späten 18. Jahrhundert. Berlin, Boston.

Müller-Seidel, Walter 2009: Friedrich Schiller und die Politik. „Nicht das Große, nur das
Menschliche geschehe". München.

Nilges, Yvonne, 2012: Schiller und das Recht. Göttingen.

Pahlow, Louis, 2003: Zur Theorie der Gewaltenteilung im 18. Jahrhundert. In: Aufklärung 15,
S. 275-299.

Riedel, Wolfgang, 1998: Schriften der Karlsschulzeit. In: Koopmann, Helmut (Hrsg.): Schiller-Handbuch. Stuttgart, S. 547-559.

Riedel, Wolfgang, 2017: Philosophie des Schönen als politische Anthropologie. Schillers Augustenburger Briefe und die *Briefe über die ästhetische Erziehung*. In: Riedel, Wolfgang: Um Schiller. Studien zur Literatur und Ideengeschichte der Sattelzeit. Hrsg. von Markus Hien, Michael Storch und Franziska Stürmer. Würzburg, S. 225-277.

Rill, Bernd (Hrsg.), 2009: Zum Schillerjahr 2009 – Schillers politische Dimension. München.

Sieg, Hans Martin, 2003: Staatsdient, Staatdenken und Dienstgesinnung in Brandenburg-Preußen im 18. Jahrhundert (1713–1806). Studien zum Verständnis des Absolutismus. Berlin.

Stašková, Alice, 2018: Kunst und Staat in Schillers Briefen *Über die ästhetische Erziehung des Menschen*. In: Pauly, Walter/Ries, Klaus (Hrsg.): Politisch-soziale Ordnungsvorstellungen in der deutschen Klassik. Baden-Baden, S. 189-203.

Stiening, Gideon, 2014: „Politische Metaphysik". Zum Verhältnis von Politik und Moral bei Isaak Iselin. In: xviii.ch Jahrbuch der Schweizer Gesellschaft für die Erforschung des 18. Jahrhunderts 5, S. 136-162.

Stiening, Gideon, 2016a: Glück statt Freiheit – Sitten statt Gesetze. Wielands Auseinandersetzung mit Rousseaus politischer Theorie. In: Wieland-Studien 9, S. 61-103.

Stiening, Gideon, 2016b: Appetitus societatis seu libertas. Zu einem Dogma politischer Anthropologie zwischen Suárez, Grotius und Hobbes. In: Jaumann, Herbert/Stiening, Gideon (Hrsg.): Neue Diskurse der Gelehrtenkultur. Ein Handbuch, Berlin, Boston, S. 389-436.

Stiening, Gideon, 2016c: „Der Naturstand des Menschen *ist* der Stand der Gesellschaft". Herders Naturrechts- und Staatsverständnis. In: Hüning, Dieter/Stiening, Gideon/Stolz, Violetta (Hrsg.): Herder und die Klassische Deutsche Philosophie. Festschrift Marion Heinz zum 65. Geburtstag, Stuttgart-Bad Cannstatt 2016, S. 115-135.

Stiening, Gideon, 2019: „Der Versuch eines mündig gewordenen Volks". Schillers allgemeine und besondere Revolutionstheorie (2.–3. Brief). In: Ders. (Hrsg.): Friedrich Schiller: Briefe über die ästhetische Erziehung des Menschen (Klassiker auslegen 69), Berlin, Boston, S. 49-62.

Vesper, Achim, 2019: Durch Schönheit zur Freiheit? Schiller Auseinandersetzung mit Kant. In: Stiening, Gideon: (Hrsg.): Friedrich Schiller: Briefe über die ästhetische Erziehung des Menschen (Klassiker auslegen 69), Berlin, Boston, S. 33-48.

Wiese, Benno von, 1959: Friedrich Schiller. Stuttgart.

Wolff, Christian, 1754: Grundsätze des Natur- und Völckerrechts. Halle.

Wolff, Christian, 2004: Vernünftige Gedanken von dem gesellschaftlichen Leben der Menschen und insonderheit dem gemeinen Wesen. „Deutsche Politik". Bearbeitet, eingeleitet und hrsg. von Hasso Hofmann. München.

Wyduckel, Dieter, 1979: Princeps Legibus Solutus. Eine Untersuchung zur frühmodernen Rechts- und Staatslehre. Berlin.

Frühe Dramen

Gideon Stiening

Starker Kerl und schwacher Staat.
Schillers *Die Räuber* im Kontext der Materialismus-Kritik der
Spätaufklärung

Auch die Freiheit muss ihren Herrn haben.
Schiller, Die Räuber I,2

1. Praktische Anthropologie und ‚Politik‘

Ohne jeden Zweifel haben staatspolitische oder gar staatstheoretische Reflexionen in
Schillers erstem Bühnenstück einen epiphänomenalen Charakter; im Zentrum stehen
für den jungen Mediziner und Dichter vielmehr Problemlagen der Anthropologie
und dabei insbesondere solche der praktischen Anthropologie. Er will – mit einem
Kampfbegriff der spätaufklärerischen Anthropologie – „ganze Menschen" auf die
Bühne bringen,[1] die er – wie später auch Büchner[2] – nach der Wirklichkeit zu zeichnen beabsichtigt und nicht nach einem idealisierten Verständnis. Dieser ‚Realismus‘
führt zu dem ethisch-ästhetischen Problem, auch moralisch depravierte Personen,
böse Menschen oder eben „Bösewichter" (482), wie Schiller sagt, dramatisieren zu
müssen bzw. zu wollen. Für die Frage nach den Gründen der Entstehung und Zerstörung der moralischen Gesinnung jener „ganzen Kerls" (536) ist die Darstellung ihres
gesellschafts- und staatspolitischen Handelns also lediglich eines unter mehreren
Funktionselementen. Damit aber verknüpft Schiller erneut, was die politische Theorie in der Nachfolge Machiavellis zu trennen und die Staatsklugheitslehren des
18. Jahrhundert wenigstens zu differenzieren suchten: Politik und Moral.[3]

Das ästhetische Problem löst Schiller in einer an Shakespeare und die zeitgenössische Opernpoetik angelehnten innovativen Weise,[4] gerade weil er das ethische Interesse hat, das *unde malum*, mindestens aber einige Elemente der Genealogie des Bösen, *anthropologisch* zu erläutern. Das spezifisch Anthropologische dieser poetisch-

---

1 Friedrich Schiller: Die Räuber. Ein Schauspiel. In: *Schiller* 1959, Bd. I, S. 487; nach dieser Ausgabe wird im Folgenden mit Angaben *im Text* zitiert.
2 Siehe hierzu Georg Büchners Brief an die Eltern vom 28. Juli 1835. In: *Büchner* 1992/99, Bd.
   II, S. 409 ff.
3 Vgl. hierzu u. a. *Stolleis* 1972; *Wolff* 2008 sowie *Stiening* 2018, S. 259-276.
4 Die Bindung an die Dramenpoetik Shakespeares ist allerdings umstritten; vgl. hierzu *Hinderer*
   2006, S. 11-67, spez. S. 12 f., aber auch *Oellers* 2005, S. 112.

reflektierenden Darstellung der Entstehung des ‚Bösen' besteht darin, soziale, hier innerfamiliäre und sozialpolitische Bedingungen und Gründe – in der zeitgenössischen Terminologie: „Umstände"[5] – für dessen Aufkommen zu reflektieren. Dabei gelten allerdings zwei Voraussetzungen:

1. In der gedruckten Vorrede der ersten Auflage heißt es ausdrücklich, dass ein Mensch, der ganz Bosheit sei, schlechterdings kein Gegenstand der Kunst sein könne, und zwar aus *ästhetischen* Gründen, weil er abstoßend sei, und das Publikum sich daher abwenden würde.[6]

2. In der unterdrückten Vorrede war Schiller noch mutiger gewesen; dort hatte er mit Bezug auf Christian Garves *Anmerkungen* zu dessen Übersetzung von Adam Fergusons *Institutes of Moral Philosophy* ausgeführt:

> „Noch mehr – Diese unmoralische Karaktere mußten von gewissen Seiten glänzen, ja offt von Seiten des Geists gewinnen, was sie von Seiten des Herzens verlieren. Jeder Dramatische Schriftsteller ist zu dieser Freiheit berechtigt, ja so gar genöthigt, wenn er anders der getreue Kopist der wirklichen Welt seyn soll. Auch ist, wie Garve lehrt, kein Mensch durchaus unvollkommen: auch der Lasterhaffteste hat noch viele Ideen, die richtig, viele Triebe, die gut, viele Thätigkeiten, die edel sind. Er ist nur minder vollkommen." (482)

Unter Berufung auf Garve gilt Schiller hier noch als gesichert, dass es bei menschlichen Charakteren das ‚schlechthin Böse' gar nicht geben kann, sondern selbst der ‚lasterhafteste Mensch' – mithin Karl und selbst Franz Moor – gute Ideen und Triebe haben können, so dass die Entstehung ‚des Bösen' bei ihnen allererst erläuterungsbedürftig wird. Tatsächlich hatte Christian Garve im erwähnten Kommentar festgehalten:

> „Wir wollen das größte Laster nehmen, was wir kennen; den Mord. Man kann ihn in zwey Gesichtspunkten betrachten; in seinen Folgen und in seinem Ursprung. In seinen Folgen ist er nichts ärgers als der Tod eines Menschen, der doch durch Krankheit oder Alter würde getödtet worden seyn; den auch ein Wetterstrahl, oder der Einsturz eines Hauses hätte umbringen können. In seinem Ursprunge ist er ein Zustand eines hassenden, übelwollenden, rachgierigen, mit einem Wort der Zustand eines unvollkommnen Geistes. Aber nicht eines durchaus unvollkommnen: denn eben dieser Mensch hat noch viele Ideen, die richtig sind, viel Triebe die gut, viele Thätigkeiten die edel sind; also nur eines minder vollkommnen."[7]

Garve – und mit ihm Schiller[8] – zielen darauf ab, die Annahme, es gebe einen Menschen, der grundlegend böse sei, weil er das Böse *will*, als irrational zurückzuweisen. Wollen kann der Mensch, diesem ganz wolffianischen Rationalismus gemäß,

---

5 Vgl. hierzu u.a. *Gisi* 2007, S. 80 ff. u. S. 367 ff.
6 *Schiller* 1959, Bd. I, S. 487.
7 *Garve* 1772, S. 377 f.; zu Garves Ferguson-Kommentar vgl. *Falduto* 2021, S. 45-65.
8 Siehe hierzu schon *von Wiese* 1959, S. 77 ff.

nämlich nur das Gute. Unmoralisches Handeln ist nach dieser Vollkommenheitsethik nicht schlechthin böse, sondern lediglich weniger gut bzw. vollkommen, und zwar deshalb, weil ein Mensch, der eine oder gar mehrere unmoralische Handlungen begeht, durchaus noch andere Vorstellungen und Handlungsziele haben kann, die als gut beurteilt werden können oder gar müssen. Eben darum ist es Schiller mit seinem ungewöhnlichen Schauspiel tatsächlich zu tun: gemischte Charaktere auf die Bühne zu bringen und deren unmoralische Handlungen psychologisch zu plausibilisieren, was nur dann möglich und sinnvoll ist, wenn sie nicht schlechthin böse sind – und das gilt auch und in besonderem Maße für den Räuber Karl Moor und seinen Bruder. Zu diesem Zweck beruft sich Schiller auf Christian Garves moralphilosophische Anmerkungen, die einem größeren Publikum bekannt waren.[9]

Selbst Franz Moor – von der Forschung vor dem Hintergrund der späteren Selbstrezension Schillers, die von dem Konzept der ersten Vorrede erheblich abweicht, bevorzugt als „Ungeheuer", als Inkarnation des radikalen Bösen interpretiert[10] – müsste vor dem Hintergrund dieser wolffianischen Vollkommenheitsethik[11] gute Ideen und Triebe haben, und erst diese Tatsache macht eine poetische Genealogie seiner größten Laster erklärungsmöglich und -notwendig. Nach der unterdrückten Vorrede besteht darin Schillers entscheidendes Darstellungsinteresse: die Entstehung des größten Lasters in einem an sich oder immerhin auch noch guten Gemüt.

Erst im Rahmen dieser zentralen Problemlage einer praktischen Anthropologie der Genealogie des Bösen firmieren ‚polittheoretische' Fragen, wie die Begriffe von Freiheit, Recht und Gesetz der Natur und des Staates, die Begriffe von Macht, Herrschaft und Politik, von Republik und Despotismus. Die ethische Kontroverse ist da-

---

9   Vgl. hierzu *Koch-Schwarzer* 1998, S. 271 f.
10   Auf der Grundlage der Selbstrezension von 1782 (siehe *Grawe* 2017, S. 180-200) *Schings* 1982, S. 16 ff. sowie *Riedel* 1993, S. 202 ff.; zur Kritik hieran vgl. schon Norbert Oellers in der Diskussion mit *Schings* 1982, S. 21 f.
11   Auch bei Christian Wolff nämlich ist der Begriff der bösen Handlung insofern relational bzw. prozesshaft gedacht, als sie einen vorherigen Zustand einer Person unvollkommener macht, nicht aber aus einer substanziellen Unvollkommenheit in praktischer Hinsicht erfolgt. Der Grund dafür besteht darin, dass der Mensch nach Wolff das Böse nicht *als Böses* wollen kann, sondern als Unvollkommenes nur nicht-wollen kann; sucht er es dennoch zu verwirklichen, dann lediglich, weil er es als Böses nicht erkennt und damit einem nur scheinbar Guten nachstrebt. Böses bzw. lasterhaftes Verhalten basiert nach Wolff mithin auf einem Erkenntnisirrtum: „Gleichergestalt ist die Erkäntniß des Bösen ein Bewegungs-Grund des nicht Wollens (§ 496 Met.), oder des Abscheues für einem Dinge (§ 495 Met). Wer die freye Handlungen der Menschen die vor und an sich böse sind (§ 5.), deutlich begriffet, der erkennet, daß sie böse sind (§ 206 Met). Und daher ist das Böse, was wir an ihnen wahrnehmen, - ein Bewegungs-Grund, daß wir sie nicht wollen. Da nun nicht möglich ist, daß etwas zugleich ein Bewegungs-Grund zum Nicht-Wollen und zum Wollen seyn kann (§ 10 Met); so gehet es auch nicht an, daß man eine an sich böse Handlung wollen solte, wenn man sie deutlich begriffet. Und daher sind sie so beschaffen, daß sie nur können nicht gewolt werden, oder daß man für ihnen einen Abscheu haben muß, wenn man sie deutlich begriffet. Wenn wir sie wollen, ist keine andere Ursache, als daß wir sie nicht kennen, sondern für etwas anders ansehen als sie sind." (*Wolff* 1733, S. 8 [§ 7 ff.]); vgl. hierzu auch *Schwaiger* 2018, S. 253-268.

bei im Kern eine Auseinandersetzung Schillers mit den Tendenzen eines Materialismus, der nicht allein durch die intensive Rezeption La Mettries, D'Holbachs oder Helvétius' in den deutschsprachigen Landen beförderte wurde,[12] sondern auch und vor allem durch jene physische Fundamentalanthropologie Vorschub erhielt, die als eine neue Form von prima philosophia in den 1770er Jahren an deutschsprachigen Universitäten Karriere machte[13] und an der auch Schiller als Mediziner partizipierte.[14] Schiller reflektiert mit seinem Stück folglich vor allem ethische Konsequenzen einer anthropologischen Grundlagentheorie, der er selber als Mediziner Vorschub leistete, die jedoch als „kühner Angriff des Materialismus"[15] – so der junge Dramatiker – nicht nur ethische, sondern auch politische Konsequenzen habe. Die staatspolitischen Themen in den *Räubern* können mithin erst auf der Grundlage einer angemessen Lozierung in den ethisch-anthropologischen Kontext des Stückes verstanden werden.

2. Zwei Despoten?

Es ist vielfach darauf hingewiesen worden, dass die Brüder Karl und Franz Moor, die sich kein einziges Mal auf der Bühne begegnen, neben vielerlei Unterschieden auch eine Reihe von Gemeinsamkeiten aufweisen.[16] Schon in charakterlicher Hinsicht gleicht sich ihr ungeduldiges Wüten gegen einen „Schneckengang" der Materie (Franz, 521) und einen solchen des durch Gesetze eingeschränkten Willens des ganzen Kerls (Karl, 504). In staatspolitischer Hinsicht besteht eine solche Gemeinsamkeit in der Tatsache, dass beide Brüder – wenngleich unterschiedlichen – Gemeinwesen als Souveräne vorstehen. Dabei ist Karl der Herrscher über eine Räuberbande, während sich Franz zum Herrscher einer sogenannten ‚unvollkommenen Gemeinschaft' intrigieren möchte, die er als Graf zu führen beabsichtigt. Als unvollkommene Gemeinschaften galten schon Aristoteles, Thomas von Aquin und noch der frühen Neuzeit solche Gesellschaften,[17] die wie Familien oder Familiengemeinschaften unterhalb der durch Übereinkunft oder Vertrag zustande gekommenen vollkommenen Gemeinschaft des Staates oder von Staatengemeinschaften als durch Natur konstituiert galten. Eine Grafschaft galt im 18. Jahrhundert als eine solche unvollkommene Gemeinschaft, weil sie der Staatsebene subordiniert war und dennoch eine

---

12 Vgl. hierzu u. a. *Krebs* 2006.
13 Vgl. *Nowitzki* 2003; *Stiening* 2004; *Wunderlich* 2012.
14 Vgl. hierzu u. a. *Riedel* 1998, S. 547-559.
15 So in der *Theosophie des Julius*. In: *Schiller* 1959, Bd. V, 344; zum Status der *Philosophischen Briefe* als Kontext der *Räuber* vgl. *Schings* 1982 sowie *Riedel* 1993.
16 Vgl. hierzu u. a. *Steinhagen* 1982, S. 142 f.; *Brittnacher* 1998, S. 336 ff.; *Oellers* 2005, S. 128 f.; *Hinderer* 2006, S. 37 f.; *Sautermeister* 2006, S. 36.
17 Vgl. hierzu u. a. *Böckenförde* [2]2006, S. 121 ff.

Herrschaftsordnung etablierte, die den Grafen als eine machtvolle Einheit von Exekutive, Judikative und Verwaltung begriff, welche durch natürliche Nachfolge je neu besetzt wurde; letztere musste durch den souveränen Territorialherren allerdings bestätigt werden.[18]

Hingegen galten Räuberbanden seit Augustinus[19] und noch für Jean Bodin als solche Vergemeinschaftungen, die sich im Unterschied zum souveränen Staat nicht an Gesetzesordnungen hielten; so heißt es in den *Sechs Büchern über die Republik*:

> „Unter Staat versteht man die am Recht orientierte, souveräne Regierungsgewalt über eine Vielzahl von Haushaltungen und das, was ihnen gemeinsam ist. […] Dadurch unterschieden sich Staaten von Räuber- und Piratenbanden, an denen man sich nicht beteiligen und mit denen man weder Handel treiben, noch Bündnisse schließen darf. [...] Wohlgeordnete Staaten gründen auf Rechtsgrundsätzen, die Räuber und Piraten gerade zu beseitigen suchen."[20]

Nun werden diese in der Staatstheorie klar fixierten Distinktionen zwischen unvollkommenen und vollkommenen Gesellschaften einerseits sowie Räuberbanden und Staaten andererseits von Schiller in signifikanter Weise unterlaufen. Denn einerseits ist die moorsche Bande eine Gemeinschaft, die durchaus nach Gesetzen organisiert ist, so heißt es über Moors Handlungsziele als Räuber und Räuberhauptmann:

> „Er mordet nicht um den Raubes willen wie wir – nach dem Geld schien er nicht mehr zu fragen, sobald ers vollauf haben konnte, und selbst sein Drittteil an der Beute, das ihn von Rechts wegen trifft, verschenkt er an Waisenkinder, oder läßt damit arme Jungen von Hoffnung studieren." (541)

Neben dem zentralen Hinweis auf Moors moralisch-integre Gesinnung auch in seinen räuberischen Handlungen, die nicht auf die Maximierung des eigenen Gewinns, sondern auf die Schröpfung Reicher zum Vorteil Unterprivilegierter abzielen, wird vor allem deutlich, dass es in den *Räubern* Formen einer gesetzlichen Regulierung der Räuberbande gibt, die u. a. ihrem Hauptmann ein Drittel der Beute eines jeden Raubzuges zusicherte. Tatsächlich sind solcherart zumeist ungeschriebener Rechts-

---

18 Vgl. hierzu u.a. *Dipper* 1990, S. 200 ff. sowie *Alt* 2000, B. I, S. 291.
19 *Augustinus* [4]1977, S. 173 f.: „Was sind überhaupt Reiche, wenn die Gerechtigkeit fehlt, anderes als große Räuberbanden? Sind doch auch Räuberbanden nichts anderes als kleine Reiche. Sie sind eine Schar von Menschen, werden geleitet durch das Regiment eines Anführers, zusammengehalten durch Vertrag der Gesellschaft und teilen ihre Beute nach Maßgabe ihrer Übereinkunft. Wenn eine solch schlimme Gesellschaft durch den Beitritt verworfener Menschen so ins Große wächst, daß sie Gebiete besetzt, Niederlassungen gründet, Staaten erobert und Völker unterwirft, so kann sie mit Fug und Recht den Namen ‚Reich' annehmen, den ihr nunmehr die Öffentlichkeit beilegt, nicht als wäre die Habgier erloschen, sondern weil Straflosigkeit dafür eingetreten ist. Hübsch und wahr ist der Ausspruch den ein ertappter Seeräuber Alexander dem Großen gegenüber getan hat. Auf die Frage des Königs, was ihm denn einfalle, daß er das Meer unsicher mache, erwiderte er mit freimütigem Trotz: Und was fällt dir ein, daß du den Erdkreis unsicher machst? aber freilich, weil ich es mit einem armseligen Fahrzeug tue, nennt man mich einen Räuber, und dich nennt man Gebieter, weil du es mit einer großen Flotte tust."
20 *Bodin* 1976, S. 8 f.

ordnungen von Räuberbanden des 18. Jahrhunderts nachweisbar;[21] vergleichbares gilt für Piraten.[22] Gegen die in der politischen *Theorie* wirksamen Begriffe von Räuber- und Piratengemeinschaften stattet Schiller die moorsche Bande mit einer Rechtsordnung aus, die den *Realien* der normativen Ordnungen solcher Gemeinschaften extra societatem eher entsprach. Damit aber nähert er in einem ersten Schritt die Räuberbande Karls der Grafschaft Franzens an.

Der zweite Schritt dieses Annäherungsprozesses erfolgt durch die Charakterisierung des angemaßten Grafen als Räuber. Nachdem ihm Daniel die wahren Hintergründe seiner Verstoßung durch den Vater berichtet hat, stammelt es aus Karl Moor heraus:

> „MOOR *(auffahrend aus schröcklichem Pausen).* Betrogen, betrogen! da fährt es über meine Seele wie der Blitz! Spitzbübische Künste! Himmel und Hölle! nicht du, Vater! *Spitzbübische Künste! Mörder, Räuber* durch spitzbübische Künste! Angeschwärzt von ihm! verfälscht, unterdrückt meine Briefe – voll Liebe sein Herz – oh ich Ungeheuer von einem Toren – voll Liebe sein Vaterherz – oh Schelmerei, Schelmerei! Es hätte mich einen Fußfall gekostet, es hätte mich eine Träne gekostet – oh ich blöder, blöder, blöder Tor! *(Wider die Wand rennend).* Ich hätte glücklich sein können – oh Büberei, Büberei! das Glück meines Lebens bübisch, bübisch hinwegbetrogen. *(Er läuft wütend auf und nieder).* Mörder, Räuber durch spitzbübische Künste! – Er grollte nicht einmal! Nicht ein Gedanke von Fluch in seinem Herzen – oh Bösewicht! unbegreiflicher, schleichender, abscheulicher Bösewicht!" (581)

Zwei Mal gleich belegt Karl seinen Bruder mit den Prädikaten „Mörder" und „Räuber"; Mörder an seinem Vater nämlich und Räuber an der ihm als ältestem Sohn zustehenden Grafschaft. Tatsächlich ist dieser angemaßte Graf Franz Moor in seinen Stand als Machthaber nur durch Betrug und Mordversuch an Vater und Bruder geraten, was ihm noch gegen Ende des Stückes der Vertreter der Kirche als größte denkbare Sünden vorrechnen wird.[23] Unabhängig von dieser noch zu betrachtenden weltanschaulichen Wertung wird doch durch den Handlungsverlauf ersichtlich, dass Karl seinen Bruder durchaus zu Recht als einen solchen „Räuber" bezeichnet, zu dem er selbst durch den Vorschlag Spiegelbergs und unter den Bedingungen des brüderlichen Betruges nach seinen studentischen Fehlverhalten wurde.[24] „Räuber" als illegitime Herrscher einer illegitimen Gemeinschaft sind also beide Brüder – und dies durch erhebliches Zutun des je anderen.

Eine dritte Gemeinsamkeit, die mehr die beiden Sozialsysteme als die Brüder betrifft, besteht darin, dass sowohl die Räuberbande als die Grafschaft von Freigeistern beherrscht bzw. konstituiert wird; werden schon in der Personentafel Spiegelberg, Schweizer, Grimm, Razmann, Schufterle, Roller, Kosinsky und Schwarz als Liber-

---

21 Vgl. hierzu *Sarkowski* 1993, Bd. 1, S. 9-22, spez. S. 14 ff.
22 *Angster* 2012, S. 247 ff.
23 Vgl. hierzu *Schiller* 1959, Bd. I, S. 606.
24 Vgl. hierzu auch *Oellers* 2005, S. 118.

tins bezeichnet, die hernach Räuber geworden seien (491) – was besonders für Kosinsky seltsam anmutet –, so wird Franz ohne jeden Zweifel ebenfalls als Libertin gezeichnet, d.h. als ein Charakter, der sich geltenden moralischen und konventionellen Normen nicht unterwirft, weil es ihm an dem Glauben an jene Instanz gebricht, die die Verbindlichkeit solcher Normen garantiert: Gott.[25] In beiden – wie sich gleich zeigen soll – despotisch regierten Gemeinschaften wirkt also ein libertiner Atheismus, und zwar – so Schillers Suggestion – als Ursache jener politischen Deformation.

Eine vierte Parallele beider Brüder als Herrscher zeigt sich in der Art ihrer Machtausübung, denn beide gerieren sich als Despoten bzw. Tyrannen.[26] Die Despotie bzw. die Tyrannis wurde in der politischen Theorie des 18. Jahrhunderts durch eine Reihe von Kriterien bestimmt, von denen hier nur zwei anhand zweier politischer Philosophien vorgestellt seien: Für Christian Wolff besteht die Tyrannis in der Verkehrung der Regierungszwecke vom Gemein- auf das herrscherliche Partikularwohl:

„Wenn die Sorge für die gemeine Wohlfahrt und Sicherheit einem angetragen wird, und zwar schlechterdings, so daß er ohne besondere Einwilligung entweder einiger oder aller von den Untertanen anordnen kann, was er für gut befindet, so nennt man es eine Monarchie: welche zur Tyrannei wird, wenn die regierende Person wieder die gemeine Wohlfahrt und Sicherheit mit Vorsatz handelt und nur ihren besonderen Vorteil zu ihrer Hauptansicht macht. Solchergestalt ist die Monarchie eine Regierungsform, da ein einziger zu Beförderung der gemeinen Wohlfahrt und Sicherheit herrscht: hingegen die Tyrannei ist eine Regierungsform, da ein einziger zu Beförderung seines besonderen Vorteiles herrscht."[27]

Wie noch für Georg Büchner[28] wird der Tyrann von Christian Wolff als ein Herrscher bestimmt, der den Staat nicht als Mittel der Gemeinwohl- und Sicherheitsmaximierung, sondern als Instrument der individuellen Eigeninteressen benutzt bzw. missbraucht. Für die Göttinger Naturrechtler Gottfried Achenwall und Johann Stephan Pütter hingegen wird die Despotie vor allem durch die uneingeschränkte Machtfülle des Souveräns charakterisiert:

„Die Herrschaft besteht entweder über alle Handlungen der Untertanen, oder nicht. Jene heißt *despotische*, diese *eingeschränkte*. [...] Soweit der Herrscher nicht eingeschränkt ist, kann er nach seinem Belieben handeln, soweit er eingeschränkt ist kann er nicht nach seinem Belieben handeln."[29]

---

25 Vgl. hierzu u. a. *Pietsch* 2016, S. 163-196.
26 Siehe hierzu u. a. *Michelsen* 1979, S. 87; *Hinderer* 2006, S. 11-66, hier S. 38, beide Interpreten psychologisieren den Despotismus-Begriff jedoch im Sinne einer „tyrannischen Selbstherrlichkeit" Karls, was den eigentlich politischen Gehalt dieser Herrschaftsform verfehlt; sie reproduzieren damit – wie sich zeigen wird – unreflektiert Schillers eigene Moralisierung der Politik.
27 *Wolff* 2004, S. 181 (§ 234).
28 Vgl. hierzu *Stiening* 2012, S. 21-45.
29 *Achenwall/Pütter* 1995, S. 183 (§ 572 ff.).

Tatsächlich ist im Hinblick auf beide Brüder nicht zu bestreiten, dass sie im Rahmen ihres Herrschaftshandelns *zum einen* vor allem ihr Partikularwohl verfolgen – beide handeln, wie sich zeigen wir, aus gekränkter Eitelkeit – und *zum anderen* eine durch nichts eingeschränkte Machtfülle für sich in Anspruch nehmen – auch wenn sie deren Grenzen immer wieder erfahren; so faucht Karl im Zusammenhang der Bestrafung eines seiner räuberischen ‚Untertanen', der wegen Grausamkeiten gegen Säuglinge mit dem Ausstoß aus der Bande bestraft wird,[30] seine Leute an:

> „Fort Ungeheuer! Laß dich nimmer unter meiner Bande sehen! Murrt ihr! – Überlegt ihr? – Wer überlegt, wann ich befehle? – Fort mit ihm, sag ich, – es sind noch mehr unter euch, die meinem Grimm reif sind. Ich kenne dich, Spiegelberg. Aber ich will nächstens unter euch treten, und fürchterlich Musterung halten." (547)

Karls Befehle – die Gebote, Verbote und Erlaubnisse eines souveränen Herrschers – dulden keinerlei Überlegung oder gar Zweifel ob ihrer Rationalität; sein Wille ist gegenüber den rationalen Erwägungen seiner Untertanen indifferent, weil unbedingt; das galt schon in Theorie und Praxis für Jakob I.[31] und noch für das Handeln Louis XVI.[32]

Gleiches gilt für seinen Bruder – zumindest hinsichtlich seines Selbstverständnisses (beide stampfen auch gerne mit dem Fuß auf, und zwar zur Verstärkung ihrer Wünsche, die allen anderen Befehle sein sollen, oder als Zeichen des Unmuts über deren Nicht-Erfüllung[33]). Franz Moor macht nämlich schon gleich zu Beginn des Stückes deutlich, dass und warum er nicht nur unbedingt herrschen will, sondern was Herrschaft für ihn bedeutet: „Ich will alles um mich her ausrotten, was mich einschränkt, daß ich nicht *Herr* bin. *Herr* muß ich sein, […]." (502) Anschließend erfolgt eine hier noch nicht interessierende psychologische Begründung für die Notwendigkeit dieses Begehrens. Entscheidend ist an dieser Stelle, dass Franz eine Einschränkung seiner herrscherlichen Macht, so beispielsweise durch Gewaltenteilung, mit aller Gewalt verhindern will, um uneingeschränkt zu herrschen – wie sein Bruder. Darüber hinaus ist er nicht bereit – und auch nicht genötigt – die spätestens seit Bodin anerkannten Instanzen zur Einschränkung der herrscherlichen Souveränität –

---

30 Erkennbar übt Moor an dieser Stelle die Rolle eines Richters aus, der die verhängte Strafe allerdings als Exekutor auch gleich ausführt. Erkennbar ist darüber hinaus, dass das Strafrecht der Räuberbande, vor allem aber ihr Strafkatalog als eingeschränkt zu bezeichnen ist, weil es offenkundig nur die Todes- und die Verbannungsstrafe gibt; dieses eigentümliche Strafverständnis verbindet Moors Räuberbande mit einigen aufklärerischen Utopien – wie der *Idylle von Clarence* –, die auf Fehlverhalten ebenfalls nur mit dem Ausschluss aus der Gemeinschaft reagieren, und zwar deshalb, weil in ihnen als zwanglosen Vergemeinschaftungen Strafe nicht erwünscht bzw. an sich unmöglich ist; eben so entstehen jene drakonischen Strafen, wie sie auch Moors Bande auszeichnen, vgl. hierzu u.a. *Stiening* 2016, S. 61-103.
31 Vgl. hierzu die exzellente Biographie von *Asch* 2006, insb. S. 114-132.
32 Siehe hierzu *Israel* 2017, S. 193 ff.
33 Vgl. hierzu auch *Alt* 2000, Bd. I, S. 285 f.

Gott und das Naturrecht[34] – zu akzeptieren. So fordert er gegenüber dem Diener Daniel „blinden Gehorsam" und kann dessen Einwänden, solange die Befehle des Herrn „nicht wider Gott und mein Gewissen" gingen, entgegenhalten:

> „FRANZ. Possen, Possen! Schämst du dich nicht? Ein alter Mann, und an das Weihnachtmärchen zu glauben! Geh Daniel! das war ein dummer Gedanke. Ich bin ja Herr. Mich werden Gott und Gewissen strafen, wenn es ja einen Gott und ein Gewissen gibt.
> DANIEL schlägt die Hände zusammen. Barmherziger Himmel!
> FRANZ. Bei deinem Gehorsam! Verstehst du das Wort auch? Bei deinem Gehorsam befehl ich dir, morgen darf der Graf nimmer unter den Lebendigen wandeln.
> DANIEL. Hilf, heiliger Gott! Weswegen?
> FRANZ. Bei deinem blinden Gehorsam! – und an dich werd ich mich halten." (574 f.)

Wenn Gott als Urheber, Geltungs- und Verbindlichkeitsgarant der göttlichen Gesetze und das Gewissen als Realisationsinstanz des Naturrechts, d. h. als forum Dei, inexistent sind, dann kann es auch keine Einschränkung absolutistischer Herrschaft geben, weil es überhaupt keine Schranken souveräner Macht gibt. Als Materialist und Atheist, der weder Gott und seine Gesetze noch die überpositiven Gesetze des Naturrechts anerkennen muss, kann Franz folglich ebenso despotisch sein wie sein stets gottgefälliger Bruder – er muss es *als Materialist* allerdings nicht, wie sich zeigen wird.[35] Schiller analysiert mit einiger Präzision, dass die Unbedingtheit und Willkürlichkeit absolutistischer Souveränität, die sich stets und notwendig im Status des *legibus solutus*, einer schon im römischen Recht gesetzlich garantierten Position, die oberhalb oder gar gegen die geltenden Gesetze agieren können sollte, vollkommen unabhängig von ihrer theologischen oder atheistischen Legitimation begründet und ausgeübt werden konnte.[36] Sowohl der ungläubige Franz, der einen Mord in Auftrag geben kann, als auch der gläubige Karl, der selber gemordet sowie Raub und Vergewaltigung ermöglicht bzw. erlaubt hat, agieren hemmungslos *legibus solutus*; allerdings wird Karl am Ende des Stückes im Namen des Naturrechts eine Wendung vollziehen.

Dass aber despotische oder tyrannische Herrschaft als uneingeschränkt, willkürliche und mehr um das eigene als das Gemeinwohl bekümmerte Souveränitätsausübung ein zentrales Thema des Stückes sein sollte bzw. tatsächlich ist, wurde dem Text auch durch die vom Verleger für die zweite Auflage veranlassten Titelvignette eingeschrieben, die den Topos des *In Tyrannos* an einem zum Sprung ansetzenden, also zur gewaltsamen Tat bereiten Löwen visualisiert:

---

34 Siehe hierzu u.a. *Stiening* 2014, S. 191-211.
35 Vgl. hierzu u.a. *Hüning* 2014, S. 425-455 sowie *Stiening* 2021 [i.D.].
36 Vgl. hierzu u.a. *Wyduckel* 1979 sowie *Stiening* 2020, S. 283-305.

Die
Räuber.

(━━━━━━━)

Ein Schauspiel
von fünf Akten,
herausgegeben
von
Friderich Schiller.

in Sirajno.

Zwote verbefferte Auflage.

Frankfurt und Leipzig.
bei Tobias Löffler.
1 7 8 2.

Diese drastische Visualisierung der antityrannischen Ausrichtung des Stückes über-
pointiert zweifellos dessen politischen Gehalt, gerade weil sie das despotische Sub-
strat des sich antityrannisch gebärdenden ‚Löwen' und Räuberhauptmanns Karl
Moor nur bedingt reflektiert. In zwei Szenen wird jedoch der despotische Charakter
der offiziellen staatlichen Macht um die Mitte des 18. Jahrhunderts mit Nachdruck
vorgeführt.[37]

---

37 Dass die vorgeführten Formen von Willkürherrschaft durchaus den Realien entsprachen, lässt
sich nachlesen bei *Sieg* 2003.

30

3. Das „Joch des Despotismus"

In diesen zwei Szenen führt Schiller ausführlich vor, welche Dimensionen von Willkürherrschaft und damit Despotie bzw. Tyrannei nicht nur in Grafschaft und Räuberbande der Moors, sondern in den zeitgenössischen deutschen Staaten nach dem 7-jährigen Krieg wirklich wirksam waren. Tatsächlich sind dies die wenig echten *politischen* Szenen, weil sie Formen tyrannischer Herrschaftsausübung vorführen, die den antidespotischen Impetus des Stückes tragen; zugleich dienen sie dazu, den Ausstieg des Räubers Moor aus diesem Staatsgefüge und damit seinen Eintritt in den Naturzustand, in dem eine Räuberbande gegenüber dem status civilis stand,[38] zu legitimieren.

Dazu zählt zum einen die Geschichte des „böhmischen Edelmannes" und „Herkules" Kosinsky, der um die Aufnahme in die moorsche Räuberbande bei deren Hauptmann bittet. Es gibt in dieser Bande also nicht nur eine Rechtsordnung hinsichtlich der Beuteteilung und ein – wenngleich schmales – Strafrecht, sondern auch Regularien für die Aufnahme in die Gemeinschaft, über die offenbar der Souverän allein zu entscheiden hatte. Moor weist das Begehren Kosinsky zunächst in gewohnt borniertier Manie zurück, weil er dem 24-jährigen und damit kaum Jüngeren eine Räuberromantik unterstellt, die nicht hinreichend bedenke, dass man mit dem Austritt aus dem status civilis und dem Eintritt in eine Gemeinschaft extra societatem „gleichsam aus dem Kreise der Menschheit" (566) heraustrete. Damit wird das Leben im Staate zu einem Anthropologicum erklärt und die Existenz außerhalb seiner zu einer viehischen reduziert. Tatsächlich hatte Spiegelberg von gewaltsamen Grausamkeiten berichtet, von denen er als großem Spaß der Bande im Modus des Männerwitzes berichtete; dabei handelte es sich um den nächtlichen Überfall auf ein Nonnenkloster, das von Spiegelberg und seinen Leuten nicht nur geplündert wurde, sondern deren Insassen von den Dieben auf grausame Weise erniedrigt und vergewaltigt worden waren:

> „[U]nd endlich gar die alte Schnurre, die Äbtissin, angezogen wie Eva vor dem Fall – du weißt, Bruder, daß mir auf diesem weiten Erdenrund kein Geschöpf so zuwider ist als eine Spinne und ein altes Weib, und nun denk dir einmal die schwarzbraune, runzligte, zottigte Vettel vor mir herumtanzen, und mich bei ihrer jungfräulichen Sittsamkeit beschwören – alle Teufel! ich hatte schon den Ellbogen angesetzt, ihr die übriggebliebenen wenigen Edlen vollends in den Mastdarm zu stoßen – kurz resolviert! entweder heraus mit dem Silbergeschirr, mit dem Klosterschatz und allen den blanken Tälerchen, oder – meine Kerls verstanden mich schon – ich sage dir, ich hab aus dem Kloster mehr dann tausend Taler Werts geschleift, und den Spaß obendrein, und meine Kerls haben ihnen ein Andenken hinterlassen, sie werden ihre neun Monate dran zu schleppen haben." (537)

---

38 Vgl. hierzu auch *Stiening* 2016a, S. 485-522.

Es sind eben u.a. diese sexuellen Gewalttaten,[39] die Moors Bande zu einer Despotie, einer Gewaltherrschaft im Sinne des Wortes machen, die aber zugleich die tyrannischen Herrschaftsformen der bestehenden Staaten lediglich spiegeln. Denn Kosinskys Verlobte erfährt ein ähnliches Schicksal, als sie kurz vor der Heirat mit dem Edelmann, der sie – obwohl bürgerlichen Standes – zur Frau nehmen will, an den böhmischen Hof entführt und dort unter der Drohung der Ermordung ihres gefangen gesetzten Verlobten in den Status einer Mätresse gepresst wird.[40]

Erst nach dem Bericht dieser Vorgänge ist Karl Moor bereit, Kosinsky in seine Räuberbande aufzunehmen; dies allerdings nicht, weil er Kosinskys Eignung nun anders einschätzte, sondern lediglich, weil er sich durch dessen Geschichte an seine eigene Liebesverwicklungen erinnert sieht. Erneut zeigt sich an dieser Szene nicht nur das von Kosinsky beklagte „Joch des Despotismus" der legitimen Staaten, sondern auch die Tyrannei Karl Moors, der sein herrscherliches Handeln – hier die Neuaufnahmen eines Untertanen und die anschließend erfolgte sofortige Abreise der gesamten Bande in seine Heimat – an den Partikularinteressen und Idiosynkrasien seiner Person und nicht etwa an dem Gemeinwohl der Bande ausrichtet. Karl Moor, und nicht nur sein Bruder, sind präzise Realisationen der Tyrannentheorie Christian Wolffs und Gottfried Achenwalls im Medium der Dichtung.

Das zweite Beispiel staatlicher Willkür wird mit dem Auftritt des Paters als Abgesandten des Magistrats jener Stadt, die Moor mit seiner Räuberbande geplündert und in Schutt und Asche gelegt hat, ausgestellt. Nachdem dieser kirchliche Emissär der weltlichen Macht den Räuberhauptmann ausführlich als „Beutelschneider! Gaunerkönig! Großmogul aller Schelmen unter der Sonne" (530) beschimpft hat, kommt er zu seinem eigentlichen Anliegen, dem Angebot einer vermilderten Strafe, wenn Moor aufgäbe und sich stellte; dieses Angebot fällt wie folgt aus:

> „PATER. Höre dann, wie gütig, wie langmütig das Gericht mit dir Böswicht verfährt. Wirst du itzt gleich zum Kreuz kriechen, und um Gnade und Schonung flehen, siehe, so wird dir die Strenge selbst Erbarmen, die Gerechtigkeit eine liebende Mutter sein – sie drückt das Auge bei der Hälfte deiner Verbrechen zu, und läßt es – denk doch! – und läßt es bei dem Rade bewenden." (551)

Tatsächlich war das Rädern, ein gewaltsames Zerbrechen der Körperknochen mit einem Wagenrad, eine im 17. und 18. Jahrhundert weitverbreitet, zugleich „nicht die fürchterlichste" Strafmethode.[41] Sie wurde für schwere Vergehen, wie Raub- oder

---

39 Bemerkenswerter Weise geht Hans Mayer (1985, S. 345–349), der Spiegelberg zum „närrischen Außenseiter" stilisiert, auf diese außerordentlichen Grausamkeiten der Figur nicht ein.

40 Erkennbar wird diese Form despotischer Gewalt gegen Frauen auch in den Versuchen Franzens inszeniert, sich der Zuneigung Amalias zu versichern (556 ff., 571 f.), die sich jedoch der Übergriffe erwehrt und so nicht nur ihre ‚Standhaftigkeit', sondern vor allem Franzens Schwäche dokumentiert; der Atheist ist nach Schiller eben nicht nur ein angemaßter Despot, sondern auch kein „ganzer Kerl"; er ist vielmehr ein Schwächling.

41 Vgl. hierzu *Evans* 2020, S. 59 ff., S. 92 ff. u. ö.

Familienmord verordnet und öffentlich vollstreckt. Dabei gab es das ‚Rädern von Unten und von Oben‘, wobei ersteres besonders grausam war, weil der Delinquent erst spät das Bewusstsein verlor, aber es gab auch immer noch das öffentliche Verbrennen (bspw. für Homosexualität)[42] oder das allmähliche Eintauchen in siedendes Öl.[43] Das Angebot des Magistrats ist folglich tatsächlich als relative Milde zu verstehen, weil es strengere Strafen gab, und zugleich als Ankündigung willkürlicher Grausamkeit einer despotischen Gewaltherrschaft an einem Räuberhauptmann erkennbar, der nach dem moralischen Kriterium der Verteilungsgerechtigkeit agiert. Auf dieses Movens macht Moor auch zunächst ausdrücklich aufmerksam:

> „MOOR. Wahr ists, ich habe den Reichsgrafen erschlagen, die Dominikuskirche angezündet und geplündert, hab Feuerbrände in eure bigotte Stadt geworfen, und den Pulverturm über die Häupter guter Christen herabgestürzt – aber das ist noch nicht alles. Ich habe noch mehr getan. *Er streckt seine rechte Hand aus.* Bemerken Sie die vier kostbaren Ringe, die ich an jedem Finger trage – gehen Sie hin, und richten Sie Punkt für Punkt den Herren des Gerichts über Leben und Tod aus, was Sie sehen und hören werden – diesen Rubin zog ich einem Minister vom Finger, den ich auf der Jagd zu den Füßen seines Fürsten niederwarf. Er hatte sich aus dem Pöbelstaub zu seinem ersten Günstling emporgeschmeichelt, der Fall seines Nachbars war seiner Hoheit Schemel – Tränen der Waisen huben ihn auf. Diesen Demant zog ich einem Finanzrat ab, der Ehrenstellen und Ämter an die Meistbietenden verkaufte und den traurenden Patrioten von seiner Türe stieß. – Diesen Achat trag ich einem Pfaffen Ihres Gelichters zur Ehre, den ich mit eigener Hand erwürgte, als er auf offener Kanzel geweint hatte, daß die Inquisition so in Zerfall käme – ich könnte Ihnen noch mehr Geschichten von meinen Ringen erzählen, [...].“ (552)

Moor beraubt vor allem die Räuber und Betrüger ‚von Staatswegen‘[44] und sieht sich damit in seinem verbrecherischen Handeln – zumindest zu diesem Zeitpunkt – legitimiert. Zugleich delegitimiert er jene Instanz, die über ihn Gericht zu sitzen beansprucht, den städtischen Magistrat als Erscheinungsform staatlicher Macht. Deren Verbindung als Instanz weltlicher Herrschaft mit der Institution der Kirche als Kollaboration zwischen Thron und Altar wird Moor in einem zweiten Argumentationsschritt anklagen, zu dem ihn der Pater mit einer theologisch tingierten Verurteilung reizt:

> „MOOR. Da donnern sie Sanftmut und Duldung aus ihren Wolken, und bringen dem Gott der Liebe Menschenopfer wie einem feuerarmigen Moloch – predigen Liebe des Nächsten, und fluchen den achtzigjährigen Blinden von ihren Türen hinweg; – stürmen wider den Geiz und haben Peru um goldner Spangen willen entvölkert und die Heiden wie Zugvieh vor ihre Wagen gespannt – Sie zerbrechen sich die Köpfe, wie es doch möglich gewesen wäre, daß die Natur hätte können einen Ischariot schaffen, und nicht der

---

42 Vgl. hierzu u.a. *Dabhoiwala* 2014, S. 152-164.
43 *Evans* 2020, S. 60.
44 So eine Formel aus dem *Hessischen Landboten* (*Büchner* 1992/99, Bd. I, S. 56), die präzise auf die *Räuber* anzuwenden ist.

Schlimmste unter ihnen würde den dreieinigen Gott um zehen Silberlinge verraten. – O über euch Pharisäer, euch Falschmünzer der Wahrheit, euch Affen der Gottheit! Ihr scheut euch nicht, vor Kreuz und Altären zu knien, zerfleischt eure Rücken mit Riemen, und foltert euer Fleisch mit Fasten; ihr wähnt, mit diesen erbärmlichen Gaukeleien demjenigen einen blauen Dunst vorzumachen, den ihr Toren doch den Allwissenden nennt, nicht anders, als wie man der Großen am bittersten spottet, wenn man ihnen schmeichelt, daß sie die Schmeichler hassen; ihr pocht auf Ehrlichkeit und exemplarischen Wandel, und der Gott, der euer Herz durchschaut, würde wider den Schöpfer ergrimmen, wenn er nicht eben der wäre, der das Ungeheuer am Nilus erschaffen hat." (552 f.)

Im Furor moralischer Entrüstung über die Widersprüche einer Religion, die ihr zentrales Liebesgebot im Pakt mit der Macht verrate, zeigt sich Moors Legitimation des eignen verbrecherischen Handelns als moraltheologisch fundiert. Es ist die – trotz Mord, Raub und Vergewaltigung – intakte moralische Gesinnung, die es Moor und mit ihm dem Zuschauer erlaubt, das rhetorische Agieren des Paters und die strafrechtlichen Angebote der staatlich-weltlichen Macht zurückzuweisen und als despotische Politik zu brandmarken. Diesem „Joch des Despotismus" stellt er sich mit seiner Räuberbande entgegen, die ebenfalls alle Angebote auf Strafnachlass zurückweist – ohne darauf zu reflektieren, dass er selber nicht nur innerhalb seiner Gemeinschaft, sondern auch für Städte und Klöster zum Tyrannen, zum Mörder und gefürchteten Gewaltherrscher geworden ist, der es ermöglicht, Nonnen zu vergewaltigen und Säuglinge ins Feuer zu werfen.

4. Politischer Moralismus – Über die Gründe der Entstehung der moorschen Despotien

Schiller belässt es, wie eingangs erwähnt, nicht bei einer Darstellung und Anklage von despotischer Herrschaft, die als moralisch böses Verhalten interpretiert wird. Die Rückführung auf die Gründe solchen Handelns wird allerdings nicht allein einer Universalität der Tyrannei, die sowohl Franz und Karl als auch staatliche und kirchliche Herrschaftsträger auszeichnet, überlassen – das hätte nämlich im Umkehrschluss zu der These von einer Identität von Herrschaft und Despotie überhaupt geführt und damit zu einem subkutanen Anarchismus, den Schiller – wie auch Kant[45] – nicht vertreten hat.[46] Die entscheidenden Gründe für das tyrannische Verhalten Karls

---

45 Vgl. hierzu u.a. Kants Naturrechtsvorlesung aus dem Jahre 1784, das sogenannte Naturrecht-Feyerabend (Kant's Gesammelte Schriften. Hg. von der Preußischen [später: Deutschen] Akademie der Wissenschaften. Berlin 1900 ff., Bd. 27, S. 1319): „Sind die Menschen nicht frey, so wäre ihr Wille nach allgemeinen Gesetzen eingerichtet. Wäre aber jeder frey ohne Gesetz; so könnte nichts schrecklicheres gedacht werden. Denn jeder machte mit dem andern was er wollte, und so wäre keiner frey. Vor dem wildesten Thiere dürfte man sich nicht so fürchten, als vor einem gesetzlosen Menschen."
46 Vgl. hierzu *Briese* 2016, S. 41-91.

und Franzens wird in eine Familienkonstellation verlegt und damit letztlich psychologisiert. Denn weder Franz noch Karl agieren im Rahmen der Dramenhandlung als „Ungeheuer", d. h. also solche Täter, die das Böse um des Bösen willen wollen, sondern beider moralisches Fehlverhalten wird durch die Wirksamkeit bestimmter „Umstände" zu erklären versucht. Schon zu Beginn des Dramas wird beispielsweise zu plausibilieren gesucht, warum sich Franz zum Mord an seinem Vater und zum Betrug an seinem Bruder motiviert sieht. Nachdem er seinem kränklichen Vater mit einer Reihe von Halbwahrheiten die Prokura für einen Brief an den ältesten Sohn abgetrotzt hat, legitimiert er sein verräterisches Handeln, das auf eine vom Vater nicht intendierte Verstoßung Karls hinausläuft, sich selbst gegenüber in einem Monolog wie folgt:

> „FRANZ. Ich habe große Rechte, über die Natur ungehalten zu sein, und bei meiner Ehre! ich will sie geltend machen. – Warum bin ich nicht der erste aus Mutterleib gekrochen? Warum nicht der einzige? Warum mußte sie mir diese Bürde von Häßlichkeit aufladen? Gerade mir? Nicht anders, als ob sie bei meiner Geburt einen Rest gesetzt hätte. Warum gerade mir die Lappländersnase? Gerade mir dieses Mohrenmaul? Diese Hottentottenaugen? Wirklich, ich glaube, sie hat von allen Menschensorten das Scheußliche auf einen Haufen geworfen und mich daraus gebacken. Mord und Tod! Wer hat ihr die Vollmacht gegeben, jenem dieses zu verleihen und mir vorzuenthalten? Könnte ihr jemand darum hofieren, eh er entstund? Oder sie beleidigen, eh er selbst wurde? Warum ging sie so parteilich zu Werke?" (500)

Es ist die Natur, nicht etwa die für ihn inexistente Gottesinstanz, der Vater oder gesellschaftliche Konventionen, die Franz hier anklagt, weil sie ihn in zweifacher Weise gegenüber seinem Bruder benachteiligt habe: *Erstens* hat sie ihn zum Zweitgeborenen gemacht, so dass er nach dem Recht der Primogenitur keinen Anspruch auf das väterliche Erbe anmelden konnte. *Zweitens* aber hat die Natur ihn zu einem hässlichen Menschen gemacht, der mit einer breiten, plattgedrückten Nase, einem breiten, wulstlippigen Mund und hervortretenden Augen in jeder physiognomischen Hinsicht dem Schönheitsideal der Zeit widerspricht[47] – und das bei einem Bruder, der nicht nur älter, sondern auch schöner und attraktiver ist. Neben eigentums- und herrschaftstheoretischen Kriterien sind es also vor allem ästhetische Maßstäbe, die in Franzen Argumentation aufgerufen werden und unter denen ‚die Natur' ihn benachteiligt habe. Entscheidend ist nun, dass Franz ob dieser ‚Behandlung' durch die Natur sich in der Position sieht, ein *Recht* gegen sie als Urheberin seiner Benachteiligung einzufordern. Zunächst bezieht sich dieses ‚Recht' nur auf eine emotive Befindlichkeit, nämlich ‚ärgerlich' oder gar ‚empört' über diese Natur als Ursache seiner Benachteiligung zu sein. Dann aber will er dieses Recht auf individuelle Empö-

---

47 Die unübersehbar rassistischen Momente dieser Physiognomie bleiben an dieser Stelle unkommentiert, weil die ästhetische Seite in ihrer aufgeführten sozialen Funktion hier mehr interessiert.

rung auch „geltend machen", indem er deren allgemeine bzw. objektive Gründe ausführt. Dabei zeigt sich, dass er die Natur als „parteilich" brandmarkt,[48] weil sie natürliche Ungleichheiten hervorbringe, gegen die weder Schmeichelei noch Protest
helfe, bevor sie den einzelnen Menschen ins Leben entließ. Die Natur aber der Parteilichkeit zu bezichtigen und damit einer – wenn auch ungerechten – Personalität,
gehört in keiner Weise zum Arsenal materialistischer Argumente, als deren radikaler
oder extremer Vertreter Franz gern interpretiert wird,[49] sondern dokumentiert vielmehr in der eigentümlichen Personalisierung der Natur als einer Instanz, der gegenüber der Mensch Rechte habe, dass diese Natur ein schlecht säkularisiertes Surrogat
der Gottesinstanz ist, von dem Franz sich – trotz vielerlei Beteuerungen – nie wirklich verabschieden kann;[50] seine Träume gegen Ende des Stückes werden das beweisen.[51] Im konsequenten Materialismus dagegen ist die Natur als Ganze als ein Universum gedacht, das ausschließlich als ein geschlossener Zusammenhang von Ursache und Wirkung konstituiert ist, den anzuklagen irrational bleibt:

> „L'univers, ce vaste assemblage de tout ce qui existe, ne nous offre par-tout que de la
> matière et du mouvement: son ensemble ne nous montre qu'une chaîne immense et non
> interrompue de causes et d'effets."[52]

Trotz des nur pseudo-materialistischen Bezugs auf die Natur als parteilicher Urheberin seiner Benachteiligungen begründet bzw. legitimiert Franz in der Folge sein Handeln gegen den Bruder, gegen den Vater und noch gegen Amalia aus dieser empö-
renden Behandlung – und damit ohne zureichende Gründe. Zwar gab es im Rahmen
naturrechtlicher Theoriebildung Debatten über die oft ungerechte Verteilung natürlicher Strafen,[53] aber eine Anklage gegen die Natur überhaupt als ungerechte ‚Schöp-
fungsinstanz' bleibt auch in den Theorierahmen des 18. Jahrhunderts nur als
μετάβασις εἰς ἄλλο γένος – oder moderner – als Kategorienfehler zu bezeichnen.[54]
Franz' in der Folge entwickelter und wirksamer ethischer Materialismus basiert auf
einer letztlich irrationalen Anklage gegen eine als ungerecht empfundene Natur. Im

---

48 Auch in diesem Vorwurf der „Parteilichkeit" einer Instanz des Allgemeinen sind die Brüder pa-
    rallel inszeniert; allerdings wirft Karl nicht der Natur, sondern der Vorsehung solcherart Unge-
    rechtigkeit vor, bezeichnet dies aber gegen Ende als Hybris (vgl. 617). Auch an dieser Parallele
    zeigt sich der Status einer schlechten Säkularität der Gottesinstanz in der Naturvorstellung
    Franzens.
49 *Neubauer* 1982, S. 275-290; *Schings* 1982, S. 10 ff.; *Steinhagen* 1982, S. 137 ff.; *Riedel* 1993,
    S. 199 ff.; *Bittnacher* 1998, S. 336 ff.; *Alt* 2000, S. 292 ff.; *Sautermeister* 2006, S. 21, *Hinderer*
    2006, S. 25 ff.
50 Insofern drückt diese Passage weniger Franzens ‚Hochmütigkeit' aus (so *Sautermeister* 2006,
    S. 26), als vielmehr seinen unüberwundenen Gottesglauben.
51 Siehe hierzu auch *Panizzo* 2019, S. 93-118.
52 *D'Holbach* 1820, vol. I, S. 75 / *D'Holbach* 1978, S. 23: „Das Universum, diese große Vereini-
    gung alles Existierenden zeigt uns überall nur Materie und Bewegung: seine Gesamtheit zeigt
    uns nur eine unermeßliche und ununterbrochene Kette von Ursachen und Wirkungen."
53 Vgl. hierzu u.a. *Reulecke* 2007, S. 70 f.
54 Vgl. hierzu *Aristoteles* 1998, S. 342/343 (1.7, 75a 38.).

Hinblick auf die subjektive Motivation seiner mörderischen und betrügerischen Handlungen gegen Vater und Bruder ist Franz kein konsequenter Materialist, sondern ein naturalistischer Hiob – allerdings ohne Bekehrungspotential.

Das ändert sich in seinem zweiten Argumentationsschritt: Denn er bezieht die ethische Legitimation seines betrügerischen Handelns aus einem durchaus modifizierten Naturverständnis:

> „FRANZ. Nein! nein! Ich tu ihr Unrecht. Gab sie uns doch Erfindungsgeist mit, setzte uns nackt und armselig ans Ufer dieses großen Ozeans Welt – Schwimme, wer schwimmen kann, und wer zu plump ist, geh unter! Sie gab mir nichts mit; wozu ich mich machen will, das ist nun meine Sache. Jeder hat gleiches Recht zum Größten und Kleinsten, Anspruch wird an Anspruch, Trieb an Trieb und Kraft an Kraft zernichtet. Das Recht wohnet beim Überwältiger, und die Schranken unserer Kraft sind unsere Gesetze." (500)

Die Natur gibt also dem Menschen nur ein Recht: das Recht des Stärkeren.[55] Dieses Recht hat der Mensch nach den Ausführungen Franzens nicht *gegen* die Natur, sondern nur *durch sie* und *gegen* andere, nämlich das Recht, seine Stärke an der Stärke anderer zu messen. Gesetze, die in der vorkantischen Rechtstheorie als moralisch-praktische Begrenzungen der Freiheit zum Wohle und der Sicherheit des Staates verstanden wurden,[56] werden hier ausschließlich naturtheoretisch gedacht, als Grenzen jener Kräfte, die die Natur einem jeden Menschen gibt. Da Franz jene Kräfte an dieser Stelle aber nicht mehr als Eigentums- oder Schönheitsbefähigungen denkt, sondern als von jeder normativen Ordnung losgelöste intellektuelle Befähigungen, die die Natur neben der Geburtsordnung und der Schönheit jedem ermöglicht habe, ist die Frage der Überwindung der Schranken seiner geburtlichen und ästhetischen Existenzbedingungen nurmehr eine intellektuelle. Die Argumentationsbewegung Franzens ist an dieser Stelle konsequent materialistisch gedacht, wie man an den in den späten 1770er und frühen 1780er Jahren publizierenden Johann Carl Wezel und Michael Hißmann ersehen kann: Michael Hißmann wird nämlich seine Ausführungen zur Ethik, die ganz im Sinne Paul-Henry d'Holbachs utilitaristisch ausfallen, von seinen Überlegungen zur Sozialtheorie mit Nachdruck abtrennen, so dass sein ethischer Egoismus in der Ausweitung auf die Politik konsequenter ausfällt als der des französischen Vorbildes: Für Hißmann gibt es als Ordnungsmuster bzw. Regel des gesellschaftlichen Zusammenleben ausschließlich das schon im Naturzustand und noch im status civilis geltende „Recht des Stärkeren",[57] also ein *Recht* auf gar nichts.[58] An diese These einer universellen rechtlichen wie ethischen Indifferenz, die den Materialismus als eine Theorie ausweist, die alle Normativität auf theoretische Naturgesetze zurückführt, zeigt sich die ungewöhnliche Konsequenz der Argumen-

---

55 So zu Recht auch *Riedel* 1993, S. 202.
56 Vgl. hierzu u. a. *Geismann* 1992, S. 319-336.
57 *Hißmann* 1780, S. 95-110.
58 Vgl. hierzu *Hobbes* 2017, S. 64/65 ff. (I. 10 ff.).

tation des Göttinger Privatdozenten. In Johann Carl Wezels *Belphegor* entstand dieser Konsequenz des deutschsprachigen Materialismus gar ein kongeniales literarisches Pendent, hier heißt es 1776 nämlich, also nur fünf Jahre vor den *Räubern*:

> „Der Mensch ist ein geselliges Thier; wenn er es ist, so ist er es nur, um sich in Rotten zu theilen, sich zu würgen, sich zu verfolgen, sich zu verachten; die Menschen mußten sich vereinigen, um sich zu *trennen*, um sich unter dem Namen der Nationen, der Stände zu hassen, zu verachten, zu verfolgen – Was sind Städte anders als Fechtplätze, wo man mit Verläumdungen streitet? – Alles, alles nützen die Menschen, um den Naturkrieg fortzusetzen, von dem unsre Kultur nichts als eine veränderte, gemilderte Form ist, wie ich vorhin sagte."[59]

Es ist also keineswegs erforderlich, ja nicht einmal sinnvoll, lediglich auf d'Holbach oder Helvétius zu referieren,[60] um Schiller polemische Auseinandersetzung mit dem Materialismus seiner Zeit zu kontextualisieren. Mit Hißmann und Wezel konnte er Autoren vor sich haben, die anders als Helvétius und d'Holbach ein Recht des Stärkeren, das Franz an seiner Maxime, nur die Grenzen der je eigenen Kraft könnten als Gesetze des Menschen fungieren, realisiert, sowohl im Natur- als auch im Gesellschaftszustand – wenngleich bei Wezel sarkastisch gewendet – für gültig hielten. Auf dieser ethischen Grundlage aber, die den individuellen Nutzen zur einzigen Maxime des Handelns erhebt, kann Franz seinen Plan, der schlicht klüger und so stärker ist als das Agieren seines Bruders, in Gang setzen. Betrachtet man den Materialismus in dieser durchaus zeitgenössischen Weise, ist Franz kein Ungeheuer, sondern nur klüger als Vater und Bruder. Dass er dennoch unverkennbar als Bösewicht inszeniert wird, muss also spezifischere Gründe haben als eine allgemeine, zumeist selbst ressentimentgeladene Zuweisung zu Atheismus und Materialismus.[61]

Gleichwohl ist festzuhalten, dass Schiller seine Figur keineswegs als einen straffen, d.h. konsequenten Materialisten konzipierte. Denn neben dem individuellen Nutzen berücksichtigt der Materialist des späten 18. Jahrhunderts durchaus auch das Gemeinwohl, das als allgemeiner oder gesellschaftlicher Nutzen gefasst wird. Auf dieses Gemeinwohl habe eine Regierung und damit jede Machtinstanz mit ihrem Handeln abzuzielen:

> „Un gouvernement juste, eclairé, verteux, vigilant, qui se proposera de bonne foi le bien public, n'a pas besoin de fables ou de mensonges pour gouverner des sujets raisonnables."[62]

Auch materialistische Politik richtet sich auf das Gemeinwohl und verbindet es mit dem individuellen Nutzen dergestalt, dass möglichst wenig Reibung zwischen bei-

---

59 *Wezel* 1984, S. 125 f.
60 So aber nach *Schings* 1982, *Riedel* 1993, *Hinderer* 2006.
61 So bei *Schings* 1982, *Riedel* 1993 oder auch *Alt* 2000, S. 292; hier wird gar vom „Materialismus als Form kriminellen Denkens" gesprochen.
62 *D'Holbach* 1820, Bd. 1, S. 264.

den entsteht und gar das eine Telos das andere befördert. Dazu bedarf es nach d'Holbach nur kluger Erziehung zur Ausprägung einer natürlichen Moral, die sich bei näherer Betrachtung als utilitaristische Klugheitslehre entpuppt;[63] dafür ist zwar Bewusstsein, bestenfalls aufgeklärtes Bewusstsein, nicht aber ein Gewissen erforderlich, das als forum Dei interpretiert wird und daher Geltung und Verbindlichkeit der sich in ihm manifestierenden Normen einer Instanz zu verdanken seien, die nicht existiere. Ausdrücklich macht d'Holbach darauf aufmerksam, dass eine theologisch begründete Moral mehr schade als nütze, weil sie als Herrschaftstechnik entwickelt worden sei und noch immer verwendet werde.[64]

Ebendieses Argument führt auch Franz, wenn er darauf hinweist, dass es zwar „gewisse gemeinschaftliche Pakta", also Verträge, unter den Menschen gäbe, die aber, wie auch moralische Maximen letztlich nur eingeführt worden seien, um die Menschen zu beherrschen:

> „In der Tat, sehr lobenswürdige Anstalten, die Narren im Respekt und den Pöbel unter dem Pantoffel zu halten, damit die Gescheiten es desto bequemer haben. Ohne Anstand, recht schnackische Anstalten! Kommen mir für wie die Hecken, die meine Bauren gar schlau um ihre Felder herumführen, daß ja kein Hase drüber setzt, ja beileibe kein Hase! – Aber der gnädige Herr gibt seinem Rappen den Sporn und galoppiert weich über der weiland Ernte. Armer Hase! Es ist doch eine jämmerliche Rolle, der Hase sein müssen auf dieser Welt – Aber der gnädige Herr braucht Hasen!" (501)

Anders als für d'Holbach oder Helvétius, für die es durchaus eine Moral insofern gibt, als der Anspruch auf ein individuelles Bedürfnis und Glückrealisation mit der Notwendigkeit der Gemeinwohlbeförderung wenigstens nach dem Kriterium des Nutzens erfolgen muss, hat jeder naturrechtlich begründbare Vertrag und hat alle Moral – d.h. alle Formen normativer Ordnung – für Franz lediglich den Zweck, die „Narren im Respekt und den Pöbel unter dem Pantoffel zu halten" – folglich uneingeschränkte, despotische Herrschaft zu ermöglichen. Franz ist daher kein Materialist, weil alle Materialismen des 18. Jahrhunderts spezifische Formen von politischen oder moralischen Ordnungssystemen ausprägten;[65] diese Figur ist vielmehr die polemische Phantasie eines strengen Kritikers des Materialismus und des damit für diesen verbundenen Atheismus. Diese spezifisch kontroverstheoretische Sicht auf den Materialismus hatte schon d'Holbach 1770 vorstellte. Mit Bezug auf Jacques Abbadies *La Vérité de la religion chrétienne* (1684)[66] heißt es nämlich ausdrücklich :

> „Après avoir prouvé l'existence des Athées, revenons aux injures que les Déicoles leur prodiguent. ‚Un Athée, selon Abbadie, ne peut avoir de vertu, elle n'est pour lui qu'une

63 Ebd., S. 261 ff.
64 Ebd., S. 328 ff.
65 Siehe hierzu *Hüning* 2014, S. 452.
66 Vgl. hierzu *Jaumann* 2004, S. 1.

chimere, la probité qu'un vain scrupule, la bonne foi qu'une simplicité [...] il ne connoît de loi que son intérêt; si ce sentiment avoit lieu, la conscience n'est qu'un préjuge, la loi naturelle une illusion, le droit qu'une erreur; la bienveillance n'a plus de fondement, les liens de la société se détachant; la fidélité est ôtée; l'ami est tout prêt à trahie son ami; le citoyen à livrer sa partie ; le fils à assassine son père pour jouir de sa succession ; dès qu'il en trouvera l'occasion, & que l'autorité ou le silence le mettront à couvert du bras séculier, qui seul est à craindre. Les droits, les plus inviolables & les loix plus sacrées ne doivent plus être regardées que comme des songes & des visions.'"[67]

Klingt wie eine Gebrauchsanweisung für den Autor der *Räuber*. Dabei ist von entscheidender Bedeutung zu erkennen, dass diese Skizze eines alle Normen und Autoritäten zerstörenden vatermordenden Atheisten aus der Feder eines christlichen Fanatikers stammt,[68] für den – wie allerdings auch für viele gemäßigte Aufklärer[69] – die Abkehr von Gottes- und Unsterblichkeitsglauben in die Unmöglichkeit aller Normativität, in den Ausnahmezustand,[70] führten.[71] Es ist der Materialismus und Atheismus, der – wie für Albrecht von Haller oder Gustav Reinbeck[72] – jede Form von Normativität und damit Staatlichkeit oder andere Formen der Vergemeinschaftung, etwa die Familie, zerstört und damit in apokalytische Zustände führe. So heißt es bei Reinbeck:

„Man setze z. Ex. daß es einem grossen Prinzen in den Sinn käme zu dulden, daß seinen Unterthanen eine der Unsterblichkeit der Seelen, und der Vorstellung eines künfftigen Lebens zuwieder lauffende Lehre beygebracht würde: In was für einer Sicherheit würde er sich, so wohl für seine Person, als auch in Absicht auf seine Regierungs-Form, wohl befinden? Würde er auch wohl einen Augenblick, auf ihren gehorsam, auf ihre Treue, und auf ihre Eidschwüre sich verlassen können? Ja, würden diese Unterthanen selbst wohl aufhören, einander zu betrügen, und zu ermorden, wenn sie nur der weltlichen Obrigkeit diese Thaten verhelen könnten? Wuerde wohl die Gewaltthätigkeit des Stäercke-ren, die Raubereyen, Vergiftungen, Mordthaten, kurz die abscheulichsten Laster jemahls ein Ende nehmen? Würde endlich nicht alle Tugenden, die Wohlfahrt der Bürgerlichen Gesellschafft, und die Religion selbst, als lauter Hirngespinste angesehen werden, wenn die Menschen glauben sollten, daß sie nach ihrem Tode weder etwas zu fürchten, noch zu hoffen hätten."[73]

Weil Franz Materialist und Atheist ist – so auch der eifernde Anti-Materialist Schiller noch 40 Jahre nach Reinbeck –, kann er das Ziel verfolgen, uneingeschränkter, gewaltsamer Herr zu sein, der die Felder seiner Untertanen zerstört und seine Fami-

---

67 *D'Holbach* 1820, Bd. 2, S. 335.
68 Siehe hierzu *Marschall* 2006, S. 89 f.
69 Vgl. hierzu bspw. *von Haller* ²1772, Bd. I, S. 22, vgl. hierzu insbesondere *Kaufmann*, S. 309-379, spez. S. 334 ff.
70 Siehe hierzu die Definition des Ausnahmezustands bei Carl Schmitt: Politische Theologie. Vier Kapitel zur Lehre von der Souveränität. Berlin ⁹2009, S. 18.
71 Siehe hierzu u.a. *Hüning/ Klingner/ Stiening* 2018, S. 7-19.
72 Vgl. *Reinbeck* 1740.
73 Ebd., Vorrede eines Ungenannten [unpag].

lie sowie sein Souveränitätsgebiet vernichtet,[74] um sein rein individuelles Bedürfnis nach Rache in Gang zu setzen. In den *Philosophischen Briefen* heißt es dazu:

„Die allgemeine Wurzel der moralischen Verschlimmerung ist eine einseitige und schwankende Philosophie, um so gefährlicher, weil sie die umnebelte Vernunft durch einen Schein von Rechtmäßigkeit, Wahrheit und Überzeugung blendet, und eben deswegen von dem eingeborenen sittlichen Gefühle weniger in Schranken gehalten wird."[75]

Dabei ist bemerkenswert für diesen Text wie für das Drama, dass einer philosophischen Theorie ein derart umfangreicher Einfluss auf die moralische und politische Wirklichkeit zugestanden wird, den ab 1788 auch Johann Christoph Wöllner[76] und – nach der Französischen Revolution – Friedrich Gentz[77] behaupten werden, die der Aufklärung bzw. den philosophischen Systemen ausschließlich eine herrschaftsunterminierende Funktion zuschreiben werden. Darüber hinaus gilt offenbar auch für Schiller, dass der Wegfall des Glaubens an die Gottesinstanz einen normativen Anarchismus nach sich ziehen muss, der alle gesellschaftliche Ordnung zerstört,[78] so dass Materialismus und Atheismus nicht allein als „Angriff" auf die Moral, sondern auch als einer auf die Natur und die gesellschaftliche Ordnung begriffen wird: „[D]ie Gesetze der Welt sind Würfelspiel worden, das Band der Natur ist entzwei, die alte Zwietracht ist los, der Sohn hat den Vater erschlagen." (596) Materialismus und Atheismus führen mithin an die Pforten der Apokalypse, so der junge Schiller. Letztlich dokumentieren die *Räuber*, wie die *Philosophische Briefe*, dass sie aus dem Arsenal einer theonomen Aufklärungskritik formiert wurden,[79] und zwar darin, dass deren – bis in unsere Tage aufdringlich ausgestellte – Siegesgewissheit auch hier drastisch inszeniert wird: Denn Franz muss die für jeden Atheisten und Materialisten denkbare ‚Höchststrafe' erleiden, den Zweifel über die eigene Gewissheit der Inexis-

---

74 Schon an dieser herrscherlichen Gewaltphantasie wird ersichtlich, dass Schillers Kritik aus einer theonomen Perspektive erfolgt, die dem Materialismus einen Werte-Nihilismus vorwirft (so noch *Kondylis* 1986, S. 490 ff.), der dem Selbstverständnis u.a. d'Holbachs oder Helvétius' in keiner Weise entspricht (siehe *Holbach* 1820 I, S. 261 ff.) und auch objektiv – trotz utilitaristischer, also normativer schwacher Grundlegung der Ethik – unzutreffend ist. Holbach's Version eines Franz Moor hätte die Felder aufgrund der Zuwiderhandlung gegen den Nutzen des Gemeinwohls nicht zerstören dürfen.
75 *Schiller* 1959, Bd. V, S. 336.
76 Zu Wöllners Verbot der Aufklärung vgl. *Plachta* 1994, S. 106 ff.
77 Siehe hierzu *Gentz* 1991.
78 So auch zu Recht *von Wiese* 1959, S. 142 f.
79 Insofern dürfte die Frage nach der Legitimität und Überzeugungskraft der schillerschen Aufklärungskritik in den *Räubern*, die mit Formeln wie „Karl Moor [sei] das Opfer einer überforderten Aufklärung" (*Alt* 2000 I, S. 297), oder „Franzens Mordpläne und Karls Räuberexistenz" seien „Perversionen aufgeklärter Mündigkeit" (*Brittnacher* 1998, S. 333), oder auch „*Die Räuber* sind das konsequenteste Dokument der deutschen Aufklärung und Franz Moor ist ihr radikalster Vertreter" (*Steinhagen* 1982, S. 137), oder gar „Franz gibt hier ganz den Aufklärer, der sich mit der Devise ‚Sapere aude' zur Mündigkeit des Selbstdenkens erhebt" (*Riedel* 1993, S. 203) geradezu lustvoll affirmiert wird, neu zu überdenken sein. Weder die europäische Radikalaufklärung noch deren kantische Version werden in diesem Text tatsächlich reflektiert.

tenz Gottes und über die Unwirklichkeit der Unsterblichkeit. Von Fieberträumen und damit weniger von körperlichen Leiden[80] als von seinem schlechten Gewissen, das Schiller als Anthroplogicum auch dem Atheisten zuschreibt, gepeinigt, gehen seine Wünsche und Überzeugungen: „Es ist kein Gott" (603) und „Ich will aber nicht unsterblich sein" (606) verloren. Dabei ist das kontroverstheologische Gespräch mit Moser mehr Katalysator denn Ursache seines tiefen Zweifels ob der Existenz der Hölle, in der er schmoren würde. Dass er sich das Leben nehmen muss, um sich den Quälereien der in seine Gemächer eindringenden Räuberbande seines Bruders zu entziehen, dokumentiert nur noch die Konsequenz, mit der sein Autor diesen ‚verstockten Sünder' abstraft.

Vor diesem Hintergrund ist die psychologische Plausibilisierung der Wendung Karl Moors zum Despotismus und zur Amoralität eines Räuberhauptmann einerseits und zum reuigen Sünder andererseits nurmehr ein abgeleitetes Phänomen: Zwar hat Karl durch sein unstetes Studentenleben eine Fülle von Schulden aufgehäuft und er hat sich durch eine Reihe alkoholinduzierter studentischer Exzesse, die – wie die Lebensgeschichte Friedrich Christian Laukhards zeigt[81] – im späten 18. Jahrhundert nicht sonderlich unüblich waren, an den Rand einer rechtlich und moralisch möglichen gesellschaftlichen Existenz manövriert. Doch steht er zu Beginn der Dramenhandlung an dem Punkt, diese Lebensweise hinter sich zu lassen und als reuemütiger Sohn in den Schoß der Familie zurückzukehren. Verhindert wird diese Wandlung vom ‚selbsthelfenden Kraftkerl' mit Hang zur unmoralischen Quälerei der Leipziger Bürgerschaft zum funktional in die unvollkommene Gesellschaft seiner väterlichen Grafschaft eingegliedertes Mitglied durch die Intrigen seines atheistischen und *daher* unmoralischen Bruders, der sich des Älteren endlich entledigen will, um „Herr zu sein" (502). Karl liefert also durch sein selbstgefälliges, durch die Natur und seinen Vater verwöhntes Wesen einige Voraussetzungen zu einem Austritt aus der Gesellschaft und den Eintritt in den status naturalis der Räuberbande; er begreift Moral, Recht und Konventionen ausschließlich als Beschränkungen des „tintenklechsenden Säkulums" (502) und damit als Behinderung seines genialischen „Adlerfluges" und die „Kraft seiner Lenden" (503), die er allerdings lediglich durch Studentenstreiche austoben kann. Tatsächlich wird hier ein Verächter von Sozialregeln vorgeführt, dem es nach der angeblichen Verfluchung durch seinen Vater ein Leichtes ist, diese Gesellschaft zu verlassen.

Allerdings muss auch dieser „Kerl" und Despot – wie sein Bruder – die Höchststrafe erleiden, weil er sich den gefährlichen Tendenzen des Zeitalters, jener zerstörerischen Philosophie des Materialismus und Atheismus nicht entgegenstemmte. Als Mädchenschwarm und moralischer Libertin – keineswegs amoralischer Atheist – bleibt er den Intrigen seines Bruders und den Wendungen des Schicksals hilflos aus-

---

80 So aber *Panizzo* 2019, S. 101 ff.
81 Siehe hierzu die bisweilen drastischen Schilderungen in *Laukhard* 1989, S. 7-132.

gesetzt; *solche* „ganzen Kerls" können dem „Angriff des Materialismus" nichts entgegenhalten. Daher begibt er sich aus verletzter Eitelkeit mit der Räuberbande in ein Sozialsystem, das er zwar despotisch führt, das von ihm allerdings ebenfalls Treue zu den eigenen Schwüren einfordert und bedingungslos einfordern kann (615). Das führt – neben dem unaufhaltsamen Tod des Vaters und der Einsicht in die Schurkereien des Bruders – zur eigentlichen Höchststrafe für den emotionalistischen Moralisten Karl Moor: der Ermordung seine Geliebten Amalia, die er eigenhändig und vor Publikum erstechen muss. Die Selbstauslieferung an die staatlichen Behörden ist dann nur noch konsequent vor dem Hintergrund seines niemals eingetrübten Glaubens an die Vorsehung, die einen Selbstmord als Todsünde verbietet – zum *Werther* wird dieser Räuber also nicht.

Zuvor jedoch muss er noch die Erkenntnis erleiden, mit all seinen Handlungen contra legem, und d. h. als Student und als Räuber – zwei in diesem Stück nur wenig unterschiedene Lebensformen – in einem tiefen Irrtum befangen gewesen zu sein:

> „O über mich Narren, der ich wähnete die Welt durch Greuel zu verschönern, und die *Gesetze durch Gesetzlosigkeit aufrecht zu halten.* Ich nannte es Rache und Recht – Ich maßte mich an, o Vorsicht, die Scharten deines Schwerts auszuwetzen und deine Parteilichkeiten gutzumachen – aber – O eitle Kinderei – da steh ich am Rand eines entsetzlichen Lebens, und erfahre nun mit Zähnklappern und Heulen, daß zwei Menschen wie ich den ganzen Bau der sittlichen Welt zugrund richten würden. Gnade – Gnade dem Knaben, der Dir vorgreifen wollte – Dein eigen allein ist die Rache. Du bedarfst nicht des Menschen Hand. Freilich stehts nun in meiner Macht nicht mehr, die Vergangenheit einzuholen – schon bleibt verdorben, was verdorben ist – was ich gestürzt habe, steht ewig niemals mehr auf – Aber noch blieb mir etwas übrig, womit ich die beleidigte Gesetze versöhnen, und die mißhandelte Ordnung wiederum heilen kann. Sie bedarf eines Opfers – eines Opfers, das ihre unverletzbare Majestät vor der ganzen Menschheit entfaltet – dieses Opfer bin ich selbst. Ich selbst muß für sie des Todes sterben." (617; Hvhb. von mir)

Damit steht Schiller bis in die letzten Passagen konsequent auf der Grundlage seiner Ausführungen der unterdrückten Vorrede. Denn Karl – wie schon Franz – ist kein schlechthinniger Bösewicht, sondern ein Narr, der nicht vor allem böse, sondern dumm ist, weil er seine eigenen Widersprüche nicht erkannte. Diese bestanden vor allem darin, mit Gesetzesbrüchen dem Naturrecht Geltung zu verschaffen und damit zudem jene Parteilichkeit der Vorsehung, die auch Franz als die der Natur anklagte, durch Räubereien zu kompensieren. Der tyrannische *Princeps legibus solutus* kehrt damit unter die überpositive Norm des Naturrechts zurück. Mit Normbrüchen gegen weltliche und göttliche Tyrannen, so dieses abschließende Statement des Protagonisten, lässt sich eine vernünftige Ordnung der Natur und der Gesellschaft nicht errichten; vor allem das Aufbegehren gegen den einzigen wahren Richter wird von Karl jetzt zutiefst bedauert und mit der Ankündigung einer Versöhnung der beleidigten Gesetze und der verletzten Ordnung beantwortet. Widerstand gegen Tyrannen wird hiermit im Namen der göttlichen Ordnung als schwerer und sträflicher Irrtum, als Sünde zurückgewiesen.

5. Schluss

Schiller bündelt mit seinem wuchtigen Stück, das die Premierenzuschauer zu exzessiven Reaktionen herausforderte,[82] polittheologische wie politphilosophische Einwände gegen eine streng säkulare Aufklärung, die in ihren materialistischen und atheistischen Varianten vor allem seit den 1770er Jahren große Aufmerksamkeit in der gelehrten wie der allgemeinen Öffentlichkeit erfuhr.[83] Diese Aufmerksamkeit wurde befördert durch die Entwicklungen einer Medizin, die sich als notwendig philosophisch begriff und dadurch dem influxus physicus und damit dem Einfluss des Körpers auf die Seele weitreichende Konsequenzen ermöglichte,[84] die über die Medizin weit hinausreichte: in Moral, Recht und Politik. Einige Jahre nach dem Erscheinen der *Räuber*, im Jahre 1785 schreibt Moses Mendelssohn:

> „Das Ansehen dieser [der wolffschen] Schule ist seitdem gar sehr gesunken, und hat das Ansehen der spekulativen Philosophie überhaupt mit in seinen Verfall gezogen. Die besten Köpfe Deutschlands sprechen seit kurzem von aller Spekulation mit schnöder Wegwerfung. Man dringet durchgehends auf Thatsachen, hält sich blos an Evidenz der Sinne, sammelt Beobachtungen, häuft Erfahrungen und Versuche, vielleicht mit allzugroßer Vernachläßigung der allgemeinen Grundsätze. Am Ende gewöhnt sich der Geist so sehr ans Betasten und Begucken, daß er nichts für wirklich hält, als was sich auf diese Weise behandlen läßt. Daher der Hang zum *Materialismus*, der in unsren Tagen so allgemein zu werden drohet, und von der andern Seite, die Begierde zu sehen und zu betasten, was seiner Natur nach nicht unter die Sinne fallen kann, der Hang zur *Schwärmerey*."[85]

Schiller hat in diesem „Hang zu Materialismus" nicht nur für die Felder der Moral, des Rechts und der Politik gefährliche Konsequenzen ausgemacht, sondern auch für das religiöse Weltverhältnis des Menschen, kurz für den Glaubens an Gott und Unsterblichkeit. In den *Philosophischen Briefen* heißt es: „Dieser Gott ist in eine Welt von Würmern verwiesen."[86] Franz und Karl Moor führen genau diesen Vorgang vor, und so sind die *Räuber* ein Manifest zu dessen Verhinderung, um die „allgemeine Wurzel der moralischen Verschlimmerung"[87] mit Stumpf und Stiel auszureißen.

---

82 Siehe hierzu *Brittnacher* 1998, S. 326 f.
83 Siehe hierzu den allerdings ergänzungsbedürftigen Beitrag von *Schmeisser* 2011, S. 85-108.
84 Vgl. hierzu *Watkins* 1995.
85 *Mendelssohn* 1979, S. 6 f.
86 *Schiller* 1959, Bd. V, S. 341.
87 Ebd.

Bibliographie

Achenwall, Gottfried/*Pütter*, Johann Stephan, 1995: Anfangsgründe des Naturrechts. Hrsg. und übersetzt von Jan Schröder. Frankfurt a.M. 1995.

Alt, Peter-Andre 2000: Schiller. Eine Biographie. 2 Bde. München.

Angster, Julia, 2012: Erdbeeren und Piraten. Die Royal Navy und die Ordnung der Welt 1770–1860. Göttingen.

Aristoteles 1998: Zweite Analytik. In: ders.: Erste Analytik. Zweite Analytik Griechisch-Deutsch (Organon 3/4) Hrsg., übersetzt, mit Einleitungen und Anmerkungen versehen von Hans Günter Zekl, Hamburg.

Asch, Ronald G., 2006: Jakob I. (1566–1625). König von England und Schottland. Stuttgart.

Augustinus, [4]1977: Der Gottesstaat. Aus dem Lateinischen übertragen von Wilhelm Thimme. Eingeleitet und kommentiert von Carl Andresen. 2 Bde. München.

Böckenförde, Ernst-Wolfgang, [2]2006: Geschichte der Rechts- und Staatsphilosophie. Antike und Mittelalter. Tübingen.

Bodin, Jean, 1976: Über den Staat. Auswahl, Übersetzung und Nachwort von Gottfried Neidhart. Stuttgart.

Briese, Olaf, 2016: Aufklärerischer Anarchismus. Die verdrängte Tradition des 18. Jahrhunderts. In: Internationales Archiv für Sozialgeschichte der deutschen Literatur 41.1, S. 41-91.

Brittnacher, Hans Richard, 1998: Die Räuber. In: Koopmann, Helmut (Hrsg.): Schiller-Handbuch, Stuttgart, S. 326-353.

Büchner, Georg, 1992/99: Sämtliche Werke, Briefe und Dokumente. Hrsg. von Henri Poschmann. 2 Bde. Frankfurt a. M.

Dabhoiwala, Faramerz, 2014: Lust und Freiheit. Die Geschichte der ersten sexuellen Revolution. Stuttgart.

Dipper, Christoph, 1990: Deutsche Geschichte 1648–1789. Frankfurt a.M.

Falduto, Antonino, 2021: Schottische Aufklärung in Deutschland. Christian Garve und Adam Fergusons *Institutes of Moral Philosophy*. In: Roth, Udo/Stiening, Gideon (Hrsg.): Christian Grave (1742–1798). Philosoph und Philologe der Aufklärung, Berlin, Boston, S. 45-65.

Evans Richard, 2020: Rituale der Vergeltung. Die Todesstrafe in der deutschen Geschichte. Darmstadt.

Garve, Christian 1772: Anmerkungen zur Übersetzung von Adam Ferguson: Grundsätze der Moralphilosophie. Breslau (auch in: Christian Garve: Gesammelte Werke. Hrsg. von Kurt Wölfel. 16 vol. Hildesheim, 1985–2000, Bd. XI).

Geismann, Georg, 1992: Politische Philosophie – hinter Kant zurück? Zur Kritik der „klassischen" Politischen Philosophie. In: Jahrbuch für Politik / Yearbook for Politics, 2.2, S. 319-336.

Gisi, Lucas Marco, 2007: Einbildungskraft und Mythologie. Die Verschränkung von Anthropologie und Geschichte im 18. Jahrhundert. Berlin, New York.

Gentz, Friedrich, 1991: Edmund Burke: Über die Französische Revolution. Betrachtungen und Anmerkungen. Hrsg. und mit einem Anhang versehen von Herrmann Klenner. Berlin

Grawe, Christian, 2017: Friedrich Schiller. Die Räuber. Erläuterungen und Dokumente. Stuttgart.

Haller, Albrecht von, [2]1772: Vorrede zur Prüfung der Sekte die an allem zweifelt. In: Sammlung kleiner Hallerischen Schriften. 3 Theile, Bern.

Hinderer, Walter, 2006: Die Räuber. In: ders. (Hrsg.): Schillers Dramen, Stuttgart.

Hißmann, Michael, 1780: Untersuchungen über den Stand der Natur. Berlin.

Hobbes, Thomas, 2017: De Cive. Vom Bürger. Lateinisch / Deutsch. Übersetzt von Andree Hahmann. Hrsg. v. Andree Hahmann und Dieter Hüning. Stuttgart.

D'Holbach, Paul Thiry, 1820: Système de la Nature et des Lois du Monde physiques et du Monde moral. Nouvelle Édition. Paris.

D'Holbach, Paul Thiry, 1978: System der Natur oder von den Gesetzen der physischen und der moralischen Welt. Übersetzt von Fritz-Georg Voigt. Frankfurt a.M.

Hüning, Dieter 2014: D'Holbachs *Système de la nature* – Bemerkungen zur Aufklärung über die Philosophie des französischen Materialismus. In: Mario Eggers (Hrsg.): Philosophie nach Kant. Neue Wege zum Verständnis von Kants Transzendental- und Moralphilosophie. Berlin Boston, S. 425-455.

Hüning, Dieter/*Klingner,* Stefan/*Stiening,* Gideon, 2018: Zur Einführung: Das Problem der Unsterblichkeit in der Philosophie, den Wissenschaften und den Künsten des 18. Jahrhunderts. In: dies. (Hrsg.): Das Problem der Unsterblichkeit in der Philosophie, den Wissenschaften und den Künsten des 18. Jahrhunderts, Hamburg [Aufklärung 29 (2017)], S. 7-19.

Israel, Jonathan, 2017: Die Französische Revolution. Ideen machen Politik. Stuttgart.

Jaumann, Herbert, 2004: Handbuch der Gelehrtenkultur der Frühen Neuzeit. Berlin, News York.

Kant, Immanuel, 1900 ff.: Kant's Gesammelte Schriften. Hg. von der Preußischen [später: Deutschen] Akademie der Wissenschaften. Berlin.

Kaufmann, Thomas, 2009: Über Hallers Religion. Ein Versuch. In: Elsner, Norbert/Rupke, Nicolaas A. (Hrsg.): Albrecht von Haller im Göttingen der Aufklärung, Göttingen, S. 309-379.

Koch-Schwarzer, Leonie, 1998: Populare Moralphilosophie und Volkskunde. Christian Garve (1742–1798) – Reflexionen zur Fachgeschichte. Marburg.

Krebs, Roland, 2006: Helvétius en Allemagne ou la Tentation du Matérialisme. Paris.

Laukhard, Friedrich Christian, 1989: Leben und Schicksal von ihm selbst beschreiben. Hrsg. von Karl Wolfgang Becker. Leipzig.

Marshall, John, 2006: John Locke, Toleration and Early Enlightenment Culture. Cambridge.

Mayer, Hans, 1985: Außenseiter. Frankfurt a. M.

Mendelssohn, Moses, 1979: Morgenstunden oder Vorlesungen über das Dasein Gottes. Hrsg. von Dominique Bourel. Stuttgart.

Michelsen, Peter, 1979: Der Bruch mit der Vater-Welt. Studien zu Schillers Räubern. Heidelberg.

Nowitzki, Hans-Peter, 2003: Der wohltemperierte Mensch. Aufklärungsanthropologien im Widerstreit. Berlin, New York.

Oellers, Norbert, 2005: Schiller. Elend der Geschichte, Glanz der Kunst. Stuttgart.

Panizzo, Paolo, 2019: Die heroische Moral des Nihilismus. Schiller und Alfieri. Berlin, Boston.

Pietsch, Andreas, 2016: *Libertinage érudit,* Dissimilation, Nikodemismus. Zur Erforschung gelehrter Devianz. In: Jaumann, Herbert/Stiening, Gideon (Hrsg.): Neue Diskurse der Gelehrtenkultur in der Frühen Neuzeit. Ein Handbuch, Berlin, Boston, S. 163-196.

Plachta, Bodo 1994: Damnatur, Toleratur, Admittitur. Studien und Dokumente zur literarischen Zensur im 18. Jahrhundert. Tübingen.

Reinbeck, Johann Gustav, 1740: Philosophische Gedancken über die vernünfftige Seele und derselben Unsterblichkeit, Nebst einigen Anmerckungen über ein Frantzösisches Schreiben, darin behauptet werden will, daß die Materie dencke. Berlin.

Reulecke, Martin, 2007: Gleichheit und Strafrecht im deutschen Naturrecht des 18. und 19. Jahrhunderts. Tübingen.

Riedel, Wolfgang, 1993: Die Aufklärung und das Unbewußte. Die Inversionen des Franz Moor. In: Jahrbuch der deutschen Schillergesellschaft 37, S. 198-220.

Riedel, Wolfgang, 1998: Schriften der Karlsschulzeit. In: Koopmann, Helmut (Hrsg.): Schiller-Handbuch, Stuttgart, S. 547-559.

Sarkowski, Hans, 1993: Die Gesellschaft der Außenseiter. Räuberbanden in Deutschland. In: ders./Bohneke, Heiner (Hrsg.): Die deutschen Räuberbanden. 3 Bde., Frankfurt a.M.

Sautermeister, Gert, 2006: Die Räubert. Ein Schauspiel (1781). In: Luserke-Jaqui, Matthias (Hrsg.). Schiller Handbuch. Leben – Werk – Wirkung, Stuttgart, Weimar, S. 1-45.

Schiller, Friedrich, 1959: Sämtliche Werke. Hrsg. von Herbert G. Göpfert u.a. 5 Bde., München.

Schings, Hans-Jürgen, 1982: Schillers *Räuber.* Ein Experiment des Universalhasses. In: Wittkowski, Wolfgang (Hrsg.): Friedrich Schiller. Kunst, Humanität und Politik in der späten Aufklärung, Tübingen, S. 1-25.

Schmeisser, Martin, 2011: Baron d'Holbach in Deutschland. Reaktionen in deutschen Zeitschriften der Aufklärung. In: Haug, Christine/Schröder, Winfried (Hrsg.): Geheimliteratur und Geheimbuchhandel in Europa im 18. Jahrhundert, Wiesbaden, S. 85-108.

Schwaiger, Clemens, 2018: Art. Ethik. In: Theis, Robert/Aichele, Alexander (Hrsg.): Handbuch Christian Wolff, Wiesbaden, S. 253-268.

Sieg, Hans Martin, 2003: Staatsdient, Staatdenken und Dienstgesinnung in Brandenburg-Preußen im 18. Jahrhundert (1713–1806). Studien zum Verständnis des Absolutismus. Berlin.

Steinhagen, Harald, 1982: Der junge Schiller, de Sade und Kant. Aufklärung und Idealismus. In: DVjS 56, S. 135-157.

Stiening, Gideon, 2004: Ein „Sistem" für den „ganzen Menschen". Die Suche nach einer ‚anthropologischen Wende' und das anthropologische Argument bei Johann Karl Wezel. In: Hüning, Dieter/Michel, Karin/Thomas, Andreas (Hrsg.): Aufklärung durch Kritik. Festschrift für Manfred Baum, Berlin 2004, S. 113-139.

Stiening, Gideon, 2012: „Man muß in socialen Dingen von einem absoluten Rechtsgrundsatz ausgehen." Recht und Gesetz nach Büchner. In: Fortmann, Patrick/Helfer, Martha B. (Hrsg.): Commitment and Compassion: Essays on Georg Büchner, Amsterdam, S. 21-45.

Stiening, Gideon, 2014: Das Recht auf Rechtlosigkeit. Arnold Clapmarius' *De Arcanis rerumpublicarum* zwischen politischer Philosophie und Klugheitslehre. In: Marti, Hanspeter/Marti-Weissenbach, Karin (Hrsg.): Nürnbergs Hochschule in Altdorf. Beiträge zur frühneuzeitlichen Wissenschafts- und Bildungsgeschichte, Wien, Köln, Weimar, S. 191-211.

Stiening, Gideon, 2016: Glück statt Freiheit – Sitten statt Gesetze. Wielands Auseinandersetzung mit Rousseaus politischer Theorie. In: Wieland-Studien 9, S. 61-103.

Stiening, Gideon, 2016a: Zwischen gerechtem Krieg und kluger Politik. Naturrecht, positives Recht und Staatsraison in Kleists *Michael Kohlhaas.* In: Ammon, Frieder von/Rémi Cornelia/Stiening, Gideon (Hrsg.): Literatur und praktische Vernunft. Festschrift für Friedrich Vollhardt zum 60. Geburtstag, Berlin, Boston, S. 485-522.

Stiening, Gideon, 2018: Empirische oder wahre Politik? Kants kritische Überlegungen zur Staatsklugheit. In: Hüning, Dieter/Klingner, Stefan (Hrsg.): Kants Entwurf *Zum ewigen Frieden*, Baden-Baden, S. 259-276.

Stiening, Gideon, 2020: „Ipse autem princeps non est subditus". Suárez über den Grundsatz des *Princeps legibus solutus* (DL III. 35) In: Bach, Oliver/Brieskorn, Norbert/Stiening, Gideon (Hrsg.): Die Staatsrechtslehre des Francisco Suárez, Berlin, Boston, S. 283-305.

Stiening, Gideon, 2021 [i.D.]: „Die Natur macht den Menschen glücklich". Modelle materialistischer Ethik im 18. Jahrhundert. In: Laak, Lothar van/Eichhorn, Kristin (Hrsg.): Kulturen der Moral / Moral Cultures, Hamburg.

Stolleis, Michael, 1772: Staatsraison, Recht und Moral in philosophischen Texten des späten 18. Jahrhunderts. Moral und Politik bei Christian Garve. Meisenheim am Glan.

Watkins, Eric, 1995: The Development of Physical Influx in Early Eighteenth-Century Germany: Gottsched, Knutzen, and Crusius. In: The Review of Metaphysics XLIX.2, S. 295-339.

Wezel, Johann Carl, 1984: Belphegor oder Die wahrscheinlichste Geschichte unter der Sonne. Hrsg. von Hubert Gersch. Frankfurt a.M.

Wiese, Benno von, 1959: Friedrich Schiller. Stuttgart.

Wolff, Christian, 1733: Vernünfftige Gedancken von der Menschen Thun und Lassen zu Beförderung ihrer Glückseligkeit. Frankfurt, Leipzig.

Wolff, Christian, 2004: Vernünftige Gedanken von dem gesellschaftlichen Leben der Menschen und insonderheit dem gemeinen Wesen. „Deutsche Politik". Bearbeitet, eingeleitet und hrsg. von Hasso Hofmann. München.

Wolff, Michael, 2008: Moral in der Politik. Garve, Kant, Hegel (Vortrag in Jena und Regensburg, Januar 2008). Unter: www.academia.edu/37673040/Wolff_Moral_in_der_Politik_Garve_Kant_Hegel, download am 30.7.2020.

Wunderlich, Falk, 2012: Empirismus und Materialismus an der Göttinger Georgia Augusta – Radikalaufklärung im Hörsaal? In: Aufklärung 24, S. 65-90.

Wyduckel, Dieter, 1979: Princeps legibus Solutus. Eine Untersuchung zur frühmodernen Rechts- und Staatslehre. Berlin.

Markus Hien

Genua als Modell.
Das ‚innere Räderwerk' der Politik und die Idee der Mischverfassung in Schillers *Fiesko*

Die Verschwörung des Fiesko zu Genua (1783) von Friedrich Schiller trägt in der Buchfassung den Untertitel „republikanisches Trauerspiel", in der Mannheimer Bühnenfassung liest man nur noch „Ein Trauerspiel in fünf Akten".[1] Streng genommen hätte das Wort ‚Trauerspiel' ganz gestrichen werden müssen, denn von den Tragödienelementen ist vieles verschwunden. Der Held stirbt nicht, ersticht auch nicht verblendet seine eigene Frau, ja, das ganze Stück endet versöhnlich und mit, wie es im Nebentext heißt, „*grosser Rührung*".[2] Nannte Schiller die Buchfassung ein „republikanisches Trauerspiel", weil die Republik „der Gleichen und Freien" scheitert, bevor sie Realität werden konnte?[3] Handelt es sich um ein „republikanische[s] Trauerspiel[] ohne überzeugende Republikaner"?[4] Wer das Stück politisch liest und es nicht ausschließlich zum Charakterdrama erklärt oder allein die Ästhetisierung des Politischen in den Blick nimmt,[5] muss über den Begriff ‚Republik' ebenso sprechen wie über den zeithistorischen Kontext, dem dieser entsprang. Eine falsche Kontextsuggestion verdeckt und erschwert das Verständnis dabei wesentlich.[6] So versäumt kaum ein politikaffiner Interpret, folgende Sätze aus einem Brief Schillers an seinen späteren Schwager Reinwald zu zitieren, um von hier die Brücke zu den rückständigen deutschen Verhältnissen zu schlagen: „Den Fiesko verstand das Publikum nicht. Republikanische Freiheit ist hier zu Lande ein Schall ohne Bedeutung, ein leerer Name – in den Adern der Pfälzer fließt kein römisches Blut."[7]

Bei der Auslegung dieses Satzes ist von den „feudalabsolutistischen Verhältnissen"[8] im Deutschland des 18. Jahrhunderts die Rede und selten bleibt der Verweis auf den Württemberger Despoten Karl Eugen aus – Schillers ganz leibhaftige Erfah-

---

1 Vgl. *Schiller* 1983, S. 5 und ebd., S. 127 (Mannheimer Bühnenfassung, 1784).
2 Ebd., S. 230. Zur dramatischen Mischform siehe *Schulz* 1991, speziell zum *Fiesko* ebd., S. 120 f.
3 *Kraft* 1978, S. 63.
4 *Meier* 2009, S. 39.
5 Vgl. den Überblick zu politischen und unpolitischen Lesarten bei *Roßbach* 2005, S. 57-60. Zu Ästhetik und Politik *Alt* 2000, S. 334-345.
6 *Hien* 2015, S. 63-71.
7 *Schiller* 1956 [1784], S. 137.
8 *Janz* 1979, S. 37. Eine ähnliche Kontextbeschreibung findet sich z. B. bei *Kleinschmidt* 2001, S. 100-121 oder *Müller-Seidel* 2009, S. 84-102.

rung eines Tyrannen.[9] Die Flucht des Zöglings mit dem *Fiesko* in der Tasche erhält dann beinahe den Charakter einer politischen Flucht, während das republikanische Trauerspiel folgerichtig wie eine Kampfansage gegen die Tyrannei und den Despotismus der alten feudalistischen Ordnung in Deutschland wirkt. Nach der Lesart solcher Interpretationen verlegt sich ein Stück wie *Fiesko* allerdings häufig getreu dem Schema aus Reinhart Kosellecks *Kritik und Krise* aufgrund mangelnden politischen Einflusses des bürgerlichen Standes allein auf die (politisierte) Moral.[10] Doch das Zitat im Brief an Reinwald verweist nicht auf diesen ‚feudalabsolutistischen‘ Kontext. Die anschließenden Sätze werden in der Regel nicht mitzitiert,[11] sie sind aber von entscheidender Bedeutung: „Aber zu Berlin wurde er 14 mal innerhalb 3 Wochen gefodert und gespielt. Auch zu Frankfurt fand man Geschmak daran."[12]

Natürlich ist damit nicht gemeint, dass im kurpfälzischen Mannheim der feudalabsolutistische Despotismus größer sei als im preußischen Berlin. „Republikanische Freiheit" spielt hier vielmehr auf die Figurenzeichnung an und verweist damit weniger auf einen politischen Hintergrund als auf einen Bildungs- und Tugendbegriff, wie er der *amor patriae*-Debatte humanistischer Gelehrter entstammte.[13] „Die Mannheimer sagen", heißt es weiter, „das Stük wer viel zu gelehrt für sie."[14] Aber mehr noch: Von Feudalabsolutismus für die Territorien des Alten Reichs im 18. Jahrhundert wird heute kaum ein Historiker mehr sprechen, auch das eingängige Schema vom Bürgertum, das sich aus politischer Ohnmacht in einer ‚Gegenöffentlichkeit‘ auf die Moral verlegte, um Kritik zu üben, ist längst empirisch hinterfragt worden.[15] Für die jungen Literaten der zweiten Hälfte des 18. Jahrhunderts vor der Französischen Revolution ist die schlichte Opposition ‚alte Ordnung‘ = ‚Absolutismus/Despotismus‘ und ‚neue resp. zukünftige Ordnung‘ = ‚republikanisch-demokratisches Gemeinwesen‘ grundfalsch. Als ‚alte Ordnung‘ galt – zumal in württembergischen Kontexten – ein System mit ständischer Interessenvertretung, historisch gewachsenen Rechten und Gesetzen und somit beschränkter fürstlicher Gewalt, während als ‚neue Ordnung‘ der Versuch empfunden wurde, diese ständischen Rechte zurückzudrängen und allein aus fürstlicher Machtvollkommenheit zu regieren, sprich das, was später den Namen Absolutismus erhielt. Exemplarisch hierfür ist Goethes *Egmont*.[16]

---

9 So *Müller-Seidel* 2009, S. 50.
10 *Koselleck* 1973, S. 81-86 (zu Schiller). Vgl. exemplarisch hierfür *Janz* 1979, S. 40-43. Mit Blick auf den Begriff des „poetischen Republikanismus" *Golz* 2011, S. 285-294.
11 Z.B. *Janz* 1979, S. 37; *Hinderer* 1998a, S. 203; *Roßbach* 2005, S. 54; *Golz* 2011, S. 281; *Alt* 2000, S. 330 f.
12 *Schiller* 1956 [1784], S. 137.
13 Vgl. *Ebert* 2005, S. 162 f.
14 *Schiller* 1956 [1784], S. 137.
15 Zum Begriff des Absolutismus vgl. *Asch/Duchhardt* 1996. Zur Reichsforschung vgl. *Hien* 2015, S. 4-23, zur Kritik an Koselleck und Habermas mit weiterführender Literatur ebd., S. 276 f.
16 Vgl. *Borchmeyer* 1995.

Der folgende Aufsatz versucht die politische Dimension in Schillers *Fiesko* vor diesem Hintergrund auszuloten. Zwar handelt es sich um Schillers erstes Drama, das sich eines überlieferten, historischen Stoffs annimmt, der Autor bedient sich aber unter Verweis auf Lessings *Hamburgische Dramaturgie* der Lizenz, die schon Aristoteles dem Dichter gegenüber dem Historiker gewährt hat: von den historischen Fakten nach Maßgabe der poetischen Wahrscheinlichkeit abzuweichen. Mit dem historischen Genua oder dem historischen Grafen von Lavagna hat das Drama an vielen Stellen wenig zu tun.[17] Die italienische Republik und der historische Stoff dienen Schiller vielmehr, so meine Leitthese, als Modell auf zwei unterschiedlichen politischen Ebenen: Das Drama liefert ein Modell für empirische Politik, und das heißt für Schiller erfahrungsseelenkundlich zu beschreibendes Interagieren der Figuren zum oder gegen das Staatswohl. Das soll in einem ersten Schritt unter der Überschrift „Kunst und Kabale" gezeigt werden: Nicht abstrakte Verfassungstheorien der Gegenwart, sondern politische Klugheitslehre, Psychologie und Anthropologie sind dabei die entscheidenden Wissensbestände. Die Beschreibung des *Fiesko* als Charakterdrama und seine politische Lesart sind deshalb kein Widerspruch. Diese Perspektive ist gewiss nicht neu,[18] dient aber als Basis des weiteren Argumentationsverlaufs. Ein Zwischenkapitel zu Fieskos berühmter Tierfabel, das zur zweiten politischen Ebene überleitet, zeigt, dass für die politische Lektüre des Dramas die antike und frühneuzeitliche Lehre des Verfassungskreislaufes eine entscheidende Rolle spielt („Verfassungskreislauf im Reich der Tiere"). Diese These wird schon durch den Blick in einen Prätext dieser Fabel erhärtet, der bisher noch nicht als ein solcher erkannt wurde: Phaedrus' Fabel *Ranae Regem Petierunt*. Die Intention des Fabelerzählers Fiesko, wie sie sich zwingend aus der Figurenanalyse des ersten Teils ergibt, lässt sich gegen die politische Disposition des Dramas im Ganzen stellen. Der dritte Abschnitt widmet sich schließlich unter der polemischen Überschrift „Republikanischer Konservatismus: Genuas Mischverfassung" der ideellen Politik und kontextualisiert diese historisch wie autorspezifisch.

1. *„Kunst und Kabale"*[19]

Der Untertitel „republikanisches Trauerspiel" verweist natürlich auch auf eine spezifische Stoff- und Tragödientradition: Gottscheds *Sterbender Cato* (1732) ist hier genauso zu nennen wie Voltaires *Brutus*-Tragödie (1729/1730) und sein Cäsar-Drama *La Mort de César* (1736),[20] ganz besonders aber Bodmers diverse Römertragödien

---

17 „Der Genueser Fiesko sollte zu *meinem* Fiesko nichts als den *Namen* und die Maske hergeben – das übrige mochte er behalten." *Schiller* 2004b, S. 753.
18 Anschlussmöglichkeit für mich bietet vor allem *Fulda* 2009.
19 *Schiller* 2004a, S. 640 (Vorrede).
20 *Voltaire* 1736; *Voltaire* 1731; vgl. *Meier* 2009, S. 37; *Lützeler* 1978, S. 15 f.

(*Julius Caesar* 1763, *Marcus Brutus* 1768 u.a.).[21] Die republikanische Tugend von Heldenfiguren wie dem älteren und dem jüngeren Brutus, ihre Freiheitsliebe, ihr Mut und ihre Opferbereitschaft sowie der Tyrannenhass auf Alleinherrscher à la Cäsar werden in der zweiten Hälfte des 18. Jahrhunderts zu literarisch-politischen Chiffren.[22] Quelle ersten Ranges sind, das wurde vielfach beschrieben, Plutarchs Biographien.[23] Aus der Begeisterung für die charakterliche Größe dieser republikanischen und antirepublikanischen Heldenfiguren erwächst jedoch bei Schiller kein politisches Programm. Er schreibt sich mit seinem *Fiesko* in die Tradition republikanischer Trauerspiele ein, verwirrt das Schauspiel außergewöhnlicher Charaktere aber, indem er einfache Sympathielenkungen und Identifikationen unterwandert.[24] Nicht einmal der patriotische Republikaner Verrina ist ein Beispiel makelloser republikanischer Tugend und schon gar nicht der Held der Tragödie Fiesko, dessen Größe zum cäsaristischen Selbstrausch neigt, nicht aber zu jener Aufopferungsbereitschaft für das Gemeinwesen, die Schiller in den *Briefen über Don Karlos* (1788) als Kern jedes Republikanismus bezeichnet.[25] Auf das Faszinosum des erhabenen Verbrechers zielt schon das dem Stück als Motto beigegebene Zitat aus Sallusts *De coniuratione Catilinae:* „Nam id facinus inprimis ego memorabile existimo sceleris atque periculi novitate" [„Denn diese Untat halte ich für besonders merkwürdig wegen der Neuheit des Verbrechens und der Gefahr"][26]. Dahinter steckt jene zeittypische Begeisterung für die – wie es im *Abfall der vereinigten Niederlande* heißt – „kolossalischen Menschen" aus der „Geschichte vergangener Zeiten", die im „weichlichen Schoß der Verfeinerung"[27] undenkbar geworden sind.

Die zur Größe fähigen Figuren des 16. Jahrhunderts müssen sich auf dem Feld frühneuzeitlicher Politik beweisen, das durch Verstellung und List gekennzeichnet ist. Handlungsleitend ist dabei die politische Klugheit. Im Verständnis der Zeitgenossen Schillers hatte der Begriff seine Vielschichtigkeit als diesseitiges Lebensideal bereits etwas eingebüßt[28] und der Spielraum dessen, was in ihrem Namen erlaubt ist,

---

21 *Gottsched* 1732; *Bodmer* 1763; *Bodmer* 1768, S. 1-103 (*Marcus Brutus*), S. 107-157 (*Tarquinius Superbus*); siehe auch die Kaiserdramen: *Bodmer* 1769, S. 1-72 (*Octavius Cäsar*), S. 73-157 (*Nero*). Vgl. *Lützeler* 1978, S. 15 f.
22 Vgl. ebd., S. 15 f.
23 Vgl. *Fries* 1898.
24 Dazu *Meier* 2009, S. 41.
25 *Schiller* 2004d, S. 229.
26 *Schiller* 2004a, S. 639 (Motto), S. 972 (Übersetzung). „Ein verarmter Patrizier wie Catilina ist in Schillers Trauerspiel nicht Fiesko, sondern Sacco. [...] Fiesko aber steht – wie seine Vorbilder Cäsar und Augustus – an der Spitze eines der mächtigen Häuser der Republik." *Lützeler* 1978, S. 19.
27 *Schiller* 2004e, S. 34.
28 Politik konnte in der Frühen Neuzeit als Lehre oder als Tätigkeit verstanden werden. Im Bereich des Handelns meint Politik zunächst eine Tugend des richtigen Handelns, die sich keineswegs auf die öffentliche Sphäre des Staatsmanns beschränken muss. Vgl. *Scattola* 2013, S. 227-259.

schrumpfte im 18. Jahrhundert merklich zusammen.[29] Das „Allgemeine Lexikon der Künste und Wissenschaften" definiert „Politick" 1721 jedoch ganz im Rahmen dieser Tradition als „eine besondere klugheit, die vortheile eines Fürsten oder staats wohl auszusinnen, durch verdeckte Wege zu suchen, und auf alle mögliche weise zu erlangen. In solchem Verstande wird es offt auch auf privat-händel und geschäffte gezogen."[30] Staatsklugheit und Privatklugheit meinen folglich dieselben technischen Fähigkeiten auf unterschiedlichen Gebieten. Der Artikel unterscheidet jedoch weiter zwischen „wahre[r]" und „falsche[r] politick". Die wahre Politik verfahre nach dem Prinzip der natürlichen Billigkeit, einem anderen nichts zu tun, was man nicht selbst erleiden wolle, zöge zudem immer den allgemeinen dem partikularen Nutzen vor und achte „treu und glauben", das Band der menschlichen Gemeinschaft. Die „falsche politick" tue hingegen das genaue Gegenteil, präferiere den eigenen Nutzen und erlaube sich krumme Wege wie Betrug, Hinterlist und Untreue. „Für den meister dieser letzteren wird insgemein *Machiavellus* angegeben, der aber wider seine meinung schüler gehabt, die ihren meister weit übertroffen."[31]

Für einen Dramatiker der zweiten Hälfte des 18. Jahrhunderts waren drei Dinge an dieser Tradition reizvoll: Zum einen bot Politik verstanden als eine Welt von Verstellung, List und Intrige einen hervorragenden Raum für spannungsreiche Dramenhandlungen. Zum anderen weist die Selbst- und Fremdbeobachtung der Politici des 17. Jahrhunderts eine Verwandtschaft zum entlarvenden Blick der französischen Moralisten auf, die mit der so ernüchternden wie bestechenden Einsicht aufwarten, dass sich hinter den Tugenden gerne Laster, hinter dem Allgemeininteresse häufig Partikularinteressen verstecken, welche Aufschluss über die wahren Motive des politischen Handelns geben.[32] Daraus kann im Drama nicht nur die Faszination am Bösewicht werden, hieran kann auch die Psychologie der Spätaufklärung anschließen. Schließlich setzt, drittens, die erfolgreiche Anwendung der politischen Klugheitslehren Gaben des Genies voraus wie einen tiefdringenden Verstand, Erfindungsreich-

---

29 Im 17. Jahrhundert wird der Rahmen dessen, was im Sinne des Gemeinwohls an Verstellung und List zulässig ist und was nicht, bzw. wie Gerechtigkeit und Nutzen im politischen Handeln zu verbinden seien, sehr differenziert, aber höchst unterschiedlich abgewogen. Vgl. *Barner* 1970, S. 135-150 sowie Riedels Einleitung zum Weisheitsideal des 18. Jahrhunderts in *Abel* 1995, S. 403-408. Das Skandalon der Politik bzw. der Staatsraison liegt natürlich schon in der politischen Pragmatik und Realistik Machiavellis im frühen 16. Jahrhundert. Vgl. *Münkler* 1985.

30 *Anonym* 1721. Der in der Forschung häufig zitierte Artikel zur „Politick" aus dem Zedler-Lexikon ist mit diesem älteren Artikel beinahe wortidentisch, lediglich in der Schreibweise und in den Literaturverweisen am Ende finden sich Abweichungen, vor allem eine ausführliche Ergänzung zu Christian Wolff: *Anonym* 1741.

31 *Anonym* 1721.

32 „Unsere Tugenden sind meist nur verkappte Laster". Motto zu *La Rochefoucauld* 1995, S. 59. Die Verwandtschaft zeigt sich etwa bei *Gracián* 1954, S. 16: „Alle sind Götzendiener, einige der Ehre, andere des Interesses, die meisten des Vergnügens. Der Kunstgriff besteht darin, daß man diesen Götzen eines jeden kenne, um mittelst desselben ihn zu bestimmen" (Aph. 26). Vgl. *Münkler* 1987, S. 270 f.

tum und Schnelligkeit. Graciáns *Handorakel* gibt Hinweise und Anweisungen, um sich in einer Welt der Verstellung und des Betrugs als Meister der Künstlichkeit zu beweisen.[33]

Mit diesem Begriff von „Politik" bewaffnet, war es Schiller möglich, sein Vorhaben aus der *Vorrede* der Buchfassung zu verwirklichen. An Lessing knüpft er dabei nicht nur an, um sich einen Freibrief für die Abweichungen von den historischen Begebenheiten zu holen,[34] sondern auch mit Blick auf die emotionalisierende und individualisierende Ästhetik des Bürgerlichen Trauerspiels. Diese will Schiller für den politisch-historischen Stoff (zurück)gewinnen.[35] Die „unfruchtbare Staatsaktion" möchte er „aus dem menschlichen Herz" herausspinnen.[36] Das gelingt ihm, so lässt sich zugespitzt formulieren, indem er die Akteure auf dem frühneuzeitlichen Feld politischer Klugheit mit den Augen des Psychologen der Spätaufklärung betrachtet.

Zur Charakteristik des frühneuzeitlichen ‚Politicus' scheint Schiller auf Schlüsselgedanken des großen Theoretikers der Staatsraison zurückgegriffen zu haben, auf Niccolò Machiavelli. Ein philologisch überzeugender Beleg für die Lektüre des *Principe* oder der *Discorsi* ist bislang jedoch ausgeblieben.[37] Wer Machiavelli war und was einen Machiavellisten in den Augen des 18. Jahrhunderts auszeichnete, konnte allerdings in Kompendien wie denen Johann Jakob Bruckers leicht nachgelesen werden.[38] Der Name Machiavelli, bei Schiller sonst nur in einigen wenigen Briefstellen belegt, taucht auch im *Abfall der vereinigten Niederlande* auf – und zwar genau dort, wo es um die Staatskunst Wilhelm von Oraniens geht: „Nicht weil er den Fürsten des Machiavelli zu seinem Studium gemacht", schreibt Schiller, „sondern weil er den lebendigen Unterricht eines Monarchen [gemeint ist Karl V.] genossen hatte, der jenen in Ausübung brachte, war er mit den gefährlichen Künsten bekannt worden, durch welche Throne fallen und steigen."[39] Diese praktische Erfahrung fällt mit den besten Veranlagungen zusammen:

> „Die stille Ruhe eines immer gleichen Gesichts verbarg eine geschäftige feurige Seele, die auch die Hülle, hinter welcher sie schuf, nicht bewegte und der List und der Liebe gleich unbetretbar war; einen vielfachen, fruchtbaren, nie ermüdenden Geist, weich und bildsam genug, augenblicklich in alle Formen zu schmelzen; bewährt genug, in keiner sich selbst zu verlieren; stark genug, jeden Glückswechsel zu ertragen. Menschen zu

---

33 *Gracián* 1954.
34 *Schiller* 2004a, S. 640.
35 *Meier* 2009, S. 47 f.
36 *Schiller* 2004a, S. 641.
37 Über Schillers Machiavelli-Rezeption ist immer wieder spekuliert worden: *Wölfel* 2000. Alt weist auf den französischen Materialismus und dessen intensive Auseinandersetzung mit Machiavelli hin, *Alt* 2000, S. 343.
38 *Brucker* 1751, S. 534-536. Schillers wichtigste Quelle, die *Conjuration du Comte Jean Louis de Fiesque* des Kardinals de Retz, könnte ihn aber auch zu den *Mémoires* ihres Verfassers geführt haben, in denen sich der Kardinal selbst als Politicus im Sinne Machiavellis darstellt. Vgl. *Michelsen* 1990, S. 350 f.
39 *Schiller* 2004e, S. 94.

durchschauen und Herzen zu gewinnen, war kein größerer Meister als Wilhelm. […] Den Plan, dem er einmal als dem ersten gehuldigt hatte, konnte kein Widerstand ermüden, keine Zufälle zerstören, denn alle hatten, noch ehe sie wirklich eintraten, vor seiner Seele gestanden."[40]

Wilhelm scheint Schiller ob dieser Fähigkeiten „zum Führer einer Verschwörung geboren"[41]. Philipp durchschaut diesen Charakter besser als die anderen Zeitgenossen, weil ihm Wilhelm von Oranien „unter den gutartigen [...] am ähnlichsten war"[42]. In puncto politischer Technik, der Fähigkeit sich zu verstellen, Informationen zu sammeln, das Gegenüber zu durchschauen und den geeigneten Zeitpunkt zur Handlung zu erkennen, treffen sich die Gegner. Wilhelm von Oranien ist es allerdings nicht allein um den Machtgewinn zu tun, für welchen alle Mittel recht wären. Sein Handeln bleibt an republikanischen Tugenden orientiert. Anders der Verschwörer Fiesko, der ihm an Fähigkeiten jedoch durchaus gleichkommt.

Machiavelli widmet den Verschwörern in den *Discorsi* ein ausführliches Kapitel, das mit zahlreichen historischen Beispielen argumentiert (III,6).[43] Zwar gibt er vor, das Kapitel zu schreiben, damit sich die Fürsten vor dieser Gefahr schützen könnten und die Privatleute sich auf dergleichen Wagnisse nicht einlassen, jedoch kann man es *ex negativo* als Anleitung lesen, wie man sich zu verschwören hat, um einen Fürsten zu stürzen. Für eine erfolgreiche Verschwörung sind dieselben Techniken und Fähigkeiten erforderlich wie für die Machtergreifung des Fürsten im *Principe*. Der Verschwörer ist gleichsam der „feindliche Bruder des Fürsten"[44]. Erfolgreich kann eine Verschwörung nur durch Große des Staates erfolgen, die in der Lage sind, sich durch Verstellung Zugang zum Fürsten zu verschaffen.[45] Ständige Gefahr droht vor allem durch Verrat, weshalb die Zahl der Mitwisser auf ein Minimum zu reduzieren und die Informationen selbst im innersten Kreis bis zur Ausführung knapp zu halten sind.[46] Schriftliches gilt es zu vermeiden.[47] Steht die Enttarnung bevor, muss schnell und entschlossen agiert werden. Am gefassten Plan sollte nach aller Möglichkeit festgehalten werden.[48] Es darf niemand am Leben bleiben, der den ermordeten Fürsten rächen könnte.[49]

Fiesko verhält sich, als ob er sich die genannten Punkte des Kapitels zu Herzen genommen hätte. In der expliziten auktorialen Charakterisierung des Titelhelden, die sich im Personenverzeichnis der Buchfassung findet, heißt es, er sei „stolz mit An-

---

40 *Schiller* 2004e, S. 92 f.
41 Ebd., S. 93.
42 Ebd., S. 94.
43 *Machiavelli* 1990b, S. 240-256 (III, 6).
44 *Ottmann* 2006, S. 41.
45 *Machiavelli* 1990b, S. 243.
46 Ebd., S. 245.
47 Ebd., S. 246.
48 Ebd., S. 248 f.
49 Ebd., S. 252.

stand – freundlich mit Majestät – höfisch-geschmeidig und ebenso tückisch."[50] Die Kunst des Verstellens und Taktierens beherrscht er wie kein zweiter im Drama, wiewohl außer Leonore und Andreas Doria alle Figuren auf der politischen Bühne mit Verstellung zum eigenen Vorteil etwas herauszuholen versuchen. Unter den Masken erkennt er zielgenau sein Gegenüber.[51] Es gelingt ihm mehrfach, ganz Genua zu täuschen. Nicht nur Gianettino, auch die Verschwörer wissen nicht sicher, woran sie mit ihm sind, während er hinter der Maske des Hedonisten versteckt Vorbereitungen trifft. Selbst den Mohr Muley Hassan, der ihn ermorden soll, überlistet er und nutzt dessen Fertigkeiten anschließend für das eigene Intrigenspiel. Er schickt ihn aus, um „die Witterung des Staats" aufzunehmen, Informationen auszuspionieren und Gerüchte zu streuen.[52] Doch nicht nur die Techniken der Macht wie List und Verstellung beherrscht Fiesko: Er zeichnet sich durch jene persönliche Stärke, *virtù*, aus, die im *Principe* als zentrale Grundlage der erfolgreichen Machtbehauptung beschrieben wird. *Virtù* und *fortuna* sind für Machiavelli die entscheidenden Daseinskräfte.[53] *Virtù* ist dabei nicht zuletzt die politische „Tatkraft", die „zupackende[] Entschlossenheit"[54], der es allein gelingen kann, *fortuna* etwas abzutrotzen.[55] Eng damit verknüpft ist die kairologische Lehre der *occasione*, der Gelegenheit, die es im rechten Augenblick am Schopf zu packen gilt.[56] Fiesko handelt ganz danach, wenn er sich zum „Souverän der Verschwörung"[57] macht. Auf die unvorhersehbarsten Wendungen reagiert er schnell und entschlossen, um sich die Einbrüche des Zufalls zu Diensten zu machen. Als es in der Signoria zum Tumult kommt, befiehlt er dem Mohren: „Es ist ein Aufruhr. Spreng unter sie. Nenn meinen Namen. Sieh zu, daß sie hieher sich werfen. (*Mohr eilt hinunter*) Was die Ameise Vernunft mühsam zu Haufen schleppt, jagt in einem Hui der Wind des Zufalls zusammen."[58]

Größe und Macht legitimieren ihm alle Mittel: „Es ist schimpflich, eine Börse zu leeren – es ist frech, eine Million zu veruntreuen, aber es ist namenlos groß, eine Krone zu stehlen"[59]. Über die historische Lehre Machiavellis geht das freilich weit hinaus: „[…] niemals wird der klare Verstand einen Mann wegen einer außerordentlichen Handlung tadeln, die er zur Gründung eines Königsreichs oder einer Republik

---

50 *Schiller* 2004a, S. 642.
51 Ebd., S. 653.
52 Ebd, S. 660 (I, 9) und S. 689 (II, 15). Zur Bedeutung und Manipulation der öffentlichen Meinung finden sich im *Principe* einige Absätze: *Machiavelli* 1990a, S. 91-114 (Kp. XV-XXI).
53 Vgl. *Machiavelli* 1990a, S. 118-120 (Kp. XXV).
54 *Ottmann* 2006, S. 21.
55 „Schließlich, glaube ich, ist es besser, ungestüm als vorsichtig zu sein, weil das Glück ein Weib ist, mit dem man nicht auskommen kann, wenn man es nicht prügelt und stößt." *Machiavelli* 1990b, S. 120.
56 Vgl. *Ottmann* 2006, S. 24 f.
57 *Schiller* 2004a, S. 707.
58 Ebd., S. 675.
59 Ebd., S. 698.

ausgeführt hat"[60], heißt es bei diesem. Die „außerordentliche Tat" schließt das Stehlen einer Krone durch Mord durchaus ein, sie ist aber nicht durch die eigene Größe gerechtfertigt, sondern durch die Absicht, das „Allgemeinwohl"[61] zu sichern. Schiller lässt seine Figur nicht im Typus des machiavellistischen Politicius aufgehen. Der Zuschauer wird durch die Informationsvergabe des Dramas gezwungen, sich selbst am Enträtseln Fieskos zu beteiligen,[62] er muss sich selbst als ‚Politicus' betätigen[63], kann dazu aber auf die Psychologie des 18. Jahrhunderts zurückgreifen.

Das Stück ist dem Karlsschullehrer Jacob Friedrich Abel gewidmet[64] und zu Recht hat man Elemente von dessen Genie- und Weisheitslehre innerhalb des Dramas wiedergefunden.[65] Abel ist überzeugt, dass eine Täuschung durch Verstellung einem genauen und geschulten Beobachter gegenüber nicht dauerhaft aufrechterhalten werden kann – und dass letztlich das Wahre und Unverstellte den Sieg davon trägt.[66] Im Drama zeigt sich das, als Verrina Fiesko gerade in jenem Moment, da er seine ausgefeilten Vorbereitungen zum Umsturz den Verschwörern kundtut, zu misstrauen beginnt (II/18). Er zögert, schweigt und durchschaut den tieferen Antrieb des Protagonisten besser, als dieser sich selbst. Fiesko schwankt im Monolog der folgenden Szene berauscht von der eigenen Größe zwischen den Alternativen „Republikaner Fiesko? Herzog Fiesko?"[67]. Nicht die Tugend lässt ihn zunächst für die republikanische Variante optieren, sondern die Autosuggestion, mit dieser Wahl gewöhnliche historische Größe noch zu übertrumpfen: „Ein Diadem erkämpfen ist groß. Es wegwerfen ist göttlich."[68] Verrina leitet gegenüber Bourgognino in III/1 eine andere Konsequenz aus seiner Beobachtung ab: „Den Tyrannen wird Fiesko stürzen, das ist gewiß! Fiesko wird Genuas gefährlichster Tyrann werden, das ist gewisser!"[69]

---

60 *Machiavelli* 1990b, S. 151.
61 Ebd., S. 151.
62 Vgl. *Meier* 2009, S 41-46.
63 *Fulda* 2009, S. 27.
64 „Dem Herrn Profesor Abel zu Stuttgardt gewiedmet." *Schiller* 1983, S. 7.
65 Zur Genielehre: *Janz* 1979, S. 47; *Alt* 2000, S. 341; zur Klugheitslehre: *Fulda* 2009, S. 28-30.
66 Abel, Jacob Friedrich: Philosophische Säze von den Gründen des falschen Urtheils über andere [1782]. In: *Abel* 1995, S. 127-137, hier S. 137 (Satz 22): „Jene Täuschungen, die wir im 18. bis 21. Saz angezeigt, werden oft durch den Betrug des andern, das ist, durch Verstellung erzeugt und befördert. Aber nie sind die aus Verstellung und die aus ächter Gesinnung fliessende Handlungen gleich genug, um den aufmerksamen Beobachter lange zu täuschen. Das gezwungene, das überspannte, der Mangel der Uebereinstimmung einer Handlung mit den übrigen und dem ganzen Character, die Ungleichheit der Handlungen unter verschiedenen Lagen, besonders, wo er nicht belauscht zu werden glaubt, oder wo er die Gegenstände und die ihn beobachtende Person für zu geringfügig hält, als daß seine Absichten durch sie unterstützt oder gehindert werden könnten, oder endlich, wann Ermüdung, Zerstreuung, zu heftiger oder zu plötzlicher Drang schlimmer Leidenschaften ihn nach seinem betrügerischen Plane zu handeln, hindern, verrathen früher oder später den verlarvten Bösewicht." Zum Verhältnis von ‚Tugend' und ‚Klugheit' in der praktischen Philosophie des 18. Jahrhunderts vgl. die Einführung von Wolfgang Riedel in *Abel* 1995, S. 403-408.
67 *Schiller* 2004a, S. 695.
68 Ebd.
69 Ebd., S. 697.

Scheitert der ‚Politicus' hier daran, dass ein anderer ‚Politicus' sein Streben nach Größe als Indiz seines antirepublikanischen Charakter zu durchschauen beginnt, so besiegt ihn der alte Andreas Doria durch sein unverstelltes Verhalten. Den Gehilfen Muley Hassan nimmt Fiesko im Vorgefühl seines Triumphs nur als ein notwendiges Werkzeug wahr und entlässt ihn mit einem letzten Auftrag *„fremd und verächtlich"* aus seinen Diensten.[70] Enttäuscht verrät ihn dieser nun.[71] Fieskos Versuch, das Heft durch schnelle Handlung auch jetzt noch in der Hand zu halten, scheitert zunächst an der unmaskierten Botschaft, die er von Andreas Doria erhält.[72] Ihm beginnt kurzzeitig die Kontrolle über die Ereignisse zu entgleiten. Das Drama politischer Klugheit wird mehr und mehr psychologisch: Fiesko weist, wie immer wieder beschrieben, die schnelle Aufmerksamkeitsgabe, den Erfindungsreichtum sowie die Tatkraft und Stärke eines außergewöhnlichen Menschen im Sinne der Genielehre Abels auf. Schiller präsentiert ihn aber nicht in seiner bewundernswerten Größe, er zeigt – auch hier auf den Spuren seines Lehrers – die erhabene Ambivalenz, ja, die narzisstische Pathologie dieser Größe.[73] Gemeinsames Band der Monologe ist seine Eigenliebe, sein Selbstrausch,[74] der nun zur Selbsttäuschung, zum Abzug der Aufmerksamkeit vom Wesentlichen auf das Erwünschte und Angenehme führt.[75] Fieskos Fähigkeit zur politischen Klugheit wird nachhaltig getrübt. Höhepunkt dieser Täuschung ist gewiss der Mord an der eigenen Frau Leonore, die er aufgrund der Kleidung für Gianettino hält. Im Glauben, von der Vorsehung auserwählt zu sein, deutet er aber selbst

---

70 Ebd., S. 708.
71 Zuvor hatte er sich durchaus mit der Sache Fieskos identifiziert: „Mohr (treuherzig). Gelt, Fiesko? Wir zwei wollen Genua zusammenschmeißen, daß man die Gesetze mit dem Besen aufkehren kann –". *Schiller* 2004a, S. 703. Vgl. dagegen den Reflexionsmonolog in III/8 ebd., S. 708 f.
72 „‚Lavagna, Sie haben, deucht mich, ein Schicksal mit mir. Wohltaten werden Ihnen mit Undank belohnt. Dieser Mohr warnt mich vor einem Komplott – Ich sende ihn hier gebunden zurück, und werde heute nacht *ohne Leibwache* schlafen.'" Ebd., S. 723.
73 „Nichts hebt das Genie höher, als die Kühnheit seiner Gedanken. Alles ist bei ihm furchtbar groß, schaudernd schön. Weißheit, die um einen Punkt verändert, abscheuliches Ungeheuer, Tugend, die um einen Schritt weiter, tiefeste Teufelei wären, kurz, die gefährlichste, steilste Höhen, wo jedes Auge schwindelt, jede Seele zittert, sind es eben, wo das Genie am liebsten wandelt." Vgl. *Abel*, Jacob Friedrich: Rede, über die Entstehung und die Kennzeichen grosser Geister [1776]. In: *Abel* 1995, S. 182-213, hier S. 209; vgl. die Einleitung Wolfgang Riedels ebd., S. 448-450.
74 Das gilt auch für jenen Monolog, in dem er sich über die Liebesbezeugung Julias ehrlich zu freuen scheint. Er freut sich jedoch nicht, weil er sie liebt, sondern weil sich in diesem Erfolg das Zwingende der eigenen Größe und die Genialität seiner List bestätigt. *Schiller* 2004a, S. 650 f. (I/4).
75 Abel: Philosophische Säze über den Selbstbetrug [1781]. In: *Abel* 1995, S. 107-114, hier S. 109 (Satz 2 u. 4), S. 110 (Satz 8). Eine Ursache für den Selbstbetrug liegt „bei gutem Verstand und Kenntnissen" in „schwacher oder falsch gerichteter Aufmerksamkeit". Ebd., S. 113 (Satz 27): „[…] so macht die Eigenliebe, daß wir nur die Gute und nicht die schlimme [Neigung] als Ursache ansehen." Zum Theorem der „Aufmerksamkeit" (attentio) vgl. die Einleitung Wolfgang Riedels ebd., S. 439 f. Zur Größe Fieskos im Drama vgl. auch *Michelsen* 1990, S. 243-346 u. S. 454 f.

dieses Ereignis *ex negativo* als Bestätigung, als Prüfung des Schicksals.[76] Was für den Zuschauer erkennbar Zufall ist, wird von der handelnden Figur als Vorsehung ausgelegt.[77] Das Tragische an Schillers republikanischem Trauerspiel ist in dieser Verstrickung von machiavellistischer Täuschungsfähigkeit und Selbsttäuschung des Protagonisten zu sehen, nicht im scheinbaren Scheitern der republikanischen Idee. Eine solche Idee findet sich im Drama allerdings durchaus – sie scheint mir nur in eine andere Richtung zu zeigen, als die Brutus-Cäsar-Konnotation nahelegt.

2. Verfassungskreislauf im Reich der Tiere

Nachdem Gianettino Scharlach tragend in der Signoria sein Schwert zückte und das Votum eines Ratsherrn aufspießte, um seinem Kandidaten für das Amt des Prokurators die Stimmenmehrheit zu sichern, stürmt ein Teil der aufgebrachten Menge, vom Mohr heimlich gelenkt, in Fieskos Haus (II/8). Sie – „*zwölf Handwerker*" – schreien nach Rache an den Tyrannen und erhoffen sich von dem angesehenen Grafen Hilfe: „Schlage! Stürze! Erlöse!"[78] Fiesko erzählt dem aufgebrachten Volk eine Tierfabel, die oft Gegenstand der Forschung war.[79]

Man hat auf Shakespeares *The Tragedy of Coriolanus* verwiesen,[80] da dort Menenius Agrippa den aufgebrachten Bürgern eine politische Parabel von den Gliedern des Körpers, die sich gegen den scheinbar faulen Magen empören, erzählt.[81] Die Analogie zum *Fiesko* besteht allerdings ausschließlich darin, dass dem Volk „a pretty tale"[82] erzählt wird, um es zu beeinflussen. Menenius Ziel (Beruhigung der Bürger, Gleichgewicht des Staats durch die Körpermetapher[83]) weicht von Fieskos Intention, das Volk für seinen Umsturz und seine Alleinherrschaft zu gewinnen, stark

---

76 *Schiller* 2004a, S. 746 (V/13).
77 Zu Zufall und Vorsehung in Schillers Drama vgl. *Guthke* 2011, S. 412-414; *Rocks* 2015.
78 *Schiller* 2004a, S. 678 f.
79 Vgl. *Walter* 2019; *Hinderer* 1998b, S. 122-126 (Die Fabel vom Tierstaat in Schillers *Die Verschwörung des Fiesco zu Genua*); *Craig* 1971.
80 *Shakespeare* 1997, S. 2795, I/1, V. 85-144. Vgl. *Alt* 2000, S. 338; *Schiller* 1983, S. 453 f. (Anmerkungen).
81 Schiller kannte die Geschichte vermutlich auch über die Viten Plutarchs, mit denen er sich 1779 in der Übersetzung Schirachs auseinandersetzte: vgl. *Alt* 2000, S. 587. Die Geschichte erzählt Plutarch in der Lebensgeschichte zu Coriolanus. *Plutarch* 1777, S. 329 f.
82 *Shakespeare* 1997, S. 2795, I,1, V. 80.
83 Die Körpermetapher war auch im 17. Jahrhundert ein geläufiges Bild, um den integralen Zusammenhang des Staats auszudrücken, der Kopf wurde dabei gerne mit dem Fürsten identifiziert (man denke an das berühmte Titelkupfer zu Thomas Hobbes *Leviathan* von 1651). Vor diesem Hintergrund erhält das Bild in *Coriolanus* geradezu eine groteske Schlagseite, da der Staatskörper bei Menenius gleichsam kopflos ist, dafür aber einen unnatürlich dominanten Magen aufweist. Vgl. den Kommentar von Katharine Eisaman Maus in *Shakespeare* 1997, S. 2785-2792, hier S. 2790 f.

ab. Zudem erzähl Menenius keine Tierfabel, in der sich verschiedene Verfassungs-formen abwechseln.

Als weiterer Bezugstext wurde Magnus Gottfried Lichtwers Fabel *Das Reichsge-richt der Tiere* genannt:[84] Nach einem Bürgerkrieg schließen die Häupter der Tiere Frieden und gründen zur Entscheidung der strittigen Angelegenheiten ein Reichsge-richt. Eine Schlange erhält das „Reichs=Schultheissenamt", Murmeltiere werden Beisitzer, Schildkröten verwalten die Kanzlei und Schnecken werden Advokaten. „Man sagt, daß dies Gericht nie Jemand Unrecht that, / Und daß von ihrem Spruch nie Jemand appellirte, / Denn eh der Reichsschultheis ein Urtheil publicirte, / Ver-starb Partey und Advokat."[85] Die Analogie zu Fieskos Geschichte erschöpft sich al-lerdings in der Tatsache, dass eine Tierfabel als politische Allegorie dient. Inhaltlich handelt es sich vermutlich um eine Satire auf das Reichskammergericht, wie sie im 18. Jahrhundert nicht selten war.

Bisher als Inspiration ungenannt blieb die antike Fabel *Ranae Regem Petierunt* von Phaedrus.[86] Von Bedeutung ist insbesondere die historische Rahmenerzählung (1–9, 30–31), die *in nuce* eine Verfassungsgeschichte Athens liefert und dafür auf das Schema des Verfassungskreislaufs zurückgreift. Abweichend von Polybios' Schema wechselt die Herrschaft hier allerdings von einer glücklichen Demokratie zu Beginn zur Ochlokratie, von hier gleich zur Oligarchie, um schließlich in der Tyran-nis zu enden.[87] Die Athener beklagen sich nun, weil die Herrschaft des Peisistratos schwer auf ihnen lastet. Äsop tritt auf und erzählt die Fabel von den Fröschen, die Jupiter um einen König ersuchen, damit dieser die ungezügelten Sitten mit Gewalt unterdrücke. Jupiter gibt ihnen einen kleinen Balken, der die Frösche jedoch durch seine Bewegung so erschreckt, dass sie abtauchen. Einer streckt schließlich seinen Kopf hervor und ruft, nachdem er den neuen König erforscht hat, die anderen herbei, die nun alle auf den Balken springen und ihn beschmutzen. Die Frösche fordern von Jupiter einen neuen König, da dieser unbrauchbar sei. Der Göttervater entsendet je-doch eine Wasserschlange, die einzelne Frösche zu töten beginnt. Sie bitten darauf-hin über Merkur bei Jupiter um Hilfe, der ihnen aber harsch antwortet: „‚Quia no-luistis vestrum ferre' […] ‚bonum, / Malum perferte.' […]" [Weil ihr nicht in Ge-duld das Gute tragen wolltet, / Ertragt das Schlechte"].[88]

Nicht nur wird dem Volk mittels einer Fabel eine politische Lehre erteilt, es wer-den auch unterschiedliche Verfassungsformen durchgespielt. Wie die Frösche ver-langen die Handwerker im *Fiesko* nach einem Führer, hätten aber vielleicht besser

---

84 *Lichtwer* 1772 [1748], S. 95 (Fabel XVII); Vgl. *Alt* 2000, S. 338; *Schiller* 1983, S. 454 f.
85 Ebd., S. 95 (Fabel XVII).
86 *Phaedrus*, 1987 [1975], S. 4-7. Die Fabel war im 18. Jahrhundert bekannt: Vgl. *Phaedrus* 1718, S. 7-14. Die Fabel wird auch in der Batteux-Übersetzung von Karl Wilhelm Ramler zitiert und kommentiert: *Batteux* 1774, S. 312-316.
87 Vgl. *Gärtner* 2015, S. 83.
88 *Phaedrus*, 1987 [1975], S. 6 f. (V. 29 f.).

Äsops Rat Folge geleistet, der die Rahmengeschichte schließend am Ende der Fabel zu den Athenern sagt: „[…] ‚Vos quoque, o cives' ait / ‚Hoc sustinete, maius ne veniat malum.'" [„Tragt auch ihr die Herrschaft, Bürger, / Damit euch nicht ein größres Unheil treffen möge"].[89] Auch unabhängig von diesem möglichen Prätext ist es erstaunlich, dass Fieskos Fabel in der Forschung noch nicht als eine Anspielung auf die antike Lehre des Verfassungskreislaufs gedeutet wurde.

„Genueser – Das Reich der Tiere kam einst in bürgerliche Gärung, Parteien schlugen mit Parteien, und ein *Fleischerhund* bemächtigte sich des Throns."[90] Die erste Staatsform ist die Tyrannis des Fleischerhundes als Herrschaft des Stärksten. Seine grausame Herrschaft wird durch die Kühnsten beendet, die den „fürstlichen Bullen" erwürgen. Der Reichstag tritt zusammen, um die große Frage zu entscheiden, „welche Regierung die glücklichste sei?"[91] Das Volk gewinnt, „[d]ie Regierung [wird] demokratisch." Jedoch gelingt es dieser Regierung der „Mehrheit" nicht, sich im Krieg gegen die Menschen zu behaupten. „Roß, Löwe, Tiger, Bär, Elefant und Rhinozeros" brüllen zwar gleich zu den Waffen, jedoch sind „der Feigen […] *mehr* denn der Streitbaren, der Dummen *mehr* denn der Klugen […]."[92] An die Stelle der Ochlokratie tritt die Regierung des „Ausschuß[es]"[93], den man vielleicht als eine parlamentarische Oligarchie bezeichnen könnte. Grundsätzlich haben hier die Falschen staatliche Ämter inne:

> „*Wölfe* besorgten die Finanzen, *Füchse* waren ihre Sekretäre. *Tauben* führten das Kriminalgericht, *Tiger* die gütlichen Vergleiche, *Böcke* schlichteten Heuratsprozesse. Soldaten waren die *Hasen*, *Löwen* und *Elefant* blieben bei der Bagage, der Esel war Gesandter des Reichs, und der Maulwurf Oberaufseher über die Verwaltung der Ämter. […] Wen der Wolf nicht zerriß, den prellte der Fuchs."[94]

Erlösung kommt schließlich durch den vom Volk gewählten Alleinherrscher, den Löwen: „Laßt uns einen *Monarchen* wählen, riefen sie einstimmig, der Klauen und Hirn und nur *einen* Magen hat – und *einem* Oberhaupt huldigten alle […]."[95]

Fuchs und Löwe dienen in Machiavellis *Principe* als Sinnbilder der Herrschertugenden Stärke und Klugheit auf der einen und Gewalt und List auf der anderen Sei-

---

89 *Phaedrus*, 1987 [1975], S. 6 f. (V. 30 f.). Zur schwierigen Deutung des Verhältnisses von Rahmen- und Binnengeschichte vgl. den Kommentar bei *Gärtner* 2015, S. 91-95.
90 *Schiller* 2004a, S. 680.
91 Ebd., S. 680.
92 Ebd., S. 680.
93 Ebd., S. 680. „Ausschuß, dieses Wort hat sehr vielerley Bedeutung, überhaupt oder insgemein heisset es eine gewisse Anzahl ausgesonderter Personen, die im Namen der Gemeine agiren. Sodann hat man Ausschuß einer Landschafft, wohin diejenigen gehören, welche von denen Land=Ständen zu Abthuung derer gemeinen Landes=Angelegenheiten verordnet sind. Ferner ist der Ausschuß einer Bürgerschaft, welcher diejenigen in sich begreifft, welche im Namen der Bürgerschaft mit dem Rath handeln. Ausschuß heisst auch ferner das bewehrte Land=Volck, welches zur Beschirmung des Landes gesetzet ist." *Anonym* 1732.
94 *Schiller* 2004a, S. 680.
95 Ebd., S. 680.

te.[96] „[Der Fürst] muß daher ein Fuchs sein, um die Schlingen zu wittern und ihnen zu entgehen, und ein Löwe, um die Wölfe zu schrecken"[97], heißt es dort. Peter-André Alt resümiert im Anschluss an Kurt Wölfel: „Fiesko ist ein Fuchs, der dem Volk Fabeln erzählt, in denen er selbst als Löwe erscheint."[98]

Der Kreislauf der Verfassungen kommt ebenso in Machiavellis Werk vor, allerdings in den *Discorsi*.[99] Er folgt bis ins Detail der *anakýklosis politeíon* aus dem VI. Buch der Historien des Polybios.[100] Hier stehen die drei guten Verfassungen (Monarchie/Basilie, Aristokratie, Demokratie) den drei schlechten (Tyrannis, Oligarchie, Ochlokratie) gegenüber. Der keineswegs empirisch abgesicherte Kreislauf ist zum einen eine Art Revolutionstheorie, wie sie sich noch bis ins 18. Jahrhundert hinein vielfach findet: Revolution ist dabei nicht identisch mit dem Aufbruch ins Neue, sondern besitzt eher eine rhythmisch-zyklische Natur.[101] Zum anderen liefert dieses Modell eine Erklärung für Beständigkeit und Macht der römischen Republik, durchbricht deren Mischverfassung den Kreislauf doch laut Polybios, indem sie die guten Elemente aller Verfassungsformen kombiniert: Das monarchische Element fände sich in den Konsuln, das aristokratische im Senat und demokratische Elemente in der Volksversammlung und den Volkstribunen. Im Gegensatz zu den ‚puristischen' Formen entsteht so Gleichgewicht und Stabilität. Die Mischverfassung ist ein Produkt der Geschichte Roms, die über die Ständekämpfe zum Ausgleich der Kräfte führte, nicht der Theorie. Schon Polybios steht mit seinem Plädoyer für die Mischverfassung in einer Tradition, die bis zu Platon und Aristoteles zurückreicht. Cicero wird ihm in vielem folgen.[102] Die Mischverfassung gilt deshalb als maßgeblicher Bestandteil der (vormodernen) Ideengeschichte des Republikanismus, der weit in die Neuzeit hineinreicht.[103] Ausgangspunkt hierfür war Italien: So galt die venezianische Republik mit dem Dogen als monarchischem Element, dem kleinen Rat, dem Rat der Zehn, dem Rat der Vierzig und dem Senat als aristokratischen Elementen und dem großen Rat als demokratischem Organ vielen Zeitgenossen als Mischverfassung. In den Reformdebatten des 16. Jahrhunderts um Florenz spielte die Idee der

---

96   *Machiavelli* 1990a, S. 96-98 (Kp. XVIII: Inwieweit Herrscher ihre Versprechen halten sollen). *Wölfel* 2000, S. 322.
97   *Machiavelli* 1990a, S. 97.
98   *Alt* 2000, S. 343.
99   *Machiavelli* 1990b, S. 132-136 (Kp. 2: Wie viele Arten von Verfassungsformen es gibt, und zu welcher der römische Staat gehört).
100 Vgl. zum Kreislaufmodell bei Polybios und Machiavelli prägnant *Ottmann* 2002, S. 59-66 (Polybios); *Ottmann* 2006, Bd. 3,1, S. 33 f. (Machiavelli).
101 Vgl. *Münkler/Straßenberger* 2016, S. 98; allgemein zum vormodernen Revolutionsbegriff: *Griewank* 1972 [1954], S. 143-148.
102 Vgl. die prägnante Darstellung der Verfassungstypologie und des Verfassungskreislaufs sowie des Konzepts der Mischverfassung in der Antike von Platon und Aristoteles über Polybios bis Cicero *Münkler/Straßenberger* 2016, S. 91-102.
103 Vgl. den gerafften Überblick von Platon bis John Adams *Riklin* 2006, S. 350-354.

Mischverfassung eine zentrale Rolle.[104] „Alle genannten Formen sind daher unheilbringend", folgert auch Machiavelli aus der Darstellung des Verfassungskreislaufs, „und zwar wegen der Kürze des Bestands der drei guten und wegen der Verderblichkeit der drei schlechten. Deshalb vermieden die weisen Gesetzgeber, diese Mängel erkennend, eine jede der drei guten Verfassungsformen in Reinform und erwählten eine aus allen dreien zusammengesetzte."[105]

Worin bestehen die Abweichungen der tradierten Kreislauftheorie zu Fieskos Fabel und wie lassen sie sich erklären? Die Namen fallen nur teilweise, jedoch ist evident, dass das Sechser-Schema auf die drei entarteten Formen verkürzt erscheint. Zudem ist die Reihenfolge geändert. Beides gilt auch für die historische Rahmung bei Phaedrus. Auf die Tyrannis folgt die Ochlokratie (in der Fabel ‚Demokratie'), auf diese eine Art Oligarchie, die sich allerdings nicht von einer Aristokratie, sondern von einer gleichsam parlamentarischen Ausschussvertretung ableitet. Die Abweichungen in Reihenfolge und Gestalt sind der Situation geschuldet. Fiesko redet mit dem Volk und bindet dieses ein. Nachdem in der Tyrannis des Fleischerhundes die Rebellion ausbricht und sich drei Fraktionen bilden, fragt der Erzähler das zuhörende Volk. „Genueser, für welche hättet ihr entschieden?"[106] Und natürlich ruft das Volk „Fürs Volk"[107], weshalb die Demokratie bzw. Ochlokratie vor die Oligarchie rutscht und auch diese als eine Abart der Volksherrschaft erscheint. Wie auch immer man die Verfassungen im Reich der Tiere bezeichnen mag, sie folgen in ihrer Strukturierung nach der Zahl der an der Herrschaft Beteiligten den Verfassungsformen der Kreislauftheorie: Einer (Fleischerhund) – viele (Demokratie) – wenige (Ausschuss). Das Telos des Verfassungskreislaufs ist freilich ein gänzlich anderes. Zielt Polybios und mit ihm Machiavelli auf die Mischverfassung, um dem Zwang des Kreislaufs Einhalt zu gebieten, so ist es Fiesko um die Alleinherrschaft des Löwen zu tun. Er will gleichsam die Frösche dazu bringen, einen König zu fordern. Eine Gegenüberstellung von positiven und negativen Elementen anderer Verfassungsformen macht bei dieser rhetorischen Stoßrichtung keinen Sinn, vielmehr muss er dem Volk jede demokratische Staatsform ausreden, um sie für seine Sache zu gewinnen. Nachdem die dritte Verfassung ebenso gescheitert ist, fragt Fiesko die Genueser nicht nach ihrer Meinung, sondern serviert ihnen ungefragt die Lehre seiner Geschichte. Zudem: Mit dem durch das Volk ausgerufenen Löwen ist erneut ein Herrschaftstyp bezeichnet, der vielleicht weniger historisch zurück als vielmehr in die Zukunft zeigt: eine Art Bonapartismus *avant la lettre*.[108] Fiesko scheitert mit seinem Ziel, und ausgerechnet jenes politische System, für das der Kreislauf der Verfassung bei Polybios und Machiavelli werben wollte, trägt im Drama den politischen Sieg davon.

---

104 Vgl. *Riklin* 2006, S. 113-181.
105 *Machiavelli* 1990b, S. 135.
106 *Schiller* 2004a, S. 680.
107 Ebd., S. 680.
108 Diese Analogie bereits knapp bei *Janz* 1979, S. 39. Zum Bonapartismus *Groh* 1972.

3. Republikanischer Konservativismus: Genuas Mischverfassung

Koppelt man ‚republikanisch' an ‚demokratisch'[109], so scheitert in der Buchfassung die Idee von Freiheit und Gleichheit. Monarchen, gleich welcher Couleur, müssten als ‚Absolutisten' und Feinde der Republik gelten. Der Gang Verrinas zu Andreas am Ende der Tragödie wirkt dann in der Tat wie die Kapitulation des Republikaners vor der Monarchie, ein Verrat an den eigenen Idealen.[110] Diese Lesart hat die Forschung zu Recht mit dem Verweis auf Rousseaus Republikbegriff entkräftet.[111] Schiller als Republikaner im Sinne Rousseaus konnte eine gesetzmäßig beschränkte Monarchie, die als Sachverwalter der *volonté générale* auftritt, durchaus als Republik verstehen.[112] Für die Interpretation des Dramas folgte daraus konsequent die Aufwertung der Figur des Andreas Doria.[113]

Der Bezug zu Rousseau scheint schon deshalb auf der Hand zu liegen, weil Schiller möglicherweise über einen Rousseau-Auszug aus Helferich Peter Sturz' *Denkwürdigkeiten von Johann Jakob Rousseau* (1779) auf den Stoff der Rebellion Fieskos gestoßen ist.[114] Doch der Unterschied in Schillers Drama ist allzu deutlich: Ein republikanischer Held ist Fiesko bei ihm eben nicht. Ich möchte ebenso mit einem historisierten Republikbegriff argumentieren, jedoch nicht auf den Spuren Rousseaus, sondern auf jenen der Mischverfassung, die seit der Antike zum Kernbestand republikanischer Tradition gehörte.

Rousseau lehnte die Idee einer Mischverfassung im Übrigen genauso ab, wie es die absolutistische Staatstheorie vor ihm tat. Kritisiert wurde sie von Bodin, über Hobbes bis Pufendorf auf Grundlage ihrer Souveränitätstheorie, die auf der Ebene der Staatsform jede Mischform als irregulär brandmarkte und sie nur auf der Ebene der Regierungsform zuließ.[115] Bei Rousseau führte die Lehre Pufendorfs zur Diskreditierung der Mischverfassung.[116]

Schiller besaß hingegen keine dogmatische Staatslehre und war geprägt von einer politisch-juristischen Kultur, die gewohnt war, mit geteilten Souveränitäten zur ar-

---

109 Vgl. z.B. *Nilges* 2012, S. 165.
110 Z.B. *Kraft* 1978, besonders S. 60, 63, 65 f. Vgl. weitere Beispiele im Forschungsreferat bei *Hinderer* 1998a, S. 205 f.
111 Zu Schillers Republikanismus im Sinne Rousseaus vgl. *Ebert* 2005, S. 160 f.
112 Vgl. *Rousseau* 2003, S. 41 (2. Buch, 6. Kapitel).
113 *Lützeler* 1978, S. 22; *Jamison* 1982, S. 60 f.
114 „Plutarch hat darum so herrliche Biographien geschrieben, weil er keine halb große Menschen wählte, wie es in ruhigen Staaten Tausende giebt, sondern große Tugendhafte, und erhabene Verbrecher. In der neuen Geschichte gab es einen Mann, der seinen Pinsel verdient, und das ist der Graf von Fiesque, der eigentlich dazu erzogen wurde, um sein Vaterland von der Herrschaft der Doria zu befreien. Man zeigte ihm immer den Prinzen auf dem Throne von Genua; in seiner Seele war kein anderer Gedanke, als der, den Usurpator zu stürzen." *Sturz* 1779, S. 145 f. Vgl. *Schiller* 1983, S. 244 (Kommentar).
115 *Zurbuchen* 2016, S. 166.
116 Vgl. *Zurbuchen* 2009.

beiten. Zahlreiche Juristen beschrieben die Reichsverfassung als *status mixtus*, als gemischten Körper.[117] Schiller war das aus Karlsschulzeiten nicht nur bekannt – Reichshistorie wurde nach den Kompendien Johann Stephan Pütters unterrichtet[118] –, seine historischen Arbeiten zeigen an vielen Stellen explizite Bezugnahmen zu den reichsjuristischen und reichshistorischen Fragen. Nicht nur in der *Geschichte des Dreißigjährigen Kriegs* mit dem hochgeschätzten inneren und äußeren Ausgleich durch den Westfälischen Frieden,[119] sondern auch in der berühmten Antrittsvorlesung. Wie die europäische Staatengesellschaft aus der teleologischen Perspektive des Universalhistorikers durch stete Konkurrenz in ein friedliches und kultförderndes Äquilibrium mündete, so hält der im Laufe der Geschichte durch ständische Rechte und Gesetze stark beschränkte Kaiser „ein nützliches Staatssystem durch *Eintracht* zusammen"[120].

Schillers Verwendung des Begriffs „Republik" ist historisch-pragmatischer, nicht systematisch-theoretischer Natur. Das gilt auch dann, wenn er Republik nicht im allgemeinen Sinne einer *res publica*, sondern als Verfassungsform verwendet, wie ein Blick in die historischen Schriften zeigt. Als Republik bezeichnet er dort sowohl die Vereinigten Niederlande als auch England.[121] Die böhmischen Stände gründeten ebenso „eine Art von Republik"[122] und selbst der Wahlmonarchie Ungarns spricht er eine „republikanische Verfassung"[123] zu. Mit ‚Republik' und ‚republikanischer Freiheit' meint Schiller in diesen Beispielen offenkundig die ständische Vertretung und die Sicherung der ‚bürgerlichen' Rechte durch Gesetze. In den historischen Schriften reicht die Spannweite des Begriffs von der Beschränkung der fürstlichen Macht bis hin zu ihrer gänzlichen Aufhebung.[124] Über den Kardinal Granvella schreibt er im *Abfall der vereinigten Niederlande* den für sein Republikverständnis vielsagenden Satz, dass sich dieser durch „alle Eigenschaften eines vollendeten Staatsmannes für Monarchien, die sich dem Despotismus nähern, aber durchaus keine für Republiken,

---

117 Vgl. *Stolleis* 1988, S. 170-186, 203-207; *Maissen* 2006, S. 138-148.
118 *Prüfer* 2005, S. 45-58.
119 Vgl. *Schiller* 2004f, S. 745.
120 *Schiller* 2004g, S. 757.
121 Das Wort Republik fällt im *Abfall der vereinigten Niederlande* mehrfach, so gleich zu Beginn: „[…] die neue Republik hob aus Bürgerblute ihre siegende Fahne", *Schiller* 2004e, S. 37; „[…] die Republiken Venedig, Holland und England", *Schiller* 2004f, S. 445.
122 Ebd., S. 393. „Der Majestätsbrief machte das protestantische Böhmen zu einer Art von Republik. Die Stände hatten die Macht kennenlernen, die sie durch Standhaftigkeit, Eintracht und Harmonie in ihren Maßregeln gewannen. Dem Kaiser blieb nicht viel mehr als ein Schatten seiner landesherrlichen Gewalt […]."
123 Ebd., S. 415. „Aber Ungarn war ein Wahlreich, und die republikanische Verfassung dieses Landes rechtfertigte die Forderungen der Stände vor ihm selbst, und seine Nachgiebigkeit gegen die Stände vor der ganzen katholischen Welt."
124 Diese Beispiele widersprechen der Hypothese, dass Schiller das Wort „Republik" gerade in den historischen Schriften immer an eine repräsentative, tendenziell demokratische Staatsform binden würde. So aber *Nilges* 2012, S. 165.

die Könige haben"[125], auszeichne. Dass die Räuber Karl Moors Sparta und Rom auf ihre republikanischen Fahnen schreiben und Roller noch hinzufügt, dass „auch die Freiheit ihren Herren" haben müsse, „ohne Oberhaupt ging Rom und Sparta zugrunde", ergänzt das Bild.[126] Bei aller Kritik an der falschen Zwecksetzung erkennt Schiller in seiner Vorlesung zur *Gesetzgebung des Lykurgus und Solon* die spartanische Verfassung dank ihrer Stärke und Stabilität als „vollendetes Kunstwerk"[127] an. Plutarch folgend charakterisiert er sie als Mischverfassung.[128]

Die Idee des Ausgleichs und Gleichgewichts der Kräfte, wie sie im Gedanken der Mischverfassung als *status mixtus* begegnet, hat ihr anthropologisches Gegenüber in der Auffassung des Menschen als *ens mixtum* und dem Ideal des Ausgleichs zwischen Körper und Geist, dem Schillers Denken bekanntlich seit der Karlsschulzeit verpflichtet war.[129] Immer wieder verwendet Schiller in den ästhetischen Schriften späterer Jahre Staatsformen als anthropologisches Modell.[130] Damit folgt er der älteren, eher ständestaatlichen Körpermetapher mehr als dem zeitgenössisch aktuelleren Bild vom Staat als Maschine.[131] Seine Bildsprache in diesen Beispielen lässt sich zudem mindestens ebenso gut aus der älteren Tradition der Mischverfassung herleiten wie aus der neueren Tradition der Gewaltenteilung.

---

125 *Schiller* 2004e, S. 111.
126 *Schiller* 2004c, S. 513. Vgl. auch ebd., S. 504: „Stelle mich vor ein Heer Kerls wie ich, und aus Deutschland soll eine Republik werden, gegen die Rom und Sparta Nonnenklöster sind".
127 „Man muß also eingestehen, daß nichts Zweckmäßigers, nichts durchdachter sein kann als diese Staatsverfassung, daß sie in ihrer Art ein vollendetes Kunstwerk vorstellt und, in ihrer ganzen Strenge befolgt, notwendig auf sich selbst hätte ruhen müssen." *Schiller* 2004h, S. S. 814.
128 Vor Lykurgus war Sparta mit seinem rivalisierenden Doppelkönigtum durch Instabilität gezeichnet: „Zwischen Monarchie und Demokratie schwankte der Staat hin und wider und ging mit schnellem Wechsel von einem Extrem auf das andre über." Ebd., S. 805. Lykurgus wichtigste Einrichtung, um Stabilität zu erreichen, war der Senat: „[…] gegen Senat und Volk konnten die Könige nichts ausrichten, und ebensowenig konnte das Volk das Übergewicht erhalten, wenn der Senat mit den Königen gemeine Sache machte." Ebd., S. 806. Das Gleichgewicht der Kräfte konnte jedoch durch den Senat selbst gestört werden: „Der Nachfolger des Lykurgus ergänzte deswegen diese Lücke und führte die Ephoren ein, welche der Macht des Senats einen Zaum anlegten." Ebd. Auch Athen schildert Schiller tendenziell als Mischverfassung: „Indem er [Solon] eine Klippe, die Oligarchie, zu sehr vermied, ist er einer andern, der *Anarchie*, zu nahe gekommen – aber doch auch nur *nahe gekommen*, denn der Senat der Prytanen und das Gericht des Areopagus waren starke Zügel der demokratischen Gewalt." Ebd., S. 831.
129 Vgl. dazu Wolfgang Riedels Einleitung in *Abel* 1995, S. 436-440.
130 „Das erste dieser Verhältnisse zwischen beiden Naturen im Menschen erinnert an eine *Monarchie*, wo die strenge Aufsicht des Herrschers jede freie Regung im Zaum hält; das zweite an eine wilde *Ochlokratie*, wo der Bürger durch Aufkündigung des Gehorsams gegen den rechtmäßigen Oberherrn so wenig frei, als die menschliche Bildung durch Unterdrückung der moralischen Selbsttätigkeit schön wird, vielmehr nur dem brutaleren Despotismus der untersten Klassen, wie hier die Form der Masse, anheimfällt. So wie die *Freiheit* zwischen dem gesetzlichen Druck und der Anarchie mitten inne liegt, so werden wir jetzt auch die *Schönheit* zwischen der *Würde*, als dem Ausdruck des herrschenden Geistes, und der *Wollust*, als dem Ausdruck des herrschenden Triebes, in der Mitte finden." *Schiller* 2004i, S. 463.
131 Vgl. *Münkler/Straßenberger* 2016, S. 67.

Andreas Doria, um auf den Dramentext zurückzukommen, stiftete, wie er im Drama mit gehörigem Selbstbewusstsein sagt, „das schönste Kunstwerk der Regierung"[132]. Im Personenverzeichnis wird Andreas als „Doge von Genua"[133] geführt, im Text aber immer und gegen die Quellen „Herzog" genannt. Ebenso gegen den historischen Stoff erscheint er aber an keiner Stelle als Usurpator oder Tyrann, sondern vielmehr als Staatskünstler: Seine Gesetzgebung kommt dem „glücklichen Gleichgewicht der gesellschaftlichen Kräfte", von dem Schiller am Ende seines Kapitels über Lykurg spricht, bereits nahe.[134] Seine Herrschaft unterscheidet sich daher ganz grundsätzlich von der Tyrannis, die sein Neffe Gianettino begründen will. Den Unterschied markiert schon Leonore im ersten Auftritt des Dramas: „Jener sanftmütige Andreas – es ist eine Wollust, ihm gut zu sein – mag immer Herzog von Genua heißen, aber Gianettino ist sein Neffe – sein Erbe – und Gianettino hat ein freches, hochmütiges Herz."[135] Der Übergang der Herrschaft von Oheim zum Neffen droht die republikanische Einrichtung Genuas zu vernichten. Andreas herrscht aufgrund der Gesetze und in Harmonie mit der Signoria. Die Brüskierung der Senatoren durch den Neffen zwingt ihn eigentlich zum Äußersten: „[D]u verdientest, den Herzog und seine Signoria zu hören"[136], schilt er ihn und nennt ihn einen „Hochverräter des Staats"[137], jedoch bleibt es aufgrund seiner „gottlosen Liebe"[138] zur eigenen Familie bei dieser Ermahnung. Ein schwerer Fehler. Fieskos Analyse der politischen Lage ist deutlich: „Genua ist unter seinen Namen gestürzt. Genua ist da, wo das unüberwindliche R o m wie ein Federball in die Rakete eines zärtlichen Knaben Oktavius sprang. Genua kann nicht mehr frei sein. Genua muß von einem Monarchen erwärmt werden. Genua braucht einen Souverän, also huldigen Sie dem Schwindelkopf Gianettino."[139]

„*Beide Doria tragen Scharlach*"[140], heißt es im Personenverzeichnis. Die Kleidermetapher durchzieht das ganze Drama. Fiesko genügt der Scharlach nicht, er begehrt den cäsaristischen Purpur und trifft sich in diesem Alleinherrschaftswunsch mit dem Neffen des Dogen.[141] So fragt er Leonore: „Zwei meiner Ahnherrn trugen die dreifache Krone, das Blut der Fiesker fließt nur unter dem Purpur gesund."[142] Verrina bittet ihn kurz vor seinem Mord am Ende der Tragödie eindringlich: „Wirf

---

132 *Schiller* 2004a, S. 684.
133 Ebd., S. 642.
134 *Schiller* 2004h, S. 818.
135 *Schiller* 2004a, S. 646.
136 Ebd., S. 684.
137 Ebd., S. 684.
138 Ebd., S. 685.
139 Ebd., S. 677.
140 Ebd., S. 642.
141 Vgl. zum Unterschied zwischen dem tendenziell soldatischen Scharlach und dem tendenziell kaiserlichen Purpur *Hezel* 1787, S. 250.
142 *Schiller* 2004a, S. 729 f. „Der Pöbel vergöttert ihn", berichtet Bourgognino, „und forderte wiehernd den Purpur." Ebd., S. 747.

diesen häßlichen Purpur weg [...]. Der erste Fürst war ein Mörder, und führte den Purpur ein, die Flecken seiner Tat in dieser Blutfarbe zu verstecken."[143] Gianettino seinerseits plant einen Staatsstreich, der durch den Mord an elf Senatoren die Signoria entmachten und ihn zum „souveränen Herzog"[144] erheben soll. An die Stelle der geteilten Souveränität will er als absoluter Monarch treten. Er ist in seiner ruchlosen Brutalität fast schon die Überzeichnung eines Tyrannen.

Warum aber richtet sich die Rebellion der Republikaner dann nicht nur gegen ihn, sondern auch gegen seinen Oheim? Zum einen wird der Unterschied zwischen beiden Doria auch von ihnen durchaus nicht weggewischt, im Gegenteil. Zum anderen fällt die Entscheidung, auch Andreas zum Tyrannen zu erklären, in einer Szene, in der sich die beiden machiavellistischen Füchse, Fiesko und Verrina, taktierend umschleichen. Dass der Kampf gegen Gianettino nur noch die eine Front des Krieges ist, steht seit Verrinas Erklärung, *„Fiesko muß sterben!"*[145] in III/1 und Fieskos Entscheidung für die eigene Krone, „Ich bin entschlossen!"[146] in III/2, fest. Jetzt, in III/5, stellt Fiesko den Verschworenen die an sich irritierende Frage *„Wer* soll fallen?"*, steht das Ziel, Gianettino zu verhindern, doch eigentlich allen vor Augen. *„Alle schweigen"*. Bourgognino, kurz zuvor eingeweiht in Verrinas Angst vor dem Tyrannen Fiesko, sagt *„bedeutend"* über Fieskos Sessel gelehnt: „Die Tyrannen".[147] Der Plural könnte auch als Warnung an den Fragenden verstanden werden. Fiesko nimmt den Ball auf und fragt erneut. Verrina, der Fieskos Alleinherrschaftspläne durchschaut und deshalb schon aus politischer Klugheit auch Andreas zum Ziel der Rebellion erklären muss, nennt nun dessen Namen – zum Entsetzen der anderen Verschwörer, die nun wiederum von Fiesko überzeugt werden. Andreas Doria ist nicht der „Hauptfeind"[148] der Verschwörung, er ist überhaupt nur solange ihr Feind, wie er Fiesko im Wege steht und sein Neffe die Macht der Familie nutzen kann, sich zum souveränen Herzog zu erklären. Mit dem Tod beider Tyrannen-Prätendenten, Gianettino und Fiesko, ist diese Gefahr gebannt, das Dogenamt bleibt unerblich, die Mischverfassung gewahrt. Verrinas berühmter Satz am Ende der Tragödie, „Ich geh zum Andreas"[149], der ja die Herrschaft bereits wieder zurückerlangt hat, ist keine Kapitulation des Republikaners vor einem tyrannischen Staatswesen, sondern die logische Konsequenz aus dem freilich teuer erkauften Sieg seiner Verschwörung. Die alte Ordnung ist eben nicht die absolutistisch-tyrannische, sondern die republikanische Mischverfassung. Nicht ein moderner Revolutionsbegriff, der auf das ganz Neue dringt, greift bei Schillers Rebellionsdrama. Der zyklischen Struktur des Dra-

---

143 Ebd., S. 750 f.
144 Ebd., S. 702.
145 Ebd., S. 697.
146 Ebd., S. 699.
147 Ebd., S. 705.
148 *Meier* 2009, S. 46.
149 *Schiller* 2004a, S. 751.

mas entspricht vielmehr die *restitutio* des alten kopernikanischen Revolutionsbegriffs, hier: die Widerherstellung einer durch Despotismus gestörten Ordnung.[150]

Ein Plädoyer für strukturkonservatives Bewahren des Alten ist das allerdings mitnichten. Ideengeschichtlich verdankt sich das Konzept der Mischverfassung anderer historischer Kontexte und einer anderen Motivlage als das moderne Prinzip einer Gewaltenteilung, wie es im 18. Jahrhundert entstand. Sollte Ersteres dauerhaft Stabilität durch die Beteiligung unterschiedlicher Gruppen an der Herrschaft erreichen und so den naturgemäßen Zerfallsprozess staatlicher Ordnung bekämpfen, zielte Letzteres darauf, dem Despotismus, der aus der langen Dauer einer politischen Ordnung herrührte, durch „checks and balances" Grenzen zu setzen.[151] Mit Alois Riklin lassen sich jedoch zahlreiche Überschneidungen beider Traditionslinien festhalten (Vorherrschaft des Rechts zur Sicherung der Freiheit; Verhinderung von Machtkonzentration, um Machtmissbrauch vorzubeugen; Verteilung der Staatsmacht und Beteiligung verschiedener sozialer Kräfte u.a.)[152]. Gerade im 18. Jahrhundert sind die Übergänge durchaus fließend.[153]

Lykurgs staatskünstlerisches Werk kritisiert Schiller in seiner Vorlesung dafür, dass dieser dem Gemeinwesen mit dem Ewigkeitsanspruch seines Staatskunstwerks die Möglichkeit einer evolutiven Anpassung an den geschichtlichen Fortschritt genommen habe.[154] Andreas Doria ist alt, er kehrt zurück, um sich mit seinen ‚Kindern' zu versöhnen – jedoch auch, um zu sterben.[155] Durch den Tod seines Neffen und Fieskos ist ein Staatsstreich verhindert. Die Wahl eines neuen Dogen nach dem Tod des alten ist nun genauso möglich wie die Weiterentwicklung der Verfassung.

---

150 Vgl. *Griewank* 1972, S. 143-148. Zum Revolutionsbegriff in Schillers *Abfall der vereinigten Niederlande* vgl. ebd., S. 177-179.

151 Vgl. *Münkler/Straßenberger* 2016, S. 102 f.

152 *Riklin* 2006, S. 365367.

153 So lässt sich Montesquieus berühmtes Englandkapitel durchaus im Sinne der Mischverfassung verstehen vgl. *Riklin* 2006, S. 285-289; ebd. der Originaltext des England-Kapitels, S. 291-297.

154 Vgl. *Schiller* 2004h, S. 816: „Nicht genug, daß Lykurgus auf den Ruin der Sittlichkeit seinen Staat gründete, er arbeitete auf eine andre Art gegen den höchsten Zweck der Menschheit, indem er durch sein fein durchdachtes Staatssystem den Geist der Spartaner auf derjenigen Stufe festhielt, worauf er ihn fand, und auf ewig alle Fortschreitung hemmte." „Lykurg verewigte die Geistes-Kindheit der Spartaner, um dadurch seine Gesetze bei ihnen zu verewigen, aber sein Staat ist verschwunden mit seinen Gesetzen. Solon hingegen versprach den seinigen nur eine hundertjährige Dauer, und noch heutigestages sind viele derselben im römischen Gesetzbuche in Kraft. Die Zeit ist eine gerechte Richterin aller Verdienste." Ebd., S. 831.

155 „Geh! Mache bekannt, daß Andreas noch lebe – Andreas, sagst du, ersuche seine Kinder, ihn doch in seinem achtzigsten Jahre nicht zu den Ausländern zu jagen, die dem Andreas den Flor seines Vaterlandes niemals verzeihen würden. Sag Ihnen das, und Andreas ersuche seine Kinder um *soviel* Erde in seinem Vaterland für *soviel* Gebeine!" *Schiller* 2004a, S. 747.

Bibliographie

Abel, Jacob Friedrich, 1995: Eine Quellenedition zum Philosophieunterricht an der Stuttgarter Karlsschule (1773-1782). Mit Einleitung, Übersetzung, Kommentar und Bibliographie herausgegeben von Wolfgang Riedel, Würzburg.

Alt, Peter-André, 2000: Schiller. Leben – Werk – Zeit. Eine Biographie, Bd. 1, München 2000.

Anonym, 1732: Art. „Ausschuß". In: Zedler, Heinrich (Hrsg.): Großes vollständiges Universal-Lexikon aller Wissenschaften und Künste, Bd.1-64 und 4 Suppl.-Bde., Halle 1732-54, Bd. 2, Sp. 2264.

Anonym, 1721: Art. „Politick". In: Jablonski, Johann Theodor (Hrsg.): Allgemeines Lexikon der Künste und Wissenschaften, Leipzig, S. 561 f.

Anonym, 1741: Art. „Politick". In: Zedler, Heinrich (Hrsg.): Großes vollständiges Universal-Lexikon aller Wissenschaften und Künste, Bd.1-64 und 4 Suppl.-Bde., Halle 1732-1754, Bd. 28, Sp. 1526 f.

Asch, Ronald G./*Duchhardt*, Heinz (Hrsg.), 1996: Der Absolutismus – ein Mythos? Strukturwandel monarchischer Herrschaft in West- und Mitteleuropa (ca. 1550-1700), Köln.

Barner, Wilfried, 1970: Barockrhetorik. Untersuchungen zu ihren geschichtlichen Grundlagen, Tübingen.

Batteux, Charles, 1774: Einleitung in die schönen Wissenschaften. Nach dem Französischen des Herrn Batteux, mit Zusätzen vermehrt von Karl Wilhelm Ramler, 1. Bd., Leipzig, S. 312-316.

Bodmer, Johann Jacob, 1763: Julius Cäsar, ein Trauerspiel. Herausgegeben von dem Verfasser der Anmerkungen zum Gebrauche der Kunstrichter, Leipzig.

Bodmer, Johann Jacob, 1768: Politische Schauspiele, Bd. 1, Zürich, S. 1-103 (Marcus Brutus), S. 107-157 (*Tarquinius Superbus*).

Bodmer, Johann Jacob, 1769: Politische Schauspiele, Bd. 2: Aus den Zeiten der Cäsare, Lindau, Chur 1769, S. 1-72 (*Octavius Cäsar*), S. 73-157 (*Nero*).

Borchmeyer, Dieter, 1995: Goethes und Schillers Sicht der niederländischen ‚Revolution'. In: Dann, Otto/Oellers, Norbert/Osterkamp, Ernst (Hrsg.): Schiller als Historiker, Stuttgart, Weimar, S. 149-155.

Brucker, Jacob, 1751: Erste Anfangsgründe der philosophischen Geschichte. Als ein Auszug seiner grösseren Wercke herausgegeben von J. B., 2. Aufl., Ulm.

Craig, Charlotte, 1971: Fiesco's Fable: A Portrait in Political Demagoguery. In: Modern Language Notes, 86, No. 3 (German Issue), S. 393-399.

Ebert, Udo, 2005: Schiller und das Recht. In: Manger, Klaus/Willems, Gottfried (Hrsg.): Schiller im Gespräch der Wissenschaften, Heidelberg, S. 139-169.

Fries, Karl, 1898: Schiller und Plutarch. In: Neue Jahrbücher für das klassische Altertum. Geschichte und deutsche Literatur, 1. Jahrgang., S. 351-364 u. S. 418-431.

Fulda, Daniel, 2009: Tradition und Transformation des frühneuzeitlichen Politikverständnisses in der *Verschwörung des Fiesko zu Genua*. In: Rill, Bernd (Hrsg.): Zum Schillerjahr 2009 – Schillers politische Dimension, München, S. 25-33.

Gärtner, Ursula, 2015: Phaedrus. Ein Interpretationskommentar zum ersten Buch der Fabeln, München.

Golz, Jochen, 2011: Über den Republikanismus in Schillers *Fiesko*. In: Kühl, Kristian/Seher, Gerhard (Hrsg.): Rom, Recht, Religion. Symposion für Udo Ebert zum siebzigsten Geburtstag, Tübingen, S. 281-296.

Gottsched, Johann Christoph, 1732: Sterbender Cato. Ein Trauerspiel, nebst einer Critischen Vorrede, darinnen von der Einrichtung desselben Rechenschaft gegeben wird, Leipzig.

Gracián, Balthasar, 1954: Handorakel und Kunst der Weltklugheit. Aus dessen Werken gezogen D. Vincencio Juan de Lastanosa und aus dem spanischen Original treu und sorgfältig übersetzt von Arthur Schopenhauer. Mit einem Nachwort herausgegeben von Arthur Hübscher, Stuttgart.

Griewank, Kurt 1972 [1954]: Der neuzeitliche Revolutionsbegriff Entstehung und Entwicklung, Frankfurt a.M.

Groh, Dieter, 1972: Cäsarismus, Napoleonismus, Bonapartismus, Führer, Chef, Imperialismus. In: Brunner, Otto/Conze, Werner/Koselleck, Reinhart (Hrsg.): Geschichtliche Grundbegriffe. Historisches Lexikon zur politisch-sozialen Sprache in Deutschland, Bd. 1: A-D, Stuttgart, S. 726-771.

Guthke, Karl S., 2011: Guthke: „Angst des Irdischen". Über den Zufall in Schillers Dramen. In: Ders.: Die Reise ans Ende der Welt. Erkundungen zur Kulturgeschichte der Literatur. Tübingen, S. 404-436.

Hezel, Wilhelm Friedrich, 1787: Mantel. In: Biblisches Real-Lexicon […], Dritter Theil: K bis R, Prag, S. 248-252.

Hien, Markus, 2015: Altes Reich und Neue Dichtung. Literarisch-politisches Reichsdenken zwischen 1740 und 1830, Berlin, Boston.

Hinderer, Walter, 1998a: *Die Verschwörung des Fiesco zu Genua*. In: Ders.: Von der Idee des Menschen. Über Friedrich Schiller, Würzburg, S. 203-252.

Hinderer, Walter, 1998b: Die Rhetorik der Parabel. In: Ders.: Von der Idee des Menschen. Über Friedrich Schiller, Würzburg, S. 114-131.

Jamison, Robert L., 1982: Politics and Nature in Schiller's *Fiesco* and *Wilhelm Tell*. In: Wittkowski, Wolfgang (Hrsg.): Friedrich Schiller. Kunst, Humanität und Politik in der späten Aufklärung. Ein Symposium, Tübingen, S. 59-68.

Janz, Rolf-Peter, 1979: *Die Verschwörung des Fiesco zu Genua*. In: Walter Hinderer (Hrsg.): Schillers Dramen. Neue Interpretationen, S. 37-57.

Kleinschmidt, Erich, 2001: Brüchige Diskurse. Orientierungsprobleme in Friedrich Schillers *Die Verschwörung des Fiesko zu Genua*. In: Jahrbuch des Freien Deutschen Hochstifts, S. 100-121.

Koselleck, Reinhart, 1973 [1959]: Kritik und Krise. Eine Studie zur Pathogenese der bürgerlichen Welt, Frankfurt a.M.

Kraft, Herbert, 1978: Um Schiller betrogen, Pfullingen, S. 59-69.

La Rochefoucauld, 1995: Reflexionen oder Moralische Sentenzen und Maximen (1665). In: Schalk, Fritz (Hrsg./Übers.): Französische Moralisten, Zürich, S. 59-139.

Lichtwer, Magnus Gottfried, 1772 [1748]: Fabeln in vier Büchern, Wien.

Lützeler, Paul Michael, 1978: „Die große Linie zu einem Brutuskopfe": Republikanismus und Cäsarismus in Schillers *Fiesco*. In: Monatshefte, 70, Nr. 1, S. 15-28.

Machiavelli, Niccolò, 1990a: Der Fürst (Il Principe). In: Ders.: Politische Schriften. Übersetzt von Johannes Ziegler und Franz Nikolaus Baur. Hrsg. von Herfried Münkler, Frankfurt a.M., S. 51-123.

Machiavelli, Niccolò, 1990b: Discorsi. In: Ders.: Politische Schriften: Übersetzt von Johannes Ziegler und Franz Nikolaus Baur. Hrsg. von Herfried Münkler, Frankfurt a.M., S. 127-269.

Meier, Albert, 2009 [1987]: Des Zuschauers Seele am Zügel. Die ästhetische Vermittlung des Republikanismus in Schillers *Die Verschwörung des Fiesko zu Genua*. In: Matthias Luserke-Jaqui (Hrsg.): Friedrich Schillers Dramen. Neue Wege der Forschung, Darmstadt, S. 33-55.

Maissen, Thomas, 2006: Die Geburt der Republic: Staatsverständnis und Repräsentation in der frühneuzeitlichen Eidgenossenschaft, Göttingen.

Michelsen, Peter, 1990: Schillers *Fiesko*. Freiheitsheld und Tyrann. In: Aurnhammer, Achim/ Manger, Klaus/Strack, Friedrich (Hrsg.): Schiller und die höfische Welt, Tübingen, S. 341-358.

Müller-Seidel, Walter, 2009: Friedrich Schiller und die Politik. „Nicht das Große, nur das Menschliche geschehe", München.

Münkler, Herfried/*Straßenberger*, Grit, 2016: Politische Theorie und Ideengeschichte. Eine Einführung, München.

Münkler, Herfried, 1985: Staatsraison und politische Klugheitslehre. In: Fetscher, Iring/ Münkler, Herfried (Hrsg.): Pipers Handbuch der politischen Ideen, Bd. 3: Neuzeit. Von der Konfessionalisierung bis zur Aufklärung, München, Zürich, S. 23-72.

Münkler, Herfried, 1987: Im Namen des Staates. Die Begründung der Staatsraison in der Frühen Neuzeit, Frankfurt a.M.

Nilges, Yvonne, 2012: Schiller und das Recht, Göttingen.

Ottmann, Henning, 2002: Geschichte des politischen Denkens. Bd. 2/1: Die Römer. Stuttgart, Weimar.

Ottmann, Henning, 2006: Geschichte des politischen Denkens, Bd. 3/1: Die Neuzeit. Von Machiavelli bis zu den großen Revolutionen. Stuttgart, Weimar.

Phaedrus, 1718: Phaedri Augusti Liberti Fabularum Aesopiarum libri V. Oder: deutliche und nach dem Begriff der Jugend endlich recht eingerichtete Erklärung der Aesopischen Fabeln, welche Phaedrus, ein Freigelassener des Kaisers Augusti, in fünf Büchern hinterlassen, nebst einem teutschen und lateinischen Register, durch Emanuelen Sincerum, Augsburg.

Phaedrus, 1987 [1975]: Liber fabularum / Fabelbuch. Lateinisch und deutsch. Übersetzt von Friedrich Fr. Rückert und Otto Schönberger. Hrsg. u. erl. von Otto Schönberger, 4. Aufl. Stuttgart.

Plutarch 1777: Coriolanus. In: Biographien des Plutarchs mit Anmerkungen von Gottlob Benedict von Schirach, zweyter Teil, Berlin, Leipzig, S. 321-394.

Prüfer, Thomas, 2005: Die Bildung der Geschichte. Friedrich Schiller und die Anfänge der modernen Geschichtswissenschaft, Köln, Weimar, Wien.

Riklin, Alois 2006: Machtteilung – Geschichte der Mischverfassung, Darmstadt.

Rocks, Carolin, 2015: Der dramatische ‚Finger des Ohngefährs'. Oder: Die Verschwörung gegen den Zufall in Schillers *Fiesko*. In: Pflaumbaum, Christoph/Rocks, Carolin/Schmitt, Christian/Tetzlaff, Stefan: Ästhetik des Zufalls. Ordnungen des Unvorhersehbaren in Literatur und Theorie, Heidelberg, S. 139-158.

Roßbach, Nikola, 2005: *Die Verschwörung des Fiesko zu Genua. Ein republikanisches Trauerspiel* (1783). In: Luserke-Jaqui, Matthias (Hrsg.): Schiller-Handbuch. Leben – Werk – Wirkung, Stuttgart, Weimar, S. 53-65.

Rousseau, Jean-Jacques, 2003 [1977]: Vom Gesellschaftsvertrag oder Grundsätze des Staatsrechts, hrsg. u. übers. v. Hans Brockard unter Mitarbeit von Eva Pietzcker, Stuttgart.

Scattola, Merio, 2013: Von der prudentia politica zur Staatsklugheitslehre. Die Verwandlung der Klugheit in der praktischen Philosophie der Frühen Neuzeit. In: Fidora, Alexander (Hrsg.): Phronêsis – Prudentia – Klugheit. Das Wissen des Klugen in Mittelalter, Renaissance und Neuzeit, Porto, S. 227-259.

Schiller, Friedrich, 1956 [1784]: An Reinwald, 5.5.1784. In: Oellers, Norbert (Hrsg.): Schillers Werke. Nationalausgabe. 43 Bde., in 55 Tl. Bdn., begr. v. Julius Petersen, fortgeführt v. Liselotte Blumenthal und Benno von Wiese, seit 1992 im Auftrag der Stiftung Weimarer Klassik und des Schiller-Nationalmuseums Marbach a. N. hrsg. v. Oellers, Norbert. Bd. 23: Briefwechsel, Schillers Briefe 1772-1785. Hrsg. v. Müller-Seidel, Walter, Weimar, S. 135-139.

Schiller, Friedrich, 1983: Die Verschwörung des Fiesko zu Genua. In: Oellers, Norbert (Hrsg.): Schillers Werke. Nationalausgabe. 43 Bde., in 55 Tl. Bdn., begr. v. Julius Petersen, fortgeführt v. Liselotte Blumenthal und Benno von Wiese, seit 1992 im Auftrag der Stiftung Weimarer Klassik und des Schiller-Nationalmuseums Marbach a. N. hrsg. v. Oellers, Norbert. Bd. 4: Die Verschwörung des Fiesko zu Genua. Hrsg. v. Nahler, Edith/Nahler, Horst, Weimar.

Schiller, Friedrich, 2004a: Die Verschwörung des Fiesko zu Genua. Ein republikanisches Trauerspiel [1783]. In: Ders.: Sämtliche Werke. Hrsg. v. Alt, Peter-André/Meier, Albert/Riedel, Wolfgang, 5 Bde. Bd. 1: Gedichte, Dramen 1. Hrsg. v. Meier, Albert. München, Wien, S. 638-751 (Vorrede, Text), S. 970-975 (Kommentar).

Schiller, Friedrich, 2004b: Erinnerung an das Publikum [1784]. In: Ders.: Sämtliche Werke. Hrsg. v. Alt, Peter-André/Meier, Albert/Riedel, Wolfgang, 5 Bde. Bd. 1: Gedichte, Dramen 1. Hrsg. v. Meier, Albert. München, Wien, S. 752-754.

Schiller, Friedrich, 2004c: Die Räuber [1781]. In: Ders.: Sämtliche Werke. Hrsg. v. Alt, Peter-André/Meier, Albert/Riedel, Wolfgang, 5 Bde. Bd. 1: Gedichte, Dramen 1. Hrsg. v. Meier, Albert. München, Wien, S. 481-638.

Schiller, Friedrich, 2004d: Briefe über Don Karlos [1788]. In: Ders.: Sämtliche Werke. Hrsg. v. Alt, Peter-André/Meier, Albert/Riedel, Wolfgang, 5 Bde. Bd. 2: Dramen 2. Hrsg. v. Alt, Peter-André. München, Wien, S. 225-267.

Schiller, Friedrich, 2004e: Geschichte des Abfalls der vereinigten Niederlande von der spanischen Regierung [1788]. In: Ders.: Sämtliche Werke. Hrsg. v. Alt, Peter-André/Meier, Albert/Riedel, Wolfgang, 5 Bde. Bd. 4: Historische Schriften. Hrsg. v. Alt, Peter-André. München, Wien, S. 27-361.

Schiller, Friedrich, 2004f: Geschichte des Dreißigjährigen Kriegs [1790-1792]. In: Ders.: Sämtliche Werke. Hrsg. v. Alt, Peter-André/Meier, Albert/Riedel, Wolfgang, 5 Bde. Bd. 4: Historische Schriften. Hrsg. v. Alt, Peter-André. München, Wien, S. 364-745.

Schiller, Friedrich, 2004g: Was heisst und zu welchem Ende studiert man Universalgeschichte? [1789]. In: Ders.: Sämtliche Werke. Hrsg. v. Alt, Peter-André/Meier, Albert/Riedel, Wolfgang, 5 Bde. Bd. 4: Historische Schriften. Hrsg. v. Alt, Peter-André. München, Wien, S. 749-767.

Schiller, Friedrich, 2004h: Die Gesetzgebung des Lykurgus und Solon [1790]. In: Ders.: Sämtliche Werke. Hrsg. v. Alt, Peter-André/Meier, Albert/Riedel, Wolfgang, 5 Bde. Bd. 4: Historische Schriften. Hrsg. v. Alt, Peter-André. München, Wien, S. 805-836.

Schiller, Friedrich, 2004i: Über Anmut und Würde [1793]. In: Ders.: Sämtliche Werke. Hrsg. v. Alt, Peter-André/Meier, Albert/Riedel, Wolfgang, 5 Bde. Bd. 5: Erzählungen, Theoretische Schriften. Hrsg. v. Riedel, Wolfgang. München, Wien, S. 433-488.

Schulz, Georg-Michael, 1991: Das „Lust- und Trauerspiel" oder Die Dramaturgie des doppelten Schlusses. Zu einigen Dramen des ausgehenden 18. Jahrhunderts. In: Lessing Yearbook, 23, S. 111-126.

Shakespeare, William, 1997: The Tragedy of Coriolanus. In: Stephen Greenblatt u.a. (Hrsg.): The Norton Shakespeare. Based on the Oxford Edition, New York, London, S. 2793-2872.

Stolleis, Michael, 1988: Geschichte des öffentlichen Rechts in Deutschland, Bd. 1: Reichspublizistik und Polizeywissenschaft 1600-1800, München.

Sturz, Helfrich Peter, 1779: Denkwürdigkeiten von Johann Jakob Rousseau. In: Ders.: Schriften, Erste Sammlung, Leipzig, S. 129-180.

Voltaire, 1731: Le Brutus de Monsieur Voltaire avec un discours sur la tragédie. Paris.

Voltaire, 1736: La mort de César. Tragédie. Paris.

Walter, Viktoria, 2019: Historiographische Praxis und politische Ästhetik. Die Tierparabel in Schillers *Verschwörung des Fiesko zu Genua.* In: Rhetorik. Ein internationales Jahrbuch, 38: Rhetorik und Geschichte, hrsg. von Benjamin Biebuyck, S. 38-52.

Wölfel, Kurt, 2000: Machiavellische Spuren in Schillers Dramatik. In: Aurnhammer, Achim/ Manger, Klaus/Strack, Friedrich (Hrsg.): Schiller und die höfische Welt, Tübingen, S. 318-340.

Zurbuchen, Simone, 2009: Samuel Pufendorfs Theorie der Staatsformen und ihre Bedeutung für die Theorie der modernen Republik. In: Hüning, Dieter (Hrsg.): Naturrecht und Staatstheorie bei Samuel Pufendorf, Baden-Baden, S. 138-160.

Zurbuchen, Simone, 2016: Die Theorie der Institutionen im *Contrat social* und das Modell der Genfer Verfassung. In: Baron, Konstanze/Bluhm, Harald (Hrsg.): Jean-Jaques Rousseau. Im Bann der Institutionen, Berlin, Boston, S. 147-167.

Klassische Dramen

Jens Ole Schneider

Grenzen der Sichtbarkeit.
Zur frühneuzeitlichen Tradition verdeckter Politik in Schillers *Don Karlos*

Am 10. und 11. Juni 1788 erscheint in der Jenaer *Allgemeinen Literatur-Zeitung* eine Besprechung von Schillers jüngst erschienenem Stück *Don Karlos.* Die Rezension ist über weite Strecken ein Verriss. Besonders mit Blick auf das „Ende" sei man als Leser dieses Dramas „mißvergnügt", weil man nach „einer äußerst rührenden Handlung" feststellen müsse, dass man sich „fälschlich" für einen Vorgang „interessirt" habe, der gar „nicht die Haupthandlung war."[1] Man habe ein „Gaukelspiel" gesehen, „dessen wahrer Grund bis itzt verborgen blieb, obwohl er offenbar schien."[2] Dies sei ein deutlicher dramaturgischer Makel, denn man dürfe als Theaterzuschauer das, worum es eigentlich geht, „nie ganz aus dem Gesichte"[3] verlieren.

Die an das Stück herangetragene Sichtbarkeitserwartung mag einem Zeitalter geschuldet sein, dessen Diskurse und Wortfelder durch ein „Primat des Auges"[4] und eine ganze „Metaphorik" des „Gesichtsinn[s]"[5] dominiert werden. Die Aufklärung tritt mit dem Anspruch an, das „bisher Unsichtbare sichtbar zu machen"[6] und dieser Anspruch wird offenbar durch Schillers Stück irritiert. Glaubt man indes den poetologischen Anmerkungen, die Schiller in seinen *Briefen über Don Karlos* formuliert, so ist diese Irritation intendiert. Die „Aufmerksamkeit des Zuschauers",[7] so Schiller, werde in diesem Stück absichtlich auf eine vermeintliche „Haupthandlung" gelenkt, in deren „Schatten"[8] sich aber ein ganz anderer Vorgang aufbaue. Die Scheinhaupthandlung sei „Karlos' Leidenschaft für die Königin",[9] während die verborgene Handlung die Vorkehrungen des Marquis Posa zu „Flanderns Befreiung"[10] betreffe.

---

1 *Unbek. Verf.* 1788, Sp. 537.
2 Ebd.
3 Ebd.
4 *Langen* ²1959, S. 44.
5 Ebd.
6 Lichtenberg an Christoph Wilhelm Hufeland, 25. 10. 1784. In: *Lichtenberg* 1967, Bd. 4, S. 582-583, hier S. 582.
7 *Schiller* 2004, Bd. II, S. 242.
8 Ebd.
9 Ebd.
10 Ebd.

Allenfalls „durch Winke"[11] kündige sich dieser eigentliche politische Vorgang des Stückes „von ferne"[12] an und trete erst am Ende „sichtbar hervor".[13]

Nun ließe sich einwenden, dass Schiller es mit dieser hintangehaltenen Sichtbarkeit übertrieben und die politischen „Winke", von denen er spricht, so sparsam gestreut habe, dass sie kein Zuschauer oder Leser hat wahrnehmen können. Eine solche Vermutung wird durch einen vielrezipierten Aufsatz Helmut Koopmanns gestützt, in der er die These formuliert, dass es sich beim *Don Karlos* um „keine politische Tragödie"[14] handle, sondern um eine „Familientragödie".[15] Wer darin eine verborgene politische Ebene sehe, projiziere etwas in das Stück hinein, das es objektiv nicht enthalte. Schillers Dramentechnik der Verbergung, so könnte man daraus schließen, hat die politische Handlungsebene so zum Verschwinden gebracht, dass sie selbst professionelle Leser nicht mehr registrieren. Indes korrespondiert die Verbergungstechnik mit einer Thematik des Stückes, die man kaum übersehen kann: dem Geheimnis. Vom ‚Geheimnis' oder von ‚Geheimnissen' reden die Figuren unentwegt, genauso wie von den „Masken" (I, 932)[16] und den „Larve[n]" (I, 938) hinter den man seine eigenen Absichten, Gefühle und Gedanken vor den „hundert Augen" (I, 109) des Hofes verbergen müsse. Dass es sich bei vielen der gezeigten Szenen um eine Verdeckung des Eigentlichen handelt, wird also durch die Figurenreden metareflexiv kommentiert. Und dass das so oft beschworene Geheimnis auch politischer Natur ist, wird durch den Marquis Posa nahegelegt, wenn er von einem „geheime[n] / Verhaftsbefehl" (IV, 3907 f.) spricht, der in seine Hände gelegt werden solle, von einem „Staatsgeheimnis" (IV, 3911), das er hüte, und schließlich von „mein[em] gefährliche[n] Geheimnis" (V, 4641), das er dem Freund Karlos lange Zeit „unterschlage[n]" (V, 4640) habe. Die Art von Politik, um die es hier geht, ist damit keine öffentliche Aktion, die man auf der Bühne als solche zeigen könnte, sondern eine *verdeckte Politik,* deren Natur es ist, sich in den sublimsten Formen und Scheinbarkeiten auszubilden und alles Konkrete, Eigentliche und Sichtbare zu meiden. Diese Art der Politik hat ihren Ursprung in den Staatsklugheitskonzepten der frühen Neuzeit. Der Aufklärer und Freiheitskämpfer Posa tritt mit seiner Verhüllungstaktik ein absolutistisches Erbe an, ein Widerspruch, der zu den Kernkonflikten des Dramas gezählt werden kann. Die politische Verbergung wird im Drama wiederum mit Techniken wie dem *Spiel im Spiel* oder der *verdeckten Handlung* ästhetisch

---

11 Ebd.
12 Ebd.
13 Ebd., S. 243.
14 *Koopmann* ²1983, S. 103.
15 Ebd.
16 Zitiert nach: Friedrich Schiller: Don Karlos. Infant von Spanien. Ein dramatisches Gedicht. In: *Schiller* 2004, Bd. II, S. 7-219. Zitate aus dem Stück werden unter Angabe des Aktes und des Verses im Fließtext nachgewiesen. Sofern es sich um Regieanweisungen handelt, wird dies mit der Sigle RA markiert.

inszeniert und dadurch mit wahrnehmungstheoretischen Reflexionen über die Sichtbarkeit und ihre Grenzen verschränkt.

Die frühneuzeitliche Tradition verdeckter Politik sei in einem ersten Abschnitt dieses Beitrages rekonstruiert. Ein besonderes Augenmerk wird dabei auf die Engführung von Politik- und Wahrnehmungstheorie gelegt, die, so die These, schon in der frühen Neuzeit beginnt. Ein zweiter Abschnitt diskutiert das subkutane Fortwirken der verdeckten Politiktradition im Zeitalter der Aufklärung. Die Abschnitte drei, vier und fünf schließlich wenden sich Schillers *Don Karlos* zu und befragen das Stück nach seiner spezifischen Reflexion und Dramatisierung der verdeckten Politik.

1. *Arcana imperii. Politische Verschleierungslehren der frühen Neuzeit*

Die Unsichtbarkeit der Macht, das politische Geheimnis, die Verschleierung der Absicht – das sind notorisch wiederkehrende Topoi der frühneuzeitlichen politischen Theorie. Verhandelt werden sie unter der eingängigen wie gleichermaßen schillernden Kategorie der *arcana imperii*. Als eine „Formel" für die „verborgene Seite der Macht" dominiert dieser Ausdruck die Diskurse des „späten 16. und 17. Jahrhundert[s]".[17] Er „taucht auf mit der Entstehung der Landeshoheit, mit dem Übergang von der Renaissance zum (politischen) Manierismus [...] sowie mit der Überleitung der theologisch-kirchlichen Symbolik in die säkularisierte Welt der Politik um 1700."[18]

Konkret haben die arcana imperii jene Praktiken und Strategien zum Gegenstand, die die entstehenden absolutistischen Fürstentümer zur Herausbildung und Sicherung ihrer Herrschaft einsetzen. Die Arkanpolitik steht für eine Trennung der Moral von der Sphäre staatspolitischen Handelns, für die Reduktion des Politischen auf geheime Prinzipien der Interessensverfolgung und des Machterhalts. Zudem bedeutet die Arkanisierung des Politischen eine Vermeidung von Öffentlichkeit, eine Verschiebung politischer Entscheidungen in die verborgene Sphäre des Kabinetts.

Als frühes Gründungsmanifest einer solchen politischen Verschleierungslehre kann Machiavellis *Il Principe* gelten, jene kurze 1513 verfasste Schrift, in der er die fürstliche Alleinherrschaft deskriptiv wie normativ konzipiert und damit das Zeitalter des Absolutismus theoretisch einleitet. „Jeder sieht, was der Fürst scheint, aber fast niemand weiß, was er in Wirklichkeit ist [...]",[19] so heißt es darin. Aus dieser wahrnehmungstheoretischen Diagnose leitet Machiavelli eine Selbstverbergungslehre für den Fürsten ab. Weil die Öffentlichkeit nur Zugriff auf die phänomenale Außenseite der Macht habe, komme es darauf an, diese Außenseite möglichst perfekt

---

17 *Stolleis* 1990, S. 37.
18 Ebd.
19 *Machiavelli* 1990, S. 98.

durchzugestalten und gleichzeitig von der tatsächlichen Innenseite politischer Entscheidungsprozesse abzulösen. Der Fürst müsse nach außen hin eine „Rolle"[20] spielen, die Rollenhaftigkeit seines Auftretens aber „durch geschickte Wendungen meisterhaft zu verstecken"[21] wissen. Machiavellis Schrift ist eine Lehre des Scheins. „Es ist [...] nicht nötig", so sein Credo, „daß ein Fürst alle [...] Tugenden besitzt, sondern es ist schon hinlänglich, wenn er sie nur zu besitzen scheint."[22] Was die politische Interaktion anbelangt, so ist der ideale Fürst ein „verschlossener Mann", der „niemand[em]" „seine Geheimnisse" „[an]vertraut" und von dem „niemand weiß, was er will und was er zu tun beabsichtigt".[23] Die fürstliche Politik besteht daher aus „geheimen Pläne[n]",[24] die erst dann „allmählich bekannt und erfahren"[25] werden, wenn sie bereits „ins Werk gesetzt"[26] sind. Mit seiner Empfehlung einer solchen verdeckten Politik reagiert Machiavelli offenbar auf eine konkrete politische Situation: Es ist die durch Intrigen, Anschläge und Verschwörungen geprägte florentinische Republik, die den Hintergrund für Machiavellis Schrift bildet.[27] Die „beständige Bedrohung des politischen Gemeinwesens durch Niedergang und Verfall",[28] „Zerstörung und Korruption",[29] eine Permanenz der „Krise"[30] und die Notwendigkeit ihrer Überwindung beherrschen das politische Denken Machiavellis. Die „Stabilität des Gemeinwesens"[31] hat die höchste politische Priorität und sie legitimiert die Immunisierung politischen Regierens durch ihre Arkanisierung. Der Fürst, so denn auch Machiavelli, sei von manchem „Mitarbeiter" umgeben, der ihn „bald um seinen Staat bringen"[32] würde, wenn er Gelegenheit dazu hätte. Komplementär zur Verbergung des eigenen Handelns ist es deshalb geboten, einen herrschaftssichernden Kontrollblick herauszubilden, „unaufhörlich Erkundigung ein[zu]ziehen" und insbesondere diejenigen am Hofe zu beobachten, die „mit etwas hinter dem Berg halten".[33]

---

20 Ebd., S. 97.
21 Ebd.
22 Ebd.
23 Ebd., S. 116.
24 Ebd.
25 Ebd.
26 Ebd.
27 Zu den politischen Umstürzen und Umbrüchen im Florenz des späten 15. und frühen 16. Jahrhunderts vgl. *Münkler* [2]2004, S. 120-134. Neben der Instabilität der florentinischen Republik führt Münkler auch größere geopolitische Entwicklungen in Europa als Hintergrund für das Denken Machiavellis an: „Die Ära der Stadtrepubliken ging unter dem Druck institutionell verfasster Flächenstaaten zu Ende und Italien wurde zum Schauplatz des zwischen den Häusern Valois und Habsburg ausgetragenen Konflikts um die Hegemonie in Europa. Machiavellis politische Überlegungen sind aus dieser Konstellation entstanden und versuchen zugleich, sie zu bewältigen und zu überwinden" (ebd., S. 120f.).
28 *Münkler* 1990, S. 34.
29 Ebd., S. 35.
30 Ebd., S. 36.
31 Ebd.
32 *Machiavelli* 1990, S. 116.
33 Ebd.

Arkanpolitik heißt bei Machiavelli eine Verdeckung des eigenen Handelns bei gleichzeitiger scharfer Beobachtung der Handlungen anderer.

Obwohl Machiavelli den Begriff der arcana imperii nicht verwendet, wird er zu einem Kronzeugen für den Arkandiskurs des 16. und 17. Jahrhunderts: „Die Gebildeten des 17. Jahrhunderts", so Michael Stolleis, „zitieren ihn unweigerlich, wenn es um […] Arkanpraktiken der Höfe, zynischen und skrupellosen Einsatz von Macht, Heuchelei und Hinterlist geht."[34] Wie Stolleis gezeigt hat, verschränkt sich die Semantik der arcana imperii dabei mit der Kategorie der Staatsräson. Scipione Ammirato etwa umschreibt die ‚gute Staatsräson' mit den arcana imperii[35] und der Tübinger Jurist Christoph Besold stellt zusammenfassend fest: „Arcana haec sunt ratio Status."[36]

Eine systematische Konzeptualisierung der Arkanpolitik entwirft der Altdorfer Professor für Geschichte und Politik, Arnold Clapmarius, in seinem posthum erschienenen Werk *De Arcanis Rerumpublicarum* (1604). Die arcana imperii werden dort als Teil der *Arcana rerumpublicarum* behandelt, welche Clapmarius wiederum definiert als „die verborgenen Regeln der Staatsführung"[37] oder auch als die „geheime[n] und verborgene[n] Überlegungen derer, die im Staat die höchste Stellung innehaben".[38] Diese „Regeln" seien „verschieden" und in „dreifacher Art"[39] zu unterscheiden: Zum einen enthalten sie Strategien, „die auf die gegenwärtige Form der Verfassung zielen, die erhalten werden soll".[40] Zu diesen Verfassungsschutzstrategien zählen unter anderen auch die „*arcana imperii*",[41] die „Herrschaftsstrategien".[42] Zum zweiten enthalten die Staatsarkana geheime Maßnahmen, „die auf die Sicherheit derjenigen gerichtet sind, die die erste Stelle im Gemeinwesen einnehmen"[43] und deshalb „Vorschriften der Regierungsgewalt [*arcana dominationis*] genannt werden"[44] können. Zum dritten schließlich richten sich die arcana auf Praktiken der Geheimhaltung und der Täuschung, enthalten einen Katalog an möglichen „Vorspiegelungen der Herrschaft [*simulacra imperii*]".[45]

Das Prinzip der Geheimhaltung betrifft also zum einen die Staatsklugheitslehren selbst. Diese sind insofern geheim und verborgen, als sie nur einem ausgewählten Kreis innerhalb der Staatsführung zugänglich sind. In diesem Sinne stellt Clapmarius eine etymologische Verbindung zwischen dem Begriff „Arcanum" und dem latei-

---

34 *Stolleis* 1990, S. 39.
35 Vgl. *Ammirato* 1598, Buch XII, Discorso 1. Vgl. dazu auch *Stolleis* 1990, S. 39.
36 *Besold* 1644 (zuerst 1618), III, S. 5. Vgl. dazu auch *Stolleis* 1990, S. 39.
37 *Clapmarius* 2014, Bd. 1, S. 19.
38 Ebd.
39 Ebd., S. 33.
40 Ebd.
41 Ebd., S. 33.
42 Ebd.
43 Ebd.
44 Ebd.
45 Ebd., S. 35.

nischen „*arcivum* oder *archivum*" bzw. dem griechischen „*archeion*" her.[46] Das ‚Archiv' ist historisch mit dem ‚Arkanen' verknüpft. Es ist der „Ort, worin derartige Materialien [*arcana*] aufbewahrt wurden."[47] Entsprechend werde gegenwärtig „alles Verschlusssache [*arcana consilia*] genannt, was nicht veröffentlich werden darf."[48] Zusammenhängend damit spricht Clapmarius auch von den „geheimen Bücher[n]", den „geheimen Pläne[n]" oder dem „Vertragsgeheimnis".[49]

Dennoch müssen die Staatsarkana gerade deshalb geheim gehalten werden, weil sie auch Praktiken der Geheimhaltung und Verschleierung zum *Gegenstand* haben, also alles das umfassen, was Clapmarius als die „Vorspiegelungen der Herrschaft [*simulacra imperii*]"[50] bezeichnet. Durch diese Vorspiegelungen werde „den Bürgern blauer Dunst vorgemacht […], damit sie glauben, zu haben, was sie nicht haben, und dadurch voller Vertrauen die Verfassung nicht umstürzen."[51] Politische Arkanpraxis heißt nicht zuletzt, den wahren Zustand des Staates zu verdecken, um Unzufriedenheiten und Umsturzphantasien im Zaum halten zu können. Die Arkanpraxis ist solchermaßen eine Kunst der „dunkle[n] Rede",[52] einer Sprache der Rätsel und der „Vagheit",[53] die mehr verschleiert als sie offenbart. Sie ist aber auch eine Kunst der visuellen Täuschung, der Erzeugung „leere[r] nichtige[r], vernebelte[r] und gleichsam aufgeblähte[r] Bilder".[54] Und wie schon bei Machiavelli geht die Verbergungs- und Täuschungspraktik mit einer Praktik des verborgenen und dadurch umso schärferen Sehens einher. Dezidiert spricht Clapmarius von der Herausbildung geheimdienstlicher und geheimpolizeilicher Strukturen: dem Netz der „Ausspäher" und „Beobachter", der „Leibwächter" und „Leibesvisitatoren".[55]

In politischer Hinsicht ist die Arkanpraxis eine Kunst der Öffentlichkeits- oder Mitbestimmungsverhinderung. Die arcana imperii müsse man etwa insofern von dem ius imperii unterscheiden, als letzteres „das Recht der Volksversammlung"[56] zum Gegenstand habe, erstere hingegen darauf zielen, „andere mit irgendeiner erlaubten Täuschung am Versammlungsrecht zu hindern."[57] Das Herrschaftsrecht sei demnach „wie eine Festung oder wie der Burghügel" während die arcana imperii eher „unterirdische[n] Gänge[n]" gleichen, „mit deren Hilfe die Burg verteidigt wird […]."[58]

---

46 Ebd., S. 11.
47 Ebd.
48 Ebd.
49 Ebd., S. 13.
50 Ebd., S. 35.
51 Ebd., S. 21.
52 Ebd., S. 5.
53 Ebd., S. 5.
54 Ebd., S. 7.
55 Ebd., S. 13.
56 Ebd., S. 37.
57 Ebd.
58 Ebd.

Clapmarius' *De Arcanis Rerumpublicarum* wird innerhalb kürzester Zeit zu einem Standardwerk der Arkanliteratur,[59] das Buch wird mehrfach neu aufgelegt und unzählige Male beim Stichwort ‚arcana imperii' zitiert.[60] Auch in den großen Staatstheorien des 17. Jahrhunderts, die weder ausschließlich noch dezidiert von den arcana imperii handeln, kommen einzelne der von Clapmarius systematisierten Elemente der Arkanpolitik vor. So spielen etwa Strategien der Öffentlichkeitsvermeidung im Rahmen geheimer Kabinettspolitik in Hobbes' *Leviathan* (1651) eine zentrale Rolle. Der „Monarch" „handelt […] besser", so Hobbes, „wenn er seine Staatsräte […] einzeln anhört", anstatt „sie in öffentlicher Versammlung um ihre Meinung zu fragen."[61] Wenn die Räte „insgeheim gehört werden", so Hobbes' Begründung, verzichten sie auf einen Vortrag, der bloß dazu dient, einer „Versammlung" „ihre weitläufigen Kenntnisse und ihre Beredsamkeit zu zeigen".[62] Hobbes' Empfehlungen basieren auf Diagnosen zum öffentlichen Sozialverhalten. Die Herausbildung einer höfischen Gesellschaft, in der jeder sieht und gesehen werden will, ist die Grundlage für den Rückzug des Politischen in die geschützte Sphäre des Kabinetts. Zu solchen sozialpsychologischen Aspekten kommen politisch-strategische: Das Kabinettsgespräch unter vier Augen gewährt die Geheimhaltung politischer Pläne und damit einen strategischen Vorteil gegenüber politischen und militärischen Feinden des Staates. Das hingegen, „was in öffentlichen Versammlungen verhandelt wird und doch verschwiegen bleiben sollte", kann „den Feinden leicht verraten werden, weil jeder seine Gedanken öffentlich vorträgt."[63] Die Geheimhaltungspolitik erwächst aus Maximen staatlicher Selbstbehauptung. Gerade vor dem Hintergrund der englischen Bürgerkriegsunruhen und der Konfessionskriege plädiert Hobbes für einen Staat, der sich durch die Arkanisierung des Politischen vor fremden Interessen und versuchten Einflussnahmen zu schützen weiß.[64] Das Prinzip der Verschleierung korrespondiert bei Hobbes mit der Idee eines hinter die Fassaden fremder Mächte und Parteien schauenden Auskundungsblicks. Wer politisch klug beraten will, muss,

---

59 Gideon Stiening vertritt die These, dass bei Clapmarius dem „substanziellen Charakter des Staatsrechts für das politische Gemeinwesen" entscheidende Bedeutung zugemessen wird, „während die geheime Staatskunst einen letztlich nur akzidentiellen Status einnimmt". *Stiening* 2014, S. 208. Sicher unterscheidet sich Clapmarius durch seine stärkeren Staatsrechtsreflexionen von der machiavellischen Arkanlehre, die Ausführungen zur Arkanpolitik nehmen bei ihm dennoch, wie gezeigt, einen derart großen Raum ein, dass seine vorwiegende Rezeption als Theoretiker des Arkanen nicht verwundert.

60 Vgl. *Stolleis* 1990, S. 51 f.

61 *Hobbes* 2007 (engl. zuerst 1651), S. 226.

62 Ebd.

63 Ebd., S. 226 f.

64 „Wie die Analyse der Ursachen des englischen Bürgerkrieges" in Hobbes' staatstheoretischer Schrift *Behemoth* zeigt, so Christine *Chwaszcza* ²2004, „galt seine Besorgnis insbesondere Religionsstreitigkeiten, klerikalen Machtansprüchen und theologisch fundierten Herrschaftstheorien" (ebd., S. 223). Hobbes plädiert deshalb auch für eine Übertragung bis dahin priesterlicher Monopole und Domänen auf den politischen Souverän, dem somit etwa „die oberste Autorität in Fragen der Schriftauslegung und des Ritus zu[kommt]" (ebd.).

wie es heißt, „mit den Berichten der Staatsbedienten" vertraut sein, „welche an auswärtige Höfe gesandt wurden, um deren geheime Absichten zu erforschen".[65] Im englischsprachigen Original spricht Hobbes von den *intelligences*,[66] eine Formulierung, die dem Umstand Rechnung trägt, dass im 17. Jahrhundert die ersten „systematischen 'Geheimdienste' [engl. *intelligence agencies*, J.O.S.] [...] aufgebaut"[67] wurden. Die Macht soll unsichtbar sein und gleichzeitig professionelle Techniken entwickeln, in die Geheimnisse anderer Mächte hineinzuschauen.

Die Ikonographie der Staatsräson im 17. Jahrhundert verknüpft denn auch die Semantik der Herrschaft gleichermaßen mit den Semantiken der Verhüllung und der Durchleuchtung. So findet sich in der 1618 posthum herausgegebenen *Iconologia* Cesare Ripas ein mit der Inscriptio *Ragione di stato* versehenes Emblem, auf dem die personifizierte Staatsräson in Gestalt einer Herrschaft zu sehen ist, die einerseits durch eine Rüstung und ein Gewand vor Blicken geschützt wird – auf der Außenseite ihres Gewandes aber gänzlich mit Augen bestickt ist.[68] Die Augen sollen, wie es in der Subscriptio heißt, anzeigen, dass die Staatsmacht „eifersüchtig auf Herrschaft bedacht ist, daß sie für alles die Augen von Spionen [...] haben will, um ihre Pläne besser verfolgen und diejenigen der anderen durchkreuzen zu können".[69] Das Augenmotiv als Veranschaulichung der Macht findet sich in vielen Emblemsammlungen der frühen Neuzeit. Besonders verbreitet ist das Zepter mit Auge (oder auch mit mehreren Augen), das buchstäblich für die sehende Macht des Fürsten steht.[70]

Die Bilder des Sehens und Verbergens sind einerseits uneigentliche Metaphern für die Generierung oder Verhinderung von politischem Wissen. Sie zeigen andererseits aber – im Sinne konkreter Bilder – die sinnlich-visuellen Grundlagen dieses Wissens an. Das Politische wird zunehmend als ein Problem der Sichtbarkeit konzipiert. Politische Macht konstituiert sich in der Kontrolle darüber, was an politischen Vorgängen sichtbar und was unsichtbar ist, sie ist gleichermaßen eine Kunst des Sehens wie der Verschleierung. In diesem Sinne spricht auch Gotthardt Frühsorge davon, dass sich im 16. und 17. Jahrhundert die bis dahin rein „intellektuelle Qualität der Providentia" – also der staatlichen Fürsorge und Umsicht – „versinnlicht":

> „Sie [die Providentia, J.O.S.] [...] wird zu einem ganz konkreten erfahrenden Sehen aller 'Umstände', die die Reaktionen der Menschen und die Erscheinungsweisen der Phäno-

---

65 *Hobbes* 2007, S. 225.
66 *Hobbes* 1992 (zuerst 1651), Bd. 3, S. 247.
67 *Stolleis* 1990, S. 70 f.
68 Vgl. *Ripa* 1618, S. 437.
69 Im italienischen Original heißt es: „Si rappresenta con la veste [...] d'occhi [...], per significare la gelosia, che tiene del suo dominio, che per tutto vuol haver occhi [...] di spie, per poter meglio guidare i suoi disegni, & gl'altri troncare." *Ripa* 1618, S. 438. Bei der Übersetzung habe ich mich an Gotthardt Frühsorge orientiert: *Frühsorge* 1974, S. 117.
70 Das Emblem findet sich etwa bei *Saavedra-Fajardo* 1655, S. 513 und bei *Scarlattina* 1695, S. 56.

mene bedingen. ‚Politische Klugheit‘ heißt ‚Sehen‘. [...] Die Klugheit [...] trägt bereits sensualistische, die Erfahrungstheorie der Frühaufklärung mitbegründende Züge.“[71]

Im 17. Jahrhundert kommt es somit zu einer Verschränkung von politischem Wissen und Wahrnehmungswissen. Nicht von ungefähr leitet Thomas Hobbes etwa seinen *Leviathan* mit wahrnehmungstheoretischen Reflexionen über das perspektivische Sehen „sichtbarer Körper“ von „mehreren Orten“ aus ein und mit der Feststellung, dass es nicht der „eigentliche Gegenstand“ ist, den man sieht, sondern nur seine äußere „Hülle“, die einen „Druck [...] auf das Auge“ ausübt.[72] Auch Clapmarius verschränkt seine politischen Überlegungen mit wahrnehmungs- und medientheoretischen Reflexionen, so etwa, wenn er die visuellen Täuschungspraktiken der Herrschaft aus der „Malerei“ ableitet, die „ihre farblichen Finessen oder Schattierungen [...] einmal zum Andeuten, ein andermal zum Vertuschen“[73] einsetzt.

Im Zuge einer solchen Sensualisierung wird die politische Klugheitslehre zu einer Phänomenologie des Sozialen, zu einer Theorie der gesellschaftlichen Oberfläche im Unterschied zu ihrer verborgenen Innenseite. „Die Dinge gelten nicht für das, was sie sind, sondern für das, was sie scheinen“, so konstatiert Gracian in seinem *Oraculo manual* (1647), „[w]as nicht gesehn wird, ist, als ob es nicht wäre“.[74] Angesichts einer Kultur des Nur-Sichtbaren komme es auf die Herausbildung einer „gute[n] Außenseite“ (ebd.) an, eine „Vollkommenheit der Politur“.[75] Diejenigen sind deshalb „geboren, die ersten Hebel der Staatsmaschine zu sein“, die „mehr durch eine Miene, als andre durch eine lange Rede“ „wirken“.[76]

2. Aufgeklärte Geheimnisse. Sehen und Verbergen im 18. Jahrhundert

Mit der Herausbildung eines aufgeklärten Gesellschafts-, Politik- und Staatsverständnisses zu Beginn des 18. Jahrhunderts werden die höfischen Arkanlehren zum Gegenstand der Kritik. In seinen *Gesprächen unter vier Augen* (1799) lässt Wieland seine Figur des Sinibald eine nahe Zukunft prophezeien, in der es gelinge, die Vorgänge und Praktiken des Politischen „wieder ans Licht hervor zu ziehen“ und dem Wissen über das Politische die „möglichste Popularität zu verschaffen“.[77] Denn „[s]o lange [...] die Politik das anmaßliche Geheimniß der Höfe und Kabinette ist“, sei sie ein Instrument „der Täuschung und Unterdrückung“, ein Betätigungsfeld

---

71 *Frühsorge* 1974, S. 107 f.
72 *Hobbes* 2007, S. 12.
73 *Clapmarius* 2014, Bd. 1, S. 9.
74 *Gracian* 2009 (span. zuerst 1647), S. 64.
75 Ebd., S. 17.
76 Ebd., S. 29 f.
77 *Wieland* 1984, S. 332.

„schändlicher Wortspiele" und eine „Gewalt", die sich „alles [...] erlaubt".[78] An die Stelle des Geheimnisses soll eine allgemein sichtbare Öffentlichkeit treten. „Der Arkanpraxis wird", so Jürgen Habermas, „das Prinzip der Publizität entgegengehalten".[79] Im Zuge einer aufklärerischen ‚Remoralisierung'[80] des Politischen gerät insbesondere das anthropologisch-psychologische Manipulationswissen der Arkanpolitik unter den Verdacht eines moralisch anstößigen, eines zynischen Herrschaftswissens. Das Öffentlichkeitsethos wird dabei mit einem Sichtbarkeitsethos verschränkt. Die Aufklärung, so Wieland programmatisch, müsse danach streben, „dass Licht genug vorhanden sei", und sie müsse die Menschen dazu ausbilden, „sehen zu können" und „sehen zu wollen".[81]

Wie Reinhart Koselleck konstatiert, hat die Aufklärung bei allem Pathos der Sichtbarkeit und Öffentlichkeit aber eine ambivalente Haltung zu den Bereichen des Unsichtbaren und des Arkanen. Weil sie die Repression des absolutistischen Staatsapparates fürchten, bilden bürgerliche Kreise im 17. und 18. Jahrhundert einen „geheimen Innenraum"[82] des Privaten heraus. Während auf der Ebene des Staates das instrumentelle Kalkül vorherrscht, bilden sich in privaten oder halbprivaten Zirkeln ethische Verhaltensnormen heraus. Die Moral trennt sich von der Politik und der staatlichen Öffentlichkeit, sie konstituiert sich im Verborgenen, steht „unter dem Schutz des Geheimnisses".[83] Weil die moralischen Werte langfristig aber auf eine politisch-gesellschaftliche Verwirklichung ausgerichtet sind, lässt sich von einer impliziten „politische[n] Konsequenz der moralischen Innenarbeit"[84] sprechen. Die aufklärerische Moral ist politisch, ihre Politizität muss sie indes verdecken, um den reinen moralischen Anspruch aufrechterhalten zu können. Insbesondere die aufklärerischen Freimaurerbünde sind für Koselleck Ausdruck einer solchen unter dem Schleier des Geheimnisses verborgenen Politizität:

> „Solange die Politik der absolutistischen Fürsten herrschte, hüllte das Geheimnis die Maurer in den Mantel ihrer moralischen Unschuld und politischen Abwesenheit. [...] Da aber die politische Wirklichkeit gerade als die Negation der moralischen Position betrachtet wird [...], erweist sich die politische Abwesenheit im Namen der Moral als indirekte politische Anwesenheit."[85]

Gerade um die eigene Politizität zu verbergen, wird in den Bünden, bewusster noch als in anderen sozialen oder kirchlichen Gruppierungen, der moralische „Innenraum

---

78 Ebd., S. 331 f.
79 *Habermas* [15]2018, S. 117.
80 Dass die Aufklärung als ein zentrales Anliegen die Aufhebung einer absolutistischen Trennung von politischer und moralischer Sphäre verfolgt, konstatiert insbesondere Reinhart Koselleck 1973. Vgl. dazu die nun folgenden Ausführungen.
81 *Wieland* 1789, S. 97.
82 *Koselleck* 1973 (zuerst 1959), S. 60.
83 Ebd.
84 Ebd., S. 68.
85 Ebd., S. 67.

[...] mit einem Geheimnis umgrenzt und zum Mysterium erhoben".[86] Die absolutistische und religiöse Geheimhaltungspraxis, die eigentlich Gegenstand der aufklärerischen Kritik ist, wird, so Koselleck, zum Gegenstand der „Nachahmung". Das „Geheimnis" der Maurer tritt „neben die Mysterien der Kirche und neben die Arcanpolitik der Staaten."[87]

Implizit werden in der Aufklärung auch die mit der Arkanpolitik verbundenen Klugheitslehren beerbt. Auch hier kommt es aber insofern zu einer Privatisierung des Politischen, als die Staatsklugheitslehre in eine Privatklugheitslehre übersetzt wird. Diese Übersetzung, die schon bei Castiglione und Gracian ihre ersten Anfänge nimmt, geht bei den Aufklärern mit einer scharfen moralischen Absetzung einher. Während die „Staatsklugheit" als Inbegriff der „Schlauheit und Verschlagenheit" gilt, wird die Privatklugheit „zum Hort der Redlichkeit und zur Quelle bürgerlicher Tugend".[88] Den Versuch einer solchen Moralisierung der Klugheitslehre im Zuge ihrer Privatisierung kann man in Thomasius' *Kurzem Entwurff der politischen Klugheit* (1710) sehen (eine Schrift, in der es, anders als es der Titel vermuten lässt, vorwiegend um Aspekte der Privatklugheit geht[89]). Die Grundlagen der „Weißheit und Klugheit",[90] so heißt es dort, seien nicht „im Verstande", sondern im „Herzen [...] zu suchen"[91] und sowohl die Weisheit als auch die Klugheit hätten eine natürliche „Neigung zum Guten".[92] Indes hebt Thomasius sodann die Klugheit von der Weisheit ab. Anders als die Weisheit werde die Klugheit von der „Neigung zum Bösen oder von der Furcht des Bösen bestritten".[93] Die Klugheit ist an das moralisch Gute gebunden, besteht aber eingedenk des Bösen und enthält gerade Handlungsmaximen, geschickt mit den Anfechtungen dieses ‚Bösen' umzugehen. Geschützt werden soll sie vor den „Mittel[n]" der „Arglistigkeit", vor den „Räncken" und ihrer „Verbergung" und vor dem künstlich produzierten „Schein der Tugend und Weisheit"[94] – Praktiken, die sie aber, gerade um sich vor ihnen zu schützen, kennenlernen und stellenweise sogar selbst anwenden muss. „Laß niemand mercken", so heißt es etwa, „was du vor hast. [...] Stelle dich / als hättest du was anders vor / oder wenn dieses nicht angehet / so verbirg zum wenigsten / was du thust [...]."[95] Wenn die „Feinde" doch einmal hinter die „tiefsten Geheimnisse" gekommen sind, hilft nur noch die In-

---

86 Ebd., S. 56.
87 Ebd., S. 57.
88 *Schulz* 1988, S. 45.
89 Der eigentlichen „Staatsklugheit", so auch Georg-Michael Schulz, widmet Thomasius „nicht einmal mehr ein eigenes Kapitel", dafür schreibt er umfangreich über die Klugheit im Haushalt oder in der bürgerlichen Gesellschaft (vgl. ebd.). Inwiefern die Schrift aber doch implizit politisch ist, wird unten noch ausgeführt.
90 *Thomasius* 1710, S. 6.
91 Ebd.
92 Ebd.
93 Ebd.
94 Ebd., S. 12.
95 Ebd., S. 100.

trige, muss man den feindlichen „Anschlägen andere Anschläge entgegen setzen" oder sie nach der Maxime „Divide&Impera" so in „Uneinigkeit" bringen, dass „du" anschließend „mit ihnen umgehen [kannst] / wie du willst".[96] Die „Macht" der Gegner ist schließlich gebrochen, wenn man einen Großteil dazu bringt „zu dir über[zu]treten / oder wenigstens die Gegen-Parthey [zu] verlassen".[97] Die Verbergungspraktik geht mit einer Durchschauungspraktik einher: Zur Bildung von Allianzen und Trennung fremder Allianzen sei man nicht in der Lage, wenn man „die Kunst / anderer Menschen Gemüther zu erkennen nicht vollkommen innehat."[98] Mit dem Argument einer nötigen Selbstbehauptung der Moral gegen das moralisch Schlechte wird bei Thomasius ein Katalog an Täuschungs- und Durchleuchtungspraktiken formuliert, der den Arkanlehren der frühen Neuzeit nicht so fern ist. Zwar sind Thomasius' Ratschläge überwiegend für den Privatgebrauch bestimmt,[99] wie aber die Rede von den „Feinden" und verwendete Schlagwörter wie „Anschläge", „Macht" und „Parthey" zeigen, wird das Private politisiert, wird die Verteidigung einer privaten Moral zu einem strategisch-politischen Projekt erklärt. Kosellecks These einer impliziten Moral*politik* der Aufklärung zeigt sich hier in besonderer Prägnanz.

Ausgehend von Schriften wie Thomasius' *Kurzem Entwurff* entwickelt sich im Verlauf des 18. Jahrhunderts eine Schule und Praktik der „Gemütsspionage",[100] bei der es darauf ankommt, anhand weniger physiognomischer Symptome die verborgenen Absichten, Hoffnungen und Ängste eines Gegenübers zu durchschauen. Man müsse, so Christian Wolff, ein physiognomisches Sehen der „Minen, Geberden und Bewegungen"[101] erlernen. Der Physiognom ist, wie Johann Christian Lavater in seinen *Physiognomischen Fragmenten* (1775) formuliert, eine Art entziffernder „Beobachter": „Er sieht und soll sehen, was sich seinem Auge darstellt; und was sich ihm darstellt, ist Spiegel von Etwas, das sich ihm nicht darstellt [...]."[102]

Mit der Gemütserkennungskunst bildet sich gleichzeitig aber auch eine Verbergungskunst heraus, die bald zum psychologischen Gemeingut zählt. „Beinahe ein jeder" zeige sich mittlerweile, wie Karl Philipp Moritz 1782 formuliert, „in einem [...] andern Lichte, sobald er glaubt, daß er bemerkt wird".[103] Durch ein permanentes Rollen- und Versteckspiel werde „almählich der dichte Vorhang gewebt, welchen am Ende der Blick des [...] Beobachters [...] nicht mehr durchdringen kann."[104] Die frühneuzeitlich-politische Arkan- und Beobachtungslehre lebt im Gewand von mo-

---

96 Ebd.
97 Ebd., S. 100 f.
98 Ebd., S. 101.
99 Vgl. *Schulz* 1988, S. 45 und dazu meine kurzen Ausführungen in Anm. 88.
100 *Schings* 1977, S. 27.
101 *Wolff* 1976, § 195.
102 *Lavater* 1778, S. 29.
103 *Moritz* 1999, S. 803.
104 Ebd., S. 805.

ralischen Geheimbünden und Privatklugheitslehren auch in der Aufklärung fort. In Schillers Drama werden das absolutistische und das aufgeklärte Arkanum enggeführt und stellenweise ineinander verschränkt. Näheres dazu in den folgenden Abschnitten.

3. Das Sehen der Macht in Schillers ‚Don Karlos'

Liest man Schillers Drama auf die darin vorkommenden Wortfelder hin, so stellt sich schnell heraus, dass die Darstellung des Hofes und die Sprache der Figuren in besonderer Weise durch die Leitsemantiken des Sehens und Gesehenwerdens bestimmt sind. „[I]ch weiß", so bekennt Prinz Karlos freimütig gegenüber dem Beichtvater Domingo, „daß hundert Augen / Gedungen sind, mich zu bewachen" (I, 109 f.). Der Hof erscheint als ein Ort der Beobachtung, als eine Sphäre, in der man mit Karlos' Worten permanent den „Gebärdenspäher[n]" und Geschichtenträger[n]" (I, 70) ausgesetzt ist. Im weiteren Verlauf des Stückes erweist sich, dass dies nicht nur eine fixe Idee des Prinzen ist, sondern tatsächlich der politischen Struktur des Hofes entspricht, an dem ein „Klima des ständigen Verdachts"[105] herrscht. Dezidiert wird der König dabei gezeigt, wie er seine Hofleute mit den Worten „Seid wachsam" (I, 876) zur Beobachtung des Treibens am Hofe auffordert. Alba wird denn auch qua Regieanweisung bescheinigt, dass er, als er den Prinzen einmal mit der Königin sieht, *kein Auge von ihnen verwendet* (II, RA zu 1461). Die Hofleute messen die dienende Qualität ihrerselbst und der anderen anhand der vorhandenen Sehkompetenz. Mit den Worten „Ihre Blicke reichen / Sehr weit" (II, 2036 f.) erkennt Alba die Beobachtungsgabe Domingos an. Selbst zeigt sich Alba gegenüber dem König ungläubig, dass jemals ein Vorgang am Hof geschehen sein könnte, der „meinem Aug / Entging" (III, 2551 f.). Seiner „Wachsamkeit" (III, 2560) sei „das Reich" (ebd.) anvertraut. „Dem Reiche" sei er „mein geheimstes Wissen / Und meine Einsicht schuldig" (III, 2561 f.). Mit der Rede vom ‚geheimen Wissen' verweist Alba auf die asymmetrische Struktur des höfischen Blicks. Es soll ein Blick sein, der sieht, ohne gesehen zu werden. An ein solches verdecktes Sehen appelliert der König, wenn er seine Bediensteten anweist, „die Wachen künftig" vor dem Gemach der Königin zu „verdoppeln", „doch ganz, / Ganz insgeheim" (III, 2490 f.).

Man sieht an solchen Beispielen, dass der in frühneuzeitlichen Theorien und Emblemen entworfene Topos der ‚sehenden Macht' in Schillers Stück zentrale Bedeutung zukommt. Die Institutionen des Staates sind maßgeblich durch ihre Beobachtungsfunktion bestimmt. Wenn der Kirchenvertreter Domingo für seine „weit" „reichen[den]" „Blicke" gerühmt wird (II, 2036 f., s.o.) und er selbst gegenüber dem

---

105 *Alt* 1998, S. 123.

König formuliert, dass er in seiner Funktion als Beichtvater um „ein Geheimnis weiß" (III, 2679) und dies vor der „Majestät [...] / [...] nicht bergen" „darf" (III, 2678 f.) – so zeigt das eine Religion, die dem Beobachtungsimperativ des Hofes unterworfen ist. Und wenn der König gegenüber Karlos bemerkt, er solle, anstatt als Gesandter nach Flandern zu gehen, lieber „unterm Aug des Arzts" (II, 1229) wohnen, so wird klar, dass offenbar auch die Medizin an diesen Imperativ gebunden ist. Das Drama der Macht inszeniert Schiller in seinem Stück zunächst als ein Drama des Sehens und der Sichtbarkeit. Die staatliche Providentia wird als eine kontrollierende Durch- und Übersicht konzipiert. Wie schon in Theorien der frühen Neuzeit verschränkt sich zudem die politische Qualität des Sehens mit einer sensualistischen Qualität. „Sind andre / Beweise möglich, wo das Auge selbst / Nicht überwiesen werden kann?" (V. 2784 f.), so Domingos rhetorische Frage an den König. Die Macht konstituiert sich in einer Herrschaft über das Reale, und was dieses Reale ist, wird vor allem entlang einer Evidenz des Auges und der Blicke verhandelt. Im Sinne einer äußeren Kommunikation des Dramas heißt das auch, dass die Wirklichkeit des Geschehens als eine Frage der Bühnensichtbarkeit konzipiert wird. Was im Drama geschieht oder nur scheinbar geschieht, muss der Zuschauer zwischen den Polen der Sichtbarkeit und der Unsichtbarkeit, des Gezeigten und Verborgenen austarieren.

Der Blick wird im Drama auf unterschiedlichen Ebenen inszeniert. Er ist nicht durchgängig an die königliche Macht und Politik gebunden, sondern auch in der sozialen und privaten Wahrnehmungskultur präsent. So wird der Königin mehrfach in der Regieanweisung attestiert, dass sie ihre jeweiligen Gesprächspartner „*mit forschenden Augen*" (RA zu I, 457), mit „*einem ausforschenden Blicke*" (RA zu I, 609) oder mit „*eine[m] durchdringenden Blick*" (RA zu IV, 4036) prüft. Auch der Marquis Posa beschaut seinen Freund Karlos „*mit einem durchdringenden Blick*" (RA zu II, 2401) und dieser wiederum beschaut seinen Pagen *mit zweifelhafter forschender Miene*" (RA zu II, 1270). Als die Prinzessin Eboli von der heimlichen Verbindung der Königin zu Don Karlos erfährt, kommentiert sie dies mit den Worten: „Jetzt gehen mir die Augen auf" (II, 1904) und prophezeit eine künftige Demaskierung der Königin: „Die Larve / Erhabner, übermenschlicher Entsagung / Reiß ich ihr ab" (II, 2137-2139). Das staatskluge Sehen korrespondiert also mit einem privatklugen Sehen, die politische Spionage mit einer Gemütsspionage. Diese Gemütsspionage hat zwar auch staatliche Relevanz, was sich daran zeigt, dass der Herzog Alba die tiefbohrenden „Weiberblicke" (II, 2151) der Prinzessin Eboli in das Privatleben der Königin politisch zu nutzen weiß; dennoch erweist sich das Sehen am Hofe als ein nicht vollständig durch die königliche Souveränität kontrollierbares. So wird der König selbst Gegenstand von Beobachtungen, was sich zeigt, wenn er den Grafen Lerma bestürzt fragt: „Ihr prüft mich mit den Augen?" (III, 2492) oder wenn er beim Lesen des von Marquis Posa geschriebenen Testamentes „*von allen Umstehenden scharf beobachtet wird*" (RA zu V, 5093). Der König hat die Blickstruktur am Hofe nicht vollständig unter Kontrolle. Er wittert denn auch, dass ihm Gesehenes verschwiegen werde und sogar ein „Komplott" (III, 2753) gegen ihn in Gang sei. Die Unsicherheit hinsichtlich der Loyalität seiner Hofleute führt ihn dazu, auch selbst in persona als sehendes Subjekt aufzutreten. So wird er im Gespräch mit Don Karlos dabei gezeigt, wie er „*den Infanten mit einem durchdringenden Blick*" (RA zu II, 1189) anschaut und sich die Frage stellt: „Was wollen diese Mienen sagen?" (II, 1232). Und den Hofleuten Domingo und Alba prophezeit er mit den Worten „O, ich durchschau Euch" (III, 2753) eine Entlarvung ihrer illoyalen Spiele und Intrigen.

Der höfische Blick hat also eine dezentrale Struktur. Entscheidend ist nicht, dass hier eine zentrale Instanz *alles sieht*, sondern dass *alles gesehen wird*, dass das Subjekt sich permanent beobachtet fühlt und eine Verhaltensweise herausbildet, die diesem Beobachtetwerden entspricht.

4. Die Unsichtbarkeit des Ich: Intimität und Geheimnis

Schon in der ersten Szene zeigt sich indes eine Gegenreaktion zur höfischen Sichtbarkeitskultur: die Herausbildung einer Intimsphäre, die sich vor dem ‚alles sehenden Auge' des Hofes zu verbergen sucht und damit für Irritation sorgt. Von dem „feierliche[n] Kummer" spricht Domingo gegenüber Karlos, „den wir / Acht Monde schon in ihren Blicken lesen, / Das Rätsel dieses ganzen Hofs, die Angst / des Königreichs" (I, 22-25). Das physiognomische „[L]esen" im Gesicht des Prinzen vermag zwar seinen Gemütszustand zu entziffern, nicht aber dessen Ursache. Die erste Szene erweist sich somit als die Darstellung eines Versuchs, hinter die sichtbare Außenseite der Prinzenfigur zu dringen. „Brechen Sie dies rätselhafte Schweigen", so denn auch Domingos Aufforderung, „Öffnen Sie / Ihr Herz" (I, 4-6). Domingos Drängen bleibt indes vergeblich. Karlos gibt sein Geheimnis, nämlich die Liebe zu seiner Stiefmutter, nicht preis. Ebenso wie das Drama die Sichtbarkeit der Macht und des Hofes inszeniert, exponiert es die Grenzen der Sichtbarkeit. Das Signalwort des Geheimnisses erinnert den Zuschauer von der ersten Szene an daran, dass sich hinter dem Gezeigten und Gesehenen noch eine verborgene Handlungsebene auftun kann, dass die eigentliche Handlung des Dramas vielleicht sogar ganz hinter der sichtbaren Oberfläche abläuft.

Die Intimität findet am Hof ihre eigenen verdeckten Kommunikationsformen. So ist es ein „heimlich überliefert[er]" „Brief" (I, 1256 f.), durch den der Prinz eine Einladung in das „Kabinett" (I, 1279) der Prinzessin Eboli erhält – und den er gerade aufgrund seiner diskreten Heimlichkeit dem falschen Absender, nämlich der Königin, zuordnet. Das Briefeschreiben, so Oliver Simons, werde in Schillers Drama als eine „Kulturtechnik" inszeniert, „deren Verinnerlichung sich vor allem dort unter Beweis stellt, wo die Verfasser von Briefen ihr eigenes Secretum formulieren und sich als Privatbürger von einem Staat abzugrenzen versuchen, der sie doch stets beobachten kann."[106] Die Intimität muss sich vor den Blicken des Hofes verhüllen und findet dafür ihre medialen Praktiken. Entsprechend wird auch der Page als der Überbringer des Briefes von Karlos eindringlich zur Geheimhaltung des Gesehenen instruiert: „Was du gesehn – hörst du? – und nicht gesehen, / Sei wie ein Sarg in deiner Brust versunken. / [...] / Du nimmst ein schreckliches Geheimnis mit" (II, 1305 f. u. 1309).

Ziel dieser Verdeckungsstrategie ist es indes, einen Raum zu schaffen, in dem man sich unverdeckt bewegen kann. Die Sichtbarmachung innerer Emotionen kann nur unter der Bedingung eines nicht vorhandenen oder nur sehr eingeschränkten Gesehenwerdens erfolgen. In diesem Sinne bezeichnet die Prinzessin Eboli das „Kabinett", in dem sie sich mit dem Prinzen trifft, als einen Ort, an dem die üblichen Formen des Rollenspiels keinen Platz habe: „Dies Kabinett ist keines von den Zimmern / Der Königin, wo man das bißchen Maske / Noch allenfalls zu loben fand" (II, 1688-1690). Der Prinz selbst bezeichnet das Kabinett der Prinzessin als „Zuflucht vor der Welt" (II, 1564), als einen Raum, den die Prinzessin aufsuche, um „von Menschen unbehorcht, / Den stillen Wünschen Ihres Herzens leben" (V. 1566) zu können.

Auch die Freundschaft zu Posa beschreibt Karlos in diesem Sinne als einen seltenen Ort, an dem die am Hofe getragenen „Masken" (I, 932) transparent werden und einen Blick auf die wahre Identität zulassen. Im Raum der Freundschaft können die sonst durch Affektkontrolle verdeckten Emotionen nach außen treten und sichtbar werden:

> „So weit das Zepter meines Vaters reicht,
> So weit die Schiffahrt unsre Flaggen sendet,
> Ist keine Stelle – keine – keine, wo
> Ich meiner Tränen mich entlasten darf,
> Als diese." (I, 184-188)

Das Intime wird zu einer Semantik, die das Andere des höfischen Sehens zum Ausdruck bringt. Mit dieser Semantik projiziert Schiller anachronistischer Weise ein Aufklärungs- und Empfindsamkeitselement in die höfische Welt hinein und dieses Element wird zur Grundlage für die Herausbildung einer verdeckten Politik, die zwar in einer frühneuzeitlichen Tradition steht, aber dennoch mit Implikationen der Aufklärung aufgeladen ist.

---

106 *Simons* 2006, S. 44.

5. Verdeckte Politik

Ob es sich bei Schillers *Don Karlos* überhaupt um ein politisches Stück handelt, oder hier nicht vielmehr Privatkonflikte verhandelt werden – dies gehört zu den kontroversen Fragen der Forschung zu diesem Text. Prononciert hat – wie eingangs erwähnt – Helmut Koopmann die Ansicht vertreten, dass es sich bei Schillers Stück um „keine politische Tragödie"[107] handelt, sondern um eine „Familientragödie", in der „das alte Thema der gefährdeten Familie nur in die Ebene der hohen Tragödie [...] gesteigert erscheint."[108] „Die politischen Konnotationen", so Koopmann, „sind strenggenommen nichts als Steigerungen der Familienproblematik".[109]

Demgegenüber hat Klaus Bohnen die dezidierte Politizität des Dramas betont. „Das Drama ist politisch", so Bohnen, und zwar nicht, „weil es das politische Intrigen- und Konfliktspiel von Staatsmännern entwirft, sondern weil es [...] zwei heterogene Politikkonzeptionen aufeinander prallen lässt."[110] Die eine Konzeption entspricht dem absolutistischen Staatsverständnis, nach dem Politik ein „Reservat des Staates"[111] ist und auf die „Machtkonzentration" am „Hof"[112] begrenzt wird. „Politisches und staatliches Interesse", so Bohnen, können diesem Konzept zufolge „nahezu als identische Begriffe gelten."[113] Dieser im Drama nur am Rande und als Negativfolie vorkommenden Konzeption stehe jedoch ein alternativer Politikentwurf gegenüber, der sich „außerhalb der höfischen Zentren"[114] in der Sphäre des Privaten oder Halböffentlichen herausbildet, und bei dem es nicht um staatliches Handeln, sondern um „eigene Wertnormen"[115] geht, die aber im Sinne einer „Politisierung des Moralischen"[116] durchaus politischen Anspruch erheben. Wie unschwer zu erkennen ist, erfolgt Bohnens Dramendeutung vor dem Hintergrund historisch-soziologischer Untersuchungen zur Entstehung der bürgerlichen Kultur und Gesellschaft im absolutistischen Staat, wie sie vor allem von Reinhart Koselleck und Jürgen Habermans mit jeweils unterschiedlichen Wertungen und Schattierungen vorgelegt wurden.[117]

Bohnens Deutung des Dramas als Differenzierung unterschiedlicher Politikansprüche soll hier aufgegriffen werden. Mit dem Beschreibungsschema einer verdeckten Politik sollen jedoch auch die starken Interferenzen zwischen beiden politischen Praktiken in den Blick kommen, soll gezeigt werden, dass die aufgeklärt-bür-

---

107 *Koopmann* ²1983, S. 103.
108 Ebd., S. 100.
109 Ebd., S. 105.
110 *Bohnen* 1980, S. 29.
111 Ebd., S. 28.
112 Ebd., S. 27.
113 Ebd.
114 Ebd.
115 Ebd.
116 Ebd., S. 29.
117 Vgl. *Habermas* ¹⁵2018 (zuerst 1962) u. *Koselleck* 1973 (zuerst 1959). Vgl. dazu auch die Erwähnung beider Schriften bei *Bohnen* 1980, S. 27, Anm. 24.

gerliche Politik zwar mit dem Anspruch des ‚ganz Anderen' antritt, am Ende aber doch eine starke Nähe zur absolutistischen Politik entwickelt, und zwar sowohl in institutioneller Hinsicht, als auch hinsichtlich ihrer konkreten sozialen Praktiken.

Dass Politik keine Sache öffentlicher Entscheidungen ist, sondern in geschlossenen Räumen und gerade unter Ausschluss der Öffentlichkeit stattfindet, gehört von vornherein zu den Eigenschaften des im Drama dargestellten monarchistischen Staates. Sinnbild dieser Hinterzimmerpolitik ist das Kabinett – also der geschlossene Raum –, das in Schillers Drama als ein Ort politischer Beratungen und Entscheidungen inszeniert wird. Die Bezeichnung ‚Kabinett' bezieht sich in Schillers Stück damit sowohl auf ein geschlossenes politisches Beratungszimmer als auch, wie oben gezeigt, auf einen privaten Rückzugsraum der Figuren. Raumsemantisch wird damit markiert, wie sehr das politische und das private Geheimnis einerseits miteinander konkurrieren, andererseits ineinander verschränkt sind. In seinem Kabinett weint der König heimlich, aber er trifft sich hier auch mit seinen Beratern. Meist sind dies Szenen mit nur drei oder vier auftretenden Figuren. Semantisch ist das Kabinett auch mit den starken Befugnissen verknüpft, die einzelnen Repräsentanten des Staates zugesprochen werden. „Eure Vollmacht liegt / Versiegelt schon im Kabinett" (II, 1237), so formuliert der König etwa gegenüber dem Herzog von Alba, der als Statthalter der Provinzen nach Flandern geschickt werden soll.

In der starken Dominanz exklusiver Kabinettspolitik trägt die dargestellte Monarchie von Beginn an absolutistische Züge. Allerdings werden diese Züge im Verlauf des Dramas verstärkt. So echauffiert sich der Prinz von Parma gegen Ende des Stückes darüber, dass der König mittlerweile weitreichende Entscheidungen „[o]hne Zuziehung / Der Cortes" – also der Ständeversammlung – „seines Königreichs" (IV, 4452 f.) treffe, ein Vorgang, den wiederum der Herzog von Feria als „Staatsverletzung" (IV, 4454) bezeichnet. Die hier beklagte Zurückdrängung ständischer Mitbestimmung zugunsten souveräner Fürstenpolitik ist ein typischer Vorgang des im 16. Jahrhundert entstehenden Absolutismus. Verbunden mit diesem Vorgang ist eine Entmachtung des Hochadels[118] und seine Ersetzung durch eine nach ständeunabhängigen Qualifikationskriterien rekrutierte Beamten- und Beraterelite.[119] Für die eben zitierten spanischen Granden scheint ihre Entmachtung durchaus noch neu zu sein und sie schreiben diesen Vorgang der Verbindung „Seine[r] Majestät" mit dem „Marquis Posa" (IV, 4451 f.) zu. Ausgerechnet der Marquis Posa als Repräsentant einer aufklärerischen Erneuerung soll eine absolutismusförmige Zuspitzung der höfischen Politik herbeigeführt haben? Wie ist das zu erklären?

Zunächst erscheint der Marquis Posa als Antipode des Absolutismus, indem er sich in einer vielzitierten Formulierung für die „Gedankenfreiheit" (III, 3214) ausspricht. Der König fürchte ihn, wie er selbst formuliert, als Repräsentanten einer ra-

---

118 Vgl. dazu etwa *Endres* 1993, S. 111-115.
119 Vgl. dazu *Stollberg-Rilinger* 2000, S. 91-93.

dikalen Sichtbarmachung und Entschleierung von Macht und Herrschaft: „Sie sehen", so seine Worte gegenüber dem König, „[v]on den Geheimnissen der Majestät /
Durch meine Hand den Schleier weggezogen" (III, 3066-3068). Die für den absolutistischen Fürsten so wichtige Arkansphäre scheint durch den Aufklärer Posa gefährdet zu werden. Im unmittelbaren Anschluss an diese Worte macht Posa aber klar,
dass er durch die Zuschreibung des Entschleierers „mißverstanden" (III, 3065) werde. Er wolle keinesfalls das Königtum mitsamt seiner Geheimaura zu Fall bringen,
er sei an einem politischen Umsturz nicht interessiert:

> „[...] Die lächerliche Wut
> Der Neuerung, die nur der Ketten Last,
> Die sie nicht ganz zerbrechen kann, vergrößert,
> Wird *mein* Blut nie erhitzen. Das Jahrhundert
> Ist meinem Ideal nicht reif. Ich lebe
> Ein Bürger derer, welche kommen werden." (III, 3073-3078, Herv. im Original)

Posa zeigt sich hier ganz als der von Koselleck beschriebene aufgeklärte Intellektu-
ellentypus, der seine Politizität hinter dem Schleier eines allgemeinen Menschheits-
und Freiheitsideals verbirgt. Angesichts eines gegenwärtigen „Jahrhundert[s]", das
dem eigenen „Ideal" ohnehin „nicht reif" ist, gibt Posa vor, keine konkreten politischen Absichten, und schon gar keine Umsturzpläne zu hegen. Indem er sich aber
als vorweggenommenes Glied einer künftigen freien Bürgergesellschaft beschreibt,
die unter den gegenwärtigen Bedingungen vorzubereiten seine Aufgabe ist, wird seine scheinbar unpolitische Haltung implizit doch politisch. Posa will den grundlegenden sozialen Wandel. Die bestehende höfische und gesellschaftliche Ordnung – und
damit auch die Geheimnisse der Herrschaft – will er dabei aber, anstatt sie zu beseitigen, auf subtile Weise für die Umsetzung seiner Mission nutzen. Die Abstraktheit
seines Ideals, die Verlagerung alles Konkreten, und das heißt: Sichtbaren, auf die
Zukunft lässt eine aufgeklärte Geheimpolitik entstehen, die der Arkanpraxis des Hofes ähnelt und stellenweise sogar mit dieser zusammenfällt.

Das ‚Geheimnis' ist ein im Drama inflationär vorkommendes Wort und bildet
eine Semantik, die den Text maßgeblich strukturiert. Wie im letzten Abschnitt gezeigt, bezieht es sich aber nicht allein auf die Unsichtbarkeit der Macht, sondern
auch und sogar vor allem auf eine Intimsphäre, die gerade gegen die Herrschafts-
struktur des Hofes herausgebildet wird. „Ein entsetzliches / Geheimnis brennt auf
meiner Brust" (I, 266 f.), so wendet sich der seine Stiefmutter liebende Prinz Karlos
an Marquis Posa in ihrem ersten Dialog. Die Freundschaft erscheint nun als ein Ort,
an dem aufgrund seiner wiederum geheimen Abgeschirmtheit nach außen das Geheimnis ausgesprochen werden darf. „Es soll, / Es soll heraus" (I, 267 f.), so Karlos,
kurz bevor er es tatsächlich mit den Worten „Ich liebe meine Mutter" (I, 271) ausspricht. Tatsächlich bietet sich Posa als Arrangeur eines Treffens an, bei dem es
möglich sein soll, „die Königin / Geheim zu sprechen" (I, 365 f.). Hat dieses Ge-

heimtreffen vordergründig einen privaten Gegenstand, so stellt sich indes schnell heraus, dass Posa damit politische Absichten verfolgt. Er übergibt der Königin, bevor sie Karlos trifft, heimlich Briefe aus den Niederlanden, die den flandrischen Unabhängigkeitswunsch gegenüber der spanischen Krone zum Gegenstand haben. Das Medium Brief, das an anderer Stelle des Dramas gerade für eine Versiegelung des Intimen stand, wird hier zum geheimen Träger des Politischen. Die Briefe gibt die Königin an Karlos weiter, nachdem sie gesagt hat: „Elisabeth / War ihre erste Liebe. Ihre zweite / Sei Spanien! Wie gerne, guter Karl, / Will ich der besseren Geliebten weichen!" (I, 790-793) Karlos' Privatleidenschaft für Elisabeth soll in eine politische Leidenschaft umgeleitet werden und das Arrangement dieses Treffens durch den Marquis Posa zeigt: Er will das im letzten Abschnitt beschriebene ‚private Geheimnis‘ als Schutzraum für die Umsetzung seines politischen Projektes nutzen und steht damit für jene Politisierung des Privaten, die Koselleck der Aufklärung insgesamt attestiert. Gerade an „Posas Umgang mit Carlos' Neigung zu Elisabeth" zeige sich zudem, so Michael Hofmann, die „subtile Kunst" einer „Konditionierung der Gefühle".[120] Die „wohlwollende Unterstützung des Marquis" erweist sich als „Teil einer perfekten Strategie, der es darum geht, die Liebe zu Elisabeth in einen Enthusiasmus für die Befreiung der Niederlande [...] umzuwandeln."[121] Verdeckte Politik, das heißt also, Politik unter dem Deckmantel der Freundschaft und des Intimen und es heißt politische Umkodierung intimer Emotionen. Diese Strategie hat, zumindest zunächst, Erfolg. „Ich bin entschlossen. Flandern sei gerettet" (I, 899), so spricht Karlos mit den „*Briefen in der Hand*" (RA zu I, 899). „Sie will es – das ist mir genug" (I, 902).

Die Politik unter dem Schleier des Privaten betreibt Posa auch gegenüber dem König. Diesem, dessen Einsamkeit er schnell bemerkt, spiegelt er die Möglichkeit einer Freundschaft vor. Seine Freundschaftsfähigkeit leitet er aus einem Verzicht auf öffentliche Sichtbarkeit ab. Als der König ankündigt, „nicht heimlichtun" zu wollen mit seinem „Wohlgefallen" (IV, 3824) und Posa offen „mit dem Siegel meiner königlichen Gunst" (IV, 3825) zu versehen, erwidert der Malteser, dass „die Hülle / Der Dunkelheit allein ihn fähig machte" (IV, 3828 f.), dem König ein „Freund" (IV, 3827) sein zu können. Moralische Integrität und Vertrauenswürdigkeit, so suggeriert er damit, können nur in der Verborgenheit einer nichtstaatlichen Privat- oder Sozialsphäre entstehen, und er, Posa, der aus einer solchen Sphäre kommt, ist deshalb prädestiniert für das Medium der Freundschaft. Die Herstellung freundschaftlicher Intimität gelingt, was sich daran zeigt, dass der König sein Innenleben öffnet und dies für sich mit den Worten „er greift in meine Seele" (IV, 3129 f.) kommentiert. Andersherum meint der König, dass auch Posa die sonst übliche Außenhülle fallenlässt: „Ich bin der erste, dem Ihr Euer Innerstes / Enthüllt" (IV, 3255 f.). Unter dem Deck-

---

120 *Hofmann* 2000, S. 106.
121 Ebd.

mantel der Freundschaft bewegt Posa den König dazu, ihm weitreichende Absolutionen zu erteilen. Wörtlich redet er von einem „Amt", das „uneingeschränkt / Und *ganz* in meine Hand zu übergeben" (IV, 3888-3890, Herv. im Original) ist. Er will in der Lage sein, sämtliche „Unternehmungen, die ich etwa / Für nötig finden könnte" (IV, 3893 f.), durchzuführen und der König solle dafür sorgen, dass ihn dabei keiner der königlichen „Gehülfen" (IV, 3892) zu „stören" (IV, 3894) vermag. Desweiteren möchte ihm ein „geheimer / Verhaftsbefehl" (IV, 3907 f.) ausgestellt werden, der „[f]ürs erste Staatsgeheimnis" (IV, 3911) bleiben und erst im „Augenblicke der Gefahr" offen gezeigt werden solle. In der Rede vom „Staatsgeheimnis" fällt die verdeckte Politik des Marquis Posa mit der Arkanpolitik des Staates zusammen[122] und die Forderungen des Marquis implizieren jene absolutistische Zuspitzung der Monarchie, die die Granden des Königs später als „Staatsverletzung" (IV, 4456) bezeichnen werden. Begründet werden diese Maßnahmen mit einer für den König drohenden Gefahr. Karlos und die Königin hätten sich verbündet: ob nur privat oder auch mit politischen Absichten, das müsse Gegenstand einer Untersuchung sein, die nur er, Posa, allein führen könne. Der König willigt in den Vorschlag ein: „Das Reich / Ist auf dem Spiele – Außerordentliche Mittel / Erlaubt die dringende Gefahr" (IV, 3911-3913). Aus einer Notstandslogik heraus werden die ständischen Mitbestimmungsrechte aufgehoben, werden zugespitzte absolutistische Formen geschaffen, in denen der König juristische Vollmachten erteilt. Der Absolutismus wird, wie das Stück suggeriert, durch die Aufklärung nicht nur geduldet, sondern zumindest phasenweise favorisiert, bildet er doch eine Voraussetzung dafür, dass die Aufklärung überhaupt in Aktion treten kann. Diese durch das Stück inszenierte Bedingtheit der Aufklärung durch den Absolutismus deckt sich mit neueren historischen Arbeiten zum 18. Jahrhundert. Wie Barbara Stollberg-Rilinger zeigt, entsteht die Aufklärung soziologisch gesehen aus einer staatlichen Funktionselite, die erst durch den absolutistischen Staat geschaffen wurde und dort die früheren ständischen Korporationen ablöste:

> „Das soziale Selbstverständnis [...] gebildeter Beamten-Eliten speiste sich nicht mehr aus der Zugehörigkeit zu einer ständischen Korporation, sondern aus der Nähe zur Staatsgewalt, als deren Instrument man sich empfand: als Diener am Gemeinwohl, jenseits aller Partikularinteressen. Dieses Selbstbewusstsein hat gerade große Teile der deutschen Aufklärung nachhaltig geprägt. Die gebildeten staatlichen Funktionseliten waren es, die die Symbiose von Aufklärung, Menschheitsfortschritt, staatlicher Modernisierung und Herrschaftssteigerung verwirklichen zu können glaubten."[123]

---

[122] Auch Peter-André Alt sieht eine im Verlauf des Dramas immer stärker werdende Annäherung Posas an die Politik des Staates. „Der Marquis bedient sich", so Alt, gegen Ende des Dramas „jener Methoden politischen Handelns", die er zu einem früheren Zeitpunkt noch „als unmoralisch gekennzeichnet hat". Zu diesen „Methoden" zählt die „Undurchsichtigkeit" des eigenen Handelns, mit der Posa die „frühneuzeitliche[ ] Herrscherkunst" inkorporiere und sich „als gelehriger Schüler Machiavellis" zeige. *Alt* 1998, S. 127.

[123] *Stollberg-Rilinger* 2000, S. 91.

Solche historischen Perspektiven stellen eine Ergänzung gegenüber einer früheren, etwa von Koselleck oder Habermas vertretenen Aufklärungsforschung dar, die eher auf den polemischen Antagonismus von absolutistischem Staat und bürgerlich-aufgeklärter Sphäre gesetzt hat.[124] Stollberg-Rilingers soziologische Aufklärungsdeutung lässt sich Schillers Stück als Folie unterlegen, inszeniert dieses doch gerade die Interferenz von Aufklärung und Absolutismus – im Sinne der versuchten Herbeiführung eines *aufgeklärten Absolutismus*. Auch der im Stück anzitierte Topos der aufklärerischen Fürstenerziehung impliziert ein Bedingungsverhältnis von Absolutismus und Aufklärung, denn eine Ständeversammlung mit den jeweiligen ständischen Einzelinteressen im Sinne der Aufklärung zu beeinflussen, ist schwierig, den Fürsten als Person zu ‚erziehen‘ dagegen durchaus denkbar. Die aufklärerische Beeinflussung der Politik setzt ihre Personalisierung voraus.

Mit der verdeckten Politik des Marquis korrespondiert die ästhetische Darstellungsform. Posas Handlungen finden von nun an überwiegend im Modus der verdeckten Handlung statt. Es spricht sich am Hofe herum, dass Posa für des „Königs Majestät geheime / Geschäfte führt" (IV, 4010 f.). Welcher Art diese Geschäfte sind, bleibt indes im Dunkeln. Posas Handeln kann der Zuschauer nur implizit aus einzelnen Vorkommnissen und kurzen Botenberichten ableiten. Erst als Posa Karlos schließlich verhaften lässt und diesen im Gefängnis besucht, reicht er seine einzelnen Schritte im narrativen Modus nach, gesteht er, dass er der „Freundschaft mein gefährliches Geheimnis" „unterschlage[n]" habe (V, 4640 f.), dass er Politik hinter dem Rücken des Freundes betrieb und er selbst „das Komplott" „regierte", „das dir / Den Untergang bereitete." (V, 4627 f.).

Besonders die Indienstnahme der Freundschaft mit dem Prinzen als Deckmantel für die politische Aktion macht den Marquis Posa zu dem „vielleicht umstrittenste[n] Held[en] der deutschen Bühnengeschichte."[125] Wiederholt hat sich die Forschung an dem instrumentellen Kalkül des Maltesers gestoßen. Einen „Vertrauens- und Freundschaftsbruch"[126] begehe Posa gegenüber Karlos, so Wolfgang Wittowski. Sein Handeln gegenüber dem Freund sei der „Inbegriff der Intrige",[127] der „Lüge" und der „Verstellung".[128] Von einem „geheimen Herrschaftswillen, der mit Posa förmlich durchgeht und ihn […] in falsche Stellungen zum […] Freund"[129] bringe, spricht Hans-Jürgen Schings und rückt den Malteserritter in die Nähe der im 18.

---

124 Vgl. dazu auch Monika *Fick* [4]2016, die sogar dafür plädiert, die antagonistisch-polemische „Auffassungsweise" von Aufklärung „zu revidieren" und anstelle einer „Konfrontation" das „Bündnis" zwischen „aufklärerische[n] Reformer[n]" und dem „Absolutismus" – im Sinne eines „(aufgeklärten) Absolutismus" – betont (ebd., S. 29). Fick bezieht sich dabei ebenfalls u.a. auf die Arbeiten Barbara Stollberg-Rilingers.
125 *Borchmeyer* 2003, S. 127.
126 *Wittowski* 1990, S. 388.
127 Ebd., S. 389.
128 Ebd.
129 *Schings* 1996, S. 121.

Jahrhundert aufkommenden Geheimbünde. Das „Bewußtsein", zu den „Agenten eines geschichtsphilosophischen [...] Prozesses" zu gehören, teile Posa mit den „Illuminaten".[130] Posa, so schließlich Michael Hofmann, repräsentiere im Stück eine „Aufklärung", die die vermeintlich interesselose „‚Freundschaft' [...] einem ‚höheren' Interesse" unterwirft und sie „im Dienste eines allgemeinen Menschheitsideals instrumentalisiert".[131]

Ganz von der Hand zu weisen sind solche Problematisierungen der Figur nicht. Posas verdeckte Politik hat einen instrumentellen Charakter, denn sie nutzt die geschützte Sphäre des Privaten als Sublimation der eigenen politischen Interessen und unterwirft sein persönliches Umfeld einem vermeintlich höheren moralischen Zweck. Der „Widerspruch" der Posafigur, so denn auch Schiller in den *Briefen über Don Karlos*, liege darin, dass er nach der „Hervorbringung eines allgemeinen *Freiheitsgenusses*" strebe, sich „auf dem Wege dahin" aber „in Despotismus" verirre.[132] Auch der von Schings aufgeworfene Geheimbundtopos wird von Schiller bestätigt. Posa sei in seiner moralischen Zwecksetzung den „Illuminat[en]" und „Maurer[n]" „wenigstens sehr nahe verwandt".[133] Mit diesen teile er die despotische Versuchung, denn welche „Ordensverbrüderung" gebe es, die sich „von dem Geiste der *Heimlichkeit* und der *Herrschsucht* immer reinerhalten hätte?"[134]

Allerdings ist in der Forschung umstritten, „ob Posa im Drama selbst als Warnfigur" gestaltet" sei „oder ob Schiller ihn erst in seinen *Briefen über Don Carlos* negativ umgewertet hat."[135] Geht man von letzterer Möglichkeit aus, dann stellt sich die Frage, ob sich die Forschung dem nachträglichen Urteil des Autors anschließen sollte oder nicht zwischen dem ‚Posa der Briefe' und dem ‚Posa des Dramas' unterscheiden muss. Dass Posa am Ende des Dramas scheitert, kann als Distanzname des Textes gegenüber der Figur und ihrer verdeckten Politik gewertet werden. Indes führt auch Karlos' Entscheidung, die verdeckte Politik des Freundes zu beenden und „das schwere Rätsel" gegenüber dem König „[zu] lösen" (V, 4783), zu keinem erfreulichen Ergebnis: Karlos wird der Inquisition übergeben und jegliche Hoffnungen auf eine Befreiung Flanderns sind dahin. Die ‚offene Politik' hat unter den Bedingungen eines um Machterhalt ringenden absolutistischen Staates kaum eine Chance. Mit seiner verdeckten Politik wäre der Marquis Posa dagegen fast zu seinem Ziel gekommen. Dass er dabei private Bindungen instrumentalisiert hat, ist gleichwohl ein hoher Preis. Der Widerspruch zwischen moralischen Maximen und den nötigen Praktiken zu ihrer politischen Umsetzung wird, so ließe sich konstatieren, durch Schillers Stück gerade als unlösbarer Konflikt inszeniert. Gezeigt wird eine Aufklä-

---

130   Ebd., S. 125.
131   *Hofmann* 2000, S. 103 f.
132   *Schiller* 2004, Bd. II, S. 261 f.
133   Ebd., S. 257.
134   Ebd., S. 261 (Herv. im Original).
135   *Borchmeyer* 2003, S. 128.

rung, die sich, wenn sie keine bloß theoretische Haltung bleiben will, in problemati-
sche politische Dynamiken hineinbegeben muss und dabei Gefahr läuft, ihre eigenen
Werte über Bord zu werfen. Mit der nichtöffentlichen Politik des Marquis Posa exponiert das Drama zudem die Grenzen pluraler Mitbestimmung, die mit dem Auf-
klärungsprojekt einhergehen. Bei allem Ethos der Öffentlichkeit, der Toleranz und
des Pluralen ist auch die Aufklärung einer Selbsterhaltungsmaxime, einer Art ‚inneren Staatsräson‘, unterworfen. Sie kann, wenn sie Bestand haben will, sich selbst
nicht zur Disposition stellen, kann ihre eigenen Anliegen und Ziele nicht zum Gegenstand einer relativistischen Debatte machen. Die Aufklärung, die das Prinzip der
Publizität und der Sichtbarkeit verkündet, muss selbst einen unsichtbaren Innenraum
haben, einen geheimen archimedischen Punkt, den sie der öffentlichen Kontrolle
und Veränderbarkeit entzieht, um nicht aus den Angeln gehoben werden zu können.
Mit den Grenzen der Sichtbarkeit inszeniert Schillers Drama somit die Grenzen der
Aufklärung. Indem Schiller den Verdeckungspraktiken Posas allerdings die *Ent*de-
ckungsansprüche der anderen Figuren entgegensetzt, zeigt er gleichzeitig die permanente Verschiebung und Infragestellung dieser Grenzen. Die Aufklärung steht in
dem Stück in besonderer Weise für die Dialektik von Verbergung und Entdeckung,
Geheimnis und Entschleierung. Durch das Changieren zwischen offener und verdeckter Handlung wird diese Dialektik ästhetisch darstellbar gemacht, wird sie als
ein Spiel inszeniert, das prinzipiell kein Ende findet: kein Sehen ohne blinde Flecken, kein Lichtspot ohne Schatten.

Bibliographie:

Alt, Peter-André, 1998: Machtspiele. Die Psychologie des politischen Dramas in Schillers
   Don Karlos. In: Maillard, Christine (Hrsg.), 1998: Friedrich Schiller. Don Carlos. Théâtre,
   psychologie et politique. Straßburg, S. 117-141.

Ammirato, Scipione, 1598: Discorsi del signor Scipione Ammirato sopra Cornelio Tacito, Fio-
   renza.

Besold, Christian, 1644: Discursus de Arcanis Rerumpublicarum [1618]. In: Clapmarius, Arnold, 1644: De Arcanis Rerum Publicarum, Amsterdam.

Bohnen, Klaus, 1980: Politik im Drama. Anmerkungen zu Schillers *Don Carlos*. In: Jahrbuch
   der Deutschen Schillergesellschaft 24, S. 15-31.

Borchmeyer, Dieter, 2003: „Marquis Posa ist große Mode." Schillers Tragödie *Don Carlos*
   und die Dialektik der Gesinnungsethik. In: Müller-Seidel, Walter/Riedel, Wolfgang
   (Hrsg.), 2003: Die Weimarer Klassik und ihre Geheimbünde, Würzburg, S. 127-144.

Chwaszcza, Christine, [2]2004: Thomas Hobbes. In: Maier, Hans/Denzer, Horst, [2]2004 (Hrsg.):
   Klassiker des politischen Denkens. Bd. 1: Von Plato bis Hobbes, München, S. 209-226.

Clapmarius, Arnold, 2014 (lat. zuerst 1604): De Arcanis Rerumpublicarum libri sex. Hrsg.,
   übersetzt und eingeleitet von Ursula Wehner, 2 Bände, Stuttgart.

Endres, Rudolf, 1993: Adel in der frühen Neuzeit, München.

Fick, Monika, ⁴2016: Lessing-Handbuch. Leben – Werk – Wirkung, Stuttgart.

Frühsorge, Gotthardt, 1974: Der politische Körper. Zum Begriff des Politischen im 17. Jahrhundert und in den Romanen Christian Weises, Stuttgart.

Gracian, Balthasar, 2009 (span. zuerst 1647): Handorakel und Kunst der Weltklugheit. Übertragen von Arthur Schopenhauer. Hrsg. und mit einem Nachwort versehen von Otto Freiherrn von Taube, Frankfurt a.M.

Habermas, Jürgen, ¹⁵2018 (zuerst 1962): Strukturwandel der Öffentlichkeit. Untersuchungen zu einer Kategorie der bürgerlichen Gesellschaft., Stuttgart.

Hobbes, Thomas, 1992 (zuerst 1651): Leviathan, or The Matter, Form, and Power of a Commonwealth. In: Ders.: The Collected Works of Thomas Hobbes. Collected an edited by Sir William Molesworth. Bd. III u. IV. London.

Hobbes, Thomas, 2007 (engl. zuerst 1651): Leviathan. Erster und zweiter Teil. Übersetzung von Malte Diesselhorst, Stuttgart.

Hofmann, Michael, 2000: Bürgerliche Aufklärung als Konditionierung der Gefühle in Schillers *Don Carlos*. In: Jahrbuch der deutschen Schillergesellschaft 44, S. 95-117.

Koopman, Helmut, ²1983: Don Karlos. In: Hinderer, Walter (Hrsg.), ²1983: Schillers Dramen. Neue Interpretationen, Stuttgart, S. 87-108.

Koselleck, Reinhart, 1973 (zuerst 1959): Kritik und Krise. Eine Studie zur Pathogenese der bürgerlichen Welt, Frankfurt a.M.

Langen, August, ²1959: Der Wortschatz des 18. Jahrhunderts. In: Maurer, Friedrich/Stroh, Friedrich (Hrsg.), ²1959: Deutsche Wortgeschichte. 2. neubearb. Aufl. Berlin, Bd. 2, S. 23-222.

Lavater, Johann Christian, 1778: Physiognomische Fragmente zur Beförderung der Menschenkenntniß und Menschenliebe. Vierter Versuch, Leipzig/Winterthur.

Lichtenberg, Georg Christoph, 1967: Briefe. In: Ders.: Schriften und Briefe, Bd. 4. Hrsg. von Wolfgang Promies, München.

Machiavelli, Niccolò, 1990: Der Fürst (Il Principe). In: Ders., 1990: Politische Schriften. Hrsg. von Herfried Münkler. Aus dem Italienischen von Johannes Ziegler und Franz Nikolas Baur. Revision dieser Übersetzung von Herfried Münkler. Frankfurt a.M., S. 51-126.

Moritz, Karl Philipp, 1999: Vorschlag zu einem Magazin einer Erfahrungs-Seelenkunde. In: Ders., 1999: Werke in zwei Bänden. Bd 1: Dichtungen und Schriften zur Erfahrungsseelenkunde. Hrsg. von Heide Hollmer und Albert Meier, Frankfurt a.M.

Münkler, Herfried, 1990: Einleitung. In: Machiavelli, Niccolò, 1990: Politische Schriften. Hrsg. von Herfried Münkler. Aus dem Italienischen von Johannes Ziegler und Franz Nikolas Baur. Revision dieser Übersetzung von Herfried Münkler. Frankfurt a.M., S. 15-50.

Münkler, Herfried, ²2004: Niccolò Machiavelli (1469-1527). In: Meier, Hans/Denzer, Horst (Hrsg.), ²2004: Klassiker des politischen Denkens. Bd. 1: Von Plato bis Hobbes, München, S. 119-134.

Ripa, Cesare, 1618: Nova Iconologia, Padua.

Saavedra-Fajardo, Diego de, 1655: Idea di un Principe Politico Christiano, Monaco.

Scarlattina, Ottavio, 1695: Homo et eius partes Figuratus & Symbolicus, Anatomicus, Rationalis, Moralis, Mysticus, Politicus, & Legalis, Collectus et Explicatus cum Figuris, Symbolis, Anatomiis […], Augsburg/Dillingen.

Schiller, Friedrich, 2004: Sämtliche Werke in 5 Bänden. Auf der Grundlage der Textedition von Herbert G. Göpfert hrsg. von Peter-André Alt, Albert Meier und Wolfgang Riedel, München/Wien.

Schings, Hans-Jürgen, 1977: Melancholie und Aufklärung. Melancholiker und ihre Kritiker in Erfahrungsseelenkunde und Literatur des 18. Jahrhunderts, Stuttgart.

Schings, Hans-Jürgen, 1996: Die Brüder des Marquis Posa. Schiller und der Geheimbund der Illuminaten, Tübingen.

Schulz, Georg-Michael, 1988: Tugend, Gewalt und Tod. Das Trauerspiel der Aufklärung und die Dramaturgie des Pathetischen und des Erhabenen, Tübingen.

Simons, Oliver, 2006: Die Lesbarkeit der Geheimnisse. Schillers *Don Carlos* als Briefdrama. In: Zeitschrift für Germanistik 16, Heft 1, S. 43-60.

Stiening, Gideon, 2014: Das Recht auf Rechtlosigkeit. Arnold Clapmarius' *De arcanis rerum-publicarum* zwischen politischer Philosophie und Klugheitslehre. In: Marti, Hanspeter/ Marti-Weissenbach, Karin (Hrsg.), 2014: Nürnbergs Hochschule in Altdorf. Beiträge zur frühneuzeitlichen Wissenschafts- und Bildungsgeschichte, Köln/Weimar/Wien, S. 191-211.

Stollberg-Rilinger, Barbara, 2000. Europa im Jahrhundert der Aufklärung, Stuttgart.

Stolleis, Michael, 1990: Arcana imperii und Ratio status. Bemerkungen zur politischen Theorie des frühen 17. Jahrhunderts. In: Ders., 1990: Staat und Staatsräson in der frühen Neuzeit. Studien zur Geschichte des öffentlichen Rechts, Göttingen, S. 37-72.

Thomasius, Christian, 1710: Kurtzer Entwurff der politischen Klugheit. Frankfurt a.M./Leipzig.

Unbek. Verf., 1788: Rezension zu Dom Karlos. Infant von Spanien – von Friedrich Schiller. In: Allgemeine Literatur-Zeitung (Jena), Nr. 139-140a. 10./11. Juni 1788, hier Sp. 529-542.

Wieland, Christoph Martin, 1789: Ein Paar Goldkörner aus – Maculatur oder Sechs Antworten auf sechs Fragen. In: Der Teutsche Merkur 2 (1789), S. 94-105.

Wieland, Christoph Martin, 1984: Gespräche unter vier Augen. In: Ders., 1984: Sämmtliche Werke X, Bd. 30-32. Bd. 31. Hrsg. von der „Hamburger Stiftung zur Förderung von Wissenschaft und Kultur" in Zusammenarbeit mit dem „Wieland-Archiv", Biberach/Riß, und Dr. Hans Radspieler, Neu-Ulm, Hamburg.

Wittkowski, Wolfgang, 1990: Höfische Intrige für die gute Sache. Marquis Posa und Octavio Piccolomini. In: Aurnhammer, Achim (Hrsg.), 1990: Schiller und die höfische Welt, Tübingen, S. 378-397.

Wolff, Christian, 1976: Vernünfftige Gedancken von der Menschen Thun und Lassen, zu Beförderung ihrer Glückseligkeit. In: Ders., 1976: Gesammelte Werke. I. Abt., Bd. IV (Deutsche Ethik), Hildesheim, New York.

Oliver Bach

„Der freie Wille der Elisabeth allein".
Politik und Recht in Friedrich Schillers *Maria Stuart*

1. Einleitung: Verständnis des Staates als Verständnis des Staatsrechts

Nachdem die schottische Königin Maria Stuart in ihrer englischen Gefangenschaft
durch ihren heimlichen Unterstützer Mortimer bereits von dem anstehenden Todesurteil erfahren und seine Pläne, sie zu befreien, angehört hat, äußert sie profunde
Zweifel an denselben:

> „Umsonst! Mich rettet nicht Gewalt, nicht List.
> Der Feind ist wachsam und die Macht ist sein.
> Nicht Paulet nur und seiner Wächter Schaar,
> Ganz England hütet meines Kerkers Thore.
> Der freie Wille der Elisabeth allein
> Kann sie mir aufthun." (I, 6, v. 661-666)[1]

Schon an dieser frühen Stelle lässt Schiller seine Titelfigur diejenigen zwei Formen
von Handlungen gegenüberstellen, deren Konflikt das gesamte Drama bestimmen
wird: *einerseits* Handlungen der Gewalt und der List, die nicht moralisch sind und
insofern der theoretischen Vernunft gehorchen; *andererseits* Handlungen, die sich an
der Maxime der Freiheit ausrichten und insofern – und nur insofern – der praktischen Vernunft gehorchen. Im Folgenden ist diese Distinktion technisch-praktischer
und moralisch-praktischer Imperative des Handelns ebenso zu vertiefen wie ihre Bedeutung für den politischen Diskurs des Trauerspiels.

Der vorliegende Beitrag versucht zu zeigen, wie das Drama die unterschiedlichen
Themen des Absolutismus, der Tyrannei, des positiven Rechts, des Natur- und Völkerrechts, der politischen Willensbildung und der politischen Klugheit unter der Perspektive dieser Distinktion theoretischer und praktischer Vernunft diskutiert und dabei die Rechtsphilosophie sowohl systematisch als auch historisch befragt. Eine lei-
tende These des Beitrags ist folglich, dass Schiller den Entwicklungsstand der
(Staats)Rechtslehren um 1800 kritisch bilanziert: Inwieweit sind die namhaften Entwürfe des Natur-, Völker- und Staatsrechts des 17. und 18. Jahrhunderts überhaupt
in der Lage, friedliche Lösungen für den dramatischen Konflikt zwischen Maria
Stuart und Elisabeth Tudor anzubieten? Es ist daher ein Anliegen zu zeigen, dass

---

1 Verwendet wird im Folgenden die Ausgabe *Schiller* 2004 [1800].

manche Interpretationen, die moralisches Fehlverhalten von Dramenfiguren – insbesondere Elisabeths und Burleighs – diagnostizieren, zwar nicht systematisch falsch, aber häufig anachronistisch, weil rechtsphilosophiehistorisch undifferenziert sind.

Deshalb soll in 2. der Absolutismus-Diskurs des Dramas vor dem Hintergrund des Begnadigungsrechts analysiert werden, insofern dieses die staatsrechtliche Nagelprobe jedes Absolutismus ausmacht. In 3. ist die dramatische Tyrannei-Kontroverse auf der Grundlage der unterschiedlichen und einander durchaus widersprechenden Begriffe von *Tyrannei* zu untersuchen. Der Abschnitt 4. beleuchtet die vor allem im Prozess gegen Maria zu Tage tretenden Mängel englischer Politik, die jedoch weniger in speziellen Rechtsbeugungen als in allgemeinen Problemen des zeitgenössischen Gesetzesbegriffs gründen. Weil dabei insbesondere die naturrechtliche Einhegung der positiven Gesetze berührt wird, leitet dies über zu Abschnitt 5., in dem die natur- und völkerrechtlichen Argumente der Trauerspielfiguren geprüft werden, und zwar mit Blick auf den Naturzustand, in dem sich Maria Stuart gegenüber England mutmaßlich befindet, und auf das Kriegsrecht, das ihr daraus vorgeblich erwächst. Den Zusammenhang und den Unterschied naturständlicher und bürgerlicher Freiheit betrifft der in Elisabeths Staatsrat geführte Streit über den Volkswillen, dessen Charakter als empirischer Mehrheitswille und vernünftiger allgemeiner Wille in 6. analysiert wird. Inwiefern jener nur technisch-praktische, dieser erst moralisch-praktische Imperative zu formulieren erlaubt, ist ebenso Gegenstand des 7. Abschnitts wie die Frage, inwiefern Burleigh die Moral der Staatstechnik, Talbot die Staatsklugheit der Moral unterordnet. In Abschnitt 8. sind diese rechtsphilosophiehistorischen Zwischenergebnisse in Beziehung zu setzen mit Schillers eigenen Überlegungen darüber, wie die menschliche Natur sowie die ihr entspringenden technisch-praktischen Imperative einerseits und die menschliche Freiheit sowie die ihr entspringenden moralisch-praktischen Imperative andererseits vermittelt werden können. Davon ausgehend ist in 9. Elisabeths Entscheidungsfindung zu beurteilen, die nicht nur als moralische Kritik ihres politischen Verhaltens gelesen werden muss, sondern auch als kritische Bilanz Schillers zur aufklärerischen Rechts- und Staatsphilosophie überhaupt.

2. Begnadigungsrecht und Absolutismus

Manche Interpretationen der Tragödie neigen dazu, Elisabeths Verweigerung der Begnadigung ihrer Kontrahentin moralisch zu bewerten, d. h. als einen Akt der Grausamkeit, zumal strittig ist, ob Marias Tod für Elisabeths politische Machtstabilisierung tatsächlich notwendig ist.[2] Diese moralische Bewertung muss gar nicht bestrit-

---

2 *Ingen* 1988, S. 293, 300 f.; *Harrison* 1991/1992; *Wittkowski* 1997, S. 396; mit Blick auf Lessings Gnaden-Begriff *Immer* 2005, S. 147.

ten werden, um gleichwohl einzuwenden, dass aus staatsrechtlicher Perspektive die Dinge durchaus anders liegen. Hansgeorg Birkhoff und Michael Lemke haben in einem kurzen, aber prägnanten Abriss über das Gnadenrecht die eminenten Mängel jedes *ius aggratiandi* aufgewiesen: Es gibt seit jeher kein objektives Recht auf Begnadigung, sondern dieses liegt als einseitig subjektives Recht stets bei dem, der sie erteilt.[3] Dass die Begnadigung als Recht nicht nur höchst problematisch, sondern aus staatsrechtlicher Perspektive sogar ein Unrecht darstellt, zeigt Immanuel Kant in der *Metaphysik der Sitten* 1797:

> „Das *Begnadigungsrecht* (ius aggratiandi) für den Verbrecher, entweder der Milderung oder gänzlichen Erlassung der Strafe, ist wohl unter allen Rechten des Souveräns das schlüpfrigste, um den Glanz seiner Hoheit zu beweisen, und dadurch doch im hohen Grade unrecht zu tun. – In Ansehung der Verbrechen der *Untertanen* gegen einander steht es schlechterdings ihm nicht zu, es auszuüben; denn hier ist Straflosigkeit (impunitas criminis) das größte Unrecht gegen die letztern. Also nur bei einer Läsion, die *ihm selbst* widerfährt (crimen laesae maiestatis), kann er davon Gebrauch machen. Aber auch da nicht einmal, wenn durch Ungestraftheit dem Volk selbst in Ansehung seiner Sicherheit Gefahr erwachsen könnte. – Dieses Recht ist das einzige, was den Namen des Majestätsrechts verdient."[4]

Mit Blick auf den zeitgenössischen staatsrechtlichen Diskurs über das *ius aggratiandi* ist folglich festzustellen, dass Elisabeth ihren Status als Souverän durch keine andere Maßnahme hätte deutlicher machen können als durch eine Begnadigung Marias. Denn gerade weil Elisabeth *erstens* die Rechtsfolgen des richterlichen Schuldspruchs durch den Gnadenakt aufhöbe, weil *zweitens* diese Aufhebung ein Unrecht gegenüber dem Sicherheitsinteresse des englischen Volkes darstellte (durch eine die Waffen gegen England erhebende freie Maria – so Burleighs Befürchtung) und weil *drittens* diese Aufhebung folglich nur in einem Akt obrigkeitlicher Willkür, nicht aber in juristischer oder auch nur juridischer Billigkeit (*aequitas*) gründete, wäre eine Begnadigung Marias das Zeugnis eines der stärksten Majestätsrechte Elisabeths – für Kant sogar des einzigen echten Majestätsrechts und insofern kein rechtsstaatlicher Akt.[5] Umgekehrt hätte sich Maria aus staatsrechtlicher Perspektive durch keinen Akt mehr erniedrigen und der Autorität Elisabeths deutlicher unterwerfen können als dadurch, ausgerechnet von ihr Gnade zu erflehen. Mehr noch: Ausgerechnet diejenigen Dramenfiguren, die auf den ersten Blick als Fürsprecher Marias insofern auftreten, als sie für deren Begnadigung plädieren, wie Leicester und Kennedy, erheben Elisabeth gerade *dadurch* zur absoluten Monarchin, weil sie damit implizit das von Kant so bezeichnete Unrecht gegen sich selbst einfordern. Auf den zweiten Blick ist es also ausgerechnet Burleigh, der mit seinem Widerspruch Elisabeths Sta-

---

3 *Birkhoff/Lemke* 2012, S. 1-22.
4 *Kant* 1914 [1797], 337.
5 So zu Recht *Nilges* 2012, S. 302 f.; *Neymeyr* 2005, S. 118 f., Anm. 21.

tus zwar *politisch* festigen will, diesen aber *rechtlich* zugleich einzuschränken versucht, indem er dem gerichtlichen Urteil Wirksamkeit verschafft.

Wenn folglich auch wiederholt das Reflexionspotenzial des Dramas auf die Licht- und Schattenseiten der französischen Revolution diskutiert wird, so muss geschlussfolgert werden, dass Maria, Leicester und Kennedy für einen politischen Absolutismus im Sinne des Ancien Régime eintreten, nicht aber Burleigh, der auf der Vollstreckung eines Urteils – sei dieses auch streng – *entgegen* dem Wankelmut der Königin und damit auch *entgegen* ihrer Willkür besteht. Zur Identifikationsfigur des Dramas taugt er dadurch zwar sichtlich noch nicht, sondern wurde von Schiller mit allzu deutlichen anderen Eigenschaften ausgestattet, die eine solche Identifikation verhindern. Burleigh ist Vertreter einer rigorosen Strafjustiz, Vertreter eines rigorosen Absolutismus aber sind andere.

3. Tyrannei – praktisch und theoretisch

Wo es um gerechte Herrschaft geht, wird notwendiger Weise auch der Diskurs ungerechter Herrschaft, d. h. der Tyrannei, verhandelt. Dabei berührt Schillers Dramentext nicht nur das *terminologische* Feld des *tyrannus* bzw. *Wütterich*,[6] sondern verhandelt auch und vor allem *Begriffe* ungerechter Herrschaft, und zwar sowohl anhand Elisabeth Tudors *als auch* anhand der Titelheldin Maria Stuart. Folgt man der Distinktion des Bartolus von Sassoferrato zwischen *tyrannus ex parte exercitii*, d. h. dem Herrscher, der aufgrund seiner Herrschafts*praxis* als Tyrann gilt, und *tyrannus ex defectu tituli*, d. h. dem Herrscher, der aufgrund eines fehlenden Herrschafts*titels* als Tyrann gilt,[7] so wird Maria Stuart im Dramendiskurs vermehrt als ersteres, Elisabeth Tudor als letzteres beschrieben.

Bereits durch Paulets Beschreibung von Marias Handeln als schottischer Königin erscheint sie als *tyrannus ex parte exercitii*:

---

6 I, 2, v. 155; I, 6, v. 595; IV, 4, v. 2806; IV, 9, v. 3135; IV, 10, v. 3205; V, 7, v. 3598. Siehe zum semantischen Feld *Kipf* 2012.

7 *Bartolus* 1983 [1355?], S. 184 f.: „Sexto quero: quis est tyrannus manifestus ex defectu tituli in civitate? Respondeo: ille qui in civitate sine iusto titulo manifeste principatur. [...] Octavo quero de tyranno manifesto ex parte exercitii, licet iustum habeat titulum, [...]. Dico quod ille tyrannus est ex parte exercitii, qui opera tyrannica facit." / „Ich frage sechstens, wer im Stadt-Staat ein offensichtlicher Tyrann ohne Herrschaftstitel ist. Ich antworte: Dies ist jener, der im Stadt-Staat offensichtlich ohne rechtmäßigen Herrschaftstitel herrscht. [...]. Achtens frage ich, wer als Tyrann von Seiten der Herrschaftsausübung bezeichnet wird, mag er auch einen rechtmäßigen Herrschaftstitel innehaben. [...] Ich sage, dass derjenige ein Tyrann von Seiten der Herrschaftsausübung ist, der tyrannische Taten vollzieht." Die Übersetzung ist eine leichte Veränderung einer Übersetzung, die ich zusammen mit Susanne Lepsius (München) im Rahmen einer zweisprachigen Ausgabe zu veröffentlichen plane. Vgl. *Bach* 2016, S. 130 f.

„Sie kam ins Land als eine Mörderin,
Verjagt von ihrem Volk, des Throns entsetzt,
Den sie mit schwerer Greueltat geschändet.
Verschworen kam sie gegen Englands Glück,
Der spanischen Maria blut'ge Zeiten
Zurückzubringen, Engelland katholisch
Zu machen, an den Franzmann zu verraten." (I, 1, v. 98-104)

Darüber hinaus wird Maria als Herrscherin dargestellt, deren Herrschaftsqualität unter ihrer Lasterhaftigkeit litt – sei es durch ihre mangelnde eheliche Treue, die in den Fremddarstellungen mancher Figuren nahezu nymphomanische Züge annimmt, sei es vor allem durch ihren Auftrag zur Ermordung ihres Ehemannes. Dabei erfährt der Leser eine der wesentlichen Untaten Marias ausgerechnet aus der Figurenrede ihrer Vertrauten Lady Kennedy:

„Ihr ließt das königliche Schwert von Schottland
Durch ihn, den Mörder, dem des Volkes Flüche
Nachschallten, durch die Gassen Edinburgs,
Vor Euch hertragen im Triumph, umringtet
Mit Waffen Euer Parlament, und hier,
Im eignen Tempel der Gerechtigkeit,
Zwangt Ihr mit frechem Possenspiel die Richter,
Den Schuldigen des Mordes loszusprechen –
Ihr gingt noch weiter – Gott!" (I, 4, v. 346-354)

Maria scheute mithin nicht nur ebenso vor einer Einflussnahme auf die Rechtsprechung zurück wie nun die englische Regierung im Falle ihrer eigenen Verurteilung, sondern sie tat dies nicht einmal aus einem politisch-herrschaftlichen, sondern allein privaten Interesse heraus. Maria wurde mithin vom schottischen Thron vor allem deshalb gestürzt, weil sie als Königin weniger das Gemeinwohl als ihr Einzelwohl besorgt habe. Mithin entspricht Maria der Tyrannendefinition des Aristoteles, der die Qualität der drei Herrschaftsformen an ihrer Ausrichtung am gemeinen Nutzen, ihren Verfall an der Ausrichtung an Partikularinteressen bemaß:

„Wir pflegen die monarchische Verfassung, die das allgemeine Wohl zum Ziel hat, Königtum zu nennen; die Verfassung, die sich das allgemeine Wohl der wenigen, die jedoch zahlreicher als ein einzelner sind, zum Ziel setzt, nennen wir dagegen Aristokratie – sie hat diesen Namen entweder, weil die Besten herrschen oder weil man zum Besten des Staates und seiner Mitglieder herrscht; wenn aber die Menge zum allgemeinen Wohl Politik macht, dann wird diese Verfassung mit dem allen Verfassungen gemeinsamen Namen „Politie" [...] Deformationen der hier genannten Verfassungen sind: Tyrannis die Entartung des Königtums, Oligarchie der Aristokratie, Demokratie die Entartung der Politie. Denn die Tyrannis ist eine monarchische Staatsform zum Nutzen des Alleinherrschers, die Oligarchie zu dem der Reichen, und die Demokratie zu dem der Armen. Auf den Nutzen der Allgemeinheit ist keine von ihnen ausgerichtet."[8]

Galt diese gemeinwohlzweckorientierte Definition des Aristoteles noch für den allgemeinen Tyrannenbegriff, so wird sie von Bartolus von Sassoferrato auf den *tyrannus ex parte exercitii* eingeschränkt: „Ich sage, dass derjenige ein Tyrann von Seiten der Herrschaftsausübung ist, der tyrannische Taten vollzieht. Seine Taten haben also nicht das Gemeinwohl zum Zweck, sondern nur das Eigenwohl des Tyrannen selbst."[9] Es fällt daher auf, dass Maria umso mehr auf die Legitimität ihres Herrschafts*titels* abstellt. Die in ihren Augen statthabende Nachrangigkeit der Herrschafts*praxis* gegenüber dem Ursprung der Herrschaft wird im Folgenden deutlicher werden.

Elisabeth hingegen wird nämlich vermehrt als *tyrannus ex defectu tituli* dargestellt, als Herrscherin ohne hinreichende Legitimation – eine Darstellung, die sie selbst durchaus teilt, als sie vor der Unterzeichnung des Todesurteils in sich geht:

> „[…] Mit hohen Tugenden
> Muß ich die Blöße meines Rechts bedecken,
> Den Flecken meiner fürstlichen Geburt,
> Wodurch der eigne Vater mich geschändet." (IV, 10, v. 3221-3224)

Um den Mangel eines dynastischen Herrschertitels zu kompensieren, stellt sie umso mehr auf ihre Tugendhaftigkeit ab, was sie nicht zuletzt durch die Popularisierung, mithin Politisierung ihrer Keuschheit zu erreichen versucht. In den seit dem Spätmittelalter gängigen Tyrannentheorien seit Bartolus von Sassoferrato spielt jedoch die gute Herrschafts*praxis* eine untergeordnete Rolle: Ein gut herrschender Usurpator bleibt seiner gemeinwohlverträglichen Herrschaftspraxis zum Trotz ein unrechtmäßiger Herrscher und seine politischen Handlungen und Entscheidungen entfalten keine rechtliche Wirksamkeit:

> „Ich frage siebtens, ob die Taten eines solchen offenkundigen Tyrannen ohne Herrschaftstitel bzw. die (Amts-)Handlungen, die zu seiner Zeit vollzogen wurden, gültig sind. […] sie sind von Grund auf nichtig und somit zu keiner Zeit gültig. Dasselbe gilt für diejenigen Handlungen, die von den Amtsträgern vollzogen werden, die durch die Tyrannen selbst eingesetzt wurden."[10]

Jeder Bürger kann ihn jederzeit und ohne eine gerechte Strafe fürchten zu müssen vom Thron stürzen: Selbst prominente Vertreter einer Widerstands*pflicht* wie Johan-

---

8 *Aristoteles* 1991, S. 61 (III, 7, 1279a-b).
9 *Bartolus* 1983 [1355?], S. 185: „Dico quod ille tyrannus est ex parte exercitii, qui opera tyrannica facit, hoc est, opera eius non tendunt ad bonum commune, sed proprium ipsius tyranni." Vgl. *Bach* 2016, S. 120-122.
10 *Bartolus* 1983 [1355?], S. 188: „Septimo quero an gesta per tales tyrannos manifestos ex defectu tituli vel eorum tempore valeant. […] a fundamento sunt nulla et sic nullo tempore valuerunt. Idem de hiis que fiunt ab officialibus positis per ipsos tyrannos, eadem ratione."

nes Althusius und Bartholomäus Keckermann sehen nur im Falle eines Usurpators das Recht vor, diesen zu töten; gegen einen König hingegen, der einen rechtmäßigen Herrschaftstitel innehat und tyrannisch herrscht, darf Waffengewalt nur zum Zweck der Absetzung und Vertreibung verwendet werden.[11] Dies bedeutet selbstverständlich nicht, dass die politische Theorie des Spätmittelalters und der Frühen Neuzeit gemeinwohlvergessen gewesen wären; gleichwohl leiten sie aus der angemessenen Gewährleistung desselben allein weder hinreichend die Legitimation von Herrschaft ab noch schlussfolgern sie aus der unangemessenen Herstellung des *bonum commune* hinreichend einen Legitimationsverlust.

Nach Aristoteles hat das Kriterium aktueller Praxis gegenüber dem Kriterium der ihr vorausgehenden Legitimation dergestalt an Bedeutung verloren, dass dem *common sense* frühneuzeitlicher Politiktheorie folgend Elisabeths Regentschaft auf tönernen Füßen steht, Marias Königtum hingegen auf festem Grund. Dass sich dies nicht in der politischen Wirklichkeit widerspiegelt, dient als Anlass, das Verhältnis des bartolistischen Begriffspaares *tyrannus ex defectu tituli / tyrannus ex parte exercitii* neu zu verhandeln: So sehr die Figur der Elisabeth – und nicht nur die des Burleigh – mithin auch als Projektions- und Reflexionsfläche politischer Klugheitslehren nach Machiavelli dient,[12] so dient sie doch auch dem Versuch einer Rehabilitierung des aristotelischen Tyranneibegriffs, der ausschließlich an der Herrschaftspraxis ausgerichtet ist und Elisabeths Regentschaft in weitaus besserem Lichte dastehen lässt als diejenige Marias. Eine zwar solitäre, aber prominente Quelle solcher Rehabilitation können John Lockes *Two Treatises of Government* (1690) sein. Gegenüber der mächtigen staatsrechtstheoretischen Tradition, die den *tyrannus ex defectu tituli* als unbedingt, den *tyrannus ex parte exercitii* als nur bedingt illegitim bestimmt hatten, dreht Locke diese Bewertung nahezu um: Der Usurpator besitzt zwar zunächst auch kein Recht auf Gehorsam seitens des Volkes, kann dieses jedoch immerhin durch eine solche Zustimmung des Volkes erwerben, wie sie Elisabeth zumindest im Augenblick erfährt.[13] Den Terminus *Tyrannei* reserviert Locke jedoch wieder wie Aristoteles für unrechte Herrschaftspraxis, die ausnahmslos ungerecht ist. Mehr noch: Aus Lockes' Perspektive wäre Elisabeths Usurpation einer Krone, die eigentlich

---

11 *Bach* 2014, S. 111-130; überblickshalber, wenn auch im Einzelnen ungenau *Müller-Seidel* 2009, S. 40-42; *Althusius* 2003 [1614], Kap. 38, §§ 62, 68, 113.

12 *Wölfel* 1990, S. 324; *Wittkowski* 1997, S. 393; *Neymeyr* 2005, S. 108.

13 [*Locke*] 1690, S. 419 (tr. 2, chap. 17, § 198): „[H]e is not the Person the Laws have appointed, and consequently not the Person the People have consented to. Nor can such an Usurper, or any, deriving from him, ever have a Title, till the People are both at liberty to consent, and have actually consented to allow, and confirm in him the Power he hath, till then, usurped." / *Locke* [10]2004 [1690], S. 325 (Tr. 2, Kap. 17, § 198): „[E]r ist nicht die von den Gesetzen bestimmte Person und folglich auch nicht derjenige, dem das Volk seine Zustimmung gegeben hat. Auch kann ein solcher Usurpator oder diejenigen, die von ihm abstammen, niemals einen Rechtsanspruch haben, bevor das Volk nicht frei ist, seine Zustimmung zu geben und auch tatsächlich zugestimmt hat, ihm die Macht zu gewähren, die er bis dahin usurpiert hatte, und sie in seiner Person zu bestätigen."

Maria zuständen, zwar ein Unrecht gegenüber dieser als Einzelperson; Maria aber hat mit ihren schottischen Eskapaden jenseits allen Rechts gehandelt:

> „Wie Usurpation die Ausübung einer Gewalt ist, auf die ein anderer ein Recht hat, so ist Tyrannei die Ausübung der Gewalt außerhalb allen Rechtes, wozu niemand berechtigt sein kann. Das geschieht, wenn jemand die Macht, die er in den Händen hat, nicht zum Wohl derer, die ihr unterstehen, gebraucht, sondern zu seinem eigenen, privaten, besonderen Vorteil […]."[14]

Schillers *Maria Stuart* dramatisiert folglich nicht nur politik*praktische* Deutungshoheiten – wer beurteilt angemessen die aktuelle Lage? –, sondern auch politik*theoretische* Deutungshoheiten: Elisabeth versucht, einem theoretischen Konzept der Tyrannei wieder auf die Beine zu helfen, das seit Bartolus – also in ihrer Gegenwart seit 250, in Schillers Gegenwart seit 450 Jahren – bei der Bewertung gerechter Herrschaft an Bedeutung verloren hat. Maria kann sich ihre, die politischen Verhältnisse in Schottland ignorierende Haltung eben auch deshalb leisten, weil sie diese jahrhundertelange Tradition politischer Theorie hinter sich weiß, die sich mit Ausnahme der Monarchomachen darin einig ist, dass nur der *tyrannus ex defectu tituli* wahrhaft illegitim ist. Gelänge Elisabeth die Erneuerung des aristotelischen gemeinwohlzweckbasierten Tyranneibegriffs, bräche ihrer Konkurrentin diese Grundlage weg und der Aspekt ihrer eigenen unehelichen Geburt würde irrelevant.

Über die politiktheoretischen Paradigmen Hoheit zu gewinnen, fällt der Königin gleichwohl ebenso schwer wie die Deutung der realpolitischen Verhältnisse. Der implizite politische Neoaristotelismus der englischen Königin zeigt eben keine unmittelbare Wirkung zu ihren Gunsten, sondern sie sieht sich gezwungen zum Handeln zu Ungunsten Marias.

4. Positives Recht und Gesetzesbegriff

Maria beklagt bereits im ersten Aufzug des Dramas die Anwendung eines bestimmten Gesetzes auf ihren Fall:

> „[BURLEIGH]
> Es ist erkannt durch vierzig Stimmen gegen zwei,
> Daß Ihr die Akte vom vergangnen Jahr
> Gebrochen, dem Gesetz verfallen seid.
> Es ist verordnet im vergangnen Jahr:

---

14 *Locke* [10]2004 [1690], S. 325 (Tr. 2, Kap. 18, § 199) / [*Locke*] 1690, S. 420 (tr. 2, chap. 18, § 199): „As Usurpation is the exercise of Power, which another hath a Right to; so Tyranny is the exercise of Power beyond Right, which no Body can have a Right to. And this is making use of the Power any one has in his hands; not for the good of those who are under it, but for his own private, separate Advantage."

„Wenn sich Tumult im Königreich erhübe,
Im Namen und zum Nutzen irgendeiner
Person, die Rechte vorgibt an die Krone,
Daß man gerichtlich gegen sie verfahre,
Bis in den Tod die schuldige verfolge" –
Und da bewiesen ist –

MARIA
Mylord von Burleigh!
Ich zweifle nicht, daß ein Gesetz, ausdrücklich
Auf mich gemacht, verfaßt, mich zu verderben,
Sich gegen mich wird brauchen lassen" (I, 7, v. 845-858)

Schillers Burleigh gibt zwar nicht den genauen Wortlaut des historischen *Safety of the Queen Act* wieder; gleichwohl beinhaltet die schillersche Version des *Act* das entscheidende Moment desselben: Der Aufruhr gegen die Krone ist mit dem Tode zu bestrafen, unabhängig davon, ob der vorgebliche Thronprätendent selbst Urheber oder nur Nutznießer dieses Aufruhrs ist.[15] Dass Schillers Burleigh dieses Moment wiedergibt, legt übrigens nahe, dass Schiller den Originaltext des *Act* gekannt hat bzw. diese Paraphrase *nicht* aus der Maria-Stuart-Biographie des Politikwissen-schaftlers und späteren Beraters Fürst von Metternichs, Friedrich Gentz übernimmt, der eine Strafbarkeit nur für den Taturheber kolportiert.[16]

Diese Passage ist aus zwei Gründen bemerkenswert, und zwar erstens mit Blick auf ein bislang übersehenes Detail von Schillers Modellierung des historischen Stof-fes und einer darin enthaltenen impliziten Gesetzeskritik, und zweitens mit Blick auf Marias explizite Gesetzeskritik. Mit Blick auf *die implizite Gesetzeskritik* ist darauf hinzuweisen, dass der von Burleigh zitierte Akt mitunter deshalb so genau auf Maria Stuart als Delinquentin passt, weil er dem ihr zur Last gelegten Delikt nicht voraus-

---

15 *The Statutes at Large* 1767, A.D. 1585, cap. I: „Four and twenty Persons at the least, whereof Part of the Queen's Privy Council, and the Residue being Peers of the Realm, by the Queen's Commission shall examine the Offences of such as shall make any open Invasion or Rebellion within this Realm, or attempt Hurt to the Queen's Person, by or for any pretending Title to the Crown: who after Judgement given and published by Proclamation, shall be disabled to have or pretend Title to the Crown: And thereupon *every Person shall be pursued to Death by all the Queen's Subjects, by whom or whose Means, Assent or Privity, any such Rebellion shall be denounced to be made*, or other Thing attempted, compassed or imagined against the Queen's Person. If any Act shall be executed, whereby the Queen's Life shall be shortned, the Offen-ders shall be prosecuted to Death, and disabled to pretend Title to the Crown." Hvhb. O. B.

16 *Gentz* 1798, S. 110: „Einige Monate nachher (1585) wurde dieser sonderbare Bund vom Parla-ment bestätigt, und in dem Beschluß, der die Bestätigung enthielt, noch außerdem festgesetzt: ,daß im Fall einer Rebellion, weolche *durch* oder *für* irgend einen Kronprätendenten angestiftet würde, die Königinn befugt seyn sollte, die Urheber derselben vor einer Commission von vier und zwanzig hierzu ernannten Mitgliedern verhören zu lassen, und daß, wenn sie schuldig be-funden wären, jeder getreue Unterthan sie zum verdienten Tode bringen dürfte, wobei denn al-les *Recht zur Thronfolge* für die solchergestalt überwiesene Person und sogar für ihre Nach-kommen auf immer verlorenginge'."

ging, sondern nachfolgte. Ein Indiz spricht stark für diese auf den ersten Blick vielleicht unwahrscheinliche Interpretation: Der historische *Safety of the Queen Act* (amtlich *27 Eliz. 1, c. 1*) wurde nämlich bereits im Frühjahr 1585 erlassen, mithin eineinhalb Jahre vor der Babington-Verschwörung im Sommer 1586 und zwei Jahre vor der Zeit der Bühnenhandlung im Februar 1587. So maßgeschneidert der Gesetzestext sich in der Sache auch liest, gegen das Rückwirkungsverbot verstieß seine Anwendung auf die Babington-Verschwörung nicht. Schiller verlegt allerdings den Erlass des *Safety of the Queen Act* in das Jahr der Babington-Verschwörung selbst, und zwar nachdrücklich, indem er gerade diesen Sachverhalt Burleigh innerhalb dreier Verse zweimal betonen lässt,

> „Daß Ihr die Akte vom vergangnen Jahr
> Gebrochen, dem Gesetz verfallen seid.
> Es ist verordnet im vergangnen Jahr [...]." (I, 7, v. 847-849)

Die zeitliche Nähe von Gesetzeserlass und -verstoß ist mithin eine genuin schillersche Zutat bzw. Modellierung des historischen Stoffes. Dieser dichterische Eingriff machte indessen wenig Sinn, wenn er nicht auf den erläuterten Verstoß gegen das Rückwirkungsverbot hinauswollte. In *Maria Stuart* verstößt der *Safety of the Queen Act* folglich scheinbar gegen ein Rechtsprinzip: Marias Verurteilung krankt an der rückwirkenden Anwendung eines Gesetzes und widerspricht damit dem Gesetzesvorbehalt, *nulla poena sine lege*, bzw. dem Rückwirkungsverbot, *nulla poena sine lege praevia*. Diese rechtsphilosophische Beobachtung muss jedoch durch rechtsphilosophie*geschichtliche* Aspekte vertieft werden: Michael Kubiciel hat unlängst darauf hingewiesen, dass sich dieses scheinbar selbstverständliche Rechtsprinzip erst um 1800 entwickelte und erst durch die Gesetzeskodifikationen des 19. Jahrhunderts Wirkung entfalten konnte.[17] Zwar profitiert die Entwicklung des Gesetzesvorbehalts als eines natürlichen Prinzips *systematisch* von den Naturrechtslehren der Aufklärung; gleichwohl wäre es ein übereiltes *historisches* Urteil, die Naturrechtstheoretiker des 18. Jahrhundert hätten selbst dieses Prinzip schon elaboriert. Im Gegenteil konstatiert Christian Wolff 1740, dass der Staat nicht nur Verstöße gegen positive, sondern auch gegen natürliche Rechte bestrafen dürfe.[18] Selbst Cesare Beccaria, der mit seinem *Dei delitti e delle pene* (1764) als maßgeblicher Impulsgeber des Rückwirkungsverbots gilt, formuliert in der hierfür herangezogenen Passage lediglich das Postulat, dass der Richter keine extensive Gesetzesinterpretation vornehmen dürfe, weil er sich damit unbefugt in die Legislation einmischte.[19] Nur insofern verhängte der Richter eine Strafe ohne Gesetz und verstieße gegen das Prinzip *nulla poena*

---

17 *Kubiciel* 2017; *Krey* 1983, S. 49-60.
18 *Hüning* 2009, S. 196.
19 *Beccaria* 1778, S. 17 (§§ 3 f.): „Die erste Folgerung aus diesen zeithero vorgetragenen Lehren ist diese, daß es den Gesezen und der höchsten Gewalt, welche die ganze Gesellschaft vorstellet, allein zukomt, denen Verbrechern das Uebel zu bestimmen, welches ihre Thaten zu gewar-

112

sine lege. Beccaria formuliert jedoch nicht mit der gewünschten Deutlichkeit ein Verbot des Erlasses von Strafgesetzen mit rückwirkendem Geltungsbeginn, mithin das Prinzip *nulla poena sine lege praevia*, das sich allererst gegen ein unbefugtes Einmischen des Gesetzgebers in die Jurisdiktion richtete – und allererst das ist die von Schiller konstruierte Situation in *Maria Stuart*. Erst Anselm Feuerbach wird ein Jahr nach Schillers Drama in seinem *Lehrbuch des gemeinen in Deutschland gelten-den Peinlichen Rechts* (1801) als „höchstes Princip des peinlichen Rechts" bestimmen:

> „Jede rechtliche Strafe im Staat ist die rechtliche Folge eines, durch die Nothwendigkeit der Erhaltung äusserer Rechte begrünndeten, und eine Rechtsverletzung mit einem sinnlichen Uebel bedrohenden, Gesetzes."[20]

Aus dieser eben erst durch Feuerbach und nicht schon durch Beccaria konturierten *Voraussetzung-Folge-Relation* von Strafgesetz und Strafe deduziert der Jenaer Rechtsgelehrte als einen von drei „keiner Ausnahme unterworfenen, untergeordneten Grundsätzen": *„Jede Zufügung einer Strafe setzt ein Strafgesetz voraus. (Nulla poena sine lege).* Denn lediglich die Androhung des Uebels durch das Gesetz begründet den Begriff und rechtliche Möglichkeit einer Strafe."[21] Indem Schiller den *Safety Act* in das Jahr der Babington-Verschwörung verschiebt, bringt er mit dem hieraus sich ergebenden Problem einer *poena sine lege praevia* ein Rechtsprinzip zur Darstellung, bevor es die Rechtstheorie auf den Begriff gebracht haben wird. Die Szene I, 7 fungiert mithin nicht nur als Kritik an einer elisabethanischen Rechts*praxis* und auch nicht nur als Kritik an einer absolutistischen *Politik*lehre, die sich das Recht unterwirft, sondern auch als Kritik an einer bis dato ungenügenden Straf-rechts*theorie*.

Im Zentrum der *expliziten Gesetzeskritik* der Passage steht Marias Zweifel an der Allgemeinheit des *Safety Act*: Er richte sich eben keineswegs gegen „irgendeine Person", sondern sei gezielt „auf mich gemacht". Diese Einschätzung übernimmt Schiller indessen offensichtlich von Friedrich von Gentz: „Das Gesetz war offenbar gegen Maria gerichtet, die in jeder Zeile desselben ihren nahen und unvermeidlichen Untergang las."[22] Der *Act* genügt auf den ersten Blick tatsächlich nicht dem in den Digesten definierten Begriff des Gesetzes überhaupt, wo es von Papinian schon zu Beginn als „commune praeceptum" bestimmt wurde.[23] Dem *Safety Act* fehlt auf die-

---

ten haben, und Strafgeseze zu verordnen. [...] Die Auslegung der Strafgeseze kan auch den Richtern aus eben der Sache, weil sie keine Gesezgeber sind, nicht zukommen"; siehe den Bezug hierauf bei *Pomorski* 1975, S. 13 f.; *Merryman/Pérez Perdomo* ³2007, S. 125 f.

20   *Feuerbach* 1801, S. 20 (1. Buch, 1. Theil, § 23).
21   Ebd. (§ 24). Hvhb. im Originaltext.
22   *Gentz* 1798, S. 110.
23   *Behrends/Apathy* (Hrsg.) 1997, Dig. 1. 3. 1: „Lex est commune praeceptum, virorum prudentium consultum, delictorum quae sponte vel ignorantia contrahuntur coercitio, communis rei publicae sponsio."

ser Quellenbasis tatsächlich die behauptete systematische Allgemeinheit. Gleichwohl wird diese Definition schon von der Glossa Ordinaria mehr mit Blick auf eine Gemein*nützlichkeit* hin ausgelegt als auf eine allgemeine Geltung: „Das Gesetz ist eine allgemeine Vorschrift, d. h. sie ist zum gemeinen Nutzen erlassen worden."[24] Obwohl nur wenig später in den Digesten von Ulpian ausdrücklich definiert wird, dass „Rechtsvorschriften nicht gegen einzelne Personen, sondern allgemein erlassen werden",[25] setzt sich der gemeinwohlzentrierte Rechts- und Gesetzesbegriff bis Kant durch und eröffnet damit einen legislatorischen Spielraum mit Blick auf die Gesetzes*adressaten*.[26] Denn mit der Unterordnung des Einzelwohls unter den gemeinen Nutzen bzw. das Gemeinwohl sind tendenziell sowohl Gesetze zu Gunsten Einzelner (Privilegien) als auch zu Lasten Einzelner legitimiert, da das Gesetz ohnehin nur als Mittel des Gemeinwohlzwecks fungiert und damit selbst keinen eigentlich prinzipierenden Charakter innehat. In seiner Untersuchung der Begriffsgeschichte von *gemeiner Nutzen* hebt Peter Hibst treffend hervor, dass die *communis utilitas* bzw. das *commune bonum* „sowohl pragmatische Handlungsorientierung für im weitesten Sinne politische, d. h. das Gemeinwesen betreffende Aktivitäten und Maßnahmen als auch (staats-)theoretische Konzeption mit weitreichenden Implikationen" ist.[27] Dass Maria Stuart den „ausdrücklich auf mich gemacht[en]" *Safety Act* als zugleich rechtliche und politische Bestimmung erkennt und kritisiert, prangert folglich nicht nur eine depravierte Gesetzgebungspraxis des elisabethanischen Zeitalters an;[28] vielmehr liefert Schiller die Kritik eines jahrhundertealten Gesetzesbegriffs, dem der *Safety Act* nicht wider-, sondern entspricht.[29] Dass Burleigh mithin auf diesen Einwand gar nicht eingeht, macht ihn weniger zum staatsklugen Rechtsbeuger denn zum Vertreter eines für ihn selbstverständlichen und somit keines Kommentars bedürftigen Gesetzesbegriffs, in dem die Rechte des Einzelnen gegenüber dem Gemeinwohl immer schon gebeugt sind. Überspitzt formuliert: Maria Stuart hat nicht nur den englischen Großschatzmeister, sondern auch das gesamte vorkritische Rechtsdenken gegen sich – eine Übermacht, gegen die sie auch mithilfe der aufklärerischen Argumente Talbots nicht ankommen wird.

---

24 *Accursius* 1482, Anm. *m* zu Dig. 1. 3. 1: „[E]st lex commune praeceptum id est communi utilitate statutus."

25 *Behrends/Apathy* (Hrsg.) 1997, Dig. 1. 3. 8: „Iura non in singulas personas, sed generaliter constituuntur." Vgl. *Toepel* 2002, S. 23.

26 Nicht zu Unrecht spricht Hans Schneider daher von einem „Erblassen" jener Idee der Allgemeinheit des Gesetzes als einer für alle Adressaten gemeinsame Rechtsnorm: *Schneider* 2002, S. 22 f.; *Post* 1961; *Böckenförde* 2002.

27 *Hibst* 1990, S. 63.

28 *Wittkowski* 1997, S. 393; *Neymeyr* 2005, S. 121; *Müller-Seidel* 2009, S. 150; *Immer* 2005, S. 137 f.; *Riedel* 2011, S. 32; *Tang* 2011, S. 153.

29 So zu Recht auch *Ingen* 2008, S. 295 f.

5. Natur- und Kriegszustand

Maria meldet im Gespräch mit Burleigh mehrere Zweifel am Prozess und am Urteil gegen sich an: Sie falle nicht unter englische Gerichtsbarkeit (I, 7, v. 726 f.). Lords seien nicht befugt über eine Königin zu richten (I, 7, v. 706). Englische, evangelische Richter seien zu befangen, um über eine schottische Katholikin zu urteilen (I, 7, v. 801–803). Sie werde nach einem Gesetz verurteilt, das weder dem Prinzip der Allgemeinheit noch demjenigen des *nulla poena sine lege* genüge (siehe hier IV.). Ihr rechtliches Gehör wurde ebenso missachtet wie ihr Recht auf Beweisprüfung (I, 7, v. 871–923). Anstatt auf diese Zweifel angemessen einzugehen, erhebt Burleigh einen neuerlichen Vorwurf, dass nämlich Maria „alle Könige Europens / Zum Krieg mit England aufgeregt" habe (I, 7, v. 933 f.). Einerseits merkt Maria sofort zu Recht an, dass dieser Vorwurf nicht Gegenstand des Prozesses gegen sie war, mithin dass Burleigh nicht „bei der Sache bleibt" (I, 7, v. 928 u. 931). Andererseits *nutzt* die Schottin diesen Vorwurf nun, um ihrerseits eine Verbindung zu den genannten Zweifeln herzustellen:

„Gesetzt, ich tats! – Mylord, man hält mich hier
Gefangen wider alle Völkerrechte.
Nicht mit dem Schwerte kam ich in dies Land,
Ich kam herein, als eine Bittende,
Das heilge Gastrecht fodernd, in den Arm
Der blutsverwandten Königin mich werfend –
Und so ergriff mich die Gewalt, bereitete
Mir Ketten, wo ich Schutz gehofft – Sagt an!
Ist mein Gewissen gegen diesen Staat
Gebunden? Hab ich Pflichten gegen England?
Ein heilig Zwangsrecht üb ich aus, da ich
Aus diesen Banden strebe, Macht mit Macht
Abwende, alle Staaten dieses Weltteils
Zu meinem Schutz aufrühre und bewege.
Was irgend nur in einem guten Krieg
Recht ist und ritterlich, das darf ich üben.
Den Mord allein, die heimlich blutge Tat,
Verbietet mir mein Stolz und mein Gewissen,
Mord würde mich beflecken und entehren.
Entehren sag ich – keinesweges mich
Verdammen, einem Rechtsspruch unterwerfen.
Denn nicht vom Rechte, von Gewalt allein
Ist zwischen mir und Engelland die Rede." (I, 7, v. 936-958)

Marias hypothetische Feststellung, dass der ihr zur Last gelegte Hilferuf nach internationaler Unterstützung durchaus rechtmäßig wäre, darf vor dem Hintergrund der Völker- und Kriegsrechtstheorie der Aufklärung eine gewisse Plausibilität für sich beanspruchen. Dabei benennt sie auch das bestimmte Paradigma von Völkerrechtslehren, auf das sich ihre Rechtfertigung gründet, nämlich den „guten Krieg", den *bellum iustum*. In dem 23 Verse zählenden Zitat trägt Maria auch durch ihre Differenziertheit dem *state of the art* aufklärerischer Völkerrechtslehren Rechnung, wenn sie in den ersten elf Versen ihr *Recht zum Krieg* (*ius ad bellum*) begründet, im zwölften Vers den Kriegs*zweck* resümiert („aus diesen Banden zu streben") sowie die Kriegs*mittel* allgemein umreißt („Macht mit Macht" zu begegnen) und in den letzten elf Versen diese Mittel als ihr *Recht im Kriege* (*ius in bello*) erläutert.

Ihr *Recht zum Krieg* sieht Maria durch den Bruch des Völkerrechts und speziell des Gastrechts gegen ihre Person sowie durch jene „Ketten" gegeben, die ihr durch die Inhaftierung und den ungerechten Prozess angelegt wurden. Mit Blick auf das Gastrecht hat Yvonne Nilges zu Recht auf Hugo Grotius und dessen *De Jure Belli ac Pacis* hingewiesen, die Schiller bestens bekannt waren.[30] Der entscheidende Bruch des Gastrechts verstößt allerdings nicht gegen den Grundsatz des *personae regis parcendum est*,[31] denn dieser liegt dem Kapitel über den Krieg von Untertanen gegen ihre eigene Obrigkeit zugrunde, betrifft also nicht den Krieg zwischen Königinnen[32] – vielmehr ließe sich mit ebendemselben Kapitel sogar argumentieren, dass Maria durch den Verlust ihrer Herrschaft in den Stand einer Privatperson zurückfalle.[33] Entscheidender ist daher das bei Grotius ohne Ansehen der Person geltende Recht auf freie Ein- und Durchreise (*ius transeundi*), das aufgrund des ursprünglichen Gemeineigentums aller Menschen an den Kontinenten und Meeren jedem Menschen überall zusteht;[34] hieraus leitet Grotius ein Aufenthaltsrecht (*ius habitandi*) in eben dem Sinne jenes Gastrechts ab, auf das Maria Stuart sich beruft – und dabei doch eine entscheidende Bedingung des Grotius übersieht oder verschweigt:

> „Selbst ein dauernder Aufenthalt darf den Fremden, welche aus ihrer Heimat vertrieben wurden und um Aufnahme bitten, nicht abgeschlagen werden, *solange sie sich der bestehenden Herrschaft und allen Maßnahmen unterwerfen, die zur Vermeidung von Aufruhr notwendig sind.*"[35]

---

30 *Nilges* 2012, S. 95.
31 Ebd.
32 *Grotius* 1631, lib. 1, cap. 4 (De bello subditorum in Superiores), § 7 (6): „Illa interim cautio tenenda est, etiam in tali periculo personae regis parcendum." Übers. O. B.
33 Ebd., lib. 1, cap. 4, § 12: „[S]i regnum committatur [...], tunc quoque rex in privatam personam recidit."
34 Ebd., lib. 2, cap. 2 (De his quae hominibus communiter competunt), § 13: „*Ius transeundi terra & amnibus, quod explicatur.* Sic & terrae & flumina & si qua pars maris in proprietatem populi alicujus venit, patere debet his qui transitu opus habent ad causas justas; puta quia suis finibus expulsis quaerunt terras vacuas [...]." Hvhb. im Originaltext.
35 Ebd., lib. 2, cap. 2, § 16: „Sed & perpetua habitatio his qui sedibus suis expulsi receptum quaerunt deneganda non est externis, dum & imperium quod constitutum est subeant, & quae alia ad vitanda seditiones sunt necessaria." Hvhb. O. B.

Erstens also gilt schon das grotianische Gastrecht nur unter einer Bedingung, die Maria ausdrücklich nicht erfüllen will: „Hab ich Pflichten gegen England?" (I, 7, v. 945). *Zweitens* ist jenes schon vom Gründervater des europäischen Völkerrechts, Francisco de Vitoria, vertretene Konzept eines Rechts auf freie Einreise nicht unwidersprochen geblieben, sondern sowohl von Luis de Molina, dem bedeutendsten Rechtsphilosophen des ausgehenden 16. Jahrhunderts, entschieden bestritten[36] und von Immanuel Kant als unverbindlich bestimmt worden.[37] *Drittens* aber verbleiben neben dem fragwürdigen Gastrechtsbruch noch die unrechtmäßige Inhaftierung und der in der Tat gegen mehrere Rechtsprinzipien verstoßende Prozess, gegen die sich Maria Stuart mit einem *bellum iustum* zur Wehr setzen dürfte, gerade weil ihr das Gastrecht – sei es nun zu Recht, sei es zu Unrecht – verweigert wurde und sie sich folglich nach wie vor im Naturzustand gegenüber England und Elisabeth befindet. Vor diesem Hintergrund scheint Schillers Drama vor allem Bezüge zu einem der im Naturrecht „einflussreichsten Lehrbücher der zweiten Hälfte des 18. Jahrhunderts" aufzuweisen, und zwar zu Gottfried Achenwalls *Elementa Iuris Naturae* (1750).[38] Dieser nämlich formuliert mit Blick auf die „Verfolgung des Seinen im reinen Naturzustand" ein Recht auf Zwangsmaßnahmen gegen jeden, der natürliche Rechte verletzt: „Wer verletzt wird, übt deshalb *rechtmäßig Zwang* gegen den Verletzer aus."[39] Dieses Recht bezeichnet Achenwall ausdrücklich als Kriegsrecht und gesteht dieses nicht nur Staaten, sondern auch Einzelpersonen zu,[40] womit sein und Maria Stuarts Kriegsbegriff sich vom heute gängigen Begriff unterscheidet, der *Krieg* auf zwischenstaatliche Konflikte beschränkt.[41] Die Rechtmäßigkeit dieses Zwangs wird nicht nur durch Verletzung naturrechtlicher Ansprüche begründet, sondern auch durch den Zweck eingeschränkt, das Seine (wieder) zu erhalten:[42] „[Ü]ber diesen Zweck hinaus wird die Zwangsmöglichkeit nicht ausgedehnt."[43] Trotzdem oder gerade deshalb ergibt sich „[a]us dem Zweck dieses Rechtes [...] ein Recht auf alle

---

36 *Bach* 2011, S. 200 f.
37 *Kant* 1992 [1796], S. 69 (AA VIII, 357 f.).
38 *Rother* 2014, S. 646 f.
39 *Achenwall/Pütter* 1995 [1750], S. 148 f. (lib. 1, cap. 3, § 461): „De modo ius suum persequendi in statu mere naturali. [...] § 461. Qui itaque laeditur, iuste *exercet coactionem* contra laedentem." Hvhb. im Original.
40 Ebd., S. 150-153 (lib. 1, cap. 3, §§ 468 f.): „Quodsi alter violentiam adhibet: alter vero vim vi repellere molitur; oritur status plurium, qui sibi invicem mala violenter inferre conantur, qui status dicitur *bellum* [...] Competit itaque laeso ius belli in laedentem. I. Ius belli quatenus ut ius eventuale concipitur, a natura cuicumque competit; quatenus ut ius actuale, supponit laesionem."
41 *Lutz-Bachmann* 2013, S. 142-145.
42 *Achenwall/Pütter* 1995 [1750], S. 150 f. (lib. 1, cap. 3, § 462): „Finis huius iuris est, ut ne turbemur et ut suum, quod turbatum est, conservemus, ideoque, ut laesio et damnum cesset, atque laedens turbare nostrum desistat."
43 Ebd., S. 150 f. (lib. 1, cap. 3, § 464): „Ultra vero hunc finem facultas cogendi non extenditur."

Zwangsmittel, mit denen erreicht wird, daß der Verletzer von der Störung abläßt".[44] Die utilitaristische Anlage des naturständlichen Zwangs schränkt folglich nicht dessen Mittel, sondern nur deren Anwendungsbereich ein.

Das aufklärerische *bellum iustum*-Paradigma rechtfertigte folglich nicht nur die Aktivierung internationaler Bündnisse gegen England. Es rechtfertigt gerade in seiner achenwallschen Kontur die Anwendung zwar zweckmäßiger, aber durchaus weitreichender Mittel als ein *Recht im Kriege (ius in bello)*; so beschränkt der Zweck laut Achenwall auch die zeitliche Ausdehnung des gerechten Kriegs: „Der Verletzer wird rechtmäßig gezwungen, bis er die Verletzungshandlung einstellt."[45] Maria hätte also mit ihrer Freilassung alle feindseligen Handlungen gegen Elisabeth einzustellen, wenn ihr Krieg nicht ungerecht werden soll. Für eine Situation wie diejenige Marias, in welcher der „Verletzer" das Recht nachhaltig verletzt und sogar das Leben bedroht, ist der Verletzte im Rahmen seiner *conservatio sui* zu strengen Maßnahmen berechtigt:

> „Wenn indessen der Verletzer von der Störung nicht abläßt, erstreckt sich das Recht des Verletzten ausnahmslos auf alles Seine des Verletzers. Er hat sogar das Recht, durch Tötung des Verletzers das Seine zu erhalten, gemäß dem Gesetz, sich selbst zu erhalten."[46]

In eben derselben Weise dimensioniert Maria ihre kriegsrechtlichen Befugnisse: „Was irgend nur in einem guten Krieg / Recht ist und ritterlich, das darf ich üben." (I, 7, v. 950 f.) Dass sie sich dabei ganz im Sinne Achenwalls auch im Rechte sieht, „durch Tötung des Verletzers" bzw. in ihren eigenen Worten durch „Mord" und „heimlich blutge Tat" vorzugehen, bestätigt sie noch dann, wenn sie bekundet, nur aus Gründen der Ehre und des Stolzes von dieser Maßnahme absehen zu wollen. Der besonders enge Bezug Schillers auf Achenwall scheint mir spätestens durch die Parallele evident zu sein, dass Maria Stuart auch zu der ihr vorgeworfenen „*heimlich blutgen Tat*" gegen ihre Feinde befugt gewesen wäre: „Ob es der Verletzte für besser hält, jenem versteckt oder offen zu schaden, ist seinem Urteil zu überlassen."[47]

Schiller beweist mit seinem politischen Historiendrama einen dergestalt differenzierten Blick auf die Völkerrechtstheorie der Aufklärung, und zwar namentlich auf die zitierte *bellum iustum*-Definition Achenwalls, dass auch eine versuchsweise abschließende Analyse von Marias kriegsrechtlicher Argumentation, wie sie auf den letzten Seiten unternommen wurde, noch *nicht* den Schlüssel zu einer abschließenden Bewertung der völkerrechtlichen Kontroverse zwischen Maria und Elisabeth lie-

---

44 Ebd., S. 150 f. (lib. 1, cap. 3, § 463): „Ex hoc iure ad finem intelligitur ius ad omnia media coactiva, quibus efficitur, ut laedens turbare desistat."
45 Ebd., S. 150 f. (lib. 1, cap. 3, § 466): „Laedens iuste cogitur, donec laedere desistat."
46 Ebd.: „Si laedens interea turbare non desistit; in infinitum ius laesi porrigitur in omne suum laedentis, adeo ut etiam cum internecione laedentis suum conservare per ipsam de se conservando legem laeso fas sit."
47 Ebd.: „Utrum occulte, an manifeste ei nocere satius ducat laesus, huius iudicio relinquendum est."

fert.[48] Denn nicht nur lässt sich das von ihr beanspruchte und von den Engländern angebliche verletzte Gastrecht weder mit Grotius noch mit Molina noch mit Kant hinreichend begründen, sondern auch mit Blick auf die von Achenwall formulierte entscheidende Bedingung eines gerechten Krieges, dass „der alleinige und einzige rechtmäßige Kriegsgrund die Verletzung" ist,[49] steht nicht fest, ob eine solche Verletzung nicht schon zuvor von Maria begangen wurde und somit das Recht zum Krieg mit all seinen Konsequenzen bei England und Elisabeth liegt.[50] Diese Möglichkeit liegt *erstens* nicht zuletzt wegen des bereits zitierten Gastrechts-Paragraphen des Hugo Grotius nahe, demgemäß Maria die Bedingung nicht erfüllt „sich der bestehenden Herrschaft und allen Maßnahmen [zu] unterwerfen, die zur Vermeidung von Aufruhr notwendig sind".[51]

Die Möglichkeit eines Völkerrechtsbruchs seitens Marias legt Schiller *zweitens* durch den zwar mehrmals erwähnten, aber von der Forschung bislang vernachlässigten Edinburgher Vertrag (1560) nahe bzw. durch dessen ausbleibende Ratifizierung durch Maria Stuart:[52] Solange sie als schottische Königin nicht in diese Auflösung der *Auld Alliance* zwischen Schottland und Frankreich einwilligt, ist der Vertrag nicht in Kraft. England und Schottland befinden sich folglich nicht nur im Natur-, sondern auch noch im Kriegszustand miteinander, mag sich dieser auch nicht in aktuellen Kampfhandlungen realisieren. Auch der schon genannte Friedrich von Gentz verschweigt bei aller Sympathie für Maria Stuart nicht, dass der Edinburgher Vertrag einen Friedensvertrag darstellt, dessen Nicht-Ratifizierung den Kriegszustand andauern lässt[53] und somit durchaus mehr als nur einen Vorwand für die englischen Feindseligkeiten gegen Maria darstellt.[54] Blickt man wieder auf die zeitgenössische Völkerrechtstheorie und damit auf Gottfried Achenwall, so besteht dieser darauf, dass ausschließlich ein Vertrag Frieden stiften kann, denn seiner Meinung nach „beendet der Krieg selbst nicht den Streit, und auch der entscheidende Sieg beendet nicht den Rechtsstreit. [...] Es endet aber jeder Krieg durch den Tod eines der Feinde oder durch Vertrag".[55]

---

48 Als durchaus ausgemacht, und zwar zugunsten Marias, wird die völkerrechtliche Frage angesehen von *Wittkowski* 1997, S. 392; *Neymeyr* 2005, S. 122 f.; *Müller-Seidel* 2009, S. 157 f.; *Steele* 2013, S. 372.
49 *Achenwall/Pütter* 1995 [1750], S. 153 (lib. 1, cap. 3, § 470).
50 Ähnlich *Immer* 2005, S. 135; *Tang* 2011, S. 151; *Sieg* 2016, S. 483.
51 *Grotius* 1631, lib. 2, cap. 2, § 16: „Sed & perpetua habitatio his qui sedibus suis expulsi receptum quaerunt deneganda non est externis, dum & imperium quod constitutum est subeant, & quae alia ad vitanda seditiones sunt necessaria." Übers. u. Hvhb. O. B.
52 Ausgenommen *Immer* 2005, S. 134; *Nilges* 2012, S. 294; *Steele* 2013, S. 370.
53 *Gentz* 1798, S. 48-50.
54 So *Nilges* 2012, S. 294.
55 *Achenwall/Pütter* 1995 [1750], S. 170 f. (lib. 1, cap. 3, §§ 533 f.): „[B]ellum ipsum non finit controversiam; nec victoria decidens finit litem. Finitur vero omne bellum vel morte alterutrius hostis vel pacto."

Wenn Maria folglich in ihrem Streitgespräch mit Burleigh für sich das Kriegsrecht infolge des englischen Bruchs des *ius habitandi* in Anspruch nimmt, so unterschlägt sie dabei gerade die Überlegung, dass der Kriegszustand infolge der Nicht-Ratifizierung des Edinburgher Vertrages ohnehin schon herrscht und England seinerseits zu drastischen Maßnahmen zu greifen berechtigt ist. Laut William Camdens *Annales Rerum Gestarum Angliae et Hiberniae Regnante Elizabetha* (1617), einer von Schillers prominentesten historischen Quellen,[56] sah sich Elisabeth schon 1561 durch die ausbleibende Ratifikation zu feindseligen Handlungen berechtigt und verweigerte Maria Stuart, den Seeweg von Frankreich nach Schottland freizumachen.[57]

Dass die Nicht-Ratifizierung des Edinburgher Vertrages als Fortsetzung eines englischen *ius ad bellum* gelesen werden könnte, hat die Forschung bislang kaum berücksichtigt,[58] was umso mehr erstaunt, als sie sehr wohl auf Marias Argumentation für ein schottisches *ius ad bellum* hingewiesen hat. Diese Überlegung machte Marias Argumentation an ihr selbst nicht falsch, allerdings wäre sie mit Blick auf den ohnehin herrschenden Kriegszustand schlicht trivial – für Burleigh fördert ihre Feststellung des *status belli* keine Neuigkeit zu Tage. Ob dabei die schottische oder die englische Interpretation des jeweiligen *ius ad bellum* stichhaltiger ist, muss hier gar nicht geklärt werden. Für die Interpretation der Figurenmotivationen ist es relevant zu erkennen, dass Maria *und* Elisabeth (und nicht nur erstere) auch auf der Ebene des Kriegsrechts argumentieren und divergieren. Berechtigte folglich jenes von Maria selbst skizzierte *ius in bello* die Engländer – sofern das *ius ad bellum* bei ihnen liegt – nicht ebenso zu einer drastischen Maßnahme wie der Hinrichtung Marias, wie es die Schottin – sofern das *ius ad bellum* bei ihr liegt – berechtigte zur Inanspruchnahme der Hilfe Frankreichs, Roms und Spaniens?

Es ist in dieser Hinsicht die zentrale Szene III, 4, in der genau diese Fragestellung vertieft, ihre nicht nur empirischen, sondern auch rechtstheoretischen Dilemmata weiter verdeutlicht und *somit* die Peripethie des Dramas eingeleitet wird. Maria beruft sich auch im persönlichen Gespräch mit Elisabeth auf das Naturzustandsargument mit Blick auf den Geltungs*bereich* positiver und natürlicher Rechte. Elisabeth hingegen sieht eine ursprüngliche Aggression deutlich von der schottischen Seite ausgehend, initiiert von Marias Oheim, dem „[h]errschwütge[n] Priester" (III, 4, v. 2334). Schuldig sei Maria dabei insofern geworden, als sie sich von dem politisie-

---

56 *Alt* [2]2008, S. 1262.
57 *Camden* 1615, ad annum MDLXI., § 2: „Scotorum regina interim Scotiam cogitans (praemissio d'Oisellio Gallo) Elizabetham rogavit, ut ipsa fide publica per mare in Scotiam traiiceret, et d'Oisellius per Angliam Sed Elizabetha, magna adstante multitudine, et hoc et illud omnino negavit, causa addita, quod illa tractatum Edenburgensem iuxta fidem datam nondum ratum habuisset. Si ratum haberet, singula promisit, sive per mare, sive per Angliam iter haberet, quae a regina, a cognata, et vicina expectari possent."
58 Einzig *Immer* 2005, S. 135, gesteht immerhin zu, dass dies „in den Augen Elisabeths vollends suspekt erscheinen" muss, lässt aber offen, ob dieser Verdacht politischen oder völkerrechtlichen Charakter hat.

renden Kirchenmann hat betören lassen, Wappen und Titel Elisabeths anzunehmen und „in den Kampf mit mir zu gehen" (III, 4, v. 2336–2339). Während Elisabeth als Folge dessen ihre Bereitschaft erklärt, einem Anschlag auf ihre eigene Person mit einer möglichen Hinrichtung Marias zuvorzukommen, beruft sich Maria erneut auf den Naturzustand, und zwar diesmal mit Blick auf die darin allein wirksame Geltungs*instanz*:

> „[ELISABETH]
> Doch Gott ist mit mir, und der stolze Priester
> Behält das Feld nicht – Meinem Haupte war
> Der Streich gedrohet, und das Eure fällt!
>
> MARIA
> Ich steh in Gottes Hand. Ihr werdet Euch
> So blutig Eurer Macht nicht überheben." (III, 4, v. 2344-2348)

Elisabeth hegt hingegen erhebliche Zweifel an einer supranationalen, wenn nicht sogar übernatürlichen Geltendmachung natur- und völkerrechtlicher Ansprüche, und zwar sowohl derjenigen Marias als auch ihrer eigenen:

> „Wer soll mich hindern? Euer Oheim gab
> Das Beispiel allen Königen der Welt,
> Wie man mit seinen Feinden Frieden macht,
> Die Sankt Barthelemi sei meine Schule!
> Was ist mir Blutsverwandtschaft, Völkerrecht?
> Die Kirche trennt aller Pflichten Band,
> Den Treubruch heiligt sie, den Königsmord,
> Ich übe nur, was Eure Priester lehren.
> Sagt! Welches Pfand gewährte mir für Euch,
> Wenn ich großmütig Eure Bande löste?
> Mit welchem Schloß verwahr ich Eure Treue,
> Das nicht Sankt Peters Schlüssel öffnen kann?
> Gewalt nur ist die einzge Sicherheit,
> Kein Bündnis ist mit dem Gezücht der Schlangen." (III, 4, v. 2349-2362)

Ob Elisabeth mit ihrer Geringschätzung von Blutsverwandtschaft und Völkerrecht schon einen uneingeschränkten Absolutismus für sich in Anspruch nimmt, also die Geltung natürlicher und göttlicher Rechte bezweifelt, ist nicht einmal ausgemacht: Blutsverwandtschaft als solche spielt in keinem der Naturrechtstraktate der Aufklärung eine nennenswerte Rolle; das Völkerrecht leidet schon allgemein an den oben skizzierten Problemen. Elisabeth im Besonderen zielt auf das Folgende ab: Mit ihrer Klage, „[d]ie Kirche trennt *aller* Pflichten Band", ist das überpositive Naturrecht nur genauso wie das positive Völkergemeinrecht angesprochen. Entscheidend für die Interpretation dieser Passage ist, dass Elisabeth hier mit keinem Wort die *objektive Geltung* von Natur- und Völkerrecht anzweifelt, sondern erhebliche Zweifel an der *subjektiven Verbindlichkeit* derselben äußert: „Was ist *mir* Blutsverwandtschaft, Völkerrecht?", *„Die Kirche* trennet aller Pflichten Band". Schiller legt der englischen Königin damit das Kernargument der Naturzustandsanalyse des Thomas Hobbes in den Mund: Im Naturzustand ist in Ermangelung (schieds)gerichtlicher Instanzen jeder selbst Richter seiner Handlungen.[59] Die objektiv gültigen Naturrechtsnormen verlieren deshalb umso mehr an subjektiver Verbindlichkeit für eine Person, je mehr sie durch eine andere zu fürchten hat; dies gilt nicht zuletzt dann, wenn ausgerechnet die Kirche als *vicaria Dei* sich nicht mehr an das Naturrecht hält. Damit wandelt Schiller die ursprünglich apriorische, also unter allen Umständen geltende Naturzustandstheorie Hobbes' in eine empirische um: Würden sich die internationalen Akteure, allen voran die katholische Kirche, an das Naturrecht halten, erhielte dieses wenigstens eine gewisse intersubjektive Verbindlichkeit. Elisabeth erweist sich folglich *erstens* nicht als fundamentale Säkularistin oder Atheistin, die behauptete, dass göttliche Normativität schlechterdings inexistent oder irrelevant sei. Sie beklagt vielmehr deren Wirkungslosigkeit vor dem Hintergrund einer naturzuständlichen Amoralität aller Akteure, die sich auch und vor allem im politischen Handeln der Papstkirche manifestiere. *Zweitens* erweist sich Elisabeth nicht als taub für das von Maria selbst vorgetragene Naturzustandsargument, demzufolge diese als *regina legibus soluta* den englischen Gesetzen genauso wenig wie den schottischen unterworfen und jeder weltliche Prozess gegen sie je schon Unrecht sei. Elisabeth geht durchaus auf den Naturzustand ein und bestimmt diesen ebenso wie Maria als einen vor- bzw. überpositiven Rechtszustand. Während die Schottin jedoch den Naturzustand als Zustand der Sicherheit vor positivem Recht ansieht, bestimmt Elisabeth den *status naturalis* wieder ganz im Sinne Hobbes' als Zustand allergrößter Rechtsunsicherheit, in dem allein das Recht des Stärkeren gilt: „Gewalt nur ist die einzge Sicherheit." Dieser Abschluss ihrer völkerrechtlichen Argumentation ist allerdings keineswegs eine bloß hobbessche Schlusspointe, sondern auch Achenwall kann nicht umhin zuzugeben, dass in einem naturzuständlichen Konflikt, sofern eine friedliche Einigung nicht gelingt, „jeder der Streitenden das Recht hat, bei seiner Meinung zu bleiben" und folglich „die Entscheidung mit Waffen gesucht werden" muss.[60] Die bitterste und doch für das Dramenende bedeutende Schlussfolgerung zieht einmal mehr Kant:

---

59 *Hobbes* 1994 [1647], S. 57-327, hier S. 81 f. (cap. 1, §§ 9 f.): „Ob nun aber die Mittel, die er gebrauchen, und die Handlungen, die er ausführen will, zur Erhaltung seines Lebens und seiner Glieder notwendig sind oder nicht, darüber ist er selber nach dem Naturrecht Richter. [...] Die Natur hat jedem ein Recht auf alles gegeben." / *Hobbes* 1647, S. 12 (cap. 1, §§ 9 f.): „Utrum autem media quibus usurus quispiam est, & actio quam acturus est, ad conservationem vitæ vel membrorum suorum necessaria sint necne, *ipse* iure naturali *judex est* [...] Natura dedit *unicuique jus in omnia*." Hvhb. im Original.
60 *Achenwall/Pütter* 1995 [1750], S. 168 f. (lib. 1, cap. 3, § 531): „Quodsi in placidam rationem non consentiunt, armorum iudicium experiendum. In lite de debito dubio uterque litigantium suo iudicio standi ius habet." Vgl. *Rother* 2014, S. 645.

„[W]eil der eine seine Pflicht gegen den andern übertritt, der gerade ebenso rechtswidrig gegen jenen gesinnt ist, so *geschieht* ihnen beiderseits ganz recht, wenn sie sich untereinander aufreiben, doch so, daß von dieser Rasse immer noch genug übrigbleibt, um dieses Spiel bis zu den entferntesten Zeiten nicht aufhören zu lassen [...].“[61]

6. *Volonté générale*

Als Elisabeth den ausgefertigten Hinrichtungsbefehl Marias liest, stößt sie nur ein „O Gott!“ aus (IV, 8, v. 3067). Burleigh deutet den elliptischen Ausruf offensichtlich als *Gott bewahre!*, denn er entgegnet der Königin umgehend, dass das Todesurteil nicht nur vom Volk verlangt wird, das in diesem Augenblick „den Palast umlagert“ (IV, 7, v. 3053), sondern auch und gerade deshalb gottgewollt ist:

> „[...] Gehorche
> Der Stimme des Volks, sie ist die Stimme Gottes.“ (IV, 8, v. 3067 f.)

Burleigh versucht hier seine – unten noch genauer zu erläuternde – staatskluge Argumentation zu popularisieren, indem er sich auf den hörbaren Mehrheitswillen des Volkes, und zugleich zu moralisieren, indem er sich auf den Willen Gottes beruft. Dabei benutzt er mit der Formel *die Stimme des Volkes ist die Stimme Gottes* ein Diktum, das in seiner lateinischen Version zuerst vom Berater Karls des Großen, Alkuin, um das Jahr 798 in einem Brief an den künftigen ersten Kaiser des Frankenreiches benutzt wurde, und zwar nicht affirmativ, sondern negativ:

> „Das Volk ist den göttlichen Anweisungen gemäß zu führen, ihm ist nicht zu folgen; und diese Anweisungen werden eher mit Blick auf das Zeugnis der sittlichen Person ausgewählt. Man darf nicht auf diejenigen hören, die zu sagen pflegen: ‚Die Stimme des Volks ist die Stimme Gottes‘. Denn der eilige Lärm des Volks ist der Tollheit nahe. Es ist ein allgemeines Sprichwort: ‚Vom Strengen bleibt etwas übrig, vom Milden aber bleibt nichts übrig.‘ Man muss gleichwohl die Beständigkeit mit Weisheit verwalten und die Weisheit mit Beständigkeit vervollkommnen, sodass die Beständigkeit weise und die Weisheit beständig ist.“[62]

Die ursprüngliche Quelle von Burleighs Sentenz widerspricht folglich nicht nur ihrer Gültigkeit, sondern auch seiner Überzeugung, dass Strenge Erfolgsbedingung des politischen Überlebens, Milde Ursache des Untergangs sei.

---

61 *Kant* 1992 [1796], S. 95 (AA VIII, 380).
62 *Alcuinus* 1895 [798?], S. 199 (§§ 9 f.): „Populus iuxta sanctiones divinas ducendus est, non sequendus; et ad testimonium personae magis eluguntur honestae. Nec audiendi qui solent dicere: ‚Vox populi, vox Dei‘, cum tumultuositas vulgi semper insaniae proxima sit. Vulgare proverbium est: ‚De duro superatur aliquid, de molli vero remanet nihil‘. Debet tamen et sapientia ministrare constantiam, et constantia perficere sapientiam, ut sit constantia sapiens, et sapientia constans.“

Eine affirmative Verwendung der Formel findet sich bei dem von der *Maria Stuart*-Forschung vernachlässigten Jean-Jacques Rousseau,[63] der sie 1755 in seinem *Discours sur l'œconomie politique* in der folgenden Weise verwendet:

> „Bedauerlicherweise widerspricht das persönliche Interesse immer im Gegensatz zur Pflicht und nimmt in dem Maße zu, in dem die Vereinigung geschlossener und die Verpflichtung weniger heilig wird: ein unüberwindbarer Beweis dafür, dass der allgemeinste Wille immer auch der gerechteste ist und dass die Stimme des Volks im Effekt die Stimme Gottes ist. Daraus folgt jedoch nicht, dass die öffentlichen Entscheidungen immer gerecht sind; sie können es gar nicht sein, wenn es sich um äußere Angelegenheiten handelt. Den Grund dafür habe ich genannt."[64]

Rousseau identifiziert die Stimme des Volkes nur insofern mit der Stimme Gottes, als sie durch den allgemeinen Willen (*volonté générale*) bestimmt wird. Folglich bestimmt Rousseau bei näherem Hinsehen die Stimme des Volkes nicht durch jenen empirischen – und damit immer raumzeitlich eingeschränkten – Mehrheitswillen, den Burleigh als *vox populi* auszeichnet.[65]

Elisabeth, obgleich sie auf diese Behauptung Burleighs *„unentschlossen mit sich selbst kämpfend"* reagiert, erkennt deren Mängel genau und kann somit gute Gründe für diese Unentschlossenheit anführen:

> „O meine Lords! Wer sagt mir, ob ich wirklich
> Die Stimme meines ganzen Volks, die Stimme
> Der Welt vernehme! Ach wie sehr befürcht ich,
> Wenn ich dem Wunsch der Menge nun gehorcht,
> Daß eine ganz verschiedne Stimme sich
> Wird hören lassen – ja daß eben die,
> Die jetzt gewaltsam zu der Tat mich treiben,
> Mich, wenns vollbracht ist, strenge tadeln werden!" (IV, 8, v. 3069-3076)

Auf den ersten Blick scheint Elisabeth dem Prinzip der Mehrheitlichkeit dasjenige der Einstimmigkeit entgegenzuhalten, wenn sie den „Wunsch der Menge" der Stimme des „ganzen Volks" gegenüberstellt. Mithin scheint auch sie rein quantitativ zu argumentieren. Auf den zweiten Blick jedoch benennt die Königin einen entscheidenden qualitativen Mangel, der Mehrheitlichkeit *und* Einstimmigkeit auszeichnet, nämlich die empirische Instabilität beider: Denn dass sie „dem Wunsch der Menge *nun* gehorcht", schließt in der Tat keineswegs aus, dass dieser Wunsch zu einem spä-

---

63 Siehe lediglich die nicht näher erläuterte Feststellung von *Müller-Seidel* 2009, S. 57: „Montesquieu und Rousseau sind die bevorzugten Autoren, an denen sich der Dramatiker orientiert."

64 *Rousseau* 1977 [1755], S. 34 f.: „Mais malheureusement l'intérêt personnel se trouve toujours en raison inverse du devoir, et augmente à mesure que l'association devient plus étroite et l'engagement moins sacré : preuve invincible que la volonté la plus générale est aussi toujours la plus juste, et que la voix du peuple est en effet la voix de Dieu. Il ne s'ensuit pas pour cela que les délibérations publiques soient toujours équitables ; elles peuvent ne l'être pas lorsqu'il s'agit d'affaires étrangères ; j'en ai dit la raison." Übers. leicht geändert.

65 Vgl. *Schulz* 2016.

teren Zeitpunkt ein anderer sein kann. Insofern hat Elisabeth allen Grund, Unentschlossenheit zu empfinden, weil die einstweilige Majorität für das Todesurteil ihm an Rechtlichkeit nichts hinzufügt. Hier erweist sich Schiller als genauer Leser von Rousseaus *Contrat social* (1762), in welchem der Genfer Staats- und Gesellschaftsphilosoph jene Unterscheidung der empirischen Mehr- und Einstimmigkeit (*Wille Aller / volonté de tous*) von dem systematischen vernünftigen Willen (allgemeiner Wille / *volonté générale*) präzisiert, die im genannten *Discours sur l'économie politique* bereits anklang:

> „Es gibt oft einen beträchtlichen Unterschied zwischen dem Gesamtwillen und dem Gemeinwillen; dieser sieht nur auf das Gemeininteresse, jener auf das Privatinteresse und ist nichts anderes als eine Summe von Sonderwillen; aber nimm von ebendiesen das Mehr und das Weniger weg, das sich gegenseitig aufhebt, so bleibt als Summe der Unterschiede der Gemeinwille. Wenn die Bürger keinerlei Verbindung untereinander hätten, würde, wenn das Volk wohlunterrichtet entscheidet, aus der großen Zahl der kleinen Unterschiede immer der Gemeinwille hervorgehen, und die Entscheidung wäre immer gut."[66]

Der allgemeine Wille bezeichnet mithin keine sozialpsychische Harmonie, sondern zeichnet sich gerade durch die rechtliche Gewährleistung der Verfolgung unterschiedlicher Sonderwillen aus, solange diese sich nur unterscheiden, aber nicht widersprechen. Wenn sich Sonderwillen widersprechen und folglich in Konflikt geraten, wird dies durch den Gesellschaftsvertrag nicht mehr nach dem naturständlichen Recht des Stärkeren, sondern mit staatlichen Rechtsmitteln geregelt, die nur den Widerspruch, aber nicht die Unterschiede dieser Sonderwillen auflösen und folglich die bürgerliche Freiheit *beider* Konfliktparteien wahren.[67] Diese Gewährleistung der Verfolgung unterschiedlicher Interessen, insofern sie mit den Interessen anderer nicht konfligieren, ist Gegenstand der *volonté générale*, weshalb diese Ausfluss der

---

66 *Rousseau* 2010 [1762], S. 62 f. (liv. 2, chap. 3): „Il y a souvent bien la différence entre la volonté de tous et la volonté générale ; celle-ci ne regarde qu'à l'intérêt commun, l'autre regarde à l'intérêt privé, et n'est qu'une somme de volontés particulieres : mais ôtez de ces mêmes volontés les plus et les moins qui s'entredétruisent, reste pour somme des différences la volonté générale. Si, quand le peuple suffisamment informé délibére, les Citoyens n'avoient aucune communication entre eux, du grand nombre de petites différences résulteroit toujours la volonté générale, et la délibération seroit toujours bonne."

67 Vgl. ebd., S. 44 f. (liv. 1, chap. 8): „Was der Mensch durch den Gesellschaftsvertrag verliert, ist seine natürliche Freiheit und ein unbegrenztes Recht auf alles, wonach ihn gelüstet und was er erreichen kann; was er erhält, ist die bürgerliche Freiheit und das Eigentum an allem, was er besitzt. Damit man sich bei diesem Ausgleich nicht täuscht, ist es notwendig, die natürliche Freiheit, die ihre Schranken nur in der Stärke des Individuums findet, deutlich von der bürgerlichen Freiheit zu unterscheiden, die durch den Gemeinwillen begrenzt ist [...]." / „Ce que l'homme perd par le contract social, c'est sa liberté naturelle et un droit illimité à tout ce qui le tente et qu'il peut atteindre ; ce qu'il gagne, c'est la liberté civile et la propriété de tout ce qu'il possede. Pour ne pas se tromper dans ces compensations, il faut bien distinguer la liberté naturelle qui n'a pour bornes que les forces de l'individu, de la liberté civile qui est limitée par la volonté générale [...]."

Vernunft und nicht einer empirischen Willensbekundung ist.[68] Dass mithin ein mehrheitlicher Volkswille über Maria Stuarts Hinrichtung nicht allgemein sein kann, weil er einem Minderheitswillen widerspricht, bzw. dass auch ein augenblicklich einstimmiger Volkswille nicht allgemein sein kann, weil er bereits einmal anders war und es gute Gründe gibt anzunehmen, dass er sich bald widersprechen wird, ist an dieser Stelle des Dramas gleichwohl kein neuer Einwand mehr, denn Talbot hatte bereits im Staatsrat zu bedenken gegeben:

> „Nicht Stimmenmehrheit ist des Rechtes Probe,
> England ist nicht die Welt, dein Parlament
> Nicht der Verein der menschlichen Geschlechter.
> Dies heutge England ist das künftge nicht,
> Wie's das vergangne nicht mehr ist – Wie sich
> Die Neigung anders wendet, also steigt
> Und fällt des Urteils wandelbare Woge." (II, 3, v. 1323-1329)

Der Wankelmut empirischer Willensbekundungen ist in diesem Kreis von Anwesenden also keine Neuheit mehr. Was Talbot im Staatsrat mit seiner Befürchtung, „[d]ies heutge England ist das künftge nicht", vorerst nur andeutete, spitzt er später noch zu, dass nämlich Volkes Meinung bereits, „wenns vollbracht ist", in ihr Gegenteil umschlagen und sich zu Elisabeths Nachteil auswirken kann.[69]

7. Burleigh vs. Talbot: Politischer Moralist vs. moralischer Politiker

Burleigh argumentiert insbesondere in der Staatsratsszene (II, 3) machiavellistisch, insofern er auf die politische Notwendigkeit als Maßstab für Elisabeths Handeln pocht.[70] Denn hier bildet seine Berufung auf den mehrheitlichen Volkswillen zunächst nur den Einstieg in seine Argumentation: „Es fodert / Das Haupt der Stuart." (II, 3, v. 1255 f.). Er verschweigt indessen nicht, dass es einen gegenteiligen Minderheitswillen gebe: „Nicht alle deine Briten denken gleich." (II, 3, v. 1261) Der Kanzler betrachtet diese Heterogenität des Volkswillens indessen nicht als rechtliches, sondern als politisch-technisches Problem. Problematisch erscheinen ihm die Anhänger des „römsche[n] Götzendienst[s]" (II, 3, v. 1263), insofern er von ihnen einen „grimmigen Vertilgungskrieg" befürchtet (II, 3, v. 1268), dem mit rechtlichen Argumenten nicht beizukommen wäre: „Denn dies Geschlecht der Lothringer erkennt / Dein heilig Recht nicht an." (II, 3, v. 1287 f.) Dieses Argument, welches den eigenen Rechtsbruch mit demjenigen des Feindes rechtfertigt, findet sich der Sache

---

68 *Ebbinghaus* 1988 [1958], S. 163 f.; *Geismann* 1982, S. 172-176.
69 Vgl. dazu die Missinterpretation Talbots als eines reaktionären Absolutisten durch *Kontje* 1992 S. 88 und 98.
70 *Neymeyr* 2005, S. 122; *Riedel* 2011, S. 27; *Nilges* 2012, S. 301; *Deiters* 2015 S. 197.

nach schon bei Machiavelli, „denn ein Mensch, der sich in jeder Hinsicht zum Guten bekennen will, muß zugrunde gehen inmitten von so viel anderen, die nicht gut sind".[71] Diese empirische Prämisse verbindet sich mit dem strategischen Ziel der Machterhaltung zur taktischen Unterordnung der Moral unter technisch-praktische Imperative: „Daher muß ein Fürst, wenn er sich behaupten will, die Fähigkeit erlernen, nicht gut zu sein, und diese anwenden oder nicht anwenden, je nach dem Gebot der Notwendigkeit."[72] Erst Thomas Hobbes jedoch formuliert dieses Problem mit Blick auf den zwischen Souveränen geltenden Naturzustand:[73]

> „Bei so vielen Gefahren, die durch die natürliche Begierde der Menschen jeden einzelnen täglich bedrohen, kann man ihn nicht tadeln, wenn er sich dagegen zu schützen sucht, ja er kann gar nicht den Willen haben, anders zu handeln. Denn jeder verlangt das, was gut, und fliegt das, was übel für ihn ist; vor allem flieht er das größte der natürlichen Übel, den Tod; und zwar infolge einer natürlichen Notwendigkeit, die nicht geringer ist als die, durch welche ein Stein zur Erde fällt. Es ist daher weder absurd noch tadelnswert noch gegen die rechte Vernunft, wenn der Mensch sich alle Mühe gibt, seine Glieder zu schützen und gesund zu bewahren. Was aber nicht gegen die rechte Vernunft geht, nennt jedermann richtig und mit Recht gehandelt. [...] Ob nun aber die Mittel, die er gebrauchen, und die Handlungen, die er ausführen will, zur Erhaltung seines Lebens und seiner Glieder notwendig sind oder nicht, darüber ist er selber nach dem Naturrecht Richter."[74]

Hobbes' Vergleich des menschlichen Überlebenswillens mit dem Fallen eines Steins hat nicht nur einen illustrativen Zweck, sondern zeigt, welchen Charakter jene „natürliche Notwendigkeit" hat, mit der möglicher Schaden antizipiert und abgewehrt wird, nämlich nicht denjenigen einer moralischen Notwendigkeit, sondern den einer naturgesetzlichen. Indem Hobbes an dieser Stelle seines *De Cive* folglich mithilfe der theoretischen Vernunft argumentiert, ist das aus dem anthropologischen Naturgesetz des Überlebenswillens abgeleitete Gebot, „seine Glieder zu schützen", ein technisch-praktischer Imperativ. Hobbes formuliert mithin ähnlich Machiavelli, aber mit

---

71 *Machiavelli* 2001 [1532], S. 118 f. (cap. XV): „perché uno uomo che voglia fare in tutte le parte professione di buono, conviene rovini infra tanti che non sono buoni."

72 Ebd.: „Onde è necessario a uno principe, volendosi mantenere, imparare a potere essere non buono, e usarlo e non l'usare secondo la necessità."

73 *Hobbes* 1994 [1647], S. 57-327, hier S. 207 (cap. 13, § 7): „[U]nter den verschiedenen Staaten besteht der Natur-, d.h. der Kriegszustand." / *Hobbes* 1647, S. 218 (cap. 13, § 7): „Status enim civitatum inter se *naturalis*, id est, hostilis est." Hvhb. im Original.

74 *Hobbes* 1994 [1647], S. 81 (cap. 1, §§ 7, 9) / *Hobbes* 1647, S. 11 f. (cap. 1, §§ 7, 9): „Inter tot pericula igitur quae quotidie à cupiditate hominum naturali unicuique eorum intenduntur, cavere sibi adeò vituperandum non est, ut aliter velle facere non possimus. Fertur enim unusquisque ad appetitionem ejus quod sibi bonum, & ad Fugam ejus quod sibi malum est, maximè autem maximi malorum naturalium, quae est mors; idque necessitate quadam naturae non minore, quam quâ fertur lapis deorsum. Non igitur absurdum neque reprehendendum neque contra rectam rationem est, si quis omnem operam det, ut à morte & doloribus proprium corpus & membra defendat conservetque. Quod autem contra rectam rationem non est, id justè & *Iure* factum omnes dicunt. [...] Urtrum autem media quibus usurus quispiam est, & actio quam acturus est, ad conservationem vitae vel membrorum suorum necessaria sint necne, *ipse jure naturali judex est*."

größerer anthropologischer Spezifität eine naturständliche Handlungslehre, welche die Formulierung moralisch-praktischer Imperative je schon verunmöglicht – und sich insofern von seiner tatsächlich rein juridischen Analyse des naturständlichen *ius omnium in omnia* wenig später kategorisch unterscheidet.[75] Schiller lässt seinen Burleigh im Sinne des Anthropologen Hobbes argumentieren, wenn er der Situation zwischen Stuart und Elisabeth dieselbe Symmetrie zuschreibt wie Hobbes dem *status naturalis* und hieraus den technisch-praktischen Imperativ ableitet, Maria hinrichten zu lassen: „Du mußt den Streich erleiden oder führen. / Ihr Leben ist dein Tod! Ihr Tod dein Leben!" (II, 3, v. 1293 f.).[76]

Burleigh merkt, dass seine rein auf technische Notwendigkeit abstellende Argumentation bei Elisabeth selbst nach dem Eklat in Fotheringhay und dem neuerlichen Attentat (noch) wirkungslos ist; deshalb versucht er in seiner zweiten Debatte mit Talbot über Notwendigkeit und Rechtfertigung der Hinrichtung Marias (IV, 9), seine pragmatischen Argumente um scheinbar moralische zu ergänzen:

> „[...] Nun bei Gott!
> Wenn ich so ganz unkönigliche Worte
> Aus meiner Königin Mund vernehmen muß,
> So wärs Verrat an meiner Pflicht, Verrat
> Am Vaterlande, länger stillzuschweigen.
> – Du sagst, du liebst dein Volk, mehr als dich selbst,
> Das zeige jetzt! Erwähle nicht den Frieden
> Für *dich* und überlaß das Reich den Stürmen.
> – Denk an die Kirche! Soll mit dieser Stuart
> Der alte Aberglaube wiederkehren?

---

75 *Hobbes* 1994 [1647], S. 82 f. (cap. 1, §§ 10, 12): „Die Natur hat jedem ein Recht auf alles gegeben; d. h. in dem reinen Naturzustande oder ehe noch die Menschen durch irgendwelche Verträge sich gegenseitig gebunden hatten, war es jedem erlaubt zu tun, was er wollte und gegen wen er es wollte, und alles in Besitz zu nehmen, zu gebrauchen und zu genießen, was er wollte und konnte. [...] Nimmt man nun zu der natürlichen Neigung der Menschen, sich gegenseitig Schaden zuzufügen, [...] dies Recht aller auf alles hinzu, nach welchem der eine mit Recht angreift und der andere mit Recht Widerstand leistet, und aus welchem stetes Mißtrauen und Verdacht nach allen Seiten hin hervorgeht, [...] so kann man nicht leugnen, daß der natürliche Zustand der Menschen, bevor sie zur Gesellschaft zusammentraten, der *Krieg* gewesen ist, und zwar nicht der Krieg schlechthin, sondern der Krieg aller gegen alle." / *Hobbes* 1647, S. 12 f., 14 (cap. 1, §§ 10, 12): „Natura dedit *unicuique jus in omnia*. (Hoc est, in statu merè naturali, sive antequam homines ullis pactis sese invicem obstrinxissent, unicuique licebat facere quaecunque & in quoscunque libebat, & possidere, uti, frui omnibus quae volebat & poterat.) [...] Ad naturalem hominum proclivitatem ad se mutuo lacessendum [...] si addas jam jus omnium in omnia, quo alter *jure* invadit, alter *jure* resistit, atque ex quo oriuntur omnium adversus omnes perpetuae suspiciones & studium [...] negari non potest quin status hominum naturalis antequam in societatem coiretur Bellum fuerit; neque hoc simpliciter, sed bellum omnium in omnes." Hobbes' Staatsgründungstheorie ist mithin überdeterminiert, weil sowohl mithilfe der theoretischen als auch mithilfe der praktischen Vernunft begründet, ohne das eine auf die andere angewiesen wäre oder etwas an Beweiskraft hinzufügen könnte. Vgl. in *Geismann* 1982, S. 168, Anm. 25; *Stiening* 2005.

76 Siehe zu diesem intertextuellen Bezug zu Hobbes einzig *Tang* 2011, S. 162.

Der Mönch aufs neu hier herrschen, der Legat
Aus Rom gezogen kommen, unsre Kirchen
Verschließen, unsre Könige entthronen?
– Die Seelen aller deiner Untertanen,
Ich fodre sie von *dir* – Wie du jetzt handelst,
Sind sie gerettet oder sind verloren.
Hier ist nicht Zeit zu weichlichem Erbarmen,
Des Volkes Wohlfahrt ist die höchste Pflicht;
Hat Shrewsbury das Leben dir gerettet,
So will *ich* England retten – das ist mehr!" (IV, 9, v. 3165-3184)

Mit dem Seelenheil der englischen Protestanten bestimmt Burleigh nunmehr einen Staatszweck, durch den jeder Konflikt mit der Gegenreformation nicht nur erlaubt, sondern sogar geboten ist. Das Seelenheil der Untertanen würde durch eine Begnadigung Marias und die daraufhin befürchtete Erhebung einer katholischen *New Alliance* gefährdet und damit gegen die moralische Verpflichtung gegenüber dem Gemeinwohl – „des Volkes Wohlfahrt" – verstoßen. In dieser Weise die Moral an politischen Strategemen ausrichtend, erweist sich Burleigh als *politischer Moralist* im Sinne von Immanuel Kants Friedensschrift (1795), „der sich eine Moral so schmiedet, wie es der Vorteil des Staatsmanns sich zuträglich findet".[77] Für die Analyse der Figurenkonzeption Burleighs ist die von Kant bereits in der *Kritik der Urteilskraft* (1790) hervorgehobene und von Schiller in der *Ästhetischen Erziehung* übernommene Erkenntnis wichtig, dass technisch-praktisch Imperative nicht der praktischen Vernunft zugehören, sondern der theoretischen Vernunft, weil sie sich nicht wie moralisch-praktische Imperative an der Maxime der Freiheit orientieren.[78] Die von Burleigh vertretene Staatsklugheit ist daher ausdrücklich nicht Gegenstand der praktischen

---

77 *Kant* 1992 [1796], S. 86 (AA VIII, 372).
78 *Kant* 2009 [1790], S. 9 (AA V, 171 f.): „Es hat aber bisher ein großer Mißbrauch mit diesen Ausdrücken zur Einteilung der verschiedenen Prinzipien und mit ihnen auch der Philosophie geherrscht: indem man das Praktische nach Naturbegriffen mit dem Praktischen nach dem Freiheitsbegriffe für einerlei nahm, und so unter denselben Benennungen einer theoretischen und praktischen Philosophie eine Einteilung machte, durch welche (da beide Teile einerlei Prinzipien haben konnten) in der Tat nichts eingeteilt war. Der Wille als Begehrungsvermögen ist nämlich eine von den mancherlei Naturursachen in der Welt, nämlich diejenige, welche nach Begriffen wirkt; und alles, was als durch einen Willen möglich (oder notwendig) vorgestellt wird, heißt praktisch-möglich (oder -notwendig); zum Unterschiede von der physischen Möglichkeit oder Notwendigkeit einer Wirkung, wozu die Ursache nicht durch Begriffe (sondern, wie bei der leblosen Materie, durch Mechanismus und bei Tieren durch Instinkt) zur Kausalität bestimmt wird. – Hier wird nun in Ansehung des Praktischen unbestimmt gelassen: ob der Begriff, der der Kausalität des Willens die Regel gibt, ein Naturbegriff oder ein Freiheitsbegriff sei. Der letztere Unterschied aber ist wesentlich. Denn ist der die Kausalität bestimmende Begriff ein Naturbegriff, so sind die Prinzipien *technisch-praktisch*; ist er aber ein Freiheitsbegriff, so sind diese *moralisch-praktisch*."

Philosophie,[79] was Kant in der Schiller ebenfalls bekannten Schrift *Zum ewigen Frieden*[80] zu dem folgenden Verdikt solcherlei politischer Moralisten führt:

> „Statt der Praxis, deren sich diese staatskluge [sic] Männer rühmen, gehen sie mit *Praktiken* um, indem sie bloß darauf bedacht sind, dadurch, daß sie der jetzt herrschenden Gewalt zum Munde reden (um ihren Privatvorteil nicht zu verfehlen), das Volk und womöglich die ganze Welt preiszugeben [...].“[81]

Schiller stellt mit seinem Burleigh einen staatsklugen Mann vor Augen, der in IV, 9 weder der herrschenden Elisabeth nach dem Munde redet, ja ihr sogar widerspricht, noch um seines Privatvorteils willen das Volk preiszugeben beabsichtigt, und *gleichwohl* nur technisch-praktisch argumentiert. Denn selbst wenn es ihm nicht um seinen eigenen Privatvorteil zu tun ist, so kann er mit seiner Berufung auf den Mehrheitswillen nicht mehr als die schon von Rousseau kritisierte *volonté de tous* zu seinen Gunsten anführen, mithin eine Summe mehrerer Privatvorteile. Burleighs Akzentuierung der *volonté de tous* ist folglich nur ein kollektiver Prudentialismus, der durch seine Mehrstimmigkeit dem staatsklugen Handeln nichts an Moralität hinzufügt, nichts von seinem Machiavellismus verliert. Schiller kombiniert in der Figur Burleigh mithin seine Kritiken an Machiavellismus, politischem Moralismus und *volonté de tous*.

Graf Talbot, Graf von Shrewsbury, stellt in dieser Hinsicht den Gegenpart zu Burleigh dar. Er argumentiert insbesondere in der Staatsratsszene (II, 3) moralisch, wobei er in seinen Aufforderungen an Elisabeth diese Moralität gleich in dreierlei Aspekten begrifflich schärft: *Erstens* weist er auf die rechtliche Unzulänglichkeit empirischer Mehrheitswillen bzw. der *volonté de tous* hin. *Zweitens* betont er die moralische Indifferenz des von Talbot gestärkten *theoretischen* Notwendigkeitsbegriffs für ein Handeln, dessen Maxime Freiheit ist und bleiben muss:

> „Sag nicht, du müssest der Notwendigkeit
> Gehorchen und dem Dringen deines Volks.
> Sobald du willst, in jedem Augenblick
> Kannst du erproben, daß dein Wille frei ist.“ (II, 3, v. 1330-1333)

Drittens hebt er die exklusive Moralität seines Vorschlags zur Gnade durch den Hinweis auf seine eigene persönliche Situation hervor:

---

79 *Kant* 2009 [1789/90], S. 486: „Man hat Staatsklugheit und Staatswirthschaft, Haushaltungsregeln, imgleichen die des Umgangs, Vorschriften zum Wohlbefinden und Diätetick, so wohl der Seele als des Körpers (warum nicht gar alle Gewerbe und Künste?) zur practischen Philosophie zählen zu können geglaubt; weil sie doch insgesammt einen Innbegriff practischer Sätze enthalten. Allein practische Sätze sind zwar der Vorstellungsart, darum aber nicht dem Innhalte nach von den theoretischen, welche die Möglichkeit der Dinge und ihre Bestimmungen enthalten, unterschieden, sondern nur die allein, welche die Freyheit unter Gesetzen betrachten.“
80 *Schäublin* 1986, S. 142.
81 *Kant* 1992 [1796], S. 88 (AA VIII, 373). Vgl. den Hinweis auf die Friedenschrift bei *Neymeyr* 2005, S. 120 f.

130

„[...] So vergönne mir,
Dem alten Manne, den am Grabesrand
Kein irdisch Hoffen mehr verführen kann,
Daß ich die Aufgegebene beschütze." (II, 3, v. 1353-1356)

Er betont, dass sein Alter ihm auf einen privaten Vorteil zu hoffen ohnehin nicht erlaubt und seine Argumentation folglich diejenige Allgemeinheit für sich beanspruchen kann, welche er der Argumentation Burleighs abspricht. Seine Argumentation leide weder an den Mängeln eines Einzelwillens noch an denen der *volonté de tous* als bloßer Summe von Einzelwillen. In IV, 9 befürchtet Talbot anders als Burleigh, dass seine rein auf moralische Pflicht abstellende Argumentation bei Elisabeth gerade nach dem Eklat in Fotheringhay und durch das neuerliche Attentat auf sie auf taubere Ohren stößt als schon zuvor; deshalb versucht er in dieser zweiten Debatte mit Burleigh über Notwendigkeit und Rechtfertigung der Hinrichtung Marias, seine moralischen Argumente um pragmatische zu ergänzen:[82]

„Ich will die Stimme der Gerechtigkeit
Jetzt nicht erheben, jetzt ist nicht die Zeit,
Du kannst in diesem Sturme sie nicht hören.
Dies eine nur vernimm! Du zitterst jetzt
Vor dieser lebenden Maria. Nicht
Die Lebende hast du zu fürchten. Zittre vor
Der Toten, der Enthaupteten. Sie wird
Vom Grab erstehen, eine Zwietrachtsgöttin,
Ein Rachegeist in deinem Reich herumgehn,
Und deines Volkes Herzen von dir wenden.
Jetzt haßt der Brite die Gefürchtete,
Er wird sie *rächen*, wenn sie nicht mehr ist.
Nicht mehr die Feindin seines Glaubens, nur
Die Enkeltochter seiner Könige,
Des Hasses Opfer und der Eifersucht
Wird er in der Bejammerten erblicken!
Schnell wirst du die Veränderung erfahren.
Durchziehe London, wenn die blutge Tat
Geschehen, zeige dich dem Volk, das sonst
Sich jubelnd um dich her ergoß, du wirst
Ein andres England sehn, ein andres Volk
Denn dich umgibt nicht mehr die herrliche
Gerechtigkeit, die alle Herzen dir
Besiegte! *Furcht*, die schreckliche Begleitung

---

82   So auch *Köhnke* 1996, S. 105.

Der Tyrannei, wird schaudernd vor dir herziehn,
Und jede Straße, wo du gehst, veröden.
Du hast das Letzte, Äußerste getan,
Welch Haupt steht fest, wenn dieses heilge fiel!" (IV, 9, v. 3111-3138; Hvhb. im Original)

Dieses pragmatische Argument ist *einerseits* in der Tat rein prudentiell, insofern es von der „Stimme der Gerechtigkeit" abstrahiert und rein theoretisch-vernünftig verfährt: Es wägt mögliche Wirkungen ab, die man mit einer Hinrichtung Marias verursachen kann, gegen diejenigen, die aus einer Begnadigung Marias hervorgingen. Die aus der Hinrichtung der Rivalin zu befürchtenden Folgen, nämlich die innenpolitische ,Verteufelung' Elisabeths als Tyrannin, würde den schlimmstenfalls zu befürchtenden Effekt einer Begnadigung, das Erstarken einer außenpolitischen *New Alliance* weit übertreffen. Damit widerspricht Talbot nicht nur Burleigh, sondern auch Machiavelli, der Furcht als kalkulierbares Instrument von Herrschaft guthieß,[83] während er sie als zwar kalkulier-, aber nicht kontrollierbare Wirkung von Herrschaft zurückweist. Sein Rat zur Begnadigung an dieser Stelle ergeht folglich als technisch-praktischer Imperativ. *Andererseits* steht dieser mit seiner moralischen Position nicht in Widerspruch, sondern ist mit dieser kompatibel, weil sein in II, 3 formulierter moralisch-praktischer Imperativ und sein in IV, 9 aufgestellter technisch-praktischer Imperativ in der geforderten Handlung übereinstimmen: der Begnadigung. In dieser Weise die politische Taktik mit moralischen Maximen abgleichend, erweist sich Talbot als *moralischer Politiker* im Sinne von Kants Friedensschrift, „der die Prinzipien der Staatsklugheit so nimmt, daß sie mit der Moral zusammen bestehen können".[84]

8. Notstaat statt moralischer Staat

Auf Bezüge der späten Dramatik Schillers zu seiner ästhetischen Theorie von 1795 wurde zu Recht hingewiesen; diese Hinweise zielen meist auf die individualethische Spannung zwischen menschlicher Natur und menschlicher Freiheit bei Maria bzw. Elisabeth.[85] An dieser Stelle soll es verstärkt um eine sozialtheoretische Parallele gehen, d. h. dass *Maria Stuart* in poetischer Form nochmals dasjenige Problem, wenn nicht löst, so doch verhandelt, das Schiller an den Beginn seiner *Ästhetischen Erziehung* gestellt hatte. Elisabeth beklagt in ihrem letzten Monolog, bevor sie den Hinrichtungsbefehl unterzeichnet, ihre Situation wie folgt:

---

83 *Machiavelli* 2001 [1532], S. 126-135 (cap. XVII).
84 *Kant* 1992 [1796], S. 86 (AA VIII, 372); vgl. *Stiening* 2018a, S. 270 f.
85 *Schiller* 2004 [1795], S. 664; vgl. *Müller-Seidel* 1990, S. 437 f.; *Köhnke* 1996, S. 109; *Greiner* 2005, S. 58 f.; *Chouk* 2007, S. 235-237; *Riedel* 2011, S. 30; *Sieg* 2016, S. 496; siehe die interessanten Überlegungen mit Blick auf Elisabeths Situation *und* Vorgeschichte bei *Schäublin* 1986, S. 174.

„Das Muster, das ich selber gab, verdammt mich!
War ich tyrannisch, wie die spanische
Maria war, mein Vorfahr auf dem Thron, ich könnte
Jetzt ohne Tadel Königsblut versprützen!
Doch wars denn meine eigne freie Wahl
Gerecht zu sein? Die allgewaltige
Notwendigkeit, die auch das freie Wollen
Der Könige zwingt, gebot mir diese Tugend." (IV, 10, v. 3204-3211)

Nicht zum ersten Mal im Drama besteht Elisabeth darauf, dass ihr Regierungshandeln bislang stets gut gewesen sei und die Tötung Marias ihren ersten tyrannischen Akt darstelle. Unter anderem deshalb war sie schließlich vor Burleighs Rat, sich der politischen Notwendigkeit zu unterwerfen, zurückgeschreckt: Sie befürchtete, mit einer solchen Unterwerfung unter den *status necessitatis* ihre Freiheit aufzugeben. In diesem Monolog ändert Elisabeth jedoch die Voraussetzungen dieser Bewertung, insofern ihr bisher tugendhaftes Handeln nur genauso aus dem Gebot der Notwendigkeit und somit nicht aus der Maxime der Freiheit erfolgt sei. Damit aber entbehrte ihr Handeln je schon der entscheidenden Voraussetzung echter Moralität im aufklärerischen Sinne; so hatte etwa bereits Samuel Pufendorf definiert: „Notwendiges kann dem Menschen nicht zugerechnet werden."[86] Nicht erst jetzt und nicht erst mit der Hinrichtung Marias ist Elisabeths Regierungshandeln unfrei gewesen. Elisabeth stellt mithin dieselbe Diagnose wie Schiller selbst im dritten Brief der *Ästhetischen Erziehung des Menschen*: Die praktische Vernunft wird bislang nicht einmal auf dem ihr eigentlich eigenen Felde der politischen und gesellschaftlichen Praxis realisiert. Die Notwendigkeit der Staatsgründung und -erhaltung, wie sie Hugo Grotius aus einem Vergemeinschaftungs*trieb* (*appetitus societatis*)[87] und Pufendorf aus der menschlichen Imbezillität abgeleitet hatten,[88] stellt nur einen technisch-praktischen Imperativ der theoretischen Vernunft dar, jedoch noch keinen moralisch-praktischen Imperativ der praktischen Vernunft:[89]

„Die Natur fängt mit dem Menschen nicht besser an als mit ihren übrigen Werken: sie handelt für ihn, wo er als freie Intelligenz noch nicht selbst handeln kann. Aber eben das macht ihn zum Menschen, daß er bei dem nicht stillesteht, was die bloße Natur aus ihm

---

86 *Pufendorf* 1998 [1672], Hbd. 1, lib. I, cap. 5, § 6: „Imputari non possunt homini necessaria."
87 *Grotius* 1631, proleg., § 6: „[N]am homo animans quidem est, sed eximium animans, multoque longius distans à caeteris omnibus quam caeterorum genera inter se distant: cui re testimonium perhibent multae actiones humani generis propriae. Inter haec autem quae homini sunt propria, est appetitus societatis, id est communitatis, non qualiscunque, sed tranquillae & pro sui intellectus modo ordinatae cum his qui sui sunt generis: quam οἰκείωσιν Stoici appellabant." *Stiening* 2018b, S. 212-224.
88 *Pufendorf* 1998 [1672], Hbd. 1, lib. II, cap. 3, § 14: „Praeter hunc amorem sui, studiumque seipsum omnibus modis conservandi, deprehenditur quoque in homine summa imbecillitas, atque naturalis indigentia, ut si homo solus absque ullo auxilio, per alios homines accedente, in hoc orbe destitutus concipiatur, vita ipsi in poenam data videri possit." Vgl. *Bach* 2013, S. 25-33.
89 *Kant* 2009 [1790], S. 9 (AA V, 171 f.).

machte, sondern die Fähigkeit besitzt, die Schritte, welche jene mit ihm antizipierte, durch Vernunft wieder rückwärts zu tun, das Werk der Not in ein Werk seiner freien Wahl umzuschaffen und die physische Notwendigkeit zu einer moralischen zu erheben. Er kommt zu sich aus seinem sinnlichen Schlummer, erkennt sich als Mensch, blickt um sich her und findet sich – in dem Staate. Der Zwang der Bedürfnisse warf ihn hinein, ehe er in seiner Freiheit diesen Stand wählen konnte; die Not richtete denselben nach bloßen Naturgesetzen ein, ehe *er* es nach Vernunftgesetzen konnte."[90]

Der Mensch bedarf zwar einerseits seiner Natur wegen des Staates, um überleben zu können; andererseits ist dieser Notstaat solange kein moralischer Staat, wie der Mensch nicht all jene aus der Not geborenen Institutionen auch durch seinen freien Willen bekräftigt. Auch in der menschlichen Praxis herrschen bislang nur die technisch-praktischen Imperative der theoretischen Vernunft. In die an sich schon anschauliche Überlegung seines dritten ästhetischen Briefes setzt Schiller nun gleichermaßen die englische Königin ein: In *Maria Stuart*, IV, 10, erkennt Elisabeth „sich als Mensch, blickt um sich her und findet sich – in dem Staate".[91] Als Einzelmensch jedoch ist es ihr unmöglich, „das Werk der Not" in ein Werk ihrer „freien Wahl umzuschaffen und die physische Notwendigkeit zu einer moralischen zu erheben", denn die subjektive Verbindlichkeit moralischer Normen für Elisabeth ist wirkungslos, solange sie nicht auch intersubjektive Verbindlichkeit erlangen. Schiller ist es ein wichtiges Anliegen, dass seine *Ästhetische Erziehung* nur kollektiv wirksam sein kann und darum behutsam sein muss: Solange nämlich nicht alle Menschen tatsächlich frei und somit moralisch zu urteilen in der Lage sind, ist der Notstaat noch nicht verlassen und der moralische Staat noch nicht erreicht, und es wäre töricht, ersteren abzuschaffen, wenn letzterer noch nicht realisiert ist. Schillers Satz, „[e]s mag also sein, daß die objektive Menschheit Ursache gehabt hätte, sich über den Staat zu beklagen; die subjektive muß seine Anstalten ehren",[92] bildet den Kern einer Kritik an der Französischen Revolution, die gleichwohl als solche Kritik nicht reaktionär, sondern evolutionär sein will. Dieser Satz aus dem dritten ästhetischen Brief bildet jedoch auch den Kern des Dramenendes von *Maria Stuart*: So sehr Elisabeth als Denkerin der objektiven, tugendhaften Menschheit Ursache hat und noch weiter haben wird, „sich über den Staat zu beklagen", so sehr muss Elisabeth als politische Vertreterin der subjektiven Menschheit „seine Anstalten ehren" – was in ihrem Falle heißt: sich selbst als politisch-pragmatische Herrscherin. Mit ihrer Unterschrift unter den Vollstreckungsbefehl anerkennt Elisabeth die politische Notwendigkeit, und gleichwohl verspricht sie sich gerade aus diesem Akt Freiheit: „Ist sie aus den Lebendigen vertilgt, / Frei bin ich, wie die Luft auf den Gebirgen." (IV, 10, v. 3237 f.). Da es sich bei dieser Freiheit *weder* um eine theoretisch-vernünftig unmögliche

---

90 *Schiller* 2004 [1795], S. 573 f., Hervorhebung im Text.
91 Vgl. *Ingen* 2008, S. 307.
92 *Schiller* 2004 [1795], S. 580.

noch um eine praktisch-vernünftig noch nicht mögliche Freiheit handeln kann, verweist diese Begriffsverwendung Elisabeths auf einen dritten Weg, der beide transzendiert und vermittelt.

9. Davison und Elisabeth: Geburt des Leviathan?

Bevor nämlich Elisabeth letztes Hadern mit den widersprechenden Imperativen beginnt, erhofft sie sich bei dieser Entscheidung noch einmal Hilfe von Gott:

> „Man überlasse mich mir selbst! Bei Menschen ist
> Nicht Rat noch Trost in dieser großen Sache.
> Ich trage sie dem höhern Richter vor.
> Was der mich lehrt, das will ich tun." (IV, 9, v. 3185-3188)

Schon nach dem ersten Gespräch im Staatsrat hatte Elisabeth Rat bei dieser Instanz gesucht: „Mit Gottes Beistand, der die Könige / Erleuchtet, will ich eure Gründe prüfen" (II, 3, v. 1457 f.) Jedoch weder damals noch jetzt ergeht ein solcher Rat. Vielmehr beinhaltet die bereits zitierte Aussage Elisabeths, „[d]as Muster, das ich selber gab, verdammt mich!" (IV, 10, v. 3204), eine Klage darüber, dass ihr gerechtes politisches Handeln augenscheinlich nicht dahingehend belohnt wird, von der Bedrohung ihrer Krone befreit zu sein: „Warum hab ich Gerechtigkeit geübt, / Willkür gehaßt mein Leben lang" (IV, 10, v. 3200 f.). Das gerechte Handeln der Elisabeth wird von der höheren Instanz – und das ist bei einer Königin nur Gott – im Diesseits nicht so prämiert, ungerechtes Handeln nicht so bestraft, dass sich Gottes politischer Wille daraus ablesen ließe.

Es erfolgt daraufhin eine Verschiebung: Elisabeth überträgt dem Staatssekretär Davison die Rolle, die sie bislang innehatte, nämlich die des verzweifelt auf einen höheren Entschluss wartenden Entscheidungsträgers. Sie selbst indessen nimmt die Rolle eines Gottes ein, der zwar seinen Willen schriftlich offenbart hat, aber auf diese einmalige Willensbekundung nicht festgelegt werden kann. Elisabeth interpretiert diese Rolle mithin durch einen speziell lutherischen Gottesbegriff: Ernst-Wolfgang Böckenförde hat die besondere Kontur des theologischen Voluntarismus Martin Luthers herausgearbeitet, der den Voluntarismus Willams von Ockham noch in einem wesentlichen Punkte übertrifft. Während dieser nämlich Gottes Wille bei allen Freiheiten, die er ihm sonst zugesteht, dennoch dem Widerspruchsprinzip unterwirft, entbindet Luther seinen Gott sogar noch von diesem *tertium non datur*. Der lutherische Gott kann und darf sich widersprechen.[93]

Darüber, was Gottes Wille sei und für die Situation des Dramas gebiete, sind sich nicht nur Maria und Elisabeth uneins, sondern auch Burleigh und Talbot: Während

---

93 *Böckenförde* [2]2006, S. 301, 404 f.; *Stiening* 2011, S. 10.

Burleigh evident ist, nach dem mehrmaligen Scheitern von Attentaten auf Elisabeth noch eine Begnadigung auszusprechen „hieße Gott versuchen" (IV, 9, v. 3105 f.), bestimmt Talbot Elisabeths zwischenzeitliche Neigung zur Begnadigung als Resultat göttlicher Rührung: „Gehorche dieser himmlischen Bewegung!" (II, 4, v. 1544). Nachdem also bereits weder das Völkerrecht noch politische Klugheit eine eindeutige Handlungsanweisung ergeben, bleibt schließlich auch der göttliche Wille eine Frage sich widersprechender Auslegungen.

Davison nun erhält in IV, 11 von der Königin keine Weisung, ob die Weitergabe des Hinrichtungsbefehls geschehen oder nicht geschehen soll, ob er sofort oder verzögert geschehen soll, ob er für die eine oder die andere Alternative zur Verantwortung gezogen werde. Davison wird derselben Spannung zwischen Entscheidungsmacht und Amt ausgesetzt wie Elisabeth zuvor selbst. In dieser Weise säkularisiert Elisabeth den nicht einmal durch den Satz vom Widerspruch eingeschränkten theologischen Absolutismus von *De servo arbitrio* und figuriert damit auf den ersten Blick nunmehr als der mit wahrhaft absoluter Macht ausgestattete „sterbliche Gott", als Leviathan.[94]

„Der freie Wille der Elisabeth allein": Darauf hatte Maria Stuart ihre letzte Hoffnung gesetzt, und zwar weil sie diesen Willen insofern als frei bestimmte, als er sich von technischen Notwendigkeiten befreie und allein moralisch ausrichte. Dass Elisabeth ihren Willen selbst von moralischen Gesetzen befreien würde, hatte sie nicht vorhergesehen. Das Beispiel Davisons in V, 14 zeigt umgehend, dass Elisabeth durch die Übernahme dieser absoluten Macht gerade dasjenige nicht gewährleisten will, was Hobbes dem Leviathan zu leisten zuschreibt, nämlich Rechtssicherheit.[95] Da Elisabeth aber ein ,sterblicher Gott' nach dem Vorbild des lutherischen Gottes geworden ist, kann sie, dessen absoluten Voluntarismus folgend, eben auch nicht verpflichtet werden, ihren einmal erteilten Hinrichtungsbefehl unwidersprochen zu lassen: „Nichtswürdiger! Du wagst es, meine Worte / Zu *deuten*?" (V, 14, v. 3982) Elisabeths Wille ist schlechterdings unbefolgbar; ihre Herrschaft kippt folglich in den rechtlosen Naturzustand. Hinter der Allmacht des Leviathan kommt – wenn man die Allmacht nur konsequent voluntaristisch versteht – der Behemoth hervor.[96]

Die Rechts- und Gesetzeskritik des Dramas richtet sich nicht nur gegen Staatsräsonisten wie Burleigh und den politischen Absolutismus; durch seine grundlagentheoretische Kontur zieht das Drama vielmehr eine kritische Bilanz über die Moral- und Rechtsphilosophie des 18. Jahrhunderts überhaupt, weil diese keine Handreichung zur eindeutigen Bewertung der Schuldverhältnisse des Dramenpersonals erlaubt. An der Schwelle zum 19. Jahrhundert stehend, sind Schillers Dramenfiguren mehr mit widersprüchlichen Bestimmungen des Natur-, Völker- und positiven

---

94 *Hobbes* 2006 [1651], S. 134 (2. Tl., Kap. 17).
95 Ebd., S. 133-135 (2. Tl., Kap. 17).
96 *Hobbes* 2015 [1668].

Rechts als nur miteinander konfrontiert. Schillers poetisches Experiment, im Rahmen *einer* Handlung diese Entwürfe in ihrer historischen Breite und systematischen Tiefe zu prüfen, hat ein ernüchterndes Resultat: Man ist um 1800 noch nicht aus dem „langen Schatten des Leviathan" herausgetreten.[97] *Maria Stuart* ist darum weniger ein politikhistorisches Drama als eine Tragödie des aufklärerischen Staatsdenkens, welches – so fällt ihre kritische Bilanz aus – eben ein zwar aufklärerisches, aber noch kein aufgeklärtes Staatsdenken ist.[98]

Bibliographie

Accursius, Franciscus Senior, 1482: Corpus iuris civilis. Digestum vetus, Venedig.

Achenwall, Gottfried/*Pütter*, Johann Stephan, 1995: Anfangsgründe des Naturrechts (Elementa iuris naturae). Übers. u. hrsg. von Jan Schröder. Frankfurt a.M.

Alcuinus, 1895 [798?]: [Epistola 132] Carolo regi ad interrogationes quasdam – 798?. In: Dümmler, Ernst (Hrsg.): Epistolae Karolini Aevi. Bd. 2, Berlin, S. 198 f.

Alt, Peter-André, ²2008: Kommentar zu *Maria Stuart*. In: Ders. (Hrsg.): Friedrich Schiller: Sämtliche Werke. Bd. II: Dramen, München, S. 1259-1269.

Althusius, Johannes, 2003 [1614]: Politik. Übers. von Heinrich Janssen. In Auswahl hrsg., überarb. u. eingel. von Dieter Wyduckel. Berlin.

Aristoteles, 1991: Politik – Buch II und III. Übers. u. hrsg. von Eckart Schütrumpf. Berlin.

Bach, Oliver, 2011: ‚At nobis contrarium videtur verum'. Das Recht auf freie Einreise als grundlegendes Völkerrecht bei Francisco de Vitoria in der Kritik Luis de Molinas. In: Brieskorn, Norbert/Stiening, Gideon (Hrsg.): Francisco de Vitorias ‚De Indis' in interdisziplinärer Perspektive, Stuttgart-Bad Canstatt, S. 191-217.

Bach, Oliver, 2013: Natur als juridisches Argument an der Schwelle zur Aufklärung. Zu den theonomen, rationalistischen und voluntaristischen Systemstellen des Denkens vom Naturzustand bei Samuel Pufendorf und Christian Thomasius. In: Jahrbuch Aufklärung 25, S. 23-50.

Bach, Oliver, 2014: Zwischen Heilsgeschichte und säkularer Jurisprudenz. Politische Theologie in den Trauerspielen des Andreas Gryphius, Berlin/Boston.

Bach, Oliver, 2016: Staat und Natur. Zu Bartolus' de Sassoferrato Bestimmungen von guter Regierung und Tyrannei. In: Jankrift, Kay Peter u. a. (Hrsg.): Natur und Herrschaft. Analysen zur Physik der Macht, Berlin, S. 115-136.

Bartolus de Saxoferrato, 1983 [1355?]: De tyranno. In: Quaglioni, Diego: Politica e diritto nel Trecento italiano. Il ‚De tyranno' di Bartolo da Sassoferrato (1314-1357): con l'edizione critica dei trattati ‚De Guelphis et Gebellinis', ‚De regimine civitatis' e ‚De tyranno', Florenz, S. 171-213.

Beccaria, Cesare, 1778: Von Verbrechen und Strafen. Übers., komm. und hrsg. von Karl Ferdinand Hommels. Breslau.

---

97 *Hüning* (Hrsg.) 2005.
98 *Kant* 1999 [1784], (AA VIII, 40).

Behrends, Okko/*Apathy*, Peter (Hrsg.), 1997: Corpus iuris civilis. Bd. 2: Digesten 1-10. Text und Übersetzung, Heidelberg.

Birkhoff, Hansgeorg/*Lemke*, Michael, 2012: Gnadenrecht. Ein Handbuch, München.

Böckenförde, Ernst-Wolfgang, 2002: Gemeinwohlvorstellungen bei Klassikern der Rechts- und Staatsphilosophie. In: Münkler, Herfried/Fischer, Karsten (Hrsg.): Gemeinwohl und Gemeinsinn im Recht. Konkretisierung und Realisierung öffentlicher Interessen, Berlin, S. 43-66.

Böckenförde, Ernst-Wolfgang, ²2006: Geschichte der Rechts- und Staatsphilosophie. Antike und Mittelalter, Tübingen.

Camden, William, 1615: Annales Rerum Gestarum Angliae et Hiberniae Regnante Elizabetha, London.

Chouk, Idris, 2007: Größe und sittliche Verantwortung in den Dramen Friedrich Schillers, München.

Deiters, Franz-Josef, 2015: „Dein Name, Königin, unter dieser Schrift". Friedrich Schillers Maria Stuart in mediologischer Sicht. In: Wirkendes Wort. Deutsche Sprache und Literatur in Forschung und Lehre 65, S. 187-213.

Ebbinghaus, Julius, 1988 [1958]: Die Idee des Rechts. In: Oberer, Hariolf/Geismann, Georg (Hrsg.): Ebbinghaus, Julius: Gesammelte Schriften. Bd. 2: Praktische Philosophie 1955–1972, Bonn, S. 141-198.

Feuerbach, Paul Johann Anselm, 1801: Lehrbuch des gemeinen in Deutschland geltenden Peinlichen Rechts, Gießen.

Geismann, Georg, 1982: Kant als Vollender von Hobbes und Rousseau. In: Der Staat 21, S. 161-189.

Gentz, Friedrich, 1798: Maria. Königinn von Schottland. In: Taschenbuch für das Jahr 1799, Berlin, S. 1-127.

Greiner, Bernhard, 2005: Negative Ästhetik. Schillers Tragisierung der Kunst und Romantisierung der Tragödie (,Maria Stuart' und ,Die Jungfrau von Orleans'). In: Springer, Mirjam/Arnold, Heinz Ludwig (Hrsg.): Friedrich Schiller, München, S. 53-70.

Grotius, Hugo, 1631: De jure belli ac pacis libri tres. In quibus jus naturae & Gentium: item juris publici praecipua explicantur. Editio secunda emendatior, & multis locis auctior, Amsterdam.

Harrison, Robin, 1991/1992: Ideal Perfection and the Human Condition. Morality and Necessity in Schiller's ,Maria Stuart'. In: Oxford German Studies 20/21, S. 46-68.

Hibst, Peter, 1990: Gemeiner Nutzen. Begriffsgeschichtliche Untersuchungen zur politischen Theorie vom 5. vorchristlichen bis zum 15. nachchristlichen Jahrhundert. In: Archiv für Begriffsgeschichte 23, S. 60-95.

Hobbes, Thomas, 1647: Elementa Philosophica de Cive, Amsterdam.

Hobbes, Thomas, 1994 [1647]: Vom Bürger. In: Hobbes, Thomas: Vom Menschen / Vom Bürger. Elemente der Philosophie II / III, hrsg. von Günter Gawlick. Hamburg, S. 57-327.

Hobbes, Thomas, 2006 [1651]: Leviathan oder Stoff, Form und Gewalt eines kirchlichen und bürgerlichen Staates. Übers. von Walter Euchner. Hrsg. von Iring Fetscher. Frankfurt a.M.

Hobbes, Thomas, 2015 [1668]: Behemoth oder Das Lange Parlament. Hrsg. von Peter Schröder. Hamburg.

Hüning, Dieter (Hrsg.), 2005: Der lange Schatten des Leviathan. Hobbes' politische Philosophie nach 350 Jahren, Berlin.

Hüning, Dieter, 2009: Die Begründung des Strafrechts in Christian Wolffs Naturrechtslehre. In: Fiorillo, Vanda/Grunert, Frank (Hrsg.): Das Naturrecht der Geselligkeit. Anthropologie, Recht und Politik im 18. Jahrhundert, Berlin, S. 183-221.

Immer, Nikolas, 2005: Die schuldig-unschuldigen Königinnen. Zur kontrastiven Gestaltung von Maria und Elisabeth in Schillers ‚Maria Stuart'. In: Euphorion 99, S. 129-152.

Ingen, Ferdinand van, 1988: Macht und Gewissen. Schillers ‚Maria Stuart'. In: Wittkowski, Wolfgang (Hrsg.): Verantwortung und Utopie. Zur Literatur der Goethezeit, Tübingen, S. 283-308.

Kant, Immanuel, 1914 [1797]: *Die Metaphysik der Sitten.* In: *Kant's Gesammelte Schriften,* hrsg. von der Königlich Preußischen Akademie der Wissenschaften. Berlin, Bd. VI, S. 203-493.

Kant, Immanuel, 1992 [1796]: Zum ewigen Frieden. In: Kant, Immanuel: Über den Gemeinspruch: Das mag in der Theorie richtig sein, taugt aber nicht für die Praxis. Zum ewigen Frieden, hrsg. von Heiner Klemme. Hamburg, S. 49-103.

Kant, Immanuel, 1999 [1784]: Beantwortung der Frage: Was ist Aufklärung? In: Kant, Immanuel: Was ist Aufklärung? Ausgewählte kleine Schriften, hrsg. von Horst D. Brand. Hamburg, S. 20-27.

Kant, Immanuel, 2009 [1789/90]: Erste Einleitung in die Kritik der Urteilskraft. In: Kant, Immanuel: Kritik der Urteilskraft. Erste Einleitung in die Kritik der Urteilskraft, hrsg. von Heiner Klemme. Hamburg, S. 485-555.

Kant, Immanuel, 2009 [1790]: Kritik der Urteilskraft. In: Kant, Immanuel: Kritik der Urteilskraft. Erste Einleitung in die Kritik der Urteilskraft, hrsg. von Heiner Klemme. Hamburg, S. 3-429.

Kipf, Johannes Klaus, 2012: Tyrann(ei). Der Weg eines politischen Diskurses in die deutsche Sprache und Literatur (14.-17. Jahrhundert). In: Kämper, Heidrun/Kilian, Jörg (Hrsg.): Wort – Begriff – Diskurs. Deutscher Wortschatz und europäische Semantik, Bremen, S. 31-48.

Köhnke, Klaus, 1996: Schillers ‚Maria Stuart'. Philosophische Theorie und dramatische Praxis. In: Knobloch, Hans-Jörg/Koopmann, Helmut (Hrsg.): Schiller heute, Tübingen, S. 99-113.

Kontje, Todd, 1992: Staging the Sublime: Schiller's ‚Maria Stuart' as Ironic Tragedy. In: Modern Language Studies 22, H. 2, S. 88-101.

Krey, Volker, 1983: Keine Strafe ohne Gesetz. Einführung in die Dogmengeschichte des Satzes ‚nullum crimen sine poena', Berlin/New York.

Kubiciel, Michael, 2017: Nulla poena sine lege. In: Cordes, Albrecht/Hess, Falk/Karg, Andreas (Hrsg.): Handwörterbuch zur deutschen Rechtsgeschichte. 2., völlig überarb. und erw. Aufl. Bd. 4, Berlin, S. 2-5.

[*Locke*, John], 1690: Two Treatises of Government, London 1690.

Locke, John, [10]2004 [1690]: Zwei Abhandlungen über die Regierung. Übers. von Hoffmann, Hans Jörn. Eing. u. hrsg. v. Euchner, Walter, Frankfurt a.M.

Lutz-Bachmann, Matthias, 2013: Das Recht der Autorität – die Autorität des Rechts. Rechtsphilosophische Überlegungen im Anschluss an Francisco Suárez. In: Bach, Oliver/Brieskorn, Norbert/Stiening, Gideon (Hrsg.): „Auctoritas omnium legum". Francisco Suárez' ‚De Legibus' zwischen Theologie, Philosophie und Rechtsgelehrtheit, Stuttgart-Bad Canstatt, S. 135-152.

Machiavelli, Niccolò, 2001 [1532]: Il Principe. Der Fürst. Ital./Dt. Hrsg. v. Rippel, Phillipp, Stuttgart.

Merryman, John Henry/*Pérez Perdomo*, Rogelio, [3]2007: The civil law tradition. An introduction to the legal systems of Europe and Latin America, Stanford, CA.

Müller-Seidel, Walter, 1990: Verschwörungen und Rebellionen in Schillers Dramen. In: Aurnhammer, Achim/Manger, Klaus/Strack, Friedrich (Hrsg.): Schiller und die höfische Welt, Tübingen, S. 422-446.

Müller-Seidel, Walter, 2009: Friedrich Schiller und die Politik. Nicht das Große, nur das Menschliche geschehe. München.

Neymeyr, Barbara, 2005: Macht, Recht und Schuld. Konfliktdramaturgie und Absolutismuskritik in Schillers Trauerspiel *Maria Stuart*. In: Sasse, Günter (Hrsg.): Schiller. Werk – Interpretationen, Heidelberg, S. 105-136.

Nilges, Yvonne, 2012: Schiller und das Recht, Göttingen.

Pomorski, Stanisław, 1975: American common law and the principle nullum crimen sine lege. 2nd, rev. and enl. ed. transl. by Chodakowska, Elżbieta, Den Haag.

Post, Gaines, 1961: Ratio publicae utilitatis, ratio status und „Staatsräson" (1100-1300). In: Welt als Geschichte. Zeitschrift für Universalgeschichte 21, H. 1, S. 8-28.

Pufendorf, Samuel, 1998 [1672]: Gesammelte Werke. Bd. 4: De jure naturae et gentium. Hrsg. v. Böhling, Frank, Berlin.

Riedel, Wolfgang, 2011: Religion und Gewalt in Schillers späten Dramen (‚Maria Stuart', ‚Die Jungfrau von Orleans'). In: Riedel, Wolfgang (Hrsg.): Würzburger Schiller-Vorträge 2009, Würzburg, S. 23-44.

Rother, Wolfgang, 2014: Gottfried Achenwall. In: Holzhey, Helmut / Mudroch, Vilem (Hrsg.): Die Philosophie des 18. Jahrhunderts. Bd. 5: Heiliges Römisches Reich deutscher Nation, Schweiz, Nord- und Osteuropa, Basel, S. 642-647.

Rousseau, Jean-Jacques 1977 [1755]: Politische Ökonomie. Discours sur l'économie politique. Hrsg. v. Schneider, Hans-Peter/Schneider-Pachaly Brigitte, Frankfurt a.M.

Rousseau, Jean-Jacques, 2010 [1762]: Du contrat social ou Principes du droit politique. Vom Gesellschaftsvertrag oder Grundsätze des Staatsrechts. Französisch / deutsch. Hrsg. v. Brockard, Hans, Stuttgart.

Schäublin, Peter, 1986: Der moralphilosophische Diskurs in Schillers ‚Maria Stuart'. In: Sprachkunst. Beiträge zur Literaturwissenschaft 17, S. 141-187.

Schiller, Friedrich, 2004 [1800]: Maria Stuart. In: Alt, Peter-André/Meier, Albert/Riedel, Wolfgang (Hrsg.): Schiller, Friedrich: Sämtliche Werke. Bd. II: Dramen 2, München, Wien S. 549-686.

Schiller, Friedrich, 2004 [1795]: Über die ästhetische Erziehung des Menschen in einer Reihe von Briefen. In: Alt, Peter-André/Meier, Albert/Riedel, Wolfgang (Hrsg.): Schiller, Friedrich: Sämtliche Werke. Bd. V: Theoretische Schriften, München, Wien, S. 570-669.

Schneider, Hans, 2002: Die Allgemeinheit des Gesetzes und das Einzelfallgesetz. In: Ders.: Gesetzgebung. Ein Lehr- und Handbuch. 3., erw. Aufl., Heidelberg, S. 22-35.

Schulz, Daniel, 2016: Rousseaus politische Ökonomie. In: Baron, Konstanze/Bluhm, Harald (Hrsg.): Jean-Jacques Rousseau. Im Bann der Institutionen, Berlin/Boston, S. 245-265.

Sieg, Christian, 2016: „Klar wie der Tag!". Evidenz und Recht in Friedrich Schillers ,Maria Stuart'. In: Zeitschrift für deutsche Philologie 135, H. 4, S. 481-505.

Steele, Rebecca, 2013: The Great Cover-Up. The Double Containment of Woman in Friedrich Schiller's ,Maria Stuart'. In: Seminar 49, H. 4, S. 365-384.

Stiening, Gideon, 2005: Psychologie und Handlungstheorie im ,Leviathan'. In: Hüning, Dieter (Hrsg.): Der lange Schatten des Leviathan. Hobbes' politische Philosophie nach 350 Jahren, Berlin, S. 55-105.

Stiening, Gideon, 2011: „Non est potestas nisi a Deo". Francisco de Vitorias Rechtslehre im Kontext. In: SFB 573: Mitteilungen 7, H. 2, S. 7-16.

Stiening, Gideon, 2018: Empirische oder wahre Politik? Kants kritische Überlegungen zur Staatsklugheit. In: Hüning, Dieter/Klingner, Stefan (Hrsg.): ... jenen süssen Traum träumen. Kants Friedensschrift zwischen objektiver Geltung und Utopie, Baden-Baden, S. 259-276.

Stiening, Gideon, 2018: Natur und Staat. Politische Anthropologie bei Marsilius von Padua und Hugo Grotius – mit einem Seitenblick auf die Antike. In: Lepsius, Susanne/Vollhardt, Friedrich/Oliver Bach (Hrsg.): Von der Allegorie zur Empirie? Natur im Rechtsdenken des Spätmittelalters und der Frühen Neuzeit, Berlin, S. 192-224.

Tang, Chenxi, 2011: Theatralische Inszenierung der Weltordnung. Völkerrecht, Zeremonialwissenschaft und Schillers ,Maria Stuart'. In: Jahrbuch der deutschen Schillergesellschaft 55, S. 142-168.

The Statutes at Large, from the First Year of King Edward the Fourth to the End of Queen Elizabeth. Vol. 2nd, London, 1767.

Toepel, Friedrich, 2002: Grundstrukturen des Sachverständigenbeweises im Strafprozessrecht, Tübingen.

Wittkowski, Wolfgang, 1997: Können Frauen regieren? Schillers ,Maria Stuart': Poesie, Geschichte und der Feminismus. In: Orbis Litterarum 52, S. 387-409.

Wölfel, Kurt, 1990: Machiavellische Spuren in Schillers Dramatik. In: Aurnhammer, Achim/Manger, Klaus/Strack, Friedrich (Hrsg.): Schiller und die höfische Welt, Tübingen, S. 318-340.

Ludwig Stockinger

„Zerfallen sehen wir in diesen Tagen / Die alte feste Form." Probleme der Verfassung des ‚Alten Reichs' in Schillers *Wallenstein* aus der Perspektive von Figuren und Text

1. ‚Reichsdiskurs' und ‚philosophischer Chiliasmus' – Kontexte einer Wallenstein-Lektüre

In dem am 12. Oktober 1798 zur Uraufführung von *Wallensteins Lager* vorgetragenen Prolog findet sich eine Passage, die man als Vorschlag zur Deutung der *Wallenstein*-Trilogie auffassen kann:[1]

> „Zerfallen sehen wir in diesen Tagen / Die alte feste Form, die einst vor hundert / Und funfzig Jahren ein willkommner Friede / Europens Reichen gab, die teure Frucht / Von dreißig jammervollen Kriegesjahren. / Noch einmal läßt des Dichters Phantasie / Die dürre Zeit an euch vorüberführen, / Und blicket froher in die Gegenwart / Und in der Zukunft hoffnungsreiche Ferne." (Pr, V. 70-78)

Die Dramenhandlung kann demgemäß als Teil jenes geschichtlichen Geschehens interpretiert werden, an dessen Ende der Westfälische Frieden steht und damit eine Neukonstruktion der Ordnung des ‚Alten Reiches'. Es bleibt offen, ob man diese Form negativ als fehlerhaft und erstarrt oder positiv als Sicherheit garantierend und reformfähig deuten soll, oder ob die Hoffnung, von der am Ende der zitierten Passage die Rede ist, sich auf eine ganz andere Ordnung bezieht. Die Analogie zur Gegenwart steht nicht nur in Übereinstimmung mit „Schillers Vorliebe für geschichtliche Stoffe aus der Zeit des 15. bis 17. Jahrhunderts",[2] die begründet ist in dem „Bewußtsein, daß sich die Machtverhältnisse der eigenen Epoche nur in Kenntnis ihrer historischen Voraussetzungen begreifen ließen".[3] Vielmehr konnte der Autor auch an ein bei den Zeitgenossen verbreitetes Bewusstsein appellieren, denn auf „die similitudo temporum zwischen dem Dreißigjährigen Krieg und der Gegenwart hinzuweisen, war um 1800 zum Topos geronnen".[4]

---

1 Ich zitiere den Text im Folgenden nach der Ausgabe *Schiller* 1974, Bd. 2, mit den Siglen Pr (*Prolog*), L (*Wallensteins Lager*), P (*Die Piccolomini*) und T (*Wallensteins Tod*) mit Angabe der Verszahlen in Klammern jeweils am Ende des Zitats.
2 *Alt* 2000, S. 372.
3 Ebd., S. 373.
4 *Hien* 2015, S. 431.

Im Dreißigjährigen Krieg befand sich die „alte feste Form" in einer Krise, und die Handlung des Dramas würde einen zentralen Moment in der Geschichte dieses Krieges darstellen, in dem diese Krise zu einer Entscheidung führt, von deren Folgen im Jahr 1648 am Ende der Dramenhandlung zwar nicht explizit die Rede ist, an deren Kenntnis bei den Zuschauern aber im Prolog appelliert wird.[5] Die letzten beiden Zeilen der zitierten Passage halten die Wertung dieser Ordnung in der Schwebe. Angesichts des Anscheins von Hoffnungslosigkeit am Ende des Dramas, an der schon der junge Hegel Kritik geübt hat,[6] ist die Frage, worauf sich die im Prolog angedeutete Hoffnung beziehen soll, berechtigt. Ist das ‚Alte Reich', das am Ende der Handlung den Sieg davonträgt, mit einem „Reich des Nichts" zu identifizieren, wie Hegel meint? Vorerst lässt sich nur sagen, dass man das Drama als „Spiegel der Reichskrise"[7] und damit auch als poetische Reflexion dieser Frage deuten kann.

Mit dieser Fragestellung folge ich in einem ersten Schritt dem Vorschlag von Markus Hien, bei der Kontextualisierung des Konzepts der ‚Weimarer Klassik' neben der lange in der Forschung dominierenden Sicht auf die Französische Revolution auch den „poetisch fortgesetzten Reichsdiskurs um 1800"[8] in den Blick zu nehmen, der sich auch als „Reichspatriotismus",[9] einer deutschen Variante nationalen Bewusstseins am Ende des 18. Jahrhunderts, ausprägen konnte. Ich möchte diese Sicht erweitern, indem ich Schillers anthropologische und geschichtsphilosophische Position in den Neunzigerjahren in der Folge seiner Kant-Lektüre stärker berücksichtige, weil sich auf diese Weise der Widerspruch zwischen der Hoffnungslosigkeit des Dramenendes und dem Appell an die Zukunftshoffnung auflösen lässt.

Die Frage nach der Position des Textes im Kontext des ‚Reichsdiskurses' spielte implizit in der Forschung schon immer eine Rolle, vor allem in der aus dem Konzept der Gattung ‚Tragödie' sich ergebenden Frage nach der ‚Schuld' des Helden und der diese ‚Schuld' strafenden ‚Nemesis', die gewöhnlich mit Wallensteins Verhalten gegenüber dem Kaiser in Verbindung gebracht wird. „Worin besteht nun eigentlich Wallensteins Schuld?"[10] So fragt beispielsweise Gerhard Schulz, und er antwortet: „Wallenstein verrät die legitime Macht des Kaisers […]."[11] Dieser ‚Verrat' sei nicht

---

5 *Hien* 2015, S. 432, betont dagegen im Vergleich zu Schillers *Geschichte des Dreißigjährigen Krieges*, die am Ende explizit auf den Westfälischen Frieden verweist, sehr stark, dass am Ende des *Wallenstein* „die Tragödie ohne jedes Hoffnungszeichen" endet. Ich will dagegen das geschichtliche Wissen der Rezipienten, an das im Prolog appelliert wird, stärker in Rechnung stellen.

6 Vgl. *Hegel* 1971, S. 618: „Der unmittelbare Eindruck nach der Lesung *Wallensteins* ist trauriges Verstummen über den Fall eines mächtigen Menschen unter einem schweigenden und tauben, toten Schicksal. Wenn das Stück endigt, so ist alles aus, das Reich des Nichts, des Todes hat den Sieg behalten; es endigt nicht als eine Theodizee."

7 *Hien* 2015, S. 430.

8 *Hien* 2018, S. 135. Vgl. dazu auch *Hien* 2015, S. 358-364.

9 *Winkler* 2000, S. 54.

10 *Schulz* 1983, S. 507.

11 Ebd.

nur ein Verstoß gegen das traditionelle Prinzip der „Gottesgnadenschaft des Herr-schers",[12] sondern auch gegen das ‚moderne' Prinzip der Vertragstreue, da Wallen-stein dem Kaiser auch durch einen Vertrag verpflichtet sei : „Wer [...] Verträge nicht achtet, und seien sie auch nur mit dem Repräsentanten einer alten Ordnung abge-schlossen, der bietet keine Sicherheit dafür, daß er unter den Voraussetzungen einer echten Verfassungsordnung die Macht besser handhaben werde, als das zuvor ge-schah."[13]

Nach dieser Deutung wird Wallenstein in zweifacher Weise schuldig, zum einen gegen die Prinzipien einer altüberlieferten – auch im späten 18. Jahrhundert noch wirksamen – Begründung von legitimer Herrschaft aus geheiligten, mit dynastischer Herkunft und dem Reichsrecht begründeten Traditionen, zum anderen gegen die Prinzipien einer ‚modernen' Form von Herrschaftslegitimation durch Verträge, die man im Vertragsverhältnis zwischen Wallenstein und dem Kaiser beobachten kann. Es handelt sich demnach um die „Reflexion einer Übergangssituation"[14] von einer ‚alten' Formation von Gesellschaft und Politik hin zu einer der ‚Moderne', die Hart-mut Reinhardt in Anlehnung an Begriffe der Systemtheorie als Endstadium der „in funktionale Differenzierung sich auflösenden Ständegesellschaft"[15] bezeichnet.

Wie weit man mit einer Anwendung systemtheoretischer Begriffe auf den *Wallen-stein* kommen kann, sei dahingestellt; festgehalten sei hier nur der mit Schulz über-einstimmende Blick auf die in der Dramenhandlung dargestellte „Übergangssituati-on", in der sich Strukturen zweier Epochen überlagern. Man kann deshalb nicht mehr der „immer wieder in der Forschung geäußerten Ansicht" folgen, „das Ende Wallensteins sei durch eine strafende Ordnungsmacht ‚von oben', durch die rächen-de Nemesis" herbeigeführt worden, „die zur Wiederherstellung der gestörten Rechts-verhältnisse aufgeboten werde",[16] und zwar nicht nur deswegen, weil der Mord an Wallenstein „aus niedrigen Beweggründen vollstreckt wird"[17] oder weil die Motive und Aktionen des Repräsentanten der Ordnung, Octavio Piccolomini, moralisch fragwürdig erscheinen,[18] sondern weil diese Ordnung selbst in sich widersprüchlich ist. „Zurück bleibt eine korrumpierte Ordnung."[19] So wird man sicherlich in dem „Siege der Legitimität nicht ihre Verherrlichung erblicken dürfen".[20] Siegt damit aber ein „Reich des Nichts"?

---

12 Ebd.
13 *Schulz* 1983, S. 508.
14 *Reinhardt* 1998, S. 410.
15 Ebd.
16 *Oellers* 2005, S. 150.
17 Ebd.
18 Vgl. z. B. *Alt* 2000, S. 450: „Seine Aktion bleibt legal, aber [...] moralisch illegitim, folglich auch nicht dazu geeignet, die Funktion eines sittlichen Strafgerichts zu erfüllen."
19 *Hien* 2015, S. 432.
20 *Weimar* 1990, S. 155.

Man kommt einem Verständnis dieses Deutungsproblems näher, wenn man die Entwicklung von Schillers anthropologischer und geschichtsphilosophischer Position in den Neunzigerjahren des 18. Jahrhunderts als Kontext heranzieht. Durch die Kant-Lektüre beeinflusst, löst sich der Autor von anthropologischen Konzepten der Spätaufklärung, denen er seit seinen medizinischen Anfängen anhing[21] und die in den Neunzigerjahren prominent von Johann Gottfried Herder vertreten worden sind.[22] Herders – aus der Sicht Kants[23] – methodisch ‚naive' Identifikation von empirischem Sein und moralischem Sollen in der menschlichen Natur wird konfrontiert mit Kants Differenzierung von phänomenaler Welt und ‚regulativen Ideen' bzw. ‚Postulaten'. In der phänomenalen Welt ist die Natur des Menschen der Kausalität der Umstände und Leidenschaften unterworfen; die Fähigkeit, sich in Freiheit für das moralisch Richtige zu entscheiden, ist ein ‚Postulat', das nicht aus der Natur des Menschen hervorgeht, sondern im Widerspruch zu ihr steht, und in welcher Weise dieses ‚Postulat' das menschliche Handeln bestimmen kann, bleibt ein Geheimnis.

Wie weit der Schiller der Neunzigerjahre sich unter dem Einfluss Kants von den anthropologischen Positionen seiner früheren Zeit gelöst hat, darüber gibt es unterschiedliche Meinungen. Während z. B. Rüdiger Safranski von einer klaren Neuorientierung ausgeht,[24] vertritt Wolfgang Riedel die Auffassung, dass die „Synthesis von Trieb und Vernunft, Sinnlichkeit und Sittlichkeit",[25] von der Schiller in den Briefen *Ueber die ästhetische Erziehung des Menschen* schreibt, eine Fortführung der Anthropologie der frühen Zeit sei, die er „der Vernunftlastigkeit der alten rationalistischen Aufklärung wie der neuen Kantischen Philosophie"[26] entgegenstelle. Man kann den Dissens auflösen, wenn man bedenkt, dass Schiller in den Neunzigerjahren die spätaufklärerischen Konzepte im Rahmen einer „transzendentalphilosophischen Einklammerung"[27] formuliert, das heißt als ‚regulativen Begriff' bzw. als ‚Postulat', dass er aber aufgrund von deren sprachlicher Gestalt in Form von Behauptungen über empirische Sachverhalte in Zweideutigkeiten gerät dergestalt, dass man nicht immer unterscheiden kann, ob er ‚Natur' im Sinne einer ‚Idee' oder die wirkliche Natur meint.[28] Das scheint eine Folge des Bemühens zu sein, zwei konkurrierende anthropologische Konzepte, die im Grunde unvereinbar waren, zu vereinigen.

Eindeutig im Sinne Kants konzipiert Schiller das Menschenbild in seinen historischen Arbeiten. Schiller hat Kants *Idee zu einer allgemeinen Geschichte in weltbür-*

---

21 Vgl. *Riedel* 1985.
22 Vgl. *Safranski* 2004, S. 270-279.
23 Zur Kritik Kants an Herders Geschichtsphilosophie vgl. *Kant* 1975b.
24 *Safranski* 2004, S. 270-279.
25 *Riedel* 1998, S. 549.
26 Ebd.
27 *Stockinger* 2005, S. 86.
28 Vgl. ebd.

gerlicher Absicht zur Kenntnis genommen,[29] wo er einen anderen Begriff von ‚Fortschritt' als den Herderschen kennenlernen konnte. Geschichtlicher Fortschritt ergibt sich bei Kant nicht aus der Natur des Menschen, sondern aus dem Gegensatz zu ihr:

> „Das größte Problem für die Menschengattung, zu dessen Auflösung die Natur ihn zwingt, ist die Erreichung einer allgemein das Recht verwaltenden bürgerlichen Gesellschaft. [...] Dieses Problem ist zugleich das schwerste, und das, welches von der Menschengattung am spätesten aufgelöset wird. Die Schwierigkeit welche auch die bloße Idee dieser Aufgabe schon vor Augen legt, ist diese: der Mensch ist ein Tier, das, wenn er unter andern seiner Gattung lebt, einen Herrn nötig hat. Denn er mißbraucht gewiß seine Freiheit in Ansehung anderer seinesgleichen. [...] Wo nimmt er aber diesen Herrn her? Nirgend anders als aus der Menschengattung. Aber dieser ist eben so wohl ein Tier, das einen Herrn nötig hat. Er mag es also anfangen, wie er will, so ist nicht abzusehen, wie er sich ein Oberhaupt der öffentlichen Gerechtigkeit verschaffen könne, das selbst gerecht sei; er mag dieses nun in einer einzelnen Person, oder in einer Gesellschaft vieler dazu auserlesener Personen suchen. Denn jeder derselben wird immer seine Freiheit mißbrauchen, wenn er keinen über sich hat, der nach den Gesetzen über ihn Gewalt ausübt. Das höchste Oberhaupt soll aber gerecht für sich selbst, und doch ein Mensch sein. Diese Aufgabe ist daher die schwerste unter allen; ja ihre vollkommene Auflösung ist unmöglich: aus so krummem Holze, als woraus der Mensch gemacht ist, kann nichts ganz Gerades gezimmert werden. Nur die Annäherung zu dieser Idee ist uns von der Natur auferlegt. Daß sie auch diejenige sei, welche am spätesten ins Werk gerichtet wird, folgt überdem daraus: daß hiezu richtige Begriffe von der Natur einer möglichen Verfassung, große durch viel Weltläufe geübte Erfahrenheit, und, über das alles, ein zur Annehmung derselben vorbereiteter guter Wille erfordert wird; drei solche Stücke aber sich sehr schwer, und, wenn es geschieht, nur sehr spät, nach viel vergeblichen Versuchen, einmal zusammen finden können."[30]

Schiller ist in seinen historischen Schriften seit der *Geschichte des Abfalls der vereinigten Niederlande* diesem Konzept gefolgt.[31] Er ist in diesem Teil seines Werks der konsequentere Kantianer als in seinen theoretischen Schriften, vielleicht auch der konsequentere Philosoph, und dies darf man auch von seinem *Wallenstein*-Drama annehmen. Schiller ist in diesem Drama kein ‚Idealist', sondern Kantianer.

Wenn man von der These ausgeht, dass Schiller sein Drama gemäß Kants anthropologischer Begründung des geschichtlichen Geschehens konzipiert hat,[32] so kann man daraus folgern, dass der Figurenkonzeption und der Konstruktion des Handlungszusammenhangs eine ‚realistische' Sicht auf die menschliche Natur in der phänomenalen Welt zugrunde liegt. Demgemäß handeln die Figuren kausal bedingt nach ihren egoistischen Interessen und befördern nur indirekt den Fortschritt gemäß dem Plan der Natur, und es kann in der geschichtlichen Situation, in der die Hand-

---

29 Vgl. *Safranski* 2004, S. 275.
30 *Kant* 1975a, S. 40-41.
31 Vgl. *Safranski* 2004, S. 277-279.
32 Vgl. *Schulz* 1983, S. 509.

lung angesiedelt ist, ja eigentlich in jeder Situation der Geschichte allenfalls nur An-
näherungen an eine ‚ideale‘ politische Ordnung geben. Die Ordnung des ‚Alten Reiches‘ ist, so betrachtet, unvermeidlich unvollkommen, aber sie kann doch als eine
Stufe auf dem Weg zu einem Ziel betrachtet werden, das in einer unabsehbaren Zukunft angesiedelt wird.

Aus Kants geschichtsphilosophischer Perspektive müssten deshalb im Konflikt
egoistischer Interessen Spuren der Hoffnung auf die Möglichkeit einer künftigen
Verwirklichung der ‚Idee‘ einer „vollkommen gerechte[n] bürgerlichen Verfassung,“[33] der „höchste[n] Aufgabe der Natur für die Menschengattung“,[34] zu entdecken sein, denn „auch die Philosophie könne ihren Chiliasmus haben“.[35] Die Wege
der Geschichte sind zwar ‚krumm‘, um in Kants Metapher zu bleiben, aber sie führen doch zu einem Ziel, das die Natur dem Menschen als Aufgabe gestellt hat. Die
Hoffnung, von der im Prolog die Rede ist, bezieht sich, setzt man Kants Schrift als
Prätext des *Wallenstein* voraus, auf „eine tröstende Aussicht auf die Zukunft [...], in
welcher die Menschengattung in weiter Ferne vorgestellt wird, wie sie sich endlich
doch zu dem Zustande empor arbeitet, in welchem alle Keime, die die Natur in sie
legte, völlig können entwickelt und ihre Bestimmung hier auf Erden kann erfüllet
werden“.[36]

Die Kritik Hegels am *Wallenstein* erfasst demgemäß zutreffend die ‚realistische‘
Darstellung des der Kausalität der phänomenalen Welt unterworfenen Dramenge-
schehens, dies allerdings ohne Gespür für die Zeichen des ‚philosophischen Chiliasmus‘, die im Prolog angekündigt und im Dramentext gesetzt werden. Es ist aufgrund
dieser Prämissen folgerichtig, dass Schiller „im Wallenstein [...] keine plausible
Friedensreichvision oder gar eine Sozialutopie“[37] formuliert. Die Zeit ist noch nicht
reif dafür, dass die Philosophie mit den „richtigen Begriffen“ und der nötigen Erfahrung ein solches Programm entwerfen könnte, und ein derartiges Programm zu pro-
pagieren, entspräche auch nicht der Auffassung von der Funktion autonomer Dichtung. Das ist auch ein grundlegender Einwand gegen alle Versuche, in isoliert zitierten Äußerungen Wallensteins ein politisches Programm zu identifizieren, das auch
von der Autorinstanz als Entwurf einer besseren politischen Ordnung propagiert
würde.[38]

Die alte Frage, ob der Sieg der vom Kaiser repräsentierten Ordnung als geschicht-
lich oder metaphysisch gerechtfertigte ‚Nemesis‘ interpretiert werden kann, verwandelt sich so in die Frage, ob man dem Text bzw. dem Autor eine Parteinahme für
diese Ordnung unterstellen kann, anders gesagt: ob man im Text Hinweise finden

---

33 *Kant* 1975a, S. 39.
34 Ebd.
35 Ebd., S. 45.
36 Ebd., S. 49.
37 *Hien* 2015, S. 437.
38 Vgl. die begründete Kritik an diesen Deutungen bei *Hien* 2015, Anm. 370, S. 437-438.

kann, mit denen man die Rettung des ‚Alten Reichs' im Sinne von Kants ‚philoso-phischem Chiliasmus' deuten könnte. Wenn Alt sagt, dass Schiller „die Position der Kaisertreue und Staatsloyalität ausdrücklich in Schutz genommen"[39] habe, so meint er damit den empirischen Autor und nicht den impliziten Autor des Dramas, was sich darin zeigt, dass er zum Beleg nicht den Dramentext heranzieht, sondern brief-liche Äußerungen Schillers. Es käme aber darauf an, den Sinn und die Art dieser Par-teinahme im Text des Dramas genauer zu bestimmen.

Die Form des Dramas, gemäß der sich die Textaussage nur aus dem Zusammen-spiel von perspektivgebundenen Figurenreden erschließen lässt, legt ohnehin den Schluss nahe, dass es nicht Schillers Absicht war, mit dem *Wallenstein* ein einfaches Manifest des „Reichspatriotismus" zu verfassen, aber auch nicht ein politisches Re-formprogramm. Vielmehr nutzt er die poetische Form als Medium ergebnisoffener Reflexion der Stärken und Schwächen der Reichsverfassung im Hinblick auf ein Ziel der Geschichte, dessen konkreter Inhalt nicht genau angegeben werden kann. Dies entspricht dem im letzten Drittel des 18. Jahrhunderts sich durchsetzenden Konzept autonomer Dichtung, in der Poesie als von anderen Diskursen unabhängi-ger Diskussionsraum aufgefasst wird. Dichtung fungiert hier als Medium der Sensi-bilisierung für Aporien, die sich diskursiv nicht lösen lassen.[40]

Bei der Interpretation ergibt sich allerdings eine Schwierigkeit, die man im Be-wusstsein halten muss, wenn man nicht einzelne Zitate aus Figurenreden unvermit-telt auf die Ebene des Textes heben will.[41] Hartmut Reinhardt weist auf die Gefahr hin, sich „durch die Verabsolutierung einer Figurenrede in forcierte Einseitigkeiten treiben zu lassen".[42] Diese Gefahr entsteht allerdings aus einer Eigentümlichkeit der Figurensprache in dieser Phase von Schillers Werkentwicklung, auf die Monika Rit-zer hingewiesen hat:

„Zum einen vertieft Schiller die Reden der Figuren zu Gesinnungsäußerungen, die das individuelle Bewußtsein übergreifen und damit die drameninterne Perspektivierung sprengen, so daß prinzipiell alle Aussagen, unabhängig von der Person oder ideologi-schen Position des Sprechers, Geltung beanspruchen. [...] Zum zweiten erhebt Schiller die Figurenrede durch die sentenzhafte Verknappung der Repliken auf ‚allgemeine Wahr-heiten und Sittensprüche' zu einem Medium der Besinnung [...]."[43]

In der Tat finden sich im *Wallenstein* Aussagen, die – aus dem Zusammenhang der Dialoge genommen – den Charakter von Lebensweisheiten annehmen, die ganze Seiten im *Büchmann* zu füllen in der Lage sind und die – beispielsweise im Fall von Wallensteins frauenfeindlichen Einlassungen – wahrscheinlich von Generationen

---

39 *Alt* 2000, S. 450.
40 Vgl. dazu grundlegend *Eibl* 1995.
41 Genau diesen methodischen Fehler macht *Hien* 2015, S. 437-438, den Interpreten zum Vor-wurf, die Wallenstein ein politisches Reformprogramm zuschreiben wollen.
42 *Reinhardt* 1998, S. 396.
43 *Ritzer* 1998, S. 256.

männlicher Rezipienten als Beschreibung ihrer Erfahrungen akzeptiert worden sind.[44] So zutreffend Ritzers Beobachtung auch ist, so möchte ich sie doch anders deuten und zu zeigen versuchen, dass sich diese Sentenzen im Rahmen der perspektivgebundenen Figurenreden interpretieren lassen: als Teil von rhetorischen Strategien, in denen die Figuren ihrem Standpunkt den Anschein von Allgemeinheit verleihen wollen. Insbesondere Wallensteins Reden sind meisterhaft gestaltete Versuche, mit dieser Rhetorik den jeweiligen Gesprächspartner zu manipulieren. Deswegen ist damit zu rechnen, dass Figuren, auch wenn sie interessengeleitet sprechen, Aussagen machen, die auf der Textebene Geltung haben.

2. Die Krise der Reichsverfassung in Schillers ‚Geschichte des Dreißigjährigen Krieges‘

Die Darstellungen des Dreißigjährigen Krieges im *Wallenstein* und in der *Geschichte des Dreißigjährigen Krieges* sind in der Rezeptionsgeschichte schon oft einander konfrontiert worden. Die Diskussion kreiste dabei um das Verhältnis von ‚historischer‘ und ‚poetischer‘ Wahrheit und um die Frage, in welcher der beiden Textsorten der Autor der ‚eigentlichen‘ Wahrheit nähergekommen sei.[45] Diese Frage, die zumeist mit der Frage nach der Leistung des Historikers Schiller aus der Sicht des jeweiligen Stands der Geschichtswissenschaft verbunden ist, soll in den folgenden Überlegungen nicht im Mittelpunkt stehen. Stattdessen will ich meine Aufmerksamkeit auf Schillers Analyse der Strukturprobleme des ‚Alten Reiches‘ in der ‚Übergangssituation‘ der Frühen Neuzeit konzentrieren, die Schiller explizit im ersten Buch der *Geschichte des Dreißigjährigen Krieges* und implizit in Nebenbemerkungen und Exkursen bei der Darstellung der einzelnen Ereignisse in den folgenden Büchern vorlegt.[46] Schiller folgt hier dem Muster von Thukydides, der in seiner *Geschichte des peloponnesischen Krieges* mit der Unterscheidung von aktuellen Anlässen und tieferliegenden Ursachen der Auseinandersetzung zwischen Athen und Sparta dieses methodische Verfahren begründet hat. Nach diesem Muster werden Entstehung und Verlauf des Dreißigjährigen Krieges als Folge eines Epochenwandels erklärt, der die Ordnung des Reiches in ihren Fundamenten zu erschüttern geeignet war. Diese Erklärung der Geschehnisse ist grundiert mit anthropologischen und geschichtsphilosophischen Annahmen, die teils in expliziten Kommentaren, teils implizit geltend gemacht werden. Diese Darstellung der ‚Übergangssituation‘ soll bei der Interpretation des Dramentextes als eine Art ‚Navigationsinstrument‘ der

---

44 Vgl. z. B. T II/7, 950-952: „Seid ihr nicht wie die Weiber, die beständig / Zurück nur kommen auf ihr erstes Wort, / Wenn man Vernunft gesprochen stundenlang!“.
45 Vgl. den Überblick bei *Meise* 2005, S. 333-334.
46 Im Folgenden zitiere ich den Text mit der Sigle G nach der Ausgabe *Schiller* 1976.

Heuristik fungieren, das dabei helfen soll, die in Reden und Handeln der Figuren zumeist nur implizit signalisierten Bezüge zur Situation des Reiches aufzuspüren, um so zeigen zu können, wie auf der Ebene des Textes diese Lage reflektiert wird.

Von primärem Interesse ist hier, wie Schiller die Reformation in den geschichtlichen Zusammenhang einordnet. Die Reformation wird nicht einfach nach dem gängigen Muster der Aufklärung als Fortschritt bewertet; vielmehr werden die aus der konfessionellen Spaltung entstehenden Folgen in den Mittelpunkt gestellt, mit denen die Reichsverfassung in kaum zu bewältigende Steuerungsprobleme geraten ist:

> „Auf eine einige Kirche war das deutsche Reichssystem berechnet, weil nur *eine* da war, als es sich bildete. Die Kirche hatte sich getrennt, der Reichstag sich in zwei Religionsparteien geschieden – und doch soll das ganze Reichssystem ausschließlich einem einzigen folgen? Alle bisherigen Kaiser waren Söhne der römischen Kirche gewesen, weil die römische Kirche in Deutschland bis jetzt ohne Nebenbuhlerin war. War es aber das Verhältnis zu Rom, was den Kaiser der Deutschen ausmachte, oder war es nicht vielmehr Deutschland, welches sich in seinem Kaiser repräsentierte?" (G, S. 376)

Da die Legitimität des Kaisertums aufgrund seiner geschichtlichen Entstehung an die Autorität des Papstes gebunden war, sei der „Besitz der Kaiserkrone […] auf einem protestantischen Haupte ganz undenkbar" (G, S. 370) gewesen. Denn „wie konnte ein Apostat der römischen Kirche die römische Kaiserkrone tragen?" (ebd.) Deshalb seien die „Nachfolger Ferdinands des Ersten an den päpstlichen Stuhl" (ebd.) gebunden geblieben. Der Kaiser ist somit nicht mehr Repräsentant des Reichsganzen, sondern zugleich und unausweichlich Vertreter einer konfessionellen Partei.

Die Bindung des Kaisertums an die katholische Kirche ist nach der Analyse Schillers aber auch darin begründet, dass die Kaiserkrone im Besitz der Habsburger war, die aufgrund dynastischer Machtinteressen an der Aufrechterhaltung der konfessionellen Einheit mit den spanischen Habsburgern interessiert waren (vgl. G, S. 368-370). Daraus könne man leicht begreifen, „wie sich ihr eigener Vorteil mit dem Vorteile der katholischen Religion aufs genaueste vermengen mußte" (G, S. 370). Damit hätten sich „ehrgeizige Entwürfe" (ebd.) der Habsburger verbunden, welche „die politische Freiheit der europäischen Staaten, und besonders der deutschen Stände, in nicht geringe Gefahr" (ebd., f.) gebracht hätten.[47]

Dass diese Dreifachrolle – Kaiser des Reichs, Verteidiger des Katholizismus, Territorialherr mit dynastischen Machtinteressen – im Verlauf des Dreißigjährigen Krieges zu fatalen Konsequenzen für die Grundlagen der Reichsverfassung führte, zeigt

---

47 Dieser „reichsrechtliche Grundkonflikt" (*Hien* 2015, S. 144) ist, wie bei *Hien* 2015 ausführlicher dargelegt wird, auch der Hintergrund der Dramenhandlung in *Wilhelm Tell*, „die Recht und Freiheit verbürgende Reichunmittelbarkeit auf der einen und die vor Despotismus sehr viel schlechter schützende Zugehörigkeit zu einem machtvollen Landesherrn auf der anderen Seite" (ebd.).

Schiller am Beispiel entscheidender Wendepunkte des Geschehens. So sei die Verleihung der pfälzischen Kurwürde an den Herzog von Bayern durch Kaiser Ferdinand eine „Verspottung der Reichsgrundgesetze" gewesen, „die er in seiner Wahlkapitulation beschwor" (G, S. 465). Im Restitutionsedikt von 1629 habe der Kaiser, „anstatt beide Teile mit kluger Mäßigung zu vereinen, [...] *Partei*" (G, S. 481) genommen. Auch die Berufung Wallensteins zum kaiserlichen Feldherrn wird von Schiller als Gefährdung der Reichsverfassung dargestellt, weil es Wallensteins Ziel gewesen sei, die „Majestät des Reichsoberhaupts" (G, S. 476) nur zu dem Zweck zu gebrauchen, „um jede andere Autorität in Deutschland zu zermalmen. Daher der überlegte Grundsatz dieses Mannes, die deutschen Reichsfürsten sichtbar zu erniedrigen, alle Stufen und Ordnungen zwischen diesen Fürsten und dem Reichsoberhaupt zu zerbrechen." (G, S. 477) Da damit aber auch die Macht des Kaisers vollständig zum „Werk seines Dieners" (ebd.) wurde, war nicht nur die Reichsverfassung, sondern auch die auf der Anerkennung durch die Reichsstände basierende Legitimität des Kaisers gefährdet.

Konnte diese Gefährdung der Reichsverfassung durch die Absetzung Wallensteins auf dem Kurfürstentag zu Regensburg 1630 noch einmal gebannt werden (vgl. G, S. 486 f.), so habe sie sich in verschärfter Form bei Wallensteins erneuter Berufung gezeigt, wo die Lage des Reichs nach den Siegen Gustav Adolfs zu weiter gehenden Zugeständnissen sowohl der protestantischen, als auch der katholischen Reichsstände Anlass gab.[48] „Dem unumschränkten König von Schweden steht jetzt ein gleich unumschränkter Feldherr gegenüber [...]." (G, S. 546). Schiller unterstellt Wallenstein, da er auf dem Regensburger Reichstag „den Unterschied zwischen ursprünglicher und übertragener Gewalt und den Abstand des Untertans von dem Gebieter" (G, S. 590) begriffen habe, eine Position zu erreichen, die ihn zumindest den Kurfürsten gleichstellen sollte – sein diesbezügliches Ziel sei die Krone Böhmens gewesen (vgl. ebd., f.). Schiller lässt offen, ob Wallensteins Absichten letztlich auch auf die ganze Macht in Deutschland zielten (vgl. G, S. 592). Er verweist dabei allerdings auf eine nicht zu unterschätzende Grenze seiner Möglichkeiten, die auch für die Konstruktion des Handlungsverlaufs im *Wallenstein*-Drama eine zentrale Rolle spielt, auf die in dieser Situation unumgängliche eidliche Verpflichtung der von ihm neu geworbenen Armee auf den Kaiser:

> „Aber auf welchem Wege er auch seinen Zweck verfolgte, so konnte er demselben ohne den Beistand einer ihm ganz ergebenen Armee nicht zur Ausführung bringen. Diese Armee konnte so geheim nicht geworben werden, daß am kaiserlichen Hofe nicht Verdacht geschöpft und der Anschlag gleich in seiner Entstehung vereitelt wurde. Diese Armee

---

48 Vgl. G, S. 542: „Hatte man anfangs vor der Übermacht des Kaisers gezittert, so war jetzt nicht viel weniger Grund vorhanden, von dem Ungestüm eines fremden Eroberers alles für die Reichsverfassung, von dem Religionseifer eines protestantischen Königs alles für die katholische Kirche Deutschlands zu fürchten."

durfte ihre gesetzwidrige Bestimmung vor der Zeit nicht erfahren, indem schwerlich zu erwarten war, daß sie dem Ruf eines Verräters gehorchen und gegen ihren rechtmäßigen Oberherrn dienen würde. Wallenstein mußte also unter kaiserlicher Autorität und öffentlich werben und von dem Kaiser selbst zur unumschränkten Herrschaft über die Truppen berechtigt sein." (G, S. 593)

So sehr auch der dem Kaiser abgepresste Vertrag diesem die Möglichkeit eröffnen mochte, „den Diktator in Deutschland zu spielen" (G, S. 602), so waren das Heer und seine Generäle doch an den Eid auf den Kaiser gebunden, so dass es im Konfliktfall darauf ankommen würde, ob dieser Eid oder ob die Verpflichtung gegenüber Wallenstein den Ausschlag gäbe. Letztlich entscheidend war also, welches Gewicht eine Verpflichtung gegenüber dem legitimen Herrn des Reiches und ein ständischer, auf die tradierte Ordnung bezogener Ehrbegriff noch hatten. Dass Wallenstein die Loyalität seiner Generäle in diesem Punkt falsch eingeschätzt hat, das macht Schiller mit Bezug auf Wallensteins Legitimationsdefizite deutlich:

„Es war nichts Geringes, was er jetzt auf dem Weg war zu unternehmen. Einen stolzen, tapfern, auf seine Ehre wachsam haltenden Adel der schändlichen Untreue fähig zu erklären und in den Augen derjenigen, die bis jetzt nur gewohnt waren, in ihm den Abglanz der Majestät, den Richter ihrer Handlungen, den Bewahrer der Gesetze zu verehren, auf einmal als ein Niederträchtiger, als Verführer, als Rebell zu erscheinen. Nichts Geringes war es, eine rechtmäßige, durch lange Verjährung befestigte, durch Religion und Gesetze geheiligte Gewalt in ihren Wurzeln zu erschüttern; alle jene Bezauberungen der Einbildungskraft und der Sinne, die furchtbaren Wachen eines rechtmäßigen Throns, zu zerstören […]. Wallenstein sah nichts als eine gegen den Hof teils gleichgültige, teils erbitterte Armee, die gewohnt war, seinem Ansehen mit blinder Unterwerfung zu huldigen […]. Alles zitterte vor ihm, weil er eine rechtmäßige Gewalt ausübte, weil der Gehorsam gegen ihn Pflicht, weil sein Ansehn an die Majestät des Thrones befestigt war. Größe für sich allein kann wohl Bewunderung und Schrecken, aber nur die legale Größe Ehrfurcht und Unterwerfung erzwingen. Und dieses entscheidenden Vorteils beraubte er sich selbst in dem Augenblick, da er sich als Verbrecher entlarvte." (G, S. 673)

Neben den Strukturproblemen der Reichsverfassung spielte in Schillers Analyse des Epochenwandels noch ein zweiter Aspekt eine Rolle: das veränderte Verhältnis von Religion und Politik. Das zeigt sich schon an Schillers Darstellung der Folgen des Restitutionsedikts von 1629, wo er sich die Bemerkung nicht entgehen lässt, dass es auch die katholischen Reichsstände waren, die die Durchführung des Edikts verhindert haben und damit – entgegen ihren konfessionellen Interessen – das System des Reiches gegen die Gefahr einer Übermacht des Kaisers retten wollten: „Die Hoffnung, auf einem friedlichen Wege zur Erfüllung ihres Wunsches zu gelangen, bewog […] die Katholiken, mit Vollziehung des Edikts noch ein Jahr lang zu zögern, und dies rettete die Protestanten." (G. S. 484) Das politische Interesse überwiegt hier das religiöse, das sich ja nur mehr als ein konfessionell gebundenes Interesse geltend machen kann und sich als untauglich erweist, eine Friedensordnung zu begründen.

An diesem Beispiel zeigt Schiller, dass religiös-konfessionelle Interessen in Konflikt mit politischen Interessen geraten und zugunsten politischer Interessen entschieden werden konnten, und damit macht er auf den Umstand der Differenzierung machtpolitischer und religiöser Motive des Handelns in der neuen Epoche aufmerksam. Das jetzt bestimmende Verhältnis zwischen Religion und Politik ist aber für den Historiker, wie sich aus dem folgenden Zitat ergibt, nicht *Folge* der Glaubensspaltung, sondern ein Faktor, der schon zu den *Voraussetzungen* des Erfolgs der Reformation gehört:

> „Die Religion wirkte dieses alles. Durch sie allein wurde möglich, was geschah, aber es fehlte viel, daß es für sie und ihretwegen unternommen worden wäre. Hätte nicht der Privatvorteil, nicht das Staatsinteresse sich schnell damit vereinigt, nie würde die Stimme der Theologen und des Volks so bereitwillige Fürsten, nie die neue Lehre so zahlreiche, so tapfere, so beharrliche Verfechter gefunden haben. [...] Glück genug für die Fürsten, daß der Untertan für seine eigene Sache stritt, indem er für die ihrige kämpfte." (G, S. 367)

Rein religiöse Motive unterstellt Schiller demnach nur den ‚Untertanen'; die Fürsten hingegen benutzen diese Motive, um ihre politischen Interessen durchzusetzen:[49]

> „Für den Staat, für das Interesse der Fürsten würden sich wenig freiwillige Arme bewaffnet haben, für die Religion griff der Kaufmann, der Künstler, der Landbauer freudig zum Gewehr, [...] an die Religion setzte man Gut und Blut." (G, S. 371)

Dass auf diese Weise Religion als Mittel der Manipulation des ‚Volkes' für politische Interessen eingesetzt werden konnte, vielleicht sogar musste, hängt nach Schillers Analyse auch mit einem grundlegenden Wandel der Legitimation von Herrschaft zusammen, in der die Fürsten zunehmend auf die Zustimmung der ‚Untertanen' angewiesen waren:

> „In dem Zeitalter, wovon jetzt die Rede ist, regierte in Europa kein Fürst so absolut, um über den guten Willen seiner Untertanen hinweggesetzt zu sein, wenn er seine politischen Entwürfe verfolgte. Aber wie schwer hielt es, diesen guten Willen der Nation für seine politischen Entwürfe zu gewinnen und in Handlung zu setzen! Die nachdrücklichen Beweggründe, welche von der Staatsraison entlehnt sind, lassen den Untertanen kalt, der sie selten einsieht und den sie noch seltener interessieren. In diesem Fall bleibt einem staatsklugen Regenten nichts übrig, als das Interesse des Kabinetts an irgendein anderes Interesse, das dem Volk näher liegt, anzuknüpfen [...]. Dies war der Fall, worin sich ein großer Teil derjenigen Regenten befand, die für die Reformation handelnd aufgetreten sind." (G, S. 367 f.)[50]

---

49   Das gilt auch für den schwedischen König, der nach Schillers Urteil auch keine rein religiösen Interessen verfolgte, sondern gleichzeitig aus machtpolitischen Motiven handelte – „sein Ziel war der Kaiserthron" (G, S. 637).
50   Zu dieser Abhängigkeit der Fürsten von der Meinung der ‚Untertanen' vgl. auch die Szenen 7-10 des vierten Akts von *Maria Stuart*, in denen Elisabeth bei der Entscheidung, das Todesurteil gegen Maria zu unterschreiben, unter dem Druck von Demonstrationen auf den Straßen

Das zeigt Schiller auch am Beispiel des französischen Kardinals Richelieu, der aus Gründen der Staatsräson mit den Schweden gegen Habsburg paktieren, als „Fürst der römischen Kirche" (G, S. 499) also ein „Bündnis mit dem Feinde seiner Kirche" (ebd.) eingehen will, dies aber nicht öffentlich betreiben kann, weil die Macht – es ist die Macht Habsburgs –, die er angreifen möchte, es verstanden habe, „die Anmaßungen ihres Ehrgeizes durch den Namen der Religion vor der Menge zu heiligen" (G, S. 494). Religion bleibt auch in der neuen Epoche eine Quelle der Legitimation von Herrschaft, dies aber nicht als Stütze geheiligter Tradition, sondern als Medium, mit dem die Zustimmung der ‚Untertanen' zu aus Machtinteressen begründeten politischen Handlungen der Regierenden erwirkt werden kann. Da aber die Religion der ‚Untertanen' an jeweils *eine* der feindlich sich gegenüberstehenden Konfessionen gebunden war, konnte dieses Instrument nicht mehr zur Herstellung und Sicherung des Friedens im Reich eingesetzt werden, sondern nur zur Bereitschaft zum Krieg. Diese Analyse der Funktionalisierung von Religion entspricht auch dem ‚realistischen' anthropologischem Konzept, das der Geschichtsdarstellung zugrunde liegt.

Es bleibt – im Hinblick auf die Frage nach Zeichen von Hoffnung im Dramentext – angesichts dieser Analyse das Problem, ob Schiller in seiner Rolle als Geschichtsschreiber solche Zeichen andeutet. Es gibt, soweit ich sehe, in der *Geschichte des Dreißigjährigen Krieges* nur eine Stelle, an der Schiller explizit geschichtsphilosophisch argumentiert, und zwar bei seinem Versuch, dem Tod Gustav Adolfs in der Schlacht von Lützen einen ‚Sinn' zu geben, und er tut dies nach dem Muster von Kant:

> „Die Geschichte, so oft nur auf das freudlose Geschäft eingeschränkt, das einförmige Spiel der menschlichen Leidenschaft auseinander zu legen, sieht sich zuweilen durch Erscheinungen belohnt, die gleich einem kühnen Griff aus den Wolken in das berechnete Uhrwerk menschlicher Unternehmungen fallen und den nachdenkenden Geist auf eine höhere Ordnung der Dinge verweisen. […] Die wohltätige Hälfte seiner Laufbahn hatte Gustav Adolf geendigt, und der größte Dienst, den er der Freiheit des Deutschen Reichs noch erzeigen kann, ist – zu sterben. Die alles verschlingende Macht des einzigen zerfällt, und viele versuchen ihre Kräfte; der zweideutige Beistand eines übermächtigen Beschützers macht der rühmlichen Selbsthilfe der Stände Platz. […] Unverkennbar strebte der Ehrgeiz des schwedischen Monarchen nach einer Gewalt in Deutschland, die mit der Freiheit der Stände unvereinbar war […]. Sein Ziel war der Kaiserthron; und diese Würde […] war in *seiner* Hand einem weit größern Mißbrauch ausgesetzt, als man von einem

---

Londons steht und in ihrem Monolog sich beklagt: „O Sklaverei des Volksdiensts! Schmähliche / Knechtschaft – wie bin ichs müde, diesem Götzen / Zu schmeicheln, den mein Innerstes verachtet! / Wann soll ich frei auf diesem Throne stehn! / Die Meinung muß ich ehren, um das Lob / Der Menge buhlen, einem Pöbel muß ichs / Recht machen, dem der Gaukler nur gefällt." Das epochale Problem ist bei der englischen Königin noch dadurch verschärft, dass ihre dynastische Legitimität umstritten ist. Umso mehr bedarf sie der Zustimmung der öffentlichen Meinung als zusätzlicher Legitimationsressource.

österreichischen Geschlecht zu befürchten hatte. [...] Sein schneller Abschied von der Welt sicherte dem Deutschen Reiche die Freiheit [...]." (G, S. 637-639)

In dieser ‚Sinngebung' eines ‚zufälligen' Ereignisses durch eine „höhere Ordnung der Dinge" spricht Schiller auch ein Urteil über das Ergebnis des Dreißigjährigen Krieges aus. Die Bewahrung der Reichsverfassung und damit verbunden die Rettung der Souveränität des Reiches in der Ordnung des Westfälischen Friedens ist dessen ‚sinnvolles' Ergebnis, für das Schiller am Ende seiner Schrift enthusiastische Worte findet. Er spricht hier von einem „berühmten, unverletzlichen und heiligen Frieden" (G, S. 745). Dieses „mühsame, teure und dauernde Werk der Staatskunst" (ebd.) sei das „interessanteste und charaktervollste Werk der menschlichen Weisheit und Lei denschaft" (ebd.). Den Weg zu dieser Friedensordnung stellt Schiller nicht mehr dar. Gesagt wird nur, dass es sich um das Ergebnis mühevoller politischer Arbeit handelt, das der Zwiespältigkeit der menschlichen Natur – „Weisheit und Leidenschaft" müssen zusammenwirken – abgerungen worden ist. Jedenfalls ist dieser Friede ein Friede in der phänomenalen Welt und damit weit entfernt von dem idyllischen Bild des Friedens, das im Drama Max Piccolomini zeichnet, ohne einen gangbaren Weg dorthin zeigen zu können (vgl. P, I/4, V. 534-558).

Die Lösung der Aufgabe, die innerhalb der Grenzen der menschlichen Natur und der geschichtlichen Situation möglich war, wird in Schillers Darstellung nur ex negativo sichtbar, und zwar dort, wo er auf die gescheiterten Versuche einer Befriedung der durch die konfessionelle Spaltung entstehenden Konflikte eingeht. Es sei zum einen darum gegangen, das Kaisertum von dem „Verhältnis zu Rom" (G, S. 376) zu befreien, so dass es „Deutschland" sein würde, „welches sich in seinem Kaiser repräsentierte" (ebd.). Zum andern musste für das Zusammenleben der in Konfessionen getrennten Reichsstände ein langfristig gesicherter Modus friedlicher Koexistenz gefunden werden. Worum es in diesem letztgenannten Punkt gehen sollte, das wird in der Analyse der Mängel des Augsburger Religionsfriedens von 1555 deutlich gemacht:

„Dieser Religionsfriede [...], der die Flamme des Bürgerkriegs auf ewige Zeiten ersticken sollte, war im Grunde nur eine temporäre Auskunft, ein Werk der *Not* und der *Gewalt* nicht vom Gesetz der Gerechtigkeit diktiert, nicht die Frucht berichtigter Ideen über Religion und Religionsfreiheit. Einen Religionsfrieden von der letzten Art konnten die Katholischen nicht geben, und, wenn man aufrichtig sein will, einen solchen vertrugen die Evangelischen noch nicht. Weit entfernt, gegen die Katholischen eine uneingeschränkte Billigkeit zu beweisen, unterdrückten sie, wo es in ihrer Macht stand, die Calvinisten, welche freilich ebensowenig eine Duldung in jenem bessern Sinne verdienten, da sie ebenso weit entfernt waren, sie selbst auszuüben. [...] Was eine jede Religionspartei in dem Augsburger Frieden rettete oder gewann, verdankte sie dem zufälligen Machtverhältnis, in welchem beide bei der Gründung des Friedens zu einander gestanden. Was durch Gewalt gewonnen wurde, mußte behauptet werden durch Gewalt [...]. Mit dem Schwerte in der Hand wurden die Grenzen zwischen beiden Kirchen gezeichnet; mit dem

Schwerte mußten sie bewacht werden – oder wehe der früher entwaffneten Partei!" (G, S. 377-378)

Was diesem Scheinfrieden fehlte, ist nach Schillers Verständnis der Mangel an „Duldung in jenem bessern Sinn", d.h. einer Toleranz, die auf Anerkennung der Wahrheitsansprüche der Gegenseite basierte und dabei auch, was 1555 nicht geschehen war, den Calvinismus als dritte Konfession einschließen würde. Was weiterhin fehlte, war die Garantie dieser wechselseitigen Duldung durch eine dauerhafte rechtliche Regelung, die den Verzicht auf Veränderungen der konfessionellen Landkarte Deutschlands festschreiben würde. Was davon im Westfälischen Frieden verwirklicht worden ist, überlässt der Autor dem Urteil der Leser. Im Hinblick auf die „berichtigte[n] Ideen über Religion und Religionsfreiheit" als Voraussetzung eines dauernden interkonfessionellen Friedens ist aber der implizite Appell an das Wissen der Rezipienten nicht zu übersehen, dass im 17. Jahrhundert der religionsphilosophische Diskussionsstand des späten 18. Jahrhunderts noch nicht erreicht war. Der Leser oder die Leserin[51] war zudem schon darüber in Kenntnis gesetzt worden, dass das Verhältnis zwischen den Konfessionen wegen der Vermischung von religiösen und machtpolitischen Interessen niemals eine Angelegenheit allein der Religion sein konnte. Es wird somit deutlich, dass das in der Beschreibung der Mängel des Augsburger Religionsfriedens implizit entwickelte Ideal wechselseitiger Anerkennung der Konfessionen im Westfälischen Frieden zwar nur annäherungsweise verwirklicht worden ist, aber doch als Teilfortschritt der geschichtlichen Entwicklung bewertet werden kann.

Ähnliches lässt sich auch von der erstgenannten Aufgabe sagen, von einer dem Epochenwandel angepassten Konzeption des Kaisertums. Hier wird das anzustrebende Ziel ebenfalls ex negativo bei der Darstellung der Religionspolitik der Habsburger-Kaiser angedeutet. Schiller bespricht eine Abfolge von Versuchen von Kaiser Ferdinand I. bis zu Kaiser Ferdinand II. in absteigender Linie. Ferdinand I. habe „mit einem Herzen voll Aufrichtigkeit [...] den Religionsfrieden zu Augsburg vermittelt und an den undankbaren Versuch, beide Kirchen auf dem Konzil zu Trient zu vereinigen, eine vergebliche Mühe verschwendet" (G, S. 383). Sein „vortrefflicher Sohn" (ebd.) Maximilian sei nahe daran gewesen, „die neue Religion auf den Kaiserthron zu erheben" (ebd.). „Den Vater hatte die Notwendigkeit Schonung gegen die Protestanten gelehrt; die Notwendigkeit und die Billigkeit diktierten sie seinem Sohne." (ebd.) Diese Politik habe mit Kaiser Rudolf II. ein Ende gefunden, der „weder die Billigkeit hörte noch der Notwendigkeit folgte" (ebd.) und der in Bezug auf die Verhältnisse in Böhmen den Zwängen einer innerdynastischen Auseinandersetzung geschuldete Entscheidungen getroffen habe, die zum Kriegsausbruch geführt hätten. Zuerst habe er den von Maximilian geduldeten ‚Böhmischen Brüdern'

---

51 Das Geschichtswerk erschien ja als Erstdruck im *Historischen Calender für Damen.*

die Religionsfreiheit abgesprochen, um dann doch 1609 in dem „merkwürdigen *Majestätsbrief* der Böhmen" (G, S. 393) den Protestanten „vollkommen gleiche Rechte mit der katholischen Kirche" (ebd.) einzuräumen. Erst mit Ferdinand II. sei es zu einer eindeutigen Parteinahme für die Interessen der Katholiken gekommen, was dem Widerruf einer kaiserlichen Entscheidung gleichgekommen sei.

Was Schiller in dieser absteigenden Linie darstellt, ist die Abkehr von einer Politik, deren Ziele positiv bewertet werden, wenngleich sie mehr dem Zwang der Verhältnisse als dem Geist „berichtigter Ideen über Religion und Religionsfreiheit" (G, S. 377) geschuldet waren, hin zu einer Politik der einseitigen Parteinahme für die katholische Konfession.[52] Der Westfälische Friede, so positiv er am Ende von Schillers Geschichtsdarstellung auch bewertet wird, entspricht diesem Ideal noch nicht. Auch er ist noch der „Notwendigkeit" abgerungen, und um ihn zustande zu bringen, müssen „streitende Interessen" (G, S. 745) machtpolitischer Art ausgeglichen werden. Er bleibt ein Friedenswerk innerhalb der Bedingungen seiner Epoche, aber immerhin ein dem „krummen Holz" der menschlichen Natur abgerungener Teilfortschritt, der als Vertragswerk innerhalb der weiter bestehenden Ordnung des Reiches zustande gebracht werden konnte. Das Lob dieses Friedens ist somit ein implizites Plädoyer für diese Ordnung.

3. Die Reflexion der Reichskrise in ‚Wallensteins Lager'

„Sein Lager nur erkläret sein Verbrechen." (Pr, V. 118) Dieser Hinweis zur Deutung von *Wallensteins Lager* ist mehrdeutig. Die Darstellung der Verhältnisse im Lager kann einerseits als Erklärung dafür verstanden werden, dass Wallenstein den Verrat am Kaiser wagen konnte, weil er sich der Ergebenheit seines Heeres sicher war. Andererseits können diese Verhältnisse als Erklärung für sein Scheitern aufgrund einer Täuschung über seine Spielräume gedeutet werden. Wallenstein spricht diese beiden Möglichkeiten später in der berühmten Sentenz „Es ist der Geist, der sich den Körper baut" (T, III/13, V. 1813) selber aus, dies freilich im Modus der ‚dramatischen Ironie', denn nur der Zuschauer weiß, dass an diesem Punkt der Handlung schon entschieden ist, dass dieser ‚Körper' dem Willen seines ‚Geistes' nicht mehr folgt, und ein Rezipient, der am Ende des 18. Jahrhunderts die von Kants Transzendentalphilosophie ausgehenden anthropologischen Diskurse zur Kenntnis genommen hat, konnte auch erkennen, dass Wallenstein hier eine ‚regulative Vernunftidee' unvermittelt auf die phänomenale Welt überträgt.

---

52 Dabei darf nicht übersehen werden, dass Schiller diesen Geist der Intoleranz auch den Protestanten und Calvinisten zuschreibt. Er will damit zeigen, dass eine Politik der wechselseitigen Anerkennung in dieser Epoche nicht möglich war, auch wenn die Kaiser einen besseren Willen gehabt oder klüger gehandelt hätten.

Wenn Rüdiger Safranski sagt, dass „dieser ‚Körper' […] seiner eigenen Dynamik folgt und für seinen ‚Schöpfer' zum Verhängnis wird",[53] so lässt sich diese Aussage präzisieren, wenn man den Zeichen nachspürt, mit denen der Zustand des Heeres mit der Lage des Reichs, wie sie in Schillers Geschichtswerk analysiert worden ist, in Zusammenhang gebracht wird. Dabei sind die Bezüge zum Zustand der Reichsverfassung ebenso zu beachten wie die Auswirkungen der epochentypischen Trennung von religiösen Normen und systemspezifischen Logiken im Rahmen der vorausgesetzten anthropologischen Figurenkonzeption. Die Präzision, mit der in *Wallensteins Lager* die Exposition der epochalen Rahmenbedingungen der Dramenhandlung ausgearbeitet wird, erfordert eine etwas einlässlichere Interpretation.

Die Position Wallensteins im Gefüge des Reiches wird in den Dialogen der Soldaten, die aus ihrer Perspektive sich nur auf Gerüchte beziehen können, mehrfach angesprochen, und dies immer verbunden mit Hinweisen auf Konflikte zwischen ihrer Verpflichtung auf Wallenstein *und* auf den Kaiser. So wird im zweiten Auftritt die Wahrnehmung, dass ein Gesandter des Wiener Hofs angekommen sei,[54] zum Ausgangspunkt von Spekulationen über das Verhältnis zwischen dem Wiener Hof und dem Feldherrn. Der „Wachtmeister" vermutet, dass Wallenstein von Seiten der dortigen Autoritäten ein tiefes Misstrauen entgegengebracht wird.[55] Wenn von ihm später die Unruhe, die den „Wachtmeister" eine bevorstehende Heeresbewegung vermuten lässt, auf die Nachricht von der Einnahme Regensburgs durch die Schweden bezogen wird, so deuten sich die Forderungen des Wiener Hofs an, mit der in Böhmen lagernden Armee an die Donau zu ziehen – der Gesandte Questenberg wird im zweiten Akt der *Piccolomini* Gelegenheit erhalten, diese Forderungen vorzutragen (vgl. P II/7). Gleichzeitig werden in der Rede des „Wachtmeisters" die Interessenkonflikte zwischen Wallenstein und dem Kaiser angedeutet, denn es geht zum einen um eine Reichsstadt mit dem Sitz des Reichstags, zum andern aber auch um den Schutz des bedrohten Territoriums eines Reichsstandes, des Kurfürsten von Bayern, mit dem Wallenstein wegen seiner Absetzung auf dem Regensburger Kurfürstentag noch eine Rechnung offen hat.[56] Dass im Lager unterschiedliche Meinungen über die Loyalitäten vorhanden sind, darauf deutet schon die Replik des „Trompeters" hin, der sein Treuebekenntnis gegenüber Wallenstein mit einem Ausdruck von Unsicherheit verbindet: „Aber wir halten ihn aufrecht, wir. / Dächten doch alle wie ich und Ihr!" (L 2, V. 81 f.)

---

53 *Safranski* 2004, S. 454.
54 Vgl. L 2, V. 71-74: „Und von Wien die alte Perücke, / Die man seit gestern herumgehn sieht, / Mit der guldenen Gnadenkette, / Das hat was zu bedeuten, ich wette."
55 Vgl. L 2, V. 77-80: „Merkst du wohl? Sie trauen uns nicht, / Fürchten des Friedländers heimlich Gesicht. / Er ist ihnen zu hoch gestiegen, / Möchten ihn gern herunterkriegen."
56 Vgl. L 4, V. 114 f.: „Wohl gar! Um dem Bayer sein Land zu schützen? / Der dem Fürsten so unfreund ist?".

Worauf eine *unbedingte* Loyalität zu Wallenstein gegründet ist, das wird im sechsten Auftritt von zwei „Jägern" im Dialog mit dem „Wachtmeister" verdeutlicht. Die „Jäger" repräsentieren eine Gruppe mit einer Auffassung des Soldatenberufs, die auf die Regeln des Krieges und das darin gewährte Ausleben der eigenen Interessen ohne Rücksicht auf politische Ziele, religiösen Glauben, moralische Gebote und soziale Ordnungen reduziert ist. In ihrer Selbstbeschreibung manifestiert sich also die epochentypische Ausdifferenzierung einzelner Systeme im Bereich der Eigenlogik des Krieges:

> „Wir heißen des Friedländers wilde Jagd, / Und machen dem Namen keine Schande – / Ziehen frech durch Feindes und Freundes Lande, / Querfeldein durch die Saat, durch das gelbe Korn – / Sie kennen das Holkische Jägerhorn! – / In einem Augenblick fern und nah, / Schnell wie die Sündflut, so sind wir da – / Wie die Feuerflamme bei dunkler Nacht / In die Häuser fähret, wenn niemand wacht – / Da hilft keine Gegenwehr, keine Flucht, / Keine Ordnung gilt mehr und keine Zucht. – Es sträubt sich – der Krieg hat kein Erbarmen – / Das Mägdlein in unsern sennigten Armen – / Fragt nach, ich sags nicht um zu prahlen; / In Bayreuth, im Voigtland, in Westfalen, / Wo wir nur durchgekommen sind – / Erzählen Kinder und Kindeskind / Nach hundert und aber hundert Jahren / Von dem Holk noch und seinen Scharen." (L 6, V. 213-231)

Der „Erste Jäger" schildert dieses Leben als Befreiung von den Zwängen des ‚bürgerlichen‘ Lebens,[57] weshalb er auch die Armee Gustav Adolfs, bei der er sich früher verdingt hat, verlassen hat: „Der machte eine Kirch aus seinem Lager, / Ließ Betstunde halten, des Morgens, gleich / Bei der Reveille, und beim Zapfenstreich. […] Dirnen, die ließ er gar nicht passieren, / Mußten sie gleich zur Kirche führen." (L 6, V. 258-265) Im nächsten Dienst in der Armee der Liga unter dem General Tilly habe das schon anders ausgesehen – „Soff und Spiel und Mädels die Menge!" (L 6, V. 272) Da Tilly das Kriegsglück verlassen habe, habe er sich dann „bei den Sachsen" (L 6, V. 287) anwerben lassen, wo aber wieder „strenge Mannszucht" (L 6, V. 291) von ihm gefordert worden sei. „Und ich wär bald für Ungeduld / Wieder heimgelaufen zum Schreibepult, / Wenn nicht eben auf allen Straßen / Der Friedländer hätte werben lassen." (L 6, V. 299-302) Erst dort finde man eine konsequente Reduktion auf das rein Soldatische – „Da geht alles nach Kriegessitt" (L 6, V. 307) –, was auch für die politischen Ziele gilt: „Der führt's Kommando nicht wie ein Amt, / Wie eine Gewalt, die vom Kaiser stammt! […] Ein Reich von Soldaten wollt er gründen […]." (L 6, V. 346-352).

Die Treue der Armee zu Wallenstein ist aus der Perspektive dieser Gruppe von der Verpflichtung auf den Kaiser abgekoppelt; sie kann sich deshalb aber nur so lan-

---

57 Es ist die Rede „von der Schul und der Lehre" (L 6, V. 238), er hat die „Schreibstub und ihre engen Wände" (L 6, V. 240) verlassen, um ein Leben ohne soziale Zwänge führen zu können. Am Beginn des siebten Auftritts wird bei der Anwerbung eines Rekruten, der aus Lust an einem abenteuerlichen Leben eine geordnete Herkunftswelt verlässt, diese Motivation anschaulich vorgestellt (vgl. L 7, V. 380-414).

ge aufrechterhalten, wie der Feldherr dieses Soldatenleben ermöglicht. Dass dem „Jäger" politische und religiöse Ziele des Krieges gleichgültig sind, das zeigt er ohnehin schon durch den vorangegangenen Wechsel der Armeen, und dass er bei Wallenstein auch nicht mit der Forderung nach einem religiösen Bekenntnis konfrontiert wird, wie dies mehr oder weniger strikt noch bei Gustav Adolf und bei Tilly der Fall war, das spricht der Kapuziner deutlich aus: „Weiß doch niemand, an wen der glaubt!" (L 8, V. 394) Die später von Wallenstein geäußerten Ankündigungen, eine neue Friedensordnung herstellen zu wollen, werden demnach schon hier konterkariert bzw. dementiert, denn mit diesen Leuten lässt sich nur der Krieg als Möglichkeit ungehemmten Auslebens männlicher Wünsche nach Befreiung vom Druck des alltäglichen Berufslebens fortsetzen, aber kein Frieden mit einer stabilen sozialen Ordnung begründen. Was der Kapuziner in seiner Predigt aus seiner konfessionell begrenzten Perspektive ausspricht – „Und so lang der Kaiser diesen Friedeland / Läßt walten, so wird nicht Fried im Land." (L 8, V. 623 f.) – bestätigt sich auf der Textebene.

Der „Wachtmeister" repräsentiert dagegen die Haltung einer anderen Gruppe, die an der zweifachen Loyalität – zu Wallenstein und zum Kaiser – festhalten will, gleichermaßen aber in der Eigenlogik des Kriegshandwerks denkt. Er gerät dabei in Widersprüche, die nur auf der Textebene kenntlich gemacht werden. Diese zeigen sich am Glauben an einen sozialen Aufstieg in Wallensteins Armee, der den Möglichkeiten innerhalb der normalen Ordnung weit überlegen sei – dies freilich, wie er gegenüber dem aus dieser Ordnung ausgebrochenen Rekruten erklärt, nur unter der Bedingung, dass die Ordnung des Krieges letztlich doch unter dem Schutz der kaiserlichen Macht steht:

> „Es treibt sich der Bürgersmann, träg und dumm, / Wie des Färbers Gaul, nur im Ring herum. / Aus dem Soldaten kann alles werden, / Denn Krieg ist jetzt die Losung auf Erden. / Seh Er mal *mich* an! In diesem Rock / Führ ich, sieh Er, des Kaisers Stock. / Alles Weltregiment, muß Er wissen, / Von dem Stock hat ausgehen müssen; / Und das Szepter in Königs Hand / Ist ein Stock nur, das ist bekannt. / Und wers zum Korporal erst hat gebracht, / Der steht auf der Leiter zur höchsten Macht, / Und so weit kann Ers auch noch treiben." (L 7, V. 425-437)

Für diese Aufstiegsmöglichkeit führt der „Wachtmeister" das Beispiel Buttlers an: „[…] wir standen als Gemeine / Noch vor dreißig Jahren bei Köln am Rheine, / Jetzt nennt man ihn Generalmajor. / Das macht, er tät sich baß hervor [...]." (L 7, V. 442-445) Das zweite Exempel des „Wachtmeisters" ist Wallenstein selbst:

> „Unser Hauptmann und hochgebietender Herr, / Der jetzt alles vermag und kann, / War erst nur ein schlichter Edelmann, / Und weil er der Kriegsgöttin sich vertraut, / Hat er sich diese Größ erbaut, / Ist nach dem Kaiser der nächste Mann, / Und wer weiß, was er noch erreicht und ermißt, / *(pfiffig)* Denn noch nicht aller Tage Abend ist." (L 7, V. 449-456)

Ohne dies direkt auszusprechen, deutet der „Wachtmeister" mit diesen Beispielen darauf hin, dass man als Soldat „auf der Leiter zur höchsten Macht" stehe, dass im System des Militärs auch die traditionelle ständische Ordnung aufgehoben wird, auf der letztlich auch die Legitimität und Macht des Kaisers beruht, die anzustreben der „Wachtmeister" Wallenstein unterstellt. Der Versuch des „Wachtmeisters", die Treue zum Kaiser und die Treue zu Wallenstein zu vereinbaren, entpuppt sich demnach auf der Textebene als unauflösbarer Widerspruch. Mit der Nennung Buttlers an dieser frühen Stelle des Textes gibt der Text auch eine Vorausdeutung auf das Ende der Dramenhandlung, denn dass Buttler zum Mörder Wallensteins wird, hängt eng mit den Problemen zusammen, die mit den Widersprüchen zwischen ständischer Ordnung und ‚moderner' Karriere auftreten.

Die Loyalitätsprobleme werden im elften Auftritt noch in anderer Weise sichtbar, als Repräsentanten der „Pappenheimer" als einer eigenen Gruppe die Szene betreten und als deren Anführer erstmals Max Piccolomini genannt wird (vgl. L 11, V. 676). Im Gespräch, an dem auch die Vertreter der anderen Gruppen beteiligt sind, geht es wieder um ein Gerücht: um eine Verlegung eines Teils der Truppe, um „den aus Mailand" (L 11, V. 699), den Bruder des Königs von Spanien, in die Niederlande zu geleiten, was der „Trompeter" mit dem Ausruf kommentiert: „Was zum Henker! sollen wir dort? / Dem Kaiser verkauften wir unser Blut / Und nicht dem hispanischen roten Hut." (L 11. V. 707-709) Hier spiegelt sich der Rollenkonflikt Ferdinands II. zwischen seinen Aufgaben als Kaiser und den Machtinteressen der Habsburger in den Loyalitätsproblemen des Heeres wider. Die sich daran anschließende Diskussion über das Verhältnis Wallensteins zum Kaiser endet mit einem Verweis des „Wachtmeisters" auf die Stellung Wallensteins *innerhalb* der bestehenden Reichsverfassung, um so die doppelte Treue zu rechtfertigen: „Er ist ein unmittelbarer und freier / Des Reiches Fürst, so gut wie der Bayer." (L 11, V. 859 f.) Das ist Wunschdenken, denn die Kurwürde hat Wallenstein nicht; diesen Rang würde er erst besitzen, wenn er die Krone Böhmens erlangt hätte. Dieses Ziel ist aber nur im Rahmen der Reichsverfassung zu erreichen, nicht in einem unmittelbar dem Kaiser unterstehenden „Reich der Soldaten", in dem die intermediären Gewalten der Reichsstände ausgeschaltet wären.

Die Diskussion der Soldaten über ihre Lage läuft schließlich auf die Frage zu, wie angesichts der Bedrohung Wallensteins die Treue des Heers zu ihm sichergestellt werden kann. Dabei entwickelt der „Erste Kürassier" als Repräsentant der Pappenheimer einen Vorschlag, der einen Konsens unter dem Zeichen einer – wieder der Eigenlogik des Krieges folgenden – spezifischen ‚Ehre' des Soldaten herstellen sollte. Dabei wird ein eigenes Konzept vorgetragen, das wiederum die doppelte Loyalität zu Wallenstein und zum Kaiser sichern soll:

> „Ist denn darüber Zank und Zwist, / Ob der Kaiser unser Gebieter ist? / Eben drum, weil
> wir gern in Ehren / Seine tüchtigen Reiter wären, / Wollen wir nicht seine Herde sein, /

Wollen uns nicht von den Pfaffen und Schranzen / Herum lassen führen und verpflanzen. / Sagt selber! Kommt nicht dem Herrn zugut, / Wenn sein Kriegsvolk was auf sich
halten tut? / Wer anders macht ihn als seine Soldaten / Zu dem großmächtigen Potenta-
ten? / Verschafft und bewahrt ihm weit und breit / Das große Wort in der Christenheit?"
(L 11, V. 888-900)

Auch der Repräsentant der „Pappenheimer" träumt hier von einem „Reich der Soldaten", aber unter der Führung des Kaisers und unter bestimmten Voraussetzungen:
Der Soldat muss sich selbst an einen Verhaltenskodex halten, der mit einem weit gefassten Begriff von Standesehre umschrieben wird und – ohne es explizit zu sagen –
die von den „Holkischen Jägern" verübten Exzesse ausschließt.[58] Weil dieser Begriff
der Soldatenehre aber im Unbestimmten bleibt, können auch die beiden „Jäger" zustimmen,[59] was heißt, dass dieses Konzept unter den Bedingungen des Krieges nicht
funktionieren kann. Zudem ist das Standesbewusstsein auch der „Pappenheimer" nur
im Krieg möglich: Als der „Erste Arkebusier" darauf hinweist, dass der „leidige
Krieg" (L 11, V. 969) „Not und Plag" (ebd.) über das Land gebracht habe,[60] bekommt er zur Antwort:

„Wo *du* nur die Not siehst und die Plag, / Da scheint *mir* des Lebens heller Tag. [...] Und
weil sichs nun einmal so gemacht, / Daß das Glück dem Soldaten lacht, / Laßts uns mit
beiden Händen fassen, / Lang werden sies uns nicht so treiben lassen. / Der Friede wird
kommen über Nacht, / Der dem Wesen ein Ende macht; / Der Soldat zäumt ab, der Bauer
spannt ein, / Eh mans denkt, wirds wieder das alte sein. / Jetzt sind wir noch beisammen
im Land, / Wir haben's Heft noch in der Hand, / Lassen wir uns auseinander sprengen, /
Werden sie uns den Brotkorb höher hängen." (L 11, V. 975-999)

In der Erwartung, dass ein kommender Friede das Ende der soldatischen Lebens-
form bedeuten würde, können sich beide Gruppen, die „Jäger" und die „Pappenheimer", auf ein Bündnis der Treue zu Wallenstein einigen. Der „Arkebusier" entfernt
sich an dieser Stelle;[61] wie um auf der Textebene zu signalisieren, dass es in diesem
Punkt keine Einheit im Lager gibt. Beim Preis des Soldatenlebens in dem gemeinsamen Lied am Ende der Szene, in dem diese Einheit einen Ausdruck findet – Joseph
von Eichendorff nennt es in *Ahnung und Gegenwart* einmal nicht ganz zu Unrecht

---

58 Vgl. L 11, V. 911-913: „Der Soldat muß sich können fühlen. / Wers nicht edel und nobel
treibt, / Lieber weit von dem Handwerk bleibt." V. 929-931: „Sagt mir, was hat er an Gut und
Wert, / Wenn der Soldat sich nicht selber ehrt? / Etwas muß er sein eigen nennen, / Oder der
Mensch wird morden und brennen."
59 Vgl. L 11, V. 918: „Ja, übers Leben noch geht die Ehr!".
60 Dass damit auch und gerade die Legitimität des Kaisertums beim Volk in Misskredit gerät –
man denke an die Hinweise des Historikers Schiller an den Legitimitätsbedarf in dieser Epoche
–, wird schon zu Beginn in der Rede des Bauern deutlich gemacht: „Daß wir für Hunger und
Elend schier / Nagen müssen die eignen Knochen. / Wars doch nicht ärger und krauser hier, /
Als der Sachse noch im Lande tät pochen, / Und die nennen sich Kaiserliche!" (L 1, V. 29-33)
Dieser frühe Hinweis relativiert von Anfang an alle Apotheosen eines soldatischen Kaisertums
durch die Vertreter der Armee.
61 Der erste Jäger sagt dazu: „Aber das denkt wie ein Seifensieder." (L 11, V. 1008).

„das fürchterliche Lied"[62] – ist also zumindest einer, der einzige, der am Frieden als Ziel festhält, nicht mehr dabei.

In den Reden der Gruppenvertreter gibt es freilich auch Hinweise auf einen von den Figuren nicht thematisierten Dissens der verbliebenen Truppenteile im Hinblick auf die Stellung zum Kaiser, denn während den „Jägern" diese Bindung nichts mehr bedeutet, halten die „Pappenheimer" an ihr fest. Sie haben dem Kaiser den Treueid geschworen, und den Eid zu halten, ist wesentliches Element ihrer soldatischen Ehre. Dieser Ehrbegriff zeigt an, dass die „Pappenheimer" ein Bewusstsein von der Geltung moralischer Prinzipien haben, was sich dann später in ihrem Handeln erweisen wird. Die Erkenntnis, dass Wallenstein den Eid gebrochen hat, wird an einer entscheidenden Stelle der Dramenhandlung ihren Abfall vom Feldherrn motivieren (vgl. T, II/15).

An der Art, wie die „Pappenheimer" das Kaisertum beschreiben, lässt sich allerdings erkennen, dass sie von einer ‚Idee' des Kaisertums ausgehen, die mit der Realität wenig zu tun hat. Der „Kürassier" zeichnet ein Bild des Kaisers ohne „Pfaffen und Schranzen", also ohne Hof, ohne Verwaltung und ohne Einflüsse aus dem katholischen Klerus. Das Ideal wäre ein unmittelbares Verhältnis von Kaiser und Armee, weswegen der „Zweite Jäger" an dieser Stelle sofort an Beispiele aus der Geschichte denkt.[63] Wenn der „Kürassier" zur Kennzeichnung der religiösen Bedeutung des Kaisertums das Wort „Christenheit" gebraucht, so klingt dies wie eine Erinnerung an die Vorgänger Ferdinands II., die noch den Versuch einer überkonfessionellen Versöhnung im Reich unternommen hatten. Die Treue der „Pappenheimer" gilt letztlich dieser ‚Idee' von Kaisertum, über deren Vereinbarkeit mit der Treue zu Wallenstein sie sich hier noch Illusionen machen. Sie erwählen für die Bekräftigung ihrer doppelten Loyalität Max Piccolomini,[64] mit dem sie, nachdem sich dieser Weg als unmöglich herausgestellt hat, ihre soldatische Ehre durch den Tod in einem militärisch sinnlosen Kampf gegen die Schweden zu bewahren suchen.

---

62 Vgl. *Eichendorff* 1970, S. 204: Der Graf Friedrich, der sich in den Napoleonischen Kriegen den Tiroler Freiheitskämpfern angeschlossen hat, beobachtet nachts eine Gruppe von Soldaten aus der Armee eines deutschen Fürsten, der auf der Seite des Feindes kämpft. „Der Offizier stand auf, hob sein Glas in die Höh und fing an Schillers Reiterlied zu singen, die andern stimmten mit vollen Kehlen ein. Noch niemals hatte Friedrich das fürchterliche Lied so widerlich und höllisch gurgelnd geklungen."
63 Vgl. L 11, V. 907-910: „Alle großen Tyrannen und Kaiser / Hieltens so und waren viel weiser. / Alles andre täten sie hudeln und schänden, / Den Soldaten trugen sie auf den Händen."
64 Vgl. L 11, V. 1037-1040: „Der versteht sich auf solche Sachen, / Kann beim Friedländer alles machen, / Hat auch einen großen Stein im Brett / Bei des Kaisers und Königs Majestät."

4. Die Reflexion der Reichskrise in der Dramenhandlung

Wie schon in *Wallensteins Lager* deutlich exponiert, spielt der Konflikt zwischen der Loyalität zum Kaiser und der Treue zu Wallenstein in der Dramenhandlung eine zentrale Rolle. Dass dieser Konflikt aus einem Vertrag zwischen dem Kaiser und Wallenstein herrührt, der das Potential hat, die bestehende Ordnung des Reichs aus den Angeln zu heben,[65] spricht am deutlichsten eine Figur aus, die, weil sie keine persönlichen Interessen mehr hat, geeignet ist, ein auch auf der Textebene gültiges Urteil abzugeben: Gordon, der seinen Posten als Kommandant von Eger als Endstation seiner bescheidenen Karriere betrachtet: „Doch unnatürlich war und neuer Art / Die Kriegsgewalt in dieses Mannes Händen; / Dem Kaiser selber stellte sie ihn gleich, / Der stolze Geist verlernte sich zu beugen." (T, IV/2, V. 1288-1291) In Gordons Beschreibung wird der Aufstieg Wallensteins zudem so charakterisiert, dass auch ein innerer Widerspruch in Wallensteins Plänen erkennbar wird: „Mit schnellem Schritt, ich sah ihn schwindelnd gehn, / Ward Graf und Fürst und Herzog und Diktator, / Und jetzt ist alles ihm zu klein, er streckt / Die Hände nach der Königskrone aus, / Und stürzt in unermeßliches Verderben." (T, IV/2, V. 2573-2577)

Mit der „Königskrone" ist die Krone Böhmens gemeint, und dass Wallenstein dieses Ziel anstrebt, wird im Unterschied zu den situationsgebundenen Äußerungen Wallensteins auf der Textebene bestätigt, am eindeutigsten immer dort, wo er nicht explizit politisch argumentiert, sondern spontan reagiert. Das geschieht beispielsweise dort, wo er sich über Theklas Zukunft äußert[66] und aus diesem Grund den Gedanken an eine Ehe mit Max Piccolomini abweist.[67] Dieses Ziel, das am Ende auch von

---

65 Das bemerkt schon Questenberg, der Gesandte des Wiener Hofs, wenn er auf die Beschreibung der Machtverhältnisse durch Buttler antwortet: „Hier ist kein Kaiser mehr. Der Fürst ist Kaiser." (P, I/3, V. 294). Das weiß auch die Gräfin Terzky, die Wallenstein darauf hinweist, dass der Kaiser mit dem Vertrag auch dessen illegale Taten gebilligt hat, so lange sie ihm selbst nutzten: „Doch wohl gefiel dem Kaiser, was ihm nützte, / Und schweigend ,drückt' er diesen Freveltaten / Sein kaiserliches Siegel auf. Was damals / Gerecht war, weil du *für ihn* tatst, ists heute / Auf einmal schändlich, weil es *gegen ihn* / Gerichtet wird?" (T, I/7, V. 612-617) Die Gräfin gibt ihm damit den letzten Anstoß für die Aufnahme der Verhandlungen mit den Schweden.

66 Vgl. P, II/3, V. 748-753: „Hier auf dieses / Jungfräulich blühende Haupt will ich den Kranz / Des kriegerischen Lebens niederlegen, / Nicht für verloren acht ichs, wenn ichs einst, / In einen königlichen Schmuck verwandelt, / Um diese schöne Stirne flechten kann."

67 Vgl. T, III/4, V. 1498-1534: „Hofft / Sie zu besitzen – Ist der Junge toll? [...] Nun ja! Ich lieb ihn, halt ihn wert, was aber / Hat das mit meiner Tochter Hand zu schaffen? [...] Er ist ein Untertan, und meinen Eidam / Will ich mir auf Europens Thronen suchen. [...] Sie ist das Einzige, was von mir nachbleibt / Auf Erden, eine Krone will ich sehn / Auf ihrem Haupte, oder will nicht leben. [...] Und ich sollte nun / Wie ein weichherzger Vater, was sich gern hat / Und liebt, fein bürgerlich zusammengeben? / Und jetzt soll ich das tun, jetzt eben, da ich / Auf mein vollendet Werk den Kranz will setzen – / Nein, sie ist mir ein langgespartes Kleinod, / Die höchste, letzte Münze meines Schatzes, / Nicht niedriger fürwahr gedenk ich sie / Als um ein Königsszepter loszuschlagen –".

der Gräfin Terzky bestätigt wird,[68] lässt sich auch aus seiner Reaktion auf den Vorschlag des schwedischen Unterhändlers Wrangel ablesen, den Schweden Prag zu überlassen: „Prag! Seis um Eger! Aber Prag? Geht nicht." (T, I/5, V. 348) „Euch meine Hauptstadt räumen! Lieber tret ich / Zurück – zu meinem Kaiser." (T, I/5, V. 388-389). Wenn er hier von ‚seiner' Hauptstadt spricht, so spricht er so, als ob er schon König von Böhmen wäre. Indirekt spricht Wallenstein hier aber auch den Widerspruch innerhalb seiner Ziele aus, denn die Krone Böhmens, die er anstrebt, um, wie er gegenüber Terzky in einem vertraulichen Gespräch sagt, gleichen Rang wie die Kurfürsten zu erhalten,[69] hat einen Wert nur in der durch das Verhältnis zwischen den obersten Ständen und dem Kaiser definierten Ordnung des Reiches. Für den König von Böhmen, als den Wallenstein sich schon zu sehen meint, ist der Kaiser wieder „mein" Kaiser. Dass Wallenstein bei diesem Vorhaben mit dem Kaiser, insofern dieser als Habsburger auch König von Böhmen ist, in einen schweren Machtkonflikt geraten würde, wird von ihm und auch von den anderen Figuren nicht explizit thematisiert,[70] aber das Wissen um das Schicksal des ‚Winterkönigs' darf man bei ihnen ebenso wie bei den Rezipienten voraussetzen.[71]

Der Vertrag mit dem Kaiser schränkt Wallenstein in seinen Handlungsmöglichkeiten ein, weil er, wie sich das schon in *Wallensteins Lager* gezeigt hat, damit rechnen muss, dass ein erheblicher Teil seines Heers im Konfliktfall den Eid auf den Kaiser der Loyalität zu ihrem Feldherrn überordnen wird, ein Faktor des Geschehens, über den er selbst sich allerdings im Irrtum befindet. Auf die Loyalität des Heers zum Kaiser vertraut Octavio Piccolomini: „Der Kaiser hat noch treue Diener, auch im Lager / Gibt es der braven Männer gnug, die sich / Zur guten Sache munter schlagen werden." (P, V/1, V. 2517-2519)[72] Die Vorgänge in den Szenen, in denen die Generäle ein manipuliertes Treuebekenntnis zu Wallenstein unterschreiben – das Dokument mit der Klausel, gemäß der die Treue zu Wallenstein unbeschadet des Eids auf den Kaiser versprochen wird, wird vor dem Gastmahl vorgelesen; unter-

---

68 Vgl. T, V/12, V. 3858-3862: „Wir fühlten uns nicht zu gering, die Hand / Nach einer Königskrone zu erheben – / Es sollte nicht sein – Doch wir *denken* königlich, / Und achten einen freien, mutgen Tod / Anständiger als ein entehrtes Leben."

69 Vgl. P, II/5, V. 835-837: „Mich soll das Reich als seinen Schirmer ehren, / Reichsfürstlich mich erweisend, will ich würdig / Mich bei des Reiches Fürsten niedersetzen."

70 Nur Illo deutet diese Konsequenz an, wenn er in der Hoffnung auf das Gelingen des Bündnisses mit den Schweden sagt: „Nicht ruhn soll dieser Degen, bis er sich / In österreichischem Blute satt gebadet." (T, IV/7, V. 1784-1785).

71 Dass der Kaiser zuletzt am längeren Hebel sitzt, ahnt auch Wallensteins Frau. Vgl. P, II/2, V. 715-716: „Was sind wir, / Wenn kaiserliche Huld sich von uns wendet!".

72 Selbst in der engeren Umgebung kann man sich nicht unbedingt auf die Treue zu Wallenstein verlassen. Das sieht man in P, IV/5, wo der Kellermeister des Grafen Terzky den Wunsch der Generäle, auf ihrem Gastgelage aus dem Pokal der Königskrönung Friedrichs zu trinken, lakonisch kommentiert: „Das gibt nach Wien was zu berichten wieder!" (V. 2062) Er meint die kaiserlich und katholisch gesinnten Diener, die im Haus als Spione arbeiten. Vgl. V. 2126-2128: „Paß ja wohl auf, Johann, daß wir dem Pater / Quiroga recht viel zu erzählen haben, / Er will dafür uns auch viel Ablaß geben."

schrieben wird nach der Tafel nach reichlich Alkoholgenuss aber ein Text ohne diese Klausel (vgl. P, IV/1-7) –, zeigen deutlich, dass man auch im engeren Umfeld Wallensteins davon ausgeht, dass diese, wie Illo sagt, ein „Gewissen" (P, III/1, V. 1311) haben, das sie daran hindern könnte, den Treueeid auf den Kaiser zu brechen. Es ist im Hinblick auf die philosophische Konzeption der Dramenhandlung bezeichnend, dass ausgerechnet Illo, der bereit ist, Wallenstein ohne derlei Bedenken die Treue zu halten, den anderen Figuren – unter Verwendung eines zentralen Begriffs der Kant'schen Philosophie – ein moralisches Bewusstsein unterstellt, das sie daran hindern könnte, den Treueid auf den Kaiser zu brechen.[73] Da der Betrug offenbar wird (vgl. P, IV/7, V. 2246 ff.), unterliegt die Verbindlichkeit der Unterschrift ohnehin einem erheblichen Zweifel, worauf später Isolani gegenüber Octavio Piccolomini hinweist: „Es haltens hier noch viele mit dem Hof, / Und meinen, daß die Unterschrift von neulich, / Die abgestohlne, sie zu nichts verbinde." (T, II/5, V. 984-986) Der Verlauf der Szene, in der Octavio dann den Grafen Isolani dazu bringt, der Treue zu Wallenstein abzuschwören, führt vor, wie der Respekt vor der Macht und Autorität des Kaisers und vor der Verbindlichkeit des Eides in der Situation der Entscheidung den Sieg über die Bindung an den Feldherrn davonträgt, dies freilich nicht ohne die Erwartung, dass der Verlust von Karrierechancen bei Wallenstein durch kaiserliche Gunsterweise kompensiert wird.[74] Gemäß der ‚realistischen' Anthropologie der Figurenkonzeption ist der Seitenwechsel nicht aus moralischen Gründen motiviert, sondern überlagert von egoistischen Motiven. Isolani folgt demnach nicht der Stimme des Gewissens, sondern seinen Interessen.

Von besonderem Aufschluss ist in diesem Zusammenhang das Verhalten Buttlers, da mit dieser Figur gezeigt wird, wie ein sozialer Aufsteiger – er wurde als solcher schon in einer Fremdcharakterisierung in *Wallensteins Lager* eingeführt[75] – unter den Bedingungen des Krieges handelt, in denen die tradierte ständische Ordnung partiell aufgehoben ist, und, da er seinen Aufstieg Wallenstein verdankt, zur Unterschrift bereit ist, obwohl er den Betrug durchschaut hat: „Mit oder ohne Klausel! Gilt mir gleich! / Versteht ihr mich? Der Fürst kann meine Treu / Auf jede Probe

---

73 Vgl. *Kant* 1977. S. 573 f.: „Jeder Mensch hat Gewissen, und findet sich durch einen innern Richter beobachtet […]. Er kann sich zwar durch Lüste und Zerstreuungen betäuben […], aber nicht vermeiden, dann und wann zu sich selbst zu kommen […], wo er alsbald die furchtbare Stimme desselben vernimmt. Er kann es, in seiner äußersten Verworfenheit, allenfalls dahin bringen, sich daran nicht mehr zu kehren, aber sie zu hören kann er doch nicht vermeiden." Im Lichte dieser Begriffserläuterung wird das Vorgehen Illos verständlich. Er selbst ‚kehrt' sich zwar nicht an die Stimme des Gewissens, er hat aber ein Bewusstsein davon und setzt dieses Bewusstsein bei den anderen voraus; er versucht deshalb, die Generäle durch den Genuss von reichlich Wein so zu ‚betäuben', dass sie diese Stimme ebenfalls nicht mehr hören.

74 Vgl. T, II/5, V. 1037-1038: „Es soll geschehn. Gedenkt mirs aber auch / Beim Kaiser, wie bereit Ihr mich gefunden."

75 Vgl. dazu auch seine Selbstcharakterisierung, mit der er sein Verhalten begründet: „Vom niedern Dienst im Stalle stieg ich auf, / Durch Kriegsgeschick, zu dieser Würd und Höhe […]." (P, IV/4, V. 2008-2009).

setzen, sag ihm das. / Ich bin des Kaisers Offizier, solang ihm / Beliebt, des Kaisers General zu bleiben, / Und bin des Friedlands Knecht, sobald es ihm / Gefallen wird, sein eigner Herr zu sein." (P, IV/4, V. 1962-1968) Dass aber auch Buttler sich letztlich an den Regeln der bestehenden Ordnung orientiert, wird gleich in der ersten Szene der *Piccolomini* deutlich gemacht: Als Isolani ihn zur Ernennung zum Generalmajor beglückwünscht, antwortet er: „Ich bin verlegen, / Ob ich den Glückwunsch schon empfangen darf, / – Noch fehlt vom Kaiser die Bestätigung." (P, I/1, V. 51-53) Als Buttler sich später entscheiden soll, ob er angesichts von Wallensteins Verrat am Kaiser, den ihm Octavio offenbart, diesem weiterhin die Treue halten will, bleibt er zunächst auf der Seite seines Feldherrn,[76] um dann aber radikal umzuschwenken, als er erfährt, dass Wallenstein sein Gesuch an den Kaiser um den Grafentitel hintertrieben hat. Dass Buttler davon so sehr getroffen ist, dass er den spontanen Entschluss fasst, Wallenstein zu töten,[77] sagt viel darüber aus, wie sehr dieser Aufsteiger auf die Anerkennung im Rahmen der ständischen Ordnung fixiert ist und sich dabei auf seine Erfahrungen in der epochalen ‚Übergangssituation' berufen kann.[78] Die Stimme des Gewissens wird bei Buttler nicht durch Alkohol zum Schweigen gebracht, sondern durch den Ehrgeiz des sozialen Aufsteigers, der an die Schranken der tradierten ständischen Ordnung stößt. Insoweit befindet sich sein Weg in einer Korrespondenzrelation zum Weg Wallensteins, der ebenfalls die tradierte Ordnung sprengt und zugleich ein Ziel innerhalb dieser Ordnung anstrebt. Dass Schiller in der Charakterisierung Buttlers entgegen seiner sonstigen Praxis von den geschichtlichen Quellen abweicht,[79] kann als Beleg für die Intention gewertet werden, die sozialgeschichtliche ‚Übergangssituation' als Kontext des Geschehens kenntlich zu machen.

Der Vertrag Wallensteins mit dem Kaiser bzw. der Vertragsbruch erschwert auch die Verhandlungen mit den Schweden, die in dessen Handeln ein Prinzip verletzt sehen, das auch ihnen heilig ist. Kann man mit einem Menschen, der diesen Pakt bricht, überhaupt verhandeln? Diese Reserve vermutet Wallenstein selber bei seinem Verhandlungspartner, weswegen er sie gegenüber Wrangel offen thematisiert: „Seine Würden meint, / Wenn ich dem Kaiser, der mein Herr ist, so / Mitspielen kann, ich könn das gleiche tun / Am Feinde, und das *eine* wäre mir / Noch eher zu verzeihen als das *andre*." (T, I/5, V. 260-264) Als Wrangel zudem an der Möglichkeit zweifelt, das Heer „zum Treubruch zu verleiten" (T, I/5, V. 295), entspinnt sich ein Dialog, in dem die unterschiedlichen Arten, Krieg zu führen, einander konfrontiert werden. Wallenstein sagt: „Meint er? Er urteilt wie ein Schwed und wie / Ein Protestant. Ihr

---

76 Vgl. T, II/6, V. 1087: „Sein Los ist meines."
77 Vgl. T, II/6, V. 1169: „O! er soll nicht leben!".
78 Vgl. T, II/6, V.1110-1114: „Es tat mir wehe, daß Geburt und Titel / Bei der Armee mehr galten, als Verdienst. / Nicht schlechter wollt ich sein, als meinesgleichen, / So ließ ich mich in unglückselger Stunde / Zu jenem Schritt verleiten – Es war Torheit!".
79 Vgl. *Oellers* 2005, S. 129.

Lutherischen fechtet / Für eure Bibel, euch ists um die Sach; / Mit eurem *Herzen* folgt ihr eurer Fahne. – / Wer zu dem Feinde läuft von *euch*, der hat / Mit zweien Herrn zugleich den Bund gebrochen. / Von all dem ist die Rede nicht bei uns –" (T, I/5, V. 296-302) Wallenstein begründet dies zum einen damit, dass sein Heer sich zwar „kaiserlich" (T, I/5, V. 308) nennt, aber eigentlich ein „Auswurf fremder Länder" (T, I/5, V. 310) ohne Bindung an ein „Vaterland" (T, I/5, V. 306) sei,[80] zum andern mit der Stimmung im böhmischen Volk, das wegen der brutalen Rekatholisierung des Landes durch die Habsburger „kein Herz für seinen Herrn" (T, I/5, V.314) mehr habe. Wrangel aber fragt weiter: „Der Adel aber und die Offiziere? Solch eine Flucht und Felonie, Herr Fürst, / Ist ohne Beispiel in der Welt Geschichten." (T, I/5, V. 324-326) Darauf legt Wallenstein ihm das von den Generälen unterschriebene Papier hin, worauf Wrangel – nicht ohne vorher zu sagen „Begreifs, wers kann!" (T, I/5, V.329) – in konkrete Verhandlungen eintritt. Auch hier arbeitet der Autor mit dem Mittel der ‚dramatischen Ironie', denn der Zuschauer weiß an dieser Stelle schon besser als der Held, dass die unbedingte Treue des Heeres und seiner Offiziere längst nicht mehr sicher ist.

Es erscheint aufgrund dieser Probleme plausibel, dass Wallenstein in seinen expliziten Äußerungen, in denen er die jeweiligen Dialogpartner auf seine Seite zu ziehen versucht, das Interesse des Reichs unabhängig von der Instanz des Kaisers betont. So beansprucht er in einem Dialog mit Terzky, als „Schirmer" (P, II/5, V. 835) des Reichs, nicht des Kaisers, in die Geschichte einzugehen. In der Auseinandersetzung mit Questenberg markiert er ebenfalls diese Unterscheidung, wenn er unter Berufung auf die Erfahrung seiner Absetzung sagt:

> „Nein, Herr! Seitdem es mir so schlecht bekam, / Dem Thron zu dienen, auf des Reiches Kosten, / Hab ich vom Reich ganz anders denken lernen. / Vom Kaiser freilich hab ich diesen Stab, / Doch führ ich jetzt ihn als des Reiches Feldherr, / Zur Wohlfahrt aller, zu des *Ganzen* Heil, / Und nicht mehr zur Vergrößerung des *Einen*!" (P, II/7, V. 1177-1183)

Dieser Anspruch, der eigentliche Vertreter des Reiches zu sein, wird von Wallenstein auch in den Situationen geltend gemacht, in denen er seine Kontakte mit den Schweden zu rechtfertigen versucht. Der Bruch der Treue zum Kaiser wird als Handeln im Sinne des Reiches gerechtfertigt. So spricht er gegenüber Illo und Terzky von der Treue zum „Vaterland" (T, I/6, V. 421), und gegenüber Terzky äußert er, dass er bei diesen Verhandlungen das Ziel verfolge, die Schweden wieder aus Deutschland zu vertreiben, um so die Souveränität des Reiches wiederherzustellen:

---

80 Das entspricht der Beschreibung Buttlers gegenüber Questenberg: „Fremdlinge stehn sie da auf diesem Boden, / Der Dienst allein ist ihnen Haus und Heimat, / Sie treibt der Eifer nicht fürs Vaterland, / Denn Tausende, wie mich, gebar die Fremde. / Nicht für den Kaiser, wohl die Hälfte kam, / Aus fremdem Dienst feldflüchtig uns herüber, / Gleichgültig, unterm Doppeladler fechtend, / Wie unterm Löwen und den Lilien. / Doch alle führt an gleich gewaltgem Zügel / Ein Einziger, durch gleiche Lieb und Furcht / Zu *einem* Volke sie zusammenbindend." (P, I/2, V. 223-233).

„So! meint er wohl, ich soll ihm / Ein schönes deutsches Land zum Raube geben, / Daß wir zuletzt auf eignem Grund und Boden / Selbst nicht mehr Herren sind? Sie müssen fort, / Fort, fort! Wir brauchen keine solchen Nachbarn. [...] Es soll nicht von mir heißen, daß ich Deutschland / Zerstücket hab, verraten an den Fremdling, / Um meine Portion mir zu erschleichen." (P II/5, V. 824-834)[81]

Abgesehen davon, dass Wallenstein in dieser Szene gegenüber Terzky die Wahrhaftigkeit seiner Rede selber in Frage stellt,[82] zeigt sich später bei den konkreten Verhandlungen mit Wrangel, dass es ihm nur um Böhmen und seine Hauptstadt Prag geht.

Als Sachwalter der Interessen des Reichs präsentiert sich Wallenstein auch in der berühmten „Pappenheimer"-Szene, als eine Abordnung des Regiments ihn direkt fragt, ob er Verhandlungen mit den Schweden aufgenommen hat.[83] Wallenstein entzieht sich einer eindeutigen Antwort. Sein Argumentationsziel ist, die Abordnung des Regiments davon zu überzeugen, dass er Frieden herbeiführen will, womit er zunächst deren Zustimmung erreicht.[84] Wer die Äußerungen der Soldaten in *Wallensteins Lager* in Erinnerung behalten hat, weiß freilich, dass dieses Argument dem dort artikulierten Lob der soldatischen Existenz widerspricht. Wallensteins nächstes Argument ist, dass der Kaiser – hier spricht er allerdings von „Österreich" (V. 1949) – diesen Frieden verhindere. Das Bündnis mit den Schweden solle dazu dienen, den Frieden herbeizuführen und gleichzeitig – hier spricht Wallenstein wieder in der Rolle des Sachwalters der Reichsinteressen – die Schweden aus Deutschland zu vertreiben:

„Der Schwede sagt uns Hilfe zu, läßt uns / Zum Schein sie nutzen, bis wir, beiden furchtbar, / Europens Schicksal in den Händen tragen, / Und der erfreuten Welt aus unserm Lager / Den Frieden schön bekränzt entgegenführen. [...] Was geht der Schwed mich an? Ich haß ihn, wie / Den Pfuhl der Hölle, und mit Gott gedenk ich ihn / Bald über seine Ostsee heimzujagen. / Mir ists allein ums Ganze. Seht! Ich hab / Ein Herz, der Jammer dieses deutschen Volks erbarmt mich." (T, III/15, V. 1964-1977).[85]

In diesen Äußerungen haben „viele Interpreten Wallenstein als Vertreter der Friedenspolitik und als Platzhalter einer zukünftigen Staatsform vernehmen"[86] und darin

---

81 Angesichts solcher Äußerungen wird das Misstrauen der Schweden hinsichtlich Wallensteins Vertragstreue nur zu verständlich.
82 Vgl. P, II/5, V. 864-865: „Ich wüßte nicht, daß ich mein Innerstes / Dir aufgetan – [...]."
83 Vgl. T, III/15, V. 1884-1888: „Wenns aber so ist, wie des Kaisers Brief / Besagt, wenns wahr ist, daß du uns zum Feind / Treuloserweise willst hinüberführen, / Was Gott verhüte! ja so wollen wir / Dich auch verlassen und dem Brief gehorchen."
84 Vgl. T, III/15, V. 19939-1940: „Niemand als du, der ihn mit Ruhm geführt, / Soll diesen Krieg, den fürchterlichen enden."
85 In seiner rhetorischen Strategie verwendet Wallenstein hier auch Anspielungen auf die Sprache der Bibel, womit er sich implizit mit dem göttlichen Erlöser gleichsetzt. Vgl. Mt 15,32: „Es jammert mich des Volks [...]."
86 *Reinhardt* 1998, S. 403.

auch Schillers eigene Position identifizieren wollen. Man ist sich heute aber darin einig, dass diese „vaterländische Interpretation des Dramas"[87] nicht zu halten ist, weil die „Pappenheimer"-Szene „in Wahrheit nur den versierten Strategen" zeigt, „der das Elite-Regiment auf seine Seite zu ziehen versucht".[88] Wallensteins Rede-kunst bleibt allerdings erfolglos, weil mitten in die Situation hinein Buttler herein-kommt und meldet, dass die Regimenter Terzkys das kaiserliche Wappen von den Fahnen reißen, worauf der Sprecher der „Pappenheimer" nur mehr sagt: „Rechts um!" (T, III/16, V. 1996) Es wird aber noch zu bedenken sein, ob Wallenstein gemäß der Strategie, seine Interessen in der Form allgemeiner Wahrheiten zu artikulieren, hier nicht doch von politischen Ideen spricht, die auf der Textebene Geltung bean-spruchen können.

An der sprachlichen Gestaltung der Figurenreden lässt sich auch beobachten, dass von den einzelnen Figuren die Lage auch als Interessenkonflikt zwischen den Belan-gen des Reichs und den Machtansprüchen der Habsburger dargestellt wird. So er-mahnt Octavio Piccolomini seinen Sohn Max, sich gegenüber Questenberg ange-messen zu verhalten – „Ehrfurcht gebührt dem Boten deines Kaisers" (P, I/4, V. 388) –, während Questenberg selbst im Widerspruch dazu nicht vom Kaiser, sondern von „Österreich" spricht: „Nie wird das Glück von Österreich sich wenden, / So lang zwei solche Sterne, segensreich / Und schützend, leuchten über seinen Heeren." (P, I/4, V. 396-399). Ob Questenberg ein Vertreter des Reichs oder der Habsburger ist, lässt er damit selber offen. Ähnlich zweideutig äußert sich Terzky, als Wallenstein fordert, dass die Generäle sich eidlich zur bedingungslosen Treue auf ihn verpflich-ten sollen, wenn er antwortet: „Unbedingt? Des Kaisers Dienst, / Die Pflichten ge-gen Östreich werden sie / Sich immer vorbehalten." (P, II/6, V. 899-901) Auf wen sie den Eid geschworen haben, auf den Kaiser oder auf den Habsburger, scheint ihm nicht ganz klar zu sein. Als Questenberg gegenüber Wallenstein dessen Verharren in Böhmen kritisiert, spricht er wieder vom Kaiser – „[…] bezieht sein Winterlager, drückt / Des Kaisers Länder mit des Kaisers Heer" (P, II/7, V. 1134 f.) –, obwohl es hier auch und vor allem um ein Territorium der Habsburger geht. Die Länder des Kaisers wären ja auch „gedrückt", wenn Wallensteins Heer in Richtung Regensburg weiterziehen würde. Das spezifisch dynastische Interesse wird hier von Questenberg als Interesse des Reichs maskiert.

Diese Unterscheidung benutzt Wallenstein auch gegenüber der Abordnung der „Pappenheimer". Als er die Soldaten davon überzeugen will, dass nicht er, sondern der Wiener Hof den Frieden verhindern will, spricht er von „Östreich", obwohl ihn der Sprecher der Gruppe ausdrücklich gefragt hat, ob er am Kaiser Verrat geübt hat: „Östreich will keinen Frieden, darum eben, / Weil *ich* den Frieden suche, muß ich fallen. / Was kümmerts Östreich, ob der lange Krieg / Die Heere aufreibt und die

---

87 *Safranski* 2004, S. 457.
88 *Reinhardt* 1998, S. 403.

Welt verwüstet, / Es will nur wachsen stets und Land gewinnen." (T, III/15, V. 1949-1953) Da der Kaiser von Wallenstein hier mit „Österreich" identifiziert wird, unterstellt er, dass dieser nicht die Interessen des Reichs, sondern nur die seiner Dynastie vertritt, und Wallenstein kann sich dabei selbst als Repräsentant der Interessen des Reichs präsentieren, der allein fähig und willens ist, den Krieg zu beenden.

Dieser Wechsel der Bezeichnungen wird noch einmal aufgegriffen, als Illo davon träumt, nach der erhofften Vereinigung mit dem schwedischen Heer gleich den Kampf gegen Wien aufnehmen zu können: „Nicht ruhn soll dieser Degen, bis er sich / In österreichschem Blute satt gebadet." (T, IV/6, V. 1784-1785). Die sofortige Antwort Gordons macht ihn aber auf das Problem aufmerksam: „Pfui, welche Red ist das, Herr Feldmarschall, / Warum so wüten gegen Euren Kaiser." (T, IV/6, V. 1786-1787), was Illo aber nicht weiter zu tangieren scheint, hofft er doch, Wallenstein werde nach einem Sieg „treue Dienste kaiserlich belohnen" (T, IV/6, V. 2809). Er hofft also, wie dies schon der „Wachtmeister" angedeutet hat, darauf, dass sein Feldherr selbst am Ende die kaiserliche Macht übernimmt.

Es bleibt die Frage, ob der Dramentext im Rahmen der Bindung an die von Interessen gesteuerten Figurenreden auf allgemeine Normen bzw. Ideen verweist, die man als Andeutungen geschichtlicher Hoffnung im Sinne von Kants ‚Chiliasmus der Philosophie' deuten kann. Festzuhalten ist zunächst, dass Religion als Quelle solcher Normen auf der Figurenebene allenfalls nur eine geringe Rolle spielt. Wenn Religiöses unter der Bedingung der konfessionellen Differenz zum Thema wird, dann in Verbindung mit politischen Zwecken. Das zeigt sich schon in der Predigt des Kapuziners in *Wallensteins Lager*, deren Absicht, die ‚Bekehrung' der Soldaten zum Katholizismus, trotz des erheblichen rhetorischen Aufwands verfehlt wird, und die Diener im Hause Terzkys, die für den Wiener Hof spionieren, bekommen als Lohn ‚Ablässe'. Aber auch dort, wo vom Heer der Schweden die Rede ist, ist die Funktion von Religion in Gestalt der protestantischen Konfession als politisches Machtmittel und militärisches Disziplinierungsinstrument unübersehbar. Dieses Instrument erweist sich aber unter den Bedingungen des Krieges als weitgehend wirkungslos. Die Soldaten wechseln die konfessionell definierten Fronten nach Maßgabe ihrer anderweitigen Interessen.

Das gilt im Fall von Böhmen auch für den Katholizismus. Dass diese Konfession für einen großen Teil der Bevölkerung mit der Erinnerung an einen kaiserlichen Wortbruch und so auch mit dem Verfall der Legitimität des Kaisertums verknüpft ist, spricht der Kellermeister aus, wenn er die Ekphrasis der Bilder auf dem Krönungspokal Friedrichs I. dazu nutzt, seine Haltung zu diesem Phänomen kundzutun – so anlässlich der bildlichen Darstellung des Majestätsbriefs Rudolfs II.:

„Den böhmschen Majestätsbrief zeigt sie an, / Den wir dem Kaiser Rudolf abgezwungen, / Ein köstlich unschätzbares Pergament, / Das frei Geläut und offenen Gesang / Dem neuen Glauben sichert, wie dem alten. / Doch seit der Grätzer[89] über uns regiert, / Hat das ein End, und nach der Prager Schlacht, / Wo Pfalzgraf Friedrich Kron und Reich verloren, / Ist unser Glaub um Kanzel und Altar, / Und unsre Brüder sehen mit dem Rücken / Die Heimat an, den Majestätsbrief aber / Zerschnitt der Kaiser selbst mit seiner Schere." (P, IV/5, V. 2089-2100)

Auffällig ist hier, dass nach den Worten des Kellermeisters der Majestätsbrief Religionsfreiheit *beiden* Konfessionen garantiert hat. Damit erinnert er an die von Schiller in der *Geschichte des Dreißigjährigen Krieges* positiv bewerteten Bemühungen der Vorgänger Rudolfs II. und Ferdinands II., eine Politik der wechselseitigen Anerkennung der Konfessionen durchzusetzen. Das Ideal einer interkonfessionellen Verständigung als Basis einer künftigen Friedensordnung bekommt so eine Geltung jenseits der Figurenperspektive.

Diese Voraussetzung für den Frieden wird indirekt auch in Äußerungen Wallensteins kenntlich gemacht. Während Gustav Adolf unterstellt wird, seine Konfession – allerdings immer vermischt mit machtpolitischen Interessen – ernsthaft zu verteidigen, ist in den Aussagen Wallensteins, obwohl er Feldherr der kaiserlichen Armee ist, von spezifischen Interessen des Katholizismus nirgendwo die Rede, was angesichts der religiösen Heterogenität seines Heers auch nachvollziehbar ist. Dass er mit der katholischen Konfession in Böhmen ohnehin keine Legitimationsressource für seine politischen Ziele zur Verfügung haben würde, spricht er selbst in der drastischen Schilderung der Rekatholisierung Böhmens deutlich aus.[90] Wallensteins Zugehörigkeit zur katholischen Konfession wird zudem nicht auf eine begründete Entscheidung zurückgeführt, sondern auf eine sehr individuelle, quasi ,mystische' Erfahrung.[91] Dass Wallenstein aber bei Bedarf den unterdrückten Protestantismus in Böhmen als Machtmittel zu nutzen versteht, das wird exemplarisch in einem Dialog mit dem Bürgermeister von Eger vorgeführt, wo er diese Karte ausspielt, um sich der Unterstützung der Bürger dieser Stadt zu versichern:

„Sagt mir an, / Es sind noch Protestanten in der Stadt? / (*Bürgermeister stutzt*) Ja, ja. Ich weiß es. Es verbergen sich noch viele / In diesen Mauren – ja! gestehts nur frei – / Ihr selbst – nicht wahr? (*Fixiert ihn mit den Augen. Bürgermeister erschrickt*) Seid ohne Furcht. Ich hasse / Die Jesuiten – Lägs an mir, sie wären längst / Aus dieses Reiches Grenzen – Meßbuch oder Bibel! / Mir ists all eins – Ich habs der Welt bewiesen — / In

---

89 Gemeint ist Ferdinand II., der in Graz von den Jesuiten erzogen worden ist.

90 Vgl. T, I/5, V. 318-323: „Ein glühend machtvoll Angedenken lebt / Der Greuel, die geschahn auf diesem Boden. / Und kanns der Sohn vergessen, daß der Vater / Mit Hunden in die Messe ward gehetzt? / Ein Volk, dem das geboten wird, ist schrecklich, / Es räche oder dulde die Behandlung."

91 So zumindest in den Fremdkommentaren von Buttler und Gordon (Vgl. T/ IV/2, V. 2560-2569). Damit wird verdeutlicht, dass Wallensteins konfessionelles Bekenntnis ein für Außenstehende undurchschaubares Phänomen ist, worauf ja auch schon der Kapuziner in seiner Predigt angespielt hat.

Glogau hab ich selber eine Kirch / Den Evangelischen erbauen lassen." (T, IV/3, V. 2591-2600)

Wallenstein spielt hier nicht nur die Rolle eines Anhängers interkonfessioneller Toleranz – „Mir ists all eins" –, als deren Verhinderer von ihm die Jesuiten identifiziert werden, sondern er wechselt rhetorisch wirkungsvoll in die Sprache christlicher Endzeiterwartung, wenn er dem Bürgermeister „im Vertraun" (V. 2604) ein ‚Geheimnis' eröffnet:

„Die Erfüllung / Der Zeiten ist gekommen,[92] Bürgermeister. / Die Hohen werden fallen und die Niedrigen / Erheben sich[93] – Behaltets aber bei Euch![94] / Die spanische Doppelherrschaft neiget sich / Zu ihrem Ende, eine neue Ordnung / Der Dinge führt sich ein – Ihr saht doch jüngst / Am Himmel die drei Monde?" (T, IV/3, V. 2604-2611)

Wallenstein spekuliert hier gewissermaßen mit einem ‚Chiliasmus des Volksglaubens', nicht mit einem ‚philosophischen Chiliasmus', indem er die Sprache biblischer Endzeiterwartungen mit Vorstellungen zeittypischen Prodigienglaubens kombiniert, einem Glauben, dem in elaborierter Form er selbst in Gestalt der Astrologie anhängt. Diese Spekulationen fungieren bei ihm als Ersatz für religiöse Bindungen christlich-konfessioneller Provenienz. Wallensteins Glaube an die Astrologie erscheint wie eine Mixtur aus pansophischer Spekulation und Neostoizismus, weil sie zum Bild für die Abhängigkeit des Handelns von der unausweichlichen Kausalität des Weltgeschehens wird: „Es gibt keinen Zufall." (T, II/3, V. 943) Diese Auffassung wird durch die Konstruktion der Handlung auf der Textebene bestätigt,[95] denn die Gestirne lügen in diesem Drama nicht. Das Problem ist nur, dass Wallenstein ihre Sprache falsch deutet. Als er vor Octavio Piccolomini gewarnt wird, beruft er sich auf dessen Horoskop: „Du wirst mir meinen Glauben nicht erschüttern, / Der auf die tiefste Wissenschaft sich baut. / Lügt er, dann ist die ganze Sternkunst Lüge. / Denn wißt, ich hab ein Pfand vom Schicksal selbst, / Daß er der treuste ist von meinen Freunden" (T, II/3, V. 891-895). Das kann wahr sein, denn die Sterne sagen nicht genau, *wem* Octavio treu ist, ihm oder dem Kaiser. Noch deutlicher wird dieses Problem an der Stelle kurz vor seinem Ende exponiert, an der sein Astrologe ihn warnt: „Von falschen Freunden droht dir nahes Unheil, / Die Zeichen stehen grausenhaft, nah, nahe / Umgeben dich die Netze des Verderbens." (T, V/5, V. 3604-3606) Wallenstein meint, Seni beziehe das auf die Schweden, weswegen er seiner Warnung keinen Glauben schenkt, und Seni selbst kann aus dem Stand der

---

92 Vgl. Mk 1,15; Gal 4,4.
93 Anspielung auf das Magnifikat, vgl. Lk 1,52.
94 Später erfährt man, dass der Bürgermeister dieses ‚Geheimnis' gleich weitererzählt hat. Vgl. T, V/1, V. 3214-3218: „Auch die Bürger / Erklären sich für ihn, ich weiß nicht, welch / Ein Schwindelgeist die ganze Stadt ergriffen. / Sie sehn im Herzog einen Friedenfürsten [vgl. Jes 9,5] / Und einen Stifter neuer goldner Zeit [...]."
95 Vgl. *Alt* 2000, S. 422-423.

Gestirne nur eine unbestimmte tödliche Bedrohung lesen. Der Text sagt demgemäß: Die Astrologie sagt zwar die Wahrheit über die unentrinnbare Kausalität der phänomenalen Welt, sie versagt aber als Leitfaden des Handelns, weil sie nicht vor irrtümlicher Deutung zu bewahren vermag. Aus der Perspektive des späten 18. Jahrhunderts und im Lichte der Philosophie Kants ist auch das dem Sternenglauben Wallensteins zugrunde liegende Weltbild untauglich, weil es in ihm keinen Platz für das Postulat der moralischen Freiheit gibt, das in der Transzendenz beheimatet ist.

Was bleibt dann aber als Äquivalent für die Begründung moralischer Orientierung in einer Epoche, in der die christliche Religion ihre Autorität verloren hat und die Astrologie als Ersatz nicht funktioniert? Hier ist zunächst an zentrale säkulare Vorstellungen zu erinnern, über die es Konsens gibt und die auch Wallenstein in seinen rhetorischen Strategien gezielt einsetzt: Frieden auf der Basis interkonfessioneller Verständigung und Souveränität des Reiches. Auch Max Piccolomini, der das Ideal des Friedens mit der Unbedingtheit eines jungen Mannes mit begrenzter Erfahrung vertritt (vgl. P, I/4, V.505-558),[96] unterstellt Wallenstein diesen Willen, was er gegenüber Questenberg mit einem Vorwurf an die Politik des Wiener Hofs – hier wieder als „Österreich" bezeichnet – verbindet: „Ihr seid es, die den Frieden hindern, ihr! / Der Krieger ists, der ihn erzwingen muß. / Dem Fürsten macht ihr's Leben sauer, macht / Ihm alle Schritte schwer, ihr schwärzt ihn an – / Warum? Weil an Europens großem Besten / Ihm mehr liegt als an ein paar Hufen Landes, / Die Östreich mehr hat oder weniger." (P, I/4, V. 565-571) Dass Wallenstein den Frieden anstrebt, scheint ihm auch sein Kontrahent Octavio Piccolomini zu unterstellen: „Nichts will er, als dem Reich den Frieden schenken, / Und weil der Kaiser *diesen* Frieden haßt, / So will er ihn – er will ihn dazu *zwingen*! / Zufriedenstellen will er alle Teile, / Und zum Ersatz für seine Mühe Böhmen, / Das er schon innehat, für sich behalten." (P, V/1, V. 2332-2337) In diesen Äußerungen lässt sich zwar eine Einigkeit im Hinblick auf eine universal gültige – mit Ausnahme der „Holkischen Jäger" konsensfähige – Idee erkennen; der Dissens ergibt sich aber aus den unterschiedlichen Wegen zu diesem Ziel.

Octavio Piccolomini macht in seiner Rede darauf aufmerksam, dass Wallenstein den Frieden unter einer Bedingung herstellen will, die mit der Verfassungsordnung des Reichs nicht vereinbar ist – sie tangiert die Souveränitätsrechte des Kaisers – und die der Durchsetzung seiner Machtinteressen untergeordnet ist, Interessen, die wiederum nur durchzusetzen wären mit einem weiteren Krieg um die Krone Böhmens, was ja alles einen Eidbruch voraussetzen würde. Die langfristigen Folgen der Schädigung der kaiserlichen Autorität umschreibt er einige Verse später: „Aufge-

---

96 Die einzige Erfahrung, auf die sich sein Bild dieses Ideals stützt, ist die auf einer Reise entstandene Liebe zu Thekla, über deren Vergeblichkeit angesichts der politischen Interessen Wallensteins er keine Vorstellung hat. Die Dramenhandlung ist denn auch so geführt, dass Max diese Erkenntnis bis zum Ende erspart bleibt.

löst / Sind alle Bande, die den Offizier / An seinen Kaiser fesseln, den Soldaten / Vertraulich binden an das Bürgerleben, / Pflicht- und gesetzlos steht er gegenüber / Dem Staat gelagert, den er schützen soll, / Und droht, gegen ihn das Schwert zu kehren." (P, V/1, V. 2347-2353) Octavio benennt hier eine Gefahr, die der Zuschauer schon bei *Wallensteins Lager* wahrnehmen konnte: die Verselbständigung des Militärischen, das im Begriff ist, die im „Bürgerleben" geltenden Normen und Gesetze zu zerstören und – allein der Logik des Militärischen folgend – deshalb unfähig ist, Frieden zu schaffen. Octavio Piccolomini, so lässt sich daraus schließen, stellt sich in den Dienst des Kaisertums, um das Prinzip des rechtlich gesicherten Schutzes normalen Lebens zu retten. Er stellt sich aus diesem Grund auf die Seite der bestehenden Ordnung und folgt in dieser Hinsicht der Stimme seines Gewissens.

Um diesen Weg zum Frieden zu begründen, dazu bekommt Octavio Piccolomini Gelegenheit in einem Gespräch mit Max, in die Schiller auch unübersehbare Verweise auf die Geschichtsphilosophie Kant'scher Provenienz einflicht:

> „Mein Sohn! Laß uns die alten, engen Ordnungen / Gering nicht achten! Köstlich unschätzbare / Gewichte sinds, die der bedrängte Mensch / An seiner Dränger raschen Willen band; / Denn immer war die Willkür fürchterlich – / Der Weg der Ordnung, ging' er auch durch Krümmen, Er ist kein Umweg. / Grad aus geht des Blitzes, / Geht des Kanonballs fürchterlicher Pfad – / Schnell, auf dem nächstem Wege, langt er an, / Macht sich zermalmend Platz, um zu zermalmen. / Mein Sohn! Die Straße, die der Mensch befährt, / Worauf der Segen wandelt, diese folgt / Der Flüsse Lauf, der Täler freien Krümmen, / Umgeht das Weizenfeld, den Rebenhügel, / Des Eigentums gemeßne Grenzen ehrend – / So führt sie später, sicher doch zum Ziel." (P, I/4, V. 463-478)

Mir scheint, dass die Metapher der „Krümme" als Anspielung auf Kants „krummes Holz" der menschlichen Natur gelesen werden kann,[97] zumal am Schluss der zitierten Passage mit der Unterscheidung von konkretem Handeln und fernem Ziel auf das Kant'sche Konzept der unendlichen Annäherung an die Idee einer „allgemein das Recht verwaltenden bürgerlichen Gesellschaft" angespielt wird. Damit verleiht die Autorinstanz dieser Rede Geltung. Max ist in seiner Unkenntnis der realen Bedingungen des Handelns in der jeweiligen Situation der Geschichte und der daraus resultierenden Unfähigkeit, sein Ideal zu verwirklichen, zwar als ‚Schwärmer' charakterisiert, was aber die Geltung seiner Ideale an sich nicht schmälert. Immerhin werden diese auch von seinem Vater anerkannt, der dadurch an den Widerspruch zwischen diesem fernen Ziel und seinem konkreten Handeln erinnert wird: Er ver-

---

97 Es ist genau jene Natur, in der Wallenstein in einem Monolog das Haupthindernis für die Durchsetzung seiner Pläne sieht: „Das ganz / Gemeine ists, das ewig Gestrige, / Was immer war und immer wiederkehrt, / Und morgen gilt, was heute hat gegolten! / Denn aus Gemeinem ist der Mensch gemacht, / Und die Gewohnheit nennt er seine Amme!" (T, I/4, V. 207-212) Die von Octavio gegenüber Max geltend gemachte Anthropologie wird somit auch von Wallenstein bestätigt, der damit implizit die Ahnung davon zu erkennen gibt, dass sein Vorhaben zum Scheitern verurteilt ist.

letzt, um die Ordnung zu retten, indem er Wallenstein täuscht, das Gebot der Wahrhaftigkeit.[98] Dass Max im Entscheidungsfall dann in der Anerkennung der bestehenden Ordnung letztlich mit dem Vater übereinstimmt, zeigt er daran, dass er Wallenstein in dem Moment die Solidarität aufkündigt, in dem ihm klar wird, dass dieser zum „Verräter" (T, II/2, V. 773) am Kaiser geworden ist. Er wählt aber lieber den Soldatentod als ein Leben mit diesem Konflikt.

Max, auf den die emotionale Teilnahme der Zuschauer gelenkt wird, repräsentiert – in Verbindung mit seiner Geliebten Thekla – demnach ein ‚Postulat', das zugleich als Zeichen von geschichtlicher Hoffnung fungiert. Das ist der Grund, warum Schiller diese Figur zum historisch verbürgten Personal hinzuerfunden hat.[99] Hartmut Reinhardt ist deshalb zuzustimmen: „Das Ethos der Liebenden sorgt noch in Ohnmacht und Untergang dafür, daß im Sinne Kants der moralische Anspruch an die ‚Politik' aufrechterhalten bleibt – ihr determinierender Zwang soll und darf nicht die ultima ratio des Ganzen bleiben."[100] Sein Ende, in dem er seine Truppe mit in einen selbstmörderischen Kampf hineinzieht, weist aber darauf hin, dass man in der realen Welt ohne Kompromisse nicht handeln kann.

Der Verlust der christlichen Religion und die Unfähigkeit des Glaubens an die Gestirne, diesen Verlust zu ersetzen, wird demnach behoben durch das Angebot der Kant'schen Moral- und Geschichtsphilosophie, in der die Unbedingtheit der moralischen Forderungen mit der Einsicht der Unmöglichkeit verbunden wird, in der phänomenalen Welt diese Forderungen erfüllen zu können. Dazu passt auch, dass Octavio Piccolomini an der einzigen Stelle, an der er über seine religiöse Orientierung Auskunft gibt, nicht in der Sprache einer Konfession spricht – naheliegend wäre ein explizites Bekenntnis zum Katholizismus –, sondern in Begriffen, die an Kants Vorstellung einer göttlichen Instanz als eines obersten Wächters über das Gewissen erinnert: „Ich stehe in der Allmacht Hand; sie wird / Das fromme Kaiserhaus mit ihrem Schilde / Bedecken, und das Werk der Nacht zertrümmern." (P, I/1, V. 2514 f.)[101] Über diese Vorstellungen verfügt aber noch nicht die Zeit der Dramenhandlung, sondern erst die Gegenwart des späten 18. Jahrhunderts.

---

98 Zur unbedingten Geltung dieses Gebots vgl. *Kant* 1977, S. 562-567. Nach Kant darf dieses Gebot auch nicht zu vermeintlich guten Zwecken verletzt werden.
99 Vgl. *Oellers* 2005, S. 128.
100 *Reinhardt* 1998, S. 400. Wenn Alt meint, dass im Dramenganzen „die Kategorie des Schicksals den Charakter eines naturhaften Reaktionsmusters ohne transzendente Bedeutung" (*Alt* 2000, S. 458) bekomme, so ist dem entgegenzuhalten, dass Max und Thekla eine ‚Idee' bzw. ein ‚Postulat' vertreten, das Transzendenz innerhalb der Bedingungen der Moderne repräsentiert.
101 Vgl. *Kant* 1977, S. 573: Das menschliche Gewissen äußere sich in der „Vorstellungsart von einem Gerichtshofe" mit einem „Gewissensrichter" (S. 574). „Da nun ein solches moralisches Wesen […] alle Gewalt (im Himmel und auf Erden) haben muß […], ein solches über alles machthabende Wesen aber Gott heißt: so wird das Gewissen als subjektives Prinzip einer vor Gott seiner Taten wegen zu leistenden Verantwortung gedacht werden müssen, ja es wird der letztere Begriff (wenngleich nur auf dunkle Art) in jedem moralischen Selbstbewußtsein je-

Aus all dem folgt für Octavio das unlösbare Problem der Vermittlung zwischen moralischer Forderung und konkretem Handeln, das ihn zur eigentlich ‚tragischen‘ Figur macht: dass er sich zwischen zwei ranggleichen Werten entscheiden und damit unausweichlich schuldig werden muss.[102] Das Problem ist nicht nur, dass er das Gebot der Wahrhaftigkeit verletzen muss, um das Ziel der Rettung von Gesetz und Ordnung zu erreichen. Dieses Ziel bleibt ja nur dann ein legitimes Ziel, wenn es sich in dem Nachweis bewähren kann, dass die Instanzen von Kaiser und Reich als Garanten einer Ordnung funktionieren, in der die ‚krummen Wege‘ des „Bürgerlebens“ zum erwünschten Ziel geleitet werden können.[103] Octavio scheitert gerade darin an der entscheidenden Stelle, weil der – durch die Provokation der Rachegelüstc Buttlers von ihm selbst unbeabsichtigt verursachter – Mord an Wallenstein seine Pläne, den Verräter in einem geregelten Prozess vor der kaiserlichen Gerichtsbarkeit zur Verantwortung zu ziehen, zunichte macht (vgl. T, V/12). Das ist die ‚Nemesis‘, die ihn – zusätzlich zum Verlust seines Sohnes, die seine Ernennung zum Fürsten dynastisch wertlos macht – am Ende einholt, aber auch die Ordnung des Reiches beschädigt, die innerhalb der gegebenen Bedingungen zwar prinzipiell gerechtfertigt ist, aber die vergleichsweise ‚realistischen‘ Ansprüche, die sie für ihre Legitimation geltend macht, in ihrem Wert mindert.

Dass Octavio Piccolomini nicht das letzte Wort – er ist am Ende sprachlos –, aber die letzte Geste des Dramas vorbehalten bleibt, mit der er das Bewusstsein von diesem Widerspruch zwischen Sein und Sollen in dem Moment zum Ausdruck bringt, in dem er seine Ernennung zum „Fürsten“ erfährt, ist konsequent: *„Octavio erschrickt und blickt zum Himmel. Der Vorhang fällt.“* Wenn er zum „Himmel“ blickt, dann nicht zu den Sternen wie Wallenstein oder zu den drei Monden wie der Bürgermeister von Eger, sondern in ein transzendentes Reich der ‚Ideen‘, in dem er seinen „Gewissensrichter“ zu finden glaubt.

derzeit enthalten sein.“ (ebd.) Wenn Octavio das Kaiserhaus nur unspezifisch als „fromm“ bezeichnet, so identifiziert er dessen religiöse Einstellung mit dieser universalen Vorstellung von Gott als allmächtigem „Gewissensrichter“, ohne die konfessionelle Bindung zu akzentuieren. Es sind solche Stellen, an denen man immer wieder die sprachliche Präzision bewundern kann, mit der Schiller gearbeitet hat.

102 Gemeint im Sinne der Hegelschen Erläuterung. Vgl. *Hegel* 1970, S. 523.

103 Diese Fähigkeit wird der kaiserlichen Instanz auch von der Gegenseite zugeschrieben. So unterstellt die Gräfin Terzky dem Kaiserhof die Absicht, Wallenstein „gesetzlich […] zu richten“ (T, I/7, V. 497). „Willkür meiden sie.“ (V. 498).

Bibliographie

Alt, Peter André, 2000: Schiller. Leben – Werk – Zeit. Eine Biographie. Zweiter Band. München.

Eder, Jürgen, 1998: Schiller als Historiker. In: Koopmann, Helmut (Hrsg.): Schiller-Handbuch. Stuttgart, S. 653-698.

Eichendorff, Joseph von, 1970: Ahnung und Gegenwart. In: Joseph von Eichendorff: Werke. Bd. II. Romane. Erzählungen, hrsg. von Ansgar Hillach. München, S. 7-292.

Eibl, Karl, 1995: Die Entstehung der Poesie. Frankfurt a.M./Leipzig.

Hegel, Georg Wilhelm Friedrich, 1970: Vorlesungen über die Ästhetik III. In: G. W. F. Hegel. Werke in zwanzig Bänden, hrsg. von Eva Moldenhauer und Karl Markus Michel. Bd. 15. Frankfurt a.M.

Hegel, Georg Wilhelm Friedrich, 1971: Über Wallenstein. In: G. W. F. Hegel: Werke in zwanzig Bänden, hrsg. von Eva Moldenhauer und Karl Markus Michel. Bd. 1. Frühe Schriften. Frankfurt a.M., S. 618-620.

Hien, Markus, 2015: Altes Reich und Neue Dichtung. Literarisch-politisches Reichsdenken zwischen 1740 und 1830. Berlin/Boston.

Hien, Markus, 2018: Klassik und Reichszerfall. In: Pauly, Walter/Ries, Klaus (Hrsg.), 2018: Politisch-soziale Ordnungsvorstellungen in der deutschen Klassik. Baden-Baden, S. 131-153.

Kant, Immanuel, 1975a: Idee zu einer allgemeinen Geschichte in weltbürgerlicher Absicht. In: Immanuel Kant: Schriften zur Anthropologie, Geschichtsphilosophie, Politik und Pädagogik 1, hrsg. von Wilhelm Weischedel. Darmstadt, S. 31-50.

Kant, Immanuel, 1975b: Rezension zu Johann Gottfried Herder: Ideen zur Philosophie der Geschichte der Menschheit. In: Immanuel Kant: Werkausgabe, hrsg. von Wilhelm Weischedel. Bd. XII. Frankfurt a.M., S. 779-806.

Kant, Immanuel, 1977: Die Metaphysik der Sitten. In: Immanuel Kant: Werkausgabe, hrsg. von Wilhelm Weischedel. Bd. VIII. Frankfurt a.M., S. 303-634.

Meise, Helga, 2005: Geschichte des Dreißigjährigen Krieges (1791-1793). In: Luserke-Jaqui, Matthias (Hrsg.): Schiller-Handbuch. Leben – Werk – Wirkung. Stuttgart, Weimar, S. 330-336.

Oellers, Norbert, 2005: Wallenstein. In: Luserke-Jaqui, Matthias (Hrsg.), 2005: Schiller-Handbuch. Leben – Werk – Wirkung. Stuttgart, Weimar, S. 113-153.

Reinhardt, Hartmut, 1998: Wallenstein. In: Koopmann, Helmut (Hrsg.), 1998: Schiller-Handbuch. Stuttgart, S. 395-414.

Riedel, Wolfgang, 1985: Die Anthropologie des jungen Schiller – Zur Ideengeschichte der medizinischen Schriften und der ‚Philosophischen Briefe'. Würzburg.

Riedel, Wolfgang, 1998: Schriften der Karlszeit. In: Koopmann, Helmut (Hrsg.), 1998: Schiller-Handbuch. Stuttgart, S. 547-559.

Ritzer, Monika, 1998: Schillers dramatischer Stil. In: Koopmann, Helmut (Hrsg.), 1998: Schiller-Handbuch. Stuttgart, S. 240-269.

Safranski, Rüdiger, 2004: Schiller oder die Erfindung des Deutschen Idealismus. München.

Schiller, Friedrich, 1974: Wallenstein. Ein dramatisches Gedicht. In: Fricke, Gerhard/Göpfert, Herbert G. (Hrsg.): Friedrich Schiller: Sämtliche Werke. Bd. 2. Dramen II. München, S. 269-547.

Schiller, Friedrich, 1976: Geschichte des Dreißigjährigen Krieges. In: Fricke, Gerhard/Göpfert, Herbert G. (Hrsg.): Friedrich Schiller: Sämtliche Werke. Bd. 4. Historische Schriften. München, S. 363-745.

Schulz, Gerhard, 1983: Die deutsche Literatur zwischen Französischer Revolution und Restauration. Erster Teil: Das Zeitalter der Französischen Revolution 1789-1806. München.

Stockinger, Ludwig, 2005: „Es ist der Geist, der sich den Körper baut." Schillers philosophische und medizinische Anfänge im anthropologiegeschichtlichen Kontext. In: Braungart, Georg/Greiner, Bernhard (Hrsg.): Schillers Natur. Leben, Denken und literarisches Schaffen. Sonderheft der Zeitschrift für Ästhetik und Allgemeine Kunstwissenschaft. Hamburg, S. 75-86.

Weimar, Klaus, 1990: Die Begründung der Normalität. Zu Schillers „Wallenstein". In: Zeitschrift für deutsche Philologie 109, S. 150-179.

Winkler, Heinrich August, 2000: Der lange Weg nach Westen. Erster Band. Deutsche Geschichte vom Ende des Alten Reichs bis zum Untergang der Weimarer Republik. München.

Matthias Löwe

„Gerächt hab ich die heilige Natur".
Naturrecht im Zwielicht in Schillers *Wilhelm Tell*

Die Rede von der ‚Natur' dient bei nahezu allen Figuren in Schillers Drama *Wilhelm Tell* (1804) als wirkmächtiger Letztbegründungsbegriff. Insbesondere gilt dies für die zwei zentralen Handlungselemente, für den Freiheitskampf der Schweizer Kantone Uri, Schwyz und Unterwalden gegen die Unterdrückung durch das Haus Habsburg sowie für Wilhelm Tells Tyrannenmord an dem sadistischen Reichsvogt Hermann Geßler. In beiden Fällen versuchen die Figuren durch eine Bezugnahme auf die ‚Natur' ihrem Handeln unhintergehbare Legitimität zu verschaffen. Vor allem die Schweizer Freiheitskämpfer rechtfertigen die Aufkündung ihres ‚Vertrages' mit dem habsburgischen Kaiser, indem sie sich auf ein von der ‚Natur' gegebenes Recht berufen, das – wie gezeigt werden soll – an frühneuzeitliche Naturstandskonzepte erinnert, vor allem an die auf Samuel Pufendorf zurückgehende Traditionslinie. Die Wiederherstellung dieses „alten Urstand[s] der Natur"[1] gelingt schlussendlich in Schillers Drama, weil die rebellischen Eidgenossen als utopische Individuen dargestellt werden, als Bewohner einer Naturstandsutopie:[2] Es sind Individuen, deren „fromme Unschuld" (WT, V. 950) vom „fremde[n] Zauber" (WT, V. 946) der habsburgischen Besatzung bedroht wird. Die Schweizer sind, nachdem sie sich der Fremdherrschaft erfolgreich entledigt haben, ein Volk von „Glücklichen" (WT, V. 3274), die auf einer „selge[n] Insel" (WT, V. 1699), in der „Unschuld Land" (WT, V. 1700) leben, „[w]o sich die Falschheit noch nicht hingefunden" und wo „kein Neid" existiert (WT, V. 1702 f.). In Schillers Drama gewinnt also die Idee einer naturständischen Liebes- und Verbrüderungsgemeinschaft, von der zahlreiche Intellektuelle um 1800 träumten, konkrete Gestalt und zwar im Bild einer utopischen Schweiz, als dem Land der „Freien und de[r] Gleichen" (WT, V. 1706), dessen Bewohner sich im pompösen Festspiel-Finale „zu einem Ganzen gruppieren" (WT, S. 1029).

Die neuere Forschung hat gezeigt, dass Schiller mit *Wilhelm Tell* dennoch nicht zum spätberufenen Utopisten avanciert, sondern dem anthropologischen Denken früherer Werkphasen treu bleibt: Auch in diesem Drama manifestiert sich der „Rea-

---

1 *Schiller* 2004, Bd. 2, S. 959. Ich zitiere *Wilhelm Tell* im Folgenden nach dieser Ausgabe und belege Zitate direkt im Text und zwar mit der Sigle WT sowie unter Angabe der Versnummer (V.; bei Zitaten aus dem Haupttext) bzw. der Seitenzahl (S.; bei Zitaten aus dem Nebentext).
2 Zur Tradition der Naturstandsutopie im 18. Jahrhundert vgl. *Baudach* 1993.

lismus des Menschenkenners"[3] Schiller. Vor allem Wolfgang Riedel hat deutlich gemacht, dass Tells finales Schweigen sowie Tells Begegnung mit dem Königsmörder Parricida, der als sein „seitenverkehrtes Alter ego"[4] dargestellt wird, als Indizien einer uneingestandenen Schuldigkeit des Titelprotagonisten verstanden werden können. Im Unterschied zur ,frommen Unschuld', zur quasi-paradiesischen ,natura integra' der rebellischen Eidgenossen wird der Tyrannenmörder Tell als ,postlapsarisches' Individuum dargestellt, das aus dem harmonischen Naturzustand herausfällt. Tell wird schuldig und ist damit beinahe die einzige Figur in Schillers Drama, die mit den Mitteln eines anthropologischen ,Realismus' gezeichnet wird.

Was bei Riedel und anderen jedoch offenbleibt, ist die Frage nach dem problemgeschichtlichen Zusammenhang zwischen der Naturstandsutopie und den an Tell konkretisierten anthropologischen Vorbehalten: Relativieren letztere die Darstellung der utopischen Gemeinschaft von fromm-unschuldigen Eidgenossen? Wenn dem so wäre, warum erhält dann die Darstellung des glückenden Freiheitskampfes der Schweizer und ihre gelingende Konstitution einer Liebes- und Verbrüderungsgemeinschaft so breiten Raum? Auf welche philosophie- und rechtsgeschichtlichen Problemkontexte reagiert Schiller mit diesem mehrstimmigen In- und Gegeneinander von Utopie und Anthropologie in seinem Drama?[5] Diese Fragen sind Gegenstand der folgenden Überlegungen und sollen im Dialog mit bisherigen Ergebnissen der Tell-Philologie erörtert werden.

Abschließend richte ich meinen Blick zudem auf eine bislang kaum berücksichtigte Handlungssequenz von Schillers Drama, nämlich Tells finale Berufung auf das Christentum und den Papst: Nur der könne, so behauptet Tell, die schuldverstrickte Seele des Königsmörders Parricida retten, und diese Empfehlung gilt wohl auch für Tell selbst. Es lohnt sich, diese überraschende, aber bislang kaum gedeutete Szene in den Kontext von Schillers späten Dramen *Maria Stuart* und *Die Jungfrau von Orleans* zu stellen, die im Unterschied zur Religionskritik früherer Werkphasen ein offeneres, gelösteres Verhältnis zum Christentum erkennen lassen.

1. „Wir wollen sein ein einzig Volk von Brüdern": Die Gemeinschaftsidee der Eidgenossen

Für die politische Dimension von Schillers Drama ist keine Passage so einschlägig wie die lange nächtliche Szene auf dem Rütli (II/2), in der sich die Eidgenossen von ihren Verpflichtungen gegenüber dem habsburgischen Kaiser lossagen und einen

---

3 *Riedel* 2011, S. 47.
4 Ebd., S. 59.
5 Zum Konflikt zwischen literarischen Utopie-Entwürfen und anthropologischem Wissen im 18. Jahrhundert vgl. *Löwe* 2012.

Widerstandsbund schließen. Im ersten Akt des Dramas werden Szenen aneinandergereiht, die allesamt die Ungerechtigkeit und Grausamkeit des Habsburger Regiments darstellen und damit die Abtrünnigkeit der Eidgenossen im zweiten Akt rechtfertigen sollen. Der wesentliche Impuls für diesen Widerstand geht bezeichnenderweise von einer Frau aus:[6] Gertrud, die Gattin des Luzerner Stadtpfeifers Werner Stauffacher, rät ihrem Mann in Szene I/2 sich gewaltsam gegen Habsburg aufzulehnen: „Ihr seid *auch* Männer, wisset eure Axt / Zu führen, und den Mutigen hilft Gott!" (WT, V. 312 f.).

Leicht machen sich die Verschwörer ihre Lossagung von Habsburg nicht. Auf dem Rütli wird dieser Schritt ausgiebig diskutiert und die Rahmenbedingungen dieser Diskussion lassen eine „Bereitschaft zur demokratischen Praxis"[7] erkennen. Zunächst wird der repräsentative Anspruch der nächtlichen Versammlung proklamiert: „Wir stehen hier statt einer Landsgemeinde / Und können gelten für ein ganzes Volk" (WT, V. 1108 f.). Sodann wird Arbeitsteilung zwischen den beteiligten Kantonen beschlossen (WT, V. 1137: „Schwyz soll im Rat, Uri im Felde führen") und per Handzeichen wird ein Versammlungsleiter gewählt. Neben solchen quasi-demokratischen Elementen lässt die nächtliche Versammlung aber auch strengen Korpsgeist erkennen: Stauffacher beschwört die Homogenität des Stammes und des Blutes, welche die Eidgenossen trotz aller Differenzen eint: „Ob uns der See, ob uns die Berge scheiden, / Und jedes Volk sich für sich selbst regiert, / So sind wir *eines* Stammes doch und Bluts" (WT, V. 1157-1159). Betont wird außerdem eine Zusammengehörigkeit aufgrund von gemeinsamer Geschichte: „Unser ist durch tausendjährigen Besitz / Der Boden […]" (WT, V. 1269 f.).

In der Rütli-Versammlung kommen mithin zwei gegensätzliche politische Elemente zum Tragen: ein quasi-demokratischer äußerer Rahmen und die gleichzeitige Betonung einer inneren Homogenität der Anwesenden. Deutlich wird daran, dass Schiller mit dem Bundesschluss der Eidgenossen ein Gemeinschaftsideal darstellt, von dem nach der Französischen Revolution zahlreiche Philosophen und Künstler träumten: das Ideal einer – wie Manfred Engel einmal griffig gesagt hat – „Freisetzung der Individualität im Wissen um die Bindung an das Ganze"[8] bzw. das Ideal einer „Gemeinschaft der in Verbrüderung und Liebe lebenden Menschen"[9]. Ein solches Ideal wird schon in Rousseaus *Gesellschaftsvertrag* (1762) ausgerufen[10], es kursiert im Tübinger Stift[11] bei Hegel, Schelling und Hölderlin, der im Gedicht *Die*

---

6 So auch *Fink* 1986, S. 68.
7 *Alt* 2000, Bd. 2, S. 573.
8 *Engel* 1993, S. 393.
9 *Kondylis* 1979, S. 194.
10 „Finde eine Form des Zusammenschlusses, die […] die Person […] jedes einzelnen Mitglieds verteidigt und schützt und durch die doch jeder, indem er sich mit allen vereinigt, nur sich selbst gehorcht und genauso frei bleibt wie zuvor" (*Rousseau* 2003, S. 17).
11 Vgl. *Kondylis* 1979, S. 186-217, insbesondere S. 194 f.

Eichbäume (1796) ein poetisches Bild[12] dafür erfindet, und wird von den Frühromantikern Novalis und Friedrich Schlegel sowie in Fichtes 8. *Rede an die deutsche Nation* (1808) propagiert.[13] Dieses Gemeinschaftsideal bildet auch den ideengeschichtlichen Kern von Schillers Idee des ‚ästhetischen Staates‘, die am Schluss der Briefe *Über die Ästhetischen Erziehung des Menschen* entworfen wird: Der ‚ästhetische Staat‘ vollziehe, so Schiller, „den Willen des Ganzen durch die Natur des Individuums".[14] Artikuliert wird damit das Ideal einer Gemeinschaft, in welcher der „Zwangscharakter rechtlicher und ethischer Normativität […] zugunsten einer freiwilligen Annahme ihrer Inhalte, d. h. ihrer Internalisierung, überwunden werden soll."[15]

Die Versammlung auf dem Rütli entspricht diesem Gemeinschaftsideal haargenau: Die Eidgenossen stimmen zwar demokratisch ab, respektieren also individuellen Meinungspluralismus und handhaben Interessenkonflikte per Mehrheitsentscheid, betonen aber zugleich ihre geschichtliche, geografische und natürliche Homogenität unter Berufung auf den ‚Stamm‘ und das ‚Blut‘. Dieser Korpsgeist der Anwesenden zeigt sich paradigmatisch in Stauffachers Apell am Szenenende, wo er noch einmal die Ganzheit der Gemeinschaft beschwört und individuelle Alleingänge perhorresziert:

„Bezähme jeder die gerechte Wut,
Und spare für das Ganze seine Rache,
Denn Raub begeht am allgemeinen Gut,
Wer selbst sich hilft in seiner eignen Sache." (WT, V. 1461-1464)

Dass der reimlose Blankvers des Dramas hier punktuell in einen Kreuzreim übergeht, unterstreicht den allgemeingültigen, sentenziösen Duktus dieser Proklamation. Direkt danach fällt bekräftigend „das Orchester mit einem prachtvollen Schwung ein" (WT, S. 965). Das pompöse Ende der Rütli-Szene korrespondiert insofern mit der triumphalen Jubelszene am Dramenschluss, die ebenfalls von orchestraler Festspielmusik untermalt wird, um die Geschlossenheitswirkung der auf der Bühne dargestellten Versammlung zu verstärken.

Wer Zweifel an den gemeinschaftlichen Zielen hegt, dem droht – so zeigt die Rütli-Szene überdies – der Ausschluss aus dem Bund: Als Pfarrer Rösselmann einmal zu bedenken gibt, dass der Konflikt mit Habsburg auch diplomatisch beizulegen wäre (WT, V. 1289 f.: „Eh ihr zum Schwerte greift, bedenkt es wohl. / Ihr könnt es friedlich mit dem Kaiser schlichten."), da schlagen ihm feindselige Verräter-Vorwür-

---

12 Vgl. *Willems* 2005.
13 Zur frühromantischen Gemeinschaftsidee vgl. *Stockinger* 1988, S. 66 f., S. 552 f. (hier Anm. 111).
14 *Schiller* 2004, Bd. V, S. 667 (27. Brief); vgl. dazu auch den Beitrag von Antonino Falduto in diesem Band.
15 *Stiening* 2019, S. 4.

fe entgegen. Die Versammlung beschließt daraufhin ein rigides Gesetz gegen Renegatentum: „So seis. Wer von Ergebung spricht an Östreich, / Soll rechtlos sein und aller Ehre bar, / Kein Landmann nehm ihn auf an seinem Feuer" (WT, V. 1306-1308). Dies erstickt schlussendlich die Zweifel des Pfarrers, der kurz darauf sogar den Eid formuliert, mit dem die Versammlung sich auf ihre gemeinsamen Ziele einschwört: „Wir wollen sein ein einzig Volk von Brüdern [...]" (WT, V. 1447).

2. Utopische Schweiz: Naturzustand auf dem Rütli

Hauptquelle jener Selbstgewissheit, auf der die Eidgenossen ihr gemeinschaftliches Widerstandsrecht gründen, ist die Vorstellung einer göttlich garantierten Naturordnung, mit der sie in Einklang stehen, die jedoch von Habsburg verletzt worden sei. Dabei zielt ihr Widerstand keineswegs auf die revolutionäre Abschaffung der Monarchie. Vielmehr betonen die Rütli-Verschwörer die politische Unabdingbarkeit des Monarchen im Sinne einer unabhängigen Instanz jenseits der Partialinteressen, die im Konfliktfall schlichtet:

> „Denn herrenlos ist auch der Freiste nicht.
> Ein Oberhaupt muss sein, ein höchster Richter,
> wo man das Recht mag schöpfen in dem Streit.
> Drum haben unsre Väter für den Boden,
> Den sie der alten Wildnis abgewonnen,
> Die Ehr gegönnt dem Kaiser, der den Herrn
> Sich nennt der deutschen und der welschen Erde[.]" (WT, V. 1215-1221)

Aber, das ist den Eidgenossen wichtig, diese Subordination unter die monarchische Richtergewalt geschieht, im Sinne des mittelalterlichen Konzepts der ‚Reichsunmittelbarkeit', aus freien Stücken: „Freiwillig wählten wir den Schirm der Kaiser" (WT, V. 1212). Erneut manifestiert sich hier also jenes um 1800 verbreitete Gemeinschaftsideal einer ‚Freisetzung der Individualität im Wissen um die Bindung an das Ganze' (Manfred Engel): Den Individuen müssen rechtliche und moralische Normen nicht durch Staatsgewalt aufgezwungen werden, sondern sie haben diese freiwillig internalisiert.

Diese freiwillige Internalisierung rechtlicher Normen und die freiwillige Subordination unter die Richtergewalt des Monarchen gerät jedoch dort an ihre Grenzen, wo die Realität der Monarchie von jenem Norm-Ideal abweicht, das in ihr eigentlich zum Ausdruck kommen soll. Über dem Monarchen waltet noch eine höhere Instanz, die diesen legitimieren, aber auch delegitimieren kann:

„Nein, eine Grenze hat Tyrannenmacht,
Wenn der Gedrückte nirgends Recht kann finden,
Wenn unerträglich wird die Last – greift er
Hinauf getrosten Mutes in den Himmel
Und holt herunter seine ewgen Rechte,
Die droben hangen unveräußerlich
Und unzerbrechlich wie die Sterne selbst –
Der alte Urstand der Natur kehrt wieder,
Wo Mensch dem Menschen gegenüber steht –
Zum letzten Mittel, wenn kein andres mehr
Verfangen will, ist ihm das Schwert gegeben –
Der Güter höchstes dürfen wir verteidgen
Gegen Gewalt – Wir stehn vor unser Land" (WT, V. 1274-1286)

Bei jenem ‚höchsten Gut‘ und jenen ‚ewigen Rechten‘, die über dem Kaiser stehen und daher als Argument für den Widerstand gegen Habsburg dienen, handelt es sich um die Vorstellung einer natürlichen Freiheit und Gleichheit aller Menschen, denn im ‚alten Urstand der Natur‘ steht der ‚Mensch dem Menschen‘ gegenüber. In der Forschung wird mitunter angenommen, dass sich diese Passage auf ein rousseauistisches Naturstandskonzept bezieht.[16] Dagegen spricht, dass eine konfliktfreie Vergemeinschaftung im Naturzustand für Rousseau undenkbar ist: In der Naturstandsfiktion des *Discours sur l'inégalité* (1755) lebt der glückliche und mitleidige Steppenbewohner allein. Die hier zugrundeliegende Vorstellung vom ‚alten Urstand der Natur‘, in dem der ‚Mensch dem Menschen gegenüber steht‘, weist stattdessen auf frühneuzeitliche Naturstandskonzepte zurück, auf die noch im späten 18. Jahrhundert populäre Vorstellung von einem natürlichen Trieb des Menschen zur Geselligkeit (‚appetitus societatis‘), die von Hugo Grotius und Samuel Pufendorf formuliert wurde.[17] Im Namen dieser Vorstellung kündigen die Eidgenossen den ‚Gesellschaftsvertrag‘ mit dem Kaiser und kehren in den Naturzustand zurück.

Die entscheidende Frage, die in der Rütli-Szene und im Tell-Drama insgesamt nur indirekt aufgeworfen wird, lautet nun aber: Warum können die Eidgenossen ihr subjektives Rechtsempfinden verallgemeinern und behaupten, sie hätten unmittelbaren Zugang zur Objektivität ewiger Rechte? Die Antwort, die der Dramentext gibt, besteht im Verweis auf die ‚edlen Herzen‘ der Eidgenossen. Das Drama bedient sich damit einer zeittypischen Semantik: Die metaphorische Rede vom ‚Herzen‘ fungiert im späten 18. Jahrhundert, innerhalb der deutschen Rezeption von englischer Moral-Sense-Philosophie, zumeist als Bezeichnung eines angeborenen moralischen Ge-

---

16 Vgl. etwa *Alt* 2000, Bd. 2, S. 573.
17 Für wertvolle Hinweise dazu danke ich Gideon Stiening. Vgl. auch die Einleitung zu diesem Band sowie *Stiening* 2016a und *Stiening* 2016b, S. 72-77. Zu Schillers Kenntnis frühneuzeitlicher Naturstandsvorstellungen vgl. *Nilges* 2012, S. 118 ff.

fühls, mit dem auch Schillers utopische Schweizer gesegnet sind:[18] So legitimieren die Verschwörer etwa den repräsentativen Charakter ihrer nächtlichen Zusammenkunft mit der Behauptung, dass sich auf dem Rütli das ‚Herz des Volks' versammelt hätte: „Ist gleich die Zahl nicht voll, das *Herz* ist hier / Des ganzen Volks, die *Besten* sind zugegen" (WT, V. 1118 f.). Die Rede vom ‚Herzen' dient also zur Legitimierung einer repräsentativen Elite. An anderer Stelle fungiert das ‚Herz' als Metapher einer gemeinschaftlichen Ganzheit, die sich im Einzelnen offenbart: „Ja, wir sind eines Herzens, eines Bluts!" (WT, V. 1202). Besondere semantische Konturen gewinnt die Metaphorik des Herzens schließlich im Falle des jungen Ulrich von Rudenz, der aus einem Schweizer Adelsgeschlecht stammt, aber droht, aus Karrieregründen auf die Seite Habsburgs überzulaufen. In einem langen Dialog macht ihm Berta von Bruneck, für die Rudenz liebend schwärmt, deswegen bittere Vorhaltungen: Sie nennt ihn den „naturvergeßnen Sohn der Schweiz" (WT, V. 1610), behauptet also, dass er wider die Natur handele, indem er sich zu Habsburg bekennt. Naturgemäßes Handeln hingegen erkenne man am ‚edlen Herzen': „Was liegt / Dem guten Menschen näher als die Seinen? / Gibts schönre Pflichten für ein edles Herz, / Als ein Verteidiger der Unschuld sein, / Das Recht des Unterdrückten zu beschirmen?" (WT, V. 1612-1616). Als naturnaher Schweizer habe auch Rudenz ein solches ‚edles Herz', so Berta, dieses sei jedoch durch den Trug und die „Falschheit" (WT, V. 1702) Habsburgs eingeschläfert worden. Doch Rudenz könne in die Arme der Natur zurückkehren, wenn er sein ‚edles Herz' reanimiert:

> „Nein, nein, das Edle ist nicht ganz erstickt
> In Euch! Es schlummert nur, ich will es wecken,
> Ihr müßt Gewalt ausüben an Euch selbst,
> Die angestammte Tugend zu ertöten,
> Doch wohl Euch, sie ist mächtiger als Ihr,
> Und trotz Euch selber seid Ihr gut und edel!" (WT, V. 1642-1647)

Im Verlauf des Dramas distanziert Rudenz sich tatsächlich von Habsburg und bekennt sich zur standesübergreifenden Gemeinschaft der Schweizer. Die anderen Figuren beschreiben diesen Wandlungsvorgang bezeichnenderweise als Rudenz' „wiederkehrend Herz" (WT, V. 2481). Kurzum: Das ‚Herz' ist im Sinnmodell des Tell-Dramas ein Kreuzungspunkt von subjektivem Empfinden und objektiver Rechtsnorm, beschreibt jenen Ort, an dem sich das Ganze im Individuum offenbart, markiert also den Kern jener utopischen Figurenkonzeption der naturständischen Schweizer.

Die utopische Figurenkonzeption der ‚edlen Herzen' tritt insbesondere in jenem Mäßigungsgebot zu Tage, das sich die widerständigen Eidgenossen freiwillig auferlegen, wie ein Redebeitrag von Tells Schwiegervater Walter Fürst zeigt:

---

18 Zum Begriff und Konzept des ‚Herzens' im späten 18. Jahrhundert vgl. *Stockinger* 1996; Schillers Verhältnis zur Moral-Sense-Philosophie erläutert *Schings* 2006.

„Was sein muß, das geschehe, doch nicht drüber.
Die Vögte wollen wir mit ihren Knechten
Verjagen und die festen Schlösser brechen,
Doch, wenn es sein mag, ohne Blut. Es sehe
Der Kaiser, daß wir notgedrungen nur
Der Ehrfurcht fromme Pflichten abgeworfen.
Und sieht er uns in unsern Schranken bleiben,
Vielleicht besiegt er staatsklug seinen Zorn,
Denn billge Furcht erwecket sich ein Volk,
Das mit dem Schwerte in der Faust sich *mäßigt*." (WT, V. 1365-1374)

Und dieser Vorsatz wird auch in die Tat umgesetzt. Am Dramenende kann Walter Fürst zufrieden verkünden: „Wohl Euch, daß Ihr den reinen Sieg / Mit Blute nicht geschändet!" (WT, V. 2912 f.). „Vernünftigere Revolutionäre lassen sich kaum denken!"[19], so hat Wolfgang Riedel dies pointiert kommentiert.

Schiller stellt also einen „Volksaufstand mit glücklichem Ausgang"[20] dar, dessen Gelingen sich im Wesentlichen der utopischen Tugendhaftigkeit und naturständischen Unschuld der beteiligten Eidgenossen verdankt. Das Tell-Drama positioniert sich damit auch, wie die Forschung[21] ausführlich gezeigt hat, „zehn Jahre nach der Hinrichtung Ludwigs XVI."[22] im Kontext einer rechtsphilosophischen Debatte. Kant hatte sich 1793 in der *Berlinischen Monatsschrift* – unter dem Eindruck der in Frankreich grassierenden *Terreur* – gegen jedweden Versuch einer politischen Rebellion ausgesprochen, weil ein Umsturz von sinnlichen Bedürfnissen getragen werde, vom Bedürfnis der Individuen nach Glückseligkeit. Das Ideal einer freien Rechtsordnung könne aber nicht auf der Sinnlichkeit individueller Glücksansprüche gegründet werden. Kant zieht daher die radikale Schlussfolgerung, „daß alle Widersetzlichkeit gegen die oberste gesetzgebende Macht, alle Aufwiegelung, um Unzufriedenheit der Untertanen tätlich werden zu lassen, aller Aufstand, der in Rebellion ausbricht, das höchste und strafbarste Verbrechen im gemeinen Wesen ist; weil es dessen Grundfeste zerstört."[23] Mit dieser strikten Haltung hat Kant zahlreiche Kritiker auf den Plan gerufen, unter anderem Friedrich Gentz, August Wilhelm Rehberg und Christian Garve.[24]

Auch Schillers Tell-Drama kann mit seiner Darstellung einer gelingenden Revolution als literarischer Gegenentwurf zu Kant und seiner Ablehnung politischer Umstürze verstanden werden, Schiller zeigt sich in diesem Zusammenhang als „der denkbar schroffste Antikantianer"[25]. Zugleich wird aber, wie ich im Folgenden zei-

---

19 *Riedel* 2011, S. 53.
20 Ebd., S. 52.
21 Vgl. v.a. *Borchmeyer* 1982, S. 92-95.
22 *Alt* 2000, Bd. 2, S. 576.
23 *Kant* 1977, S. 156.
24 Vgl. dazu ausführlich *Müller-Seidel* 2009, S. 23-33.
25 *Borchmeyer* 1982, S. 94.

gen möchte, die zentrale Einsicht von Kants Transzendentalphilosophie in Schillers Drama respektiert, nämlich die Unterscheidung zwischen der Erfahrungswirklichkeit einerseits und regulativen Ideen andererseits. Schiller wandelt sich mit dem Tell-Drama nicht zum naiven Utopisten: Die Dramenhandlung stellt immerhin nicht nur das Ideal einer gelingenden Revolution dar, sondern hält auch die kantische Unterscheidung zwischen Sollen und Sein bewusst. Die widerständigen Eidgenossen werden als außerempirische, utopische Individuen markiert, deren Mäßigung sich ihrer naturständischen Unschuld, ihrem ‚edlen Herz‘ verdankt. Dieses Modell utopischer Individuen lässt sich aber nicht einfach auf die Erfahrungswirklichkeit empirischer Individuen übertragen, da deren Tugend korrumpierbar und zwielichtig ist, wie vor allem die Entwicklung des Titelprotagonisten Wilhelm Tell zeigen soll.

3. Der verstummte Attentäter: Wilhelm Tell verliert den Halt

Schillers Drama handelt in einer stilisierten mittelalterlichen Schweiz, die „als naives Zeitalter"[26] dargestellt wird. Dies bedeutet auch, dass jenes Ideal einer Verbrüderungsgemeinschaft naturständischer Individuen, das die widerständigen Eidgenossen verkörpern, explizit „im Modus des Vorbei"[27] präsentiert wird. Das Ende des ‚naiven Zeitalters‘ ist der Dramenhandlung selbst eingeprägt, manifestiert sich im Wandlungsprozess Wilhelm Tells, der Schillers geschichtsphilosophischen Kategorien folgend als Übergang vom naiven zum sentimentalischen Bewusstsein gestaltet wird. Die jüngere Forschung hat diesen Wandlungsprozess oft dargestellt, aber die charakterlichen Defizite Tells, die ihn von den ‚edlen Herzen‘ der übrigen Eidgenossen unterscheiden und die sich insbesondere im Verhalten gegenüber seiner Ehefrau manifestieren, kaum thematisiert. Daher wird im Folgenden auf diesen Aspekt von Tells Figurenkonzeption besonderes Augenmerk gelegt.

Das Tell-Drama ist berühmt für seine sentenziösen Lebensweisheiten (etwa „Die Axt im Haus erspart den Zimmermann"; V. 1513), die im Handlungsverlauf eine konkrete Funktion haben, denn sie stammen allesamt aus dem Mund Tells und tragen zu dessen Figurencharakterisierung bei. Tell ist kein Mann der Worte, sondern der Taten. Er nimmt daher auch nicht an der Versammlung auf dem Rütli teil. Sein Weltbild kennt nur Lösungen, die sich in kernigen Merksprüchen komprimieren lassen: „Wer gar zu viel bedenkt, wird wenig leisten" (WT, V. 1531). Aufgrund dieser „Reflexionsscheu"[28] erscheint der Tell der ersten Dramenhälfte als „‚naive[r]‘ Heros"[29].

---

26 *Riedel* 2011, S. 55.
27 Ebd.
28 Ebd., S. 57.
29 Ebd., S. 58.

In der Forschung wurde kaum gesehen, dass sich die Ambivalenz von Tells robustem Machertum bereits am Beginn des dritten Aktes offenbart, noch vor seiner Ermordung Geßlers:[30] Er verhält sich äußerst verständnislos gegenüber den Ängsten seiner Frau Hedwig, die sich angesichts von Tells steter Bereitschaft, sein Leben für andere aufs Spiel zu setzen, berechtigte Sorgen macht: „Und an die Angst der Hausfrau denkst du nicht" (WT, V. 1490). Nein, dafür hat Tell keinen Sinn: „Wie kannst du dich so ohne Ursach quälen?" (WT, V. 1575), wiegelt er die Sorgen seiner Frau kaltschnäuzig ab. Der Handlungsverlauf gibt Hedwigs Ängsten jedoch recht: In der Familienszene III/1 bittet sie ihn inständig, nicht nach Altdorf zu gehen und erst recht nicht ihren Sohn Walter mitzunehmen, da sich Geßler dort aufhält und mit einer Konfrontation zu rechnen ist. Doch Tell hält sich für unverwundbar, denn wer „[a]uf Gott vertraut [...] / Der ringt sich leicht aus jeder Fahr und Not" (WT, V. 1509 f.). Hedwig sieht darin eine bloße Instrumentalisierung Gottes zur Rechtfertigung des eigenen Wagemuts: „Das heißt / Nicht Gott vertrauen! Das heißt Gott versuchen" (WT, V. 1529 f.). – Hätte Tell nur auf seine Frau gehört: Nicht nur die Grausamkeit Habsburgs, sondern eben auch Tells unbeirrbar naiver Tatendrang führen in den folgenden Szenen in die Beinahe-Katastrophe, denn er begegnet tatsächlich Geßler, der ihn zu jener berühmten sadistischen Schießübung mit dem Apfel auf dem Kopf seines Sohnes zwingt. Als Hedwig später davon erfährt, artikuliert sie Tells charakterliches Defizit ganz unverhohlen: „O rohes Herz der Männer! Wenn ihr Stolz / Beleidigt wird, dann achten sie nichts mehr, / Sie setzen in der blinden Wut des Spiels / Das Haupt des Kindes und das Herz der Mutter!" (WT, V. 2329-2332). Hedwig benennt hier einen zentralen Unterschied zwischen Tell und der utopischen Figurenkonzeption der übrigen Schweizer: Tell hat nicht nur ein ‚edles Herz‘, wie die naturständischen Eidgenossen, sondern mitunter auch ein ‚rohes Herz‘. – Toxische Männlichkeit würde man das heute nennen.

Tells berühmter Monolog in der hohlen Gasse bei Küßnacht (IV/3), kurz nach dem erzwungenen Apfelschuss und kurz vor dem Tyrannenmord an Geßler, bringt ein inneres Wandlungsgeschehen des Protagonisten zur Sprache, den „Verlust seiner naiven Gesinnung"[31]. Tell hört nun jenes ‚rohe Herz‘ in sich schlagen, das seine Frau Hedwig ihm attestiert hatte. Er wird sich seiner mehrfachen Schuldverstrickung bewusst, denn er hat seinen Sohn trotz der Bitten seiner Frau willentlich in Gefahr gebracht und ist im Begriff den tyrannischen Geßler zu ermorden. Diese Erfahrung, nicht mit der unschuldigen ‚natura integra‘ der übrigen naturständischen Eidgenossen gesegnet zu sein, sondern eine ‚postlapsarische‘, aus Tugend und Schuld gemischte ‚natura corrupta‘ zu besitzen, bringt den ansonsten so einsilbigen Tell zum

---

30 Zuletzt ging noch Wolfgang Riedel davon aus, dass Tells Figurenkonzeption vor seinem Tyrannenmord an Geßler durch ein „naive[s] Bei-sich-Sein" gekennzeichnet sei, dass Tell sich im „Stand der Unschuld" befinde (ebd., S. 59).
31 *Alt* 2000, Bd. 2, S. 582.

Reden. Sein Küßnacht-Monolog, der ganze drei Textseiten umfaßt, ist aufgrund seiner Überlänge eine formale Besonderheit des Dramas. Darin beschreibt Tell den Verlust seiner ‚Naivität':

„Ich lebte still und harmlos – Das Geschoß
War auf des Waldes Tiere nur gerichtet,
Meine Gedanken waren rein von Mord –
Du hast aus meinem Frieden mich heraus
Geschreckt, in gärend Drachengift hast du
Die Milch der frommen Denkart mir verwandelt[.]" (WT, V. 2568-2573)

Dieser Verlust der ‚frommen Denkart' wird von Tell als nihilistische Erfahrung der Halt- und Heimatlosigkeit geschildert und dies erinnert an Schillers geschichtsphilosophisches Konzept des sentimentalischen Zeitalters, das vom Bewusstsein einer verlorenen Einheit bestimmt wird:

„Denn hier ist keine Heimat – Jeder treibt
Sich an dem andern rasch und fremd vorüber,
Und fraget nicht nach seinem Schmerz – Hier geht
Der sorgenvolle Kaufmann und der leicht
Geschürzte Pilger – der andächtge Mönch,
Der düstre Räuber und der heitre Spielmann,
Der Säumer mit dem schwer beladnen Roß,
Der ferne herkommt von der Menschen Ländern,
Denn jede Straße führt ans End der Welt.
Sie alle ziehen ihres Weges fort
An ihr Geschäft – und meines ist der Mord!" (WT, V. 2611-2621)

Tells Einsicht in das eigene Schuldigsein, in den Verlust der ‚frommen Denkart', geht in seinem langen Monolog also einher mit dem Verlust einer moralischen Letztbegründung, anhand derer sich seine Schuld beurteilen und vermessen ließe. Tell schildert hier unter negativen Vorzeichen die Pluralisierungserfahrungen einer protomodernen Gesellschaft, in der ganz unterschiedliche Wertsphären – beispielhaft genannt werden diejenigen von Kaufmann, Pilger, Mönch, Räuber und Spielmann – nebeneinander existieren, aber in dieser Vielzahl der Weltzugänge fehlt ein oberstes moralisches Sinnmonopol. Tell leidet unter diesem sentimentalischen Verlust-Zustand, die Pluralität der Moderne erzeugt bei ihm Gefühle der Heimatlosigkeit und bringt ihn an den Rand einer nihilistischen Haltung, für die jede Straße „ans End der Welt" führt.

Schillers Drama spitzt diesen Verlust des ‚naiven Bewusstseins' im fünften Akt noch einmal zu und zwar in jener Szene, in der Tell dem Mörder Parricida begegnet, der den Habsburger König Albrecht I. umgebracht hatte und nun auf der Flucht bei Tell um Unterschlupf bittet. In dem Dialog mit Parricida ist Tell darum bemüht, seinen Tyrannenmord an Geßler von Parricidas Königsmord abzugrenzen. Der Mörder

Parricida dagegen sucht Schutz bei dem Mörder Tell, da er auf dessen Verständnis hofft: „Bei Euch hofft ich Barmherzigkeit zu finden, / Auch Ihr nahmt Rach an Eurem Feind" (WT, V. 3173 f.). Tell jedoch weist diese Parallelsetzung ihrer beiden Taten empört zurück und betont stattdessen die Differenz ihrer beiden Mordmotive:

> „Darfst du der Ehrsucht blutge Schuld vermengen
> Mit der gerechten Notwehr eines Vaters?
> Hast du der Kinder liebes Haupt verteidigt?
> Des Herdes Heiligtum beschützt? das Schrecklichste,
> Das Letzte von den Deinen abgewehrt?
> – Zum Himmel heb ich meine reinen Hände,
> Verfluche dich und deine Tat – Gerächt
> Hab ich die heilige Natur, die *du*
> Geschändet – Nichts teil ich mit dir – Gemordet
> Hast *du, ich* hab mein Teuerstes verteidigt." (WT, V. 3175-3184)

Tell reklamiert also für sich die ‚reinen Hände‘ eines ‚edlen Herzens‘ und benutzt dabei ‚Natur‘ als Argument zur Rechtfertigung seiner Mordtat. Er versucht die Unschuld der naturständischen Eidgenossen für sich in Anspruch zu nehmen, obwohl er dieser utopischen Liebes- und Verbrüderungsgemeinschaft keineswegs zugehört, wie seine Abwesenheit auf dem Rütli zeigt. Außerdem überdeckt er mit dieser Sakralisierung des Tyrannenmordes im Namen der ‚Natur‘ die Ambivalenzen seiner Tat: Er verschweigt etwa, dass man seinen Mord an Geßler nicht als unmittelbare Notwehr deuten kann, sondern allenfalls als Notwehr *in spe*. Tell nimmt lediglich an, dass Geßler in naher Zukunft auch seine Familie bedrohen werde und unter dieser Annahme lauert er ihm auf und erschießt ihn aus dem Hinterhalt. Dies sieht man auch daran, dass Tell sich im unmittelbaren Vorfeld seiner Mordtat selbst zum Jäger stilisiert, der „einem andern Weidwerk" (WT, V. 2628) nachgeht, denn nicht ein Tier, sondern „des Feindes Leben ists, worauf er lauert" (WT, V. 2630). Geßler ist also in der konkreten Szene seiner Ermordung kein Angreifer, gegen den sich Tell per Notwehr verteidigt, sondern er ist die Beute des Jägers Tell.

All dies jedoch lässt Tell in seinem Disput mit Parricida unerwähnt, obwohl er um die ganze Ambivalenz seiner Tat weiß, wie der lange Küßnacht-Monolog im vierten Akt zeigt. Hier hatte er noch über den Verlust seiner ‚frommen Denkart‘ reflektiert, die er nun wieder für sich in Anspruch nimmt, um sich von Parricida abzugrenzen. Vor Küßnacht war noch die Rede von „schweren Taten wider die Natur" (WT, V. 2677), die sich nicht vermeiden ließen: „Es kann der Frömmste nicht in Frieden bleiben, / Wenn es dem bösen Nachbar nicht gefällt" (WT, V. 2682 f.), so Tell. Bei der späteren Konfrontation mit Parricida hingegen wähnt sich Tell in Einklang mit der ‚heiligen Natur‘ und prunkt mit seinen ‚reinen Händen‘.

Die dramatische Qualität von Schillers Text zeigt sich insbesondere darin, dass Tells heroische Selbstrechtfertigung im Namen der ‚Natur‘ in der Parricida-Szene nonverbal in Zweifel gezogen wird. Der Nebentext offenbart die Unhaltbarkeit jener

Grenzziehung, die Tell zwischen seiner und Parricidas Tat vornimmt, denn Tell, so heißt es an einer Stelle, „[v]erhüllt sich das Gesicht" (WT, S. 1026) und vollführt damit „nach der Zeichensprache des antiken Theaters die Bewegung des Schuldigen"[32]. Ein ebenso signifikantes, nonverbales Indiz für Tells Schuldbewusstsein ist das in der Forschung vielfach beschriebene Schweigen des Protagonisten in der finalen Jubelszene: „Nur einer schweigt, wo alles jubelt: Tell."[33]

Am Schluss der Unterhaltung mit dem Königsmörder gibt Tell implizit sogar zu, dass er sich über die naturständische Unschuld seiner Mordmotive etwas vorgemacht hat. Um Parricida zu trösten, betont er, dass beide durch ihr Menschsein verbunden seien:

„Kann ich Euch helfen? Kanns ein Mensch der Sünde?
Doch stehet auf – Was Ihr auch Gräßliches
Verübt – Ihr seid ein Mensch – Ich bin es auch –
Vom Tell soll keiner ungetröstet scheiden –
Was ich vermag, das will ich tun." (WT, V. 3222-3226)

Die vehemente Abgrenzung von Parricida, die Tell eben noch vorgenommen hatte („Nichts teil ich mit dir"; WT, V. 3183), wird hier wieder kassiert und Tell betont stattdessen die Ähnlichkeit mit seinem Gegenüber. Diese Parallelisierung dient der impliziten Charakterisierung des Protagonisten: Im Spiegel des Königsmörders Parricida offenbart sich die schillernde Ambivalenz von Tells Tat, die ihn von der naturständischen Unschuld der übrigen Eidgenossen unterscheidet. Tell ist kein utopisches Individuum, sondern ähnelt dem Menschen Parricida, ist ein mit zeitgenössischer Anthropologie gestalteter Charakter, in dessen figuralem Identitätskonzept das ‚edle' und das ‚rohe Herz' konkurrieren.

4. Gelobtes Land: Religion am Dramenschluss

Schillers Drama basiert auf einer semantisch bedeutsamen „Zweiteilung der Handlung"[34]: Die eidgenössische Verschwörung auf dem Rütli und die Tell-Handlung laufen mehr oder minder nebeneinanderher, woraus sich vor allem in der älteren Forschung der Vorwurf ergab, dass es diesem Drama an Kohärenz mangele.[35] Spätestens die Tell-Philologie der 1970er und 1980er Jahre hat jedoch in der Differenz zwischen den Rütli-Verschwörern und dem einzelgängerischen Tyrannenmörder Tell den eigentlichen *nervus rerum* dieses Stückes identifiziert: Vor allem Dieter Borchmeyer und Gonthier-Louis Fink haben gezeigt, dass Schiller mit dem Tell-Mythos

---

32 *Alt* 2000, Bd. 2, S. 584.
33 *Riedel* 2011, S. 60.
34 *Fink* 1986, S. 74.
35 Vgl. dazu ebd., S. 57.

einerseits zwar einen ikonischen Stoff aufgreift, der in den politischen Kontexten der 1790er Jahren zumeist als „Parabel der Französischen Revolution"[36] gedeutet wurde, andererseits hat Schiller diesen Stoff aber entscheidend transformiert, um in der postrevolutionären Phase nach 1800 nicht unter Jakobinismus-Verdacht zu geraten. In seiner stoffgeschichtlichen Hauptquelle – dem *Chronicon Helveticum* (1532–1572 entstanden) von dem Schweizer Historiker Aegidius Tschudi – war die Tell-Figur an der Rütli-Verschwörung mitbeteiligt, „Tells Isolierung"[37] ist hingegen eine Erfindung von Schillers Drama. Aus dem eidgenössischen Mitverschwörer bei Tschudi wird bei Schiller ein ambivalenter Selbsthelfer, der sich mit seinem *Lonely wolf*-Attentat auf den Tyrannen Geßler dem Mäßigungsgebot[38] der Rütli-Verschwörer widersetzt. Mit dieser handlungsdynamischen Separierung Tells von den Rütli-Verschwörern bringt Schiller sein ambivalentes Verhältnis zur Französischen Revolution zum Ausdruck: Schiller teilte zwar einige inhaltliche Ideen der Revolution, wie insbesondere der erste seiner ‚Augustenburger Briefe' vom 13. Juli 1793 dokumentiert, er lehnte jedoch die radikale jakobinische Form ihrer Umsetzung ab. Aus dieser ambivalenten Haltung erklärt Fink die semantische Zweiteilung zwischen den Rütli-Verschwörern und Tells Tyrannenmord:

> „So sollte für Schiller auch im Nachhinein der Mord nicht mit der Verschwörung verquickt werden. Gerade dadurch unterscheidet sich sein Drama grundsätzlich von den Quellen und sein Tell von den Jakobinern, deren Ziel der Tyrannenmord war. Nur dadurch, daß Tell keinen Teil an der Verschwörung hatte, konnte die Utopie einer unblutigen Revolte aufrechterhalten werden."[39]

Diese Deutung besitzt große Evidenz, tendiert aber auch zum Reduktionismus, denn sie deklariert die handlungsdynamische Zweiteilung des Dramas zur bloßen politischen Vorsichtsmaßnahme: Schiller habe lediglich vermeiden wollen, als Autor eines jakobinischen Revolutionsdramas missverstanden zu werden.

Dagegen ließe sich die Isolierung Tells von den Rütli-Verschwörern in einem weiteren philosophischen Kontext auch mit Blick auf Schillers Kant-Lektüre deuten. Dafür spricht, dass Schiller die Kluft zwischen den Rütli-Verschwörern und dem Tyrannenmörder Tell vor allem anthropologisch semantisiert: Die ‚edlen' Herzen der naturständisch-unschuldigen Eidgenossen werden mit dem gemischten Charakter Tell kontrastiert, der zwar ausgeprägten Familiensinn besitzt und hilfsbereit ist, sich aber zugleich roh verhält und eigenbrötlerisch-unsozial. Wenn Borchmeyer daher erklärt, dass *Wilhelm Tell* „das einzige ‚historische' Drama Schillers" sei, „das ein politisches Ideal ungetrübt Wirklichkeit werden läßt" – wenn auch in einer mythischen

---

36 *Borchmeyer* 1982, S. 69.
37 *Fink* 1986, S. 57.
38 „Bezähme jeder die gerechte Wut, / Und spare für das Ganze seine Rache, / Denn Raub begeht am allgemeinen Gut, / Wer selbst sich hilft in seiner eignen Sache" (WT, V. 1461-1464).
39 *Fink* 1986, S. 74.

Vergangenheit –, dann trifft dies nur bedingt zu.[40] Tatsächlich stellt *Wilhelm Tell* nicht nur ein politisches Ideal dar, sondern – im Sinne kantischer Transzendentalphilosophie – eigentlich die Differenz zwischen der phänomenalen Welt und den ‚regulativen Ideen‘ bzw. ‚Postulaten‘. Während die Rütli-Verschwörer als ‚edle Herzen‘, als Verkörperung eines Freiheits- und Moralitätspostulates gestaltet werden, das nicht auf die Erfahrungswirklichkeit übertragbar ist, firmiert Tell als Mensch der phänomenalen Welt, dessen Moral durch Leidenschaften und egoistische Interessen korrumpiert wird. Bezieht man die Zweiteilung der Tell-Handlung in diesem Sinne auf die kantische Postulatenlehre, so ergibt sich auch ein differenzierteres Bild von Schillers Auseinandersetzung mit Kants Ablehnung des politischen Widerstandsrechts. Zwar teilt Schiller *nicht* Kants rigorose Position zum politischen Widerstandsrecht, aber er teilt die Grundannahmen der kantischen Postulatenlehre: Die Darstellung eines erfolgreichen politischen Widerstands- und Umsturzgeschehens in *Wilhelm Tell* weicht daher nur bedingt von Kant ab, denn der erfolgreiche Umsturz wird von eidgenössischen Idealmenschen ausgeführt, die sich selbst mäßigen und deren Handeln nicht von Leidenschaften und Egoismus bestimmt wird. Kants Bedenken gegen den politischen Umsturz beziehen sich auf die Vermischung von politischem Widerstand und individueller Leidenschaft bzw. Glückseligkeit und Schiller trägt dem insofern Rechnung, als er den Umsturz von vernunftautonomen Eidgenossen ausführen lässt, die überdies durch die Kontrastierung mit der ‚realistischen‘ Anthropologie des Selbsthelfers Tell als poetische Verkörperung einer regulativen Idee ausgewiesen werden.

Diese Bezüge zu Kants Transzendentalphilosophie lassen sich sogar noch weiter ausdifferenzieren: Schillers Drama bringt mit der Zweiteilung der Handlung nicht nur die kantische Differenz zwischen ‚regulativen Ideen‘ und phänomenaler Welt auf die Bühne, sondern deutet auch eine prozessuale Vermittlung zwischen Sollen und Sein als vage Zukunftshoffnung an. In Schillers Drama zeigt sich damit, was Kant im 8. Satz seiner Schrift *Idee zu einer allgemeinen Geschichte in weltbürgerlicher Absicht* als ‚philosophischen Chiliasmus‘ bezeichnet. Dies meint den Versuch, in der von Egoismus geprägten phänomenalen Welt dennoch ‚Spuren‘ einer künftigen Verwirklichung ‚regulativer Ideen‘ und ‚Postulate‘ zu finden oder zu konstruieren.[41] Genau dies geschieht im allerletzten Wortwechsel des Dramas, an dem Tell als sprechende Figur teilnimmt, nämlich am Schluss seiner Unterhaltung mit Parricida. Tell rät Parricida hier, nach Rom zu gehen, um beim Papst zu beichten und um Vergebung zu bitten. Doch Parricida weiß den Weg nicht: „Wie komm ich in das unbekannte Land? / Ich bin des Wegs nicht kundig" (WT, V. 3238 f.).

---

40 *Borchmeyer* 1982, S. 108.
41 Vgl. auch dazu den Beitrag von Ludwig Stockinger in diesem Band (hier insbesondere Abschnitt 1).

Tells Antwort ist einigermaßen ungewöhnlich: Der in der ersten Dramenhälfte eher einsilbige Titelprotagonist hatte schon in Szene IV/3, in seinem langen Küßnacht-Monolog, durch plötzliche Redseligkeit überrascht. Nun jedoch geht Tell sogar übermäßig ins Detail. Seine letzte wesentliche Wortmeldung besteht in einer eingehenden Beschreibung des Weges nach Rom, die ganze 25 Verse umfasst, nur gelegentlich unterbrochen von Nachfragen Parricidas:

> „Den Weg will ich Euch nennen, merket wohl!
> Ihr steigt hinauf, dem Strom der *Reuß* entgegen,
> Die wildes Laufes von dem Berge stürzt –
> [...]
> Am Abgrund geht der Weg, und viele *Kreuze*
> Bezeichnen ihn, errichtet zum Gedächtnis
> Der Wanderer, die die Lawine begraben.
> [...]
> Vor jedem Kreuze fallet hin und büßet
> Mit heißen Reuetränen Eure Schuld –
> Und seid Ihr glücklich durch die Schreckensstraße,
> Sendet der Berg nicht seine Windeswehen,
> Auf Euch herab von dem beeisten Joch,
> So kommt ihr auf die Brücke, welche *stäubet.*
> Wenn sie nicht einbricht unter Eurer Schuld,
> Wenn Ihr sie glücklich hinter Euch gelassen,
> So reißet ein schwarzes *Felsentor* sich auf,
> Kein Tag hats noch erhellet – da geht Ihr durch,
> Es führt Euch in ein heitres *Tal* der Freude –
> Doch schnellen Schritts müßt Ihr vorübereilen,
> Ihr dürft nicht weilen, wo die Ruhe wohnt.
> [...]
> So immer steigend, kommt Ihr auf die Höhen
> Des *Gotthards*, wo die ewgen *Seen* sind,
> Die von des Himmels Strömen selbst sich füllen.
> Dort nehmt Ihr Abschied von der deutschen Erde,
> Und muntern Laufs führt Euch ein andrer Strom
> Ins Land Italien hinab, Euch das gelobte –" (WT, V. 3241-3270)

Warum legt Schiller seinem Protagonisten diese ausufernde Beschreibung in den Mund, die zur Gesprächsdynamik des Parricida-Dialogs kaum etwas beiträgt? Überdies handelt es sich hier um Tells letzte wesentliche Äußerung, denn in der finalen Jubelszene schweigt er. Die detailverliebte Wegbeschreibung steht also an dramaturgisch prominenter Stelle. Dennoch hat diese Dialogsequenz in der Forschung bislang kaum Berücksichtigung gefunden, vielleicht weil diese Szene sich schwer mit gängigen Schiller-Bildern vermitteln lässt: Soviel Religion am Finale von Schillers letztem abgeschlossenen Drama – das passt nicht zur dominierenden Vorstellung von diesem Autor, in dessen Werk etwa Wolfgang Riedel einen „vollständigen Übergang von der Theologie zur Anthropologie"[42] ausgemacht hat.[43] Gegen eine solche rigorose Schiller-Deutung im Zeichen einer ,anthropologischen Wende' spricht jedoch die auffällige Präsenz religiöser Bezüge in Schillers Spätwerk, vor allem in der *Jungfrau von Orleans*[44] und in der theologisch verwickelten Abendmahlsszene von *Maria Stuart*[45].

In die Reihe dieser Beispiele gehört auch Tells detaillierte Wegbeschreibung nach Rom. Die hier vermittelten geographischen Informationen haben keine handlungs-dynamische, sondern eine symbolische Funktion: Immerhin wird der gefährliche Weg nach Rom am Schluss dieser langen Beschreibung mit einem christlichen Topos semantisiert, wird als Weg ins ,gelobte Land' gedeutet, in ein Verheißungsland also, das dem bußfertigen Menschen die Vergebung der Sünden in Aussicht stellt. Mithilfe christlicher Bildlichkeit betreibt Schillers Drama am Schluss ,philosophischen Chiliasmus', erzeugt die Ahnung einer zukünftigen Vermittlung zwischen empirischem Sein und moralischem Sollen, zwischen Erfahrungswirklichkeit und ,regulativen Ideen', zwischen gemischten Charakteren der phänomenalen Welt wie Parricida bzw. Tell und dem Idealmenschentum der ,edlen Herzen'. Ob und wie eine solche Vermittlung gelingt, bleibt unausgesprochen, Tell skizziert nur den gefahrvollen Weg des Büßers ins ,gelobte Land', spart das Ziel aber aus.

Eigentlich ist es in Schillers Werk das Mittel der ,ästhetischen Erziehung', das die von Leidenschaften und Egoismus korrumpierten empirischen Menschen in ,edle Herzen' und ,ganze Menschen' verwandeln soll. Doch ,ästhetische Erziehung' stellt Schillers Drama nirgends dar. Stattdessen wird die Möglichkeit einer Vermittlung zwischen den utopischen Idealmenschen des Rütli-Bundes und gemischten Charakteren wie Tell oder Parricida ausgerechnet mittels christlicher Bildlichkeit angedeutet, im Bild des Büßers auf dem unsicheren Weg ins ,gelobte Land'.

Genau darin manifestiert sich eine auffällige Mehrstimmigkeit und Mehrfachadressierung von Schillers späten Dramen.[46] *Wilhelm Tell* stellt im Bund der widerständigen Eidgenossen jenes utopische Gemeinschaftsideal dar, das Schillers Geschichtsphilosophie zufolge durch das Mittel ,ästhetischer Erziehung' erreichbar wäre. Dramatisiert werden mit der Tell- und Parricida-Handlung aber auch anthropologische Vorbehalte, die gegen ein solches Idealmenschentum sprechen. Diese Vorbehalte werden jedoch nicht verabsolutiert, sondern am Schluss mit einer in christliche Bildlichkeit gekleideten, vagen Zukunftshoffnung entschärft. Ein schwärmerischer

---

42 *Riedel* 2006, S. 50.
43 Symptomatisch ist auch Norbert Oellers' einschlägiger Aufsatz zum Thema *Schiller und die Religion*, der zum *Wilhelm Tell* nur einen einzigen Satz verliert, nämlich den lapidaren Hinweis, dass über das Thema Religion in diesem Drama „nichts weiter zu sagen" sei (*Oellers* 2006, S. 186).
44 Vgl. etwa *Port* 2016.
45 Vgl. *Löwe* 2013, S. 66-74.
46 Zu einer ähnlichen Mehrfachadressierung am Schluss von *Maria Stuart* vgl. *Löwe* 2013, S. 73 f.

Idealist kann sich von diesem Schluss ebenso angesprochen fühlen wie ein mit anthropologischem Wissen imprägnierter Geschichtspessimist und auch für christliche Zuschauer wird mit Tells finaler Wegbeschreibung ins ‚gelobte Land' ein Deutungsangebot unterbreitet. Das Drama trifft zwischen diesen möglichen Deutungsperspektiven keine eindeutige Entscheidung. Gerade diese signifikante Offenheit qualifiziert Schiller in seinen Dramen zum weitaus beweglicheren Denker als in seinen philosophischen Schriften, die sich nur auf den Idealismus ‚ästhetischer Erziehung' verengen.

Bibliographie

Alt, Peter-André, 2000: Schiller. Leben – Werk – Zeit. 2 Bde. München.

Baudach, Frank, 1993: Planeten der Unschuld – Kinder der Natur. Die Naturstandsutopie in der deutschen und westeuropäischen Literatur des 17. und 18. Jahrhunderts. Tübingen.

Borchmeyer, Dieter, 1982: Altes *Recht* und Revolution. – Schillers *Wilhelm Tell*. In: Wittkowski, Wolfgang (Hrsg.): Friedrich Schiller. Kunst, Humanität und Politik in der späten Aufklärung. Ein Symposion, Tübingen, S. 69-113.

Engel, Manfred, 1993: Der Roman der Goethezeit. Bd. 1: Anfänge in Klassik und Frühromantik: Transzendentale Geschichten. Stuttgart, Weimar.

Fink, Gonthier-Louis, 1986: Schillers *Wilhelm Tell*, ein antijakobinisches republikanisches Schauspiel. In: Aufklärung. Interdisziplinäre Halbjahresschrift zur Erforschung des 18. Jahrhunderts und seiner Wirkungsgeschichte 1, H. 2 (Französische Revolution und deutsche Literatur, hrsg. von Karl Eibl), S. 57-81.

Kant, Immanuel, 1977: Über den Gemeinspruch: Das mag in der Theorie richtig sein, taugt aber nicht für die Praxis. In: Werkausgabe in 12 Bänden, hrsg. von Wilhelm Weischedel. Bd. 11. Frankfurt a.M., S. 125-172.

Kondylis, Panajotis, 1979: Die Entstehung der Dialektik. Eine Analyse der geistigen Entwicklung von Hölderlin, Schelling und Hegel bis 1802. Stuttgart.

Löwe, Matthias, 2012: Idealstaat und Anthropologie. Problemgeschichte der literarischen Utopie im späten 18. Jahrhundert. Berlin, Boston.

Löwe, Matthias, 2013: Risse im Bild des ‚ganzen Menschen'. Schillers *Maria Stuart* im Erstdruck und in den Bühnenfassungen. In: Henke, Silke/Immer, Nikolas (Hrsg.): Schillers Schreiben, Weimar, S. 55-76.

Müller-Seidel, Walter, 2009: Friedrich Schiller und die Politik. Nicht das Große, nur das Menschliche geschehe. München.

Nilges, Yvonne, 2012: Schiller und das Recht. Göttingen.

Oellers, Norbert, 2006: Schiller und die Religion. In: Hinderer, Walter (Hrsg.): Friedrich Schiller und der Weg in die Moderne, Würzburg, S. 165-186.

Port, Ulrich, 2016: Gegenrevolutionäres Theater aus dem Schlagbilderarsenal des gegenreformatorischen Katholizismus. Schillers *Jungfrau von Orleans* und die politische Ästhetik der Revolutionskriege. In: Kohns, Oliver (Hrsg.): Perspektiven der politischen Ästhetik, Paderborn, S. 17-68.

Riedel, Wolfgang, 2006: Die anthropologische Wende: Schillers Modernität. In: Feger, Hans (Hrsg.): Friedrich Schiller. Die Realität des Idealisten, Heidelberg, S. 35-60.

Riedel, Wolfgang, 2011: Unwiederbringlich. Elegische Konstruktion und unentwickelte Tragödie im *Wilhelm Tell*. In: Ders. (Hrsg.): Würzburger Schiller-Vorträge 2009, Würzburg, S. 45-62.

Rousseau, Jean-Jacques, 2003: Vom Gesellschaftsvertrag oder Grundsätze des Staatsrechts. Hrsg. von Hans Brockard. Stuttgart.

Schiller, Friedrich, 2004: Sämtliche Werke in 5 Bänden. Auf der Grundlage der Textedition von Herbert G. Göpfert hrsg. von Peter-André Alt, Albert Meier und Wolfgang Riedel. München 2004.

Schings, Hans-Jürgen, 2006: Schiller und die Aufklärung. In: Feger, Hans (Hrsg.): Friedrich Schiller. Die Realität des Idealisten, Heidelberg, S. 13-34.

Stiening, Gideon, 2016a: Appetitus societatis seu libertas. Zu einem Dogma politischer Anthropologie zwischen Suárez, Grotius und Hobbes. In: Jaumann, Herbert/Stiening, Gideon (Hrsg.): Neue Diskurse der Gelehrtenkultur. Ein Handbuch, Berlin, Boston, S. 389-436.

Stiening, Gideon, 2016b: Glück statt Freiheit – Sitten statt Gesetze. Wielands Auseinandersetzung mit Rousseaus politischer Theorie. In: Wieland-Studien 9, S. 61-103.

Stiening, Gideon, 2019: Einleitung. In: Ders. (Hrsg.): Friedrich Schiller: Briefe über die ästhetische Erziehung des Menschen (Klassiker auslegen 69), Berlin, Boston, S. 1-9.

Stockinger, Ludwig, 1988: Romantik und Katholizismus. Untersuchungen zur Ästhetik der ‚katholischen Literatur‘ und zu ihren Anfängen bei Joseph von Eichendorff. Habil. masch. Universität Kiel.

Stockinger, Ludwig, 1996: ‚Herz‘ in Sprache und Literatur der Goethezeit. Goethe – Novalis – Hauff. In: Berkemer, Georg/Rappe, Guido (Hrsg.): Das Herz im Kulturvergleich, Berlin, S. 173-209.

Willems, Gottfried, 2005: Hölderlins Gedicht *Die Eichbäume* und der Geselligkeitsdiskurs der Aufklärung. In: Heinz, Andrea/Heinz, Jutta/Immer, Nikolas (Hrsg.): Ungesellige Geselligkeit. Festschrift für Klaus Manger, Heidelberg, S. 223-229.

Lyrik und Fragmente

Vincenz Pieper

Blumen aus Tobolsko.
Philosophisches Elitebewusstsein und das theologisch-politische
Problem in Schillers *Anthologie auf das Jahr 1782*

1. Die ,Anthologie' in der Forschung

Ein wichtiges Zeugnis für die Entwicklung von Schillers politischer Philosophie, das
bislang nicht die ihm gebührende Aufmerksamkeit erfahren hat, ist die *Anthologie
auf das Jahr 1782*. Noch in der jüngeren Forschung werden die Texte als Produkte
eines „Profilierungszwangs"[1] gedeutet, denen es an intellektueller Schärfe und Ori-
ginalität des Tons fehle. Das anspruchsvolle Epigramm *Spinoza* wird in fast allen
neueren Analysen der *Anthologie* unkommentiert gelassen; das satirische Gedicht
Roußeau, das Schillers Auseinandersetzung mit dem theologisch-politischen Problem dokumentiert und weitreichende Einblicke in die philosophischen Voraussetzungen des Frühwerks gibt, wird als Ausbruch eines „modischen Rousseauenthusias-
mus"[2] abgetan. Beharrlich wiederholt man die These, Schiller habe sich auf keine
„Intensivlektüre"[3] der Schriften Spinozas und Rousseaus eingelassen; seine Kenntnisse habe er bloß aus „sekundären Quellen"[4] bezogen. Die Geringschätzung, mit
der man der *Anthologie* begegnet, verbindet sich mit einem wenig ausgeprägten Interesse für die Schreibart, die darin geübt wird. Schillers „elitäre[s] Bewußtsein"[5]
und seine „zweideutige Haltung"[6] sind scharfsinnigen Interpreten zwar nicht entgangen, man zieht jedoch aus den Ungereimtheiten, die man in den Texten beobachtet,
den voreiligen Schluss, dass der Autor es an philosophischer Strenge vermissen las-
se und sich mit bloßem „Wunschdenken"[7] begnüge. Die Hinweise auf eine Philosophie, die den extramundanen personalen Gott in Frage stellt, werden dann als ge-
fühlsmäßige Anwandlungen erklärt, denen keine systematische Relevanz zukomme.
In der Nachfolge Kuno Fischers, der einen „Streit in der Seele des Dichters"[8] zwischen theosophischen und materialistischen Anschauungen zu erkennen glaubte, be-

---

1 *Alt* 2004, Bd. 1, S. 235.
2 *Bollenbeck* 2007, S. 78.
3 Ebd., S. 78.
4 *Riedel* 1998, S. 163.
5 *Kondylis* 1979, S. 45.
6 Ebd., S. 33.
7 Ebd., S. 27.
8 *Fischer* 1891, S. 67.

haupten neuere Interpreten, dass Schiller gegen sein spontan im ihm aufsteigendes „pantheistisches Gefühl" ankämpfe, um sein teleologisches „Schema"[9] – die unverzichtbare Grundlage seiner moralisierenden Weltauffassung – nicht zu gefährden. Schiller gilt diesen Forschern nicht als Philosoph, sondern als unkritischer „Weltverbesserer"[10], der sich weniger für die Stimmigkeit und Folgerichtigkeit seiner Aussagen interessiert als für deren Wirksamkeit.

Hans-Jürgen Schings bemüht sich zwar, Schillers Philosophie gerecht zu werden, deutet seine Texte jedoch allzu schnell als unverhüllte Glaubensbekenntnisse. So will er aus der Theosophie des Julius, die er als „Leibniz-Newton-Synthese"[11] begreift, die „Einheit seines Jugendwerks"[12] erweisen. Die *Laura*-Gedichte und *Die Freundschaft* sind für ihn „metaphysisch-experimentelle"[13] Werke, in denen die Liebe als eine die menschliche Gesellschaft und das gesamte Universum strukturierende Kraft aufgefasst wird. Im Anschluss an Schings präsentiert Peter-André Alt den frühen Schiller als unbedarften Verkünder einer Sympathielehre im Stil von Hermes Trismegistos und Agrippa von Nettesheim: „Deren Auffassung von der Liebe als kosmologischer Universalkraft, die als geheimes Gesetz des Lebens wirkt, prägt das Denken des jungen Schiller bis zur Mitte der 80er Jahre auf maßgebliche Weise."[14] In den *Anthologie*-Gedichten verfolge er das Ziel, „den abgestuften Bau der Natur als Merkmal ihrer gottgewollten Vollkommenheit auszuweisen"[15]. Die Äußerungen des jungen Dichters, die eine gewisse Distanz zur natürlichen Religion anzeigen oder ihr vielleicht sogar direkt widersprechen, wertet Alt als bloße „Schwankungen", die von einer „Unsicherheit in der weltanschaulichen Orientierung"[16] herrühren.

Im Gegensatz zu der noch immer weit verbreiteten Annahme, dass Schillers *Anthologie auf das Jahr 1782* ein getreues „Bild von seinem Innenleben"[17] liefert, wird in diesem Beitrag argumentiert, dass die Gedichte von einem philosophischen Überlegenheitsanspruch geprägt sind, der sich aus Rücksicht auf die politische Situation in einer verhüllenden Darstellungsweise äußert.[18] Da sich Schiller in der *Anthologie* mit den Grundlagen des Staates beschäftigt und dabei zustimmend auf Rousseau Bezug nimmt, ist in besonderem Maße damit zu rechnen, dass er mit Bedacht vorgeht und seine philosophischen Einsichten, wenn überhaupt, nur andeutungsweise zu er-

---

9   *Kondylis* 1979, S. 34.
10   Ebd., S. 33.
11   *Schings* 1980/1981, S. 218.
12   Ebd., S. 227.
13   Ebd., S. 218.
14   *Alt* 2004, Bd. 1, S. 231.
15   Ebd. S. 232.
16   Ebd., S. 242.
17   *Iffert* 1926, S. 1.
18   Zu den Spielarten des Elitarismus in der Aufklärungsphilosophie: *Strauss* 1955; *Koselleck* 1973; *Payne* 1976; *Vierhaus* 1987.

kennen gibt. In einer Selbstrezension, die 1782 im *Wirtembergischen Repertorium der Litteratur* erschien, gibt er unter der Maske eines wohlwollenden, aber nicht übermäßig scharfsinnigen Lesers zwei Hinweise, die zu einer genaueren Untersuchung der *Anthologie* Anlass geben können. Man erfährt erstens, dass der „platonische Schwulst" in den „mit brennender Fantasie und tiefem Gefühl"[19] geschriebenen Laura-Gedichten eingesetzt wird, um moralisch Anstößiges zu „verschleyer[n]"[20]. Eine Anmerkung zum Versteckspiel mit den fingierten Verfasserinitialen deutet zweitens darauf hin, dass die politische Philosophie das ist, was den *Anthologie*-Gedichten ihren spezifischen Reiz verleiht: „Auch merke ich daß sich ein Verfasser hinter mehreren Anfangsbuchstaben verschanzt hat. Er hat bei manchen Gedichten wohl gethan, aber sogar fein ist dieses Stratagem nicht ausgefallen. Viele Stellen sind von edelm Freiheitsgeiste belebt, und feile Lobreden findet man hier nicht."[21] Diese Andeutungen sind erste Indizien dafür, dass Schiller als Philosoph der theologisch-politischen Herausforderung, wie er sie wahrnahm, durch ein sorgfältiges Schreiben Rechnung zu tragen suchte.

2. Widmung und Vorrede

Schiller nutzt die einleitende Prosa, um dunkel und anspielungsreich scherzend auf die Probleme hinzuweisen, mit denen sich die *Anthologie* auseinandersetzt. Mit der Entscheidung, die Sammlung „[m]einem Prinzipal dem Tod" zu widmen, scheint er sich an der Vorrede zum *Wandsbecker Bothen* zu orientieren.[22] Schiller artikuliert jedoch in seiner Anrede an den Tod eine völlig andere Geisteshaltung, denn während sich bei Matthias Claudius die Bejahung der Todesfurcht mit Gehorsam gegenüber der Obrigkeit und Unterordnung der Vernunft unter den Glauben verbindet, hüllt Schiller seine Respektlosigkeit in parodistisch zur Schau gestellte Unterwürfigkeit. Claudius bediente sich aus dem Repertoire der christlichen Apologetik und verbündet sich mit Freund Hain gegen die „starken Geister", die den Tod nicht fürchten, ja es sogar wagen, „hinter seinem Rücken" über ihn zu „spotten"[23]. Schiller hingegen scheint sich eher auf der Seite der starken Geister zu stellen, bezeichnet er den Tod doch scherzend als „Allezeit Verminderer des Reichs" und in Anlehnung an Jeremia 32,27 als „Czar alles Fleisches". Die theologische Legitimation der unumschränkten Monarchie, die Gottes Macht als Vorbild für die Macht des Königs in Anspruch nimmt, wird zum Gegenstand der literarischen Satire. Mit der Respektlosigkeit gegenüber der Sakralisierung des Königtums grenzt sich Schiller von einer Position ab,

---

19 *Schiller* 1782b, S. 214.
20 Ebd., S. 215.
21 Ebd., S. 215.
22 Vgl. *Alt* 2004, Bd. 1, S. 226.
23 *Claudius* 1774, S. VII-VIII.

wie sie zum Beispiel noch der Klopstockianer und gemäßigte Aufklärer Georg Friedrich Meier vertrat. Der Gedanke der Gottähnlichkeit des Königs, der in der Souveränitätskonzeption Jean Bodins eine tragende Rolle spielte, wird in Meiers Streitschrift gegen die Freigeister unter Berufung auf die Vernunft in Schutz genommen:

> „Kein vernünftiger Mensch hält es GOtt für unanständig, ihn einen König, einen Vater und Souverain zu nennen. GOtt steht in solchen Verhältnissen gegen uns, daß wir ganz von ihm abhangen. Er hat eine unumschrenckte Macht über Leben und Tod, und alles Gute haben wir von ihm. Dieses alles sagt uns die Vernunft, und es ist so weit entfernt, daß der Begriff, den wir mit einem Könige und Vater verbinden, GOtt unanständig seyn solte, daß man vielmehr sagen muß, unsere natürlichen Väter und Könige sind nur schwache Copien eines Wesens, das im höchsten Verstande Vater und König der Welt ist."[24]

Die offene Infragestellung dieses Vorstellungskomplexes will Meier durch eine Beschränkung der Redefreiheit unterbinden. Da nach seiner Einschätzung die meisten Menschen nicht von der Vernunft, sondern von ihren Leidenschaften und Neigungen geleitet sind, und da sie nicht durch die Androhung von „Galgen und Rad"[25] zu allen erforderlichen Handlungen motiviert werden können, müsse sich die Obrigkeit immer noch auf die Offenbarungsreligion stützen und die Veröffentlichung gefährlicher Schriften, die auf die politische Entmachtung des Christentums abzielen, unter Strafe stellen.

Von Unterdrückung und Bestrafung, ja von Galgen und Rad ist auch in Schillers *Anthologie* die Rede. Es entsteht der Eindruck, dass ihn nichts zurückhalten kann, die Resultate seines Denkens unverstellt zu äußern, als diese gewaltsamen Maßnahmen. Er gibt vor, wegen der Veröffentlichung der *Anthologie* um sein Leben fürchten zu müssen, und bittet den Tod, ihm als Belohnung für seine Tätigkeit als Regimentsmedikus, bei der er, wie er feierlich versichert, dem Tod eifrig gedient habe, den „köstlichen Talisman" zu überlassen, der ihn „mit heiler Haut und ganzer Wolle an Galgen und Rade vorübergeleitet"[26]. Was es mit diesem Talisman auf sich hat, wird nicht direkt ausgesprochen, sondern durch den zweiten Vers des *Bellum Civile* Lukans lediglich angedeutet: „Jusque datum sceleri". Der Tod soll dasselbe bewirken, was er schon im Bürgerkrieg bewirkt hat, er soll dem Verbrechen freien Lauf lassen. Indem der Dichter sich als Kollege der Königsmörder Damiens und Ravaillac ausgibt, die beide durch Vierteilung hingerichtet wurden, zieht er die Strafbarkeit seines Handelns durch Übertreibung ins Lächerliche:

> „Jusque datum sceleri – Ey ja doch! Thue das goldiger Maezenas; denn siehst du, ich möchte doch nicht gern, daß mirs gienge wie meinen tollkühnen Kollegen und Vettern,

---

24   *Meier* 1747, S. 218. Zu Bodins Souveränitätsauffassung: *Leinkauf* 2017, Bd. 1, S. 943-948.
25   Ebd., S. 86.
26   *Schiller* 1782a, [S. X.].

die mit Stilet und Sakpuffer bewaffnet in finstern Hohlwegen Hof halten, oder im unter-
irrdischen Laboratorium das Wunderpolychrest mischen, das, wenns hübsch fleißig genommen wird, unsere politischen Nasen, über kurz oder lang, mit Thronvakaturen und
Staatsfiebern kizelt. – D'amiens und Ravaillac! – Hu! hu! hu! – Es ist ein gut Ding um
gerade Glieder!"[27]

Die Ermordung des Monarchen mit Dolch und Pistole liefert ein so extremes Ver-
gleichsobjekt, dass man geneigt ist, die Gefährlichkeit der *Anthologie* in einem mil-
deren Licht zu sehen. Die Bemerkung, dass „politische Nasen" mit der antizipieren-
den Darstellung von Staatsumwälzungen gereizt werden, führt auf das Gebiet des
Schriftstellers. Sie lässt an Autoren wie Jean-Jacques Rousseau, den Abbé Raynal
oder Louis-Sébastien Mercier denken.[28] Auch die radikalaufklärerische Literatur
könnte gemeint sein, also beispielsweise das mit fingiertem Verfassernamen und fingiertem Druckort publizierte *Système de la Nature* (1770), das als Gefahr für den
Staat eingestuft und auf Anordnung des Parlement de Paris durch den Henker ver-
brannt wurde.[29]

Auf den ersten Blick liefert die *Anthologie* wenig Gründe, sie mit Damiens, Ravaillac oder dem „unterirdische[n] Laboratorium" in Beziehung zu setzen.[30] Es stellt
sich die Frage, was die komisch überzeichnete Befürchtung des Verfassers, als Verbrecher hingerichtet zu werden, eigentlich motiviert. Eine Antwort deutet sich erst
am Ende der Dedikation an, denn dort tritt ein anderer zum Tode Verurteilter in Erscheinung, der, anders als die „tollkühnen" Mörder, von verständigen Lesern als
Identifikationsangebot aufgefasst werden konnte. Der Tod wird gewarnt, sich nicht
zu überessen, da „ein gewisser Athenienser", der ihm nicht wohlgesonnen sei, ihm
„prophezeyt" habe, dass er die Dinge, die er sich gefräßig einverleibe, „haarklein
wiedergeben"[31] müsse. Die dunkle Anspielung bezieht sich auf den wegen Verfüh-
rung der Jugend und Leugnung der Polis-Götter zum Tode verurteilten Sokrates und
auf das ihm von Platon zugeschriebene Kreislaufargument. Im *Phaidon* wird erzählt,
wie Sokrates am Tag seiner Hinrichtung die „alte Lehre"[32] von der Wanderung der
Seele in den Hades und aus dem Hades zurück ins Leben aufgreift. Auf Basis der
Annahme, dass gegensätzliche Zustände (etwa das Wachsein und das Schlafen) ineinander übergehen und einen beständigen Kreislauf bilden, will er seinen Zuhörern
die Idee nahebringen, dass ohne die Wiederkehr der Seelen aus dem Hades der
Kreislauf des Werdens und Vergehens zum Stillstand käme.[33] Wie das Wachsein aus

---

27 Ebd., [S. X-XI.].
28 Vgl. *Koselleck* 1973, S. 105-157.
29 Zur deutschen Rezeption der Schriften des Baron d'Holbach: *Schmeisser* 2011.
30 Das Einleitungsgedicht *Die Journalisten und Minos*, das von einem Vorgang in der Unterwelt
    erzählt, kann so gedeutet werden, dass es die Beziehung zwischen der *Anthologie* und dem un-
    terirdischen Laboratorium indirekt beleuchten soll.
31 *Schiller* 1782a, [S. XII.].
32 Phd. 70c.
33 Vgl. Phd. 72a11-b6.

dem Schlafen hervorgehe, so müssten die Seelen an irgendeinem Ort fortdauern und von dort auch wieder zurückkehren.

Schiller gibt dezent zu verstehen, dass er sich über den literarischen Charakter des *Phaidon* im Klaren ist. Wenn er schreibt, dass der Athenienser die Rückkehr der Seelen „*prophezeyt*", spielt auf die Sehergabe des Sokrates an: Im Gespräch mit den Freunden setzt sich der Philosoph mit den Schwänen in Beziehung, die, wenn sie das Nahen des Todes spüren, so kraftvoll wie nie zuvor in ihrem Leben zu singen beginnen.[34] Da Apollon ihnen die Gabe der Weissagung verliehen hat, können sie das Glück des künftigen Lebens voraussehen und bekunden mit dem Gesang ihre Freude darüber, endlich zu dem Gott zurückzukehren, dessen Diener sie sind. Auch Sokrates ist ein Diener des Apollon und hat von seinem Gott die Kraft der Weissagung erhalten. An diese Zusammenhänge erinnert Schiller in der einleitenden Prosa seiner *Anthologie,* die wohl nicht zufällig mit einem Apollon geschmückt ist; er verbündet sich mit einem Philosophen, dem seine rückhaltlosen Untersuchungen den Vorwurf der Gottlosigkeit eingebracht haben.[35] Die Hinrichtung des Sokrates wurde als einschneidendes Ereignis verstanden, das zu einer Neuausrichtung in der Philosophie im Verhältnis zu Politik und Religion führte.[36] Wenn Schiller in einem Kontext von politischer Verfolgung die Fabel vom frommen, weissagenden, dichterisch tätigen[37] Sokrates evoziert, lenkt er die Aufmerksamkeit auf die didaktische Politik der Philosophie, auf die Unterscheidung zwischen äußerer und innerer Lehre.

In William Warburtons *The Divine Legation of Moses* wurde ausführlich dargelegt, dass verantwortungsbewusste Philosophen wie Platon die Vorstellung künftiger Belohnungen und Bestrafungen gegenüber den Nichtphilosophen verteidigten, ohne selbst daran zu glauben.[38] Über den *Phaidon* konnte man bei Warburton lesen, dass dieser Dialog einerseits das „gemeine Volk" mit einer erbaulichen Lehre versorgte, während man ihn andererseits im Kreis der Gebildeten als einen „philosophischen Roman"[39] las. Warburtons Werk, mit dem sich Rousseau im *Contrat social* auseinandersetzte,[40] kannte jeder Autor, der sich ernsthaft für den Zusammenhang von Staat und Religion interessierte. Schiller kannte vielleicht auch James Geddes, der Warburtons Deutung entkräften und Platons Lehre mit den Grundsätzen der natürlichen Religion in Einklang bringen wollte. Sein *Essay on the Composition and Manner of Writing of the Antients, Particularly Plato* wurde ins Deutsche übersetzt und unter anderem in Johann Gottfried Herders *Fragmenten über die neuere deutsche Li-*

---

34 Vgl. Phd. 84e-85b.
35 Zum Titelbild: *Fechner* 1973, S. 294-298.
36 Vgl. *Souverain* 1700, S. 61; *Walch* 1733, S. 1455.
37 Vgl. Phd. 60c-61b.
38 Vgl. *Warburton* 1742, Bd. 1, S. 321-488. In deutscher Übersetzung: *Warburton* 1751-53, Bd. 1, S. 461-692.
39 *Warburton* 1751-53, Bd. 1, S. 547. Vgl. *Warburton* 1742, Bd. 1, S. 384.
40 *Rousseau* 1762b, S. 70, S. 234.

teratur diskutiert.[41] Und selbst wenn Schiller Warburton und Geddes nicht gelesen haben sollte, konnte ihm die Unterscheidung zwischen innerer und äußerer Lehre nicht entgangen sein. Denn auch in Moses Mendelssohns *Phädon* wird hervorgehoben, dass Sokrates die „behutsamste Vorsichtigkeit"[42] gegen die Gesetze der Religion und Politik an den Tag legte. Das Kreislaufargument, das Mendelssohn für seine plausibilisierende Neufassung nicht gebrauchen konnte, zählte er zu einer „exoterischen Philosophie"[43], mit der Sokrates sich an das gemeine Volk wandte. In Johann August Eberhards *Neuer Apologie des Sokrates* war zu lesen, dass das Beispiel des zum Tode verurteilten Sokrates seine Schüler „mehr Behutsamkeit" gelehrt und zu einer weitreichenden „Veränderung der Lehrart über die Moral und Religion"[44] geführt habe. Die Verbreitung dieser Theorie macht es wahrscheinlich, dass Schillers scherzende Indienstnahme eines Sokrates, der den Gehorsam gegen die Götter zur Grundlage seines Philosophierens macht, die aufmerksamen Leser für das exoterisch-esoterische Schreiben sensibilisieren sollte, das in den anspruchsvolleren Gedichten der *Anthologie* kultiviert wird.

Auf die Dedikation folgt eine Vorrede, die mit der Angabe „Tobolsko den 2. Februar" die Fiktion etabliert, dass der Verfasser in Sibirien lebt, wo er eine Gruppe von „Schneemännern"[45] anführt. Was auf den ersten Blick wie ein Themenwechsel wirkt, ist tatsächlich eine Fortsetzung und Präzisierung des Gedankengangs, der im vorangegangenen Text zwischen den Zeilen angedeutet wurde.[46] Denn „Tobolskoy" war den Zeitgenossen aus Christian Fürchtegott Gellerts Roman *Leben der schwedischen Gräfin von G**** als der fürchterliche Ort bekannt, an den der Graf von G. als Strafe für seine angeblichen „Lästerungen wider den Staat"[47] verbannt wird. Wie es dazu kommt, lässt sich kurz zusammenfassen: Einer der Gefährten des Grafen hatte versucht, in Moskau einen Priester über die Dogmen der „Griechischen Religion"[48] aufzuklären. Der beleidigte Pope erhebt daraufhin gegen den Grafen und seine Gefährten den Vorwurf, „wider den Zar und die Kirche"[49] gesprochen zu haben. Seine Anschuldigungen sind ungerecht, doch es gibt keine Möglichkeit, sich zu verteidigen, da das Zeugnis eines Geistlichen für die Richter ausschlaggebend ist. Einer der Mitgefangenen wird vor Gericht zu Tode gefoltert, der andere verliert unter den Schlägen das Bewusstsein. Der Graf entgeht dieser Behandlung, wird jedoch nach Westsibirien geschickt. Von seinem Aufseher bekommt er zu hören, dass er glimpf-

---

41 *Geddes* 1748/1761.
42 *Mendelssohn* 1769, S. 7.
43 Ebd., S. 45.
44 *Eberhard* 1776-1778, Bd. 2, S. 243.
45 *Schiller* 1782a, [S. VIII].
46 Fechner klärt den Gellert-Bezug auf, übergeht jedoch einige der wichtigsten Vergleichspunkte. Vgl. *Fechner* 1973, S. 298-303.
47 *Gellert* 1747-48, Bd. 2, S. 26.
48 Ebd., S. 26.
49 Ebd., S. 24.

lich davongekommen sei: „Seid zufrieden, wenn euch die Zunge nicht aus dem Hals geschnitten wird, ehe ihr nach Sibirien verwiesen werdet; denn dieses widerfährt denen, die wider den Staat oder die Kirche gesprochen haben."[50] Der Graf wird gezwungen, in den Wäldern von Tobolskoy Zobel zu fangen, deren Felle an den russischen Hof geschickt werden. Auf diesen Teil des Romans wird in Schillers Vorrede angespielt: „Wir haben lange genug Zobel gefangen, laßt's uns einmal auch mit Blumen versuchen"[51]. So wird indirekt zum Ausdruck gebracht, vor welche theologisch-politische Herausforderung man sich gestellt sah. Wer den Bezugnahmen auf Gellert folgen konnte, musste sich fragen, ob die Gedichte, die Schiller als sibirische Blumen ausgab, „wider den Staat und die Kirche" gerichtet waren.

In der Forschung wurde oft herausgestellt, dass Schillers *Anthologie* als polemische Antwort auf Gotthold Friedrich Stäudlins *Schwäbischen Musenalmanach / Auf das Jahr 1782* konzipiert war.[52] Der Stäudlinsche Almanach sollte den Eindruck widerlegen, dass die „armen Schwaben" nicht „unter einem so sehr böotischen Himmel" wohnen, dass „die herrliche Pflanze des Genies nicht gedeihen kann"[53]. Für Schiller war Stäudlin nicht bloß ein „literarischer Konkurrent", der eine abweichende „Geschmackstendenz"[54] vertrat. Was Schiller veranlasste, sich scharf gegen ihn abzugrenzen, war vielmehr der Umstand, dass er mit seinen Gedichten – bei aller patriotischen Kritik an Deutschlands Fürsten – das bestehende Religions- und Staatsverständnis in wesentlichen Punkten bestätigte. Sein Gedicht *An die Schwermut* preist die christliche Apologetik der *Night Thoughts* Edward Youngs als „herzzermalmend" und nennt Johann Kaspar Lavater einen „frommen Seher" und „Ewigkeitsspäher", der sich dorthin emporzuschwingen vermag, „wo Gott im Dunkeln geht"[55]. Bei diesen literarischen Idolen überrascht es nicht, dass Stäudlin seine Poesie in den Dienst der Offenbarungsreligion stellt: Die ungläubigen „Frevlerseelen" will er mit eindrucksvollen Bildern von Tod und Verwesung erschrecken, sie sollen durch den mit Schwert und Flammenstrahl ausgemalten „Sündenrächer"[56] in die Schranken gewiesen werden. Stäudlins Angriff auf die Freigeister steht im Widerspruch dazu, dass er in dem Gedicht *An die Jünglinge meines Vaterlands* in der Pose des unerschrockenen Philosophen zur Vorurteilskritik aufruft: „Besiegt mit Herkulsmut das Ungeheuer, / Die Hyder, Vorurtheil genannt! Und reißt vom Aug des Wahnes dichten Schleier / Mit ungestümmer Hand"[57]. Schiller lenkt den Blick auf dieses Missverhältnis, indem er an Stäudlin gewendet bemerkt, dass „eure Herkulesse Mü-

---

50 Ebd., S. 27.
51 *Schiller* 1782a, [S. VIII].
52 Vgl. *Kurscheidt* 2005.
53 *Stäudlin* 1781, unpaginierte Vorrede.
54 *Alt* 2004, Bd. 1, S. 217.
55 *Stäudlin* 1781, S. 18.
56 Ebd., S. 19.
57 Ebd., S. 186.

ken mit ihren Keulen erschlagen"[58]. In der Selbstrezension der *Anthologie* nennt er ihn boshaft „Städele"[59], rückt ihn also in die Nähe des Memminger Hutmachers Städele, der demütig schrieb: „Lehr mich tugendhaft seyn, Gott! Unser erstes Glück / Ist die Tugend. Wie mich deine Hand führen will, / GOTT! ist ewige Weisheit. Ich bin Staub, aber dein Geschöpf."[60]

Das Titelkupfer in Stäudlins Almanach zeigt einen durch Lorbeer und Kithara gekennzeichneten Apollon, der sich einem Sonnenaufgang zuwendet, während ihm zwei bärtige Flussgötter noch halb im Schatten sitzend zuhören. Die Gestalt scheint durch ihren Gesang die Aufklärung in das unkultivierte Schwabenland zu bringen. Offenbar hielt es Schiller für völlig verfehlt, mit solcher Selbstzufriedenheit über die politisch-literarische Situation zu urteilen. Seine Wahrnehmung unterschied sich so stark von derjenigen Stäudlins, dass es ihm passend schien, sich als Tobolskianer auszugeben, also als jemand, der, wenn er seine Gedanken unzweideutig äußert, in seiner Existenz bedroht ist. Um ihn als schwach erscheinen zu lassen, betont Schiller in der Vorrede, dass die Hindernisse, die sich der Aufklärung im Bereich der Wissenschaften und Künste in den Weg stellen, unvergleichlich größer sind, als Stäudlin annimmt. Es sind also auch ganz andere Mittel erforderlich, um sie zu beseitigen: „Das eiserne Gewicht des widrigen Vorurtheils, das schwer über dem Norden brütet, von der Stelle zu räumen, forderte einen stärkeren Hebel als den Enthusiasmus einiger wenigen, und auch ein festeres Hypomochlion, als die Schultern von zween oder drey Patrioten."[61] Offenbar ist Schiller davon überzeugt, die Mittel zu kennen, mit dem sich das Vorurteil aus dem Weg schaffen lässt, und er scheint auch zu wissen, wie man eine größere Zahl von Mitstreitern für diese Aufgabe mobilisieren kann.

Der Apollon auf dem Titelblatt der Schillerschen *Anthologie* trägt im Gegensatz zu dem Stäudlinschen kein Saiteninstrument, sondern den Köcher des Bogenschützen. Ein Objekt, auf das sich die Pfeile richten, wird in der Vorrede ausdrücklich benannt: Gemeinsam mit den Kameraden „im weitentlegenen Teutschland" will man dem „ausröchelnden Geschmack" der „Süßling[e]"[62] ein Ende machen – die *Anthologie* richtet sich mit anderen Worten gegen die tugendempfsame Literatur. Ein anderes ausdrücklich benanntes Angriffsziel sind die Tyrannen. Das Lied des Dichters wird in *Die schlimmen Monarchen* als rächender Pfeil dargestellt, der auf das Herz eines despotischen Fürsten zielt: „Aber zittert für des Liedes Sprache, / Kühnlich durch den Purpur bohrt der Pfeil der Rache / Fürstenherzen kalt."[63] Aus dieser kämpferischen Rhetorik allein lässt sich allerdings keine Ablehnung des politischen Systems erschließen, denn es war eine akzeptierte Rolle des Dichters, die Fürsten,

---

58 *Schiller* 1782a, [S. IX.].
59 *Schiller* 1782b, S. 214.
60 *Schubart* 1776, S. 474.
61 *Schiller* 1782a, [S. VIII].
62 Ebd., [S. IX].
63 *Schiller* 1782a, S. 250.

die für Untertanenglückseligkeit sorgten, als „wohltätige Väter und Hirten" zu preisen, sie jedoch als „hassenswürdige Tyrannen"[64] darzustellen, wenn sie die Künste zu sehr einschränkten oder durch Kriege das Landeswohl gefährdeten. Man hätte Schiller als Schriftsteller verstehen können, der sich an diese Vorgaben hielt. Dass er seine Rolle anders definierte, lässt sich nur aus Andeutungen erschließen. Die Position, von der aus er das Gewicht des Vorurteils, das über den Ländern Europas lastet, ermessen zu können glaubte, wird nicht offen ausgesprochen. Die Erklärung für diese Zurückhaltung ergibt sich aus den Verweisen auf Sokrates und den schwedischen Grafen.

3. Die Journalisten und Minos

Mit der Empfindlichkeit des Zensors musste sich Schiller bereits bei der Erstveröffentlichung seiner Elegie auf den frühzeitigen Tod seines Freundes Johann Christian Weckerlin beschäftigen.[65] Eine Romanze, die ihm Friedrich Wilhelm von Hoven für die *Anthologie* schickte, lehnte er ab, weil sie „die theologische Censur nicht passirt" und das ganze Vorhaben gefährdet hätte. Er bat den Freund, etwas Neues beizusteuern, „das wider die Intoleranz unserer Censur nicht so schnurgerade anrennt"[66]. Bei der Zusammenstellung galt es also sicherzustellen, dass die Schreibart der politischen und religiösen Stücke nicht allzu offensichtlich sein durfte. Das groteskkomische *Die Journalisten und Minos*, das die *Anthologie* eröffnet, setzt sich – naturgemäß in verhüllter Form – mit dem Problem der Zensur auseinander.[67] Der Verfasser fingiert in diesem Gedicht, aus der Zeitung zu erfahren, dass in der Unterwelt seit zwanzig Jahren Wassernot herrscht: „Den Styx kann man durchwaten, / Im Lethe krebset man, / Freund Charon mag sich rathen, / Im Schlamme liegt sein Kahn."[68] Fürst Minos, so heißt es weiter, sendet seine Spione aus, um die Übeltäter ausfindig zu machen, die für diesen bedenklichen Zustand verantwortlich sind. Es stellt sich heraus, dass ein Schwarm Autoren massenhaft Styxwasser in seine Tintenfässer füllt. Nun erweist sich Minos, der Unterweltrichter, als Friedrich II., der die Delinquenten nach „Sanssouci"[69] bringen lässt. Er beschimpft sie als „Räuber" und „teutsche Zeitungsschreiber" und lässt sie wissen, dass er ihrem Treiben ein Ende setzen wird:

„Doch schwör' ichs hier bei'm Styxe,
Den eure Brut bestahl!

---

64 *Wieland* 1773, S. 185.
65 Vgl. *McCarthy* 1988, S. 235.
66 *Hoven* 1840, S. 378.
67 In diese Richtung weisen *Müller* 1896, S. 43; *Alt* 2004, Bd. 1, S. 235.
68 *Schiller* 1782a, S. 2.
69 Ebd., S. 4.

Euch Marder und euch Füchse
Erwartet Schand und Qual!

So lange bis er splittert
Spaziert zum Born der Krug!
Was nur nach Dinten wittert
Entgelte den Betrug!"[70]

Der König befiehlt, um die betrügerischen Literaten unschädlich zu machen, seinem Hund, ihnen die Daumen abzubeißen. Doch selbst diese harte Maßnahme kann ihren Drang zu schreiben nicht dauerhaft unterdrücken. Die Unbeugsamen versuchen, mit ihren zuckenden, schmerzverkrampften „Stumpen" weiterhin, die Unterweltflüsse „auszupumpen". Nach diesem seltsamen „Traum" wendet sich der Dichter ironisch an die „guten Christen"[71] und rät ihnen, bei Journalisten stets nach den Daumen Ausschau zu halten. Deren Fehlen ist jedoch nur für geübte Beobachter zu erkennen, denn wie die Diebe ihre abgeschnittenen Ohren mit einer Perücke verdecken, so tarnen die Autoren die „Lüken"[72] in ihren Schriften, die zeigen, dass sie mit dem Wasser des Styx gearbeitet haben und noch arbeiten. Wenn diese Analyse richtig ist, steht das Gedicht nicht umsonst an erster Stelle: Es verweist auf das unterirdische „Laboratorium" zurück, in dem ein gefährliches „Wunderpolychrest" gemischt wird, und gibt mit dem indirekten Hinweis auf die Praxis des verdeckten Schreibens zu erkennen, wie die folgenden Gedichte der Anthologie zu lesen sind.

Die Annahme, dass sich das Gedicht gegen die „schreibseligen Mitarbeiter des Schwäbischen Musenalmanachs"[73] oder gegen die „maßlose Schreiberei"[74] der Journalisten überhaupt richte, verkennt, dass Schiller mit den Delinquenten sympathisiert und nicht mit dem grausamen König. Das Gedicht nimmt wahrscheinlich auf Friedrichs Verschärfung der Zensurbestimmungen Bezug: Nach seiner Thronbesteigung 1740 verkündete er die Zensurfreiheit für Zeitungen, was große Erwartungen bei den Schriftstellern hervorrief, die sich allerdings schon bald als unbegründet erwiesen. Im Jahre 1749 gab Christlob Mylius' Wochenschrift *Der Wahrsager* den Anlass zu einem Zensur-Edikt, das die Hoffnungen der Literaten auf eine Ausweitung der Redefreiheit enttäuschte.[75] Mylius hatte sich, wie Lessing in seiner Vorrede zu den *Vermischten Schriften* seines Freundes erklärt, „einen allzu großen Begrif von der hiesigen Freyheit der Presse gemacht"[76]. 1772 wurde das Edikt, das auf Schrif-

---

70 Ebd., S. 5.
71 Ebd., S. 6.
72 Ebd.
73 *Weltrich* 1899, S. 503.
74 *Düsing* 2015, S. 126.
75 Vgl. *Goldenbaum* 1999, S. 72, S. 93.
76 *Lessing* 1754b, S. XXVI.

ten abzielte, die den allgemeinen Grundsätzen der Religion und der bürgerlichen Ordnung zuwiderliefen, durch eine Ministerialverordnung bestätigt.[77]

Mit den Berliner Verhältnissen dürfte Schiller vertraut gewesen sein. Er und seine Freunde wussten vermutlich auch, dass die *Briefe die neueste Litteratur betreffend* 1761 kurzzeitig verboten worden waren. An diesen Vorfall erinnert Friedrich Nicolai 1771 in einer Anmerkung zu *Thomas Abbts Freundschaftlicher Correspondenz*. Der ‚Polizeywissenschaftler‘ und Kameralist Johann Heinrich Gottlob von Justi, der sich damals in Berlin zu etablieren suchte, hatte die Literaturbriefe als ein „die Religion und die guten Sitten beleidigendes Buch"[78] bei der Obrigkeit angeklagt. Gekränkt davon, dass sein Staatsroman *Psammitichus* von Abbt im zwölften Teil der Briefe schonungslos kritisiert worden war, rächte er sich, indem er Nicolai und vor allem Mendelssohn beschuldigte, sich in Missachtung der Zensurgesetze verächtlich über die Göttlichkeit Jesu geäußert zu haben.[79] Die Einzelheiten dieser Geschichte wurden von Nicolai erst später öffentlich gemacht, die Umrisse des Vorfalls waren jedoch seit 1771 durch die Publikation von Abbts Korrespondenz geläufig. Schiller konnte also als bekannt voraussetzen, dass die Berliner Aufklärer gewisse Tarnverfahren anwenden mussten, wenn ihre Schriften nicht verboten werden sollten.

Der karikaturhafte Stil der Darstellung hat manche Interpreten dazu verleitet, die Einzelheiten von *Die Journalisten und Minos* für belanglos zu halten, doch die Struktur des Ganzen erschließt sich erst, wenn man es genau nimmt: Warum sind die Autoren so interessiert daran, das Wasser aus der Unterwelt in ihre Tintenfässer zu füllen? Und warum schwört Minos-Friedrich „beim Styx", die „Marder und Füchse" zu bestrafen, die aus einem Arm dieses Flusses ihr Schreibmaterial bezogen haben? Das Schwören beim Wasser des Styx ist bekannt aus der griechischen und römischen Literatur. Wenn Götter falsch schwören, droht ihnen längere Bewusstlosigkeit gefolgt von Jahren der Verbannung vom Olymp. In dieser Funktion taucht der Styx noch ein weiteres Mal in der *Anthologie* auf: in der lyrischen Operette *Semele*. Schiller zeigt die Tochter des Kadmos und der Harmonia als einen ‚starken Geist‘. Von Juno aufgeklärt wagt sie es, Zeus als einen „Menschen unter Götterlarve"[80] und seine Donner als „Popanzen"[81] und leere Schrecken aufzufassen. Sie bringt ihn dazu, einen Eid beim Styx zu leisten, dessen „schrankenlose Macht / Selbst Götter sklavisch beugt"[82]. Der politische Sinn der Fabel erschließt sich, wenn man bedenkt, dass Francis Bacon den Styx in *De Sapientia Veterum* mit der Fähigkeit in Verbindung gebracht hatte, die Macht des Fürsten zu beschränken.[83] In dieser Bedeutung

---

77 Vgl. *Preuß* 1833, Bd. 3, 255.
78 *Abbt* 1771, S. 54.
79 Vgl. *Albrecht* 2003, S. 91-94.
80 *Schiller* 1782a, S. 233.
81 Ebd., S. 220. Vgl. den „schauernden Pomp" in der *Hymne an den Unendlichen*, S. 126.
82 Ebd., S. 239.
83 Vgl. *Bacon* 1617, S. 11-13.

wird der Styx auch bei Schiller gebraucht: Da es den Autoren gelingt, das Wasser, das dem Mythos zufolge für Menschen nicht zuträglich ist und die meisten Gefäße zerstört, für das Schreiben nutzbar zu machen, verfügen sie über ein Mittel, mit dem sie Götter und Monarchen in Schwierigkeiten bringen können. Gemeint ist vermutlich die gezielte Verbreitung philosophischer Prinzipien, denen die Fähigkeit zugeschrieben wurde, dem politischen System die Legitimation zu entziehen und eine Umgestaltung des Staates vorzubereiten. Da Friedrich die Unterwelt als sein Reich und das Verhalten der Journalisten als Raub ansieht, könnte man den Schluss ziehen, dass die deutschen Zeitungsschreiber sich bei radikalen Denkern bedienten, denen der König in seinem Land Asyl gewährte.[84] Der „Betrug" bestünde also darin, das gewährte Maß an Freiheit für die verschleierte Formulierung von Ideen zu nutzen, die an Friedrichs Hof zwar geduldet waren, aber in ihrer Verbreitung weitgehend unterdrückt wurden.

4. Stäudlins Rousseau-Elegie und Schillers Kritik

In der Forschung hat es sich eingebürgert, die Bedeutung Rousseaus für Schillers schriftstellerische Entwicklung herunterzuspielen. Emil Staiger etwa hielt es für ausgeschlossen, dass Schiller als ein „Waffenbruder Rousseaus in deutschen Gauen"[85] gegen das absolutistische Staatsverständnis gekämpft habe. Statt eigene Argumente anzuführen, berief sich Staiger auf Wolfgang Liepes „wichtigen, noch immer zu wenig beachteten Aufsatz"[86] über den jungen Schiller und Rousseau, der 1926 in der *Zeitschrift für deutsche Philologie* erschienen war und 1963 wiederveröffentlicht wurde.[87] Auch in der neueren Diskussion wird häufig auf diesen, mitunter sogar als ,klassisch' bezeichneten Beitrag verwiesen, der angeblich „falsifiziert"[88], dass der junge Schiller ein Rousseau-Anhänger war. Liepe hatte zu zeigen versucht, dass der Autor der *Räuber* im Gegensatz zu Rousseau „die gottgewollte Gesellschaftsordnung grundsätzlich bejaht"[89] und die Folgen der Ungleichheit im Vertrauen auf die Vorsehung hingenommen habe. Ohne weitere Begründung stellt er die Behauptung auf, dass Schiller seine Kenntnisse für das Rousseau-Gedicht „nur aus zweiter Hand"[90] geschöpft habe, nämlich aus Johann Georg Jacobis Nachruf im *Teutschen Merkur*[91] und Helfrich Peter Sturz' *Denkwürdigkeiten über Johann Jakob*

---

84 Vgl. *Fontius* 1999.
85 *Staiger* 1967, S. 247.
86 Ebd.
87 *Liepe* 1926/1963.
88 *Jaumann 1994*, S. 11.
89 *Liepe* 1963, S. 55.
90 Ebd., S. 39. Diese Unterstellung findet sich schon bei Kuno Fischer, auch dort ohne triftige Gründe, vgl. *Fischer* 1891, S. 33.
91 *Jacobi* 1778.

Rousseau.[92] Von den „kulturfeindlichen Tendenzen"[93] und dem „revolutionären Gift"[94] in den Werken Rousseaus habe Schiller erst später mit Schrecken erfahren. Liepes teils verkürzende, teils unrichtige Deutung, die Rousseau zum pessimistischen Kulturphilosophen stilisiert, wurden von späteren Interpreten ohne nähere Prüfung übernommen. So heißt es etwa bei Wilfried Barner, dass Schiller bei der Abfassung der *Anthologie*-Gedichte „mit Rousseaus Kulturphilosophie [...] wohl kaum schon vertraut"[95] war.

Um zu ermessen, wie fundiert Schillers Kenntnisse waren, lohnt es sich, sein Rousseau-Gedicht mit der *Elegie am Grabe des unsterblichen J. J. Rousseau* zu vergleichen, die 1782 in Stäudlins *Vermischten poetischen Stüken* erschien. Gewidmet ist sie dem „verehrungswürdigen Bodmer"[96], der als grauer Nestor der deutschen Musen hingestellt wird. Sein Los, so wird in der Widmung behauptet, gleiche dem Rousseaus: beide seien edle Geister, die von vielen verkannt wurden. Das eigentliche Gedicht setzt ein mit einer Beschreibung des Grabs, wo „rings von Pappeln umsäuselt, / Galliens Sokrates schläft"[97]. Der Schauplatz bietet dem Dichter Gelegenheit, sich vorzustellen, wie sich Rousseau – von Unwissenheit und Verfolgungsgeist grausam misshandelt – zu seiner letzten Ruhestätte schleppt, „der einzigen Stätte der Ruhe"[98], die er auf Erden fand. Am Grab empfängt den sterbenden Rousseau ein lächelnder Friedensengel, der sein „entseeltes Gebein" zur Ruhe legt und ihn „zum himmlischen Urland"[99] führt. Mit einer an Elisabeth Rowe und Klopstock erinnernden Rührseligkeit wird der von tugendhaften Heiden bevölkerte Himmel geschildert: Platon durchströmen beim Anblick des Weltweisen aus Genf einige „entzückende Schauer", Sokrates vergießt Freudentränen, während Homer mit seiner Harfe einen Gesang anstimmt, der von tausend anderen Harfen begleitet wird. Der von seinen irdischen Fesseln befreite „Seraf Rousseau" ist nun an seinem Bestimmungort angelangt, er ist zum Bürger im „ätherischen Land"[100] geworden.

Seine Verfolger nannten Rousseau einen „Entweiher der Wahrheit"[101], Stäudlins Elegie rehabilitiert ihn als „begeisterten Forscher"[102], der gelegentlich vom Weg der Wahrheit abirrte. Dass man ihn aufgrund seiner Verirrungen aus „dem Mutterschoose der Kirche"[103] verstoßen habe, sei unmenschlich, denn von „frevelndem Wiz"[104]

---

92   *Sturz* 1779.
93   *Liepe* 1963, S. 40.
94   Ebd., S. 33.
95   *Barner* 2006, S. 74.
96   *Stäudlin* 1782, S. 79.
97   Ebd., S. 81.
98   Ebd., S. 83.
99   Ebd., S. 84.
100 Ebd., S. 85.
101 Ebd.
102 Ebd.
103 Ebd., S. 86.
104 Ebd.

finde sich bei Rousseau keine Spur. Während Voltaire für seinen Spott viel Anerkennung erhalten habe, habe man den ehrlichen Rousseau, der sich vor der göttlichen Hoheit auf die Knie warf, hartherzig verfolgt und gequält. Die Aussage, dass er auf dem „Meere des Forschens"[105] in den Strudel des Zweifels geraten sei, spielt auf das vierte Buch des *Émile* an, in dem der Vicaire savoyard von einer Phase des Unglaubens erzählt, in der er auf dem „mer des opinions humaines, sans gouvernail, sans boussole"[106] orientierungslos dahingetrieben sei, bevor er in der ‚natürlichen' Religion einen Halt gefunden habe.

Auch auf den *Discours sur l'origine et les fondements de l'inégalité* (1755) wird verwiesen, wobei Stäudlin offenbar meint, gegen Rousseaus Anthropologie Stellung beziehen zu müssen: Der Jammer über die Laster der Menschheit habe ihn dazu verleitet, „die Würde des Erdengottes zu mengen / Mit der Bestimmung des Thiers"[107]. Nach dieser etwas begriffsstutzigen Kritik an Rousseaus neo-epikureischen Annahmen[108] kehrt das Gedicht in den Himmel zurück, wo der zur Tugend gelangte Rousseau seine Beredsamkeit einsetzt, um den Schöpfer zu preisen. Jetzt stellt sich die Erkenntnis der Bestimmung des Menschen ungetrübt ein. Ihm wird die ehrenvolle Aufgabe übertragen, die zarten Seelen der Kinder nach den Grundsätzen des *Émile* zu erziehen und auf diese Weise „dem großen Staate des Himmels"[109], den sich Stäudlin nach den Grundsätzen eines deistisch gefärbten Christentums vorstellt, wahrhafte Bürger zuzuführen. Um das Glück vollständig zu machen, darf Rousseau mit seinem bewunderten Lehrer, dem „Seraf Linné" die „Gärten Edens"[110] durchwandeln – denn die Lust an der Botanik ist ihm geblieben. In der Gewissheit, dass er die höchste Seligkeit genießt, verlässt der gerührte Dichter sein „Pappelumsäuseltes Grab"[111]. Ihm ist, als wäre Rousseau heruntergestiegen aus dem Land der Seligkeit, um ihn zu umarmen und ihm zu berichten, welche Belohnungen ihm zuteil geworden sind. Stäudlin schließt mit der Hoffnung, dass seine eigene Seele sich, am Ziel ihrer irdischen Laufbahn angelangt, in den Himmel emporschwingen möge: „Rousseau dann wirst du mein Lehrer und ich dein glüklicher Zögling / In der schöneren Welt"[112].

Schillers Reaktion auf die Rousseau-Elegie, die er erst nach der Abfassung seines eigenen Gedichts zur Kenntnis nahm, erschien in dem ersten Stück des *Wirtembergischen Repertoriums der Litteratur*, also in eben dem Band, in dem auch die Selbstrezension der *Anthologie auf das Jahr 1782* abgedruckt wurde. Der Maßstab, nach

---

105 Ebd.
106 *Rousseau* 1762a, Bd. 3, S. 23 f.
107 *Stäudlin* 1782, S. 93.
108 Rousseaus Stellungnahme zur Bestimmung des Menschen wurde von Abbt verständnisvoll verteidigt, vgl. *Abbt* 1771, S. 247 f.
109 *Stäudlin* 1782, S. 95.
110 Ebd., S. 96.
111 Ebd., S. 98.
112 Ebd., S. 100.

dem er Stäudlins *Vermischte poetische Stücke* beurteilt, entspricht, so kann man annehmen, den Zielen, die er sich selbst setzt: Ein ambitionierter jüngerer Schriftsteller sollte in einem „philosophisch kalten Zeitalter"[113], das schon viele vorzügliche Autoren kennt, als ein „neuer Sänger" nicht nur „Aufsehen" erregen, sondern „auf Gesinnungen und das ganze System unsrer Empfindungen tief und dauernd wirken"[114]. Das „Haupterforderniß", diese tiefgreifenden Veränderungen beim Publikum herbeizuführen, fehle Stäudlin, denn er habe kein „eignes Gefühl", keine echte Begeisterung, er produziere nur „Bildwerke einer mittleren Fantasie"[115]. Dass er in seinen lobenden Versen auf den „mittelmäßigen" Friedrich Leopold Stolberg „die poetischen Backen so voll nimmt", weckt bei Schiller grundsätzliche Zweifel an Stäudlins Fähigkeit, den Rang eines Schriftstellers zu bestimmen. Dieses Unvermögen zeigt sich auch in der Rousseau-Elegie, die „einem langen geblümelten Complimente"[116] gleiche, das dem Philosophen nicht annähernd gerecht werde. Auch bei anderen Texten Stäudlins konstatiert Schiller intellektuelle Schwächen, nennt etwa die *Hymne an die Schönheit* ein „überladnes gothisches Gemälde voll Nichtsinn und Verwirrung"[117]. Zum Abschluss kommt Schiller noch einmal auf die Rousseau-Elegie zurück, die ihn offenkundig am meisten interessiert: Sie wirke zwar „nicht allenthalben schwülstig und überspannt", aber die „Vergleichung zwischen diesem Philosophen und Bodmer" sei „äusserst schief und hinkend"[118]. Dieser Satz, der am Ende der Rezension steht, scheint Stäudlins Unzulänglichkeit an einer bedeutsamen Einzelheit aufzeigen zu wollen.

Bodmer selbst war ein entschiedener Rousseau-Anhänger, der jedoch seine deutlicheren Äußerungen auf eine patriotische Elite beschränkte, die er von der Notwendigkeit einer Staatsveränderung zu überzeugen versuchte.[119] Im vertrauten Kreis ging er weiter als viele seiner Zürcher Freunde, indem er etwa Rousseaus grundlegende Kritik an der Lehre von den Wunderwerken in Schutz nahm.[120] Vor dem größeren Publikum, von dessen geistigen Fähigkeiten er eine geringe Meinung hatte, unterstützte er jedoch die Offenbarungsreligion und legte in seiner Dichtungslehre die Poesie auf die Wahrheiten der christlichen Religion fest.[121] Aufmerksamen Lesern wie Gerstenberg entging nicht, dass seine politischen Schauspiele „mit Staatsbetrachtungen aus dem Montesquieu und Rousseau durchwürzt"[122] waren. Die radi-

---

113 *Schiller* 1782c, S. 209.
114 Ebd., S. 209.
115 Ebd., S. 210.
116 Ebd.
117 Ebd., S. 212.
118 Ebd.
119 Vgl. *Beise* 2010, S. 257-314; *Reiling* 2010, S. 237-291.
120 Vgl. *Mahlmann-Bauer* 2008, 242 f.
121 Zu Bodmers Trennung von exoterischer und esoterischer Religion vgl. *Wernle* 1923, S. 118 f., 241 f. Zur Religion in der Dichtungslehre: *Meyer* 1980, S. 69 f.
122 *Gerstenberg* 1768, S. 115.

kaleren Stücke jedoch blieben „aus Furcht die Finger zu verbrennen" ungedruckt, da er sie für „republikanischer und historischer" hielt, als es die Schweizer „Kadaver von Republiken"[123] verkraften konnten. Vielleicht tadelte Schiller den Vergleich mit Rousseau deswegen so hart, weil er die handschriftlich zirkulierenden Werke nicht kannte, in denen sich Bodmer als „freier und kühner Denker"[124] zeigte. Die Schärfe der Anmerkung wäre aber auch dann noch verständlich, wenn sie sich nur darauf bezöge, dass Bodmer weder ein philosophischer Schriftsteller ersten Ranges war, noch nennenswerte Verfolgungen in seinem Leben zu erdulden hatte. Rousseau wurde von seinen Zeitgenossen in einem grundsätzlich anderen Sinn „verkannt" als Bodmer. Sie in dieser Weise anzugleichen, musste wie eine Herabwürdigung eines Autors wirken, der Offenbarungsreligion und unumschränkte Monarchie auf höchstem Niveau kritisierte.[125]

5. ,Roußeau'

Schiller lässt das mit *Roußeau* betitelte Gedicht ebenfalls im Park von Ermenonville auf der Pappelinsel beginnen. Statt diesen Ort jedoch als Anlass für rührselige Phantasien zu nutzen und Rousseau zusammen mit den tugendhaften Heiden die Seligkeit zuzusichern, tritt er gleich im ersten Vers als ein Mahner auf, der in dem Grab des Philosophen vor allem ein „Monument von unsrer Zeiten Schande"[126] erkennt. Dass sein Leben einen Verlauf nahm, der seinen Namen unsterblich machte, den Zeitgenossen hingegen Schande brachte, muss das Gedicht nicht erläutern. Es wird vorausgesetzt, dass den Lesern die Verurteilung, Beschlagnahmung und Verbrennung des *Émile*, die Haftbefehle, die gegen Rousseau erlassen wurden, und der Hirtenbrief des Erzbischofs von Paris bekannt waren. Die Bemerkung, dass er „Fried und Ruhe"[127] in dieser Welt vergeblich gesucht habe, nimmt vermutlich bereits auf Rousseaus Selbstdarstellung als einsamer Träumer bestätigend Bezug, also auf jene zwischen Selbstverharmlosung und Selbstüberhöhung changierende Inszenierung, an der Rousseau in den autobiographisch-apologetischen Schriften, die damals zu erscheinen begannen, sehr bewusst arbeitete.[128]

---

123 *Mörikofer* 1861, S. 223.
124 Ebd., S. 236. Über die Verwandtschaft von Bodmers und Schillers politischen Ideen: *Mahlmann-Bauer* 2008, S. 249.
125 Bodmer hat Schillers Tadel des Vergleichs zwischen ihm selbst und Rousseau mit Interesse gelesen. In der Folge forderte er seinen Schützling auf, sich durch die Lektüre politischer Schriften weiterzubilden. Dabei empfahl er nicht nur die Werke von Plutarch, Algernon Sidney und Montesquieu, sondern auch den *Contrat social* und die *Lettres écrites de la montagne*. Vermutlich hielt er Schillers Kritik also für berechtigt. Vgl. *Stäudlin* 1999, S. 159, S. 166-168.
126 *Schiller* 1782a, S. 33.
127 Ebd.
128 *Meier* 2011, S. 58 f.

Die zweite Strophe spricht von einem „[f]rommen Eifer", der Rousseau „von Reich zu Reich getrieben"[129] und schließlich zu Fall gebracht habe. Hervorgehoben wird also die religionspolitisch motivierte Verfolgung nach der Veröffentlichung des *Émile*, nicht die Feindschaft mit den ungläubigen Philosophen, die Rousseau zu einer weitreichenden Verschwörung ausschmückte.[130] Der Ausdruck ‚frommer Eifer' bezeichnet eine heftige Erregung wegen einer wahrgenommenen Übertretung göttlicher Gesetze oder wegen eines wahrgenommenen Mangels an Glauben. Fromme Eiferer glauben, sich Gott gefällig zu machen, indem sie Atheisten bekämpfen, Anhänger anderer Religionsparteien verfolgen oder gottlose Schriften verbrennen.[131] Indem Schiller diesen Ausdruck benutzt, kennzeichnet er indirekt, wodurch Rousseau den Unwillen seiner Zeitgenossen erregt hatte, um ihm anschließend eine große Zukunft zu prophezeien: „Ströme Bluts" werden einst zwischen Ländern vergossen werden, die darum kämpfen, wem es gebührt, „ihn prahlend Sohn zu grüßen"[132]. Die imaginierte Auseinandersetzung wird sicher nicht bloß darum geführt, wo Rousseau „seine geistige Bildung empfangen"[133] hat. In Aussicht gestellt wird ein Streit darüber, welcher Staat den philosophischen Ideen Rousseaus am besten gerecht wird. Schiller sagt Rousseaus Denken eine große Zukunft voraus: Die theologisch-politische Ordnung, die er in Frage stellte, besteht vorerst weiter, doch hat sie ihre historische Legitimation verloren – für diese Ansicht wirbt das Gedicht.

Die dritte Strophe wendet sich erneut den Verfolgern zu, die mit einem Gleichnis aus dem Hüttenwesen in ihrer geistigen Unterlegenheit bloßgestellt werden: Das Feuer der intellektuellen Kontroversen, in die Rousseau verwickelt war, bewirkt in der Wahrnehmung des urteilsfähigen Zuschauers eine Absonderung des reinen Metalls von den unedleren Teilen. Die Gegner, die über Rousseau richten, sind „Geisterschlaken die zur Tiefe flüchten / Vor dem Silberblike des Genies"[134]. Das nächste Bild, das zur Herabwürdigung der Verfolger benutzt wird, verknüpft den Schöpfungsgedanken mit dem Prometheusmythos auf eine Weise, die eine spöttische Distanzierung anzeigt: „Abgesplittert von dem Schöpfungswerke / Gegen Riesen Roußeau kindsche Zwerge, / Denen nie Prometheus Feuer bließ."[135] Die Feinde Rousseaus werden mit nutzlosen Holzstücken verglichen, die bei der Erschaffung der Welt abgesplittert sind, mit Elementen also, die nicht zum eigentlichen Werk

---

129 *Schiller* 1782a, S. 33.
130 Schillers Gedicht unterscheidet sich hier klar von Johann Georg Jacobis Nachruf, der die Angriffe der philosophischen Gegner auf eine Stufe mit der politisch-religiös motivierten Verfolgung stellt, vgl. *Jacobi* 1778, S. 214, S. 217 f.
131 In den *Sokratischen Denkwürdigkeiten* wird provozierend gefragt, ob sich die „Vorsorge" Gottes nicht auch auf die „ersten verbotenen Bücher" erstrecke, die „ein frommer Eyfer unserer Religion dem Feuer geopfert" (*Hamann* 1759, S. 24.).
132 *Schiller* 1782a, S. 33.
133 *Düntzer* 1874, S. 378. Vgl. *Viehoff* 1887, S. 130.
134 *Schiller* 1782a, S. 33.
135 Ebd.

Gottes gehören. Dass in so rascher Folge die Einflößung des himmlischen Feuers durch Prometheus hinzugesetzt wird, erregt Verwunderung und verstärkt den Eindruck, dass hier mit der Schöpfungslehre in unverantwortlicher Weise gespielt wird.[136]

Die Unterscheidung zwischen den von Prometheus aufgeklärten Menschen und der unaufgeklärten Menge lässt sich auch als eine Bezugnahme auf die Schrift verstehen, die Rousseau 1750 berühmt machte. Das Frontispiz des *Discours sur les sciences et les arts* zeigt einen Prometheus, der einen unverständigen Satyr vom Feuer fernhält, während er einen auserlesenen Menschen damit erleuchtet.[137] Im *Lettre à Lecat* hatte Rousseau eine bemerkenswerte Erklärung des Bildes nachgeliefert, mit der er die Voraussetzungen offenlegte, die beim Lesen der Abhandlung zu beachten waren:

> „Ich glaubte meine Leser zu beleidigen, und sie als Kinder anzusehen, wenn ich ihnen dieses deutliche Sinnbild noch erklärt hätte; und ihnen gesagt, daß die Fackel des Prometheus die Fackel der Wissenschaften ist, wodurch große Geister erleuchtet werden; daß der Satyr, der, als er das Feuer zum erstenmal sieht, hinläuft und es umarmen will, gemeine Menschen vorstellt, welche von den Wissenschaften verblendet, sich ohne Unterschied dem Studio widmen; und daß endlich Prometheus, welcher ihm zuruft, und ihn vor der Gefahr warnt, der Bürger von Genf ist."[138]

Die Vermutung, dass Schiller auf das Frontispiz und seine Deutung verweist, also Rousseau mit Prometheus, der die großen Geister erleuchtet, und die unverständigen Kritiker mit dem Satyr gleichsetzt, passt zum weiteren Verlauf des Gedichts. Denn in der vierten Strophe wird die Idee von einer Kette der Wesen genutzt, um die Feinde des Bürgers von Genf als tierähnliche Halbmenschen zu verhöhnen.[139] Schiller macht sich auch in diesem Punkt die Auffassungen Rousseaus zu eigen und treibt sie rhetorisch bis zum Äußersten. Das Denkvermögen der unverständigen Kritiker ist so gering ausgebildet, sie lassen sich so sehr von ungeregelten Neigungen bestimmen, dass man sie sich in einer „Kluft" zwischen der vernünftigen Menschheit und dem instinktgebundenen Tierreich eingekeilt vorstellen muss:

---

136 Vgl. *Düntzer* 1874, 378 f.
137 Vgl. *Masters* 1968, S. 225-235; *Meier* 2008, S. LII-LIII; Meier 2011, S. 19-23.
138 *Rousseau* 1779, S. 198.
139 Zur großen Kette der Wesen: *Lovejoy* 1936.

„Brüken vom Instinkte zum Gedanken,
Angefliket an der Menschheit Schranken,
Wo schon gröbre Lüfte wehn.
In die Kluft der Wesen eingekeilet,
Wo der Affe aus dem Thierreich geilet,
Und die Menschheit anhebt abzustehn."[140]

Schiller bekräftigt also Rousseaus Selbststilisierung, wenn er durch die satirische Modifikation der Wesenskette zu verstehen gibt, dass zwischen dem Philosophen und seinen Verfolgern eine Ungleichheit besteht, die nicht überwindbar ist.[141] Weit davon entfernt, Rousseau vorzuwerfen, die Bestimmung des Menschen mit der des Tieres in unzulässiger Weise zu vermengen, schreibt das Gedicht Rousseaus philosophischen Elitarismus fort und versetzt die Gegner in die große Menge der Ungebildeten, die sich zu den Weisen und Genies verhält wie der Satyr zum Menschen. Aufgrund ihrer intellektuellen Unterlegenheit bleibt ihnen das philosophische Leben verschlossen.

Die fünfte Strophe setzt das theologisch-politische Thema anspielungsreich fort: Rousseau war so neu und einzigartig, dass er von seinen unverständigen Kritikern als Unheil bringender Komet angesehen wurde. Das philosophisch nicht geschulte, abergläubische „Franzosenhirn" glaubte, diese außerordentliche Erscheinung für Übel verantwortlich machen zu können, die in Wahrheit ganz andere Ursachen hatten: „Schwelgerei und Hunger brüten Seuchen, / Tollheit rast mavortisch in den Reichen / Wer ist schuld – das arme Irrgestirn."[142] Die Bilder, die Schiller von sozialer Ungleichheit, Seuchen und Kriegen entwirft, deuten – gerade in Verbindung mit den „Ströme[n] Bluts", die künftig vergossen werden – auf Staatskrisen und Bürgerkriege hin.[143] Diese Gedankenverbindung lag zum Zeitpunkt der Abfassung des Gedichts durchaus nahe. Der Rousseau-Anhänger Louis-Sébastien Mercier skizzierte im zweiten Band des *Tableau de Paris*, der damals gerade erschienen war, eine Umwälzung von gewaltigen Dimensionen: „Est-ce la guerre, est-ce la peste, est-ce la famine, est-ce un tremblement de terre, est-ce une inondation, est-ce un incendie, est-ce une révolution politique, qui anéantira cette superbe ville? Ou plutôt plusieurs causes réunies opéreront-elles cette vaste destruction"?[144] Bürgerkriege stellte Mercier bereits einige Jahre zuvor, in seinem vielgelesenen Roman *L'An 2440*, als blutige, aber doch heilsame Entwicklungen dar: „A certains États il est une époque qui devient nécessaire; époque terrible, sanglante, mais signal de la liberté. C'est de la guerre civile dont je parle. [...] C'est un remède affreux! mais après la stupeur de

---

140 *Schiller* 1782a, S. 34.
141 Zu Rousseaus Elitebewusstsein vgl. *Shklar* 1969, S. 44 f.; *Meier* 2008, S. XXII.
142 *Schiller* 1782a, S. 34.
143 Zur Funktion solcher Visionen vgl. *Koselleck* 1973, S. 147-157.
144 *Mercier* 1781, Bd. 2, S. 324.

l'Etat, après l'engourdissement des âmes il devient nécessaire."[145] Die Kometenmetapher könnte vor diesem Hintergrund als ein rhetorischer Kunstgriff gedeutet werden, der von dem Einfluss ablenkt, den Schiller und seine Zeitgenossen Rousseaus Schriften zuschrieben; denn die Feinde Rousseaus behaupteten ja nicht, dass er für die Ungleichheit der Güter oder für die Folgen einer als despotisch aufgefassten Regierung verantwortlich war, sondern nahmen an der subversiven Kraft seiner Schriften Anstoß.[146]

In den Augen der Nichtphilosophen soll Rousseau entschuldigt werden, daher spielt das Gedicht seinen Einfluss herunter; andererseits wird suggeriert, dass ihm im Lauf der Geschichte eine besondere Funktion zukommen wird. Die sechste Strophe fragt rhetorisch, ob die Parze, die Rousseau unter die Franzosen versetzte, vielleicht „geträumt" oder „in Fieberhize"[147] seinen Lebenslauf bestimmt habe. Die Antwort ist, dass die Schicksalsgöttin wusste, was sie tat, und Rousseau nicht umsonst dorthin geraten ließ. Schiller wechselt in einem beachtlichen Sprung von der griechischen Mythologie zur Vorstellung vom Weltgericht, um die Absichten der Parze zu verdeutlichen. Am Tag des Jüngsten Gerichts, wenn der Posaunenklang die Toten weckt, werde der Bürger von Genf wiederkehren und mit seinen Schriften neu zur Geltung kommen: „Ha! schon seh' ich unsre Enkel staunen, / Wann beim Klang belebender Posaunen / Aus Franzosengräbern – Roußeau steigt!"[148] Die eschatologische Vision, in der Rousseau eine herausragende Rolle spielt und die Nachwelt in Erstaunen versetzt, legt nochmals den Gedanken an eine Umgestaltung des Staates nahe, die zu einer Neubewertung der philosophischen Überlieferung führen wird. Die Phantasie, dass Rousseaus Werke nach einer künftigen Staatsveränderung endlich die verdiente Wertschätzung erfahren, ist ebenfalls in Merciers L'An 2440 vorgeprägt. Dort stellt sich bei einer Besichtigung der königlichen Bibliothek heraus, dass man die Werke Voltaires größtenteils vernichtet hat, während man Rousseaus Schriften vollständig in Ehren hält.[149]

An diesem Punkt des Gedichts angelangt, nimmt Schiller ein Motiv wieder auf, das er bereits in der Widmung eingeführt hat. Er vergleicht Rousseau mit Sokrates, wodurch klargestellt wird, dass die geschichtliche Bedeutung des Bürgers von Genf weit über seinen ursprünglichen Wirkungskreis hinausreicht. Das Gedicht beklagt eine alte Wunde, die von der Hinrichtung des Sokrates herrührt, und konstatiert in

---

145 *Mercier* 1771, S. 300.
146 Der Komet könnte auch als Anspielung auf Pierre Bayles *Pensées divers sur la comète* (1682/83) gedacht sein. Dort wird unter anderem die These verteidigt, dass der Aberglaube politisch betrachtet gefährlicher sei als der Atheismus, da er Krieg und Verfolgung bewirke. Rousseau diskutierte diese theologisch-politische Position in der Anmerkung (S) zur *Profession de foi du vicaire savoyard* und gab Bayle teilweise Recht. Vgl. *Rousseau* 1762, Bd. 3, S. 123-126.
147 *Schiller* 1782a, S. 34.
148 Ebd.
149 *Mercier* 1771, S. 216-219.

Anbetracht von Rousseaus Schicksal, dass auch in den aufgeklärteren Zeiten noch keine Heilung absehbar ist. So gibt Schiller zu verstehen, dass eine annehmbare Lösung für das theologisch-politische Problem immer noch aussteht:

> „Wann wird doch die alte Wunde narben?
> Einst wars finster – und die Weisen starben,
> Nun ists lichter, – und der Weise stirbt.
> Sokrates ging unter durch Sofisten,
> Roußeau leidet – Roußeau fällt durch Christen,
> Roußeau – der aus Christen Menschen wirbt.“[150]

Für den sorgfältigen Leser wird hier das, was Schiller für Rousseaus Vorgehensweise hielt, mit wenigen Worten zu erkennen gegeben: Wie Sokrates die Landesreligion ändern wollte, so versuchte Rousseau, den Einfluss der christlichen Religion zu begrenzen. Schiller tut so, als ob Rousseau damit nur die Fanatiker unter den Christen herausfordert, und erwähnt nicht, dass er sich auch gegen diejenigen Gelehrten stellt, die das Christentum für politisch unverzichtbar halten. Christoph Friedrich Geiger, Professor der Geschichte in Marburg, ist nicht vom Verfolgungsgeist getrieben, wenn er in den Fußnoten zu seiner Übersetzung des *Contrat social* den besonders heiklen Punkt wiederholt zur Sprache bringt: Rousseau habe die Absicht, „der christlichen Religion ihr Ansehen zu rauben, und die Menschen von diesem vermeynten Joche zu befreyen“, er wolle zeigen, „daß die christliche Religion der Wohlfahrt eines Staates nicht so vortheilhaft sey, als man sich insgemein vorstellet“[151]. Rousseaus Anmaßung, die Zweckmäßigkeit der Offenbarungsreligion in Zweifel zu ziehen, erregt Geigers heftigen Widerspruch: Rousseau ziele darauf ab, „die ganze Welt verändern, andre Menschen schaffen, […] die Staaten umschmelzen, die christliche Religion aufheben“[152]; sein Vorschlag, „einen Staat ohne die christliche Religion […] zu regieren“[153], zeuge von einem Mangel an politischer Klugheit. Die Wertung von Rousseaus Absicht, den Bourgeois in einen Citoyen umzuwandeln und eine Religion für nachchristliche Menschen anzubieten, teilte Schiller nicht, wohl aber den Befund.[154]

Die vielsagende Feststellung, dass Rousseau „aus Christen Menschen“ zu werben suchte, ist möglicherweise auch als Bezugnahme auf die bedeutsame Anmerkung (L) in der *Profession de foi du vicaire savoyard* zu verstehen, in der Pierre Charron mit der Bemerkung zitiert wird, dass wir „Juden, Mohammedaner, Christen“ sind,

---

150   *Schiller* 1782a, S. 35.
151   *Geiger* 1763, S. XXVI.
152   Ebd., S. 206.
153   Ebd., S. 216.
154   Bei Sturz findet sich in einer Aufzählung der vorgeblichen Widersprüchlichkeiten Rousseaus die folgende Aussage: „[E]r erhob die Vorzüge der christlichen Religion, und bestürmte den Grund, worauf sie sich stüzt.“ (*Sturz* 1779, S. 174).

„bevor wir wissen, dass wir Menschen sind".[155] Charron verteidigte in *Les trois véri-tés* (1593) und *De la sagesse* (1601) dem Anschein nach die Wahrheiten des Christentums, doch Rousseau zählte ihn offenbar zu den radikaleren Denkern. Schon Bayle hatte in seinem *Dictionnaire historique et critique* darauf hingewiesen, dass Charron den Ungläubigen besondere Seelenstärke zuschrieb und daher in den Verdacht geraten war, ein Feind des Christentums, vielleicht gar ein Atheist zu sein.[156] Diese Vorwürfe nahm Bayle zum Anlass für eindringliche Reflexionen über doppeldeutige Rede als Reaktion auf Verfolgung und gab allgemeine, über den Fall Charron hinausgehende Hinweise, wie Bücher zu beurteilen sind, die nicht den Vorurteilen der Menge entsprechen. Die Bemerkung, dass Charron die Unterwerfung des Intellekts unter den Gehorsam des Glaubens wie ein Schutzschild gegen die Angriffe seiner Feinde einsetze, charakterisiert dementsprechend nicht nur Charrons Verfahren, sondern indirekt auch Bayles eigenes.[157] Rousseau scheint die über Bayle vermittelte Charron-Deutung zu akzeptieren, denn die Anmerkung (L) schließt mit der ironischen Vermutung, dass der tugendhafte Charron das Glaubensbekenntnis des Vicaire savoyard aufrichtig unterstützt hätte. Selbst wenn Schiller keinen Bezug zu dieser Anmerkung herstellen wollte, ist sie doch bezeichnend für die komplizierten Kriegslisten, die ihn am *Émile* interessiert haben dürften.

Wie weit sich Schiller mit der Wiedergabe von Rousseaus politisch-polemischen Absichten exponierte, zeigt sich daran, dass er in der achten Strophe „mit Jubeln, die sich feurig gießen", eine Lobrede auf die Religion folgen lässt, in der sie als „Himmelstochter" gepriesen und „geküßt"[158] wird. Diese Ausdrucksweise wirkt, da die Offenbarung auf dem Spiel steht, beinahe leichtfertig, es soll aber dem Missverständnis, dass die Bewegung vom Christen zum Menschen als Bewegung vom Glauben zum Unglauben intendiert ist, überzeugend vorgebeugt werden.[159] Genau genommen wird in der achten Strophe nicht die Religion überhaupt, sondern nur eine Liebe und Freude entfachende und die Menschheit brüderlich vereinigende Religion gepriesen: „Welten werden durch dich zu Geschwistern, / Und der Liebe sanfte Odem flistern / Um die Fluren die dein Flug begrüßt."[160] Sie wird als himmlisches Wesen gezeichnet, das nichts anderes im Sinn hat, als durch die Beförderung der Liebe und anderer wohlwollender Affekte die Einigkeit unter den Menschen herzustellen. Um dieser Darstellung ein passendes Schreckbild gegenüberzustellen, lässt Schiller in der neunten Strophe eine Metamorphose geschehen: Die Blicke der Himmelstochter werden zu „Basiliskenpfeile[n]", ihre „sanfte[n] Melodien" verändern sich zu „Krokodilgeheule", die Menschen werden nicht länger vereinigt, sondern

---

155   Vgl. *Rousseau* 1762, Bd. 3, S. 137.
156   *Bayle* 1740, S. 142-148.
157   Vgl. *Mori* 2001; *McKenna* 2015.
158   *Schiller* 1782a, S. 35.
159   Vgl. *Düntzer* 1874, S. 381; *Viehoff* 1887, S. 132.
160   *Schiller* 1782a, S. 35.

müssen „bluten". Ursache für die Verwandlung sind „verderbengeifernde Imane"[161], religiöse Autoritäten, die durch das Schüren von Hass die Religion zur Erinnye machen. Ihre eigentliche, vom Himmel intendierte, Gestalt wird durch die Politik einer korrupten Geistlichkeit verzerrt.

Gleich zwei Mal benutzt Schiller das Wort „sanft", nicht etwa um zu beschreiben, wie er die Religion vorfindet, sondern um festzusetzen, was als ihre von der Natur gewollte Gestalt zu gelten hat. Zu dieser Normierung im Gewand deskriptiver Aussagen hat sich Schiller wahrscheinlich durch Humes *Dialogues on Natural Religion* anregen lassen, die 1779 erschienen waren. Der Gegensatz zwischen einer besänftigenden Religion und einer, die dem Machtstreben zum Vorwand dient, taucht dort im zwölften Teil auf, der sich mit dem Verhältnis von Religion und Moral beschäftigt. Der Deist Cleanthes, dem in diesem Punkt von Philo, dem Skeptiker, nicht widersprochen wird, formuliert eine Gegenüberstellung von zulässigen und unzulässigen Wirkungsweisen von Religion, die Schillers Entwurf recht nahekommt:

> „Das eigentliche Geschäft der Religion ist die Herzen der Menschen zu stimmen, ihr Betragen menschlich zu machen, ihnen den Geist der Mässigkeit, der Ordnung und des Gehorsams einzuflößen; und da ihr Einfluß ohne Geräusch ist, und blos die Gründe der Moralität und Gerechtigkeit tiefer einprägt, so ist sie in Gefahr, leicht übersehen, und mit diesen andern Beweggründen verwechselt zu werden. Wenn sie sich aber auszeichnet, und als eine besondere Triebfeder der menschlichen Handlungen auftritt, dann hat sie ihre eigenthümliche Sphäre verlassen, und ist nur der Deckmantel des Partheygeistes und der Herrschsucht."[162]

Auch in Schillers Gedicht wird die Religion, deren Bestimmung es ist, die wohlwollenden Neigungen zu unterstützen, aus ihrer eigentlichen Sphäre in die Politik hineingezogen. Die zehnte Strophe beurteilt die christliche an dem Maßstab der natürlichen Religion, der durch das vorausgeschickte Lob etabliert wurde. Die Frage stellt sich, ob sie historisch betrachtet einen Fortschritt auf dem Gebiet der Moral bedeutet. Die Antwort, die das Gedicht gibt, ist eine extreme Zuspitzung: Viele Jahrhunderte nachdem „das Weib den Himmelssohn gebare"[163], liefert die Geistlichkeit einer despotischen Regierung die Instrumente der geistigen Disziplinierung und Unterdrückung – das illustriert der Vergleich mit der Kunstfertigkeit des Bildhauers Perillus, der für den Tyrannen Phalaris einen Ochsen aus Bronze anfertigte, den man zum Brüllen brachte, indem man Menschen darin einsperrte und verbrennen ließ: „Hier erfanden schlauere Perille / Ein noch musikalischer Gebrülle, / Als dort aus dem ehrnen Ochsen schrie."[164] Rousseau selbst vergleicht im Zuge der Selbstmytho-

---

161 Ebd.
162 *Hume* 1781, S. 234. Vgl. *Hume* 1779, S. 243 f. Eine ähnliche Festlegung des wahren Zwecks der Religion hatte Hume bereits 1757 im zweiten Band seiner *History of England* in Umlauf zu bringen gesucht, vgl. *Gaskin* 1978, S. 147.
163 Schiller 1782a, S. 36..
164 *Schiller* 1782a, S. 36.

logisierung, die er in *Rousseau. Juge de Jean-Jacques* betreibt, seine Gegner mit dem grausamen Phalaris.[165] Diese Verteidigungsstrategie aufnehmend erhebt Schiller den Vorwurf, dass die Religion in der Auseinandersetzung mit Rousseau zu einer Foltermethode erniedrigt wurde, die denen heidnischer Tyrannen in nichts nachstehe. Ohne auf die Ereignisse im Detail einzugehen, benennt die elfte Strophe pauschal das „Vorurtheil" und die boshafte „Dummheit" als jene Kräfte, die sich Rousseau entgegenstellten, um zu verhindern, dass der wohlwollende „Reformator" sein „Licht"[166] verbreiten konnte. Die zwölfte Strophe erwähnt mit dem „Eigennutz", der die Armut ausbeutet und „Schlösser"[167] auf Ruinen errichtet, die Profiteure, die vorläufig triumphiert haben.

Mit der letzten Strophe ändert sich noch einmal der Stil des Gedichts. Rousseau wird in schalkhaftem Ton zum unschuldigen Genie stilisiert, dem diese Welt „zu hoch – vielleicht zu nieder"[168] gewesen sei. Worauf das „zu hoch" anspielt, geht aus den Versen über Rousseaus geistige Überlegenheit im Verhältnis zu den Nichtphilosophen hervor. Der Zusatz „vielleicht zu nieder" nimmt Bezug auf Rousseaus rhetorische Ablehnung der metaphysischen Spekulation und auf die in der *Profession du foi du vicaire savoyard* entwickelte Kritik der Offenbarungsansprüche des Christentums.[169] Die Absicht, das Gedicht scherzhaft enden zu lassen, wird offenkundig, wenn der als großer „Dulder" apostrophierte Philosoph dazu aufgefordert wird, „freudig […] in den Todesnachen" zu hüpfen und im Kreise der abgeschiedenen Seelen den „Traum vom Krieg der Frösch' und Mäuse"[170] zu erzählen, der ihm auf der Erde widerfahren ist. In den letzten Versen wird dem Philosophen mit gespielter Ernsthaftigkeit bescheinigt, ein wahrer Christ zu sein, der nun zu seinen Brüdern, den Engeln, heimkehren dürfe, denen er „entlaufen"[171] sei. Die Vorstellung von Rousseaus Himmelfahrt, die bei Stäudlin im Stil der tugendempfindsamen Literatur ausgestaltet wird, benutzt Schiller, um die Feinde Rousseaus zu verspotten.

6. ‚Spinoza'

Während Literaturhistoriker des 19. Jahrhunderts gelegentlich die Vermutung äußerten, dass Schiller spinozistische Denkfiguren in seinen Gedichten verwendete, wurde diese Hypothese in der neueren Forschung nicht mehr eingehend diskutiert.[172]

---

165 *Rousseau* 1782, Bd. 2, S. 331 f.
166 *Schiller* 1782a, S. 36.
167 Ebd.
168 Ebd., S. 37.
169 *Viehoff* 1887, S. 135.
170 *Schiller* 1782a, S. 37.
171 Ebd.
172 Vgl. *Gervinus* 1846, S. 153; *Boas* 1856, Bd. 2, S. 128; *Hettner* 1869, S. 372; *Grünwald* 1897, S. 126-132. Katharina Mommsens Hinweise auf die Bedeutung des Spinozismus in ihrem

Nicht nur für Herder und Goethe, sondern auch für Schiller brachte Oskar Walzel die irreführende Konstruktion ‚Shaftesbury statt Spinoza' in Stellung, die in der nachfolgenden Forschung hartnäckige Fehlurteile beförderte.[173] Als ein recht eindeutiger Beleg für Schillers Kenntnis der Lehren Spinozas, kann wohl das Epigramm *Spinoza* gelten, das in der Selbstrezension als „treffend und gut"[174] hervorgehoben wird. Es ist nicht sicher, dass Schiller es selbst verfasst hat, aber man darf aufgrund dieser Äußerung wohl mindestens annehmen, dass er es für gelungen hielt und der darin artikulierten Denkbewegung zustimmen konnte. Das Gedicht, das Spinoza mit einer majestätischen Eiche vergleicht, die wegen ihres schönen Holzes gefällt wird, grenzt den edlen Philosophen gegen die kurzsichtigen Literaten ab, die sein Werk als Rüstkammer einer radikalen Aufklärung benutzten:

„Hier liegt ein Eichbaum umgerissen,
Sein Wipfel thät die Wolken küssen,
Er ligt am Grund – warum?
Die Bauren hatten, hör ich reden,
Sein schönes Holz zum Bau'n vonnöthen.
Und rissen ihn deßwegen um."[175]

Mommsens These, dass hier „vor allem"[176] auf Leibniz abgezielt wird, entbehrt jeglicher Begründung. Moses Mendelssohn vermutete zwar, dass Leibniz seine Lehre von der vorherbestimmten Harmonie Spinozas *Ethik* entlehnt und ihre Herkunft verschwiegen habe, da er „nicht allein der größte, sondern auch der behutsamste Philosoph war"[177]. Diese Einschätzung widersprach aber erstens der allgemein verbreiteten Auffassung, dass Leibniz ein entschiedener Gegner Spinozas war.[178] Zweitens passt eine behutsame, bewusst verschleierte Übernahme auch gar nicht zu dem Bild der rücksichtslosen Holzgewinnung, das doch wohl zum Ausdruck bringen soll, dass Spinoza durch die unvorsichtige und selektive Ausnutzung seiner Ideen in Verruf geraten ist. Das Gedicht richtet sich offenbar gegen einen trivialisierenden Spinozismus, der nicht nur der Apologetik ein leichtes Angriffsziel bot, sondern auch von Voltaire und Rousseau bekämpft wurde.[179] Wenn man annimmt, dass die Bauern für jene Aufklärer stehen, die eine radikale Religionskritik ohne Zurückhaltung und Differenzierung vortrugen, soll das Küssen der Wolken vermutlich zum Ausdruck bringen, dass Spinoza in der Erkenntnis und Liebe Gottes das höchste Glück des Men-

---

Nachwort zur Faksimile-Ausgabe der *Anthologie* führten bislang zu keiner gründlichen Auseinandersetzung mit dem Thema, vgl. *Mommsen 1973* S. 17 f.
173 Vgl. *Dehrmann* 2008, S. 18-23.
174 *Schiller* 1782b, S. 215.
175 *Schiller* 1782a, S. 41.
176 *Mommsen* 1973, S. 17.
177 *Mendelssohn* 1755, S. 30 f. Vgl. *Büsching* 1772/1774, Bd. 2, S. 879.
178 Zu den Einwänden, die Leibniz gegen Spinoza vorbringt: *Goldenbaum* 2011.
179 Zur radikalaufklärerischen Spinoza-Rezeption und ihrer Kritik: *Israel* 2011.

schen sah und die Offenbarung für einen unverzichtbaren Bestandteil der Staatskunst hielt. In dieser Hinsicht besteht eine Beziehung zum Küssen der Himmelstochter Religion in *Rouβeau*: In beiden Fällen wird die Gottlosigkeit klar zurückgewiesen. Wie Rousseau war Spinoza ein verantwortungsbewusster Philosoph, der in dem Bestreben, die politische Ordnung zu ändern, zum „kühne[n] Reformanten"[180] wurde. Anders als die ungezügelten Radikalaufklärer wandte er sich im Kampf gegen den Aberglauben nicht von der „Himmelstochter" Religion ab, sondern suchte ihre Nähe.

Die Frage, warum ein prachtvoller Baum, dessen Wipfel die Wolken zu berühren scheinen, umgerissen wurde, darf nicht vorschnell so gedeutet werden, dass nur natürliche Erklärungen als Antworten zugelassen sind. Den Zeitgenossen war die Vorstellung geläufig, dass der Sturz einer stolzen Eiche auf höhere Absichten zurückgeht. In Ezechiel 31 findet sich das Gleichnis eines Zedernbaums, der so schön ist, dass ihn Gott wegen seiner Überheblichkeit der Zerstörung preisgibt und von den Heiden fällen lässt. In Anknüpfung an diese Bibelstelle gestaltet Edward Young in seinen *Night Thoughts* das Fällen einer Eiche als erschreckendes Beispiel für die Macht des Todes und nennt dabei den Landmann als dessen Werkzeug. Den Freidenkern, die Young überzeugen will, soll diese Darstellung vor Augen führen, dass Seelenruhe erst dort einkehrt, wo der Ehrgeiz durch die Todesfurcht gezügelt wird:

„Wie, wenn eine majestätische Eiche oder Fichte, die in den Wolken schwebt, und stolz ihren Schatten verbreitet, der Sonne Widerstand! und der Heerde Schirm! durch die starken Streiche des arbeitenden Landmanns besiegt, zum leztenmale seufzt, und von ihrer Höhe schwer herabstürzend, zu Boden donnert; wie alsdann der erschütterte Wald das Getös hört und erbebt, und Berg, und Strom, und das ferne Thal davon wiederhallen."[181]

Beachtet man die Tradition des Bildes, ist es naheliegend, bei der Beantwortung der Frage, warum die Eiche am Boden liegt, auf die Absichten Gottes Bezug zu nehmen. Diese Erklärung aber wäre mit Spinozas Philosophie kaum vereinbar – insofern ist die Wendung, die das Gedicht nimmt, ganz in seinem Sinn. Denn bekanntlich führt der Anhang zum ersten Teil der *Ethik* alle Vorurteile über Gott auf eines zurück: Die Menschen nehmen an, dass die Natur wie sie selbst zweckorientiert handelt. Spinoza äußert sich in verächtlichem Ton über die Praxis, durch suggestive Warum-Fragen höhere Absichten nahezulegen, die den natürlichen Ereignissen zugrunde liegen sollen:

„Denn, wenn zum Beyspiel, von einer Höhe ein Stein einem Menschen auf den Kopf fället und tod schläget: so beweisen sie [die Abergläubischen] […], daß der Stein deßwegen herunter gefallen sey, den Menschen umzubringen. Denn, sagen sie, wenn derselbe nicht nach göttlichem Willen zu dieser Absicht herunter gefallen wäre: wie hätten doch so viele Umstände […] durch einen Zufall zusammen kommen können? Ihr werdet vielleicht

---

180 *Schiller* 1782a, S. 36.
181 *Young* 1768-71, Bd. 2, S. 167-169.

antworten: es sey daher gekommen; weil der Wind gewehet und der Weg des Menschen da vorbey gegangen sey. Allein, sie werden euch darauf versetzen: warum hat denn der Wind eben zu der Zeit gewehet? und warum hat des Menschen Weg gerade zu der Zeit da vorbey gehen müssen? [...] Und so werden sie immer fortfahren, die Ursachen von den Ursachen von euch auszufragen, bis ihr endlich zu dem göttlichen Willen, als letzten Schlupfwinkel der Unwissenheit, eure Zuflucht nehmet."[182]

Der philosophische Überlegenheitsanspruch, den Spinoza im Anhang zum ersten Teil der *Ethik* zur Nachahmung anbietet, gründet sich auf die Fähigkeit, eine analytische Distanz zur anthropomorphisierenden Deutung der Natur einzunehmen. Für den jungen Dichter könnte die *Ethik* interessant gewesen sein, da sie ihn dazu anleitete, das Verfahren, Götter sprechen und handeln zu lassen, bewusster einzusetzen.[183] Spinoza bot Schiller einen anspruchsvollen Gottesbegriff, der für die Mehrheit unverständlich, vielleicht sogar anstößig war, schärfte seinen Blick für die Funktionsweise der positiven Religionen und regte ihn dazu an, die vermenschlichende Auffassung der Natur bewusst als Darstellungsmittel zu verwenden. Von der technischen Möglichkeit, ein göttliches Handeln einerseits lebendig darzustellen und andererseits philosophisch zu reflektieren, wird in der *Anthologie* ausgiebig Gebrauch gemacht. Dieses intellektuelle Spiel bezog seinen Reiz daraus, dass es sich dem Verständnis der ungebildeten Menge entzog und zu einer exklusiven Gruppenbildung einlud. Ein politisches Gewicht konnte diese Form des exoterisch-esoterischen Schreibens dadurch gewinnen, dass man sich an der Figur des Gesetzgebers orientierte, der den Himmel mit der eigenen Weisheit beehrte, um bei den Nichtphilosophen Glauben zu finden und auf ihre Willensbildung Einfluss zu nehmen.[184]

Die an Laura gerichteten Oden und einige andere philosophische Anthologie-Gedichte entwickeln eine Auffassung des Weltalls, die geeignet ist, die Menschen miteinander zu verbinden und ihre sanften Affekte zu stärken. Damit sind sie aber noch nicht erschöpfend charakterisiert. Warum diese Gedichte, die eine metaphysische Liebesauffassung formulieren, in Nachbarschaft zu Gedichten wie *Die Journalisten und Minos* und *Roußeau* stehen, erschließt sich nur, wenn man Schillers philosophische Analyse nicht vorschnell mit der rhetorischen Darstellung in Eins setzt. Nicht umsonst wird man in der *Elegie auf den Tod eines Jünglings* und an anderen Stellen dazu angehalten, die für die ganze *Anthologie* grundlegende Unterscheidung zwi-

---

182 *Spinoza* 1744, S. 79 f.
183 Die Beziehung zwischen der bewusst eingesetzten Technik der Prosopopoeia und dem unreflektierten Hang, die Natur zu anthropomorphisieren, wird auch in Humes *Natural History of Religion* untersucht, vgl. *Hume*, 1757, S. 17 f. Die Grundidee, die sich Hume zunutze macht, findet man schon bei Fontenelle und anderen Autoren der Frühaufklärung vgl. *Manuel* 1959.
184 Dieses Verständnis von den Gesetzgebern konnte Schiller aus dem *Contrat social* gewinnen: *Rousseau* 1762, S. 100. Generell zur Anziehungskraft der Figur des Gesetzgebers: *Wisner* 1997. Über Schillers Beschäftigung mit ihr: *Schmidt* 2006; *Proß* 2006.

schen philosophischer Mythenbildung, Volks-Religion und literarischer Fiktion zu beachten.[185]

Für die Schreibart der Laura-Gedichte ist kennzeichnend, dass sie den machtvollen „Zauber"[186], der dem ganzen Weltall Leben einzuhauchen scheint, zugleich vorführen und systematisch reflektieren. Laura, die rätselhafte „Zauberin"[187], die mit höheren Geistern im Bunde zu stehen scheint, wird als eine Sängerin imaginiert, die mit solchem Geschick auf die Affekte und die Phantasie des Dichters einwirkt, dass er die Grundlagen der natürlichen Religion akzeptiert. Sie lässt, indem sie seine Begeisterung entfacht, den Traum von einem Morgenrot über dem Grabe zeitweilig zur Gewissheit werden. Bezeichnend ist, dass Schiller sie mit Orpheus in Beziehung setzt, den Rousseau als Motiv für das Frontispiz zum vierten Buch des *Émile* gewählt und dessen Hymnen er im Text mit dem affektvoll dargebotenen Bekenntnis des Vicaire savoyard verglichen hatte.[188] Schiller verleiht dem Gedicht komische Züge, indem er die Wirkung des Gesangs seiner Zauberin bewusst überzeichnet:

„Amoretten seh ich Flügel schwingen,
Hinter dir die trunknen Fichten springen
Wie von Orpheus Saitenruf belebt,
Rascher rollen um mich her die Pole,
Wenn im Wirbeltanze deine Sole
Flüchtig wie die Welte schwebt; –

Deine Blike – wenn sie Liebe lächeln,
Könnten Leben durch den Marmor fächeln,
Felsenadern Pulse leihn,
Träume werden um mich her zu Wesen,
Kann ich nur in deinen Augen lesen:
Laura, Laura mein! –"[189]

Derartige Aufwallungen werden durch die kalkuliert eingesetzte Befürchtung, dass die angenehmen Wesen, die man in der Begeisterung zu erschauen glaubte, bloße Traumgestalten waren, in ihrer Geltung relativiert. Doch das ist nur die rhetorische Ebene, die bei aller Bemühung um Intensität nicht allzu wörtlich genommen wird. Die emotionalen Umschwünge bieten dem Dichter, der ja immer noch als ein „Tobolskianer" verstanden werden möchte, eine willkommene Gelegenheit, die Funktionsweise der anthropomorphisierenden Phantasie zu beleuchten. Die Behauptung,

---

185 In einer Apostrophe an den Verstorbenen heißt es dort: „Nicht in Welten, wie die Weisen träumen, / Auch nicht in des Pöbels Paradiß, / Nicht in Himmeln, wie die Dichter reimen, – / Aber wir ereilen dich gewiß." (*Schiller* 1782a, S. 31.) Ähnliche Unterscheidungen wurden im Philosophieunterricht an der Karlsschule eingeübt, vgl. *Abel* 1780.
186 *Schiller* 1782a, S. 7.
187 Ebd., S. 19.
188 *Rousseau* 1762a, S. 119.
189 *Schiller* 1782a, S. 39.

dass Schiller sich mit seiner hymnischen Dichtung „im Rahmen eines Weltbilds [bewegt], das nicht zur Diskussion gestellt, sondern poetisch affirmiert wird"[190], greift in dieser Hinsicht zu kurz. In der *Fantasie an Laura* wird das Weltbild nicht bloß affirmativ entfaltet, sondern auch auf seine psychologischen Voraussetzungen hin befragt: „Ohne Liebe preißt kein Wesen Gott!"[191] Weiter ausgebaut wird die Analyse im *Triumf der Liebe*: „Seelig durch die Liebe / Götter – durch die Liebe / Menschen Göttern gleich! / Liebe macht den Himmel / Himmlischer – die Erde / zu dem Himmelreich."[192] Die *Hymne an den Unendlichen* führt das Vermögen, Götter sprechen und handeln zu lassen, als kontrolliert gehandhabtes poetisches Verfahren vor. Der Dichter, der sich auf einem „Zackenfels" über den Wolken imaginiert, bittet die Natur, ihm den Gewittersturm zeitweise zu überlassen, damit er ihn als göttliche Handlung deuten kann:

„Deinen schauernden Pomp borge dem Endlichen
Ungeheure Natur! Du der Unendlichkeit
Riesentochter!
Sei mir Spiegel Jehovas!
Seinen Gott dem vernünftgen Wurm
Orgle prächtig, Gewittersturm!

Horch! er orgelt – Den Fels wie er herunterdrönt!
Brüllend spricht der Orkan Zebaoths Namen aus.
Hingeschrieben
Mit dem Griffel des Blizes:
Kreaturen, erkennt ihr mich?
Schone, Herr! wir erkennen dich."[193]

Was der Dichter zu hören und zu sehen vorgibt, wird als das Ergebnis einer bewusst eingesetzten Personifikation kenntlich gemacht.[194] Mit der Erlaubnis der Natur, die als Tochter der Unendlichkeit adressiert wird, versetzt er sich an Jehovas Stelle und lässt den Sturm in seinem Namen orgeln. Die Persiflage wird noch gesteigert, wenn er die Blitze nutzt, um Jehova eine Frage in den Mund zu legen, die er sich gleich mit schalkhafter Demut selbst beantwortet.

Mit größter Kühnheit ausgeführt ist die vermenschlichende Deutung der Natur in *Die Freundschaft*. Das Gedicht, das häufig als Bekenntnis zu einer teleologischen Weltauffassung verstanden wurde, gibt zu erkennen, dass die göttlichen Handlungen

---

190 *Schilling* 2018, S. 106.
191 *Schiller* 1782a, S. 8.
192 Ebd., S. 58.
193 *Schiller* 1782a, S. 126 f.
194 Kondylis beachtet nicht, dass die Natur dem Dichter ihren „schauernden Pomp" *borgen* soll, vgl. *Kondylis* 1979, S. 31 f.

und Eigenschaften, die man im Schöpfungswerk wahrzunehmen glaubt, vom Betrachter in sie hineingelegt werden:

> „Stünd im All der Schöpfung ich alleine,
> Seelen träumt' ich in die Felsensteine,
> Und umarmend küßt' ich sie –
> Meine Klagen stöhnt' ich in die Lüfte,
> Freute mich, antworteten die Klüfte,
> Thor genug! der süßen Sympathie.“[195]

Der menschliche Hang, der Natur Absichten zu unterstellen, wird im Anhang zum ersten Teil von Spinozas *Ethik*, wie bereits erwähnt, als Quelle des Irrtums gekennzeichnet. Gott, so argumentiert Spinoza, werde auf diese Weise ein „Mangel“[196] zugeschrieben, was mit dem Begriff göttlicher Vollkommenheit nicht vereinbar sei. Humes Religionsphilosophie verfolgt eine ähnliche Strategie. In den *Dialogues Concerning Natural Religion* zieht er den Anspruch, sich in den Schöpfer einfühlen zu können, grundsätzlich in Zweifel:

> „Wenn ich ein Buch lese, versetze ich mich ganz in den Geist und in die Absicht des Verfassers: ich werde auf gewisse Weise für einen Augenblick er selbst. Ich habe ein unmittelbares Gefühl, eine unmittelbare Vorstellung derjenigen Begriffe, welche seinen Geist belebten, während daß er mit dieser Arbeit beschäftigt war. Der Gottheit aber können wir uns gewiß niemals auf diese Weise nähern.“[197]

Aus den Schwierigkeiten der Schöpfungslehre, die Spinoza und Hume analysiert hatten, macht Schiller in *Die Freundschaft* einen philosophischen Scherz für aufmerksame Leser, indem er sie bewusst hervorkehrt. Mit gespielter Einfalt erweckt er den Eindruck, er könne sich mühelos in Gott hineinversetzen, seinen schmerzlichen Mangel nachfühlen und sich die Schöpfung daraus erklären: „Freundlos war der große Weltenmeister, / Fühlte Mangel – darum schuf er Geister“[198]. Die Annahme, dass Schiller die Hauptbestandteile von Spinozas Gotteslehre kannte und die Eingeweihten mit einer Persiflage unterhielt, erklärt besser als die konkurrierenden Hypothesen, warum auch dieses verstiegen anmutende Gedicht als das Werk eines „Tobolskianers“ aufgefasst werden konnte.[199] An die philosophischen „Schneemänner“ gerichtet dienen die Verse der elitären Gruppenbildung, während sie für das warmherzige Publikum die Elemente einer ‚wahren‘ Religion probeweise ausformulieren. Als ‚wahr‘ hat dabei zu gelten, was den polemischen Bedürfnissen des republikanischen Schriftstellers am besten entspricht.

---

195 *Schiller* 1782a, S. 150.
196 *Spinoza* 1744, S. 78.
197 *Hume* 1781, S. 293; vgl. *Hume* 1779, S. 81.
198 *Schiller* 1782a, S. 151. Vgl. die Parallele in der *Semele*, S. 230 f.
199 Den Charakter einer philosophischen Persiflage im Geiste Spinozas hat auch das Gedicht *An Gott*, vgl. *Schiller* 1782a, S. 258 f. Der Verfasser, der sich hinter der Chiffre X. verbirgt, ist Jacob Friedrich Abel, vgl. *Hartmann* 1904, S. 110 f.

Aufschlussreich ist in diesem Kontext, wie im *Triumf der Liebe* das Verhältnis des Weisen zu den wohlwollenden Affekten dargestellt wird: „Weisheit mit dem Sonnenblik, / Große Göttin tritt zurük, / Weiche vor der Liebe. / Nie Erobern, Fürsten nie / Beugtest du ein Sklavenknie / Beug es izt der Liebe."[200] Die Liebe zeigt der Philosophie das Jenseits, die Unsterblichkeit und den Schöpfer. Diese Ideen als Träume abzutun und sich auf den nüchternen Verstand zu beschränken, hieße, Ressourcen ungenutzt zu lassen, die man braucht, um als Literat politisch Einfluss zu nehmen. In dieser Sichtweise wurden Schiller und seine Freunde durch die in der *Nouvelle Héloïse* aufgestellte These bestärkt, dass der Materialismus die Tyrannen vom letzten Zaum befreie, der ihnen noch Einhalt gebiete.[201] Bezeichnend für die Denkart, die der *Anthologie* zugrunde liegt, ist das Epigramm *Zuversicht der Unsterblichkeit*, das den Nutzen der Lehre von den künftigen Strafen und Belohnungen gegen ihre verstandesmäßige Überzeugungskraft ausspielt: „Zum neuen Leben ist der Todte hier erstanden / Das weiß und glaub ich festiglich. / Mich lehrens schon die *Weisen ahnden*, / Und *Schurken überzeugen* mich."[202] Als ein „Weiser", der das Publikum ahnen lässt, was er für zuträglich hält, verstand sich auch Schiller.

7. Ergebnisse

Mit der Entscheidung, sich als Tobolskianer einzuführen, gibt Schiller zu erkennen, dass sein Verständnis von Staat und Religion allenfalls in verhüllter Form geäußert werden kann. Die Verfahrensweisen, mit denen er in der *Anthologie* noch etwas unbeholfen experimentiert, werden in den literarischen Arbeiten der folgenden Jahre immer disziplinierter ausgearbeitet und sicherer gehandhabt. Im *Fiesko* präsentiert er einen von Freiheitssinn erfüllten Helden, der seine „wahre ernstliche Meinung"[203] für sich behält, um auf die „Herzen der Nation"[204] Einfluss zu nehmen, ihnen „frischen Heldenmuth"[205] einzuhauchen und die Republik auf diese Weise zu einem „Umgusse"[206] vorzubereiten. Von diesem skrupellosen Helden, der unter der „täuschenden Hülle" eines selbstbezogenen Müßiggängers und „in stiller geräuschloser Dunkelheit" eine Staatsveränderung herbeizuführen sucht, weiß Schiller „nichts

---

200 *Schiller* 1782a, S. 67.
201 „Ce Sistême est naturellement désolant; s'il trouve des partisans chez les Grands & les riches qu'il favorise, il est par-tout en horreur au peuple opprimé & misérable, qui voyant délivrer ses tyrans du seul frein propre à les contenir, se voit encore enlever dans l'espoir d'une autre vie la seule consolation qu'on lui laisse en celle-ci." (*Rousseau*, 1761, Bd. 3, S. 189.).
202 *Schiller* 1782a, S. 100.
203 *Schiller* 1783, S. 147.
204 Ebd., S. 104.
205 Ebd., S. 128.
206 Ebd., S. 85.

Empfehlenderes" mitzuteilen „als daß ihn J. J. Rousseau im Herzen trug"[207]. Während er in der *Anthologie* (neben Sokrates und Rousseau) die „tollkühnen Kollegen und Vettern" im „unterirdischen Laboratorium" und die gerissenen Journalisten, die das Wasser des Styx in ihren Besitz bringen, als Vergleichsobjekte für die eigene Tätigkeit heranzieht, weckt das Trauerspiel Bewunderung für einen Verschwörer, der die „Herzensmeinungen"[208] seiner Mitbürger manipuliert. Mit dieser Gestalt will er den „sterbenden Funken des Heldenmuths"[209] beim Publikum neu beleben. Die Ermahnung zur sorgfältigen Interpretation, die Fiesko dem jungen Bourgognino entgegenschleudert, hält ambitionierte Leser dazu an, Schillers eigene literaturpolitische Strategie sorgfältig zu durchdenken: „Ich dächte doch, das Gewebe eines Meisters sollte künstlicher seyn, als dem flüchtigen Anfänger so gerade zu in die Augen zu springen – Gehen Sie heim [...] und nehmen Sie sich Zeit zu *überlegen*, warum Fiesko so und nicht anders handelt."[210]

Der in die Mannheimer Vorlesung *Was kann eine gute stehende Schaubühne eigentlich wirken?* eingefügte Hinweis, dass „die reineren Stralen der Wahrheit nur wenige *einzelne* Köpfe beleuchten"[211], artikuliert die Grundannahme, die für das angemessene Verständnis von Schillers Schreiben weiterhin maßgeblich ist. Ein philosophischer Schriftsteller, der die reineren Strahlen empfängt, muss nach dem Vorbild des „weisen Gesezgebers" bestrebt sein, die ungeklärten „Neigungen seines Volkes [...] als Werkzeuge höherer Pläne [zu] gebrauchen"[212]. Dabei bleibt die Religion, deren „politische Seite" Schiller von ihrer „göttlichen"[213] zu trennen vorgibt, im Verbund mit der Dichtung von größter Bedeutung für die Schaffung jener republikanischen Gemeinschaftsideologie, die er unter dem schönen Bild einer allgemeinen Verbrüderung und Wiederannäherung an den „himmlischen Ursprung"[214] dem Publikum empfiehlt. Auch die Ideen, die in den *Philosophischen Briefen* angeboten werden, sind Teil eines politischen Erziehungsprogramms, das unverkennbar von Rousseau inspiriert ist: Der Bourgeois soll durch die Transformation seiner Eigenliebe aus seiner Beschränktheit herausgeführt und in einen Citoyen verwandelt werden – in einen Bürger, der sich seines wahren Werts bewusst ist: „Deine Lehre", sagt Julius, „hat meinem Stolze geschmeichelt. [...] Vorhin genügte mir an dem bescheidenen Ruhme, ein guter Sohn meines Haußes, ein Freund meiner Freunde, ein nützliches Glied der Gesellschaft zu heißen, du hast mich in einen Bürger des Universums

---

207 *Schiller* 1784, S. 124.
208 *Schiller* 1783, S. 29.
209 *Schiller* 1784, S. 126.
210 Ebd., S. 22. Wie aus einem im April 1783 verfassten Brief Ludwig Ferdinand Hubers an Christian Gottfried Körner hervorgeht, bezogen aufmerksame Leser die Stelle tatsächlich auf das Verhalten des Dichters, vgl. *Huber* 1806, S. 258 f.
211 *Schiller* 1785, S. 21.
212 Ebd., S. 7, vgl. S. 21.
213 Ebd., S. 9.
214 Ebd., S. 27.

verwandelt."[215] Noch in den *Briefen über die ästhetische Erziehung des Menschen* hält Schiller es für zweckmäßig, auf Rousseau hinzuweisen, um sich mit den Gleichgesinnten über die Unvermeidbarkeit einer exoterisch-esoterischen Darstellungsweise und über die politische Instrumentalisierbarkeit des *amour-propre* zu verständigen. Das Motto, das Schiller für die *Briefe über die ästhetische Erziehung* wählt, stammt aus der *Nouvelle Héloïse* (dritter Brief des siebten Teils): „Si c'est la raison, qui fait l'homme, c'est le sentiment, qui le conduit."[216]

Bibliographie

Abbt, Thomas, 1771: Freundschaftliche Correspondenz, Berlin/Stettin.

Abel, Jacob Friedrich, 1780: Philosophische Säze über die Religionen des Altertums. In: Riedel, Wolfgang (Hrsg.), 1995: Jacob Friedrich Abel. Eine Quellenedition zum Philosophieunterricht an der Stuttgarter Karlsschule (1773-1782), Würzburg, S. 85-94.

Albrecht, Wolfgang, 2003: Lessing im Spiegel zeitgenössischer Briefe. Kamenz.

Alt, Peter-André, 2004: Schiller. Leben – Werk – Zeit. 2 Bde. München.

Bacon, Francis, 1617: De sapientia veterum. London.

Barner, Wilfried, 2006: Die Erfahrung des Mangels als Impuls zur Modernität bei Schiller. In: *Hinderer,* Walter (Hrsg.), 2006: Friedrich Schiller und der Weg in die Moderne, Würzburg, S. 67-81.

Bayle, Pierre, 1740: Charron (I). In: Dictionnaire historique et critique. 4. Bde. Amsterdam, S. 142-148.

Beise, Arnd, 2010: Geschichte, Politik und das Volk im Drama des 16. bis 18. Jahrhunderts. Berlin.

Boas, Eduard, 1856: Schillers Jugendjahre. Hrsg. von Wendelin von Maltzahn. 2 Bde. Hannover.

Bollenbeck, Georg, 2007: Eine Geschichte der Kulturkritik. Von Rousseau bis Günther Anders. München.

Broecken, Karl Heinz, 1974: ‚Homme' und ‚Citoyen'. Entstehung und Bedeutung der Disjunktion von natürlicher und politischer Erziehung bei Rousseau. Köln.

Büsching, Anton Friedrich, 1772-1774: Grundriß einer Geschichte der Philosophie und einiger wichtigen Lehrsätze derselben, 2 Bde. Berlin.

Claudius, Matthias, 1774: Asmus omnia secum portans oder sämmtliche Werke des Wandsbecker Bothen. I. und II. Theil. Hamburg.

Dehrmann, Mark-Georg, 2008: Das ‚Orakel der Deisten'. Shaftesbury und die deutsche Aufklärung. Göttingen.

Düntzer, Heinrich, 1874: Schillers lyrische Gedichte. Leipzig.

---

215 Ebd., S. 107. Zur Nutzung der Eigenliebe bei Rousseau: *Broecken* 1974, S. 197-212.
216 *Schiller* 1795, S. 7.

Düsing, Klaus, 2015: Die Problematik des Komischen bei Schiller. Von früher Zustimmung zu später Kritik. In: Jakobi, Carsten/Waldschmidt, Christine (Hrsg.), 2015: Witz und Wirklichkeit. Komik als Form ästhetischer Weltaneignung, Bielefeld, S. 123-150.

Eberhard, Johann August, 1776-1778: Neue Apologie des Sokrates, oder Untersuchung der Lehre von der Seeligkeit der Heiden. Zweite verbesserte Ausgabe. 2 Bde. Berlin/Stettin.

Fechner, Jörg-Ulrich: Schillers Anthologie auf das Jahr 1782. Drei kleine Beiträge. In: Jahrbuch der deutschen Schillergesellschaft 17 (1973), S. 291-303.

Fischer, Kuno, 1891: Schillers Jugend- und Wanderjahre in Selbstbekenntnissen. Heidelberg.

Fontius, Martin, 1999: Der Ort des Roi philosophe in der Aufklärung. In: Fontius, Martin (Hrsg.), 1999: Friedrich II. und die europäische Aufklärung, Berlin, S. 9-27.

Gaskin, John Charles Addison, 1978: Hume's Philosophy of Religion. London.

Geddes, James, 1748: An Essay on the Composition and Manner of Writing of the Antients, Particularly Plato. Glasgow; in deutscher Übersetzung: *Geddes*, Jakob, 1761: Versuch über die Schreibart der Alten, sonderlich des Plato. In: Sammlung Vermischter Schriften zur Beförderung der schönen Wissenschaften und der freyen Künste. Berlin. Bd. 3/2. S. 177-334; Bd. 4/1, S. 1-141; Bd. 4/2, S. 157-222.

Geiger, Christoph Friedrich, 1763: Der gesellschaftliche Vertrag, oder die Grundregeln des allgemeinen Staatsrechts, aus dem Französischen des Johann Jacob Roußeau, Bürgers zu Genf, in das Deutsche übersetzt, mit des Herrn Hofraths Geigers Anmerkungen. Marburg.

Gellert, Christian Fürchtegott, 1747-48: Das Leben der Schwedischen Gräfinn von G***. 2 Bde. Leipzig.

Gerstenberg, Heinrich Wilhelm von, 1768: Politische Schauspiele. Marcus Brutus. Tarquinius Superbus. Italus. Timoleon. Pelopidas. In: Fischer, Ottokar (Hrsg.), 1904: H.W. v. Gerstenbergs Rezensionen in der Hamburgieschn Neuen Zeitung 1767-1771, Berlin, S. 115-123.

Gervinus, Georg Gottfried, 1842: Neuere Geschichte der poetischen National-Literatur der Deutschen. Zweiter Theil: Von Göthes Jugend bis zur Zeit der Befreiungskriege. Leipzig.

Goldenbaum, Ursula, 1999: Im Schatten der Tafelrunde. Die Beziehungen der jungen Berliner Zeitungsschreiber Mylius und Lessing zu französischen Aufklärern. Hannover, S. 69-100.

Goldenbaum, Ursula, 2011: Leibniz's Fascination with Spinoza. In: Look, Brandon (Hrsg.), 2011: The Continuum Companion to Leibniz, London/New York, S. 51-67.

Grunwald, Max, 1897: Spinoza in Deutschland. Berlin.

Hamann, Johann Georg, 1759: Sokratische Denkwürdigkeiten für die lange Weile des Publicums zusammengetragen von einem Liebhaber der langen Weile. Mit einer doppelten Zuschrift an Niemand und an Zween. Amsterdam. [Königsberg].

Hartmann, Julius, 1904: Schillers Jugendfreunde. Stuttgart/Berlin.

Hettner, Hermann, 1869: Literaturgeschichte des achtzehnten Jahrhunderts. Dritter Theil: Die deutsche Literatur im achtzehnten Jahrhundert. Drittes Buch: Das klassische Zeitalter der deutschen Literatur. Erste Abtheilung: Die Sturm- und Drangperiode. Braunschweig.

Hoven, Friedrich Wilhelm von, 1840: Biographie des Doctor Friedrich Wilhelm von Hoven. Von ihm selbst geschrieben und wenige Tage vor seinem Tode noch beendiget. Hrsg. von einem seiner Freunde und Verehrer. Nürnberg.

Huber, Ludwig Ferdinand, 1806: Sämmtliche Werke seit dem Jahre 1802 nebst seiner Biographie. Tübingen.

Hume, David, 1757: Four Dissertations: I. The Natural History of Religion. II. Of the Passions. III. Of Tragedy. IV. Of the Standard of Taste. London.

Hume, David, 1779: Dialogues Concerning Natural Religion, London; in deutscher Übersetzung: Hume, David, 1781: Gespräche über natürliche Religion [übersetzt von Karl Gottfried Schreiter] nebst einem Gespräch über den Atheismus von Ernst Platner. Leipzig.

Iffert, Wilhelm, 1926: Der junge Schiller und das geistige Ringen seiner Zeit. Eine Untersuchung auf Grund der Anthologie-Gedichte. Halle.

Israel, Jonathan, 2011: Democratic Enlightenment. Philosophy, Revolution, and Human Rights 1750-1790. Oxford.

Jacobi, Johann Georg, 1778: Ueber J.-J. Rousseau. In: Der Teutsche Merkur. September 1778, S. 201-218.

Jaumann, Herbert, 1994: Rousseau in Deutschland. Forschungsgeschichte und Perspektiven. In: Jaumann, Hermann (Hrsg.), 1994: Rousseau in Deutschland. Neue Beiträge zur Erforschung seiner Rezeption, Berlin, S. 1-22.

Kondylis, Panajotis, 1979: Die Entstehung der Dialektik. Eine Analyse der geistigen Entwicklung von Hölderlin, Schelling und Hegel bis 1802. Stuttgart.

Koselleck, Reinhart, 1973: Kritik und Krise. Eine Studie zur Pathogenese der bürgerlichen Welt. 2. Auflage. Frankfurt a.M.

Kurscheidt, Georg, 2005: Anthologie auf das Jahr 1782. In: Luserke-Jacqui, Matthias (Hrsg.), 2005: Schiller-Handbuch. Leben – Werk – Wirkung, Stuttgart, S. 491-505.*Leinkauf, Thomas,* 2017: Grundriss Philosophie des Humanismus und der Renaissance (1350-1600). 2 Bde. Hamburg.

Lessing, Gotthold Ephraim, 1754: Vorrede. In: Mylius, Christlob, 1754: Vermischte Schriften des Hrn. Christlob Mylius, gesammelt von Gotthold Ephraim Leßing, Berlin, S. III-XLV.

Liepe, Wolfgang, 1926: Der junge Schiller und Rousseau. Eine Nachprüfung der Rousseaulegende um den ‚Räuber'-Dichter. In: Zeitschrift für deutsche Philologie 51, S. 299-328. Wiederabgedruckt in: Liepe, Wolfgang, 1963: Beiträge zur Literatur- und Geistesgeschichte. Neumünster, S. 65-78.

Lovejoy, Arthur O., 1936: The Great Chain of Being. A Study in the History of an Idea. Cambridge, MA/London.

Mahlmann-Bauer, Barbara, 2008: Bodmers Rousseau-Lektüre. In: Crogiez-Labarthe, Michèle/Battistini, Dandrine/Kürtos, Karl (Hrsg.), 2008: Les écrivains suisses alemaniques et la culture francophone au XVIIIe siècle. In: Actes du colloque de Berne 24.-26. novembre 2004, Genève, S. 209-273.

Manuel, Frank E., 1959: The Eighteenth Century Confronts the Gods. Cambridge, MA.

Masters, Roger, 1968: The Political Philosophy of Rousseau. Princeton, NJ.

McCarthy, John, 1988: ‚Morgendämmerung der Wahrheit'. Schiller and Censorship. In: Göpfert, Herbert G./Weyrauch, Erdmann (Hrsg.), 1988: Unmoralisch an sich. Zensur im 18. und 19. Jahrhundert, Wiesbaden, S. 231-248.

McKenna, Antony, 2015: Pierre Bayle and the Red Herring. In: Schröder, Winfried (Hrsg.), 2015: Reading Between the Lines. Leo Strauss and the History of Early Modern Philosophy, Berlin, S. 193-220.

Meier, Georg Friedrich, 1747: Rettung der Ehre der Vernunft wider die Freygeister. Halle.

Meier, Heinrich, 2008: Rousseaus Diskurs über den Ursprung und die Grundlagen der Ungleichheit unter den Menschen. Ein einführender Essay über die Rhetorik und Intention des Werks. In: Rousseau, Jean-Jacques, 2008: Diskurs über die Ungleichheit / Discours sur l'inégalité. Kritische Ausgabe. Sechste Auflage, Paderborn 2008, S. XXI-LXXVII.

Meier, Heinrich, 2011: Über das Glück des philosophischen Lebens. Reflexionen zu Rousseaus Rêveries in zwei Büchern. München.

Mendelssohn, Moses, 1755: Philosophische Gespräche. Berlin.

Mendelssohn, Moses: 1769: Phädon oder über die Unsterblichkeit der Seele, in drey Gesprächen. Dritte vermehrte und verbesserte Auflage. Berlin/Stettin.

Mercier, Louis-Sébastien, 1771: L'An deux mille quatre cent quarante. Rêve s'il en fût jamais. Amsterdam.

Mercier, Louis-Sébastien, 1781: Tableau de Paris. 2 Bde. Hambourg/Neuchâtel.

Meyer, Reinhart: Restaurative Innovation. Theologische Tradition und poetische Freiheit in der Poetik Bodmers und Breitingers. In: Bürger, Christa/Bürger, Peter/Schulte-Sasse, Jochen (Hrsg.), 1980: Aufklärung und literarische Öffentlichkeit, Frankfurt a.M., S. 39-82.

Mommsen, Katharina, 1973: Nachwort. In: Mommsen, Katharina (Hrsg.), 1973: Anthologie auf das Jahr 1782. Faksimiledruck der bei Johann Benedict Metzler in Stuttgart erschienenen ersten Auflage, Stuttgart, S. 1-21.

Mori, Gianluca, 2001: Persécution et art d'ecrire. Strauss, Skinner et Pierre Bayle. In: Jaffro, Laurent/Frydman, Benoît/Cattin, Emmanuel/Petit, Alain (Hrsg.): Leo Strauss. Art d'écrire, politique, philosophie, Paris, S. 197-219.

Mörikofer, Johann Caspar, 1861: Die Schweizerische Literatur des achtzehnten Jahrhunderts. Leipzig.

Müller, Ernst, 1896: Schillers Jugenddichtung und Jugendleben. Neue Beiträge aus Schwaben. Stuttgart.

Payne, Harry C., 1978: The Philosophes and the People. New Haven, Conn.

Preuß, Johann David Erdmann, 1833: Friedrich der Große. Eine Lebensgeschichte. 3 Bde. Berlin.

Proß, Wolfgang, 2006: Schillers und Mozarts politische Utopie. In: Manger, Klaus (Hrsg.), 2006: Der ganze Schiller. Programm ästhetischer Erziehung, Heidelberg, S. 155-198.

Reiling, Jesko, 2010: Die Genese der idealen Gesellschaft. Studien zum literarischen Werk von Johann Jakob Bodmer. Berlin.

Riedel, Wolfgang, 1998: Schiller und die Popularphilosophie. In: Koopmann, Helmut (Hrsg.), 1998: Schiller-Handbuch, Stuttgart, S. 155-166.

Rousseau, Jean-Jacques, 1761: Lettres deux amans, habitans d'une petite Ville au pied des Alpes. 3 Bde. Amsterdam.

Rousseau, Jean-Jacques, 1762a: Émile, ou de l'éducation. 4 Bde. Amsterdam.

Rousseau, Jean-Jacques, 1762b: Du contrat social ou Principes du droit politique. Amsterdam.

Rousseau, Jean-Jacques, 1779: Schreiben wegen der neuen Widerlegung seiner Abhandlung von einem Mitgliede der Akademie zu Dijon. In: Rousseau, Jean-Jacques: Philosophische Werke. Aus dem Französischen übersetzt [von Johann Friedrich Ernst Albrecht], Reval/Wesenberg, S. 187-199.

Rousseau, Jean-Jacques, 1782: Rousseau. Juge de Jean Jacques. Dialogues. 2 Bde. London.

Schiller, Friedrich (Hrsg.), 1782a: Anthologie auf das Jahr 1782. Gedrukt in der Buchdrukerei zu Tobolsko. [Stuttgart.]

Schiller, Friedrich, 1782b: Anthologie auf das Jahr 1782. In: Abel, Jakob Friedrich/Petersen, Johann Wilhelm/Schiller, Friedrich, 1782: Wirtembergisches Repertorium der Litteratur. Eine Vierteljahr-Schrift. Erstes Stück, S. 214-216.

Schiller, Friedrich, 1782c: Stäudlins vermischte poetische Stüke. In: Abel, Jakob Friedrich/ Petersen, Johann Wilhelm/Schiller, Friedrich, 1782: Wirtembergisches Repertorium der Litteratur. Eine Vierteljahr-Schrift. Erstes Stück, S. 209-212.

Schiller, Friedrich, 1783: Die Verschwörung des Fiesko zu Genua. Ein Republikanisches Trauerspiel. Frankfurt a.M./Leipzig.

Schiller, Friedrich, 1784: Erinnerung an das Publikum. In: Litteratur- und Theaterzeitung. Zweiter Theil. No. XXI. Berlin. S. 124-127.

Schiller, Friedrich, 1785: Was kann eine gute stehende Schaubühne eigentlich wirken? Eine Vorlesung, gehalten zu Mannheim in der öffentlichen Sizung der kurpfälzischen deutschen Gesellschaft am 26ten des Junius 1784. In: Schiller, Friedrich (Hrsg.), 1785: Rheinische Thalia. Erstes Heft, Mannheim, S. 1-27.

Schiller, Friedrich, 1786: Philosophische Briefe. In: Schiller, Friedrich (Hrsg.), 1786: Thalia. Drittes Heft, S. 100-139.

Schiller, Friedrich, 1795: Über die ästhetische Erziehung des Menschen in einer Reihe von Briefen. In: Die Horen. Eine Monatsschrift herausgegeben von Schiller. 1. Jg., 1. Bd., 1. St., Tübingen, S. 7-48.

Schilling, Erik, 2018: Liminale Lyrik. Freirhythmische Hymnen von Klopstock bis zur Gegenwart. Stuttgart.

Schings, Hans-Jürgen, 1980/81: Philosophie der Liebe und Tragödie des Universalhasses. In: Ders., 2017: Gesammelte Aufsätze, Würzburg, S. 203-228.

Schmeisser, Martin: 2011: Baron d'Holbach in Deutschland. Reaktionen in deutschen Zeitschriften der Aufklärung. In: Haug, Christina/Mayer, Franziska/Schröder, Winfried (Hrsg.), 2011: Geheimliteratur und Geheimbuchhandel in Europa im 18. Jahrhundert, Wiesbaden, S. 85-107.

Schmidt, Alexander, 2006: Athen oder Sparta? Friedrich Schiller und der Republikanismus. In: Manger, Klaus/Immer, Nikolas (Hrsg.), 2006: Der ganze Schiller. Programm ästhetischer Erziehung, Heidelberg, S. 103-130.

Schubart, Christian Friedrich Daniel, 1776: Teutsche Chronik aufs Jahr 1776. Erstes Vierteljahr. Ulm.

Shklar, Judith N., 1969: Men and Citizens. A Study of Rousseau's Social Theory, Cambridge.

Souverain, Matthieu, 1700: Le Platonisme devoilé. Ou Essai touchant le verbe platonicien. Cologne. [Amsterdam].

Spinoza, Benedict de, 1744: B.V.S. Sittenlehre widerlegt von dem berühmten Weltweisen unserer Zeit Christian Wolff. Frankfurt/Leipzig.

Stäudlin, Gotthold Friedrich (Hrsg.), 1781: Musenalmanach auf das Jahr 1782. Tübingen.

Stäudlin, Gotthold Friedrich, 1999: Lebensdokumente und Briefe. Hrsg. von Werner Volke. Stuttgart.

Staiger, Emil, 1967: Schiller. Zürich.

Strauss, Leo, 1955: Persecution and the Art of Writing. Chicago.

Sturz, Helferich Peter, 1779: Denkwürdigkeiten von Johann Jakob Rousseau. In: Sturz, Helfe-rich Peter, 1779: Schriften. Erste Sammlung, Leipzig, S. 129-180.

Viehoff, Heinrich, 1887: Schillers Gedichte erläutert und auf ihre Veranlassungen, Quellen und Vorbilder zurückgeführt nebst Variantensammlung. Sechste umgearbeitete Auflage. Erster Band: Gedichte der ersten und zweiten Periode. Stuttgart.

Vierhaus, Rudolf, 1987: Die aufgeklärten Schriftsteller. Zur sozialen Charakteristik einer selbsternannten Elite. In: Bödeker, Hans Erich/Herrmann, Ulrich (Hrsg.), 1987: Über den Prozeß der Aufklärung in Deutschland im 18. Jahrhundert, Göttingen, S. 53-65.

Walch, Johann Georg, 1733: Philosophisches Lexicon. Zweyte verbesserte und mit denen Le-ben alter und neuer Philosophen vermehrte Auflage. Leipzig.

Warburton, William, 1742: The Divine Legation of Moses. Third Edition. 2 Bde. London. In deutscher Übersetzung: Warburton, William, 1751-1753: William Warburtons Göttliche Sendung Mosis. In die Sprache der Deutschen übersetzt und mit verschiedenen Anmerkun-gen versehen von Johann Christian Schmidt. 2 Bde. Frankfurt/Leipzig.

Weltrich, Richard, 1899: Friedrich Schiller. Geschichte seines Lebens und Charakteristik sei-ner Werke. Unter kritischem Nachweis der biographischen Quellen. Bd. 1. Stuttgart.

Wernle, Paul, 1924: Der schweizerische Protestantismus im 18. Jahrhundert. Zweiter Band: Die Aufklärungsbewegung in der Schweiz. Tübingen.

Wieland, Christoph Martin, 1773: Zusätze des Herausgebers zu dem Artikel ‚Ueber den ge-genwärtigen Zustand des deutschen Parnasses‘. In: Teutscher Merkur, II. Band, 2. Stück (Mai 1773), S. 168-186.

Wisner, David A., 1997: The Cult of the Legislator in France 1750-1830. A Study in the Poli-tical Theology of the French Enlightenment. Oxford.

Young, Edward, 1768-71: Klagen, oder Nachtgedanken über Leben, Tod, und Unsterblichkeit. In neun Nächten. Aus dem Englischen ins Deutsche übersetzt, durchgehends mit kritischen und erläuternden Anmerkungen begleitet, und mit dem nach der englischen Ausgabe abge-druckten Originale herausgegeben von J.A. Albert. Zweyte verbesserte Auflage. 5 Bde. Braunschweig.

Sebastian Speth

Das alles durchdringende Auge: Schiller imaginiert den Polizeistaat[1]

„Paris ist ein Gefängniß, es ist in der Gewalt des Monarchen, er hat hier eine Million unter s[einem] Schlüßel" (P, S. 92):[2] eine Million Exemplare „eine[r] wilde[n] Thiergattung" (P, S. 89), eine Million potentielle Verbrecher in kollektiver Schutzhaft. Angesichts dieser Bedrohung ist die Polizei des Monarchen „oft genöthigt, schlimme Werkzeuge zu gebrauchen, schlimme Mittel anzuwenden" (P, S. 91). „Sie muß oft das Ueble zulaßen, ja begünstigen und zuweilen ausüben, um das Gute zu thun" (P, S. 89). In seinem Dramenentwurf *Die Polizey* (1799-1804) präsentiert Friedrich Schiller die Totale der französischen Hauptstadt durch das „alles durchdringende[ ] Auge" der Polizey (P, S. 91). Der Singular des einzelnen Auges darf dabei nicht täuschen, handelt es sich bei diesem orwellesken Überwachungsstaat doch um einen leviathanischen Leib aus Spitzeln, Wächtern und Agenten mit einer ganzen Legion von Argusaugen.

Das Drama ist im Entwurfsstatus verblieben. Das zugrunde liegende Staatsverständnis ist daher von Schiller nur im Ansatz entwickelt und beruht zu großen Teilen auf den Prämissen seiner Quellentexte. Die vorliegenden Stadt- und Polizeybeschreibungen müssen bei der Analyse daher sowohl mit den Kenntnissen über die historische Stadt Paris und die realen Lieutenants de police (Gabriel Nicolas de la Reynie und Marc René d'Argenson) als auch mit den Werken von Louis-Sébastien Mercier und Nicolas Edme Rétif de la Bretonne abgeglichen werden. Insofern bleibt auch in der Schwebe, ob *Die Polizey* vor oder während der Französischen Revolution spielen sollte.

Innerhalb des Begriffsfeldes ‚Policey/Polizei' setze ich für das bessere Verständnis eine vierfache Bestimmung voraus: Erstens wird als ‚Gute Policey' das im frühneuzeitlichen Staat angestrebte Ideal eines wohlgeordneten Zustands bezeichnet. Die dafür bearbeiteten Tätigkeitsfelder umfassen auch die Aufgaben, die zweitens der modernen ‚Polizei' als Institution der Gefahrenabwehr und Strafverfolgung zufallen, gehen aber weit darüber hinaus. Außerdem differenziere ich durch Kursivierung drittens zwischen Schillers literarischem Entwurf und viertens dem ‚Polizey'-Appa-

1 Dieser Beitrag wurde gefördert mit Mitteln der Deutschen Forschungsgemeinschaft im Rahmen des SFB 1385 ‚Recht und Literatur' an der Westfälischen Wilhelms-Universität Münster.
2 Ich zitiere *Die Polizey* (*Schiller* [1799-1804] 2004) mit der Sigle ‚P' und der Seitenzahl im Fließtext.

rat, der in dessen Zentrum steht und der Durchsetzung der ‚Guten Policey' dienen soll.

Ausgehend von Schillers Beschreibung der Pariser Gesellschaft zeichne ich nach, wie schmal der Grat zwischen dem utopischen Ideal des Policeystaats und der dystopischen Schreckensvision des Polizeistaats ist. Dabei erweist sich Schillers negative Anthropologie als der entscheidende Faktor.

1. Die Maschine des Pariser Tableau humain

Nach Abschluss des *Wallenstein* sucht Schiller gemeinsam mit Goethe nach einem Stoff für das „[t]ragische Sujet des entdeckten Verbrechens".[3] Ergebnis ist das Fragment *Die Polizey*. Schiller verfolgte das Projekt sowohl als mögliche Tragödie wie auch als Komödie. Doch beschränke ich mich auf seinen Tragödienplan (P, S. 87-94), da nur hier ein eigentliches Staatsverständnis entworfen ist. Große Teile übernimmt Schiller dabei aus Merciers *Tableau de Paris* (1781-1788). Mit dem kenntnisreichen Blick eines Insiders zeichnet Mercier die „Atmosphäre der totalen Kontrolle" im absolutistischen Ancien Régime unter Ludwig XIV (1643-1715) nach.[4] Aus der Perspektive von Schillers Weimarer „Haselnußschaale" muss die Regierbarkeit dieses „drängenden Menschenocean[s]" als Faszinosum und Tremendum gleichermaßen wirken.[5] Allein die Versorgung der Bewohner mit Gütern des täglichen Bedarfs, die konfliktträchtig hohe Bevölkerungsdichte und die Überwachung einer arbeitsteiligen Wirtschaftsweise stellen die Metropole vor eine stete logistische Herausforderung.

Mit Mercier möchte Schiller den Zuschauer nun „mitten ins Getreibe [sic] der ungeheuren Stadt" versetzen, damit er „die Räder der großen Maschine in Bewegung" sehe (P, S. 87). Die Maschinen-Metaphorik, die für die Beschreibung der Funktionsweise des absolutistischen Staates durchaus üblich ist,[6] zielt dabei auf den Apparat der ‚Polizey'. Zu diesem zählt in Paris die Institution des Châtelet, in der Polizeibehörde und königliches Gericht vereint sind und die um 1700 über 800 königliche Amtsträger umfasst.[7] Die Zuständigkeit der Polizey weist – wie unten gezeigt ist – weit über das Einsatzgebiet der heutigen ‚Polizei' hinaus. Insbesondere Kameralisten, die Vordenker fürstlicher Finanzverwaltung, preisen das „Ideal des Maschinenstaats".[8]

---

3 Goethes Tagebuch, zit. nach *Springer* 2004, S. 722.
4 *Springer* 2004, S. 769.
5 Brief an Caroline von Beulwitz vom 27. November 1788, zit. nach *Springer* 2004, S. 722.
6 Vgl. *Stollberg-Rilinger* 1986, S. 62-100.
7 Vgl. *Sälter* 2004, S. 76.
8 *Preu* 1983, S. 198; vgl. auch ebd., S. 150 f.

Für Schiller ist zu beachten, dass er die Maschinen-Metapher andernorts gerade auf die Gegenspieler der Polizey anwendet: So äußert er von den *Räubern* (1781) über den *Verbrecher aus Infamie* (1786) bis hin zum *Pitaval* (1792) in Vorreden sein Interesse am ‚inneren Räderwerk' von Delinquenten.[9] Wie er zu den *Merkwürdigen Rechtsfällen* Pitavals ausführt, erkennt der Anthropologe Schiller hier die Möglichkeit, jene „Triebfedern" genauer zu studieren, „welche sich im gewöhnlichen Leben dem Auge des Beobachters verstecken". Daher seien gerade die Kriminalrichter in der Lage, „tiefere Blicke in das Menschen-Herz zu tun".[10] Zum anvisierten Personal seines Dramas zählen entsprechend Hochstapler und Taschendiebe, Schwarzhändler und „Schmarutzer" (P, S. 90), Gewalttäter und Mörder, „Courtisanen" und „lie-derl[iche] Dirnen" (P, S. 94) sowie „die äusersten Extreme von [...] sittlichen Fällen" (P, S. 92). Alles in allem ein Panorama von der „einfachste[n] Unschuld" bis zur „naturwidrigsten Verderbniß" (ebd.) mit 50 Schattierungen von Grau in der Mitte. So wird aus Merciers *Tableau de Paris* ein durchaus negativ eingefärbtes „‚Tableau humain'".[11]

2. Die Utopie der Guten Policey

Jeder einzelne dieser Pariser Bürger ist nach naturrechtlicher Vorstellung als Mensch verpflichtet, in Gesellschaft mit anderen Menschen zu treten. Denn nach § 1 der *Deutschen Politik* Christian Wolffs sind Menschen anders als Tiere auf die Hilfe ihrer Artgenossen angewiesen. Die staatliche Verfasstheit dient dann dazu, den Bürgern die Möglichkeit zu eröffnen, ihre naturrechtliche Pflicht zur Selbstvervollkommnung zu erfüllen. Umstritten ist, ob die Obrigkeit in der *societas civilis* lediglich die ‚Sicherheit' gewährleisten oder darüber hinaus die ‚Wohlfahrt' der Bürger aktiv fördern müsse.[12] Wolff etwa, der lange als ‚philosophischer Hauptvertreter des Polizeistaats' galt,[13] formuliert einen ‚kategorischen Imperativ' *avant la lettre*: „Tue, was die allgemeine Wohlfahrt befördert und die gemeine Sicherheit erhält. Hingegen unterlaß', was die gemeine Wohlfahrt hindert und der gemeinen Sicherheit zuwider ist" (§ 215).[14]

Fast alle staatsrechtlichen wie auch kameralistischen Werke der Folgezeit nehmen von Wolff ihren Ausgang. Der angestrebte Zustand, der den Bürgern vermittels Si-

9 Vgl. *Košenina* 2017, S. 92. – Er steht damit in der Tradition René Descartes', der die ältere Vorstellung einer Welt-Maschine auf den Mikrokosmos des menschlichen Körpers überträgt (vgl. *Stollberg-Rilinger* 1986, S. 28-30).
10 *Schiller* [1792] 2002: „Merkwürdige Rechtsfälle", S. 450 f.
11 *Košenina* 2017, S. 94.
12 Vgl. das Kapitel *Die Staatszwecklehre* bei *Preu* 1983, S. 102-106.
13 Vgl. *Preu* 1983, S. 123, unter Angabe zahlreicher Stellen in der älteren Forschung.
14 Vgl. dazu *Preu* 1983, S. 108-110, *Stiening* 2014, S. 146, und *Stolleis* 2018, S. 8.

cherheit (und ggf. Wohlfahrt) ,Glückseligkeit' verheißt, wird ,Gute Policey' genannt. Um ihn zu erreichen, werden alle Bereiche des Lebens und Zusammenlebens reglementiert. Einen guten Überblick über das Aufgabenspektrum vermittelt die Einführung von Andrea Iseli: *Religionspolicey, Normierung von Luxus und Spiel, Armenpolicey, Gesundheitspolicey, Marktregeln, Qualitätskontrollen, Preisfestsetzungen, Getreidevorräte, Sauberkeit von Straßen und Plätzen, Baupolicey, Straßenbau* und *Das Wirtshaus* heißen die einschlägigen Kapitel.[15]

Der „frühneuzeitliche Policey-Staat" weist in seinem Bestreben, „alle Lebensbereiche obrigkeitlicher Aufsicht zu unterstellen", eine Nähe zu den Idealstaatsentwürfen literarischer ,Utopien' auf.[16] Was aus einem modernen Blickwinkel eines föderalistischen und gewaltengeteilten Rechtsstaates mit freiheitlich-demokratischer Grundordnung und sozialer Markwirtschaft durchaus suspekt erscheinen kann, entspricht dem frühneuzeitlichen Ideal der Guten Policey und ist damit im gattungstypologischen Sinn ,utopisch' und nichts weniger als ,dystopisch'. Es greift daher zu kurz, wenn Ulrich Arnswald[17] im Prototyp der ,literarischen Utopie', Thomas Mores *Utopia* (1516), „das Modellbild eines totalen Staates" erkennt (S. 10), der durch „strikte[n] Zwang" (S. 11) „eine Art Tugendterror" (S. 12) praktiziere, „[d]ie Bewegungsfreiheit" einschränke (S. 14), „den mündigen Bürger" systematisch verhindere (S. 17) und nach außen hin imperialistisch verfahre (vgl. S. 15). Dass More „[j]egliche Individualität" auslösche, „damit jeder Utopier als eine Art menschliches Zahnrad für die Zwecke der tugendhaften Maschinerie funktioniere" (S. 11), beschreibt im Gegenteil ein historisch erstrebtes Ideal, wie es noch das Staatsverständnis des Absolutismus prägt.

Ein grundlegender Unterschied besteht allerdings darin, dass die utopischen Städte „das Resultat eines einmaligen Planungsaktes, der den idealen Zustand des Ganzen ein für alle Mal fixiert", sind.[18] Der Zustand der ,Guten Policey' zeichnet sich demgegenüber gerade durch seine Dynamik aus: Stellen Utopien Veränderungen im Inneren still, reagiert die Gute Policey auf der Basis empirischer Daten möglichst umgehend und umfassend auf politische und soziologische Entwicklungen, technische Neuerungen und den Wandel von Sitten und Gebräuchen.[19] Stephan Gregory erkennt gerade bei Schillers Hauptquelle Mercier „ein feines Gespür für diese neuartige Form des flexiblen, situativ verschiedenen Eingreifens".[20] Dieses feine Gespür erfordert vor allem eines: ein gutes Auge.[21]

---

15 Vgl. *Iseli* 2009.
16 *Dietz* 2003, S. 600; vgl. auch ebd., S. 615.
17 *Arnswald* 2010, alle Zitate mit Stellennachweis im Fließtext.
18 *Dietz* 2003, S. 603.
19 Vgl. *Gregory* 2011, S. 57, und *Hahn* 2008.
20 *Gregory* 2011, S. 60.
21 Zu einer Geschichte der Metapher des Auges vgl. *Stolleis* [2004] 2014. Jens Ole Schneider wird sich dem Motiv des Auges bei Schiller mit besonderer Berücksichtigung der *Polizey* in

Schiller selbst spezifiziert ähnlich wie eine Vielzahl polizeiwissenschaftlicher Handbücher der Zeit in seinem Entwurf „[d]ie Geschäfte der Polizey" (P, S. 88), die notwendig sind, um dem Staatszweck zu genügen. Die ersten acht sind im Einzelnen:

1. Für die Bedürfnisse der Stadt so zu sorgen, daß das Nothwendige nie fehle und daß der Kaufmann nicht willkührliche Preise setze. Sie muss also das Gewerb und die Industrie beleben, aber dem verderblichen Misbrauch steuren. 2. Die öffentlichen Anstalten zur Gesundheit und Bequemlichkeit. 3. Die Sicherheit des Eigenthums und der Personen. Verhütend und rächend. 4. Maaßregeln gegen alle, die Gesellschaft störende, Misbräuche. 5. Die Beschützung der Schwachen gegen die Bosheit und die Gewalt. 6. Wachsamkeit auf alles was verdächtig ist. 7. Reinigung der Sitten von öffentlichem Scandal. 8. Sie muß alles mit Leichtigkeit übersehen und schnell nach allen Orten hin wirken können. Dazu dient die Abtheilung und Unterabtheilung, die Register, die Offizianten, die Kundschafter, die Angeber. [P, S. 88]

Offensichtlich dient ein großer Teil der wohlgeordneten polizeilichen Aufgaben unmittelbar der Gewährleistung der Sicherheit in Form von körperlicher Unversehrtheit gerade auch der Schwachen sowie des Schutzes des Eigentums. Auch die – etwa von Wilhelm von Humboldt[22] aus dem polizeilichen Zuständigkeitsbereich kategorisch ausgeschlossene – „Reinigung der Sitten" zielt bei Schiller mittelbar auf die Sicherheit, indem das Ziel die Vermeidung einer Störung öffentlicher Ruhe und Ordnung ist. Ökonomische Aufgaben, die über das Maß der überlebenswichtigen Grundversorgung der Bürger hinausweisen (wie das Beleben von Gewerbe und Industrie), sind Ausdruck staatlicher Wohlfahrtspolitik.

Wer die Prämisse akzeptiert, dass die Selbstvervollkommnung des Einzelnen nur im staatlichen Zustand möglich ist, und daher dem Fürstenstaat die Verantwortung für Sicherheit und Wohlfahrt überträgt, der muss dem Souverän und seinem Apparat auch entsprechende Zugriffsrechte einräumen – und zwar jederzeit und dauerhaft.[23] Die aus modernem Blickwickel als „Regelwut der Policey"[24] erscheinende Fürsorge demonstriert vor diesem Hintergrund betrachtet nur die Ernsthaftigkeit eines Staates, der den einen Bürger vor Willkür, Missbrauch, Bosheit und Skandal des anderen Bürgers schützen möchte. Von der möglichst schnellen, präzisen und umfassenden Umsetzung dieses Ideals leitet der frühneuzeitliche Staat seine Existenzberechtigung ab. Es handelt sich um jene Machttechnologie, die Michel Foucault in seiner *Geschichte der Gouvernementalität* als ‚Pastoralmacht' bezeichnet.[25] Man könnte sie

---

einem demnächst erscheinenden Sammelband von Eric Achermann und Gideon Stiening widmen.
22 *Ideen zu einem Versuch, die Gränzen der Wirksamkeit des Staates zu bestimmten* (1792).
23 Vgl. *Martus* [2015] 2018, S. 77.
24 Ebd., S. 78.
25 Mit Anwendung auf Schillers Konzept einer ästhetischen Erziehung des Menschen vgl. *Schnyder* 2006, hier vor allem S. 238-240.

auch eine Politik des ‚Nächstenschutzes‘ nennen. Kern von Schillers Dramenentwurf ist somit die Utopie einer Guten Policey, die kein weltentrücktes Schlaraffenland konstruiert, sondern am Beispiel der Großstadt Paris die beste aller möglichen Welten mit all ihren Defiziten zugrunde legt.

3. Die Anthropologie der Verbrecher

Gute Policey erfordert gute Bürger. Die Vorstellung des wohlgeordneten Idealstaats setzt zwar nicht die Erschaffung eines neuen Menschen voraus, der frei von der *natura corrupta* des Erbsündenparadigmas ist. Aber ein Bürger braucht, um seine für das gesellschaftliche Zusammenleben problematischen Affekte zu beherrschen, Vernunft. Nur durch sie ist er empfänglich für die umfangreiche Regulierung seines Lebens, wie es Wolffs *Deutsche Politik* und die ihr folgenden Policeyordnungen vorsehen. Anders als bei Thomas Hobbes' bekanntem Diktum müsste hier der Mensch des Nächsten ‚Wolff‘ sein. Noch in Kants philosophischem Entwurf *Zum Ewigen Frieden* (1795) ist ein staatliches Zusammenleben selbst für „ein Volk von Teufeln" denkbar, „wenn sie nur Verstand haben".[26]

In seiner literarischen Utopie *L'an 2440* (1770/71) ergänzt Mercier seine Gegenwartsschilderung des *Tableau de Paris* durch einen Blick in die ferne Zukunft der französischen Hauptstadt. Gut 700 Jahre nach dem Beginn der Aufklärung sind die Menschen endlich aufgeklärt. Das heißt allerdings nicht, dass es im Paris des Jahres 2440 keine Verbrecher mehr gäbe. Mercier zeichnet sie trotz mangelnder Affektkontrolle jedoch so vernünftig, dass sie sich freiwillig ihrer Verbrechen schuldig bekennen und somit problemlos aus der Gemeinschaft ausgeschlossen werden können.[27] Dass dies ‚utopisch‘ im gemeinsprachlichen Verständnis einer groben Unwahrscheinlichkeit ist, markiert Mercier im Schlusskapitel seines Werkes. Wie Matthias Löwe herausarbeitet, ist es signifikant, dass der träumende Protagonist ausgerechnet aufgrund eines Schlangenbisses erwacht. Die menschliche *natura corrupta* ist in einer Welt nach dem Sündenfall auch durch einen 700-jährigen Aufklärungsprozess nicht zu überwinden.[28] Doch gerät die Gute Policey damit im doppelten Verständnis des Wortes zur ‚Utopie‘.

Um es der Deutlichkeit halber zu wiederholen: Natur- und vernunftrechtlich dient der Staat der Ermöglichung der Pflichterfüllung des Menschen im *status civilis*. Er hat sich nach Wolff daher am tatsächlichen „Zustande der Menschen" zu orientieren und darf sie nicht so nehmen, als ob sie „Engel wären" (§ 42). Als Lutheraner kalkuliert Wolff „mit der Menschen Schwäche und Schlechtigkeit, ihrem sündigen Wil-

---

26 *Kant* [1795] 2011, S. 40.
27 Vgl. *Löwe* 2012, S. 73-86, hier vor allem S. 75-78.
28 Vgl. ebd., S. 86.

len".[29] Die Unvollkommenheit der Menschen rechtfertigt nicht nur, sondern erfordert ihre Überwachung und gegebenenfalls ihre Festsetzung und Bestrafung.

Im Paris von Schillers *Polizey* ist das Verbrechen nun „so naturwüchsig", dass Jörg Robert es als „die Wurzel der Gesellschaft" bezeichnet.[30] Wie sich zeigt, entwirft Schiller unter dem Eindruck von Französischer Revolution und ihrer Terreur einen *status civilis*, dem aufgrund der verderbten Natur seiner Bürger der *status naturalis* zur eigentlichen Natur geworden ist. Es ist das Machtvakuum nach dem historischen, gewaltsamen Ende des Ancien Régime, das Schiller als „Regression in den Naturzustand, in Chaos und Anarchie" deutet.[31] Entsprechend sinniert er in einem kurzen Text, der im Zusammenhang mit den Vorstudien zu den Briefen *Über die ästhetische Erziehung* überliefert ist, über die Unvereinbarkeit von theoretisch entfaltetem Naturrecht und wirklicher Welt.[32] Als Ursache sieht er die unrealistische Anthropologie der Philosophen an. Denn „[d]er Philosoph kommt freilich am besten zu seinem Zweck, wenn er den Menschen gleich als vernünftig voraussetzt". Doch leitet Schiller aus den historischen Ereignissen in Paris ab, dass „der Mensch" gegenwärtig „nicht vernünftig" sei: „Der Mensch ist mächtig, gewaltsam, er ist listig und kann geistreich sein, lang eh er vernünftig wird." An dieser Stelle folgert er, dass „das Naturrecht und die Politik" auf der Grundlage einer *negativen* Anthropologie formuliert werden müssten, „wenn durch sie das Leben erklärt werden, und wenn sie einen wirksamen Einfluß aufs Leben haben sollten."

Meines Erachtens greift er diese Überlegung im *Polizey*-Entwurf wieder auf. Zum einen in einem geplanten Dialog, auf den ich anschließend eingehe, und zum anderen, wenn er als „eigentlichen Gegenstand[ ]" der Nachforschungen der Polizey und damit seines geplanten Stücks die „*Nacht* zu *Paris*" erwägt (P, S. 89). Damit benennt er nicht nur *Les Nuits de Paris* (1788-1793) Nicolas Edme Rétifs de la Bretonne als weitere Quelle, sondern stellt die Nacht- und Schattenseite des Zentrums der Aufklärung in den Mittelpunkt und zwar just während der Zeit der Revolution. Denn Rétif, dem nachgesagt wird, selbst als Informant für die Pariser Polizei gearbeitet zu haben,[33] entwirft hier eine Milieustudie, in der er sich für „die Geschäftsgeheimnisse der Lumpensammler, der Waschfrauen, der Bettler" ebenso interessiert wie für das revolutionäre Geschehen.[34] Basierend auf authentischen Nachtspaziergängen reicht das Werk bis in die unmittelbare Gegenwart der Drucklegung des 16. und letzten Bandes, also bis in den Oktober des Jahres 1793, und damit in jene Zeit der Pariser

---

29 *Hofmann* 2004, S. 32.
30 *Robert* 2011, S. 131.
31 *Bauer* 1991, S. 128.
32 *Schiller* [1792/93] 1992: „Methode", S. 1044. Hier alle folgenden Zitate.
33 Vgl. *Kaiser* [2019] 2020, S. 18 f. – Nachweislich war er von 1798 bis 1802 im Polizeiministerium mit der Überwachung der Auslandskorrespondenzen betraut (vgl. ebd., S. 45 f.).
34 Ebd., S. 27; vgl. auch ebd. S. 33-39.

Terrorherrschaft hinein, in der auch Rétifs guter Freund Mercier inhaftiert wird und um sein Leben bangen muss.[35]

In *Die Polizey* offenbart Schiller nun gerade ein Interesse an den *dunklen* Seiten der französischen Hauptstadt. Zum einen liegt metaphorisch Dunkelheit über und auch unter der Stadt: Schillers Paris ist „unterhöhlt [...], es steht auf Höhlen" (P, S. 92), sodass sich „Winkel[ ]" für Spieler (P, S. 94) und „Schlupfwinkel" für Mörder (P, S. 91) ergeben – etwa in Form eines „der Polizey schwer zugänglichen Hause[s]" (P, S. 90). Zum anderen birgt die Nacht aber auch ganz konkret Gefahren, wenn es im Herbst schon um 7 Uhr dunkel wird, „die Nachtwache" aber „noch nicht aufgezogen" ist (P, S. 94).

Dem Staat, den Schiller als auf diesen dunklen Höhlen errichtet imaginiert, fehlt der gemeinschaftliche Zusammenhalt, eine *volonté générale*. Paris zerfällt in Interessengruppen, die wie die Savoyarden eigene Kleinstaaten bilden, in denen sie mit „eignen Gesetzen selbst richte[n]" (P, S. 93). Der alte absolutistische *ordo* des Ständestaats wird überlagert von Klassen, deren Vertreter aufgrund materieller Ungleichheit auch als Menschen ungleich sind. Eingedenk des Theorems der Gleichheit aller *Menschen* ist es daher nur konsequent, wenn sie der Polizeichef d'Argenson nicht als Menschen, sondern „als eine wilde Thiergattung" wahrnimmt (P, S. 89). Er hat die Pariser „zu sehr von ihrer schändlichen Seite gesehen, als daß er einen edeln Begriff von der menschlichen Natur haben könnte" (P, S. 87). Wenn er mit seinem Polizeiapparat auf der Jagd nach Verbrechern „Schlingen" auslegt und „die Spur des Wildes" verfolgt (P, S. 91), zeigt die Naturmetaphorik, dass sich die Großstadt im Naturzustand befindet. Entsprechend vergleicht Schiller das Verbrechen mit „einem ungeheuren Baum, der seine Äste weiterum mit andren verschlungen hat, und welchen auszugraben man eine ganze Gegend durchwühlen muß" (P, S. 92). Wenn die Polizey in diesem Paris am Ende des 18. Jahrhunderts „alle Arten von Existenz, von Verderbniß etc" aus ihren Höhlen heraus und „an das Licht" zieht (P, S. 92), dann kippt der optimistische, philosophische Epochenbegriff der ‚Aufklärung' zu einer euphemistischen Umschreibung polizeilicher Alltagsroutine.

Folgerichtig behalten in dieser Welt die realistischen Pragmatiker die Oberhand über Idealisten und Philosophen. *Die Polizey* sieht eine „Scene Argensons mit einem Philosophen und Schriftsteller" vor (P, S. 89). Sie soll „eine Gegeneinanderstellung des Idealen mit dem Realen" enthalten und die „Ueberlegenheit des Realisten über den Theoretiker" erweisen (ebd.). Jörg Robert sieht Schiller hier möglicherweise im Dialog mit Fichte.[36] Doch lässt sich darüber nur spekulieren, zumal sich bereits Mercier im *Tableau* vorstellt, wie ein solches Gespräch ablaufen könnte.[37] Ich den-

---

35 Vgl. ebd., S. 37 f.
36 *Robert* 2011, S. 132. Vgl. auch das kleine Kapitel *Fichte: Die totale Sicherheitspolizei* bei *Preu* 1983, S. 255 f., sowie *Hahn* 2008, S. 123 und S. 130 f., der die Verbindung von Fichtes Staatsverständnis zu Foucaults Gouvernementalität zieht.
37 Vgl. *Mercier* 1782, S. 207.

ke, Schiller wollte den oben zitierten Text *Methode* aufgreifen. Daher sehe ich auf der Seite des Realisten d'Argenson eher das Lager der Policey in der Nachfolge Wolffs. Als unterliegender Theoretiker könnte dann eine Kant-Figur die Position entwickeln, die der Königsberger in seiner Selbstverteidigung gegen den Angriff durch Schillers Briefpartner Christian Garve in *Über den Gemeinspruch: Das mag in der Theorie richtig sein, taugt aber nicht für die Praxis* (1793) einnimmt.

Wichtiger als die Zuordnung historischer Personen ist jedoch der Grund, weswegen der Realist in *Die Polizey* triumphieren soll. Er ist es, der in der Lage ist, auch den tierischen Menschen ins Herz zu blicken. Schon Merciers Erzähler im *Tableau* ist zutiefst von den Fähigkeiten des Lieutenant de police beeindruckt: „[S]i je pouvois [...] suivre la moitié de ce qu'il voit, [...] comme je serois plus avancé dans la connoissance du cœur de l'homme".[38] Damit ist der oben zitierte Schlüsselbegriff von Schillers Anthropologie erneut aufgerufen. Wie dem Kriminalrichter der *Pitaval*-Vorrede werden Merciers Lieutenant „tiefere Blicke in das Menschen-Herz" ermöglicht, die „dem Auge des Beobachters" „im gewöhnlichen Leben" verschlossen bleiben.[39] Hatte die von Schiller eingeleitete Sammlung merkwürdiger Rechtsfälle das Ziel, die „Menschenkenntnis" zu verbreitern,[40] so steht zu vermuten, dass auch d'Argenson in einem ausgeführten *Polizey*-Drama genutzt worden wäre, um die Rezipienten anthropologisch aufzuklären.

Entwickelt Schiller während seiner Arbeit an den Briefen *Über die ästhetische Erziehung des Menschen* den ‚ästhetischen Staat' als Alternative zur Vorstellung des ‚Vernunftstaats',[41] so ist der *Polizey*-Entwurf noch der Vorstellung verhaftet, dass die literarische Untersuchung des *homo extremis* besonders geeignet sei, um psychologische Rückschlüsse auf die allgemeine Menschennatur zu ziehen und den Rezipienten zu vermitteln.[42] Zuletzt hat Katrin Trüstedt darauf aufmerksam gemacht, dass Schillers Anliegen, das menschliche Herz auf der Bühne sichtbar zu machen, mit verfahrensrechtlichen Reformen im napoleonischen *Code d'instruction Criminelle* übereinstimmt.[43] Schiller schreibt sich damit aber auch in die Tradition polizeiwissenschaftlicher Studien eines Johann Heinrich Gottlob von Justi und anderen ein, die den Delinquenten stets doppelt „als eine[n] juristischen und eine[n] psychologischen

---

38 *Mercier* 1783, S. 22. Vgl. dazu den Abschnitt *Die Polizei sieht alles* bei *Gregory* 2011, S. 62-67, der die Textstelle allerdings im siebten Band des *Tableau* verortet.

39 *Schiller* [1792] 2002: „Merkwürdige Rechtsfälle", S. 450 f. Sowohl für zeitgeschichtliche Hintergründe als auch für Verfahrensfragen des französischen Rechtssystems kann der Pitaval als mögliche Quelle angesehen werden. Rund die Hälfte der vollendeten Dramen beruhen zumindest partiell auf Stoffen aus dem *Pitaval*-Komplex und wie die nachgelassenen Notizen nahelegen, wollte Schiller weitere Fälle dieser Sammlung aufgreifen (vgl. *Tekolf* 2005, S. 440 f.).

40 Ebd., S. 451.

41 Vgl. *Suppanz* 2000, S. 3, 5, 25-28 und 393. Vgl. zu Schillers Staatsverständnis in der *Ästhetischen Erziehung* auch *Zelle* 1994, S. 456-462, und *Stašková* 2018, vor allem S. 190 f.

42 Vgl. *Košenina* 2005, S. 390, und *Neumeyer* 2006, S. 106-108.

43 Vgl. *Trüstedt* 2019, S. 50 f. und 56 f.

Fall" codieren.[44] Am Ende der polizeiwissenschaftlichen Lernkurve steht das Ideal einer ‚Policey des Herzens', bei der es durch intensives Fallstudium gelingt, auf potentielle Straftäter präventiv so einzuwirken, dass innerliche Konditionierung an die Stelle äußeren Zwanges tritt.[45] Wer die Biographien von Verbrechern gelesen hat, werde nach Schillers Logik nicht selbst zum Verbrecher, sondern zu einem vernünftigen Individuum, mit dem dann ästhetisch vermittelt Staat zu machen ist. Das klingt allerdings verdächtig nach den vernünftigen Verbrechern in Merciers *L'an 2440*.

4. Eine Dystopie der Aufklärung

Gemäß Schillers Entwurf agieren jedoch nicht die aufzuklärenden Rezipienten auf der Bühne, sondern die unvernünftigen Pariser, denen das Verbrechen zur Natur geworden ist. Und zwar agieren sie auf beiden Seiten: sowohl als Delinquenten als auch im Dienste der Polizey. Der Blick in die *black box* der Polizeimaschine offenbart die negative Anthropologie als Problem für die Funktionstüchtigkeit des ganzen Apparats (vgl. P, S. 91). Ein effizientes Spionagesystem, das auf den Menschen und seine Beobachtungsgabe vertraut, und ein Misstrauen gegenüber der menschlichen Natur im Allgemeinen widersprechen einander. So soll sich in *Die Polizey* die anthropologische Beschränktheit der Polizey erweisen, wenn ein Verdächtiger verschwindet und es trotz allem Aufwand den Zufall braucht, damit das Verbrechen aufgeklärt werden kann (vgl. P, S. 91). Vertrauen in die Institution sollte dies nicht einflößen. Im Hinblick auf die *gefühlte* Freiheit im Staat ist eine im Geheimen agierende Polizei aufgrund ihrer Unsichtbarkeit eigentlich von Vorteil.[46] Doch gemäß dem Entwurf soll der Rezipient ja gerade die unsichtbar, geheim und im Stillen agierende Polizei mit all ihren Spionen, die unaufhörlich dabei sind, sich zu verkleiden, beobachten (vgl. P, S. 87 und 92). Ja, er soll sogar dabei zusehen, wie die Spitzel bühnenintern als beobachtete Beobachter ihrerseits von den Verbrechern beäugt werden (vgl. P, S. 93). Das ist einem Freiheitsgefühl ebenso abträglich wie einem Gefühl der Sicherheit.

Auch im historischen Paris unter de la Reynie und d'Argenson fehlte es häufiger an der Kooperationsbereitschaft seitens der Bevölkerung sowie an der Loyalität des eigenen Personals.[47] Letztem begegnete d'Argenson ab 1708 im Übrigen mit umfangreichen Sonderzuwendungen – ein pragmatischer Ansatz, wenn man von der Überzeugungskraft rein vernünftiger Argumente selbst nicht überzeugt ist. Entsprechend plant Schiller ungeschönt „[a]uch die Nachtheile der Polizeiverfaßung [...]

---

44 *Neumeyer* 2006, S. 107.
45 Vgl. *Schnyder* 2006, S. 252, mit einem Zeitschriftenbeleg aus den 1770er Jahren.
46 Vgl. *Schäffner/Vogl* 2006, S. 64, mit Hinweis auf Georg Friedrich Wilhelm Hegel: *Vorlesungen über Naturrecht und Staatswissenschaft* (1817/18).
47 Vgl. *Sälter* 2004, S. 281 und 319 f.

darzustellen" (P, S. 91). So könne die Polizei „zum Werkzeug" der „Bosheit" werden, das Leid Unschuldiger verursachen und sie könne gezwungen sein, „schlimme Mittel anzuwenden", wobei die Offiziellen mit „eine[r] gewiße[n] Straflosigkeit" rechnen dürfen (alle ebd.). Hier müssen nun auch jene „Geschäfte der Polizey" nachgetragen werden, die ich beim obigen Zitat auslasse. So wirkt Schillers Polizey

> 9. [...] als Macht und ist bewaffnet um ihre Beschlüße zu vollstrecken. 10. Sie muß oft geheimnisvolle Wege nehmen und kann auch nicht immer die Formen beobachten. 11. Sie muß oft das Ueble zulaßen, ja begünstigen und zuweilen ausüben, um das Gute zu thun, oder das größre Uebel zu entfernen. [P, S. 88 f.]

Die neunte und zehnte Nummer erinnern an die unkonventionellen Ermittlungsmethoden von Miss Marple bis Nick Tschiller in Kriminalromanen und Fernsehkrimis des 20. und 21. Jahrhunderts. Doch spätestens beim elften Punkt wird deutlich, dass es sich um einen schmalen Grat handelt, wenn der Staat Gutes durch Böses bezweckt. Vernunftrechtlich ist die – metaphysisch legitimierte – staatliche Obrigkeit berechtigt und verpflichtet, den jeweiligen Staatszweck durchzusetzen, wenn es gilt, auch auf Kosten des Einzelnen. Doch interessiert sich Schiller nicht für den abstrakten Staat, sondern für die Individuen, aus denen auch dieser geformt ist. Die Grenzen von Polizey und Verbrechern, von Staatsgewalt und Selbstjustiz werden fließend und statt für Freiheit, Gleichheit und Brüderlichkeit steht der Staat plötzlich für Überwachung, Ungleichbehandlung und Vetternwirtschaft. In diesem Punkt entspricht Schillers Entwurf exakt dem, was die Aufklärung am Ancien Régime kritisiert.[48]

Die aufgeklärten Rechtsreformer interessiert das Individuum. Steffen Martus schreibt im Kapitel über *Die Individualisierung des Verbrechers*, dass das aufgeklärte Rechtswesen den Fokus „weg vom strafbaren Tatbestand hin zum Täter" verschiebe.[49] Justiz und Gerichtsbarkeit widmen sich zunehmend auch seinen individuellen Beweggründen und inneren Motivationen. Doch Schillers d'Argenson sollte diesen Paradigmenwechsel nicht mitgehen.[50] Obwohl ihm über „Kundschafter aus allen Ständen" umfassende „Data" zugetragen werden (P, S. 87) und er dadurch intime Kenntnisse über „die Schwächen und Blößen vieler Familien" erhält (P, S. 91),[51] „macht [er] sich wenig aus den Individuen" (P, S. 89). Bei einer jährlichen Mortalität von 20.000 Einwohnern (vgl. P, S. 92) und der weiten Verbreitung des naturwüchsigen Verbrechens unter den ‚wilden Tieren' der Stadt muss dies nicht überraschen.

---

48 Vgl. *Ludi* 1999, S. 24 f. und *Martus* [2015] 2018, S. 775.
49 *Martus* [2015] 2018, S. 784.
50 Der historische d'Argenson stellt auf der Basis einer generellen ‚Schuldvermutung' die seiner Meinung nach zu milden Urteile öffentlich in Frage (vgl. *Sälter* 2004, S. 370). Denn er selbst wollte Paris von allen Verbrechern ‚reinigen' (vgl. ebd., S. 377).
51 Was das Interesse an Datenerhebung sowie damit verbundene Effekte im Bereich der Sozialdisziplinierung betrifft, erkennt *Martus* [2015] 2018, S. 78 und 833, eine Nähebeziehung von Guter Policey Wolff-d'Argenson'scher Prägung und der philosophischen Aufklärung.

Der historische d'Argenson verfolgte im Übrigen das Ziel einer polizeiinternen Standgerichtsbarkeit, welche den teils langwierigen und im Ausgang für ihn nicht zu kontrollierenden Prozessweg umgehen sollte.[52] Dafür initiierte er ein Spitzel-System, das vor allem auf Denunziation im familiären Umfeld beruhte.[53] Misstrauen und Überwachung reichten damit bis in die Keimzelle der Vergesellschaftung. Jeder schien verdächtig und musste daher überwacht werden.

Literarische Utopien unterscheiden sich nun von Dystopien weniger aufgrund des inhaltlichen Gesellschaftsentwurfs, sondern eher durch die eingenommene Perspektive. Blenden Utopien bei der Darstellung des idealen Staatswesens den Einzelnen tendenziell aus, fokussieren Dystopien gerade ein konkretes Individuum. Die Person, die im *Polizey*-Plan am prominentesten hervortritt, ist der Lieutenant Général d'Argenson. Er soll nicht nur als Polizeichef auftreten, sondern auch „als Privatmann" (P, S. 88). Als solcher zeige er „einen ganz andern u. jovialischen, gefälligen Character". Hier ist er der „feine Gesellschafter", ein „Mensch von Herz und Geist" und „liebenswürdig" (alle ebd.). Im Umkehrschluss bedeutet dies, dass der *Polizeichef* d'Argenson all dies nicht sein solle. Man müsste sich ihn als verachtenswert, herz- und geistlos, ungehobelt, unerbittlich und abstoßend vorstellen und wohl auch als ein wildes Tier.

Das Vorgehen seiner Polizey wurde in der Forschung denn auch als ‚terroristisch' (Craig), ‚tyrannisch' (Steinbach), ‚obsessiv' (Robert) und ‚totalitär' (Vogl) beschrieben.[54] Dabei ist zu beachten, dass aber nicht die rigiden Regelungen zum Zweck der Guten Policey per se dystopischen Charakter haben, sondern nur ihre missbräuchliche Umsetzung. Der „Haß der Societäten" soll sich entsprechend nicht theoretisch gegen das System im Ganzen richten, sondern praktisch und konkret „gegen die Werkzeuge der Polizey" (P, S. 93). Doch ist deren Fehlverhalten eingedenk der negativen Anthropologie zwangsläufig.

In letzter Konsequenz liegt in Schillers Staatsentwurf die oberste Gewalt beim königlichen Kerkermeister, der eine Million Pariser gefangen hält (vgl. P, S. 92). Diese Zahl schließt die Polizey und ihren ganzen Apparat mit ein. Der Mensch ist dem Monarchen ein Verbrecher. Die Erkenntnisse der Anthropologen dienen dem Absolutismus auch realhistorisch als Argument, den Menschen durch den starken Staat vor sich selbst zu schützen.[55]

Im historischen Paris etablierte d'Argenson ein paralleles Polizei-Strafsystem. Obwohl seine mitunter „zweifelhaften Ermittlungsergebnisse" gegenüber der regulären Gerichtsbarkeit nicht verwendet werden konnten, ermöglichte dies eine direkte Bestrafung von Delinquenten.[56] Im gleichnamigen Kapitel beschreibt Gerhard Sälter

---

52 Vgl. *Sälter* 2004, S. 377 f.
53 Vgl. ebd., S. 383 und 456 f., sowie *Gregory* 2011, S. 67-73.
54 Vgl. *Craig* 1993, S. 63 f., *Steinbach* 1990, S. 93, *Robert* 2011, S. 128, *Vogl* 2000, S. 607.
55 Vgl. *Löwe* 2012, S. 61-63.
56 *Sälter* 2004, S. 367.

die *Verfahrensweise im polizeilichen Strafsystem*. Unter Ausschluss der Öffentlichkeit handelten Polizeichef und königlicher Minister auf Vorschlag d'Argensons hin die Strafe aus. In Form sogenannter *Ordres du Roi* oder *Lettres de cachet* trat die Strafe dann auf höchsten Befehl in Kraft.[57] Ein Einspruch auf dem Rechtsweg war nicht möglich. Es handelt sich um die letzte Stufe einer Zentralisierung der politischen Macht in Paris, die 1667 mit Einsetzung der Lieutenance de police begann und als ‚Staatstreich' zulasten der etablierten Elite bezeichnet werden kann.[58] In der Folge entwickelt sich die französische Hauptstadt unter Ludwig XIV. von einer Oligarchie städtischer Eliten zum Verfügungsgegenstand des Königs selbst. Misstraut der Monarch seinen Untertanen, wie es Schillers Entwurf nahelegt, so ist es am sichersten, die wilden Tiere generalpräventiv ins „Gefängniß" zu stecken (P, S. 92).

5. Utopischer Policeystaat und dystopischer Polizeistaat

„Die Polizey erscheint hier in ihrer Furchtbarkeit, selbst der Ring des Gyges scheint nicht vor ihrem alles durchdringenden Auge zu schützen" (P, S. 91). Diese Textstelle in Schillers Entwurf wird gerne im Sinne der Orwell'schen Dystopie als das furchteinflößende Grundmotiv eines ‚Big Brother is watching you' interpretiert. So sieht Gordon A. Craig in *Die Polizey* eine Warnung vor der Errichtung eines Polizeistaats.[59] Fraglos ist Schillers Polizey in der Verschränkung von institutioneller Machtfülle und anthropologischer Ohnmacht furchtbar. Doch wer fürchtet eigentlich ihr alles durchdringende Auge? Oder anders gefragt: Wer ist Gyges?

In Platons *Politeia* führt der Gesprächspartner Glaukon die Geschichte des Gyges als Argument an, dass es unvernünftig wäre, gerecht zu sein und das Böse zu unterlassen, wenn man die Macht habe, straffrei ungerecht zu sein.[60] Genau diese Möglichkeit, straflos rechtswidrige Mittel anzuwenden, sollte wie gezeigt den Offizianten von Schillers Polizey offenstehen (vgl. P, S. 91). Weiterhin ist Platons Gyges ein Hirte, der nicht metaphorisch-pastoraltechnologisch wie d'Argenson über seine Schäfchen wacht, sondern im wörtlichen Verständnis Schafe hütet. Im Rahmen seiner Tätigkeit steigt er wie der Schiller'sche Polizeichef in eine Höhle hinab. Der Zufall kommt ihm zu Hilfe, sodass er einen entscheidenden Fund macht: den Ring des Gyges. Wie am Anfang der *Polizey* die „Kommis" in den „Audienzsaal des Polizeylieutenants" strömen, um ihren Bericht zu geben (P, S. 87), kommen bei Platon die Hirten des Königs für ihren Monatsbericht zusammen. Zufällig dreht Gyges an seinem Ring und wird unsichtbar. Er verschwindet und erkennt die Möglichkeiten: Er

---

57 Vgl. ebd., S. 382-393 sowie S. 467.
58 Vgl. ebd., S. 463.
59 Vgl. *Craig* 1993, S. 67 f.
60 Vgl. für das Folgende *Platon* [um 370 v. Chr.] 2000, S. 108-114 (359b-361d).

verführt die Königin, ermordet den Herrscher und setzt sich an dessen Stelle. Nach Glaukon verzichtet nur der schwache Mensch darauf, ungerecht zu sein. Seiner Natur nach aber ziele jeder auf den eigenen Vorteil. Insofern sind wir alle Gyges, doch nur den wenigsten wird das Privileg zuteil, sich unsichtbar zu machen und ungestraft das Böse tun zu können.

Aus obigen Ausführungen erhellt, dass die Utopie der Guten Policey und die Dystopie des Polizeistaats nur graduell voneinander zu unterscheiden sind. Dient die Vergesellschaftung des Menschen dazu, über eine staatliche Gewährleistung von Sicherheit (und Wohlfahrt) die Selbstvervollkommnung des Einzelnen zu ermöglichen, stellt die Gute Policey dabei den Zustand der erstrebten Glückseligkeit in Form einer dynamisierten Utopie dar. Die jeweils an den aktuellen Begebenheiten ausgerichtete Optimierung erfordert ein unbegrenztes System der Kontrolle und Überwachung. Der Fokus liegt auf dem Staatswesen als einem Ganzen. Der Maschinenstaat, der als moderner Leviathan die Einzelnen als Zahnräder funktionalisiert, ist das Ideal staatlicher Fürsorge im Absolutismus des Ancien Régime. Doch müssen auf der Basis der negativen Anthropologie, die Schillers *Polizey* zugrunde liegt, der Gute Bürger mit Vernunft und die Gute Policey ‚utopisch' im gemeinsprachlichen Verständnis bleiben.

Aus der Perspektive des Individuums in der Polizeistaat-Dystopie wird die Gute Policey zum orwellesken Überwachungsstaat, zu einem Leviathan mit Argusaugen. Der Einzelne wird vom fürsorglichen Staat zum Schutz vor dem Nächsten in kollektive Schutzhaft genommen. Befindet sich dieses Individuum wie in Schillers Entwurf auf der Nachtseite der Aufklärung, auf der aus einer philosophischen Epoche polizeiliche Alltagsroutine wird, zeigt sich, dass Menschen keine Zahnräder, sondern wilde Tiere sind. Leben sie in einem Großstadtstaat wie Paris zusammen, handelt es sich weniger um einen *status civilis* mit einer *volonté générale*, als vielmehr um einen zivilisierten Naturzustand. Unter dieser Voraussetzung, die Schiller aus den Ereignissen der Französischen Revolution ableitet, müsste seiner Ansicht nach das Naturrecht reformuliert werden. Denn sobald es um die praktische Umsetzung des theoretischen Ideals geht, werden die Nachteile der Polizeyverfassung erkennbar. Der Umschlag von Guter Policey zum Polizeistaat erfolgt dabei nicht zeitlich, wie derjenigen von Monarchie zu Tyrannis, von Aristokratie zu Oligarchie und von Politeia zu Ochlokratie im Verfassungskreislauf des Polybios, sondern er ist aufgrund falscher anthropologischer Prämissen bereits der Utopie Guter Policey als Systemfehler eingeschrieben. Doch Schillers Entwurf geht noch einen Schritt weiter: Denn mit wilden Tieren ist weder ein Policey- noch ein Polizeistaat zu machen.

Wie er die Darstellung einer Unmöglichkeit umsetzen wollte, ist aufgrund des Entwurfscharakters des Fragments nicht auszumachen. Es ist dasselbe Grundproblem, das aus den Briefen *Über die ästhetische Erziehung* bekannt ist. Auch sie bleiben fragmentarisch. Schiller erkennt, dass es zeitlich vor der erfolgreichen Etablierung einer aufgeklärten Verfassung aufgeklärte Bürger brauche. Zur „Bändigung menschlicher Tiere und kultureller Teufel" gebreche es aber eher an ‚Wärme' denn an ‚Licht'.[61] Doch dass sich der Mensch auch im Jahr 2440 noch nicht vervollkommnet haben wird, ist nach Carsten Zelle eine „Einsicht", die „Schiller erst im Verlauf der Abfassung der ästhetischen Briefe gekommen" sei.[62]

Der Entwurfscharakter lädt indessen dazu ein, mögliche Szenarien ins Auge zu fassen, wie ein fertiges *Polizey*-Drama ausgesehen haben würde. Vielleicht könnte man nun ausgehend von der Gyges-Stelle in Erwägung ziehen, ob Schiller unter Rückgriff auf Mercier und Rétif de la Bretonne an einer Dramatisierung von Platons *Politeia* arbeitete.

Bibliographie

Arnswald, Ulrich, 2010: Einleitung. Zum Utopia-Begriff und seiner Bedeutung in der Politischen Philosophie. In: Arnswald, Ulrich/Schütt, Hans-Peter (Hrsg.), Thomas Morus' Utopia und das Genre der Utopie in der Politischen Philosophie. Karlsruhe, S. 1-35.

Bauer, Barbara, 1991: Friedrich Schillers ‚Maltheser' im Lichte seiner Staatstheorie. In: Jahrbuch der deutschen Schillergesellschaft 35, S. 113-149.

Craig, Gordon A., 1993: Friedrich Schiller und die Polizei In: Die Politik der Unpolitischen. Deutsche Schriftsteller und die Macht 1770–1871. Aus dem Englischen von Karl Heinz Siber. München, S. 59-68 und 218-220.

Dietz, Bettina, 2003: Utopie und Policey. Frühneuzeitliche Konzeptionen eines idealen Ordnungsstaates In: Zeitschrift für Historische Forschung. Vierteljahrsschrift zur Erforschung des Spätmittelalters und der frühen Neuzeit 30, H. 4, S. 591-617.

Gregory, Stephan, 2011: Erkenntnis und Verbrechen. Schillers Pariser Ermittlungen. In: Häusler, Anna/Henschen, Jan (Hrsg.): Topos Tatort. Fiktionen des Realen. Bielefeld, S. 45-73.

Hahn, Torsten, 2008: Großstadt und Menschenmenge. Zur Verarbeitung gouvernementaler *Data* in Schillers Die Polizey. In: Pusse, Tina-Karen (Hrsg.): Rhetoriken des Verschwindens. Würzburg, S. 121-134.

Hofmann, Hasso, 2004: Einleitung. Christian Wolffs rationale Gesellschafts- und Staatslehre zur Förderung des Gemeinwohls. In: Wolff, Christian: Vernünftige Gedanken von dem gesellschaftlichen Leben der Menschen und insonderheit dem gemeinen Wesen. „Deutsche Politik". Bearb., eingel. u. hrsg. von Hasso Hofmann. München, S. 9-46.

Iseli, Andrea, 2009: Gute Policey. Öffentliche Ordnung in der Frühen Neuzeit. Stuttgart.

Kaiser, Reinhard, [2019] 2020: Mit dem Nächtlichen Zuschauer unterwegs In: Rétif de la Bretonne, [Nicolas Edme]: Die Nächte von Paris. „Was gibt es nicht alles zu sehen, wenn aller Augen geschlossen sind!". Ausgewählt, aus dem Französischen übers. und mit einem Vorwort versehen. 2. Aufl. Berlin, S. 7-46.

---

61 *Zelle* 1994, S. 460.
62 Ebd., S. 462.

Kant, Immanuel, [1795] 2011: Zum ewigen Frieden. Ein philosophischer Entwurf. In: Zum ewigen Frieden und Auszüge aus der Rechtslehre. Hrsg. von Oliver Eberl und Peter Niesen. Berlin, S. 7-66.

Košenina, Alexander, 2005: ‚Tiefere Blicke in das Menschenherz‘: Schiller und Pitaval. In: Germanisch-Romanische Monatsschrift [N. F.] 55, S. 383-395.

Košenina, Alexander, 2017: Die europäische Tradition juristischer Pitavalgeschichten für Schillers fragmentarische Kriminaldramen. In: Alt, Peter-André/Lepper, Marcel (Hrsg.): Schillers Europa. Berlin/Boston, S. 88-101.

Löwe, Matthias, 2012: Idealstaat und Anthropologie. Problemgeschichte der literarischen Utopie im späten 18. Jahrhundert. Berlin/Boston.

Ludi, Regula, 1999: Die Fabrikation des Verbrechens. Zur Geschichte der modernen Kriminalpolitik 1750–1850. Tübingen.

Martus, Steffen, [2015] 2018: Aufklärung. Das deutsche 18. Jahrhundert – ein Epochenbild. Reinbek b. Hamburg.

[*Mercier*, Louis-Sébastien] 1782: Tableau de Paris. Nouvelle édition, Corrigée & augmentée. Bd. 1. Amsterdam.

[*Mercier*, Louis-Sébastien] 1783: Tableau de Paris. Nouvelle édition, Corrigée & augmentée. Bd. 4. Amsterdam.

Neumeyer, Harald, 2006: ‚Schwarze Seelen‘. Rechts-Fall-Geschichten bei Pitaval, Schiller, Niethammer und Feuerbach. In: Internationales Archiv für Sozialgeschichte der deutschen Literatur 31, H. 1, S. 101-132.

Platon [um 370 v. Chr.] 2000: Der Staat. Politeia. Griechisch-deutsch. Übers. von Rüdiger Rufener. Einführung, Erläuterungen, Inhaltsübersicht und Literaturhinweise von Thomas Alexander Szlezák. Düsseldorf/Zürich.

Preu, Peter, 1983: Polizeibegriff und Staatszwecklehre. Die Entwicklung des Polizeibegriffs durch die Rechts- und Staatswissenschaften des 18. Jahrhunderts. Göttingen.

Robert, Jörg, 2011: Vor der Klassik. Die Ästhetik Schillers zwischen Karlsschule und Kant-Rezeption. Berlin/Boston.

Sälter, Gerhard, 2004: Polizei und soziale Ordnung in Paris. Zur Entstehung und Durchsetzung von Normen im städtischen Alltag des Ancien Régime (1697–1715). Frankfurt a.M.

Schäffner, Wolfgang/*Vogl*, Joseph, 2006: Polizey-Sachen. In: Hinderer, Walter (Hrsg.): Friedrich Schiller und der Weg in die Moderne. Würzburg, S. 47-65.

Schiller, Friedrich, [1792/1793] 1992: Methode. In: Theoretische Schriften. Hrsg. von Rolf-Peter Janz. Frankfurt a.M. (Werke und Briefe in zwölf Bänden, Bd. 8), S. 1044.

Schiller, Friedrich [1792] 2002: Merkwürdige Rechtsfälle als ein Beitrag zur Geschichte der Menschheit. Nach dem französischen Werk des Pitaval. Vorrede. In: Historische Schriften und Erzählungen II. Hrsg. von Otto Dann. Frankfurt a.M. (Werke und Briefe in zwölf Bänden, Bd. 7), S. 449-452.

Schiller, Friedrich, [1799–1804] 2004: Die Polizey. In: Dramatischer Nachlass. Hrsg. von Herbert Kraft und Mirjam Springer. Frankfurt a.M. (Werke und Briefe in zwölf Bänden, Bd. 10), S. 87-102.

Schnyder, Peter, 2006: Schillers ‚Pastoraltechnologie‘. Individualisierung und Totalisierung im Konzept der ästhetischen Erziehung. In: Jahrbuch der deutschen Schillergesellschaft 50, S. 234-262.

Springer, Mirjam, 2004: Kommentar. *Die Polizey*. In: Friedrich Schiller: Dramatischer Nach-lass. Hrsg. von Herbert Kraft und Mirjam Springer. Frankfurt a.M., S. 721-785.

Stašková, Alice, 2018: Kunst und Staat in Schillers Briefen Über die ästhetische Erziehung des Menschen. In: Pauly, Walter/Ries, Klaus (Hrsg.): Politisch-soziale Ordnungsvorstel-lungen in der Deutschen Klassik. Baden-Baden, S. 189-203.

Steinbach, Dietrich, 1990: Schillers Realismus im Drama. Ein Versuch über das Trauerspiel-Fragment ‚Die Polizei'. In: Hausmann, Frank-Rutger/Jäger, Ludwig/Witte, Bernd (Hrsg.): Literatur in der Gesellschaft. Festschrift für Theo Buck zum 60. Geburtstag. Tübingen, S. 87-96.

Stiening, Gideon, 2014: ‚Politische Metaphysik'. Zum Verhältnis von Moral und Politik bei Isaak Iselin. In: Gelzer, Florian (Hrsg.): Neue Perspektiven auf Isaak Iselin. Basel, S. 136-162.

Stollberg-Rilinger, Barbara, 1986: Der Staat als Maschine. Zur politischen Metaphorik des ab-soluten Fürstenstaats. Berlin.

Stolleis, Michael, [2004] 2014: Das Auge des Gesetzes. Geschichte einer Metapher. 3., unv. Aufl. München.

Stolleis, Michael, 2018: Die Polizei im frühmodernen Staat (15. bis 18. Jahrhundert). In: Bä-cker, Matthias/Denninger, Erhard/Graulich, Kurt (Hrsg.): Handbuch des Polizeirechts. Ge-fahrenabwehr – Strafverfolgung – Rechtsschutz. 6., vollst. überarb. Aufl. München, S. 2-10.

Suppanz, Frank, 2000: Person und Staat in Schillers Dramenfragmenten. Zur literarischen Re-konstruktion eines problematischen Verhältnisses. Tübingen.

Tekolf, Oliver, 2005: Vom Reiz des Verbrechens. Zu Schillers Pitaval. In: Friedrich Schiller: Pitaval. Merkwürdige Rechtsfälle als ein Beitrag zur Geschichte der Menschheit, verfaßt, bearbeitet und herausgegeben von Friedrich Schiller. Hrsg. von Oliver Tekolf. Frankfurt a.M., S. 437-448.

Trüstedt, Katrin, 2019: ‚Tiefere Blicke in das Menschen-Herz': Schillers *Pitaval* und der *Code Napoléon*. In: Kirchmeier, Christian (Hrsg.): Das Politische des romantischen Dramas. Pa-derborn (Athenäum. Jahrbuch der Friedrich-Schlegel-Gesellschaft, Sonderheft 28), S. 49-75.

Vogl, Joseph, 2000: Staatsbegehren. Zur Epoche der Policey. In: Deutsche Vierteljahrsschrift für Literaturwissenschaft und Geistesgeschichte 74, H. 4, S. 600-626.

Wolff, Christian, [1721] 2004: Vernünftige Gedanken von dem gesellschaftlichen Leben der Menschen und insonderheit dem gemeinen Wesen. „Deutsche Politik". Bearb., eingel. u. hrsg. von Hasso Hofmann. München.

Zelle, Carsten, 1994: Die Notstandsgesetzgebung im ästhetischen Staat. Anthropologische Aporien in Schillers philosophischen Schriften. In: Schings, Hans-Jürgen (Hrsg.): Der gan-ze Mensch. Anthropologie und Literatur im 18. Jahrhundert. DFG-Symposion 1992. Stutt-gart/Weimar, S. 440-468.

Maria Carolina Foi

Reiz des Unvollendeten.
Recht und Legitimität in Schillers *Demetrius*

1. Unabgeschlossen, fragmentarisch, unvollendet

„Der Demetrius beschäftigte ihn immerwährend, und die Unterbrechung dieser Arbeit beklagte er sehr". Dieses glaubwürdige Zeugnis zur Textgeschichte stammt aus der Feder von Caroline von Wolzogen, einer feinsinnigen und klugen Schriftstellerin ebenso wie Schwägerin und engen Vertrauten Schillers. In ihrer Rolle als von der Familie autorisierte Biografin berichtet Caroline von den letzten Tagen des Dichters und verleiht dem unvollendeten Projekt die feierliche Aura der letzten Worte im Leben: „Sein treuer Diener, der die Nächte bei ihm zubrachte, sagte, daß er viel gesprochen, meist vom Demetrius, aus dem er Scenen recitirt [...]". Und es scheint fast, als überreiche sie persönlich den Nachfahren eine der später am meisten bewunderten Seiten: „Den Monolog der Marfa im Demetrius fand mein Mann auf Schillers Schreibtisch; es waren wahrscheinlich die letzten Zeilen, die er geschrieben".[1] Schillers letztes Projekt wird somit der Stellenwert eines regelrechten dramaturgischen Testaments verliehen und die Umstände seiner Entstehung, gewissermaßen der Krankheit abgetrotzt und vom Tode unterbrochen, scheinen das Bild des idealtypischen Dichters noch einmal zu unterstreichen, der bis zum letzten Atemzug einen aussichtslosen Kampf gegen seine physische Zerbrechlichkeit führt. Seine Zeitgenossen erkennen sofort die Tragweite des unvollendeten Dramas und bereits 1815 veröffentlicht sein Freund Körner in der ersten Ausgabe der Werke Schillers einige Szenen daraus.

Aber *Demetrius* ist weit mehr und komplexer als ein Testament, das sich darauf beschränkt, zu besiegeln, was einmal war. Die abenteuerliche Geschichte des falschen Demetrius zur Zeit der Wirren, der Polen und Russen glauben lässt, er sei der legitime Erbe von Ivan dem Schrecklichen und der den Zarenthron in Moskau erobert, um dann entlarvt und infolge einer Palast-Verschwörung getötet zu werden, verwandelt sich in ein einzigartiges Projekt, das alle vorangegangenen Dramen hinter sich lässt – auch unter juridisch-politischem Gesichtspunkt. Und zwar aus verschiedenen und bedeutsamen Gründen. Zu deren besserer Nachvollziehbarkeit soll zunächst ein Blick auf die Entstehungsgeschichte geworfen werden:

---

1 *Wolzogen* 1830, S. 274-279.

Seit jeher vom dramaturgischen Potenzial angezogen, die der Phänomenologie des Machtumsturzes anhaftet, war Schiller womöglich schon 1786 die Geschichte des falschen russischen Thronfolgers aus *Conjuration de Zuski contre le faux Demetrius* im fünften Band der *Histoire générale des Conjurations, Conspirationes et Revolutions celebres* (1756) von François-Joachim Du Port Du Tetre bekannt. Viel später, zwischen 1802 und 1803, entsteht die erste Notiz zu einem Drama, und zwar nicht mehr als der Titel: *Bluthochzeit zu Moskau*. Erst am 10. März 1804 liest man in seinem Kalender: „Mich zum Demetrius entschlossen".[2] Doch die Arbeit geht alles andere als zügig voran. Die einzelnen Phasen sind aufgrund der Vielfalt der im Nachlass enthaltenen Texte mit hinreichender Zuverlässigkeit nachvollziehbar und sie geben über die Arbeitsmethode ihres Autors Aufschluss.[3]

Angesichts des Umfangs der Aufzeichnungen zu diesem letzten Projekt scheint es eher reduktiv oder sogar irreführend, lediglich von einem Torso, von einem Fragment zu sprechen. Denn nur in diesem einen Fall – und genau dies verleiht *Demetrius* seine Sonderstellung – konnte Schiller nicht das tun, was er für gewöhnlich immer tat, nachdem er ein Drama abgeschlossen und publiziert hatte: Er konnte seine Manuskripte nicht vernichten. *Demetrius* ist nicht das einzige dramatische Fragment, das sich in den unveröffentlichten Schriften findet. Schiller versuchte sich parallel an etlichen Dramenprojekten, von denen Entwürfe unterschiedlichster Natur und Länge existieren. Sie als Gegenprojekt zu den veröffentlichten Texten zu lesen, kann durchaus aufschlussreich sein.[4] Dennoch bleibt bei Schiller das vollendete Werk die Regel, nach der sein Schaffen strebt.[5] Berücksichtigt man seinen an Selbstzerstörung grenzenden Eifer, mit dem er an dem russischen Projekt arbeitete, und den Zustand der unveröffentlichten Texte, ist *Demetrius* also ein Fragment, insofern als es ein nicht abgeschlossenes Projekt ist. Im Gegensatz jedoch zu anderen Ent-

---

2 *Schiller* 1976, Bd. 11, S. 421. Von nun an werden Schillers Werke im laufenden Text mit Band- und Seitenangabe der Nationalausgabe in Klammern zitiert.

3 Schiller entschließt sich für den russischen Stoff auch infolge der Hochzeit zwischen Carl Friedrich, Erbprinz von Weimar und der russischen Erzherzogin Maria Pavlova, die für das Ende des Jahres 1804 geplant war. Darüber unterhält er sich im familiären Kreis mit seinem Schwager Wolzogen, der in die Verhandlungen um die Hochzeit einbezogen war. Dies sind die vier Entstehungsphasen: Vom 10. März bis zum 25. April 1804: Schiller recherchiert in den Quellen nach den wichtigsten dramatischen Anregungen. Zwischen dem 22. Mai und dem 12. Juli 1804 verfasst er die ersten Notizen in den *Kollektaneen* und in den *Studien*; zwischen Mitte November und dem 10. Dezember 1804 überträgt Schiller in das *Szenar* alles, was ihm aus den vorherigen Notizen nützlich erscheint, und legt den Rest beiseite. Ab dem 20. Januar 1805 widmet er sich ohne Unterbrechung der Arbeit, die mit seinem Tod am 5. Mai 1805 schließlich ein jähes Ende fand. Vgl. 11, 421-42; zur Entstehungsgeschichte siehe den Kommentar von Herbert Kraft: 11, 414-416.

4 *Kraft* 1978, S. 30-36, interpretiert die Dramenfragmente im Spiegel Adornos als kritische Gegenposition zur Angleichung an die soziale Wirklichkeit, die in den veröffentlichten Texten hingegen vorgenommen wurde. Zur Kritik an Kraft: *Suppanz* 2000, S. 11-16.

5 Sehr aufschlussreich über die in den dramatischen Fragmenten implizite ‚praktische Poetik': *Robert* 2013, S. 3.

würfen seines dramatischen Nachlasses ist es nur schwer vorstellbar, dass es nicht zu Ende hätte geführt werden können.

Es besteht daher kein Anlaß das Unvollendete zu bedauern. Zweifelsohne bleiben viele Fragen offen, einige Punkte ganz sicher ungelöst. Was zum Beispiel wäre aus den vielen Prosaszenen geworden, wenn sie einmal in Versen umgesetzt worden wären?[6] Dennoch bedeutet dies keineswegs, dass eine Interpretation unmöglich ist, insofern als man sich nach dem Beispiel richtet, das Schiller selbst vorgegeben hat. Die Manuskripte des *Demetrius* bieten in der Tat nicht nur den Philologen Zugang zur Werkstatt des Autors. In diesem Fall gewinnt die Textüberlieferung an besonderem Wert. Goethe hatte das treffend formuliert, als er feststellte, dass „die Selbstunterhaltung Schillers über den projectirten und angefangenen Demetrius" als ein „schöne[s] Document prüfenden Erschaffens [...] im Gefolge seiner Werke" zu verstehen sei.[7] Und noch einmal kehrte Goethe zum *Demetrius* zurück, dieses Mal mit der – nie eingelösten – Absicht, ihn selbst zu Ende zu bringen:

> „Von dem Vorsatz an bis in die letzte Zeit hatten wir öfters den Plan durchgesprochen: Schiller mochte gern unter dem Arbeiten mit sich selbst und andern für und wider streiten, wie es zu machen wäre; er war ebenso wenig müde fremde Meinungen zu vernehmen wie seine eigenen hin und her zu wenden".[8]

Auch der Leser des Nachlasses mit seinen vielen Fragen ist eingeladen, einer jener Gesprächspartner Schillers zu werden, nach denen er suchte, um sich über seine Arbeit auszutauschen.

2. Legitimitätsfragen in einer postrevolutionären Epoche

Der Dialog Schillers mit sich selbst in seinen Aufzeichnungen erscheint wie ein *work in progress*, der sich auf dem Papier durch fortlaufende Randbemerkungen verdichtet und allmählich die dramatische Handlung herausbildet, und hat nicht wenige Überraschungen zu bieten – vor allem einem ‚juridisch' interessierten Leser. Im Vergleich zu den vorangehenden Dramen zeigt der unvollendete *Demetrius* in besonderer Schärfe, in welchem Maße die staats- und rechtstheoretische Reflexion, die Schiller in seinen Theaterstücken durchführt, in diesem Fall an Tiefe gewinnt.

Von der Gedankenfreiheit (*Don Carlos*), über die Todesstrafe (*Maria Stuart*), bis hin zum Widerstandsrecht und der Genealogie der Menschenrechte (*Wilhelm Tell*) handelt Schillers Theater die zentralen Themen des politisch-philosophischen Denkens der europäischen Moderne ab. Der naturrechtliche Diskurs von Hobbes bis

---

6 Zu den immer noch offen gebliebenen Fragen: *Martini* 1979, S. 317-318.
7 So Goethe in *Über das deutsche Theater* im Jahre 1815: vgl. 11, 414.
8 *Aus Goethes Tag- und Jahresheft, zwischen 1817 und 1825,* in: Weimarer Ausgabe Bd. I.35, S. 190-192: vgl. 11, 428.

Rousseau basiert auf einer immer wieder vorkommenden Annahme: Es wird ein Prozess der Zivilisation postuliert, der Gewalt und Feindschaft neutralisieren und danach streben soll, die autonome Dynamik der Macht und des Konflikts durch die Logik des Vertrags, des Rechts und des Austauschs zu ersetzen, oder mit Kant zu sprechen „die Erreichung einer allgemein das Recht verwaltenden bürgerlichen Gesellschaft".[9]

Schiller hat in vielerlei Hinsicht dieses Projekt unterstützt, aber auch Widersprüche und Aporien darin erahnt. In einer Notiz, die möglicherweise auf die Niederschrift der berühmten *Briefe über die ästhetische Erziehung des Menschen* zurückreicht und damit auf seine theoretische Auseinandersetzung mit der Französischen Revolution, zweifelte Schiller zum Beispiel die Wirksamkeit des naturrechtlichen Modells an.[10] Dieses Modell setzte eine a priori gegebene rationale Natur im menschlichen Wesen voraus, die aber – so Schiller – allenfalls das Ergebnis eines langen Prozesses sein könne, das Resultat einer Erziehung zur Freiheit, die über die Kunst erlebbar wird. Die Ankündigung der Zeitschrift *Die Horen* im Jahr 1794 beabsichtigte, „mitten in diesem politischen Tumult für Musen und Charitinnen einen engen Zirkel [zu] schließen, aus welchem alles verbannt sein wird, was mit einem unreinen Parteigeist gestempelt". (22, 105). Doch die *Briefe über die ästhetische Erziehung des Menschen* und die Ankündigung selbst implizieren nicht notwendigerweise ein zeitentrücktes, idealistisches, im Grunde unpolitisches Ergebnis. Die Weimarer Klassik etabliert vielmehr eine besondere Spannung zwischen der Autonomie der Kunst und der politischen Aktualität.

Nach der Französischen Revolution wird Schillers Reflexion über das politisch-juristische Projekt der Moderne und seines naturrechtlichen Paradigmas vor allem durch die Theatersprache und zwar in chiffrierter Form und Art fortgeführt.[11] Die großen klassischen Dramen sind also als politische Dramen zu lesen, die in einem komplexen Wechselspiel aus Brechung und Verfremdung zentrale Fragen der damaligen europäischen juristischen Begrifflichkeit wiedergeben. Aber bei dieser juristischen Begrifflichkeit – das ist der Punkt – kann die Theatersprache jene Widersprüchlichkeiten und Unstimmigkeiten zu Tage fördern, die sonst in den zu engen Maschen des publizistischen und akademischen Diskurses seiner Zeitgenossen verborgen blieben.

Die klassischen Dramen verwenden Strategien von Verlagerung, Verschiebung, der *camouflage* im Gegensatz zum ‚Naturalismus', oder besser gesagt im Gegensatz zur politischen Aktualität ihrer Zeit. Dabei handelt es sich um eine Vorgehensweise, die entscheidende Auswirkungen hat, auch auf das Staats- und Rechtsverständnis in

---

9 *Kant* 1977, Bd. 11, S. 39.
10 Das Fragment ist *Methode* betitelt: 21, 90.
11 Dies hat Alt als erster sehr treffend hervorgehoben: *Alt* 2002, S. 112-115.

Schillers Theater.[12] Eine ähnliche Vorgehensweise ist umso bedeutender für den *Demetrius,* denn dieses Dramenprojekt markiert eine Wende, einen Qualitätssprung im Vergleich zu den bisherigen Dramen. Im *Demetrius* werden philosophisch-politische Kernfragen indirekt angesprochen, die sich für die Staats- und Rechtstheorie als erhellend erweisen, sogar weit über den historischen Kontext hinaus, in dem das Drama verfasst wurde, und bis ins 20. Jahrhundert hinein. Das geschieht insbesondere bei der Frage der Legitimation der Macht.

Diese Frage – das ist offensichtlich – betrifft den Protagonisten des Dramas. Demetrius ist nicht nur, wie in der „wahren Geschichte", ein Betrüger: Er handelt in gutem Glauben, en bonne foi, und ist tatsächlich überzeugt, der Sohn des Zaren zu sein. Er nimmt also an, seine wahre Identität entdeckt zu haben und rechtmäßig einzufordern, was ihm zusteht. Die Welt glaubt ihm. Doch auf dem Zenit seines Ruhms, den Thron schon in Reichweite, erfährt er, dass er Opfer einer Intrige war. Er tötet den dafür Verantwortlichen, der ihm die Intrige gestanden hatte, in der Hoffnung, sich dadurch einen Vorteil zu verschaffen. Von nun an gibt Demetrius vor, dass er derjenige sei, der er ursprünglich zu sein glaubte. Das Glück verlässt ihn und die Katastrophe wird unausweichlich.

Um den Aufstieg und Fall des Helden zu erklären und die politisch-ideologische Botschaft des Stückes ausfindig zu machen, werden in der neueren Forschung immer wieder Kategorien von Max Webers' Typologien bemüht.[13] Schiller verdeutliche die Gefahren einer „subjektiv-charismatischen" Machtlegitimation. Das Charisma, das Demetrius' Thronbesteigung begünstigt, wird von seiner Überzeugung genährt, der echte Zarewitsch zu sein. Doch als er erfährt, dass sein Thronanspruch nicht legitim ist, sondern nur zum Zweck einer Intrige vorgegaukelt wurde, erweist sich diese Macht in seinen Augen bar jeder Legitimation. Folgt man dieser Interpretation, bestünde – in der Logik des Protagonisten und der dramatischen Handlung – die einzig plausible Form der Herrschaftslegitimation in der traditionellen dynastischen Erbfolge. Die von Schiller damit dargebotene Lösung wäre implizit restaurativ, denn er würde letztendlich nur die traditionelle Monarchie als einzige legitime Regierungsform anerkennen.[14] Ein wenig zufriedenstellendes Fazit aus literarisch-hermeneutischer Sicht, denn es reduziert den Text vorschnell auf seinen vermeintlich ideologisch-politischen Inhalt; und ebenso auf rechtsgeschichtlicher Ebene, denn es wendet ohne angemessene Vermittlung juristische Kategorien des 20. Jahrhundert an, um Schillers Position im Kontext seiner Zeit zu bestimmen.

---

12 Zum Thema Schiller und das Recht siehe die zwei Studien, jeweils von einem Juristen und einer Literaturwissenschaftlerin verfasst: *Lüderssen* 2005; *Nilges* 2012.

13 So die maßgebliche Studie von *Schmidt* 1976, S. 451-466; auf Schmidt und auf das Webersche Vokabular Schmidts beruft sich immer noch die Forschung der letzten Jahrzehnte: *Sow* 2004, S. 36-37; *Springer* 2006, S. 231-232; *Robert* 2007, S. 127.

14 So die maßgebliche Lektüre von *Schmidt* 1976, S. 460.

Die im Drama behandelte Frage der Legitimität sollte man zuerst im Hinblick auf die historische Semantik des Begriffs ‚legitim' in seiner modernen Deklination betrachten. Im Europa um die Mitte des 18. Jahrhunderts und vor allem nach der Französischen Revolution wurde das Wort ‚Legitimität' neu besetzt und mit einer sozial-politischen Bedeutung belegt: Die Legitimitätsfrage wird nun an neue Forderungen der Rechtfertigung von Herrschaftsgewalt gekoppelt. Diese muss als solche anerkannt werden und auch aufgrund juristischer und moralischer Werte einen Konsens über die Zwecke erreichen, die sie verfolgt.[15] Daher ändert sich der Legitimitätsbegriffs im Laufe der Zeit, je nach dem historischen Verständnis bestimmter Rechtsbegriffe. Anders gesagt: Die Legitimität, die einer bestimmten Herrschaft zuerkannt wird, bezieht sich auf eine normative Ordnung, die den geltenden und positiven Gesetzen übergeordnet ist. Im Laufe des 20. Jahrhunderts wird in der Rechtstheorie der Legitimitätsbegriff noch deutlicher in Bezug auf den Legalitätsbegriff umrissen. Während sich die Legalität auf die Konformität mit den geltenden oder zumindest akzeptierten Gesetzen bezieht, bezieht sich die Legitimität auf die Konformität mit dem Gesetz der herrschenden Gewalt. Die Legalität wird im Fall der Ausübung von Macht eingefordert, die Legitimität in Bezug auf ihre Eigenverantwortung und Glaubwürdigkeit. Eine legitime Herrschaft ist eine Macht, deren Titel auf Grundlage von juristischen und moralischen Werten als würdig angesehen wird, eine legale Macht ist eine Macht, die nach den Gesetzen ausgeübt wird.[16]

Im Hinblick auf den rechtsgeschichtlichen Kontext um 1800 solle man schliesslich einen Aspekt nicht außer Acht lassen, der für den deutschsprachigen Raum kennzeichnend ist: Zumindest bis zum Wiener Kongress von 1815 tauchte der Terminus ‚legitim' in der gesellschaftspolitischen Sprache und damit in der Debatte um die Rechtfertigung der Herrschaftsgewalt nicht auf. Dafür sind selbstverständlich verschiedene historische Gründe – wie z. B. die Zersplitterung politischer Herrschaft – anzuführen, welche diese ungewöhnliche Abwesenheit erklären können.[17]

Um auf *Demetrius* zurückzukommen und die Gefahren der „subjektiv-charismatischen" Machtlegitimation seines Titelhelden, möchte ich nun den von der Forschung bisher vorgegebenen Weg verlassen und untersuchen, wie Schillers Dramaturgie um 1800 mit der Legitimitätsfrage umgeht. Wie sich dabei zeigen wird, ist es die Theatersprache selbst, die einige Bedeutungen der Legitimität enthüllt, die im damaligen öffentlichen Diskurs fehlten und in mancherlei Hinsicht die rechtstheoretische Reflexion des 20. Jahrhunderts vorwegnehmen.

---

15 *Würtenberger* 1982, S. 691-696. Siehe auch *Hofmann* 1980, Sp. 161-166.
16 *Portinaro* (Internetquelle); *Würtenberger* 1976, S. 1681.
17 Siehe dazu *Würtenberger* 1973, S. 329, S. 24-26; *Würtenberger* 1982, S. 706.

3. Ein republikanisches Ritual?

In der Entstehungsgeschichte des Projektes gibt es eine entscheidende Wende: Im März 1805 verwirft Schiller endgültig die sogenannte ‚Samborfassung', die den Protagonisten in seinem unschuldigen und privaten Zustand zeigte. Er entschließt sich dazu, das Drama *medias in res* zu beginnen und – vor allem – mit einer außergewöhnlichen öffentlichen Szene. In der sogenannten ‚Reichstagsfassung' hat der Held bereits von seiner angeblichen Identität erfahren und fordert in seinem ersten Auftritt vor dem versammelten Parlament in Krakau seinen legitimen Titel als Zarewitsch ein. Es geht um die Inszenierung eines politischen Rituals, im konkreten Fall die Sitzung eines repräsentativen Organs. Ritualinszenierungen sind in Schillers Theater nichts Neues. Oft sind höfische Rituale des Absolutismus Gegenstand von Kontrafakturen. Im *Don Carlos* weint der König, unfähig Privates und Öffentliches zu beherrschen; die akustische Teichoskopie in *Maria Stuart* wendet die irdische Devestitur der zum Tode verurteilten Königin in eine höhere moralische Investitur; in der *Jungfrau von Orleans* findet die Krönung des Königs, höchster Akt seiner erneuerten Legitimität, außerhalb der Bühne statt. In Schillers Kontrafakturen interagiert die Autonomie der künstlerischen Darstellung mit der politisch-sozialen Symbolik, die in das höfische Ritual eingeschrieben ist, und lässt den Verlust an Glaubwürdigkeit der Ordnungen des *Ancien Régime* durchschimmern.[18]

In Frankreich schaffte nach 1789 die Ordnung der republikanischen Verfassung neue Symbole und suchte nach neuen Formen der öffentlichen Repräsentation. War das Zeremoniell der Krönung nach der Logik der zwei Körper des Königs aufgebaut – der König ist tot, es lebe der König –[19], so sollten die revolutionären Feste die Souveränität des Volkes aufzeigen, die Nation als abstrakte Gemeinschaft Gleichgestellter. Das große Versöhnungsfest von 1790 auf dem Pariser Marsfeld fand etwa seinen Höhepunkt in dem Eid der Anwesenden auf dem Altar des Vaterlandes, wobei das antike Ritual des Eidschwurs umgewandelt wurde.[20] Wie schon der Rütlischwur der Eidgenossen in *Wilhelm Tell* beweist, sind dem schillerschen Theater solche für die neue Ausübung der Macht typischen und mit republikanischen Konnotationen aufgeladenen Massenszenen nicht fremd.

Auch die Reichstagsszene im *Demetrius* geht in diese Richtung. Die Regieanweisung, die dem I. Akt vorausgeht, orientiert sich detailliert an einem von Schiller bewunderten Kupferstich aus einer seiner wichtigsten Quellen: der Chronik des Königreichs Polen und Litauen von dem irischen Historiker Bernard Connor. Auf der Bühne sieht man die streng getrennte Ordnung der vorrevolutionären Ständegesellschaft

---

18 Vgl. *Alt* 2013, S. 161-187.
19 *Kantorowicz* 1957.
20 *Thamer* 2008, S. 63-64; *Schröer* 2008, S. 220.

mit seinen unterschiedlichen Rängen.[21] Doch man darf sich von der ikonographischen Sprache des 17. Jahrhunderts nicht irreführen lassen: Die Notizen im Nachlass sprechen eine andere Sprache, insbesondere die *Kollektaneen*. In der Bearbeitung des historischen Stoffs ist das für Schillers klassische Dramen so kennzeichende Spiel der Verfremdung des zeitgenössischen politischen Kontextes zu erkennen. Tatsächlich hatte Schiller vor, verschiedene Regierungs- und Legitimitätsformen miteinander zu vergleichen. Der polnische Republikanismus wird dem zaristischen Despotismus gegenübergestellt: „Ungeheurer Abstand der Pohlen und Rußen ist darzustellen, jene frei, unabhängig, diese knechtisch, unterwürfig" (11, 99). Die Aufzeichnungen betonen den Gegensatz zwischen dem polnisch-litauischen Bund, tendenziell basierend auf einer egalitären und verfassungsrechtlichen Grundlage, und dem absolutistischen, patriarchalen und despotischen Regime der russischen Zaren: „Eifersucht der Pohlen auf ihre republic.[anische] Freiheit im Gegensatz des rußischen Despotismus. (11,65). In Russland hingegen: „Dieser patriarchalische Zustand ist ein Hauptcharacter der rußischen Regierung und er hängt genau mit dem Despotismus zusammen" (11, 76). Schiller notiert: „Absolute Gleichheit aller Polnischen Edelleute" (11, 68); und etwas weiter: der „König, der alle Aemter vergiebt, kann keinen Poln.[ischen] Edelmann ohne Bewilligung der Reichsstände seines Amt entsetzten" (11, 68). Die polnische Freiheit wird als republikanisch bezeichnet, weil alle Adeligen absolute Gleichheit genießen und über dasselbe Wahlrecht des Herrschers verfügen (11, 67). Entscheidungen werden einstimmig getroffen, wer nicht zustimmen will, kann sein Vetorecht geltend machen und dadurch sie insgesamt annullieren (11, 69).[22]

Indem Schiller den Unterschied der beiden politischen Regime herausarbeitet, greift er eine von der aufklärerischen französischen Publizistik vertretene Meinung auf, wonach nur ein einfaches und naives Volk – wie das russische – die Geschichte des falschen Thronfolgers für bare Münze nehmen könne.[23] Hinter dem (polnischen) Republikanismus und dem (russischen) Absolutismus sind nur unschwer die wichtigsten Schlüsselworte zu erkennen, die, vor allem nach 1789, den politisch-juristischen Diskurs jener Zeit nicht nur in Deutschland belebten. Auf den ersten Blick führt also im Parlament von Krakau ein König, der in vielerlei Hinsicht wie ein moderner, konstitutioneller Monarch anmutet, den Vorsitz einer Versammlung von Freien und Gleichen, welche die wichtigsten Staatsangelegenheiten diskutiert und beschließt. Dieser Ansicht scheint auch Demetrius zu sein. Nicht zufällig richtet er seine Ansprache an die gesamte Versammlung:

---

21 *Connor* 1700, S. 521.
22 Siehe zu Schillers Russland-Bild: *Demmer* 1987, S. 576-581; zum Topos des polnischen Parlaments: *Meyerweissflog* 2007, S. 155-168.
23 *Mahlmann-Bauer* 2006, S. 107-137.

„Ich stehe vor euch ein beraubter Fürst, / Ich suche Schutz, der unterdrückte hat / Ein heilig Recht an jede edle Brust. / Wer aber soll gerecht seyn auf der Erde, / Wenn es ein großes tapfres Volk nicht ist, / Das frei in höchster Machtvollkommenheit / Nur sich allein braucht Rechenschaft zu geben, / und unbeschränkt von * / Der schönen Menschlichkeit gehorchen kann" (11, 10).

Wie die Zuschauer bald erfahren werden, spricht Demetrius im Senatssaal ‚candidé' und er ist die einzige Person, die in diesem Moment an seine Mission glaubt und sie ausführt, weil er sie als gerechtfertigt hält im Namen einer übergeordneten Ordnung:

„Die Gerechtigkeit hab *ich, ihr* habt die Macht, / Es ist die große Sache aller Staaten / Und Thronen, dass gescheh' was rechtens ist, / Und jedem auf der Welt das seine werde. / Denn da, wo die Gerechtigkeit regiert, / Da freut sich jeder sicher seines Erbs, / Und über jedem Haus jedem Thron / Schwebt der Vertrag wie eine Cherubswache / [...] * Gerechtigkeit / Heißt der kunstreiche Bau des Weltgewölbes, / Wo Alles Eines, Eines Alles hält, / Wo mit dem Einen alles stürzt und fällt" (11, 17).

In dieser ersten Szene der *Reichstagsfassung*, die einer endgültigen Fassung sehr nah kommt, klingt in Demetrius' Vision ein für die westliche politische Tradition berühmter Text wie *Somnium Scipionis* von Cicero an;[24] es findet sich aber zugleich auch die moderne Idee eines Vertrags, der eine wirksame rechtliche Ordnung gewährleistet. In den zu dieser Szene verfassten Prosa-Entwürfen erkennt man auf den ersten Blick das Vokabular des modernen Naturrechts. Um die Unterstützung der polnischen Armee zur Rückeroberung des russischen Throns für sich zu gewinnen, ermuntert Demetrius das Parlament ohne Zögern: Er „macht die heiligen Naturrechte mit einem Feuer geltend, dass an die Nationaleifersucht in diesem Augenblick nicht gedacht wird, dass selbst die Pohlen für die Sache des fremden Fürsten sich erwärmen" (11, 254). In seinem idealistischen Elan lässt sich Demetrius sogar dazu verleiten, seine politische Agenda für das russische Volk bekannt zu geben: „Die schöne Freiheit [...] * / Will ich verpflanzen * / Ich will aus Sklaven * Menschen machen. / Ich will nicht herrschen über Sklavenseelen" (11, 27). Es hat den Anschein, als halle in Demetrius' Worten das Programm einer republikanischen Regierung wider, und das überrascht wenig, wenn man sich einige philosophisch-politische Positionen von einflussreichen Zeitgenossen Schillers um 1800 in Erinnerung ruft.

---

24 *Somnium Scipionis* ist ein Teil des VI. Buches des Traktats *De re publica* von Marcus Tullius Cicero (54 a.c.).

4. Exkurs: Kant und die republikanische Verfassung

In der Schrift *Idee zu einer allgemeinen Geschichte in weltbürgerlicher Absicht* aus dem Jahr 1784 fragte sich Kant, ob es nicht möglich sei, im zwecklosen Aggregat der Handlungen der Menschen, die von den Historikern geschildert werden, einen roten Faden zu erkennen. Betrachtet man das Spiel der Freiheit im Großen (die menschlichen Handlungen sind nichts weiter als die Phänomene der Willensfreiheit des Einzelnen), könnte man vielleicht hoffen, darin einen, wenn auch langsamen, Fortschritt der Menschheit als Ganzes zu erkennen. Ohne sich allzu große Illusionen zu machen, dass aus dem „krumme[n] Holze"[25], aus dem der Mensch gemacht ist, ein Gerades gezimmert werden könnte, sah Kant gerade in der „ungesellige[n] Geselligkeit"[26] der Menschen einen „Antagonism"[27] der Kräfte wirken, einen sowohl natürlichen als auch sozialen Mechanismus, der im Laufe der Zeit eine Selbstregulierung hätte herbeiführen können. Ausgerechnet der unvermeidliche, für den Naturzustand typische Konflikt zwischen den egoistischen Interessen der Einzelnen, könnte zur Ursache einer Rechtsordnung werden, die die Ausübung der Freiheit des Einzelnen erlaubte, ohne sich selbstzerstörerisch zu entfalten. Das oberste Problem der Menschheit sollte daher „die Erreichung einer allgemein das Recht verwaltenden bürgerlichen Gesellschaft" werden.[28] Das Ergebnis dieses Prozesses wäre eine absolut gerechte Verfassung. Die Umsetzung dieses Zieles betraf auch die Beziehungen der Staaten untereinander, denn um den fatalen Konflikt *par excellence* zu beenden, d.h. den Krieg, wäre die Schaffung einer kosmopolitischen Ordnung notwendig und wünschenswert.

Es tauchen bereits in dieser Schrift einige Fragen auf, die für Kants praktische Philosophie von zentraler Bedeutung sein werden: aus einer kosmopolitischen Perspektive zeichnen sich neue Definitionen und neue Zusammenhänge von Recht, Politik und Geschichte ab. Rechtslehre, Republikanismus und Weltfriede, dies sind die Themen, auf die Kant später in einer seiner bekanntesten und bedeutendsten Schrift erneut zurückgreifen wird: *Zum ewigen Frieden* aus dem Jahr 1795. Die Abhandlung nimmt zum Teil die Begrifflichkeit der Naturrechtler auf, um sie umzuwandeln. Auch hier, wie bereits in der Schrift aus dem Jahr 1784, wird die notwendige Überwindung des Naturzustands, die zur Entstehung der einzelnen staatlichen Ordnungen führt, per Analogie auf die Beziehung zwischen den Staaten erweitert. 1795 gerät das auf dieser Analogie basierende Votum für einen weltweiten Völkerstaat in den Hintergrund, weil ein solcher Völkerstaat als pragmatisch unmöglich zurückgewiesen wird. Nun bevorzugt Kant die Option des Völkerbundes, dem die souveränen

---

25 *Kant* 1977, Bd. 11, S. 41.
26 Ebd., S. 37.
27 Ebd.
28 Ebd., S. 39.

Staaten freiweillig beitreten würden.[29] Innerhalb dieses Prozesses – und das ist der Punkt – kommt nun der Friedensfrage im Zusammenhang mit der Frage der innerstaatlichen Verfassungsreform eine weitaus größere Bedeutung zu. Nun strebt Kant eine innere Entwicklung der Staaten hin zum politischen Ideal des Republikanismus an. Im Gegensatz zu einer despotischen Regierungsform sah die aufklärerische Tradition in der republikanischen eine Garantie, den Krieg fern zu halten. Bei Kant hat die Entwicklung des Republikanismus hier eine offensichtlich positive Auswirkung darauf, den internationalen Friedensprozess in Gang zu setzen. Im ersten Definitivartikel von *Zum ewigen Frieden* ist zu lesen: „Die bürgerliche Verfassung in jedem Staate soll republikanisch sein".[30]

Ist dies nach Kant die ideale Verfassung, wird ihre effektive institutionelle Umsetzung zu einem Politikum. Die erwünschte Umwandlung der Staaten im republikanischen Sinne als Voraussetzung für den Weltfrieden bringt es mit sich, das Wesen der souveränen Macht und die Aufgaben der politischen Akteure neu zu denken. In der Schrift lassen sich gewisse Öffnungen in Richtung eines vorsichtigen realistischen Pragmatismus erkennen. Politik als angewandte Rechtslehre kann nicht die gegebenen empirischen Bedingungen ignorieren, – wie die damals mehr oder weniger de facto exististierenden despotischen Staaten –, sondern muss sie aufgrund eines Maßstabes berücksichtigen, eines von der Vernunft vorgeschriebenen Zwecks. In diesem Sinne hatte Kant den Begriff des ursprünglichen Vertrags umformuliert und daraus das Element einer möglichen Vermittlung zwischen Rechtsideal und politischer Realität gemacht. Der Vertrag kann weder als historische Tatsache, noch als ursprünglich stillschweigende Übereinkunft betrachtet werden; er ist hingegen „eine bloße Idee der Vernunft"[31] und ist als solches und in erster Linie als Regulativ zu verstehen. Es entsteht daraus eine Vision, in der Politik und Moral danach streben sollten sich zumindest asymptotisch anzunähern. Der dem Rechtsstaat immanente Zweck des inneren Friedens, im republikanischen Sinne umgewandelt, konnte auf diesem Weg auch zum Ziel der interstaatlichen Beziehungen werden: dem Ziel des ewigen Friedens.

Von all dem findet man im letzten Dramenprojekt Schillers keine Spur, nicht einmal *ex negativo*. Die politische Realität, in der Demetrius zu handeln gezwungen ist, entpuppt sich sehr schnell als vergleichbar mit jener Realität, die eine etwa zur gleichen Zeit entstandene Schrift von Friedrich von Gentz schilderte. Angesichts der drohenden Präsenz Napoleons in Europa veröffentlichte Gentz im Dezember 1800

---

29 Die Option *Völkerstaat* kommt in *Über den Gemeinspruch: das mag in der Theorie richtig sein, taugt aber nicht für die Praxis* (1793) vor, wo der Völkerstaat als globale Herrschaft verstanden ist. Zugunsten dem Völkerbund äußern sich dagegen *Zum ewigen Frieden* und *Methaphysik der Sitten*. Dazu siehe: *Mori* 2008, S. 103-114.

30 *Kant* 1977, Bd. 11, S. 204. Auch im *Streit der Fakultäten* kommt die republikanische Option in Bezug auf die Französische Revolution vor.

31 Siehe *Über den Gemeinspruch* in *Kant* 1977, Bd. 11, S. 153.

im *Historischen Journal* einen Artikel mit dem nicht zufällig auf Kant anspielenden Titel *Zum ewigen Frieden*:

> „In den öffentlichen Verhältnissen ist es jetzt beinahe lächerlich geworden, auf irgend etwas zu rechnen, was man nicht durch das Übergewicht der Waffen zu erlangen, oder zu verteidigen vermag. Die Unsicherheit aller Besitzungen, die Unsicherheit aller Rechte, hat nach und nach die einen zu einer so verderblichen Muthlosigkeit, die andern zu so verwegen Anmaßungen geführt, daß fast nichts mehr Ehrfurcht einflößt als die Gewalt. […] Daß jetzt nicht bloß der Friede, sondern selbst die Möglichkeit des Friedens sehr entfernt, daß jetzt der Krieg die Losung auf Erden ist, und, wenn nicht die wunderbarsten Revolutionen dies traurige Verhängnis besiegen, noch lange die Losung auf Erden seyn wird – diese unglückliche Wahrheit steht fest".[32]

Es ist kurzum eine Vision, die von jener kosmopolitischen Ordnung weit entfernt ist, in der Kant, nur wenige Jahre zuvor, den Fluchtpunkt für das soziale Zusammenleben weltweit im Zeichen des Friedens erkannt hatte. In vielen Passagen lässt Schillers *Demetrius* Kants Auffassungen hinter sich. Vom Ideal des Rechts, das sich, wenn auch unzureichend, in einem einzelnen staatlichen Gefüge verwirklichen und zu einer republikanischen Verfassung münden könnte, bis zur Verbindung zwischen dieser und der schrittweisen Errichtung einer neuen globalen Friedensordnung, scheint Schillers letztes Projekt die von dem Philosophen erhofften Entwicklungen zu verleugnen.

5. Die Delegitimierung des Reichstags

Vor diesem Hintergrund ist der Ausgang der öffentlichen Debatte in Krakau entscheidend, um die Bedeutung der Eröffnungsszene unter dem Gesichtspunkt der Legitimität zu verstehen. Im polnischen Parlament laufen die Debatten nach den in der Verfassung festgelegten Regeln ab, etwa die genaue Einhaltung der Prozedur, die das Vetorecht beinhaltet, welches der polnische Magnat Sapieha in Anspruch nimmt. Indem Sapieha die Entwicklung der gesamten Dramenhandlung vorwegnimmt, klagt er, der sich als Verfechter des Rechts ausgibt[33], das ganze „Geweb der Arglist" (11, 21) der Unterstützer von Demetrius an, ohne jedoch die eigenen Interessen preiszugeben, die er selbst in Absprache mit dem König hinter den Kulissen insgeheim verfolgt. Im Unterschied zu den anderen historischen Figuren, ist die Rolle des Magnaten im Parlament vollends eine Schöpfung Schillers – eine ‚Erfindung' die einen Zweck erfüllt. Dies verrät der fatale Schluss seiner Rede: „Die Mehrheit? / Was ist die Mehrheit? Mehrheit ist der Unsinn, / Verstand ist stets bei wengen nur gewesen.

---

32 *Gentz* 1800, S. 790.
33 „Will sich niemand / Erheben für das Recht, nun so will ichs" (11, 21). Sternberger sieht ihn als vorbildlichen Staatsfreund: *Sternberger* 1990, S. 317.

[...] Man soll die Stimmen wägen und nicht zählen / Der Staat muß untergehen, früh oder spät / Wo Mehrheit siegt, und Unverstand entscheidet" (11, 23). Die Schmährede von Sapieha offenbart und bewirkt zugleich die radikale Delegitimierung des gesamten Parlaments. Die Versammlung, der Demetrius die Anerkennung seines Rechts anvertraute, wird somit restlos diskreditiert. Die Gesetzmäßigkeit, die Einhaltung der festgelegten Rechtsnormen wird als reiner Formalismus desavouiert.

In der Geschichte der europäischen Institutionen ist die Kritik am Mehrheitsprinzip nichts Neues, sie wird aber nach 1789 und im Laufe des 19. Jahrhunderts auf der Basis veränderter Paradigmen verhandelt.[34] In Bezug auf den historischen Kontext der Entstehung des Dramenfragments ist die Reichweite der Äußerung von Sapieha in der ‚republikanischen' Szene offensichtlich. Sie wirkt wie eine Kritik an den Illusionen und dem Verfall einer repräsentativen Demokratie. Die Einwände des polnischen Magnaten klingen so wie eine überraschende Anklage *ante litteram* gegen die Grenzen des Parlamentarismus und seiner Prozeduren.

Diesen Aspekt hat Ferdinand Tönnies, der große Theoretiker der Unterscheidung zwischen Gemeinschaft und Gesellschaft, präzise herausgearbeitet. In seiner kurzen, bisher zu Unrecht vergessenen Abhandlung *Schillers politisches Vermächtnis* aus dem Jahr 1905, hält sich Tönnies genau an dieser Schmährede des polnischen Magnaten auf. Es handele sich in der Tat um „[e]ine flammende Anklage gegen die Demokratie! Eine Verurteilung des allgemeinen Stimmrechtes! Eine Vindikation aristokratischer Regierungsform! Schiller, der sonst wohl als Dichter der Freiheit und der Revolution gepriesene oder gescholtene, am Ziele seiner Laufbahn der Eideshelfer streng konservativer, ja reaktionären Anschauungen!".[35] Mit beachtenswerter hermeneutischer Finesse zeigt Tönnies jedoch, dass dies nur der funktionellen Bedeutung der Passage im Drama entspricht, also der Rolle der Figur und, gegen die konservative Lesart der ersten Hälfte des 20. Jahrhunderts, der Idee des Autors keineswegs entsprach.

Dadurch tritt der zentrale Aspekt der Handlung zu Tage, der für die Thematik der Legitimation im Drama grundlegend ist. Sapiehas Schmährede markiert in der Tat den Abschied des republikanischen Rituals, seine komplette Auflösung: „*allgemeiner Aufstand, der König steigt vom Thron, die Schranken werden eingestürzt, es entsteht ein tumultuarisches Getöse. Landboten greifen zu den Säbeln*" (11, 23). Die öffentliche Debatte im Parlament endet im versuchten Lynchmord eines seiner Mitglieder. Es ist also nicht die rationale Argumentation, die vom Recht geregelte Auseinandersetzung, die regulierte Gegenüberstellung der Prozeduren des Rechts, die über die Glaubwürdigkeit der Forderungen von Demetrius entscheidet. Aber wenn sich das republikanische Ritual auflöst, was entscheidet dann über seine Legitimität?

---

34 Zur Kritik am Mehrheitsprinzip siehe *Barbero* (Internetquelle).
35 *Tönnies* 2009, S. 76-77.

6. Glauben, um zu gehorchen; sehen, um zu glauben

Beim Erwägen der Stärken und Schwächen seiner Arbeit vermerkt Schiller an einer markanten Stelle seiner Notizen zu den Vorteilen seines Dramas gehöre „[d]er Effekt des Glaubens an sich selbst und des Glaubens anderer. Demetrius hält sich für den Czar und dadurch wird ers. – Die Rußen glauben an ihn und so wird er zu dem Throne emporgetragen" (11,109). Der „Glauben an sich selbst" charakterisiert nicht nur die subjektive Selbstwahrnehmung des Protagonisten. ‚Glauben' ist als ein Schlüsselbegriff im gesamten Dramenprojekt zu erkennen:[36] Er taucht um die dreißig Mal auf und, was noch bezeichnender ist, dies gilt genauso für den „Glauben anderer". Was Schiller hier in Szene zu setzen beabsichtigt, ist nicht nur die Wirkung des Glaubens der Hauptfigur an sich selbst, seine verhängnisvolle Selbsttäuschung, sondern auch die Wirkung des Glaubens anderer. Wie der Ausgang der Reichstagsszene zeigt, lässt Schillers letztes dramatisches Experiment die Optionen verschiedener Staats- und Regierungsformen und die geläufigen Kategorien des politischen Diskurses seiner Zeit hinter sich. Auch das von Demetrius beschworene republikanische und naturrechtliche Vokabular ist nun hinfällig. Dies ist nur möglich, weil das Drama weniger darum bemüht ist zu zeigen, auf der Grundlage welchen Prinzips die Macht gerechtfertigt werden kann. Vielmehr inszeniert es die Wirkung des Glaubens im Bereich des politischen Handelns, als bestimmendes und integrales Element bei der Legitimität beziehungsweise Legitimierung jeglicher Macht.

Im 20. Jahrhundert hat Max Weber darüber konsequent und erhellend nachgedacht. In seiner berühmten Schrift *Politik als Beruf* von 1919 legt er das Fazit seiner Überlegungen über die Formen der Legitimation von Macht vor. Seine Typologie sieht dabei die Grundlage der Legitimität nicht etwa in einer externen, mit universellen Formen des gesellschaftlichen Lebens wie Familie, Krieg oder Handeln korrelierten Beziehung. Weber bringt sie vielmehr in Zusammenhang mit einem subjektiven Glauben an die Geltung der Macht, der gegenüber man zu Gehorsam verpflichtet ist. Aus der soziologisch-deskriptiven Perspektive Webers erfasst der Legitimitätsbegriff die Rechtfertigungsmechanismen der Macht, die tatsächlich in jeder organisierten menschlichen Gemeinschaft vorhanden sind. Es wird also die Frage aufgeworfen, inwiefern sich Macht plausibel und wirksam legitimieren lässt, sowohl aus Sicht des Herrschers als auch des Beherrschten. Der Glaube an die Legitimität einer bestimmten Macht äußert sich in drei Formen, denen sich drei Idealtypen von Herrschaft zuschreiben lassen: traditionelle, charismatische und gesetzmäßige Macht. Nach Weber besteht die Legitimation der traditionellen Macht in der Autorität „d[e]s

---

36 Im Kontext einer ganz anderen Fragestellung hat Wolfgang Binder das Vorkommen von ‚Glauben' im Text hervorgehoben: *Binder* 1959, S. S. 271.

ewig Gestrige[n]"[37]: Ein verstecktes Zitat aus dem berühmten Monolog Wallensteins, dem Protagonisten der großen Triologie Schillers. Wallenstein findet Gefallen an der Idee, seinen Kaiser zu verraten und möglicherweise der Herrscher einer neuen Ära des europäischen Friedens zu werden. Dabei stellt er sich die Frage nach den letzten Grundlagen der Macht, die er zu stürzen plant, eine Macht, die in seinen Augen allein auf dem ewig Gestrigen gründet, also durch die bloße Gewohnheit legitmiert, Ehrfurcht für das Existierende als solches zu nähern. Eine Referenz, die von Max Weber offenbar nicht weiter ausgeführt werden muss, denn er kann davon ausgehen, vom gebildeten Kreis seiner Zuhörer und Leser im München des Jahres 1919 verstanden zu werden.

Es geht jedoch nicht darum, Webers Idealtypologie bei der Interpretation des letzten, unvollendeten Stückes von Schiller zu bemühen. Im Übrigen wird in *Politik als Beruf* der falsche russische Thronfolger gar nicht angesprochen. Allerdings lässt sich die interessante Übereinstimmung zwischen Schiller und Weber in Bezug auf einen anderen fundamentalen Aspekt nicht ignorieren, nämlich die essentielle Bedeutung der Wirkung des „Glaubens" im Bereich des politischen Handelns. Im *Demetrius* wird die Wirkung des Glaubens als begriffliches Element des postrevolutionären politischen Denkens über die Legitimität dramaturgisch gestaltet. Eine Legitimität, für die jede Macht, um sich als solche bezeichnen zu können, nicht nur eine Selbstrechtfertigung benötigt, sondern sich dazu auch noch manifestieren muss. Und sie muss sich vor allem zeigen, damit man an sie glaubt.[38] Im Fall des *Demetrius* geht es nicht darum, eine begriffliche Formulierung ausfindig zu machen, die in einer Textpassage explizit ausgedrückt wird, sondern herauszuarbeiten, wie sich der „Effekt des Glaubens", den Schiller als entscheidenden Vorteil in seinem russischen Sujet erkannte, in der Theatersprache realisiert werden könnte.

Im *Demetrius* wird die Wirkung des Glaubens anhand großer öffentlicher Szenen und visueller Elemente dramaturgisch gestaltet. Auch die letzten abgeschlossenen Theaterstücke Schillers belegen dies.[39] In anderen Entwürfen aus dem Nachlass liest man ebenso von „Scenen für die Augen, voll Handlung und Bewegung". Schillers Dramaturgie wird nun zu einer Dramaturgie für die Augen, die mit öffentlichen und Massenchoreografien arbeitet, das heißt mit den Spektakeln der Macht. Die große Eröffnungsszene im Reichstag sollte kein Einzelfall bleiben. In Schillers Notizen ist die Rede von „sinnlichen und zum Theil prächtigen Darstellungen" und von „Züge[n] brutaler Zargewalt […], Siege[n], Ceremonien u.s.f." (11, 109). Im Falle des *Demetrius* scheint diese neue Dramaturgie sich selbst überbieten zu wollen, im Stre-

---

37 *Weber* 1992, S. 37. In Webers Augsabe kommt die Anspielung auf Schiller im Kommentar nicht vor.
38 Dazu sehr einleuchtend *Münkler* 1995, S. 213-230; über die Notwendigkeit, dass jede Staatsgewalt, die Grundlagen seiner Legitimität der Öffentlichkeit gegenüber anerkennen läßt: *Würtenberger* 1982, S. 678.
39 *Frick* 2005, S. 137.

ben nach dem Großformatigen, dem Kolossalen, dem Nie-Gesehenen. Einer der größten Vorteile des Projektes besteht gerade darin, dass es „ganz Handlung ist" und „[v]iel für die Augen hat" (11, 179). In den Notizen zeichnet sich eine fast programmatisch verfolgte Verdichtung des Ausdrucks zugunsten des Visuellen ab: „Vorzüglich ist das zu beobachten, daß alles in Handlung erscheint, und [...] von bloßen Reden so wenig als möglich vorkommt" (11, 117). Die Hypertrophie des Spektakulären, die diese Art von Inszenierung dennoch zulässt, reduziert sich nicht auf einen externen, dekorativen Faktor. Diese Dramaturgie des Sehens wird im Demetrius nach einem Plan zielsicher eingesetzt, je nach Intention, Handlung, Strategie der Effekte. Auf diesem Weg trifft sie sich mit jener Seite der Legitimierung der Macht, die, um überhaupt bestehen zu können, sich selbst manifestieren muss, damit man an sie glaubt.

7. Die doppelte Optik der politischen Erziehung

Es lohnt sich nun auf die oben zitierte Textstelle zurückzugreifen: „Der Effekt des Glaubens an sich selbst und des Glaubens anderer. Demetrius hält sich für den Czar und dadurch wird ers. – Die Rußen glauben an ihn und so wird er zu dem Throne emporgetragen" (11, 109). Diesmal muss man aber die genannte Stelle mit der nachträglich lapidar an den Rand geschriebenen Notiz zusammenlesen: „Art auf das Volk zu wirken" (11, 109). Im Demetrius wird damit das altchristliche und machiavellische Motiv, demzufolge das Volk mehr den Augen als den Ohren glaubt, zur Funktion der dramaturgischen Absicht und der Inhalte der Handlung. Das Motiv taucht bereits bei Heraklit auf, Nachweise darüber finden sich ebenso bei Cicero, Seneca, Philo Alexandrinus und den Kirchenvätern. Im XVIII. Kapitel von Der Fürst greift Niccolò Machiavelli[40] es erneut auf. Und Schiller führt es weiter: „Das Volk prüft nicht lange, es wird durch die Sinne und durch Ideen bewegt, selbst das abentheuerlichste findet bei ihm Glauben" (11, 87). In der Skizze einer weiteren Szene wird in einem russsichen Dorf eine Ankündigung von Demetrius verlesen: „Das Manifest des Demetrius wird in einem rußischen Dorf vorgelesen. [...] Man zweifelt keinen Augenblick an der Wahrheit – Symbol der Leichtigkeit womit man auf das Volk wirken kann, durch die gröbsten Mittel." (11, 132) In einer späteren Arbeitsphase drückt Schiller sich noch expliziter aus: „Die [...] Absicht dieser Scene ist, darzustellen, wie schnell das abentheuerliche bei dem gemeinen Volk Eingang findet [...] und durch welche Wege es wirkt" (11, 206).

Schiller hat immer noch eine Art pädagogisches Projekt im Sinn: Selbst wenn das Volk auf der Bühne seinen Augen glaubt, ohne zu verstehen, so sollte das Volk, d. h.

---

40 Siehe *Dizionario delle sentenze latine e greche,* hrsg. von Renzo Tosi, Milano 2017. Zu Machiavelli und dem Machiavellismus bei Schiller vgl. *Wölfel* 1990, S. 318.

das Publikum im Saal, der wirkliche Adressat der Inszenierung, am Ende doch begreifen. Mit einem klugen dramaturgischen Kniff weist Schiller hier dem Zuschauer eine zentrale Rolle bei der Entwicklung und Bedeutung der Wirkung des Glaubens zu.

Im Dramenfragment ist in der Tat eine in Schillers Theater bisher nicht erprobte Beziehung zwischen Bühnenraum und Zuschauerraum, zwischen Schauspielern und Zuschauern, zwischen bühneninternem und bühnenexternem Publikum vorgesehen. Schiller begnügt sich nicht damit, dass das Volk als Kollektiv auf der Bühne glaubt, was es mit seinen Augen sieht und damit die Legitimation des Prätendenten bezeugt. Diese Erfahrung sollte ursprünglich auch für jene Zuschauer gelten, die im Theater sitzen. Beim Eintritt von Demetrius' in den Reichstag lautet die Regieanweisung wie folgt: „Alsdann stellt er sich so, daß er einen großen Theil der Versammlung und des Publikums, von welchem angenommen wird, daß es im Reichtstag mit sitze, im Auge behält […]" (11, 8). Es sind dann auch die Blicke der Zuschauer im Saal, die ihn nun als Thronfolger des Zars legitimieren. Und die Zuschauer, wie man an einer anderen Textstelle des Nachlasses liest, sollten in dem Moment vergessen haben, dass Demetrius nicht der echte Thronprätendent sein kann.[41]

Doch dann – so sah es das pädagogische Projekt vor – sollte der Zuschauer wieder zum Adressaten einer ästhetischen Erziehung werden, einer politischen Pädagogik *latu sensu*. Im Verlauf der Aufführung sollte er begreifen können, wie eine Legitimation der Macht funktionieren kann. In der Regieanweisung zum triumphalen Einzug in Moskau arbeitet das *Szenar* noch einmal mit dem entscheidenden Effekt des Glaubens anderer:

> „[M]an blickt […] in ein unermeßliches Gewühl von Häusern und Thürmen […] in den Coulißenstücken unterscheidet man Zuschauer aus Fenstern und Dächern und Gerüsten. […] Da die Zuschauer in dieser Scene eine Rolle mitspielen, so kann ihnen auch mehr Raum gegeben werden"[42]. (11, 219)

Hier könnte der Abstand zwischen bühneninternem und bühnenexternem Publikum jedoch nicht deutlicher sein. Denn im Unterschied zum Volk auf der Bühne, das seinen vermeintlich neuen Zar bejubelt, weiß das Publikum im Theater es nun besser: Es kann nicht mehr ignorieren, dass der Betrüger nun sein Ziel erreicht hat. Eben diese Szene betrachtete Schiller als die „Hauptscene des Stücks in Rücksicht auf stoffartiges Intereße" (11, 219).

---

41 In Bezug auf die Zuschauerrolle im dramatischen Nachlass hat Springer als erste die Relevanz dieser Regieanweisung hervorgehoben: *Springer* 2012, S. 152-153. Mit wichtigen Bemerkungen zur Manipulierbarkeit des Zuschauers beziehungsweise zur Macht als Augen-Schein in der älteren Forschung: *Utz* 1985, S. 94-95.

42 Im Gegensatz zu der Eröffnungsszene handelt sich hier nicht um das Theaterpublikum, sondern um die gespielten Zuschauer des Einzugs auf der Bühne, vgl. dazu *Springer* 2012, S. 152.

An diesem Punkt zeigt die theatralische Vorstellung die Politik selbst als Inszenierung. Wie das Theater kann auch die Politik sich als eine Maschinerie von Täuschungen, Kunstgriffen, Fiktionen entpuppen. Durch das Oszillieren zwischen bühneninternem und bühnenexternem Publikum inszeniert Schiller den Effekt des Glaubens zugleich als ästhetisches Spiel des Theaters im Theater. Die Tragik des Titelhelden folgt der Logik des Schauspielers. Zum Schluss könnte die theatralische Vorstellung auf sich selbst zurückfallen. Der Monolog des Kosaken, der zum neuen Thronanwärter avanciert, „kann die Tragödie schließen indem er in eine neue Reihe von Stürmen hinein blicken läßt und gleichsam das [...] Alte von neuem beginnt" (11, 226). Somit würde das Drama des Usurpators *en bonne foi* in eine Reihe von Spiegelungen münden, und in dieser Selbstreflexivität aufgehen.

8. Der Einbruch der Zeit in das Spiel des Dramas

Aber das kritische Potenzial dieses letzten Experiments Schillers erschöpft sich nicht nur auf der ästhetisch-dramaturgischen Ebene. Will man den historisch-politischen Kontext ausfindig machen, der dem Dramenfragment angemessen ist, dann sollte man nach Paris und damit auch nach Weimar blicken. Es gilt also die geschickte Kombination aus unterschiedlichen Formen der politischen Legitimierung in Erinnerung zu rufen, die Napoleon in Paris zu seiner Kaiserkrönung 1804 in Szene setzte: die Gottesgnade wird durch die Anwesenheit des Papstes gewährleistet; die Autonomie des Politischen manifestiert sich in der Geste der Selbstkrönung; die Volkssouveränität zeigt sich durch das Plebiszit. Das Ganze wurde in ein Medienereignis von europäischer Tragweite verwandelt. Als solches wurde die Krönung auch in Weimar rezipiert, und zahlreiche Artikel der damals in der Stadt verbreiteten Zeitschriften, wie *Weimarisches Wochenblatt, London und Paris* oder *Minerva* berichteten davon. Vor allem Johann Wilhelm Archenholz, Herausgeber der *Minerva*, den Schiller gut kannte, schilderte seinen Lesern die Pariser Festlichkeiten als eine Riesen-Farce und eine groteske Inszenierung.[43]

Wenige Jahre zuvor hatte Schiller in einem Brief an Goethe aus der Entstehungszeit der *Maria Stuart* geschrieben, dass er den Stoff „in historischer Hinsicht [...] etwas reicher behandelt und Motive aufgenommen [hat], die den nachdenkenden und instruierten Leser freuen können" (30, 85). Damit spielte er auf den Prozess gegen den französischen König an und die Diskussion um die Todesstrafe innerhalb

---

43 Vgl. *Mahlmann-Bauer* 2005. Mahlmann-Bauer sieht in Schillers Entscheidung zum Demetrius-Stoff eine kritische Stellungnahme zur Politik Napoleons und weist dabei auf die Berichterstattungen einiger politisch-historischer Zeitschriften der Zeit hin: siehe zum Beispiel die *Schilderungen der Feierlichkeiten bei der Kaiserkrönung in Paris* (*Anonym* 1804); *Archenholz* 1804. Auf die implizite Auseinandersetzung Schillers mit Napoleon geht auch Müller-Seidel ein (*Müller-Seidel* 2009, S. 247-281).

des Territoriums der Habsburger Monarchie. [44] Einem ähnlichen Leser oder, besser gesagt, einem ähnlichen „instruierten und nachdenkenden" Zuschauer war höchstwahrscheinlich auch *Demetrius* zugedacht, im Hinblick auf die rasante Machtergreifung Napleons. Zur Erziehung des Volkes hingegen, um ihm eine Lehre des politischen Realismus zu erteilen, hätten die „Szenen für die Augen, voll Handlung und Bewegung" (12, 319) allemal genügt.

Für diese Art der impliziten dramatischen Verweise, die an den zeitgenössischen Zuschauer gerichtet sind, wie im Fall des Schillerschen *Demetrius*, hat Carl Schmitt die Kategorie „Einbruch der Zeit in das Spiel" geprägt.[45] In seiner brillanten und berühmten Analyse von Shakespeares *Hamlet* aus dem Jahr 1956 erläuterte der Jurist die offenkundigen Unstimmigkeiten des Textes mit dem ganz eigenen Verhältnis des englischen Autors zur Politik seiner Zeit. Die Königin ebenso wie die Figur des Rächers blieben als Tabuthemen bestehen, weil sie *ex negativo* die brisantesten rechtspolitischen Fragen unter Jakob I. betonten. Ihre Präsenz/Abwesenheit hinterließ eine Spur im Text und machte es möglich, so Schmitt, dass sich bei Shakespeare ein Einbruch der Zeit in das Spiel des Dramas vollziehen konnte. So konnte *Hamlet* in der Moderne den Rang einer echten Tragödie erlangen, indem sie einen Mythos stiftete.[46] In Bezug darauf bringt Schmitt Schiller ins Spiel. Denn, ganz zum Nachteil des deutschen Dramaturgen, hätten ihm die in seinen Theaterstücken enthaltenen Anspielungen und Spiegelungen der Zeit stattdessen nur erlaubt, historische Dramen, Trauerspiele, zu schreiben.[47]

So fällt Schmitt ein negatives Urteil, das die Spuren seiner vorausgegangenen Auseinandersetzung mit *Demetrius* vertuscht und gleichzeitig verrät. In den Aufzeichnungen, die zwischen 1947 und 1951 entstanden und erst 1991 posthum unter dem Titel *Glossarium* erschienen, versuchte sich Schmitt in der Tat an einer aktualisierenden und existenziellen Interpretation des Schillerschen Fragments. Mit Blick auf Webers Lehre und selbst als Theoretiker der Unterscheidung von Legitimität und Legalität hatte sich der deutsche Jurist die wesentliche Stelle notiert: „Wieder die treffende Formulierung bei Schiller: was er im Demetrius behandeln will ist der ,Effekt des Glaubens an sich selbst und des Glaubens der anderen'".[48] Schmitt übertrug dann diese Bemerkung auf eine höchst persönliche und fatale Frage, bzw. versuchte zu verstehen, wie die Deutschen und er selbst Adolf Hitler Vertrauen schenken und den Versprechen der NSDAP glauben konnten. Wie bereits detailliert rekonstruiert

---

44 Zu den impliziten Anspielungen auf die Hinrichtung der französischen Königin 1791 in Schillers *Maria Stuart*: *Foi* 2006; *Alt* 2008, S. 149 f.; zu den Hinrichtungen nach den Jakobiner-Prozessen 1794 in Wien: *Foi* 2005.
45 *Schmitt* 1956.
46 Ebd., S. 51.
47 Ebd., S. 49. Schmitt bezieht sich hier auf Benjamins Begrifflichkeit im *Ursprung des deutschen Trauerspiels*. Zum Verhältnis zwischen Schmitt und Benjamin: *Mehring* 2014, S. 137-152; *Bredekamp* 2016.
48 *Schmitt* 1991, S. 240.

wurde,[49] beschränkt sich in Schmitts Aufzeichnungen die Gegenüberstellung des falschen russischen Thronfolgers mit Hitler auf einige wenige Parallelismen, und hier ist nicht der Ort, um die von dem Juristen intendierte Interpretation des Nationalsozialismus zu vertiefen. Vielmehr soll als Abschluss dieser Untersuchung noch einmal festgestellt werden, wie die Wirkung des Glaubens, die in der Dramaturgie des *Demetrius* eine so zentrale Stellung einnimmt und für die juristisch-politische Debatte über die Legitimität im 20. Jahrhunderts so fruchtbar ist, sogar jene historische Erfahrung streift, die gerade für das 20. Jahrhundert eine der tragischsten und verheerendsten war.

Bibliographie

Alt, Peter-André, 2002: „Arbeit für mehr als ein Jahrhundert". Schillers Verständnis von Ästhetik und Politik in der Periode der französischen Revolution (1790-1800). In: Jahrbuch der deutschen Schillergesellschaft 46, S. 102-133.

Alt, Peter-André, 2008: Die teuren Toten. Geopferte Königinnen in Schillers Tragödie. In: Ders., Klassische Endspiele. Das Theater Goethes und Schillers, München, S. 136-155.

Alt, Peter-André, 2013: Der Zeremonienmeister. Schillers politisches Theater und die Kontrakfaktur des höfischen Rituals. In: Alt, Peter-André/Raulff, Ulrich/Lepper, Marcel (Hrsg.): Schiller, der Spieler, Göttingen 2013, S. 161-187.

Anonym, 1804: Schilderungen der Feierlichkeiten bei der Kaiserkrönung in Paris. In: London und Paris 13, S. 349-376.

Archenholz, Johann Wilhelm, 1804: Noch etwas über die Kayserwürde in Frankreich. In: Minerva – Ein Journal historischen und politischen Inhalts H. 2, S. 529-536.

Binder, Wolfgang, 1959: Schillers *Demetrius*. In: Euphorion 53, S. 252-280.

Bredekamp, Horst, 2016: Walter Benjamins Esteem for Carl Schmitt. In: Meierhenrich, Jens/ Simons, Oliver (Hrsg.): The Oxford Handbook of Carl Schmitt, Oxford 2015, S. 679-704.

Barbero, Augusto Fusaro Carlo: Principio di maggioranza. In: Enciclopedia delle scienze sociali Treccani. Unter: http://www.treccani.it/enciclopedia/principio-di-maggioranza_%28E nciclopedia-delle-scienze-sociali%29/, download am 3.5.2020.

Bernard, Connor, 1700: Beschreibung des Königreichs Polen und Groß- Hertzogthums Litthauen. Durch D. Bernard Connor, Medicum in Londen, vormahls Leib-Medicum Königs Johannis III in Polen. Aus dem Englischen übersetzt. Leipzig.

Demmer, Sybille, 1987: „... ein gesittetes Volk aus Wilden" – Schillers Russlandbild. In: Keller, Mechthild (Hrsg.): Russen und Russland aus deutscher Sicht im 18. Jahrhundert: Aufklärung, München, S. 576-581.

Tosi, Renzo (Htsg.), 2017: Dizionario delle sentenze latine e greche. Milano.

Foi, Maria Carolina, 2005: Schiller und Erhard, Literatur und Politik in der Weimarer Klassik. In: Jahrbuch der Deutschen Schillergesellschaft 49, S. 193-223.

---

49 *Mehring* 2007, S. 559. Eine revidierte Fassung des Aufsatzes mit demselben Titel: *Mehring* 2014, S. 111-136.

Foi, Maria Carolina, 2006: Recht, Macht und Legitimation in Schillers Dramen. Am Beispiel von *Maria Stuart*. In: Hinderer, Walter (Hrsg.): Friedrich Schiller und der Weg in die Moderne, Würzburg, S. 227-243.

Frick, Werner, 2005: Trilogie der Kühnheit. Die Jungfrau von Orleans, Die Braut von Messina, Wilhelm Tell. In: Sasse, Günter (Hrsg.): Schiller. Werkinterpretationen, Heidelberg, S. 136-174.

Gentz, Friedrich von, 1800: Zum ewigen Frieden. In: Historisches Journal 2, 3. Bd. (Sept. bis Dez.), S. 709-790.

Hofmann, Hasso, 1980: Legalität, Legitimität. In: Ritter, Joachim (Hrsg.): Historisches Wörterbuch der Philosophie, Darmstadt, Bd. 5, Sp. 161 -166.

Kant, Immanuel, 1977: Idee zu einer allgemeinen Geschichte in weltbürgerlicher Absicht. In: Ders.: Werke in zwölf Bänden, hrsg. v. Wilhelm Weischedel, Frankfurt a.M., Bd. 11, S. 31-50.

Kantorowicz, Ernst H., 1957: The King's Two Bodies. A Study in Medieval Political Theology. Princeton.

Kraft, Herbert, 1978: Um Schiller betrogen. Pfullingen.

Lüderssen, Karl, 2005: „Daß nicht der Nutzen des Staats Euch als Gerechtigkeit erscheine". Schiller und das Recht. Frankfurt/M.

Mahlmann-Bauer, Barbara, 2005: Die Psychopathologie des Herrschers: Demetrius, ein Tyrann aus verlorener Selbstachtung. In: Braungart, Georg/Greiner, Bernhard: Schillers Natur. Leben, Denken und literarisches Schaffen, Hamburg 2005, S. 107-137

Martini, Fritz, 1979: Demetrius. In: Hinderer, Walter (Hrsg.): Schillers Dramen. Interpretationen, Stuttgart.

Mehring, Reinhard, 2007: Friedrich Schillers *Demetrius* – ein später Baustein zu Carls Schmitts Hitler-Bild. In: Weimarer Beiträge 63, H. 4, S. 559-575.

Mehring, Reinhard, 2014: Kriegstechniker der Begriffe. Biographische Studien zu Carl Schmitt. Tübingen.

Meyerweissflog, Magdalena, 2007: „Polnischer Reichstag" in Schillers Demetrius-Fragment: Inszenierung des Legitimierungsdiskurses in der deutschen Dramatik. In: Pełka, Artur/ Prykowska-Michalak, Karolina (Hrsg.): Migrationen/Standortwechsel: Deutsches Theater in Polen, Thalia Germanica 11, Łódź, S. 155-168.

Mori, Massimo, 2008: La pace e la ragione. Kant e le relazioni internazionali. Bologna.

Müller-Seidel, Walter, 2009: Friedrich Schiller und die Politik. Nicht das Große, nur das Menschliche geschehe. München.

Münkler, Herfried, 1995: Die Visibilität der Macht und die Strategien der Machtvisualisierung. In: Göhler, Gerhard (Hrsg.): Macht der Öffentlichkeit – Öffentlichkeit der Macht, Baden-Baden, S. 213-229.

Nilges, Yvonne, 2012: Schiller und das Recht. Göttingen.

Portinaro, Pier Paolo: Legittimità. In: Enciclopedia delle scienze sociali Treccani. Unter: http://www.treccani.it/enciclopedia/legittimita_(Enciclopedia-delle-scienze-sociali, download am 28.4.2020.

Robert, Jörg, 2007: „Selbstbetrug und Selbstbewußtsein": *Demetrius* oder das Spiel der Identitäten. In: Ders. (Hrsg.): Würzburger Schiller-Vorträge 2005, Würzburg, S. 113-141.

Robert, Jörg, 2013: „Ein Aggregat von Bruchstücken". Schillers Fragmente als *fermenta cognitionis*. In: Ders. (Hrsg.): Fragment und Fragmentarismus im Werk Friedrich Schillers, Würzburg, S. 1-20.

Schmidt, Jochen, 1976: ‚Subjektive Prinzen' der politische Reflex des Genie-Gedankens in der nachrevolutionären Legitimationsproblematik. In: Ders. (Hrsg.): Geschichte des Genie-Gedankens in der deutschen Literatur, Philosophie und Politik 1750-1945. Bd. 1: Von der Aufklärung bis zum Idealismus, Heidelberg, S. 451-466.

Schiller, Friedrich, 1976: Demetrius. In: Ders.: Werke. Nationalausgabe, begr. v. Julius Petersen, fortgef. v. Liselotte Blumenthal, Benno von Wiese u. Siegfried Seidel; seit 1992 hrsg. im Auftrag der Stiftung Weimarer Klassik und des Schiller-Nationalmuseums in Marbach von Norbert Oellers, Weimar, Böhlaus Nachf., 1943 ff., Bd. 11, hrsg. v. Herbert Kraft, Weimar.

Schmitt, Carl, 1956: Hamlet oder Hekuba. Der Einbruch der Zeit in das Spiel. Düsseldorf/ Köln.

Schmitt, Carl, 1991: Glossarium. Aufzeichnungen der Jahre 1947-1951, hrsg. v. Eberhard Freiherr von Medem. Berlin.

Schröer, Christina, 2008: Spektakel des Umbruchs. Politische Inszenierungen in der Französischen Revolution zwischen Tradition und Moderne. In: Gerd, Althoff/Stollberg-Rilinger, Barbara (Hrsg.): Spektakel der Macht. Rituale im Alten Europa 800-1800, Darmstadt, S. 216-222.

Sow, Alioune, 2004: Die Frage nach der Legitimität der Macht in Schillers Dramen-Fragment Demetrius. In: Djomo, Esaïe/Gouaffo, Albert (Hrsg.): Germanistik in und zwischen den Kulturen. Festschrift für David Simo, Leipzig, S. 30-44.

Springer, Mirjam, 2006: Endlose Geschichte – Schillers letztes Drama *Demetrius*. In: Hofmann, Michael/Rüsen, Jörn/Springer Mirjam (Hrsg.): Schiller und die Geschichte, München, S. 226-238.

Springer, Mirjam, 2012: „Und plötzlich mittendrin". Der Zuschauer in Schillers *Seestücken*. In: Korte, Hermann/Jakob, Hans-Joachim (Hrsg.): „Das Theater glich einem Irrenhause". Das Publikum im Theater des 18. und 19. Jahrhunderts, Heidelberg, S. 133-158.

Sternberger, Dolf, 1990: Schillers politische Helden. In: Aurnhammer Achim/Strack, Friedrich/Manger, Klaus (Hrsg.): Schiller und die höfische Welt, Tübingen, S. 307-318.

Suppanz, Frank, 2000: Person und Staat in Schillers Dramenfragmenten. Tübingen.

Thamer, Hans-Ulrich, 2008: Rituale in der Moderne. In: Gerd, Althoff/Stollberg-Rilinger, Barbara (Hrsg.): Spektakel der Macht. Rituale im Alten Europa 800-1800, Darmstadt, S. 63-68.

Tönnies, Ferdinand, 2009: Schillers politisches Vermächtnis. In: Ders.: Schriften zu Friedrich von Schiller, hrsg. v. Rolf Fechner, mit einem Beitrag von Josef Winckler, Klagenfurt.

Utz, Peter, 1985: Auge, Ohr und Herz. Schillers Dramaturgie der Sinne. In: Jahrbuch der Deutschen Schillergesellschaft 28, S. 62-97.

Weber, Max, 1992: Politik als Beruf 1919. In: Max Weber-Gesamtausgabe. Studienausgabe. Abt. I/17, hrsg. v. Wolfgang. J. Mommsen und Wolfgang Schluchter in Zusammenarbeit mit Birgit Morgenbrod. Tübingen.

Wolzogen, Caroline von, 1830: Schillers Leben. Verfasst aus Erinnerungen der Familie, seinen eigenen Briefen und den Nachtrichten seines Freundes Körner, 2. Theil. Tübingen.

Wölfel, Kurt, 1990: Machiavellische Spuren in Schillers Dramatik. In: Aurnhammer Achim/ Strack, Friedrich/Manger, Klaus (Hrsg.): Schiller und die höfische Welt, Tübingen, S. 318-340.

Würtenberger, Thomas, 1973: Die Legitimität staatlicher Herrschaft. Eine staatsrechtlich-politische Begriffsgeschichte. Berlin.

Würtenberger, Thomas, 1976: Legitimität. In: Stammler, Wolfgang/Erler, Adalbert/Kaufmann, Ekkehard (Hrsg.): Handwörterbuch zur deutschen Rechtsgeschichte, Bd. III, Berlin, S. 1622-1686.

Würtenberger, Thomas, 1982: Legitimität, Legalität. In: Brunner Otto/Conze, Werner/Koselleck, Reinhart (Hrsg.): Geschichtliche Grundbegriffe, Bd. 3, Stuttgart 1982, S. 677-740.

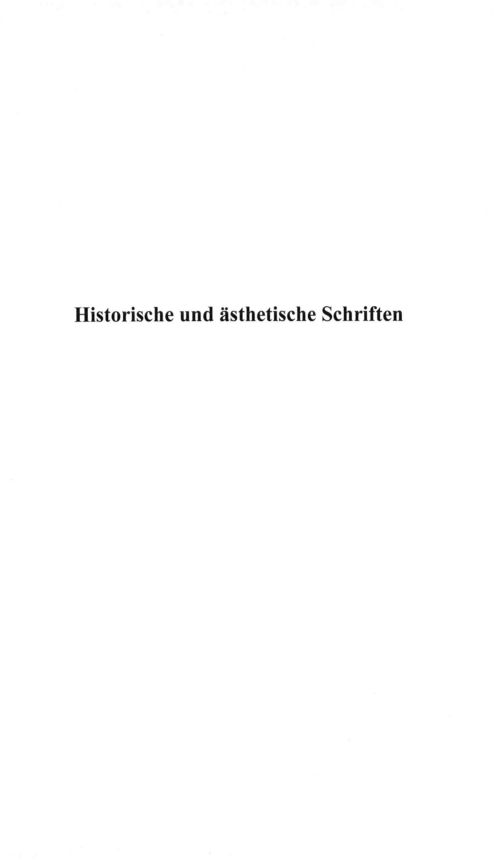

Historische und ästhetische Schriften

Michael Schwingenschlögl

„ein noch männliches Geschlecht in die Arme der Weisheit geliefert": Distinktionen neuzeitlicher Staatsentwürfe und ihre außerpolitischen Bedingungen in Schillers *Universalhistorischer Übersicht*

1. Schillers frühe Kant-Rezeption

Friedrich Schiller hält sich noch nicht lange in Weimar auf, als er seinem Freund Christian Gottfried Körner am 29.08.1787 schreibt:

> „Gegen Reinhold bist du ein Verächter Kants, denn er behauptet, daß dieser nach 100 Jahren die Reputation von Jesus Christus haben müsse. Aber ich muß gestehen, daß er mit Verstand davon sprach, und mich schon dahin gebracht hat, mit Kants kleinen Aufsätzen in der Berliner Monatschrift anzufangen, unter denen mich die Idee über eine allgemeine Geschichte außerordentlich befriedigt hat. Daß ich Kanten noch lesen und vielleicht studieren werde, scheint mir ziemlich ausgemacht."[1]

Schillers Kant-Rezeption ist gut dokumentiert. Einer anfänglichen Phase des distanzierten Interesses um die Mitte der 1780er Jahre folgt mit der Lektüre der *Kritik der Urteilskraft* eine affirmative Aufnahme der Kritischen Philosophie, die zur Mitte der 1790er Jahre in einer Anzahl v.a. ästhetischer Schriften resultiert, welche Immanuel Kants Gedanken zur Grundlage nehmen, um gleichwohl beträchtlich von dem Königsberger abzuweichen.[2] Bemerkenswert ist aber doch, dass Schillers ernsthaft betriebene Kant-Studien vorerst keineswegs das metaphysisch-erkenntnistheoretische Werk (d.h. die *Kritik der reinen Vernunft*) zum Gegenstand haben, sondern die ‚kleinen Aufsätze' ins Zentrum stellen. Schillers „[f]ester Entschluß zum Kant-Studium"[3] äußert sich, wie obiges Zitat zeigt, insbesondere in der Lektüre der Schrift *Idee zu einer allgemeinen Geschichte in weltbürgerlicher Absicht* von 1784 – einem Text, der geschichtsphilosophischen Inhalts ist, dabei aber auch staatstheoretische Auffassungen transportiert. Der Einfluss Kants auf Schiller als angehenden Historiker dürfte insofern an exakt jener Stelle beginnen.[4] Als Schiller 1789 seine Professur in Jena antritt, um dort geschichtswissenschaftliche Vorlesungen zu halten, hat er sich bereits in eine kritische Auseinandersetzung mit Kant begeben, die erst einige Jahre

---

1 *Schiller* 1943 ff., Bd. 24, S. 143.
2 Vgl. hierzu generell *Robert* 2011.
3 *Wilpert* 1958, S. 105.
4 Vgl. zur Kant-Rezeption Schillers die Studie von *Macor* 2010 sowie die Darstellung bei *Vesper* 2019.

später in ihrer ganzen Fruchtbarkeit zu erkennen sein wird, dabei allerdings bereits auf das Geschichtsdenken abfärbt. Wie für Kants Aufsätze gilt dabei, dass dem Geschichtsdenken Schillers stets auch gewisse staatstheoretische Überlegungen die individuelle Kontur verleihen, die für das spätere Schaffen bedeutsam werden würden, weshalb es lohnenswert ist, einigen Aspekten der Staatsauffassung, die in jener Zeit aufkeimt, nachzugehen.

Besondere Beachtung soll dabei die Frage finden, in welches Verhältnis für Schiller die Geschichtlichkeit politischer Ordnungsentwürfe zu jenem Idealstaat zu setzen sei, dessen Grundriss in Kants Schriften sichtbar ist, und den Schiller später in bedeutendem Maße modifiziert. Hinsichtlich der um 1790 entstandenen Schriften ist *Die Gesetzgebung des Lykurg und Solon* (1791 erschienen) die wohl bekannteste, doch auch in den anderen Schriften aus dem Umfeld der historischen Vorlesungsreihe (*Was ist und wozu studiert man Universalgeschichte?* sowie *Die Sendung Moses*) finden sich staatstheoretische Implikationen, die generell konsistent bleiben. Eine etwas weniger bekannte kleinere Schrift dagegen soll im Mittelpunkt der vorliegenden Untersuchung stehen, nämlich die *Universalhistorische Übersicht der vornehmsten an den Kreuzzügen teilnehmenden Nationen, ihrer Staatsverfassung, Religionsbegriffe, Sitten, Beschäftigungen, Meinungen und Gebräuche.* Schiller gab 1790 eine *Allgemeine Sammlung historischer Memoires* heraus, die Denkwürdigkeiten aus der Geschichte der Neuzeit versammeln und einem breiteren Publikum vorstellen sollte.[5] Schiller hielt es dabei für angemessen, eine Reflexion über die Genese der damals gegenwärtigen Staatenwelt und aktuellen Staatskonzeptionen an den Anfang der Publikation zu setzen, und hierbei nahm der Verfasser die Herausforderung an, „die Frage nach der Bedeutung von Freiheit innerhalb der europäischen Identität und das Problem einer kontinentalen Friedensordnung"[6] zu stellen und den aufklärerisch gedachten Fortschritt der europäischen Menschheit aus dem Mittelalter in die Moderne zu erklären. Auffällig ist, dass Schiller deutliche Anleihen bei Kants Schrift *Idee zu einer allgemeinen Geschichte in weltbürgerlicher Absicht* nimmt.[7] Trotzdem vollzieht er bereits hier Verformungen und eigenständige Denkbewegungen an dem kantischen Vorbild. Diese nehmen in noch höherem Maße als die großen Vorlesungen bzw. Aufsätze aus der frühen Zeit der Französischen Revolution vorweg, wohin Schillers ideale Staatsauffassung sich im Laufe der frühen 1790er Jahre während und nach der *terreur* bewegen würde. An besagter Schrift ist somit zu entziffern, inwiefern in derselben schon die gleichsam anthropologische Vorstellung angelegt ist,

---

5 Obwohl die Anmerkung der Nationalausgabe, es bedürfte zu einer vollständigen Aufarbeitung der von Schiller herangezogenen Schriften „einer breit angelegten Untersuchung der Geschichtsschreibung des 18. Jahrhunderts" (*Schiller* 1943 ff., Bd. 19, II, S. 268), immer noch gilt, führt die Nationalausgabe (ebd., S. 267-271) eine Reihe nachweisbarer Quellen an.

6 *Lützeler* 2006, S. 27.

7 „Schillers *Uebersicht* [...] wird von den geschichtsphilosophischen Gedankenfiguren Kants regelrecht strukturiert" (*Jakovljevic* 2015, S. 176).

dass die Entstehung und damit auch die Realisierung moderner Staatsentwürfe gerade einen Mangel an staatlicher Sicherheit und ein außerpolitisches Bildungsprogramm zur Voraussetzung hat.

Der vorliegende Aufsatz skizziert zuerst die Kernaussagen von Kants Abhandlung und fährt dann mit einer Darstellung der staatstheoretischen Positionierung Schillers in der *Universalhistorischen Übersicht* in und außerhalb des kantischen Rahmens fort, wobei die Frage nach der Relativität historischer Staatskonzeptionen und ihrem Verhältnis zur Norm des modernen Staatsverständnisses zentral wird. Ein Blick auf die dabei sich bildenden Problembestände und die Denklinien, die zu den ästhetischen Schriften der 1790er Jahre führen, soll die Untersuchung abschließen.

2. Kants ‚Idee zu einer allgemeinen Geschichte in weltbürgerlicher Absicht‘

Kant beginnt seine Abhandlung mit der Beobachtung, dass die Menschheitsgeschichte weder als bloße Naturhistorie noch als rational ablaufendes Geschehen begriffen werden kann, „[d]a die Menschen nicht bloß instinctmäßig wie Thiere und doch auch nicht wie vernünftige Weltbürger nach einem verabredeten Plane im Ganzen verfahren".[8] Soll die Weltgeschichte als Ganzes Sinn ergeben und teleologisch konzipiert werden, ist die Annahme einer „Naturabsicht",[9] die über die menschlichen Absichten ebenso wie über die mechanische Naturnotwendigkeit hinausreicht, unumgänglich. Das Ende der Geschichte wäre eine vollständige Entwicklung der menschlichen „Naturanlagen, die auf den Gebrauch seiner Vernunft abgezielt sind,"[10] aber diese Entwicklung vermag kein Individuum vollständig zu durchlaufen, sondern kann allein kumulativ über Generationen hinweg stattfinden. Dies impliziert freilich, dass eine langfristige Vergesellschaftung mitsamt der dabei anfallenden Weitergabe und Verfeinerung der Bildung statthaben muss.[11] Genau hier aber beginnt die Problematik in Kants Staatstheorie, auf die Schiller eingehen wird: Der Mensch ist, was seine Sozialität angeht, in einer prekären Situation, welche Kant „die ungesellige Geselligkeit"[12] nennt. Diese äußert sich darin, dass der Mensch in Gesellschaft einerseits eine höhere „Entwickelung seiner Naturanlagen"[13] fühlt, die ihm behagt, er andererseits jedoch sich nicht zugunsten anderer einschränken möch-

---

8   *Kant* 1900 ff. (Akademieausgabe [AA]), Bd. VIII, S. 17.
9   Ebd. VIII, S. 18.
10 Ebd.
11 Denn: „Die Natur hat gewollt: daß der Mensch alles […] gänzlich aus sich herausbringe […] durch eigene Vernunft" (ebd., S. 19), was darauf schließen lässt, dass der Naturplan ohne ursächliche Begründung in der Vernunft, aber doch *vermittels* der Vernunft zur Verwirklichung kommen muss.
12 Ebd., S. 20.
13 Ebd., S. 21.

te und daher ebenso einen „Hang sich zu vereinzeln"[14] hat. Hierbei kann sich der Philosoph auf Gemeinplätze des modernen Naturrechts, die einerseits in der Auseinandersetzung mit dem von Hugo Grotius starkgemachten appetitus societatis[15] und zweitens im Theorem des irreduziblen Selbstbezugs des Individuums wurzeln, das, von Thomas Hobbes ausgehend, über Samuel Pufendorf und Christian Thomasius bis weit in das 18. Jahrhundert hinein seine Wirkung entfaltet.[16] Zum Fremdbezug ist allerdings qualifizierend hinzuzufügen, dass nach Kants Abhandlung *Muthmaßlicher Anfang der Menschengeschichte* von 1786 weniger das unhintergehbare Bedürfnis nach Gesellschaft, als vielmehr die Not (nach Hobbes' oder Rousseaus Auffassungen) den ersten Staat hervorbringt – eine Ansicht, die Schiller ebenfalls teilt.[17] Aus dem Selbstbezug wiederum entstehen diejenigen Laster, welche die Gesellschaft bedrohen: „Ehrsucht, Herrschsucht oder Habsucht".[18] Genau jene Triebkräfte bedingen aber auch die Kultivierung der Menschheit, indem die aus ihnen entstehenden Konflikte die schöpferischen Kräfte anregen, die „in einem arkadischen Schäferleben"[19] schlummern blieben. Die Vertreibung aus dem status naturalis (gewissermaßen dem säkularisierten Garten Eden) ist also „Plan der Natur"[20] oder der „Vorsehung",[21] der in „einer allgemein das Recht verwaltenden bürgerlichen Gesellschaft"[22] sein Ziel finden muss, welchem auf internationaler Ebene[23] ein „Völkerbund"[24] entsprechen soll, durch den „auch der kleinste Staat seine Sicherheit und

---

14 Ebd., S. 21.
15 S. zu einer ideengeschichtlichen Verortung dieses Gedankens: *Stiening* 2016.
16 Vgl. zu diesen Zusammenhängen die Studie von *Vollhardt* 2001.
17 „Ein Boden, von dessen Bearbeitung und Bepflanzung (vornehmlich mit Bäumen) der Unterhalt abhängt, erfordert bleibende Behausungen; und die Vertheidigung desselben gegen alle Verletzungen bedarf einer Menge einander Beistand leistender Menschen. Mithin konnten die Menschen bei dieser Lebensart sich nicht mehr familienweise zerstreuen, sondern mußten zusammen halten und Dorfschaften (uneigentlich Städte genannt) errichten, um ihr Eigenthum gegen wilde Jäger oder Horden herumschweifender Hirten zu schützen. Daraus mußte Cultur entspringen […]; was aber das Vornehmste ist, auch einige Anstalt zur bürgerlichen Verfassung und öffentlicher Gerechtigkeit, zuerst freilich nur in Ansehung der größten Gewaltthätigkeiten, deren Rächung nun nicht mehr wie im wilden Zustande einzelnen, sondern einer gesetzmäßigen Macht, die das Ganze zusammenhielt, d. i. einer Art von Regierung überlassen war, über welche selbst keine Ausübung der Gewalt statt fand." (AA VIII, S. 119).
18 Ebd., S. 21.
19 Ebd.
20 Ebd., S. 29.
21 Ebd., S. 30. Nicht die Schlange, sondern Gott selbst bewirkt also die Vertreibung aus dem Paradies, die somit „die Anordnung eines weisen Schöpfers; und nicht etwa die Hand eines bösartigen Geistes" (ebd., S. 22) verrät.
22 Ebd., S. 22.
23 Vgl. *Rohbeck* 2006, S. 92: „Teleologie bedeutet die Rehabilitierung einer politischen Vernunft, die global denkt und operiert" – eine Behauptung, für die sich vielleicht weniger bei Schiller als bei Kant Belege finden lassen.
24 AA VIII, S. 24.

seine Rechte"[25] gewahrt sähe.[26] Da aber aufgrund jenes ‚Antagonismus' (der sich nicht nur zwischen Individuen, sondern auch zwischen Staaten fortsetzt) eine derartige ‚Rechtsstaatlichkeit' sich kaum in absehbarer Zeit realisieren lässt, geht Kant so weit, die Gestaltung einer solchen bürgerlichen, nach Rechtsgrundsätzen strukturierten Gesellschaft als „das größte Problem für die Menschengattung, zu dessen Auflösung die Natur ihn [den Menschen] zwingt,"[27] zu bezeichnen.

Kants Staatsverständnis, soweit es in der Schrift *Idee zu einer allgemeinen Geschichte* expliziert wird, weist den Charakter dessen auf, was später als politischer Liberalismus bekannt werden sollte.[28] Der Staat wird nicht eigentlich auf seine Verfassung hin festgelegt; Kant nimmt keine republikanische Staatsform der Zukunft an, sieht aber durch die Wirtschaftskraft des Bürgertums die Voraussetzungen dafür geschaffen, dass erstens der militärische Handlungsspielraum des Staats von der durch Handels- und Gewerbefreiheit möglichen Wertschöpfung abhängig ist und zweitens durch die damit einhergehenden bürgerlichen Freiheiten (wobei v.a. die Religionsfreiheit Erwähnung findet) ein Zuwachs an kulturellen Errungenschaften und moralischer Sittlichkeit sichtbar wird,[29] der „nach und nach bis zu den Thronen hinaufgehen und selbst auf ihre Regierungsgrundsätze Einfluß haben"[30] muss. Das monarchische Regierungssystem wird, so scheint es, von hier aus dem einer freiheitlichen Republik ähnlich, obgleich dies nicht klar ausgesprochen wird. Zumindest drängt sich die Implikation auf, dass die Bürger selbst für die (gewiss staatlich abzusichernde) Herrschaft des Rechts zuständig sind, wenn es heißt, das Ziel sei „die Erreichung einer allgemein das Recht verwaltenden bürgerlichen Gesellschaft."[31] Insgesamt jedoch stellt Kant ungeachtet des Unterschieds zwischen Republik und Monarchie für die ‚bürgerliche Gesellschaft' einen Staat in Aussicht, der für die äußere (gesetzlich garantierte) Freiheit, d.h. die Sicherheit der Bevölkerung sorgt und diese Gewährleistung individueller Freiheit allein oder hauptsächlich zu seinem Belang erklärt. Mithin sollte „eine vollkommen gerechte bürgerliche Verfassung"[32] einen Staat ermöglichen, wo „Freiheit unter äußeren Gesetzen im größtmöglichen Grade mit unwiderstehlicher Gewalt verbunden"[33] wäre. Die Zuverlässigkeit der Rechtsfin-

---

25 Ebd.
26 Kant deutet an, dass diese Aufhebung des Antagonismus im Rahmen einer globalen Verstaatlichung geschehen müsse, wenn er davon ausgeht, dass der europäische Kontinent „wahrscheinlicher Weise dereinst allen anderen Gesetze geben wird" (ebd., S. 29) und die europäischen Nationen sich teils bereits „zu einem künftigen großen Staatskörper anschicken, wovon die Vorwelt kein Beispiel aufzuzeigen hat." (ebd., S. 21).
27 Ebd., S. 22.
28 Vgl. hierzu die noch immer lesenswerte, allerdings mit emphatischem Liberalismusbegriff arbeitende Studie von *Federici* 1946. Grundlegend zum Thema: *Dierksmeier* 2009.
29 Vgl. AA VIII, S. 27 f.
30 Ebd., S. 28.
31 Ebd., S. 22.
32 Ebd., S. 28.
33 Ebd.

dung und -sprechung wird in mechanizistischer Metaphorik ausgedrückt, wonach durch die Konstitution des politischen Systems der Staat „wie ein Automat sich selbst erhalten kann."[34] Worin genau die Wahrung der Freiheit besteht und wo deren Grenzen liegen, ist aus Kants Ausführungen allerdings bestenfalls zu erahnen. So hätten die Staatseinnahmen immer weniger der Aufrüstung zu dienen (ein Problem, zu dessen Lösung ein wachsender ‚weltbürgerlicher Völkerbund' ohnehin beitragen sollte), sondern „öffentlichen Erziehungsanstalten"[35] und anderen Projekten zugutekommen, die auf das nicht weiter spezifizierte „Weltbeste"[36] abzielen.[37]

Wie erwähnt, steht Kant der Realisierbarkeit einer derartigen Staatenbildung mit etlicher Skepsis gegenüber, die sich insbesondere in der Auffassung niederschlägt, dass der Staat sich in einem „Herrn"[38] manifestieren müsse, der, gleich, ob er „in einer einzelnen Person oder in einer Gesellschaft vieler"[39] bestehe, selbst alle menschlichen Schwächen aufweist. Darum wird die „selbstsüchtige thierische Neigung"[40] zur Isolation zwar in Herrschenden und Beherrschten die oben angesprochene Kultivierung mit verursachen, dabei aber nicht unbedingt eine moralische Verbesserung nach sich ziehen. Mit Blick auf „Rousseau"[41] konstatiert Kant, dass also auf unabsehbare Zeit „die menschliche Natur die härtesten Übel unter dem betrüglichen Anschein äußerer Wohlfahrt"[42] zu ertragen habe. So ist für Kant zwar die vollständige Erfüllung des Naturplans „unmöglich",[43] doch ist wenigstens die staatstheoretische Annäherung einerseits empirisch nicht unbegründet, und darf andererseits der hierbei gefundene historiographische „Leitfaden apriori"[44] als unumgängliche „Rechtfertigung der Natur – oder besser der Vorsehung"[45] akzeptiert werden. – Schiller wird den auch staatstheoretisch problematischen Antagonismus menschlicher Sozialität in seiner *Universalhistorischen Übersicht* aufgreifen, historiographisch anwenden und mit einem Moment versehen, das als eine der Keimzellen seiner späteren politischen Ansichten in den ästhetischen Schriften zu begreifen ist.

---

34 Ebd., S. 25.
35 Ebd., S. 28.
36 Ebd.
37 Vermutlich handelt es sich dabei um die eingangs von Kant aufgerufene und oben erwähnte rationale Entfaltung der menschlichen ‚Naturanlagen'. Zieht man die (erst 1795 erscheinende) Schrift *Zum ewigen Frieden. Ein philosophischer Entwurf* (vgl. ebd., S. 341-386) hinzu, lässt sich die Rede vom ‚Weltbesten' allerdings auch unmittelbar politisch als die friedensstiftende Realisierung einer weltumspannenden Pluralität von Rechtsstaaten auslegen, welche Kant in *Zum ewigen Frieden* als „Föderalism freier Staaten" (ebd., S. 354) beschreibt. Vgl. hierzu: *Herb/Nawrath* 2009, S. 28-41.
38 Ebd., S. 23.
39 Ebd.
40 Ebd.
41 Ebd., S. 26.
42 Ebd.
43 Ebd., S. 23.
44 Ebd., S. 30.
45 Ebd.

3. Problematik einer politisch-philosophischen Einordnung des Mittelalters

Schiller publizierte die *Universalhistorische Übersicht* in der ersten Ausgabe der Reihe *Allgemeine Sammlung historischer Memoires vom zwölften Jahrhundert bis auf die neuesten Zeiten, durch mehrere Verfasser übersetzt, mit den nöthigen Anmerkungen versehen, und jedesmal mit einer universalhistorischen Übersicht begleitet*.[46] Die universalhistorische *Übersicht* zu den Kreuzzügen hatte die Aufgabe, in die Geschichte des Mittelalters einzuführen und dabei die universalhistorische Dignität der Materie zu demonstrieren. Hierzu muss Schiller erläutern, welche Relevanz den Kreuzzügen oder generell dem Mittelalter für die sittliche, kulturelle oder politische Lage der Gegenwart zukommt.[47] Das durch Schiller von August Ludwig Schlözer übernommene[48] und modifizierte „politikgeschichtliche Konzept von Universalgeschichte"[49] erhält dadurch neue politische Brisanz: „Schlözer wird als Vorbild für Schillers universalhistorische Schriften angesehen, seine Geschichtsauffassung unterscheidet sich jedoch in grundlegenden Punkten von der erzieherischen Geschichtsauffassung, die für Schiller maßgeblich ist."[50] Für den Deisten Schlözer ist die Universalhistorie letztlich von theologischem Interesse, insofern sie als „Dienerin der Religion"[51] die Herrlichkeit des göttlichen Weltplans darlegen und mithin „zur Anbetung desjenigen Wesens [...], das unsichtbar die Schicksale der Menschen in langen Ketten hält",[52] Anlass geben soll. Schiller hingegen ist es, wie Ulrich demonstriert, schon in seiner Antrittsvorlesung von 1789 (*Was heißt und zu welchem Ende studiert man Universalgeschichte?*) um „die Verbesserung des Menschen durch den Gebrauch der Vernunft"[53] zu tun. Damit rücken die Lehren, die aus der Geschichte der Staaten für die aktuelle Politik zu ziehen sind, in den Mittelpunkt, und Schiller „folgt mit diesem Ansatz Kant".[54] Dies ist auch bezüglich der Kreuzzugs-Schrift zu konstatieren, sodass verständlich wird, weshalb die ‚Staatsverfassungen' der Nationen als erste Eigenschaft derselben im Titel genannt werden.

Die Problematik, die der Text aufgreift, ließe sich mit Kant als ‚Rechtfertigung der Vorsehung' im Zeitalter der Kreuzzüge beschreiben. Schiller reiht sich zu Beginn der Schrift in jene aufklärerische Kritik ein, die das Mittelalter als Rückfall in

---

46 *Schiller* 1943 ff, Bd. 19, I S. 9. Den Anstoß zu den *Universalhistorischen Memoires* gab die französische *Collection universelle des Mémoires pariculiers relatifs à l'histoire de France*, die „zwischen 1785 und 1790 auf 65 Text- und zwei Registerbände brachte. Bis 1807 kamen dann noch fünf weitere Memoiren-Bände hinzu." (*Schiller* 1943 ff., Bd. 19, II S. 261).

47 Vgl. *Jakovljevic* 2015, S. 179 f. zu den Anleihen Schillers bei Gottlieb Hufelands kantianisch inspiriertem Aufsatz *Ueber den Werth und Nutzen einer Geschichte des Mittelalters* von 1788.

48 Vgl. *Schlözer* 1775.

49 *Jakovljevic* 2015, S. 177.

50 *Ulrich* 2011, S. 201.

51 *Schlözer* 1775, S. 249.

52 Ebd., S. 250. Vgl. hierzu auch *Eder* 2011, S. 695-742, insb. S. 729-732.

53 *Ulrich* 2011, S. 204.

54 Ebd., S. 205.

Barbarei und Aberglauben von der eigenen Epoche und Haltung abgrenzt, will jedoch „die traurige Zeitstrecke vom vierten bis zum sechzehnten Jahrhundert"[55] nicht nur bemängeln, sondern auch als notwendiges Resultat vorhergehender Epochen sowie als unabdingbare Voraussetzung einer ‚aufgeklärten Moderne' analysieren. Hierbei ist es in erster Linie das *Staatsverständnis*, welches die Gegenwart von vormodernen Epochen unterscheidet. Die politische Pointe, die der „Geschichtstheoretiker"[56] Schiller vorträgt, besteht darin, dass das Mittelalter und insbesondere die Kreuzzüge den modernen Verfassungsstaat ermöglicht hätten:

> „Die Torheit und Raserei, welche den Entwurf der Kreuzzüge erzeugten, und die Gewalttätigkeiten, welche die Ausführung desselben begleitet haben, können ein Auge, das die Gegenwart begrenzt, nicht wohl einladen, sich dabei zu verweilen. Betrachten wir aber diese Begebenheit im Zusammenhang mit den Jahrhunderten, die ihr vorhergingen, und mit denen, die darauf folgten, so erscheint sie uns in ihrer Entstehung zu natürlich, um unsere Verwunderung zu erregen, und zu wohltätig in ihren Folgen, um unser Mißfallen nicht in ein ganz andres Gefühl aufzulösen [...] und es ist vielleicht kein historisches Problem, das die Zeit reiner aufgelöst hätte als dieses, keines, worüber sich der Genius, der den Faden der Weltgeschichte spinnt, befriedigender gegen die Vernunft des Menschen gerechtfertigt hätte."[57]

Schiller meint also nicht, dass es eine rationale Begründung für die Kreuzzüge per se gebe, sondern dass der ihnen unterstellte religiöse Wahn einer universalhistorischen Rechtfertigung zugänglich sei. Der Konflikt, der aufgrund einer weisen „Vorsehung"[58] (so Schiller mit Kant) zu einer befriedigenden Lösung führe, müsse mithin in ein klareres Licht gerückt werden: „War die *Völkerwanderung* und das *Mittelalter*, das darauf folgte, eine *notwendige* Bedingung unsrer bessern Zeiten?"[59] Die Erhellung dieser Zusammenhänge, welche „die Funktion des europäischen Gleichgewichts als Friedensfaktor"[60] plausibilisieren soll, wird sowohl anhand einer Darstellung der unterschiedlichen Staatsverfassungen und -verständnisse als auch im Hinblick auf die Voraussetzungen, die deren Wandel ermöglichten, bewerkstelligt.[61]

---

55 *Schiller* 2004, Bd. IV, S. 846.
56 *Süßmann* 2006, S. 44.
57 *Schiller* 2004, Bd. IV, S. 844.
58 Ebd., S. 850.
59 Ebd., S. 846.
60 *Lützeler* 2006, S. 34.
61 Fraglich bleibt hierbei gewiss, weshalb die Gegenwart gerade in dieser Schrift Schillers einen ausgesprochen positiven Status erhält. Ein Grund mag schlichtweg darin liegen, dass nach Schillers Auffassung der moderne Fortschritt tatsächlich in begrüßenswertem Kontrast zur mittelalterlichen Vergangenheit steht. Ein anderer Grund könnte aber auch in einer camouflierten Schreibart liegen, die gerade in der prätendierten Identifizierung des Ideals in der Gegenwart die reale Distanz zu jenem Ideal verdeutlicht. In diesem Fall wären die von Johnston auf Schillers Dramatik gemünzten Worte auch für die *Universalhistorische Übersicht* in Anschlag zu bringen: „Die Dichter des vorrevolutionären Frankreich behandelten politische Inhalte mit Vorsicht. Um der stets drohenden Verhaftung zu entgehen, mußte man sich subtiler Mittel bedienen und die politischen Aussagen verschleiern. In den deutschen Kleinstaaten war es im letzten

294

Die Valenz, die in der Darstellung dem Staat zukommt, ist bereits daran erkennbar, dass Schillers Augenmerk auf den „*Christen* im Okzident"[62] liegt, die unter den „[d]rei Hauptklassen von Nationen"[63] des Mittelalters (zu denen noch „Mahomedaner"[64] und „Griechen",[65] d.h. Byzantiner gehören) jene Völker konstituierten, unter denen sich der Übergang in den modernen Staat vollzog. Das Mittelalter beginnt demnach mit der Völkerwanderung und findet seinen Höhe- und Umkehrpunkt in den Kreuzzügen. Dabei gilt die Antike als Zeit des Despotismus, dem ein künstlich verlängerter Naturzustand im Mittelalter folgt. Dieser jedoch ist die Voraussetzung für den modernen Staat, der universal gültiges Recht anerkennt, „*Menschenfreiheit*"[66] garantiert und von einer bürgerlichen Gesellschaft (*„Bürgergemeinheit*"[67]) getragen wird. Dies macht die Gegenwart – womöglich mit einer Anspielung auf die Geschehnisse in Frankreich – zu einem „Glücksstand, dessen *wir* uns erfreuen, dessen Annäherung wir wenigstens mit Sicherheit erkennen".[68] Mithin nimmt Schiller „eine eurozentrische Perspektive ein, die die Überlegenheit Europas in puncto Gesetzgebung und Vernunft allen vorangegangenen Kulturen und Zeiten gegenüber postuliert."[69] Wie er ausführt, müssen in der bürgerlichen Gesellschaft „Freiheit und Kultur […] vereinigt"[70] sein. Genau dies sei gegenwärtig der Fall: „Nur Europa hat Staaten, die zugleich erleuchtet, gesittet und *ununterworfen* sind; sonst überall wohnt die Wildheit bei der Freiheit, und die Knechtschaft bei der Kultur."[71] Hiermit befindet sich Schiller durch die selektive Aufnahme von Hobbes und Rousseau im Einklang mit Kants *Idee zu einer allgemeinen Geschichte*. Die Distinktion Schillers besteht freilich darin, dass „die Vorstellung einer kosmopolitischen Republik, die das Ende des vernünftigen Geschichtsverlaufs bei Kant markiert",[72] aus dieser überraschend optimistischen Sicht in greifbare Nähe zu rücken scheint.

Das gesetzlich verbürgte Menschenrecht auf Freiheit, generell die Vorstellung universaler Rechte, unterscheidet die Verfassung des modernen Staates fundamental von dem des Mittelalters, aber auch von dem der Antike, und ermöglicht dadurch eine Kultivierung, die gerade nicht um den Preis der Freiheit erkauft wird. Die antiken Staaten erscheinen dagegen als Hochkulturen, die sich nur durch Despotismus aufrechterhalten und letztlich an ebendiesem Konflikt zwischen Freiheit und Kultur

---

Drittel des achtzehnten Jahrhunderts nicht anders. Deshalb griff Schiller auf die um zwanzig, dreißig Jahre ältere politische Schreibtradition in Frankreich zurück." (*Johnston* 2011, S. 47).
62 *Schiller* 2004, Bd. IV, S. 843.
63 Ebd.
64 Ebd.
65 Ebd.
66 Ebd., S. 845.
67 Ebd., S. 852.
68 Ebd., S. 845.
69 *Jakovljevic* 2015, S. 182.
70 *Schiller* 2004, Bd. IV, S. 850.
71 Ebd.
72 *Ulrich* 2011, S. 206.

scheitern. Damit nimmt Schiller erneut eine eigentümliche Asozialität des Menschen im Naturzustand an, die von Hobbes konzipiert und von Rousseau transformiert wurde, und er geht folglich „von einer Gesellschaftsbildung aufgrund von äußeren Notzuständen aus."[73] Es gibt keinen angeborenen Trieb zur Vergesellschaftung, aber doch eine rational nachvollziehbare Notwendigkeit des Zusammenschlusses gegen die Unsicherheit und die Gefahr, die für das eigene Leben von außen her droht: „Die Vernunft kann in einer anarchischen Welt nicht aushalten. Stets nach Übereinstimmung strebend, läuft sie lieber Gefahr, die Ordnung unglücklich zu verteidigen, als mit Gleichgültigkeit zu entbehren."[74] Daher, so argumentiert Schiller in traditionellen Bahnen weiter, wird frühe Kultivierung ausschließlich in despotischen Staaten stattfinden können – und bis zum alten Rom subsumiert er alle europäischen Hochkulturen diesem Despotismus. So fehlt einem antiken Staat wie dem römischen Reich mit seinem „Bürgerrecht des Römers",[75] wodurch lediglich *römische Bürger* und *römische Sklaven*[76] innerhalb desselben politischen Organismus unterschieden werden, jene ‚weltbürgerliche' Universalisierbarkeit des Rechts, das in Europa zwar der Nationalstaat garantiert, das aber „an Werte zunimmt, je größer die Anzahl derer wird, die es mit uns teilen".[77] Die Schwierigkeit des Arguments besteht darin, begreiflich zu machen, wie das Mittelalter einen Übergang zu dieser ‚weltbürgerlichen' Vision ermöglicht hat, welche jeden antiken Staat übertrifft.

4. Mittelalterlicher Antagonismus und neuzeitliche Synthese

Vor dem bisher umrissenen Horizont entwirft der Text nun eine Erklärung dafür, weshalb Rom in der Völkerwanderung untergehen musste. Kein antiker Staat konnte sich aus dem Dilemma befreien, dass die despotische Kultivierung *einerseits* auf die schöpferischen Kräfte, die mit der Freiheit des menschlichen Wesens verbunden sind, zurückgreifen musste, dabei aber *andererseits* jene Freiheit zu vernichten sich anschickte: „Für despotisch beherrschte Staaten ist keine Rettung als in dem Untergang."[78] Dieser Verwüstung gibt „der rohe germanische Geist",[79] der sich zur Zeit der Völkerwanderung noch gleichsam im status naturalis befindet, das römische Weltreich anheim. Hierdurch unterscheiden sich nach der schillerschen Interpretation die regna der Spätantike und die Feudalstaaten des Mittelalters von allen anderen historischen Staatsgebilden, die auf dem Boden unterworfener Hochkulturen er-

---

73 Ebd., S. 204.
74 *Schiller* 2004, Bd. IV, S. 846.
75 Ebd., S. 845.
76 Ebd.
77 Ebd.
78 Ebd., S. 846.
79 Ebd., S. 848.

wachsen waren. Während bisher die neuen Herren stets die Kultur, d.h. die Schwächen derjenigen Staatsformen übernommen hatten, die sie in eroberten Ländern vorgefunden hatten und damit für Kontinuität gesorgt war, weist das Mittelalter nach Schiller eine totale und heilsame Zäsur auf, die die ursprüngliche Freiheit konserviert: „[S]ollte sich der Deutsche in Gallien nicht zum Römer verschlimmern, wie der Grieche in Babylon zum Perser ausartete, so mußte die Form zerbrochen werden, die seinem Nachahmungsgeist gefährlich werden konnte".[80] Bei aller Kritik an den Barbaren ist mithin die Freiheit der naturwüchsigen Stämme für Schiller eine unerlässliche Komponente einer zukünftigen aufgeklärten Menschheit:

> „Aus der unnatürlichen und entnervenden Ruhe, in welche das alte Rom alle Völker, denen es sich zur Herrscherin aufdrang, versenkte, aus der weichlichen Sklaverei, worin es die tätigsten Kräfte einer zahlreichen Menschenwelt erstickte, sehen wir das menschliche Geschlecht durch die gesetzlose stürmische Freiheit des Mittelalters wandern, um endlich in der glücklichen Mitte zwischen beiden Äußersten auszuruhen, und Freiheit mit Ordnung, Ruhe mit Tätigkeit, Mannigfaltigkeit mit Übereinstimmung wohltätig zu verbinden."[81]

Wie bereits oben angedeutet, schüttelt mit „dem schönen Jahrhundert",[82] d.h. dem 16. Jahrhundert,[83] der Mensch die Anarchie von der Freiheit ab, um letztere mit der Kultur zu verbinden, die sich wiederum erstmalig vom Despotismus löst: „Der *Gegensatz Ruhe/Ordnung – Tätigkeit/Mannigfaltigkeit*"[84] findet hierdurch Versöhnung. Dem Mittelalter kommt dabei die Funktion zu, den anarchischen Naturzustand (die ‚gesetzlose Freiheit') gleichsam künstlich aufrechtzuerhalten. Damit das neue Menschengeschlecht nicht sogleich wieder eine vielleicht kultivierte, aber doch despotische Staatenwelt auf den Ruinen Roms errichte, wird die Anarchie als hobbescher *bellum omnium contra omnes* verlängert, sodass durch die Folgen der kriegerischen ‚Gesetzlosigkeit' endlich die Einsicht in ein ideales Rechts- und Staatssystem heranreift, das Schiller in der Neuzeit zu finden vorgibt, das aber gewiss eher der ‚vollkommen gerechten bürgerlichen Verfassung' aus Kants *Idee zu einer allgemeinen Geschichte* als allen realgeschichtlichen Staatsformen ähnelt. Den entscheidenden Passus zur Entstehung der Herrschaft des Rechts setzt Schiller in eine Anmerkung, die um der Ausführlichkeit willen hier vollständig zitiert sei:

> *Freiheit* und *Kultur*, so unzertrennlich beide in ihrer höchsten Fülle miteinander vereinigt sind, und nur durch diese Vereinigung zu ihrer höchsten Fülle gelangen, so schwer sind sie in ihrem Werden zu verbinden. *Ruhe* ist die Bedingung der Kultur, aber nichts ist der Freiheit gefährlicher als Ruhe. Alle verfeinerte Nationen des Altertums haben die Blüte ihrer Kultur mit ihrer Freiheit erkauft, *weil sie ihre Ruhe von der Unterdrückung*

---

80 Ebd., S. 846.
81 Ebd., S. 845.
82 Ebd., S. 848.
83 *Schiller* 1943 ff., Bd. 19, II, S. 278.
84 *Ehlers* 2011, S. 80.

erhielten. Und eben darum gereichte ihre Kultur ihnen zum Verderben, weil sie aus dem Verderblichen entstanden war. Sollte dem neuen Menschengeschlecht dieses Opfer erspart werden, d.i. sollten Freiheit und Kultur bei ihm sich vereinigen, so mußte es seine Ruhe auf einem ganz andern Weg als dem Despotismus empfangen. Kein andrer Weg aber war möglich als die *Gesetze,* und diese kann der noch freie Mensch nur sich selber geben. Dazu aber wird er sich nur aus Einsicht und Erfahrung entweder ihres Nutzens, oder der schlimmen Folgen ihres Gegenteils entschließen. Jenes setzte schon voraus, was erst geschehen und erhalten werden soll; er kann also nur durch die schlimmen Folgen der Gesetzlosigkeit dazu gezwungen werden. Gesetzlosigkeit aber ist nur von sehr kurzer Dauer, und führt mit raschem Übergange zur willkürlichen Gewalt. Ehe die Vernunft die Gesetze gefunden hätte, würde die Anarchie sich längst in Despotismus geendigt haben. Sollte die Vernunft also Zeit finden, die Gesetze sich zu geben, so musste die Gesetzlosigkeit verlängert werden, welches in dem Mittelalter geschehen ist."[85]

So wird der Beginn der frühen Neuzeit als beispielloses politisches Phänomen präsentiert, angesichts dessen der Mensch erstmalig – um ein Wort aus *Die Künstler* aufzugreifen – „Frei durch Vernunft, stark durch Gesetze"[86] auftritt. Anthropologische Gegensätze seien damals mittels einer neuen Staatskonzeption versöhnt worden, indem ihre Hierarchisierung ausreichend lange durch die Abwesenheit staatlichen Zwangs ausgeblieben sei, weil „in Europa allein, und hier nur am Ausgang des Mittelalters, die Energie des Willens mit dem Lichte des Verstandes zusammentraf, hier allein ein noch männliches Geschlecht in die Arme der Weisheit geliefert wurde."[87] Die abstrakte These, dass im Mittelalter freier ‚Wille' und kultivierender ‚Verstand' als Bedingungen glücklicher Staatsbildung erhalten bzw. entwickelt werden konnten, ist allerdings nicht ohne Weiteres einzusehen. Denn freilich liegt angesichts dieser Deutung der Genese neuzeitlicher Staatsentwürfe der Einwand nahe, dass es womöglich nur der Absenz jeglicher Willkürherrschaft bedurft hätte, um den Gedanken an das konstitutionell verankerte Menschenrecht aufkeimen zu lassen. Hätte, anders gesagt, diesen Gedanken nicht jede sich entwickelnde Vernunft, so sie nur ausreichend Zeit fände, fassen können? Oder bedurfte es weiterer Faktoren, die das Mittelalter kennzeichneten? Schiller schließt sich letzterer Auffassung an.

Um die These zu stützen, geht der Text dazu über, vorerst die interne politische Struktur des mittelalterlichen Europa zu betrachten – die universalhistorische Perspektive muss sich an dieser Stelle mit ihrem empirischen Material auseinandersetzen. Die ersten Invasoren Roms „bestanden [...] aus lauter freien Menschen, die aus freiwilligem Entschluß dem Bund beigetreten waren".[88] Je nach Zufall oder Sozialstatus erhalten die Sieger das zu bewirtschaftende, zu verwaltende und zu verteidigende Land. Eine „Staatsgründung unter Zuhilfenahme der Religion"[89] wie in Schil-

---

85 *Schiller* 2004, Bd. IV, S. 850.
86 Ebd., Bd. I, S. 173.
87 Ebd., Bd. IV, S. 849.
88 Ebd., S. 855.
89 *Ulrich* 2011, S. 227.

lers *Sendung Moses* spielt hierbei eine nur untergeordnete Rolle. Um in jenem gleichsam anarchischen Zustand des Kriegs aller gegen alle eine wenigstens zeitweilig einsatzfähige Armee zur Sicherheit von Leben und Besitz aufstellen zu können, entwickelt sich ein Verhältnis von Lehensherrn und Vasallen, wobei die Grundeigentümer Boden an „minder vermögende Gutsbesitzer"[90] verleihen, die für die Dauer des Vertrags zu Kriegsdiensten verpflichtet sind: „Munizipal-Städte und freie Bürger sollen erst werden."[91] Die Verbürgerlichung geschieht im Laufe der Zeit, als die Lehen bereits von einer Generation auf die nächste übergehen, weswegen sie de facto zum Eigentum der Vasallen werden und es überdies zu einer allmählichen Ermächtigung niedrigerer Lehensherren bzw. Lehensempfänger kommt, insofern die ursprünglich vom obersten Lehensherrn abhängigen Lehensempfänger sich den ihnen näher stehenden unteren Lehensherren am stärksten verpflichtet fühlen.[92] Somit scheint erneut ein Antagonismus im Sinne Kants auf, der die bürgerliche Gesellschaft hervorbringt. Die Stabilisierung des Verhältnisses von Lehensherren und Vasallen führt zu einer schrittweise sich vollziehenden Ermächtigung und tendenziellen Gleichberechtigung aller Lehensherren, die zugleich Vasallen unter sich haben, was wiederum zu einer Verquickung von Eigentums- und Freiheitsrechten führte, die für die modernen Staatskonzeptionen ausschlaggebend werden würde – letzteres ist allerdings nur eine plausible Folgerung aus Schillers Darstellung, weil eine Fortsetzung der Übersicht jenseits des Lehenswesens angekündigt wurde, aber nie erschienen ist.[93]

Endlich aber wird auch die Beziehung des Abendlands zum Orient, wie sie sich nach einer Phase der Isolation während der Kreuzzüge etablierte, zur Voraussetzung eines glücklichen Loses, das Europa zuteilwerden sollte. Ohne in den politischen Einflussbereich des orientalischen Despotismus zu geraten, lernt der Europäer die Werte der höheren Kultur kennen; er „errötet in Byzanz über seinen rohen Geschmack, seine Unwissenheit, seine Wildheit und erschrickt in Asien über seine Armut."[94] Es ist also eine Verfeinerung des Geschmacks, eine Erweiterung seines Wissens, eine Veredelung der Sitten und ein Ausblick auf materiellen Wohlstand, kurz eine kulturelle Prägung, die durch die Kreuzzüge ermöglicht wird, und die ihm zeigt, was ein starker Staat hervorbringen könnte. Außerdem erhält durch den „überlegende[n] Handel"[95] mit dem Osten die Wirtschaft neuen Aufschwung und „ruft das lüsterne Europa zum Fleiße."[96] Die ‚Anarchie' des Mittelalters macht allmählich dem modernen Verfassungsstaat Platz, und wie in der *Sendung Moses'* „sind es die

---

90 *Schiller* 2004, Bd. IV, S. 857.
91 Ebd., S. 855.
92 Vgl. ebd., S. 861 f.
93 Vgl. *Schiller* 1943 ff., Bd. 19, 1, S. 284.
94 *Schiller* 2004, Bd. IV, S. 851.
95 Ebd., S. 852.
96 Ebd.

Gesetze und die Verfassung, die eine Gesellschaft in den Zustand eines Staates erheben",[97] während hier erstmalig in der Geschichte die Form sowie die Kultur, die jenen Staat auszeichnen, Resultate freier Einsicht sind.

Festzuhalten ist also, dass die Neuzeit – der neuzeitliche Staat – den Kreuzzügen die Werte der Kultivierung zu verdanken hat, die ebenjene Begegnung mit dem Orient zu Bewusstsein gebracht hat. Gleichzeitig sorgt die ‚künstlich verlängerte Anarchie' des Feudalismus dafür, dass der Wunsch nach Kultivierung, d.h. nach Vergesellschaftung, nicht in Despotie, sondern in Gedankenarbeit an innovativen Staatsentwürfen kanalisiert wird.

Auch hierbei ist letztlich eine ungesellige Geselligkeit im Sinne Kants am Werk, die sich v.a. im Konflikt zwischen Adel und Kirche bemerkbar macht. Während sowohl die Adligen unter sich als auch Adel und Kirche miteinander um die Vorherrschaft (die freilich despotischer Natur gewesen wäre) und damit um Vergesellschaftung und Verstaatlichung ringen, hält sie der von Kant beschriebene Hang, alles nur nach eigenem Gutdünken einrichten zu wollen, davon ab, sich zu einigen, was ebenjene Anarchie verlängert, die in die bürgerliche Gesellschaft führt:

> „Wer sah es dem Feinde der heiligsten Freiheit an, daß er der Freiheit zu Hülfe geschickt wurde? Als der Streit zwischen den Königen und den Edeln sich erhitzte, warf er [der Papst] sich zwischen die ungleichen Kämpfer, und hielt die gefährliche Entscheidung auf, bis *in dem dritten Stande* ein beßrer Kämpfer heranwuchs [...]."[98]

Die faktisch begrenzte Macht des Papstes vermag aus der Sicht der bürgerlichen Gesellschaft (hier mit Blick auf die Ereignisse in Frankreich als ‚dritter Stand' markiert) zu illustrieren, was Kant als förderlichen kulturellen Effekt des sozialen Antagonismus und seiner Kriege darstellt, „weil hier allein sich ein Arm fand, der kräftig genug war, Unterdrückung zu hindern, aber zu hinfällig, sie selbst auszuüben."[99] Anders gesagt darf somit gerade „das Elend der geistlichen Einförmigkeit und der politischen Zwietracht"[100] als Bedingung des teleologischen Antagonismus gelten.

Will man Schillers Staatsverständnis in diesem Text klar bestimmen, ist man vor das Problem gestellt, mehrere Staatsverständnisse, deren jedes seine historische Berechtigung hat, parallel betrachten zu müssen, ohne sie in eine einzige, universal gültige Konzeption überführen zu können. Erstens gibt es den Despotismus, der insofern berechtigt ist, als er den Menschen kultiviert und dem Europäer aus einer externen Perspektive die Vorzüge und Gefahren von Staatlichkeit überhaupt zu verdeutlichen imstande ist. Zweitens gibt es den feudalistisch aufgebauten Staat des Mittelalters, den Schiller in freilich hochgradig konstruierter Weise als erweiterten status naturalis im Sinne einer Anarchie, eines *bellum omnium contra omnes* beschreibt. Drit-

---

97   *Ulrich* 2011, S. 227.
98   *Schiller* 2004, Bd. IV, S. 853.
99   Ebd.
100 Ebd. S. 851. Vgl. hierzu auch *Jakovljevic* 2015, S. 184.

tens schließlich gibt es den neuzeitlichen Staat, der die Herrschaft des Rechts so verallgemeinert, dass Freiheit ohne Anarchie und Kultur ohne Despotismus realisierbar werden. Der moderne Staat macht ältere Staatsverständnisse nicht schlichtweg überflüssig, sondern muss auf diesen aufbauen und Aspekte derselben integrieren. Dies ändert allerdings nichts daran, dass in Konvergenz mit Kants eingangs skizzierter Vorstellung der moderne Staat nicht mehr Notstaat, sondern Vernunftstaat zu sein hat, der aus freiem Entschluss und rationaler Einsicht in die Angemessenheit des ‚Freistaats‘[101] entsteht.

5. Außerstaatliche Bedingungen gelingender Verstaatlichung

Inwiefern ist die *Universalhistorische Übersicht* jedoch neuartig und für Schillers eigene Entwicklung seines Staatsverständnisses wegweisend? Schillers Innovation im Text besteht darin, eine Entwicklung der Vernunft zum Gedanken des Konstitutionalismus anzunehmen, *die nur außerhalb der staatlichen Sicherheit möglich ist.* Die Kreuzzüge ermöglichen den Europäern Einsicht in höhere Kultur, ohne dieser Kultur despotisch unterworfen zu sein. So entwickelt die Vernunft in Freiheit, aber doch durch die Erfahrung von Kultur, die sie von der Erfahrung des Despotismus zu sondern weiß, ein politisches System, das Kultur, Moral und Freiheit vereinigt und universalisiert.

Für den Schiller der *Universalhistorischen Übersicht* tritt der Despotismus mithin chronologisch *vor* der Anarchie des status naturalis als weltgeschichtliche Macht auf. Unter den universalhistorischen Voraussetzungen, denen der Verfasser sich unterwirft, ist diese Struktur unumgänglich. Die totale Freiheit generiert an sich keine politische Ordnungsmacht, und ohne den siegreichen Zwang einer solchen Macht über die ihr Widerstrebenden im Laufe der Zeit wäre keine Geschichte möglich. So bedarf es einer Zeit, während der ein vernunftgemäßer Gebrauch der Freiheit möglich, ja, notwendig wird. Genau darin aber besteht nach der *Universalhistorischen Übersicht* die ‚Aufklärung‘; sie ist mithin ein größtenteils außerstaatlicher Prozess, wie Schiller anhand organologischer Metaphern erläutert (und damit einen Kontrapunkt zu Kants mechanizistischer Staatsmetaphorik setzt):

„Durch das ganze Gebiet der Geschichte sehen wir die Entwicklung der *Staaten* mit der Entwicklung der *Köpfe* einen sehr ungleichen Schritt beobachten. Staaten sind jährige Pflanzen, die in einem kurzen Sommer verblühn, und von der Fülle des Saftes rasch in die Fäulnis hinübereilen; *Aufklärung* ist eine langsame Pflanze, [...] [w]eil die Staaten der Leidenschaft anvertraut sind, [...] die Aufklärung aber dem *Verstande*, der nur durch fremde Nachhülfe sich entwickelt, und dem Glück der Entdeckungen, welche Zeit und Zufälle nur langsam zusammentragen. [...] Wie schwer ist es also, daß die *Staaten* die

---

101 Vgl. *Schiller* 2004, Bd. IV, S. 846.

Erleuchtung abwarten, daß die *späte* Vernunft die *frühe* Freiheit noch findet? Einmal nur in der ganzen Weltgeschichte hat sich die Vorsehung dieses Problem aufgegeben [...]. Durch den langen Krieg der mittlern Jahrhunderte hielt sie das *politische* Leben in Europa frisch, bis der Stoff endlich zusammengetragen war, das *moralische* zur Entwicklung zu bringen."[102]

Damit verweben sich die beiden Charakteristika der Kreuzzugs-Effekte: einerseits das kulturelle Wissen aus dem Orient, andererseits die Reflexion über die richtige Staatsverfassung im Okzident. Die Politik – oder ihr Versagen – ist somit nur Stütze einer langsam heranwachsenden neuen Staatskonzeption. Darin ist der vielleicht originellste Beitrag Schillers zur Konzeptualisierung des Mittelalters zu sehen, denn eine solche Ansicht findet man in den Quellen der *Universalhistorischen Übersicht*, soweit diese von der Forschung aufgearbeitet sind, nirgendwo. Falls von einem einzigen umfassenden Staatsverständnis Schillers in jener kleinen Abhandlung zu sprechen ist, dann von einem dynamischen, das den Wandel, die Entwicklung des neuzeitlichen Rechtsstaates, der zugleich Freiheitsgarant und Kulturproduzent sein muss, aus der Despotie über deren Konflikt mit der Gesetzlosigkeit zur Synthese kommen lässt. Sollte es hingegen unmöglich sein, hier ein einziges, kohärentes Staatsverständnis zu identifizieren, zumal Schiller selbst von mehreren Staatsformen spricht, die je nach historischem Zustand ein Eigenrecht behaupten, so bleibt eine Parallele zu jener dreifachen *status*-Konzeption zurück, die in den Briefen *Über die ästhetische Erziehung* auftritt, nämlich a) der „Naturstand"[103] (als status naturalis), der b) in den „Naturstaat",[104] welcher sich größtenteils mit dem „Notstaat"[105] deckt, übergeht, und dann c) in den „Staat der Freiheit"[106] (der sich wiederum mit dem „ästhetischen Staat"[107] überschneidet) münden soll. Schillers „KANT-Lektüre bestätigte ihn in der herkömmlichen deutschen Auffassung (spätestens seit Christian THOMASIUS), daß die Gründe für die unideale Wirklichkeit nicht allein in historisch-realen Machtverhältnissen zu suchen seien, sondern vor allem im Inneren der menschlichen Natur",[108] und die Veränderung des Staatsverständnisses betrifft hauptsächlich die revidierten Entstehungsbedingungen des ‚Vernunftstaates'. Die Staatsformen wechseln sich im Laufe der Zeit ab, aber sie haben dabei ihre jeweilige hierarchische Berechtigung im Ganzen der Universalgeschichte, d.h. sie werden nach derjenigen teleologischen Konzeption rekonstruiert, die in Schillers Antrittsvorlesung (ebenfalls in Anlehnung an Kant) der Geschichte Sinnhaftigkeit verleiht und wonach im Konflikt mit vermeintlichen Kontingenzen stets „diejenige Meinung siegt, welche dem

---

102 Ebd., S. 849 f.
103 Ebd., S. 574.
104 Ebd.
105 Ebd.
106 Ebd., S. 579.
107 Ebd., S. 667. Die Strukturanalogie der Dreiteilung in „dynamischen Staat [...] ethischen Staat [...] ästhetischen Staat" (ebd.) aus dem 27. Brief soll ebenfalls am Rande erwähnt werden.
108 *Johnston* 2011, S. 52 f.

Verstande die höhere Befriedigung und dem Herzen die größre Glückseligkeit anzubieten hat."[109]

6. Wegweisende Aspekte für Schillers späteres Staatsverständnis

Mit den außerpolitischen Voraussetzungen gerechter Staatsentwürfe entfaltet sich eine Perspektive auf die späteren politischen Positionierungen Schillers, die selbst wiederum im realgeschichtlichen Horizont der Französischen Revolution stattfinden.

Auffällig mag dabei wirken, dass gerade in dieser Situation der wünschenswerte Staat nicht wie bei Kant in ungewisse Ferne gerückt ist, sondern als aufgeklärter die Synthese von Kultur/Sittlichkeit und Freiheit bereits verwirklicht hat oder gegenwärtig entstehen lässt. Was Kant erhofft, ist, vereinfacht gesagt, für die *Universalhistorische Übersicht* schon vorhanden. Nur die Genese jenes modernen Staatswesens hat Ähnlichkeit mit der Konzeption Kants. Denn auch bei Schiller gibt es den sozialen Antagonismus, der sich in der Oszillation zwischen Freiheit und Kultur ausdrückt. Ein despotischer Staat vermag sich nicht freiheitlich zu reformieren, da den Bürgern der Gedanke von ,Menschenfreiheit' noch weniger zugänglich ist als im status naturalis, doch eine künstlich herbeigeführte Anarchie kehrt diese Entwicklung um. Dies müsste, sollte der Idealzustand nun doch entfernter liegen als zuvor behauptet, auch für die Gegenwart gelten. Die Gegnerschaft zwischen weltlichen Herrschern und dem Papst, der stark genug ist, der Unterdrückung der Aristokratie vorzubeugen, ohne selbst zum Unterdrücker zu werden, sodass der Dritte Stand die bürgerliche Gesellschaft realisiert, kann als Hinweis auf die Französische Revolution, die erst kürzlich zur Stürmung der Bastille geführt hatte, verstanden werden. Die artifizielle Anarchie, eine Art divide et impera im Reich des Geistes, die die Verwirklichung von Rechtsstaatlichkeit zugunsten der Abwehr des Despotismus hinauszögert, wäre daher denkbar. Dies ist natürlich nicht die Aussage der *Universalhistorischen Übersicht*, dies deutet sie nicht einmal an (denn dergleichen liegt nicht in der Argumentationsabsicht der *Memoires*), aber sie bereitet doch einer Konzeption wie derjenigen der Briefe *Über die ästhetische Erziehung* den Boden, welche ebenjene Positionen implizieren.

Denn sollte die Vernunft sich *nicht* bereits seit dem Ausgang des Mittelalters die Gesetze gegeben haben, so ist entweder die exoterische Revolution durch die ,Nation' oder die esoterische Bildung der Vernunft durch politische und kulturelle Eliten die naheliegende Konsequenz.[110] Die Briefe *Über die ästhetische Erziehung des Menschen* revidieren insofern genau im Sinne von Kants Antagonismus das optimistische Staatsbild der *Universalhistorischen Übersicht*: „Hier [in den niederen

---

109 *Schiller* 2004, Bd. IV, S. 764.
110 Vgl. zu diesen Zusammenhängen: *Stiening* 2019.

Schichten] Verwilderung, dort [in den gebildeten Ständen] Erschlaffung: die zwei Äußersten des menschlichen Verfalls, und beide in *einem* Zeitraum vereinigt!"[111] Um diesen sozialen Antagonismus, der in Despotie oder Anarchie mündet und wiederum im Individuum als Streit der Vernunft und der Sinnlichkeit erscheint, zu beheben, entscheidet sich Schiller im Laufe der *terreur* für den esoterischen Weg des Ästhetikers, der an Friedrich Christian von Augustenburg, d.h. einem Vertreter des *ancien régime* Briefe schreibt und „in einigen wenigen auserlesenen Zirkeln"[112] den Vernunftstaat einführen möchte. Wenn dabei erneut Kants „katalysatorische Wirkung"[113] für Schillers Denken aufscheint („Kants Analytik des Schönen ist Ästhetik in weltbürgerlicher Absicht",[114]), so zeugt die *Universalhistorische Übersicht* von der Vorgeschichte dieser Aneignungsprozesse. Denn jene spätere von Riedel als „offenes System"[115] beschriebene „Revision der Geschichtsphilosophie"[116] behält den staatstheoretisch zwar klaren, geschichtsphilosophisch hingegen skeptischen Zug Kants bei. Dies läuft in Schillers Fall auf eine – freilich nicht unkritische – Akzeptanz des *ancien régime* hinaus.[117]

Wäre der Konflikt von *ancien régime* und Revolution als Transformation der Konfliktauffassung der *Universalhistorischen Übersicht* zu verstehen, würde sich all das, was im Mittelalter nolens volens durch die Hand der Mächtigen vor sich ging, in den neuzeitlichen Staaten durch bewusste Lenkung der zwischen Freiheit und Kultur schwankenden Menschheit wiederholen: nämlich die Hinauszögerung realer Rechtstaatlichkeit zum Behuf außerstaatlicher Aufklärung einer „Vernunft",[118] die „Zeit finden [muss], die Gesetze sich selbst zu geben".[119] Wenn Schiller noch in *Über naive und sentimentalische Dichtung* die Moderne sowohl als „Knechtschaft"[120] als auch als „Anarchie"[121] bezeichnet, rückt gerade vermittels der Anarchie die zukünftige Einsetzung des Rechts in den Fokus, die jetzt aber nicht schlichtweg durch individuelle Vernunft, auch nicht durch politische Erziehung im aufge-

---

111 *Schiller* 2004, Bd. IV, S. 580.
112 Ebd., S. 669.
113 *Robert* 2011, S. 354.
114 Ebd., S. 348.
115 *Riedel* 2006, S. 59.
116 Ebd., S. 59.
117 Vgl. hierzu *Ulrichs* 2011, S. 234: „Die Zerreißprobe, in die die Französische Revolution Europa stürzt, führt Schiller dazu, verstärkt über die Attribute einer liberalen Regierungsform nachzudenken, die den Ansprüchen des Individuums gewachsen ist. Angeregt durch den gewaltsamen Umsturz der französischen Monarchie beschäftigt er sich mit den Bedingungen einer friedlichen Staatsumwälzung. Die Grundbedingung einer solchen Umwandlung bleibt die positive Entwicklung des Individuums. Schiller betont diese in seinen historischen Schriften erstmals erwähnte Überzeugung und setzt sich in der Folgezeit verstärkt mit den Erziehungsbedingungen einer solchen positiven Entwicklung auseinander."
118 *Schiller* 2004, Bd. IV, S. 850.
119 Ebd.
120 Ebd., S. 708.
121 Ebd.

klärten oder nachrevolutionären Staat, sondern inmitten der ‚Gesetzlosigkeit' der kriegsverheerten europäischen Staatenwelt stattfinden müsse, denn „unsere Kultur soll uns, auf dem Wege der Vernunft und der Freiheit, zur Natur zurückführen",[122] wozu die Dichtung den einzig gangbaren Weg weist. Wie in der *Universalhistorischen Übersicht* lässt sich ein freiheitlich-konstitutioneller Staat paradoxerweise ausgerechnet im Zwiespalt von realer Anarchie und ersehnter Ordnung anstreben. Auf unpolitischem, d.h. fortan aber ästhetischem Wege erfährt das in der *Universalhistorischen Übersicht* entworfene Staatsbild dank einer rekonzipierten Genese eine neue Rechtfertigung.

Somit vermag eine scheinbar unbedeutende Ausführung wie die *Universalhistorische Übersicht* zu erhellen, wie sich Schillers Staatsverständnisse im Verlauf seines Schaffens äußern, problematisieren und dabei doch kontinuierlich entwickeln. Die gedankliche Voraussetzung für das Werden eines moralischen oder ästhetischen Staates ist allem Anschein nach in keiner der anderen historischen Schriften, sondern allein in der *Universalhistorischen Übersicht* enthalten, worin der höhere Wert ihrer ideengeschichtlichen und literaturwissenschaftlichen Betrachtung für das Verständnis von Schillers intellektueller Entwicklung liegt.

Bibliographie

Dierksmeier, Claus, 2009: Zur systematischen Liberalität von Kants Politik- und Staatsbegriff. In: Ottmann, Henning (Hrsg.), 2009: Kants Lehre von Staat und Frieden, Baden-Baden, S. 42-63.

Ehlers, Nils, 2011: Zwischen schön und erhaben – Friedrich Schiller als Denker des Politischen im Spiegel seiner theoretischen Schriften. Göttingen.

Federici, Federico, 1946: Der deutsche Liberalismus. Die Entwicklung einer politischen Idee von Immanuel Kant bis Thomas Mann. Zürich.

Herb, Karlfried/*Nawrath*, Thomas, 2009: „Ausser der Republik ist kein Heil". Profane und sakrale Deutungsmuster des Staats in Kants Geschichtsphilosophie. In: Ottmann, Henning (Hrsg.), 2009: Kants Lehre von Staat und Frieden, Baden-Baden, S. 28-41.

Jakovljevic, Alexander, 2015: Schillers Geschichtsdenken. Die Unbegreiflichkeit der Weltgeschichte. Berlin.

Johnston, Otto W., 2011: Schillers politische Welt. In: Koopmann, Helmut (Hrsg.), 2011: Schiller-Handbuch. 2. Aufl., Stuttgart, S. 45-72.

Kant, Immanuel, 1900 ff.: Kant's gesammelte Schriften (Akademieausgabe [AA]), 29. Bde. Berlin.

Lützeler, Paul Michael, 2006: Schiller und Europa. Identität und Konflikt. In: Hofmann, Michael; Rüsen, Jörn; Springer, Mirjam (Hrsg.), 2008: Schiller und die Geschichte, München, S. 27-43.

---

122 Ebd., S. 695.

Macor, Laura Anna, 2010: Der morastige Zirkel der menschlichen Bestimmung: Friedrich Schillers Weg von der Aufklärung zu Kant. Würzburg.

Riedel, Wolfgang, 2006: Die anthropologische Wende: Schillers Modernität. In: Feger, Hans (Hrsg.), 2006: Friedrich Schiller: Die Realität des Idealisten, Heidelberg, S. 35-60.

Rohbeck, Johannes, 2006: Universalgeschichte und Globalisierung: Zur Aktualität von Schillers Geschichtsphilosophie. In: Hofmann, Michael/Rüsen, Jörn/Springer, Mirjam (Hrsg.), 2006: Schiller und die Geschichte, München, S. 79-92.

Robert, Jörg, 2011: Vor der Klassik. Die Ästhetik Schillers zwischen Karlsschule und Kant-Rezeption. Berlin.

Schiller, Friedrich, 1943 ff.: Schillers Werke. Nationalausgabe. 41 Bde. Blumenthal, Lieselotte; Wiese, Benno von (Hrsg.). Weimar.

Schiller, Friedrich, 2004: Sämtliche Werke in 5 Bänden. Peter-André Alt, Albert Meier und Wolfgang Riedel (Hrsg.) [Auf der Grundlage der Textedition von Herbert G. Göpfert]. München.

Schlözer, August Ludwig, 1775: August Ludwig Schlözers Prof. in Göttingen Vorstellung der Universal-Historie, 2. Aufl. Göttingen.

Stiening, Gideon, 2016: Appetitus societatis seu libertas. Zu einem Dogma politischer Anthropologie zwischen Suárez, Grotius und Hobbes. In: Jaumann, Herbert/Stiening, Gideon (Hrsg.), 2016: Neue Diskurse der Gelehrtenkultur in der frühen Neuzeit. Ein Handbuch, Berlin, S. 389-436.

Stiening, Gideon, 2019: „Der Versuch eines mündig gewordenen Volks". Schillers allgemeine und besondere Revolutionstheorie. In: Stiening, Gideon (Hrsg.), 2019: Friedrich Schiller: Über die Ästhetische Erziehung des Menschen in einer Reihe von Briefen, Berlin/Boston, S. 49-62.

Süßmann, Johannes, 2006: Denken in Darstellungen – Schiller und die Geschichte. In: Hofmann, Michael/Rüsen, Jörn/Springer, Mirjam (Hrsg.), 2006: Schiller und die Geschichte, München, S. 44-67.

Ulrich, Thomas, 2011: Anthropologie und Ästhetik in Schillers Staat. Schiller im politischen Dialog mit Wilhelm von Humboldt und Carl Theodor von Dalberg. Frankfurt a.M.

Vesper, Achim, 2019: Durch Schönheit zur Freiheit? Schillers Auseinandersetzung mit Kant. In: Stiening, Gideon (Hrsg.), 2019: Friedrich Schiller: Über die Ästhetische Erziehung des Menschen in einer Reihe von Briefen, Berlin/Boston, S. 33-48.

Vollhardt, Friedrich, 2001: Selbstliebe und Geselligkeit. Untersuchungen zum Verhältnis von naturrechtlichem Denken und moraldidaktischer Literatur im 17. und 18. Jahrhundert. Tübingen.

Wilpert, Gero von, 1958: Schiller-Chronik. Sein Leben und Schaffen. Stuttgart.

Antonino Falduto

Idealstaatsbürger und ganze Menschen.
Der Ästhetische Staat in Schillers Briefen *Über die ästhetische Erziehung des Menschen**

1. Einleitende Bemerkungen

Es ist unbestreitbar, dass Schillers philosophisches Vermächtnis im Lichte der Wiederbelebung der Studien zur Klassischen Deutschen Philosophie und ihrer Geschichte neu zu bewerten ist, und dass seine Relevanz und sein postumer Einfluss in der Geschichte der Philosophie ein Forschungsdesiderat darstellen. Schillers Stimme, so bedeutsam sie für die Literaturgeschichte ist, wurde im Kontext philosophischer Untersuchungen bislang verkannt. Schillers Herausforderung für die praktische Philosophie stellt einen neuartigen, ertragreichen Versuch dar, nicht nur die kantische, sondern auch die Philosophie der Antike zu beleben und neuzugestalten. Während aber die Unternehmungen Schillers in Bezug auf die Moralphilosophie meistens unterschätzt werden, ist Schillers Beitrag zur Theorie des Schönen und zum politischen Denken nicht unbemerkt geblieben. Insbesondere hat Schillers Idee einer Umgestaltung des Staates das Interesse wichtiger Leser in der Geschichte der Philosophie geweckt, wie Hegel oder Marx, und neuerer Interpreten.[1] Es ist vielleicht deswegen an der Zeit, sich erneut dem politischen Denken Schillers zu widmen. Im Folgenden werde ich mich insbesondere Schillers Werk *Über die Ästhetische Erziehung des Menschen in einer Reihe von Briefen* widmen, mit dem Ziel, das in den Briefen enthaltene Staatsverständnis zu erläutern. Dabei betrachte ich im ersten Teil meines Beitrags, aufgrund der Analyse der Reflexionen Schillers während seiner Zeit in der Karlsschule, insbesondere der medizinischen Dissertationen, ob und inwiefern Schil-

---

* Diese Veröffentlichung wurde durch ein Feodor-Lynen-Forschungsstipendium der Alexander von Humboldt-Stiftung und durch das *European Union's Horizon 2020 research and innovation programme under the Marie Skłodowska-Curie grant agreement No 777786* unterstützt. Für Hinweise und Kritik danke ich vor allem Nuria Sánchez Madrid, Heiner Klemme und den Teilnehmerinnen und Teilnehmern des *I Taller de la Red Iberoamericana „Kant: Ética, Política y Sociedad"* (RIKEPS): „Razón, Derecho y Sociedad: actualidad e inactualidad del republicanismo de Kant" (Madrid, November 2019). Für die sprachliche Verbesserung des Textes bin ich Sandra Vlasta dankbar.
1 Es seien hier nur die wichtigsten gegenwärtigen Versuche erwähnt: *Müller-Seidel* 2009; *Koopmann* 2009; *Ulrich* 2011; *Ehlers* 2011; *Riedel* 2017.

lers Gedanken ausschließlich auf „Kantischen Grundsätzen [...] ruhen",[2] wie Schiller am Anfang des genannten Briefwechsels darlegt. Ich frage insbesondere, welche Rolle Kant in der Entwicklung der Staatstheorie Schillers tatsächlich gespielt hat und skizziere kurz, was Kant unter „Staat" versteht. Ich werde die Vertretbarkeit der Existenz von „kantischen Grundsätzen" im Schillers Staatsverständnis prüfen, den Unterschied zwischen Kant und Schiller unterstreichen und dadurch zeigen, dass die konkrete Natur des schillerschen Staates im Gegensatz zur ideellen Darstellung des Staates bei Kant hervorzuheben ist. Im zweiten Teil meines Beitrags wende ich mich anschließend Schillers Darstellung des Staates in den *Ästhetischen Briefen* zu.

2. Die Wegbereiter von Schillers „Staat": Kant und die Alternativen

„Sie wollen mir also vergönnen, Ihnen die Resultate meiner Untersuchungen *über das Schöne und die Kunst* in einer Reihe von Briefen vorzulegen. [...] Ich werde von einem Gegenstande sprechen, der mit dem besten Teil unsrer Glückseligkeit in einer unmittelbaren, und mit dem moralischen Adel der menschlichen Natur in keiner entfernten Verbindung steht".[3]

Mit diesen Worten beginnt Schillers Unternehmung bezüglich einer „ästhetischen" Erziehung des Menschen. Es werden zunächst die Bereiche des Schönen und der Kunst in Betracht gezogen und anschließend wird danach gefragt, wie sie mit dem „besten" Teil der menschlichen Glückseligkeit und dem „moralischen Adel" der menschlichen Natur in Verbindung stehen. Schiller räumt von Anfang an alle Zweifel aus: Das Schöne spielt sowohl beim Moralischen wie auch beim Glückseligen eine Rolle. Somit scheint auch ein möglicher Hiatus zwischen Moralität und Glückseligkeit überwunden zu sein. Doch zunächst fragt man sich: Worin besteht der „beste" Teil der menschlichen Glückseligkeit? Man ist geneigt zu denken, dass eine bestimmte Art von Erziehung in der Lage sein sollte, den „besten" Teil der Glückseligkeit zu bewirken. Man sollte versuchen, zwischen den Bereichen moralischer Handlung und Glück zunächst zu unterscheiden und zwischen ihnen dann eine Brücke zu schlagen. Schillers Weg scheint in die Philosophie der Antike zurückzuführen, und in die ganze Geschichte der Philosophie überhaupt. Die Fragen, die gestellt werden, sind nicht nur von platonischer oder aristotelischer Reminiszenz (Was ist das Gute? Was ist das Beste? Was ist Glückseligkeit?), sondern eher systematischer Natur. Die Zusammenführung der Suche nach Glückseligkeit und des Erreichens eines moralischen Lebens ist die zentrale moralphilosophische Aufgabe. Zugleich ist die Ant-

---

2 Die *Ästhetischen Briefe* werden als ÄE aus der Edition von *Über die Ästhetische Erziehung des Menschen in einer Reihe von Briefen* zitiert, die in Band V von SW erschienen ist. Hier also: ÄE, Brief I, SW, Bd. V, S. 570.
3 Ebd.

wort auf die Frage: „Was befähigt den Menschen dazu, die vollkommene Art der Glückseligkeit zu erreichen?" ohne Zweifel direkt mit ethischen Fragen verbunden.

Bereits zu Beginn der Darstellung der theoretischen Gedanken Schillers wird deutlich, dass die Untersuchungen zum „besten" Teil der Glückseligkeit die Kehrseite jener Medaille sind, die das ethische Leben darstellt. Über die Schönheit, die die Brücke zwischen Moralität und Glückseligkeit schlägt, bemerkt Schiller weiterhin im gleichen ersten Brief, dass sie eine Auseinandersetzung ist, die mit dem Herzen geführt wird, „das ihre ganze Macht empfindet und ausübt".[4] Es sind also nicht nur reine, vernünftige Grundsätze allein, sondern sie, gekoppelt an „Gefühle", sind die Elemente, auf die sich Schiller beruft. Die Verknüpfung von intellektuellen und emotiven Elementen ist durch Schönheit möglich. Die verkörperte Schönheit ist das Element, das dem Menschen seinen moralischen Adel entdecken und entwickeln lässt. Somit werden Charakteristika aus der Antike durch das Ideal der *kalokagathia* transportiert, die in der Darstellung des Zusammenspiels von ethischer Gutheit und sichtbarer Schönheit realisiert werden.

Diese anfänglichen Gedanken geben Anlass für zahllose Fragen, statt Schillers politisch-philosophische Unternehmung ins klare Licht zu rücken. Denn, wenn dem so wäre und wir es hier mit einem Projekt zu tun hätten, das wahrnehmbare Schönheit und moralische Geistigkeit durch ästhetische Erziehung ermöglicht, würden wir uns nicht fragen, wieso die *Ästhetischen Briefe* Schillers in ihrer Rezeptionsgeschichte vornehmlich wegen ihrer politischen Dimension ins Zentrum des Interesses der Leserinnen und Leser gerückt worden sind. In diesem Zusammenhang scheint allerdings der wiederholte Rekurs auf die Antike erneut Aufschluss zu geben – und zwar ein primärer Rekurs auf Aristoteles, dessen Darlegung der Untrennbarkeit von Ethik und politischer Theorie (man denke hier an das letzte Buch der *Nikomachischen Ethik* und das erste der *Politik*) genau in die von Schiller eingeschlagene Richtung weist. Kann man aber argumentieren, dass die *Ästhetischen Briefe* ein konkretes Beispiel der Deutschen Klassik darstellen, als deren Hauptvertreter Schiller gelten kann? Um diesen Eindruck zu vermeiden, fügt Schiller hinzu: Seinem Publikum will er „nicht verbergen, dass es größtenteils Kantische Grundsätze sind, auf denen die nachfolgenden Behauptungen ruhen werden".[5] Dieser Schachzug mag verblüffen, wenn man an der bis jetzt verfolgten Argumentationsstrategie festhält, nach der Schiller die antike Philosophie wiederbeleben möchte. Welche Rolle spielt Kant, wenn durch die Antike die Deutungsintention schon vollständig erklärbar ist? Und: Wieso Kant, wenn im Argumentationsverlauf Glückseligkeit so stark ins Zentrum des praktischen Handelns gerückt wird? Und zu guter Letzt: Wieso erneut Kant, wenn Schiller davon ausgeht, dass Schönheit zum Nachvollziehen ethischer Handlungen befähigt?

---

4 Ebd.
5 Ebd.

Viele dieser Bedenken werden sich als unbegründet erweisen, denn Schillers Theorie steht auch der kantischen, aber ihrerseits auch Kants Philosophie jener der Antike, viel näher, als manche Lesearten glauben machen. In der Tat will Kant weder die Glückseligkeit zugunsten der Moral opfern, wie er wiederholt in der *Kritik der praktischen Vernunft* ausführt, noch hat er etwas dagegen, die Schönheit als Symbol der Sittlichkeit zu verwenden, wie er in der *Kritik der Urteilskraft* beteuert. Ungeachtet dessen wird sich allerdings auch zeigen, dass Schillers Ideal des Staates und seine Gedanken zur Praktizität menschlicher Handlung anderen Philosophen näherstehen (zum Beispiel jenen der schottischen Aufklärung) als manche Leser meinen. Um diese Thematiken in das richtige Licht zu rücken, muss man sich zunächst Kants „Ideal" des Staates widmen.

2.1. Kant über den Staat

Die Suche nach einer neuzeitlichen Definition des Staates in den philosophischen Lexika ist nicht leicht.[6] Im neuen *Historischen Wörterbuch der Philosophie* wird man u.a. fündig: Der Staat kann

> „als eine epochenübergreifende, universale, in ihrem Geltungsanspruch weder räumlich noch zeitlich begrenzte Ordnungskonzeption verstanden werden, deren wesentliche Leistungen und Attribute unabhängig von Raum und Zeit begrifflich-definitorisch zu fassen sind [...]. Gleichzeitig kann ‹S.› aber auch als Ordnungskonzeption bzw. Machtkonfiguration verstanden werden, die im Europa des späten Mittelalters bzw. der Frühen Neuzeit entstanden ist und sich insbesondere im 18./19. Jh. als eine besonders effektive, im Innern Frieden sichernde, nach außen expansionsfähige Form der politischen Organisation von Sozialverbänden erwiesen hat".[7]

Diese Definition bringt die Erforschung der neuzeitlichen Konzeptionen des Staates auf den Begriff: Die neuzeitliche Definitionsbestrebung konzentriert sich auf das Wesen einer Institution, jenseits ihrer verschiedenen historischen Erscheinungsformen, die das menschliche Leben organisiert. Vor diesem Hintergrund wenden wir uns nunmehr den kantischen Überlegungen zu. Im ersten Teil seiner *Metaphysik der Sitten*, d. h. in den 1797 erschienenen *Metaphysischen Anfangsgründen der Rechts-*

---

6 In vielen historischen Editionen ist kein Lemma zum Begriff des Staates zu finden, zum Beispiel nicht in Eislers *Wörterbuch der philosophischen Begriffe*, wo man allerdings unter „Rechtsphilosophie" liest: „Gegenüber dem primitiveren Zustande der Gentilgenossenschaft bedeutet [der Staat] eine [...] Organisation der Gesellschaft unter festen Gesetzen, unter einer einheitlichen Regierung und Verwaltung" (*Eisler* 1904, S. 633-639).

7 *Münkler/Vollrath/Silnizki* 1998, Spalte 1. Für eine einleitende Diskussion des Begriffes „Staat" siehe *Weinacht* 1968, sowie *Pfordten* 2004, insbesondere S. 104: „Das Neuartige der rationalen, territorialen und zentralen Fürstenherrschaft des Absolutismus und der Vorstellung von einem abstrakten Kollektiv konnte mit dem Begriff des Staates offenbar am besten umschrieben werden".

lehre, behandelt Kant den Staat im Kontext seiner dem Rechtsbegriff gewidmeten Überlegungen. Er schreibt zunächst vom Recht:

> „Der Begriff des Rechts, sofern er sich auf eine ihm correspondierende Verbindlichkeit bezieht, (d. i. der moralische Begriff desselben) betrifft erstlich nur das äußere und zwar praktische Verhältnis einer Person gegen eine andere, sofern ihre Handlungen als Facta aufeinander (unmittelbar oder mittelbar) Einfluß haben können. Aber zweitens bedeutet er nicht das Verhältniß der Willkür auf den Wunsch (folglich auch auf das bloße Bedürfniß) des Anderen, wie etwa in den Handlungen der Wohlthätigkeit oder Hartherzigkeit, sondern lediglich auf die Willkür des Anderen. Drittens, in diesem wechselseitigen Verhältniß der Willkür kommt auch gar nicht die Materie der Willkür, d. i. der Zweck, den ein jeder mit dem Object, was er will, zur Absicht hat, in Betrachtung, z. B. es wird nicht gefragt, ob jemand bei der Waare, die er zu seinem eigenen Handel von mir kauft, auch seinen Vorteil finden möge, oder nicht, sondern nur nach der Form im Verhältniß der beiderseitigen Willkür, sofern sie bloß als frei betrachtet wird, und ob durch die Handlung eines von beiden sich mit der Freiheit des andern nach einem allgemeinen Gesetze zusammen vereinigen lasse."[8]

Dieser kantischen Definition des Rechts entnimmt man, dass die menschlichen Handlungen als Taten (Kant schreibt *Facta*) eine zentrale Rolle für die Festlegung des Rechtsbegriffes spielen. Er bezieht sich allerdings auf Handlungen, die sich wechselseitig beeinflussen *können*. Recht ist also vielmehr für die mögliche Form des Verhältnisses der menschlichen Willkür maßgebend – und nicht etwa für die Situiertheit und die konkreten Ergebnisse dieses Verhältnisses. Deswegen schlussfolgert Kant: „Das Recht ist also der Inbegriff der Bedingungen, unter denen die Willkür des einen mit der Willkür des andern nach einem allgemeinen Gesetze der Freiheit zusammen vereinigt werden kann".[9] Wie man schon dem Titel des Werkes entnehmen kann, wird hier nicht politische Herrschaft, sondern eher die Art und Weise behandelt, wie Herrschaft von Recht und Ethik beschränkt und abgegrenzt wird.[10] Denn Kant schreibt eine *Metaphysik der Sitten*, deren erster Teil den *Metaphysischen Anfangsgründen der Rechtslehre* gewidmet ist. Diese Anfangsgründe betreffen die Prinzipien, die als *Möglichkeits*bedingungen einer Handlung in einer Welt vielfältiger Akteure im Allgemeinen und der politischen Handlung dieser Akteure im Besonderen betrachtet werden.

Nach der Einleitung in die *Rechtslehre* behandelt Kant das Privatrecht und das öffentliche Recht. Während in der Einleitung der Rechtsbegriff sowie die moralische Möglichkeit und Vertretbarkeit rechtlichen Zwanges aus dem kategorischen Imperativ abgeleitet werden, stellt das Privatrecht sowohl die von vernünftig Handelnden

---

8 Metaphysik der Sitten, Erster Teil: Metaphysische Anfangsgründe der Rechtslehre, AA, Bd. VI, S. 230. Kant wird nach der Akademie-Ausgabe (AA) zitiert.
9 Metaphysik der Sitten, Erster Teil: Metaphysische Anfangsgründe der Rechtslehre, AA, Bd. VI, S. 230.
10 Zum kantischen Herrschaftsbegriff siehe zuletzt *Weinrib* 2020.

erwerbbaren Rechte wie auch die Bedingungen dar, unter denen diese Rechte zu erwerben sind. Davon ausgehend werden im öffentlichen Recht die Grundsätze einer möglichen Verfassung eines *status civilis*, einschließlich des Staatsrechtes, behandelt.[11] Am Anfang aller Reflexionen, die nicht allein rechtlicher, sondern auch staatsrechtlicher Natur sind, räumt Kant der Freiheit eine zentrale Rolle ein. Kant bemerkt, dass ein einziges angeborenes Recht existiert:

> „Freiheit (Unabhängigkeit von eines Anderen nöthigender Willkür), sofern sie mit jedes Anderen Freiheit nach einem allgemeinen Gesetz zusammen bestehen kann, ist dieses einzige, ursprüngliche, jedem Menschen kraft seiner Menschheit zustehende Recht".[12]

Die Bedingung, unter der diese Freiheit tatsächlich realisiert wird, besteht darin, dass sie respektiert wird. In diesem Rahmen sind die Überlegungen zum Staat zu verorten. Staat und Freiheit sind eng verbunden, weil der Staat nicht ein Hindernis für die Freiheit darstellt, sondern vielmehr Freiheit allererst ermöglicht. Staatliche Intervention, die auf den ersten Blick die Freiheit einer Einzelperson zu verhindern scheinen, können Freiheit unterstützen, insofern bestimmte Handlungsweisen, die verhindert werden, eine viel größeres Hindernis für die kollektive oder individuelle Freiheit wären.[13] Aus dieser Perspektive ist Kants Definition vom Staat zu verstehen:

> „Der Inbegriff der Gesetze, die einer allgemeinen Bekanntmachung bedürfen, um einen rechtlichen Zustand hervorzubringen, ist das öffentliche Recht. – Dieses ist also ein System von Gesetzen für ein Volk, d. i. eine Menge von Menschen, oder für eine Menge von Völkern, die, im wechselseitigen Einflusse gegen einander stehend, des rechtlichen Zustandes unter einem sie vereinigenden Willen, einer Verfassung (*constitutio*), bedürfen, um dessen, was Rechtens ist, theilhaftig zu werden. – Dieser Zustand der Einzelnen im Volke in Verhältniß untereinander heißt der bürgerliche (*status civilis*) und das Ganze derselben in Beziehung auf seine eigene Glieder der Staat (*civitas*), welcher seiner Form wegen, als verbunden durch das gemeinsame Interesse Aller, im rechtlichen Zustande zu sein, das gemeine Wesen (*res publica latius sic dicta*) genannt wird, in Verhältniß aber auf andere Völker eine Macht (*potentia*) schlechthin heißt (daher das Wort Potentaten), was sich auch wegen (anmaßlich) angeerbter Vereinigung ein Stammvolk (*gens*) nennt und so unter dem allgemeinen Begriffe des öffentlichen Rechts nicht bloß das Staats–, sondern auch ein Völkerrecht (*ius gentium*) zu denken Anlaß giebt: welches dann, weil der Erdboden eine nicht gränzenlose, sondern sich selbst schließende Fläche ist, beides zusammen zu der Idee eines Völkerstaatsrechts (*ius gentium*) oder des Weltbürgerrechts (*ius cosmopoliticum*) unumgänglich hinleitet: so daß, wenn unter diesen drei möglichen Formen des rechtlichen Zustandes es nur einer an dem die äußere Freiheit durch Gesetze

---

11 *Ludwig* 1990, S. 406.
12 Metaphysik der Sitten, Erster Teil: Metaphysische Anfangsgründe der Rechtslehre, AA, Bd. VI, S. 237.
13 Vgl. *Rauscher* 2017: „The state is not an impediment to freedom but is the means for freedom. State action that is a hindrance to freedom can support and maintain freedom if it is aimed at hindering actions that would hinder the freedom of others".

einschränkenden Princip fehlt, das Gebäude aller übrigen unvermeidlich untergraben werden und endlich einstürzen muß".[14]

Mit seiner Definition bezieht sich Kant zunächst auf das Verhältnis von Einzelpersonen zueinander und anschließend auf gemeinschaftliche Subjekte, die er Völker nennt. Er leitet somit Prinzipien ab, die die Idee eines Staates von zwischenmenschlichen Rechtsverhältnissen abhängen lassen: Privatrecht betrifft rechtliche Verhältnisse zwischen Staatsbürgern, dennoch fungiert es darüber hinaus als Grundlage des öffentlichen Rechts.[15] Einige Paragraphen später schlussfolgert Kant:

„Ein Staat (*civitas*) ist die Vereinigung einer Menge von Menschen unter Rechtsgesetzen. So fern diese als Gesetze a priori nothwendig, d. i. aus Begriffen des äußeren Rechts überhaupt von selbst folgend, (nicht statutarisch) sind, ist seine Form die Form eines Staats überhaupt, d. i. der Staat in der Idee, wie er nach reinen Rechtsprincipien sein soll, welche jeder wirklichen Vereinigung zu einem gemeinen Wesen (also im Inneren) zur Richtschnur (*norma*) dient".[16]

Ohne die vielen interpretatorischen Schwierigkeiten in Betracht zu ziehen, die mit diesen Versuchen einer Staats-Definition in Verbindung stehen, kann man Dietmar von der Pfordten darin zustimmen, dass der Verweis auf die „einzelnen im Volke" und den „bürgerlichen Zustand" die ethische und mitgliedschaftliche Basis betont, und dass die Gleichsetzung Staat = *civitas* die Unterscheidung zwischen Staat und Bürgerschaft schmälert oder gar aufhebt.[17] Wir können mit von der Pfordten festhalten, dass „der Begriff des Staates ethisch, mitgliedschaftlich, öffentlich und rechtlich verstanden" wird, und dass „zum einen Kants zentrales Verständnis des Staates als rechtlich, und zwar nicht nur positiv-rechtlich, sondern rechtlich-apriorisch, also vorpositiv-rechtlich und somit rechtsethisch bestimmtes Gebilde" präsentiert wird.[18] Darüber hinaus (und das ist meiner Meinung nach eine klare Konsequenz des ersten Arguments) wird auch deutlich, dass „Kant den Staat bzw. die staatliche Verfassung im Gegensatz zum Recht als ‚Idee' begreift".[19] Von der Pfordtens „ideelle" Interpretation des kantischen Staates erweist sich nicht nur durch die Lektüre der 1797 erschienenen *Rechtslehre* als plausibel, sondern auch dann, wenn man die 1793 erschienene Schrift *Über den Gemeinspruch: Das mag in der Theorie richtig sein, taugt aber nicht für die Praxis* in Betracht zieht: „Der Staat" ist im Gegensatz zum „gemeinen Wesen" und dem „Land" das abstrakte Kollektiv und rechtliche Kon-

---

14 Metaphysik der Sitten, Erster Teil: Metaphysische Anfangsgründe der Rechtslehre, § 43, AA, Bd. VI, S. 311.
15 Siehe *Ludwig* 1990, S. 410.
16 Metaphysik der Sitten, Erster Teil: Metaphysische Anfangsgründe der Rechtslehre, § 45, AA, Bd. VI, S. 313.
17 Vgl. *Pfordten* 2004, S. 105.
18 Ebd., S. 107.
19 Ebd., S. 109.

strukt, das sich im Terminus „Staatsrecht" manifestiert.[20] In *Theorie und Praxis* notiert Kant unter anderem:

> „Der bürgerliche Zustand also, bloß als rechtlicher Zustand betrachtet, ist auf folgende
> Principien a priori gegründet:
> 1. Die Freiheit jedes Gliedes der Societät, als Menschen.
> 2. Die Gleichheit desselben mit jedem Anderen, als Unterthan.
> 3. Die Selbstständigkeit jedes Gliedes eines gemeinen Wesens, als Bürgers.
> Diese Principien sind nicht sowohl Gesetze, die der schon errichtete Staat giebt, sondern
> nach denen allein eine Staatserrichtung reinen Vernunftprincipien des äußeren Menschen-
> rechts überhaupt gemäß möglich ist".[21]

Diese Argumentation ist ein gewichtiger Hinweis in einer Schrift, die ein Jahr vor der Publikation der *Ästhetischen Briefe* erscheint. Hier formuliert Kant das wichtigste Fazit im Rahmen jener Überlegungen, die uns von ihm zu Schiller führen.[22] Diese Interpretationsvorschläge werden auch durch die Aussagen der zwei Jahre nach *Theorie und Praxis* und ein Jahr nach den *Ästhetischen Briefen* erschienenen *Friedensschrift* (1795) nahegelegt:

> „Die Idee einer mit dem natürlichen Rechte der Menschen zusammenstimmenden Con-
> stitution: daß nämlich die dem Gesetz Gehorchenden auch zugleich, vereinigt, gesetzge-
> bend sein sollen, liegt bei allen Staatsformen zum Grunde, und das gemeine Wesen, wel-
> ches, ihr gemäß durch reine Vernunftbegriffe gedacht, ein platonisches Ideal heißt (*respu-*
> *blica noumenon*), ist nicht ein leeres Hirngespinnst, sondern die ewige Norm für alle bür-
> gerliche Verfassung überhaupt und entfernt allen Krieg. Eine dieser gemäß organisirte
> bürgerliche Gesellschaft ist die Darstellung derselben nach Freiheitsgesetzen durch ein

---

20 Vgl. *Pfordten* 2004, S. 107, der weiterhin hinzufügt: „Erst im letzten Teil der Schrift [d.i. *Theo-rie und Praxis*], welcher dem Völkerrecht bzw. der internationalen Ethik gewidmet ist, taucht der Begriff des Staates häufiger auf. Das ist konsequent. Im Außenverhältnis gegenüber ande-ren Staaten tritt der Aspekt der inneren, mitgliedschaftlichen, ethischen und rechtlichen Konsti-tution des gemeinen Wesens zurück".

21 Über den Gemeinspruch: Das mag in der Theorie richtig sein, taugt aber nicht für die Praxis, AA, Bd. VIII, S. 290.

22 Vgl. weiterführend *Pfordten* 2004, S. 110-111: „Der Staat als Idee ist demnach für Kant der Staat des apriorischen Rechts und des vereinigten Bürgerwillens und nicht der Staat des ab-strakten Kollektivs und der rationalen, territorialen und zentralen Herrschaft. Die Idee des Staates setzt sich aus den reinen Begriffen des Rechts und des vereinigten Volkswillens zusam-men. Der Staat ist für Kant Idee und nicht Begriff, weil er sich anders als das Recht nicht auf einen Gegenstand in der Anschauung bezieht. Der Staat als Idee ist für Kant also als Bezug-nahme auf einen Gegenstand der Anschauung etwas Scheinhaftes, mit vorsichtiger Skepsis zu Behandelndes. Warum Kant den Staatsbegriff mit relationalen Bestimmungen, wie dem mit-gliedschaftlichen, republikanischen, rechtlichen und ethischen Aspekt ausstattet, lässt sich so-mit ohne weiteres einsehen". Von einem anderen Standpunkt aus behauptet Ripstein: „Kantian independence is not a feature of the individual person considered in isolation, but of relations between persons. Independence contrasts with dependence on another person, being subject to that person's choice. It is relational, and so cannot be predicated of a particular person conside-red in isolation". Siehe *Ripstein* 2009, S. 15.

Beispiel in der Erfahrung (*respublica phaenomenon*) und kann nur nach mannigfaltigen Befehdungen und Kriegen mühsam erworben werden".[23]

Die Darstellung einer *respublica noumenon* bestätigt das Interesse Kants an der Idee des Staates als Ordnungsprinzip für die weltliche Realisation der Vernunft und die Durchsetzung der Vernunftprinzipien, die im Moralgesetz ausgedrückt werden. Die *respublica phaenomenon* ist ihrerseits nur ein unvollkommenes Beispiel des Idealstaates, nach dem vernünftige Menschen jederzeit streben. Vor diesem Hintergrund können wir nun zu Schiller übergehen.

2.2. Die medizinischen Dissertationen Schillers

Bevor wir uns den Überlegungen Schillers zum Staat in den *Ästhetischen Briefen* widmen, ist es entscheidend, die biographischen Anfänge der theoretischen Überlegungen Schillers zu skizzieren, um insbesondere die Rolle Kants in seiner philosophischen Entwicklung zu erfassen.[24]

Schiller war promovierter Mediziner.[25] Zu den Lehrern, die den jungen Schiller am stärksten beeinflussten, zählte Jakob Friedrich Abel, der die Neugestaltung der Philosophie an der Karlsschule in diesen Jahren übernahm.[26] „Noch in der Zeit der Kant-Studien, zu Beginn der 90er Jahre, zehrt Schiller, wie er dankbar bekennt, von der Substanz, die ihm Abels Unterricht verschaffte".[27] Abels Schwerpunkte im Unterricht waren die sensualistische Moralphilosophie, der Empirismus, der Materialismus und die Psychologie. Was die Moralphilosophie angeht, waren die Briten ein Schwerpunkt in Abels Unterricht. Mit Sicherheit hat Schiller Adam Fergusons *Institutes of Moral Philosophy* (1769) in der Übersetzung Christian Garves (1772) studiert.[28] Insbesondere war aber Ernst Platners Schrift *Anthropologie für Aerzte und Weltweise* (1772) in den Vorlesungen Abels zentral.[29] Aufgrund seiner starken anthropologischen Interessen wurde Abel ein wichtiger Gesprächspartner der Mediziner an der Karlsschule. Im Rahmen dieser grob skizzierten akademischen Situation

---

23 Zum ewigen Frieden, AA, Bd. VII, S. 90-91.
24 Den folgenden Abschnitt übernehme ich großenteils aus *Falduto* 2020.
25 Die unter den vielen Schiller-Biographien am gründlichsten recherchierte, die zugleich auch einen präzisen Einblick in den zeitgenössischen Kontext bietet, ist *Alt* 2000. Die Hohe Karlsschule in Stuttgart, an der Schiller sein medizinisches Studium abschloss, ähnelte „der Ritterakademie alten Typs, wie sie seit dem Ende des 16. Jahrhunderts als Eliteuniversität für adelige Zöglinge eingeführt war". Von anderen Institutionen unterschied sie sich dadurch, dass „sie auch für Bürgerkinder zugänglich" war (*Alt* 2000, Bd. 1, S. 83).
26 Zum Leben und Wirken Abels vgl. *Harrelson* 2016. Zur Verbindung zwischen Abel und Schiller vgl. *Riedel* 1995.
27 *Alt* 2000, Bd. 1, S. 119.
28 Vgl. dazu *Falduto* 2021.
29 Für einen ersten Überblick über das Leben und Wirken Platners (samt weiterführenden bibliographischen Angaben) vgl. *Kaffenberger* 2016.

entstehen die medizinischen Abschlussarbeiten Schillers. Die erste medizinische Abschlussarbeit, *Philosophie der Physiologie*, im Herbst 1779 eingereicht, wurde von seinen akademischen Lehrern abgelehnt. Das Thema dieser Arbeit, das auch das Thema der dritten Schrift sein wird, ist das Hauptproblem der vom cartesianischen Dualismus zwischen *res cogitans* und *res extensa* geprägten Menschenlehre des 18. Jahrhunderts. Schiller geht der Frage nach, welche Beziehung zwischen Körper und Geist im menschlichen Organismus festzustellen ist. Das ist eine Frage, die Überlegungen aus der theoretischen Medizin, aber zugleich auch aus der Anthropologie und der Psychologie einbezieht.[30]

Schiller ist in seiner ersten Abschlussarbeit bestrebt, die moralische Vollkommenheit des Menschen mit dem Vergnügen zu korrelieren, so dass Vollkommenheit erst erreicht wird, wenn die geistliche Natur des Menschen mit seiner empfindenden Natur harmoniert. Die Suche nach Harmonie klingt fast wie ein Imperativ moralphilosophischer Natur. Eine Mittelkraft macht diese Harmonie möglich und die Liebe vervollkommnet die menschliche Gattung jenseits des Individuums, indem sie „der schönste, edelste Trieb in der Menschlichen Seele, die große Kette der empfindenden Natur" ist und „nichts anders als die Verwechselung meiner Selbst mit dem Wesen des Nebenmenschen" repräsentiert.[31] Sowohl die Einheit des Menschen als auch die notwendige Präsenz des Anderen und die Kooperation mit dem Nebenmenschen, die zu einer Art Selbstidentifizierung mit dem Anderen führt, sind moralphilosophische Themen, die Schiller stark beschäftigten. Diese Konzepte, die wir bereits in dieser ersten Abschlussarbeit vorfinden, bleiben auch in der späteren Reflexion Schillers präsent, wie wir bei der Behandlung der *Ästhetischen Briefe* sehen werden.

Mit dem Thema seiner dritten Abschlussarbeit hat Schiller erneut die Möglichkeit, sich der wechselseitigen Beeinflussung von Körper und Geist zu widmen. In der dritten Dissertation, d. h. in dem *Versuch über den Zusammenhang der tierischen Natur des Menschen mit seiner geistigen*, im November 1780 vorgelegt, vermittelt Schiller zwischen den materialistischen Positionen, die den Geist nur als Funktion des Körpers bestimmen und deren Modell La Mettries *L'homme machine* (1748) ist, und den spiritualistischen bzw. animistischen Positionen, die die Unabhängigkeit des Geistes von physischen Bedingungen verteidigen und deren Modell Stahls Physiologie geleifert hatte. Somit firmiert der Mediziner Schiller in der Geschichte seines Fachs als Vorläufer einer „ganzheitlichen" Methode.[32] Schillers Konzept einer medizinisch-philosophischen Synthese ist aber keine Einzelerscheinung. Es folgt dem zeitgenössischen Vorbild des philosophischen Arztes: „Der Philosoph müste Arzt, und der Arzt Philosoph seyn", fordert etwa Michael Hißmann in seinen

---

30 Vgl. dazu *Hinderer* 1998, S. 21-22, und *Middel* 2017, S. 205-217.
31 *Philosophie der Physiologie*, SW, Bd. V, S. 251.
32 Vgl. dazu *Riedel* 1985, S. 4-5.

Psychologischen Versuchen (1777).[33] Auch nach Ernst Platner sind Körper und See-le voneinander nicht zu isolieren, so dass sich der Arzt „eben so wenig auf jenen ein-schränken darf, als der Moralist auf diese".[34] Schiller übernimmt dieses Programm, indem er in der Einleitung des *Versuchs* schreibt, dass er sich damit beschäftigt, „den merkwürdigen Beitrag des Körpers zu den Aktionen der Seele, den großen und reel-len Einfluß des tierischen Empfindungssystems auf das Geistige in ein helleres Licht zu setzen".[35] Er entwickelt das Programm einer psychophysischen Disziplin derge-stalt, dass er die zwei menschlichen Naturen nicht nur zu harmonieren anstrebt, son-dern er ist sogar der Überzeugung, dass die „innigste Vermischung der beiden Sub-stanzen" im Menschen festzustellen und keine einseitige Vorherrschaft der Seele ge-genüber dem Leib möglich sei.[36] Die sittliche Welt muss sich mit der körperlichen Welt vereinigen, damit sich der Mensch vervollkommnen kann. Das impliziert die Vereinigung der Tätigkeit der Seele und der Tätigkeit der Materie, das harmonische Zusammenspiel von Geist und Körper. Diese Idee einer vermischten menschlichen Natur hat ihren Ursprung in der Idee, dass die Natur „keinen Sprung leidet", denn „alles geht in ihr stufenweise", schreiben Naturwissenschaftler wie Carl von Linné oder Charles Bonnet.[37] Schiller kennt dieses Prinzip und wird es später in den *Kalli-as-Briefen* wiederholen: „Die Natur liebt keinen Sprung".[38] In der *great chain of being* ist der Mensch ein Geschöpf aus Körper und Geist, das die Stufe zwischen Tier und Engel ausfüllt.[39] *Beide* Komponenten sind menschlich, weder das Körperli-che noch das Geistige darf die Oberhand gewinnen, *beide* Komponenten als Verei-nigte gilt es zu kultivieren und zu harmonieren, um die Vollkommenheit zu errei-chen. Der menschliche Wille wird von einem tierischen Schmerz in Gang gesetzt. Durch den tierischen Schmerz wird der Seele deutlich, dass sie tätig werden muss, um diese Negativität aufzuheben, die auch sie und nicht nur den Körper bedroht. Das erste Prinzip des Denkenden ist vom Körperlichen verursacht. Das meint Schil-ler, wenn er schreibt: „Der Mensch mußte Thier sein, eh er wußte, daß er ein Geist war [...]. *Der Körper [ist] der erste Sporn zur Thätigkeit; Sinnlichkeit die erste Lei-*

---

33 Zu Leben und Wirken von Michael Hißmann vgl. *Wunderlich* 2016, sowie *Klemme/Stiening/ Wunderlich* 2012.
34 *Riedel* 1985, S. 12; aber vgl. auch S. 16-17 (insbesondere zu Hißman).
35 *Versuch*, SW, Bd. V, S. 290-291 (Einleitung).
36 Vgl. *Versuch*, SW, Bd. V, S. 312 (§ 18).
37 Zu Schillers Verhältnis zu den Naturwissenschaften siehe u.a. *Riedel* 1985, S. 111-121.
38 *Kallias*, SW, Bd. V, S. 423. Was die *Kallias-Briefe* betrifft, verkörpert dieser Zyklus den an-fänglichen Nukleus einer Fragment gebliebenen Abhandlung über die Schönheit, die erst 1847 durch die vierbändige Ausgabe von *Schillers Briefwechsel mit Körner* bekannt wurde. Dieser Zyklus wird nicht als eigener Text im Rahmen der Schiller-Nationalausgabe editiert. Im Rah-men dieser Ausgabe findet man Schillers Briefwechsel mit Körner: Die relevanten Briefe des so genannten Kallias-Zyklus wurden von Schiller auf den Zeitraum zwischen dem 21. Dezem-ber 1792 und dem 1. März 1793 datiert.
39 Zum ideengeschichtlichen Kontext vgl. Lovejoys Behandlung der „großen Kette der Wesen" (*Lovejoy* 1936), wofür er sich bekanntlich von Alexander Pope (in kritischer Hinsicht) inspirie-ren ließ, der in seinem *Essay on Man* (1734) den Begriff von „vast chain of being" erörtert.

ter zur Vollkommenheit".[40] Die Sinnlichkeit ist also der erste Beweggrund der Vollkommenheit, insofern die Vollkommenheit erst dann erreicht wird, wenn Seele und Körper harmonieren. Diese Harmonie ist erst möglich, wenn die Seele von der Empfindung in Gang gebracht wird. Die moralphilosophischen Inhalte der Ideen Schillers in dieser medizinischen Schrift sind kaum zu übersehen: Die Vollkommenheit des Menschen als Ganzheit spiegelt die Vollkommenheit des Universums wider und das Streben nach dieser Harmonie zwischen universeller Vollkommenheit und menschlicher Vollkommenheit ist die Tugend.[41] Schiller fasst zusammen:

> „Die allgemeine Empfindung thierischer Harmonie [sollte] die Quelle geistiger Lust [...] sein. [...] Dies ist die wunderbare und merkwürdige Sympathie, die die heterogenen Principien des Menschen gleichsam zu *Einem* Wesen macht, der Mensch ist nicht Seele und Körper, der Mensch ist die innigste Vermischung dieser beiden Substanzen."[42]

Mit dem Wort ‚Sympathie' greift Schiller auf einen *terminus technicus* zurück, der sowohl in der zeitgenössischen Medizin als auch in der Moralphilosophie zu finden ist. Was die Moralphilosophie betrifft, ist Sympathie die empathische Mitleidsfähigkeit; sie ist zugleich die moralanthropologische Quelle der schottischen Philosophen, die den Zusammenhang in der Gesellschaft befördert; was die Medizin angeht, ist Sympathie das Prinzip, das aus den einzelnen Organen des lebenden Körpers und ihren Funktionen ein unauflösliches Ganzes macht.[43] Sympathie ermöglicht die Erklärung des untrennbaren Zusammenhangs von tierischer und geistiger Natur des Menschen, die die menschliche Ganzheit ausmacht und zur Harmonie als Vollkommenheit führt. In den *Briefen über die ästhetische Erziehung des Menschen* kehrt dieses Argument wieder, in denen wir die menschliche Ganzheit wiederfinden, und zwar in der Definition des Spieltriebes und in der Definition des Menschen, der „nur da *ganz Mensch* [ist], wo er spielt".[44] In diesen Rahmen des Verständnisses zur

---

40 *Versuch*, SW, Bd. V, S. 305 (§ 11).
41 Vgl. *Versuch*, Bd. V, S. 307-308 (§ 13): „Wer begreift nun nicht, daß diejenige Verfassung der Seele, die aus jeder Begebenheit Vergnügen zu schöpfen und jeden Schmerz in die Vollkommenheit des Universums aufzulösen weiß, auch den Verrichtungen der Maschine am zuträglichsten sein muß? Und diese Verfassung ist die Tugend".
42 *Versuch*, SW, Bd. V, S. 312 (§ 18).
43 Vgl. *Riedel* 1985, S. 134.
44 ÄE, Brief XV, SW, Bd. V, S. 617. Hier die Definition vom Spieltrieb: „Der Spieltrieb wird also damit umgehen, die Einheit der Idee in der Zeit zu vervielfältigen; das Gesetz zum Gefühl zu machen; oder was eben soviel ist, die Vielheit in der Zeit in der Idee zu vereinigen; das Gefühl zum Gesetz zu machen". Diese Textstelle wird von Schiller im Zweitdruck gestrichen: Siehe ÄE, Brief XIV, SW, Bd. V, S. 612-613. In den *Ästhetischen Briefen* tauchen außerdem einige Gedanken wieder auf, die schon in der dritten medizinischen Dissertation zu finden sind: Insbesondere der Einfluss Fergusons (in der Übersetzung Garves) spielt in dieser Schrift eine Rolle, aber auch die Idee der Sympathie als Element für die soziale Interpretation des Menschen und den Zusammenhalt der Gesellschaft.

menschlichen Ganzheit müssen wir die Ausführungen Schillers zum Staat in den *Ästhetischen Briefen* verorten.[45]

3. Schillers Staatsverständnis in den ‚Ästhetischen Briefen'

Aufgrund der vorangegangenen Analyse der Reflexionen Schillers während seiner Zeit in der Karlsschule werde ich im Folgenden versuchen, die Funktion der „kantischen Grundsätzen" im Schillers Staatsverständnis in den *Ästhetischen Briefen* zu prüfen. Ich werde den Unterschied zwischen Kant und Schiller darstellen und zeigen, dass die konkrete Natur des schillerschen Staates im Gegensatz zur ideellen Darstellung des Staates bei Kant hervorzuheben ist.[46] Dabei geht es um die Voraussetzung, die mit diesem Unterschied bei Schiller verbunden ist, nämlich dass nicht die Vernunft allein als Quelle der Handlungsprinzipien fungiert, sondern erst das Zusammenspiel der sinnlichen und vernünftigen Natur des Menschen. Die schon im letzten Abschnitt erörterte Bedingung, dass Vernunft und Sinnlichkeit bei den Prinzipien menschlichen Handelns zusammenwirken sollen, ist grundlegend für das Staatsverständnis Schillers. Schiller kann und will keine bloße Idee des Staates oder ein Ideal des Staates vorlegen, das vollständig und allein von Vernunftprinzipien abgeleitet wird. Es muss vielmehr ein ästhetischer Staat begründet werden, der aus einer Reflexion zur moralanthropologischen Natur abgeleitet wird. Der eine, ‚ganze Mensch' ist das harmonische Zusammenspiel vom physischen und vernünftigen Menschen, der seine Ganzheit weder in einem Notstaat noch in einem moralischen Staat erreicht, sondern erst in einem Zustand, in dem das Individuum kein zweigeteilter *homo noumenon / homo phaenomenon* ist.[47] Laut dieser Lesart prägen die Gedanken zur Ganzheit des Menschen das theoretische Vorgehen Schillers in den *Äs-*

---

45 Das Thema der Zweiteilung der sinnlich-vernünftigen Natur des Menschen wird auch ausführlich im Kontext der *Ästhetischen Briefen*, und zwar im elften Brief, behandelt (vgl. ÄE, Brief XIII, SW, Bd. V, S. 606-611).

46 Zur Neudimensionierung der Rolle der „kantischen Grundsätze" in den *Ästhetischen Briefen* siehe Meier 2011.

47 Schiller unterscheidet zwischen Notstaat oder Naturstaat und vernünftigem oder moralischem Staat im dritten Brief. Siehe ÄE, Brief III, SW, Bd. V, S. 573-576 (*passim*): „Die Natur fängt mit dem Menschen nicht besser an als mit ihren übrigen Werken: Sie handelt für ihn, wo er als freie Intelligenz noch nicht selbst handeln kann. Aber eben das macht ihn zum Menschen, dass er bei dem nicht stillsteht, was die bloße Natur aus ihm machte, sondern die Fähigkeit besitzt, die Schritte, welche jene mit ihm antizipierte, durch Vernunft wieder rückwärts zu tun, das Werk der Not in ein Werk seiner freien Wahl umzuschaffen und die physische Notwendigkeit zu einer moralischen zu erheben. Er kommt zu sich aus seinem sinnlichen Schlummer, erkennt sich als Mensch, blickt um sich her und findet sich – in dem Staat. Der Zwang der Bedürfnisse warf ihn hinein, ehe er in seiner Freiheit diesen Stand wählen konnte; die Not richtete denselben nach bloßen Naturgesetzen ein, ehe er es nach Vernunftgesetzen konnte. Aber mit diesem Notstaat, der nur aus seiner Naturbestimmung hervorgegangen und auch nur auf diese berechnet war, konnte und kann er als moralische Person nicht zufrieden sein – und schlimm für ihn, wenn er es könnte! Er verlässt also, mit demselben Rechte, womit er Mensch ist, die Herr-

thetischen Briefen von Anfang an: Schillers ‚Schöne Seelen' sind keine ideelle Staatsbürger, sondern vielmehr Bürger eines ästhetischen Staats, die den harmonischen Zustand der Einheit einer sinnlich-vernünftigen menschlichen Natur erreicht haben.[48] Auch für Schiller – wie schon für Kant – ist Freiheit das maßgebende Prinzip.[49] Aber bei Schiller macht erst „politische" Freiheit die „wahre", vollkommene Freiheit aus, so dass individuelle Freiheit und Freiheit als moralische Autonomie nicht im Zentrum der Grundlegung des Staates stehen, sondern eher individuelle und kollektive Freiheit zugleich. Nicht der Mensch als vernünftiges Wesen, sondern der ganze Mensch als sinnlich-vernünftiges Wesen kann einen real existierenden Staat begründen: Nicht der Staat als Idee, sondern der ästhetische Staat als physisch-vernünftige, d. h. konkrete Realisierung charakterisiert Schillers Staatsverständnis und unterscheidet es von jenem Kants.[50] Ähnlich wie bei Kant fungiert auch bei Schiller eine vorrechtliche Idee als Basis des Staates, aber anders als bei Kant bleibt diese Idee kein Ideal, das rein vernünftig und essenziell moralisch definiert wird, sondern ist eine moralanthropologische Voraussetzung, die eine tatsächlich existierende Darstellung finden wird.

Um das Verhältnis zwischen Kant und Schiller zu beleuchten, beginnen wir zunächst mit einigen chronologischen Details. Während Kants *Rechtslehre* erst 1797

---

schaft einer blinden Notwendigkeit […]. Dieser Naturstaat (wie jeder politische Körper heißen kann, der seine Einrichtung ursprünglich von Kräften, nicht von Gesetzen ableitet) widerspricht nun zwar dem moralischen Menschen, dem die bloße Gesetzmäßigkeit zum Gesetz dienen soll; aber er ist doch gerade hinreichend für den physischen Menschen, der sich nur darum Gesetze gibt, um sich mit Kräften abzufinden. Nun ist aber der physische Mensch wirklich, und der sittliche nur problematisch. Hebt also der Vernunft den Naturstaat auf, wie sie notwendig muss, wenn sie den ihrigen an die Stelle setzen will, so wagt sie den physischen und wirklichen Menschen an den problematischen sittlichen, so wagt sie die Existenz der Gesellschaft an ein bloß mögliches (wenn gleich moralisch notwendiges) Ideal von Gesellschaft. Sie nimmt dem Menschen etwas, das er wirklich besitzt und ohne welches er nichts besitzt, und weist ihn dafür an etwas an, das er besitzen könnte und sollte".

48 Vgl. schon das anfängliche rousseausche Motto (im Zweitdruck gestrichen): *„Si c'est la raison, qui fait l'homme, c'est le sentiment, qui le conduit* (= Wenn es die Vernunft ist, die den Menschen macht, so ist es das Gefühl, das ihn leitet)", Jean-Jacques Rousseau, *Julie ou la Nouvelle Héloïse* (1761, III, 7).

49 Siehe z. b. die *conclusio* vom vierten Brief, d. h. ÄE, Brief III, SW, Bd. V, S. 579: „Totalität des Charakters muss also bei dem Volk gefunden werden, welches fähig und würdig sein soll, den Staat der Not mit dem Staat der Freiheit zu vertauschen".

50 Ich stehe mit der hervorragenden Studie von Wolfgang Riedel (*Riedel* 2017) durchaus im Einklang, wenn er unter anderem notiert, dass Schillers Theorie „keine Utopie, keinen kontrafaktischen Traum, kein bloß als normative Idee existierendes Ideal" formuliert, sondern vielmehr „gelebte Realität" ist: „Brechung des Absolutismus der Wirklichkeit durch den Denkraum der Besonnenheit, Moderation der sozialen Verkehrsformen durch wechselseitige Anerkennung, Rettung der Gefühlsnatur des Menschen in die Totalität des Charakters, Realisierung dieser Totalität in Formen der Geselligkeit, Leichtigkeit des Daseins im Spiel – all dies liegt nicht im Nirwana des Unerreichbaren" (S. 271). Trotzdem vertritt Riedel die Ansicht, dass dies „politisch nicht erreichbar", sondern nur „vorpolitisch", d. h. in der „Verlagerung vom Staat auf die Gesellschaft" sei. In dieser Verlagerung liegt nach Riedel Schillers „politischer Realismus" (ebd.). Ich vertrete dagegen eine eher „politische" Leseart, nach der Intersubjektivität die politische Dimension der „ganzen Menschen" definiert.

erscheint, werden die schon erwähnte Schrift über *Theorie und Praxis* von 1793 und die *Friedensschrift* von 1795 veröffentlicht. Die frühen 1790er Jahre, geprägt durch seine Kant-Studien, sind für Schillers intellektuelle Biographie von besonderer Bedeutung.[51] 1795 publiziert er in der von ihm selbst herausgegebenen Zeitschrift *Die Horen* die *Ästhetischen Briefe*.[52] Mit diesen siebenundzwanzig Briefen versucht Schiller, zahlreiche Ziele zu erreichen und verschiedenartigen Projekten gerecht zu werden. Er kritisiert unter anderem die Idee der Aufklärung, sucht nach einer transzendentalen Darstellung des Begriffs vom Schönen, und nimmt die Mannigfaltigkeit der menschlichen psychologischen Mechanismen in den Blick. Gleichwohl vermittelt er eine neue philosophische Perspektive auf das Ereignis der Französischen Revolution und deutet dadurch auf eine neue Staatsform hin, die dem ganzen Menschen ermöglichen kann, sein vollständiges Potential als zugleich vernünftiges und sinnliches Wesen zu erreichen.[53] Trotz des unbestreitbaren Einflusses von Schillers Kant-Lektüre dieser Jahre sollte man die Rolle Kants im Vergleich zu den Autoren, die Schillers philosophische Ausbildung in der Karlsschule beeinflussten, neu dimensionieren. Die *Ästhetischen Briefe* erscheinen noch vor Kants *Rechtslehre*, so dass Schiller nicht in der Lage war, Kants Darstellung des Staates in diesem Werk mit seiner eigenen zu vergleichen. Es ist gut möglich, dass ihm die Darstellung Kants aus *Theorie und Praxis* bekannt war. Aber Schiller konnte weder Kants Auffassung vom Staat als Idee noch seine Begründung auf rein vernünftigen Grundsätzen (also: ohne von der Sinnlichkeit abhängige Gründe) teilen, und zwar nicht nur aus chronologischen, sondern auch aus systematischen Gründen. Denn, beeinflusst durch seine Lektüren in der Karlsschule, d.h. durch das philosophisch-anthropologische Interesse seiner Lehrer und somit durch die Werke Abels und Platners sowie anderer einerseits, und durch die Überlegungen der schottischen Aufklärer, insbesondere durch Fergusons *Institutes of Moral Philosophy* andererseits, bezieht sich Schiller in der Grundlegung der praktischen Philosophie und der politischen Fundierung des Staates auf besondere Abwägungen anthropologischer Natur. So ergänzt Schiller z. B. bei der Behandlung des Revolutionsbegriffes eine neue Dimension des

---

51 Vgl. *Miller* 1970; *Beiser* 2005; *Robert* 2011.
52 Friedrich Schiller: *Über die Ästhetische Erziehung des Menschen in einer Reihe von Briefen*, in *Die Horen: Eine Monatsschrift* (1795). Teil 1: S. 7-48; Teil 2: S. 167-210; Teil 6: S. 45-124. Wie bekannt, werden bereits in den *Augustenburger Briefen* (d. h. *Briefe von Schiller an Herzog Christian von Schleswig-Holstein-Sonderburg-Augustenburg über ästhetische Erziehung*, in ihrem ungedruckten Urtexte herausgegeben von A. L. J. Michelsen. In: *Deutsche Rundschau*, Bd. VII (1876), S. 67-81; S. 273-284; S. 400-413; Bd. VIII (1876): S. 253-268) die ersten Resultate der Forschungen Schillers zu Kant dargestellt, die in einer neuen, teilweise ausgereiften, teilweise einfach unterschiedlichen Form in den *Ästhetischen Briefen* wiedergegeben werden. Ein umfassender, präziser und lang erwarteter Kommentar zu den *Ästhetischen Briefen* ist *Stiening* 2019.
53 Zur Revolution in den *Ästhetischen Briefen* siehe insbesondere: *High* 2004. Für eine fast diametral entgegengesetzte Lektüre, in der Schiller (und auch Fichte) als stark konservative Denker dargestellt werden, siehe *Goddard* 2008.

revolutionären Menschen: Es geht dabei um die Harmonisierung beider Naturen im Menschen, die sinnliche und die vernünftige, die durch eine „totale Revolution in seiner ganzen Empfindungsweise"[54] zu erreichen sei, durch welche allein die Menschheit tatsächlich menschlich fortschreiten wird. Die Vernunft korrespondiert nicht mit der ganzen Menschheit, so dass Schiller zunächst gegen die Zuständigkeit der Vernunft argumentiert, der menschlichen Autonomie allein eine vollkommene Basis zu bieten, und uns damit vor Augen führt, wie weit sein Staatsverständnis vom kantischen entfernt ist. Nach Schiller sind Rationalität und die ausschließlich vom Moralgesetz abhängige Freiheit nur die eine Seite einer angemessenen Erklärung menschlicher Autonomie:

> „Kein Vorzug, keine Alleinherrschaft wird geduldet, soweit der Geschmack regiert und das Reich des schönen Scheins sich verbreitet. Dieses Reich erstreckt sich aufwärts, bis wo die Vernunft mit unbedingter Notwendigkeit herrscht und alle Materie aufhört; es erstreckt sich niederwärts, bis wo der Naturtrieb mit blinder Nötigung waltet und die Form noch nicht anfängt; ja selbst auf diesen äußersten Grenzen, wo die gesetzgebende Macht ihm genommen ist, lässt sich der Geschmack doch die vollziehende nicht entreißen. Die ungesellige Begierde muss ihrer Selbstsucht entsagen und das Angenehme, welches sonst nur die Sinne lockt, das Netz der Anmut auch über die Geister auswerfen. Der Notwendigkeit strenge Stimme, die Pflicht, muss ihre vorweisende Formel verändern, die nur der Widerstand rechtfertigt, und die willige Natur durch ein edleres Zutrauen ehren".[55]

Pflicht und die damit verbundene Idee des ethischen Staates kantischer Natur wird durch den ästhetischen Staat überwunden, in dem die Bürger, durch Schönheit gebildet, moralische Handlung ohne jeglichen Rekurs auf Zwang vollziehen, indem sie ihren moralischen Charakter ausgestaltet haben und gerne überdies ihre Nächsten ermutigen, das Gleiche zu machen: Sie ermuntern ihre Nächsten, deren vernünftige und sinnliche Fähigkeiten zu harmonieren und als „ganze Menschen" zu agieren.[56]

Entgegen der übermäßigen Macht der Pflicht und der vernünftigen Natur des Menschen unterstreicht Schiller, dass auch der sinnliche Teil im Menschen eine grundlegende Rolle in der Erreichung wahrer menschlicher Autonomie spielt. Er betrachtet die Französische Revolution nicht als einen angemessenen Schritt zur Realisierung der Menschheit: Nicht die gewaltsame Einrichtung eines neuen, vollkommeneren Staates, sondern vielmehr eine neue Realitätswahrnehmung verhilft dem individuellen Menschen dazu, sein Menschsein zu vervollkommnen und den Staat in seiner adäquatesten Form zu verwirklichen. Nur die Kultivierung des Vermögens zur Verschönerung der Welt hilft den Menschen dabei, einen Staat zu gründen, der kein bloßes Ideal, sondern eine empirisch nachweisbare Gemeinschaft von schönen Bür-

---

54 ÄE, Brief XXVII, SW, Bd. V, S. 662.
55 Ebd., S. 668.
56 Vgl. *Moland* 2017, *Beiser* 2005, insbesondere S. 163, *Dahlstrom* 2008, insbesondere S. 101 f.

gern sein wird. Dies kommt zwar selten vor, das ist aber kein Grund, es als bloßes Ideal abzutun.

Die Revolution der Empfindungsweise verursacht eine innerliche Revolution des ganzen Charakters des Menschen. In den Worten Schillers:

> „Dem selbständigen Schein nachzustreben, erfordert mehr Abstraktionsvermögen, mehr Freiheit des Herzens, mehr Energie des Willens, als der Mensch nöthig hat, um sich auf die Realität einzuschränken, und er muß diese schon hinter sich haben, wenn er bei jenem anlangen will. [...] An das Materielle gefesselt, läßt der Mensch diesen [Schein] lange Zeit bloß seinen Zwecken dienen, ehe er ihm in der Kunst des Ideals eine eigene Persönlichkeit zugesteht. Zu dem letztern bedarf es einer totalen Revolution in seiner ganzen Empfindungsweise, ohne welche er auch nicht einmal auf dem Wege zum Ideal sich befinden würde. Wo wir also Spuren einer uninteressierten freien Schätzung des reinen Scheins entdecken, da können wir auf eine solche Umwälzung seiner Natur und den eigentlichen Anfang der Menschheit in ihm schließen. Spuren dieser Art finden sich aber wirklich schon in den ersten rohen Versuchen, die er zur Verschönerung seines Daseins macht, selbst auf die Gefahr macht, daß er es dem sinnlichen Gehalt nach dadurch verschlechtern sollte. Sobald er überhaupt nur anfängt, dem Stoff die Gestalt vorzuziehen und an den Schein (den er aber dafür erkennen muß) Realität zu wagen, so ist sein thierischer Kreis aufgethan, und er befindet sich auf einer Bahn, die nicht endet".[57]

Durch einen Text, der fast als eine Kritik *ante litteram* von Kants in der *Rechtslehre* dargestellter idealler Konzeption des Staates gelten kann, ist Schiller bestrebt, dem Menschen einen neuen Weg zur „eigenen Persönlichkeit" aufzuzeigen. Einerseits darf sich der Mensch, um seine eigene Persönlichkeit zu erreichen, nicht auf die sinnliche und materielle Welt beschränken, d. h., dass Glückseligkeit oder Wohlergehen nicht die alleinigen Ziele des Staates sein können. Allerdings darf der Staat die materiellen und sinnlichen Gegebenheiten der Menschen nicht unterschätzen. In der Weise, wie das Reich der Sinnlichkeit allein und das bloße Verfolgen seiner Gesetze, nämlich der Glückseligkeit, hässlich ist, muss das Verfolgen der alleinigen Gesetze der Vernunft und des Moralgesetzes als hässlich erscheinen, denn das Moralgesetz, wenngleich heilig, verkörpert als moralische Nötigung auch einen Zwang, der die harmonische Natur des Menschen einschränkt:

> „Mitten in dem furchtbaren Reich der Kräfte und mitten in dem heiligen Reich der Gesetze baut der ästhetische Bildungstrieb unvermerkt an einem dritten, fröhlichen Reich des Spiels und des Scheins, worin er dem Menschen die Fesseln aller Verhältnisse abnimmt und ihn von allem, was Zwang heißt, sowohl im Physischen als im Moralischen entbindet".[58]

Nur durch die Realisierung des Menschen in seiner harmonischen Ganzheit, als zugleich physisches und intelligibles Wesen, als zugleich sinnlich und vernünftig, wer-

---

57 ÄE, Brief XXVII, SW, Bd. V, S. 661.
58 Ebd., S. 666.

den diese Gegensätze beseitigt. Der Mensch alleine kann diese Dualismen bewältigen, indem er den Widerspruch zwischen der Hässlichkeit des Reiches barbarischer Tierheit und des nötigenden Zwanges, ein vollkommenes Vernunftwesen zu werden, überwindet. Beide Zwangsarten, sowohl physischer als auch moralischer Natur, werden im ästhetischen Staat überwunden:

> „Wenn in dem dynamischen Staat der Rechte der Mensch dem Menschen als Kraft begegnet und sein Wirken beschränkt – wenn er sich ihm in dem ethischen Staat der Pflichten mit der Majestät des Gesetzes entgegenstellt und sein Wollen fesselt, so darf er ihm im Kreis des schönen Umgangs, in dem ästhetischen Staat, nur als Gestalt erscheinen, nur als Objekt des freien Spiels gegenüber stehen. Freiheit zu geben durch Freiheit ist das Grundgesetz dieses Reichs. Der dynamische Staat kann die Gesellschaft bloß möglich machen, indem er die Natur durch Natur bezähmt; der ethische Staat kann sie bloß (moralisch) notwendig machen, indem er den einzelnen Willen dem allgemeinen unterwirft; der ästhetische Staat allein kann sie wirklich machen, weil er den Willen des Ganzen durch die Natur des Individuums vollzieht. Wenn schon das Bedürfnis den Menschen in die Gesellschaft nötigt und die Vernunft gesellige Grundsätze in ihm pflanzt, so kann die Schönheit allein ihm einen geselligen Charakter erteilen. Der Geschmack allein bringt Harmonie in die Gesellschaft, weil er Harmonie in dem Individuum stiftet. Alle andern Formen der Vorstellung trennen den Menschen, weil sie sich anschließend entweder auf den sinnlichen oder auf den geistigen Teil seines Wesens gründen; nur die schöne Vorstellung macht ein Ganzes aus ihm, weil seine beiden Naturen dazu zusammenstimmen müssen".[59]

Der ästhetische Staat wird nicht als Ideal, sondern als real existierender Staat dargestellt, in dem die Harmonie zwischen vernünftigem und sinnlichem Teil der Individuen auch in intersubjektiven Verhältnissen widergespiegelt wird.[60] Das wird dadurch ermöglicht, dass die Schönheit eine Harmonie im Inneren der Einzelmenschen einleitet und sie darüber hinaus auch ins Innere der Gemeinschaft verbreitet. Ein harmonisch konstituiertes Individuum wird von keinerlei Zwang gefesselt und ist in der Lage, auch innerhalb einer staatlichen Gemeinschaft harmonisch zu leben und zu wirken.[61] Ein in dieser Weise harmonischer Mensch ist nicht gezwungen, zwischen der Realisierung sinnlicher Triebe, als Realisierung seiner Einzelheit als sinnliches

---

59 Ebd., S. 667.
60 Schiller bemerkt, dass die politische Freiheit die einzig vollständige, wahre Freiheit ist, die zugleich individuell und kollektiv ist, und die moralische Freiheit als Autonomie ersetzt, siehe ÄE, Brief XXVII, SW, Bd. V, *passim*. Zu diesem Punkt vgl. auch die schon genannten *Kallias-Briefe*. Außerdem: *Über Anmut und Würde*. In Band V von SW, S. 458-459; und die Interpretation Sandkaulens zu diesen Schriften (*Sandkaulen* 2002, hier insbesondere S. 76, 83-84).
61 Wie schon erwähnt, schlägt Riedel vor, dass diese Gemeinschaft keiner staatlichen, sondern eher einer vorpolitischen Lösung entspricht: „Nicht immer wurde erkannt, dass es sich bei diesem Begriff [=„ästhetischer Staat"] um eine Metapher handelt, und zwar um eine eigentlich irritierende, denn sie bezeichnet gerade kein politisches oder gar staatliches, sondern ein vorstaatliches, gesellschaftliches Phänomen. [...] Ästhetische Erziehung ist kein pädagogisches, erziehungspolitisches oder gar staatliches Programm, das inskünftig zu realisieren wäre, sondern beschreibt, was [...] geschah und geschehen musste, damit das Menschenwesen sich hu-

Wesen einerseits, und der Realisierung seiner vernünftigen Natur, als Realisierung seiner Allgemeinheit als vernünftiges Wesen andererseits, zu entscheiden.[62] Das entspricht Schillers Staatsverständnis in den *Ästhetischen Briefen*.

Man fragt sich allerdings am Ende: Ist so ein Staat tatsächlich möglich – und Schiller selbst fragt:

> „Existiert aber auch ein solcher Staat des schönen Scheins? Und wo ist er zu finden? Dem Bedürfnis nach existiert er in jeder fein gestimmten Seele; der Tat nach möchte man ihn wohl nur, wie die reine Kirche und die reine Republik, in einigen wenigen auserlesenen Zirkeln finden, wo nicht die geistlose Nachahmung fremder Sitten, sondern eigene schöne Natur das Betragen lenkt, wo der Mensch durch die verwickeltsten Verhältnisse mit kühner Einfalt und ruhiger Unschuld geht und weder nötig hat, fremde Freiheit zu kränken, um die seinige zu behaupten, noch seine Würde wegzuwerfen, um Anmut zu zeigen“.[63]

Schillers Charakterisierung scheint nicht konkreter als Kants Idee zu sein. Dennoch gilt: Schillers Glauben an die tatsächliche Durchführbarkeit seiner Staatsdarstellung ist in den gesamten *Ästhetischen Briefen* offensichtlich und kann seiner Meinung nach durch Erziehung realisiert werden: Durch Erziehung im Allgemeinen und Erziehung zum Schönen im Besonderen werden die Menschen in die Lage versetzt, ein harmonisches Equilibrium zwischen Sinnlichkeit und Vernunft zu erreichen, das Ideal der ‚Schönen Seele‘ leibhaftig zu machen und somit konkrete Bürger eines real existierenden Idealstaates zu werden.[64] Solche Staatsbürger werden am besten durch Schillers Darstellung einer ‚Schönen Seele‘ verkörpert, die zwar selten vorkommt, die aber keineswegs als bloß utopische Konzeption des Menschen präsentiert wird.

---

manisiert“ (*Riedel* 2017, S. 276). Für eine gegensätzliche Leseart siehe *Pollok* 2019, insbesondere S. 228-235.

62 Diese Gedanken Schillers über die analogische Konstruktion vom Staat und Individuen werden schon im vierten Brief vorbereitet und dargestellt, siehe ÄE, Brief IV, SW, Bd. V, S. 576-579.

63 ÄE, Brief XXVII, SW, Bd. V, S. 668.

64 Schon am Anfang ihrer Rezeptionsgeschichte ist eine Diskussion entstanden, ob die *Ästhetischen Briefe* eher einen utopischen, idealisierten Staat darstellen, statt einen realisierbaren Vorschlag politischer Theorie zu entwickeln. Wolfgang Riedel zeigt, dass eine utopische Leseart etwa bei Janz vertreten wird (vgl. *Janz* 1998), während Riedel selbst eine realistische Leseart verteidigt (vgl. *Riedel* 2017). Die Vertreter der „utopischen“ Leseart fußen auf einer langen Tradition, und zwar der marxistischen, die Schiller vorwirft, eine elitäre Vision der Politik zu entwerfen, und die ihn sogar als apolitisch bezeichnet (siehe dazu Sharpe 1995, insbesondere S. 91). Mit Riedel argumentiert am einflussreichsten Beiser, der die *Ästhetischen Briefe* als Dokument von Schillers politischem Engagement und seines Republikanismus wahrnimmt (*Beiser* 2008, insbesondere S. 123 ff.).

Bibliographie

AA = *Kant*, Immanuel, 1900 ff.: Gesammelte Schriften. Hrsg.: Bd. 1-22: Preussische Akademie der Wissenschaften; Bd. 23: Deutsche Akademie der Wissenschaften zu Berlin; ab Bd. 24: Akademie der Wissenschaften zu Göttingen. Berlin.

SW = *Schiller,* Friedrich, 1962: Sämtliche Werke. Auf Grund der Originaldrucke hrsg. von Gerhard Fricke und Herbert G. Göpfert in Verbindung mit Herbert Stubenrauch. Band 1-5, 3. Auflage. München.

Aigner, Susanne, 2012: Friedrich Schiller und die Politik. Schillers politisches Denken im Wandel der Zeit, Marburg.

Alt, Peter-André, 2000: Schiller. Leben – Werk – Zeit. Band 1: 1759-1791; Band 2: 1791-1805. München.

Barnouw, Jeffrey, 1982: Freiheit zu geben durch Freiheit. Ästhetischer Zustand – Ästhetischer Staat. In: Wittkowki, Wolfgang (Hrsg.): Friedrich Schiller. Kunst, Humanität und Politik in der späten Aufklärung. Ein Symposium. Tübingen, S. 138-161.

Beiser, Frederick C., 2005: Schiller as Philosopher: A Re-Examination. Oxford.

Dahlstrom, Daniel O., 2008: The Ethical and Political Legacy of Aesthetics: Friedrich Schiller's Letter on the Aesthetic Education of Mankind. In: Dahlstrom, Daniel O. (Hrsg.): Philosophical Legacies: Essays on the Thought of Kant, Hegel, and Their Contemporaries. Washington, S. 93-102.

Eisler, Rudolf, 1904: Wörterbuch der philosophischen Begriffe. Erste Ausgabe: Berlin 1899; zweite, völlig neu bearbeitete Auflage, Berlin.

Ehlers, Nils, 2011: Zwischen schön und erhaben. Friedrich Schiller als Denker des Politischen. Im Spiegel seiner theoretischen Schriften. Göttingen.

Falduto, Antonino, 2020: Jenseits des Dualismus zwischen tierischer Natur und geistiger Natur: Kants Mensch in zwiefacher Qualität und Schillers ganzer Mensch. In: Kant-Studien, Bd. 111/2, S. 248-268.

Falduto, Antonino, 2021: Schottische Aufklärung in Deutschland: Christian Garve und Adam Fergusons Institutes of Moral Philosophy. In: Roth, Udo/Stiening, Gideon (Hrsg.): Christian Garve (1742-1798), Berlin/Boston, S. 33-53.

Goddard, Jean-Christophe, 2008: Fichte est-il réactionnaire ou révolutionnaire?. In: Goddard, Jean-Christophe/Rivera de Rosales, Jacinto (Hrsg.): Fichte et la politique. Moza, S. 483-501.

Harrelson, Kevin, 2016: Jakob Friedrich von Abel. In: Kuehn, Manfred/Klemme, Heiner F. (Hrsg.): The Bloomsbury Dictionary of Eighteenth-Century German Philosophers. London/New York, S. 3-4.

High, Jeffrey L., 2004: Schillers Rebellionskonzept und die Französische Revolution. Lewiston/New York.

Hinderer, Walter, 1998: Von der Idee des Menschen: Über Friedrich Schiller. Würzburg.

Janz, Rolf-Peter, 1998: Über die ästhetische Erziehung des Menschen in einer Reihe von Briefen. In: Koopmann, Helmut (Hrsg.): Schiller-Handbook. Stuttgart, S. 610-626.

Kaffenberger, Helmut, 2016: Ernst Platner. In: Kuehn, Manfred/ Klemme, Heiner F. (Hrsg.): The Bloomsbury Dictionary of Eighteenth-Century German Philosophers. London/New York, S. 591-594.

Kaufman, Alexander, 1999: Welfare in the Kantian State. Oxford/New York.

Kersting, Wolfgang, 1984: Wohlgeordnete Freiheit. Immanuel Kants Rechts- und Staatsphilosophie. Berlin.

Klemme, Heiner F./*Stiening*, Gideon/*Wunderlich*, Falk (Hrsg.) (2012): Michael Hißmann (1752-1784). Ein materialistischer Philosoph der deutschen Aufklärung. Berlin/Boston.

Klippel, Diethelm, 1976: Politische Freiheit und Freiheitsrechte im deutschen Naturrecht des 18. Jahrhunderts. Paderborn.

Koopmann, Helmut, 2009: Schillers Staatsdenken. In: Rill, Bernd (Hrsg.): Zum Schillerjahr 2009. Schillers politische Dimension. München, S. 133-143.

Lovejoy, Arthur O., 1936: The Great Chain of Being. A Study of the History of an Idea. Cambridge.

Ludwig, Bernd, 1990: The Right of a State in Immanuel Kant's Doctrine of Right. In: Journal of the History of Philosophy, Bd. 28/3, S. 403-415.

Meier, Lars, 2011: Kantische Grundsätze? Schillers Selbstinszenierung als Kant-Nachfolger in seinen Briefen Über die Ästhetische Erziehung des Menschen. In: Burtscher, Cordula/ Hien, Markus (Hrsg.): Schiller im philosophischen Kontext. Würzburg, S. 50-63.

Middel, Carina, 2017: Schiller und die Philosophische Anthropologie des 20. Jahrhunderts. Ein ideengeschichtlicher Brückenschlag. Boston/New York.

Miller, Ronald D., 1970 (erste Aufgabe: 1959): Schiller and the Ideal of Freedom: A Study of Schiller's Philosophical Works with Chapters on Kant. Oxford.

Moland, Lydia L., 2017: Friedrich Schiller. In: Zalta, Edward N. (Hrsg.): The Stanford Encyclopedia of Philosophy (Summer 2017 Edition). Unter: https://plato.stanford.edu/archives/s um2017/entries/schiller/, download am 2.3.2020.

Müller-Seidel, Walter, 2009: Friedrich Schiller und die Politik. „Nicht das Große, nur das Menschliche geschehe". München.

Münkler, Herfried/*Vollrath*, Ernst/*Silnizki*, Michael, 1998: Staat. In: Ritter, Joachim/ Gründer, Karlfried (Hrsg.): Historisches Wörterbuch der Philosophie. Basel, Bd. 10, Spalten 1-53.

Nilges, Yvonne, 2012: Schiller und das Recht. Göttingen.

Norton, Robert Edward, 1995: The Beautiful Soul. Aesthetic Morality in the Eighteenth Century. Ithaca.

Pfordten, Dietmar von der, 2004: „Zum Begriff des Staates bei Kant und Hegel". In: Internationales Jahrbuch des Deutschen Idealismus/International Yearbook of German Idealism, Bd. II, S. 103-120.

Pfordten, Dietmar von der, 2009: Menschenwürde, Recht und Staat bei Kant. Fünf Studien. Paderborn.

Pollok, Anne, 2019: A Further Mediation and the Settings of Limits: The Concept of Aesthetic Semblance and the Aesthetic State. In: Stiening, Gideon (Hrsg.): Friedrich Schiller: Über die Ästhetische Erziehung des Menschen in einer Reihe von Briefen. Berlin/Boston, S. 219-235.

Rauscher, Frederick, 2017: Kant's Social and Political Philosophy. In: Zalta, Edward N. (Hrsg.), The Stanford Encyclopedia of Philosophy (Spring 2017 Edition). Unter: https://pla to.stanford.edu/archives/spr2017/entries/kant-social-political/, download am 2.3.2020.

Riedel, Wolfgang, 1985: Die Anthropologie des jungen Schiller. Zur Ideengeschichte der medizinischen Schriften und der „Philosophischen Briefe". Würzburg.

Riedel, Wolfgang, 1995: Exoterik, Empirismus, Anthropologie. Abels Philosophie im Kontext der deutschen Spätaufklärung. In: Jacob Friedrich Abel. Eine Quellenedition zum Philosophieunterricht an der Stuttgarter Karlsschule (1773-1782). Mit Einleitung, Übersetzung, Kommentar und Bibliographie herausgegeben von Wolfgang Riedel. Würzburg, S. 402-450.

Riedel, Wolfgang, 2017: Philosophie des Schönen als politische Anthropologie. Schillers Augustenburger Briefe und die Briefe über die ästhetische Erziehung. In: Wolfgang Riedel: Um Schiller. Studien zur Literatur und Ideengeschichte der Sattelzeit. Hrsg. von Markus Hien, Michael Storch und Franziska Stürmer. Würzburg, S. 225-277.

Ripstein, Arthur, 2009: Force and Freedom. Cambridge.

Robert, Jörg, 2011: Vor der Klassik. Die Ästhetik Schillers zwischen Karlsschule und Kant-Rezeption. Berlin/New York.

Saage, Richard, 1994: Eigentum, Staat und Gesellschaft bei Kant. Baden-Baden.

Sandkaulen, Birgit, 2002: Die schöne Seele und der gute Ton. Zum Theorieprofil von Schillers ästhetischem Staat. In: Deutsche Vierteljahresschrift für Literaturwissenschaft und Geistesgeschichte, Bd. 76, S. 74-85.

Sharpe, Lesley, 1991: Schiller. Drama, Thought and Politics. Cambridge/New York.

Sharpe, Lesley, 1995: Schiller's Aesthetic Essays: Two Centuries of Criticism. Rochester.

Stiening, Gideon (Hrsg.), 2019: Friedrich Schiller: Über die Ästhetische Erziehung des Menschen in einer Reihe von Briefen. Berlin/Boston.

Ulrich, Thomas, 2011: Anthropologie und Ästhetik in Schillers Staat. Schiller im Dialog mit Wilhelm von Humboldt und Carl Theodor von Dalberg. Frankfurt a.M.

Unruh, Peter, 1993: Die Herrschaft der Vernunft. Zur Staatsphilosophie Immanuel Kants. Baden-Baden.

Weinrib, Jacob, 2020: Sovereignty as a Right and as a Duty: Kant's Theory of the State. In: Finkelstein, Claire/Skerker, Michael (Hrsg.): Sovereignty and the New Executive Authority. Oxford/New York.

Williams, Howard, 1983: Kant's Political Philosophy. Oxford/New York.

Wunderlich, Falk, 2016: Michael Hißmann. In: Kuehn, Manfred/Klemme, Heiner F. (Hrsg.): The Bloomsbury Dictionary of Eighteenth-Century German Philosophers. London/New York, S. 338-343.

Zotta, Franco, 2015: Staat. In: Willaschek, Markus/Stolzenberg, Jürgen/Mohr, Georg/Bacin, Stefano (Hrsg.): Kant-Lexikon. Berlin/Boston, Bd. III, S. 2162-2165.

Die Autorinnen und Autoren

Dr. Oliver Bach, Ludwig-Maximilians Universität München, Institut für Deutsche Philologie, Schellingstraße 3, 80799 München, Oliver.Leopold.Bach@campus.lmu.de

Prof. Dr. Antonino Falduto, Università degli Studi di Ferrara, Dipartimento di Studi Umanistici, Via Paradiso 12, 44121 Ferrara (Italien), antonino.falduto@unife.it

Prof. Dr. Maria Carolina Foi, Istituto Italiano di Cultura Berlino / Italienisches Kulturinstitut Berlin, Hildebrandstraße 2, 10785 Berlin, mariacarolina.foi@esteri.it

Dr. Markus Hien, Universität Würzburg, Institut für deutsche Philologie, Am Hubland, 97074 Würzburg, markus.hien@uni-wuerzburg.de

PD Dr. Matthias Löwe, Friedrich-Schiller-Universität Jena, Institut für Germanistische Literaturwissenschaft, Fürstengraben 18, 07743 Jena, matthias.loewe@uni-jena.de

Dr. Vincenz Pieper, Universität Osnabrück, Institut für Germanistik, Neuer Graben 40, 49074 Osnabrück, vincenz.pieper@uni-osnabrueck.de

Dr. Jens Ole Schneider, Friedrich-Schiller-Universität Jena, Institut für Germanistische Literaturwissenschaft, Fürstengraben 18, 07743 Jena, jens.ole.schneider@uni-jena.de

Dr. Michael Schwingenschlögl, Ludwig-Maximilians Universität München, Institut für Deutsche Philologie, Schellingstraße 3, 80799 München, michael.schwingenschloegl@lmu.de

Dr. Sebastian Speth, Westfälische Wilhelms-Universität Münster, Sonderforschungsbereich 1385 „Recht und Literatur", Domplatz 6, 48143 Münster, sspeth@uni-muenster.de

Prof. Dr. Gideon Stiening, Westfälische Wilhelms-Universität Münster, Sonderforschungsbereich 1385 „Recht und Literatur", Domplatz 6, 48143 Münster, gstienin@uni-muenster.de

Prof. i. R. Dr. Ludwig Stockinger, Universität Leipzig, An der Parthenaue 9, 04451 Borsdorf, Ludwig.Stockinger@outlook.de

Bereits erschienen in der Reihe STAATSVERSTÄNDNISSE

Freund-Feind-Denken
Carl Schmitts Kategorie des Politischen
von Prof. em. Dr. Rüdiger Voigt, *2021, Bd. 144*

Staat und Zivilgesellschaft
Permanente Opposition oder konstruktives Wechselspiel?
hrsg. von Dr. Andreas Nix, *2020, Bd. 143*

Populismus, Diskurs, Staat
hrsg. von Dr. Seongcheol Kim und Aristotelis Agridopoulos, *2020, Bd. 141*

Staatskritik und Radikaldemokratie
Das Denken Jacques Rancières
hrsg. von von Dr. Mareike Gebhardt, *2020, Bd. 140*

Das Jahrhundert Voltaires
Vordenker der europäischen Aufklärung
hrsg. von Prof. Dr. Norbert Campagna und Prof. em. Dr. Rüdiger Voigt, *2020, Bd. 139*

Legitimität des Staates
hrsg. von Prof. Dr. Tobias Herbst und Dr. Sabrina Zucca-Soest, *2020, Bd. 138*

Staatsprojekt Europa
Eine staatstheoretische Perspektive auf die Europäische Union
hrsg. von Dr. Daniel Keil und Prof. Dr. Jens Wissel, *2019, Bd. 137*

Verfassung ohne Staat
Gunther Teubners Verständnis von Recht und Gesellschaft
hrsg. von Prof. Dr. Lars Viellechner, LL.M. (Yale), *2019, Bd. 136*

Politischer und wirtschaftlicher Liberalismus
Das Staatsverständnis von Adam Smith
hrsg. von Prof. Dr. Hendrik Hansen und Tim Kraski, Lic., M.A., *2019, Bd. 135*

Von Staat zu Staatlichkeit
Beiträge zu einer multidisziplinären Staatlichkeitswissenschaft
hrsg. von Prof. em. Dr. Gunnar Folke Schuppert, *2019, Bd. 134*

Theories of Modern Federalism
hrsg. von Dr. Skadi Siiri Krause, *2019, Bd. 133*

Die Sophisten
Ihr politisches Denken in antiker und zeitgenössischer Gestalt
hrsg. von Prof. Dr. Barbara Zehnpfennig, *2019, Bd. 132*

Die Verfassung der Jakobiner von 1793 und ihr historischer Kontext
Von Dr. Andreas Heyer, *2019, Bd. 131*

Überzeugungen, Wandlungen und Zuschreibungen
Das Staatsverständnis Otto von Bismarcks
hrsg. von Prof. Dr. Ulrich Lappenküper und Dr. Ulf Morgenstern, *2019, Bd. 130*

Repräsentation
Eine Schlüsselkategorie der Demokratie
hrsg. von Prof. Dr. Rüdiger Voigt, *2019, Bd. 129*

weitere Bände unter: www.nomos-shop.de

Matthias Löwe und Gideon Stiening

Zur Einleitung: Schillers Staatsverständnisse im Spanungsfeld von Ethik, Recht und Politik

Friedrich Schiller, der Grandseigneur klassischer Autonomieästhetik, war auch ein politischer Denker. In den 1790er Jahren versetzte ihn die Lektüre Immanuel Kants ebenso in Aufruhr wie die Französische Revolution: Machtmissbrauch, politischer Widerstand, Verschwörung und Tyrannenmord sind nur einige der genuin politischen Themen, die er literarisch immer wieder neu variiert. Überdies war Schiller auch ein juridischer Denker, der an den rechtsphilosophischen Diskursen seiner Zeit partizipiert, der sich mit Fragen des Straf- und Staatsrechts beschäftigt und diese mit ethischen Reflexionen über Freiheit, das ‚moralische Gefühl‘ und die Erziehbarkeit des Menschen enggeführt hat.

Die Schiller-Philologie der letzten Jahrzehnte hat die Themenfelder ‚Ethik‘, ‚Recht‘ und ‚Politik‘ detailliert ausgeleuchtet, sie aber oft als separate Kontexte von Schillers Werk erforscht.[1] Die Beiträge dieses Bandes schließen hier an, fokusieren jedoch stärker den Zusammenhang zwischen politischen, juridischen und ethischen Dimensionen von Schillers Werk. Neben den ‚großen‘ Dramen sowie den philosophischen und historischen Schriften wird der Nexus von Ethik, Recht und Politik zudem auch an den ‚Werkrändern‘ in den Blick genommen, in Schillers kleinen Formen ebenso wie in seinen Fragmenten.

1. Staat, Gesellschaft und Politik im 18. Jahrhundert

Das Spannungsfeld von Ethik, Recht und Politik zeigt sich in Schillers Werk insbesondere dort, wo in philosophischen und historischen Schriften über den Staat reflektiert oder in literarischen Texten Staatlichkeit dargestellt wird. Dabei fußen Schillers Staatsverständnisse vor allem auf den aufklärerischen Traditionen politischer Theoriebildung, die in diesem Band als Kontexte besondere Berücksichtigung erfahren und deren markante Linien daher zunächst in groben Strichen skizziert werden sollen:

---

1 Zur Themenfeld des Politischen in Schillers Werk vgl. u.a. *Rill* 2009, *Ehlers* 2011 und *Riedel* 2017; zur juridischen Dimension von Schillers Werk vgl. u.a. *Foi* 2006 und *Nilges* 2012; zur Engführung politischer und ethischer Fragen bei Schiller vgl. umfassend *Müller-Seidel* 2009.

Die zentralen Positionen zum Zweck des Staates, zu seinen Bedingungen und Ausprägungen werden im 18. Jahrhundert entweder in Gestalt naturrechtlicher Lehren formuliert, die zu einem der wichtigsten Träger innovativer Theoriebildung des Jahrhunderts werden, oder in Gestalt prudentieller Staatskunstlehren, die im Anschluss an die Staatsräson-Lehren des 16. und 17. Jahrhunderts das Feld der technisch-praktischen Politik nach wie vor bestellen. So heißt es in Christian Wolffs *Grundsätzen des Natur- und Völckerrechts* von 1754:

> „Eine Gesellschaft, die zu dem Ende gemacht ist, heisset Staat (civitas). Daher erhellet, daß durch Verträge der Menschen die Staaten entstanden und die Absicht eines Staats bestehe in hinlänglichen Lebensunterhalt (in sifficientia vitae), d.i. im Ueberfluß alles dessen, was zur Nothdurft, zur Bequemlichkeit und zum Vergnügen des Lebens, auch zur Glückseligkeit des Menschen erfordert wird, in der inneren Ruhe des Staates (tranquillitate civitatis), d.h. in der Befreyung von der Furcht für Unrecht, oder Verletzung seines Rechts, und der Sicherheit (securitate), oder der Befreyung von der Furcht vor äußerer Gewalt.“[2]

Innere und äußere Befriedung und die Mehrung der Wohlfahrt der einzelnen Untertanen sowie der Gesellschaft als ganzer werden von Wolff hier zu den zentralen Staatszwecken erklärt. Um diese Wohlfahrts- und Sicherheitszwecke zu erfüllen, kann der Staat – Wolff zufolge – potentiell alle Mittel anwenden, auch despotische, also unbegrenzte:

> „Weil die gemeine Wohlfahrt in einem ungehinderten Fortgang von einer Vollkommenheit zur anderen besteht, und also das höchste Gut ist, welches die Menschen auf dieser Erde erreichen können, das höchste Gut aber mit der Glückseligkeit verbunden ist, so trachten diejenigen, welche für die allgemeine Wohlfahrt sorgen, die übrigen im gemeinen Wesen glückselig zu machen. Und demnach sind regierende Personen, welche tun, was ihres Amts ist, sie mögen Namen haben, wie sie wollen, begierig, die Untertanen glückselig zu machen.“[3]

Weil mithin jeder Politiker, dessen Handeln auf die allgemeine Wohlfahrt abzielt, nach Wolff zugleich notwendig das Glück des einzelnen Untertanen befördert, ist er auch dazu berechtigt, *jedes* ihm erforderlich erscheinende Mittel zur Wohlfahrts-, Sicherheits- und damit zur Vollkommenheitssteigerung einzusetzen. Zu Recht spricht die einschlägige Forschung von einer „Grenzenlosigkeit obrigkeitsstaatlicher Regelungsbefugnisse“[4], weil der Staat nicht nur Arbeitsmöglichkeit und körperliche sowie seelische Gesundheit der Staatsbürger zu garantieren (nicht nur zu ermöglichen) hat und zu diesem Zweck beispielsweise die „Vorsorge wegen reiner Luft“ zu berücksichtigen oder „übermässiges Fressen und Saufen“ zu verhindern hat.[5] Auch

---

2   *Wolff* 1754, S. 697 (§ 972).
3   *Wolff* 2004, S. 186 (§ 245).
4   *Grunert* 2001, S. 172 sowie die dort (Anm. 38) angegebene Literatur.
5   *Wolff* 2004, S. 290 f. (§ 379).

und vor allem – und hierin lässt sich das despotische Potential dieser wohlfahrtstaatlichen Staatszweckkonzeption ermessen – leitet Wolff aus seinen Überlegungen das politische Erfordernis eines staatlichen Zugriffs auf die moralische Gesinnung seiner Untertanen ab:

> „Das gemeine Wesen wird zu dem Ende angerichtet, damit man imstande ist, dem höchsten Gut desto sicherer nachzustreben. Deswegen, da dieses durch die Tugend befördert wird, so hat man im gemeinen Wesen auch dafür zu sorgen, daß die Leute tugendhaft werden."[6]

Diese Staatszweckbestimmung[7], die noch in der zweiten Hälfte des 18. Jahrhunderts die politische Theoriebildung dominiert, wird erst in den 1790er Jahren, im Zusammenhang der kantischen Staatslehre, in Frage gestellt und gerät unter Despotismus-Verdacht. Schiller aber, mit dieser Theorie sozialisiert,[8] wird wie auch Isaak Iselin,[9] Christoph Martin Wieland oder Johann Gottfried Herder[10] weitgehend an dieser Staatsvorstellung festhalten.[11]

Das gilt auch für die pragmatische Variante der Staatslehre, die Staatsklugheitslehre bzw. Politik, die sich nach Gottfried Achenwall mit der Frage beschäftigt, wie die durch das Naturrecht begründeten Ziele der Sicherheitsgarantie und der Wohlfahrtsmehrung möglichst umfassend erreicht werden können:

> „Die Politick ist also die Wissenschaft der schicklichsten Mittel, den Zweck des Staats zu erreichen, oder die äusserliche Glückseligkeit aller und jeder Mitglieder eines Staats, das Wohl des gemeinen Wesens, die Landeswohlfahrt, das gemeine Beste zu befördern."[12]

Nicht immer und von allen Autoren werden diese unterschiedlichen Dimensionen zeitgenössischer Staatstheorie hinreichend differenziert. An der Frage, ob das – überpositive wie positive – Recht und seine Realisationsinstanz, der mit Zwangsgewalt ausgestattete Staat, die Verwirklichung oder aber die Begrenzung der dem Menschen von Natur gegebenen äußeren Freiheit ist, lassen sich solcherart kritische Distinktionen anschaulich prüfen.[13] Denn versteht man den Staat als Wirklichkeit der Freiheit, kommen ihm anderen Aufgaben, aber auch Grenzen zu, als unter der Annahme, er sei vor allem ein Instrument zur Begrenzung der Freiheit des Einzelnen. Auch die erheblich differierenden Souveränitätslehren und -praktiken, die sich zwischen der Apologie des *Legibus-solutus*-Prinzips[14] (ein von allem Recht unabhängi-

---

6 Ebd., S. 236 (§ 316).
7 Siehe hierzu *Hellmuth* 1985.
8 Vgl. hierzu u.a. *Nilges* 2012, S. 118 ff.
9 Siehe hierzu *Stiening* 2014.
10 Vgl. *Stiening* 2016c.
11 Siehe hierzu *Geismann* 2009-2012, Bd. 1, S. 157-196.
12 *Achenwall* 1761, S. 3 (§ 6).
13 Siehe hierzu *Geismann* 1982.
14 *Wyduckel* 1979.

ges Agieren des Souveräns) und der seit John Locke und Charles de Montesquieu einflussreichen Gewaltenteilung[15] bewegen, dokumentieren die kontroversen Konstellationen der aufklärerischen Staatsverständnisse. Letztlich steht die rechtliche Vergemeinschaftung – wie auch bei Schiller – wegen ihres unaufhebbaren Zwangscharakters während der Spätaufklärung zunehmend in der Kritik und wird zugunsten einer nur an moralischen Maximen ausgerichteten normativen Ordnung zurückgewiesen.[16]

Nicht nur die innertheoretische, sondern auch die politisch-praktische Debattenlage ändert sich grundlegend durch das Auftreten der kantischen Rechts- und Staatstheorie seit Mitte der 1780er Jahre sowie durch das politische Ereignis der Französischen Revolution. Kant fundiert die Legitimität staatlicher Herrschaft nicht mehr in einem überpositiven Naturrecht, sondern in einem Vernunftrecht der Freiheit, das keine materialen Rechtvorstellungen überpositiver Couleur voraussetzt, sondern nur noch das anthropologische Datum äußerer Freiheit. Zu Recht spricht Diethelm Klippel von einem neueren Naturrecht,[17] das sowohl im kritischen als auch affirmativen Anschluss an Kant seit den späten 1780er Jahren entstand. Nicht wenige Zeitgenossen wie Johann Georg Heinrich Feder, Karl Ignatz Wedekind oder auch Schiller selber stellten Zusammenhänge zwischen dem Auftreten Kants und den Umwälzungen in Frankreich her.[18]

2. Appetitus societatis: Schillers Staatsverständnisse und ihre zentrale Norm

Schiller hat ausgehend von seinen frühen anthropologisch-medizinischen Prägungen,[19] aber besonders nach seiner Kant-Lektüre[20] und als Reaktion auf die politischen Geschehnisse in Frankreich, seinen ethischen, ästhetischen und polittheoretischen Vorstellungen sowie seinen philosophischen und poetischen Reflexionen ein Staatsverständnis zugrunde gelegt bzw. es in diesen Arbeiten entwickelt.[21] Dabei geht er von dem natürlichen Datum eines ‚appetitus societatis‘ aus, der dem moralischen Gefühl bzw. der Erziehbarkeit des Menschen zur schönen Seele, zur Sympathie und zur Harmonie von Affekt und Vernunft zugrunde liege, wenigstens aber mit ihnen korrespondiere.[22] Diese Annahme von einem natürlichen Trieb des Menschen zur Geselligkeit geht in ihrer neuzeitlichen Variante auf Hugo Grotius zurück, wurde

15 *Pahlow* 2003, S. 275-299.
16 Vgl. hierzu *Stiening* 2016a.
17 Vgl. u. a. *Klippel* 1976.
18 Vgl. hierzu *Stiening* 2019.
19 *Riedel* 1998.
20 *Vesper* 2019.
21 Siehe hierzu allgemein *Müller-Seidel* 2009, präziser zum Staatsbegriff *Bach* 2019.
22 Vgl. hierzu *Stiening* 2016b, S. 389-436.